Algorithmik

Uwe Schöning

Algorithmik

Autor:
Prof. Dr. Uwe Schöning
Abteilung Theoretische Informatik, Universität Ulm
schoenin@informatik.uni-ulm.de

Wichtiger Hinweis für den Benutzer
Der Verlag und die Autoren haben alle Sorgfalt walten lassen, um vollständige und akkurate Informationen in diesem Buch zu publizieren. Der Verlag übernimmt weder Garantie noch die juristische Verantwortung oder irgendeine Haftung für die Nutzung dieser Informationen, für deren Wirtschaftlichkeit oder fehlerfreie Funktion für einen bestimmten Zweck. Der Verlag übernimmt keine Gewähr dafür, dass die beschriebenen Verfahren, Programme usw. frei von Schutzrechten Dritter sind. Die Wiedergabe von Gebrauchsnamen, Handelsnamen, Warenbezeichnungen usw. in diesem Buch berechtigt auch ohne besondere Kennzeichnung nicht zu der Annahme, dass solche Namen im Sinne der Warenzeichen- und Markenschutz-Gesetzgebung als frei zu betrachten wären und daher von jedermann benutzt werden dürften. Der Verlag hat sich bemüht, sämtliche Rechteinhaber von Abbildungen zu ermitteln. Sollte dem Verlag gegenüber dennoch der Nachweis der Rechtsinhaberschaft geführt werden, wird das branchenübliche Honorar gezahlt.

Bibliografische Information der Deutschen Nationalbibliothek
Die Deutsche Nationalbibliothek verzeichnet diese Publikation in der Deutschen Nationalbibliografie; detaillierte bibliografische Daten sind im Internet über http://dnb.d-nb.de abrufbar.

Springer ist ein Unternehmen von Springer Science+Business Media
springer.de

1. Auflage 2001, Nachdruck 2011

Spektrum Akademischer Verlag ist ein Imprint von Springer

11 12 13 14 15 5 4 3 2 1

Wir haben uns bemüht, sämtliche Rechteinhaber von Abbildungen zu ermitteln. Sollte dem Verlag gegenüber der Nachweis der Rechtsinhaberschaft geführt werden, wird das branchenübliche Honorar nachträglich gezahlt.

Lektorat: Dr. Andreas Rüdinger, Bianca Alton
Satz: Autorensatz
Umschlaggestaltung: SpieszDesign, Neu–Ulm

ISBN 978-3-8274-2799-1

Vorwort

Dieses Buch führt in die *Algorithmik*, die Lehre von den Algorithmen, ein. Das heißt, dass sowohl von abstrakten Konzepten, wie dem Berechenbarkeitsbegriff und der NP-Vollständigkeit (zumindest kurz) die Rede ist. Zum anderen (und in der Hauptsache) macht dieses Buch mit einer Reihe von konkreten Algorithmen aus den verschiedensten Bereichen, sowie Prinzipien für das Design von Algorithmen, deren Komplexitätsanalyse und den vorteilhaften Einsatz von Zufall in verschiedenen Ausprägungen der Algorithmik vertraut.

Die Algorithmik ist ein attraktives und sehr aktives Gebiet, in dem es immer noch überraschende Ergebnisse und neue interessante Entwicklungen gibt. Ich habe versucht, etwas von diesem Flair einzufangen. Dies äußert sich insbesondere in einigen ungewöhnlichen und neuartigen Algorithmen (etwa in den letzten beiden Kapiteln), sowie einigen ungewöhnlichen Analysemethoden (z.B. bei HeapSort) und interessanten Querverbindungen zwischen der Algorithmik, der Komplexitätstheorie und z.B. dem Entropiebegriff.

Die verschiedenen Themen und jeweiligen Algorithmen werden hierbei so behandelt, dass auf das Wesentliche, auf die Grundprinzipien, fokussiert wird; die verschiedenen Algorithmen werden daher knapp aber nichtsdestoweniger präzise – oft in Umgangssprache oder einer Pascal-ähnlichen Notation – beschrieben. Begleitet wird die Darstellung mit theoretischen Analysen zur Komplexität der betreffenden Verfahren. Didaktisch kommt es mir vor allem auf das Verstehen der Konzepte und der Ideen bei der Algorithmenanalyse und deren Design an, so dass man anschließend in der Lage ist, diese Prinzipien auch auf andere Fragestellungen, mit denen man es zu tun hat, individuell anzupassen. Nicht gedacht ist, dass die Algorithmen, wie in vielen Programmierbüchern üblich, sozusagen „zum Abschreiben" bereitgestellt werden.

Ein durchgängiges Thema in diesem Buch sind Algorithmen für NP-vollständige Probleme. Dass die Theorie zwar besagt (bzw. vermuten lässt), dass diese Probleme nicht effizient lösbar sind, heißt noch lange nicht, dass man nicht doch effiziente approximative, heuristische Lösungsalgorithmen, oder Algorithmen mit einem gemäßigt ausgeprägten exponentiellen Laufzeitverhalten, finden kann. Hierbei sind das Traveling Salesman Problem (TSP), das Rucksackproblem und das Erfüllbarkeitsproblem der Aussagenlogik (SAT) die bekanntesten Vertreter, die in diesem Buch mit den verschiedensten Algorithmen behandelt werden.

Vorausgesetzt werden gewisse Vorkenntnisse aus dem Bereich der Praktischen Informatik: Programmieren in einer höheren Programmiersprache, Datenstrukturen mit Zeigern (Listen, Suchbäume, balancierte Bäume), Erfahrung mit rekursiver Programmierung, Kenntnis einiger elementarer Algorithmen. Einiges hierzu wird jedoch im ersten Kapitel in aller Kürze dargestellt. Gelegentlich werden Themen aus der Theoretischen Informatik angesprochen: endliche Automaten, der Algorithmen- und Berechenbarkeitsbegriff, NP-Vollständigkeit. Elementare Kenntnisse über Graphen und algebraische Strukturen sind bei einigen Algorithmen gefragt. Das erste Kapitel dieses Buches stellt einen Streifzug durch die wichtigsten der notwendigen Begriffe und Methoden eines „Algorithmikers" dar.

Ich hoffe, dass mit diesem Buch auch deutlich wird, dass die Algorithmik ein Gebiet ist, bei dem der Schulterschluss zwischen theoretisch orientierter Grundlagenforschung und anwendungsnaher Entwicklung von Software verschiedenster Art besonders gut geglückt ist.

Ulm, im Juni 2001

Uwe Schöning

Inhaltsverzeichnis

Überblick

Unter *Algorithmik* wird die Lehre und Wissenschaft von den Algorithmen, den Berechnungsverfahren, verstanden. Dies umfasst sowohl Methoden für das *Design* als auch für die *Analyse* von konkreten Algorithmen für die unterschiedlichsten Typen von Problemstellungen. Die Analyse von Algorithmen kann sowohl von experimenteller als auch von theoretischer Natur sein. Ferner gehört zur Algorithmik ein Grundverständnis über das Konzept und die Grenzen der Berechenbarkeit an sich. Eng verknüpft mit der Algorithmik und Berechenbarkeitstheorie ist ferner die *Komplexitätstheorie* (speziell die NP-Vollständigkeitstheorie), welche basierend auf unterschiedlichen Berechnungsmodellen aufsetzt und die Komplexität verschiedener Algorithmen auf diesen Computermodellen misst.

Im ersten Kapitel haben wir einiges zusammengestellt, was sozusagen zum Handwerkszeug eines „Algorithmikers" gehört. Man kann das erste Kapitel natürlich zunächst auch überschlagen, um zu den eigentlichen Algorithmen vorzustoßen, und um dann zu einem späteren Zeitpunkt zu den theoretischen Grundlagen zurückzukehren.

Wir beginnen in Abschnitt 1.1 mit einer kurzen Zusammenstellung von elementaren Programm- und Datenstrukturen, wobei das Buch gewisse elementare Kenntnisse im Programmieren in einer höheren Programmiersprache voraussetzt. Unser Konzept hier sieht nicht vor, das Studium der Datenstrukturen (deren axiomatische Beschreibung und Spezifikation) sozusagen zum Selbstzweck zu betreiben. Datenstrukturen haben ihre Existenzberechtigung nur über die betreffenden Algorithmen, welche diese einsetzen. Daher stehen in diesem Buch immer die Algorithmen im Vordergrund.

Die Konzepte der *Algorithmen-* (oder Berechenbarkeits-) *Theorie* ist Thema von Abschnitt 1.2 und wird dort in aller Kürze rekapituliert.

Als Nächstes werden endliche (evtl. stochastische) Automaten betrachtet. Dies ist ein universell und sehr variabel einsetzbares Modell, um algorithmische Abläufe zu beschreiben und Algorithmen zu konzipieren (Abschnitt 1.3).

Grundbegriffe aus der *Stochastik* (Abschnitt 1.4) werden bei stochastischen Komplexitätsabschätzungen und der Analyse von *probabilistischen Algorithmen* immer wieder benötigt.

Ein weiterer aus der Stochastik abgeleiteter Begriff ist die *Entropie*, also der in einem stochastischen Ereignis inneliegende Informationsgehalt. Dieser Begriff spielt immer dann eine Rolle, wenn es um die Verwaltung, Verarbeitung oder Übertragung großer Datenmengen oder um Datenstrukturen zur Speicherung solcher Datenmengen geht. Mit Hilfe der Entropie lassen sich Abschätzungen für die mittlere Baumtiefe von Such-, Code- oder Entscheidungsbäumen angeben – und damit indirekt auch für die Komplexität von Algorithmen, die solche Baumstrukturen verwenden. Eng damit verknüpft ist die Frage, ob und inwieweit (und mit welchen Algorithmen) Dateien ohne Informationsverlust *komprimiert* werden können. Solche Fragestellungen werden in Abschnitt 1.5 von einem theoretischen Standpunkt besprochen (und pragmatisch umgesetzt in Kapitel 8).

Weiterhin werden die grundsätzlichen Konzepte der *worst-case* und der *average-case* Analyse vorgestellt (Abschnitt 1.6). Hierbei werden Komplexitätsangaben, also Aussagen über die Laufzeit von Algorithmen in Abhängigkeit von der Eingabelänge, sinnvollerweise mit Hilfe der asymptotischen *O-Notation* (oder einer ähnlichen) gemacht (Abschnitt 1.7). Bei solchen Laufzeituntersuchungen ist es sinnvoll, ein Repertoir an nützlichen *Abschätzungen* zur Verfügung zu haben (Abschnitt 1.8). Bei der Analyse von rekursiven Algorithmen treten typischerweise *Rekursionsgleichungen* auf. Hierfür müssen Lösungsmethoden bereitgestellt werden (Abschnitt 1.9).

Eine ausgefeiltere Analysetechnik des worst-case Verhaltens von Algorithmen stellen so genannte *Amortisationsanalysen* dar (Abschnitt 1.10). Diese treten immer im Zusammenhang mit einer im Lauf des Algorithmus zu manipulierenden *Datenstruktur* auf.

Das in den meisten Fällen verwendete *uniforme Komplexitätsmaß* erweist sich bei zahlentheoretischen Algorithmen als nicht angebracht oder zu grob. Stattdessen weichen wir auf die Betrachtung der *Bit-Komplexität* aus (Abschnitt 1.11).

Probabilistische Algorithmen (Abschnitt 1.12) stellen ein interessantes, relativ neuartiges Konzept dar. In manchen Bereichen sind die schnellsten bekannten Algorithmen probabilistisch. Probabilistische Algorithmen benötigen Zufallszahlen. Diese herzustellen ist nicht unproblematisch, daher verwendet man in der Praxis so genannte *Pseudozufallszahlen*, welche durch einen algorithmischen Prozess gewonnen werden. Eng damit hängt die Frage zusammen, ob und mit welchem Aufwand man einen probabilistischen Algorithmus von Zufallszahlen befreien kann; man spricht dann von *Derandomisierung* (Abschnitt 1.13).

Für viele Problemstellungen sind trotz aller Anstrengungen keine effizienten Algorithmen gefunden wurden. Sehr oft fallen diese Problemstellungen in die Klasse der so genannten *NP-vollständigen* Probleme. Dieser Begriff und die grundsätzliche Frage, was ein effizienter Algorithmus ist, wird in Abschnitt 1.14 diskutiert. Der NP-Vollständigkeitsbegriff basiert auf der in Abschnitt 1.11 besprochenen Bit-Komplexität. NP-vollständige Probleme können oft als *Optimierungsproblem* um- oder neu formuliert werden; es gilt, eine Lösung zu finden, die eine gegebene Kostenfunktion minimiert (oder eine Gewinnfunktion maximiert). Wenn solche Optimierungsprobleme nur mit unerträglichem Aufwand exakt gelöst werden können, so kann man sich mit einer *Approximation* zufrieden geben (Abschnitt 1.15). Hierfür gibt es Kriterien, die die Güte eines Approximationsalgorithmus beurteilen. Ferner sind verschiedene negative Ergebnisse bekannt, dass manche NP-vollständigen Optimierungsprobleme (unter gewissen theoretischen Hypothesen) nicht einmal zufriedenstellend approximiert werden können.

Software erweist sich trotz aller Bemühungen auf verschiedenen Ebenen immer wieder als fehlerhaft. Es wird in Abschnitt 1.16 eine Methode vorgestellt, wie man dynamisch während des Algorithmenablaufs die Korrektheit der aktuell berechneten Ergebnisse verifizieren kann.

So wie die Klasse P symbolisch die Menge der effizient lösbaren Problemstellungen darstellt, lassen sich entsprechend auch *probabilistische Komplexitätsklassen* angeben (nämlich BPP, RP und ZPP). Deren Eigenschaften werden in Abschnitt 1.17 besprochen.

Das zweite Kapitel behandelt verschiedene *Sortieralgorithmen* (BubbleSort, MergeSort, QuickSort, HeapSort, BucketSort) und prinzipielle untere Schranken für die mögliche Laufzeit von Sortierverfahren. Ferner werden *Selektionsalgorithmen* behandelt, zum Beispiel für das Auffinden des Minimums und/oder des Maximums oder des Medians einer Zahlenmenge. Ein in diesem Kapitel verwendetes Komplexitätsmaß ist die Anzahl der notwendigen Vergleiche (die *Vergleichskomplexität*).

Hashing ist eine erstaunlich effiziente Methode zum Verwalten kleinerer Datenmengen, wenn die Anforderungen an die Datenstruktur vergleichsweise einfach sind und sich auf die so genannten Dictionary Operations beschränken (Suchen, Einfügen, Löschen). Solche Verfahren werden in Kapitel 3 behandelt. Neben den Standardverfahren (Hashing mit Verkettung, Open Hashing) liegt ein besonderes Augenmerk auf der probabilistischen Methode Universal Hashing (Abschnitt 3.4).

Algorithmen nach der Methode *Dynamisches Programmieren* bauen sukzessive eine Tabelle auf, in der optimale Lösungen für Problemstellungen der Größe $i = 1, 2, 3, \ldots$ eingetragen werden, bis das eigentliche Problem der Größe $i = n$ gelöst ist. Typische Anwendungen der Methode bestehen darin, dass eine optimale Klammerungs- oder Baumstruktur gefunden werden soll. Gleichfalls kann mit Hilfe von dynamischem Programmieren die so genannte Editierdistanz berechnet werden, die die Ähnlichkeit bzw. Verschiedenheit zweier Strings bewertet. Ebenfalls werden in Kapitel 4 dynamische Programmieralgorithmen für gewisse NP-vollständige Probleme vorgestellt (Traveling Salesman Problem, Rucksackproblem). Eine große praktische Anwendungsbreite hat der ebenfalls auf dynamischem Programmieren beruhende Viterbi-Algorithmus.

Eng verwandt, aber einfacher als dynamisches Programmieren ist die Methode *Greedy* (Kapitel 5): Versuche eine optimale Lösung für eine Problemstellung zu gewinnen durch sukzessives Erweitern der bisherigen Lösung um die (aufgrund der lokal vorliegenden Informationen) beste Möglichkeit. In Fällen, in denen die zugrunde liegende Struktur ein so genanntes *Matroid* ist, funktioniert diese „naive“ Vorgehensweise tatsächlich. Prominenteste Beispiele für das Funktionieren des Greedy-Ansatzes sind der *Kruskal-Algorithmus* zur Konstruktion eines minimalen aufspannenden Baumes und der *Dijkstra-Algorithmus* zum Auffinden eines kürzesten Weges in einem Graphen. Bei der effizienten Implementierung von Greedy-Algorithmen zeigt es sich, dass das Verwenden von fortschrittlicheren Datenstrukturen wie *Priority Queues* und *Union-Find*-Strukturen Vorteile bringt.

Mit dem vorigen Kapitel wurde die Welt der *Algorithmen auf Graphen* bereits betreten. Solche Algorithmen werden dann in Kapitel 6 systematisch weiter behandelt. Neben der Frage, wie man Graphen Computer-intern repräsentiert, und wie sich die Wahl der Repräsentation ggfs. auf die Komplexität der verschiedenen Graphen-Algorithmen auswirkt, werden verschiedene Standardverfahren, wie das Durchlaufen eines Graphen, das topologische Sortieren und das Bestimmen der transitiven Hülle, vorgestellt. Zu erwähnen sind vor allem der Ford-Fulkerson Algorithmus zur Bestimmung eines maximalen Flusses in einem Graphen sowie die probabilistische Bestimmung eines minimalen Schnitts.

Im Unterschied zu diesen Algorithmen, bei denen der zu bearbeitende Graph explizit als Eingabe gegeben ist, entsteht der zu bearbeitende Graph (ein Baum) bei den in Kapitel 7 betrachteten Algorithmen nur implizit (virtuell) während des Algorithmenablaufes. Diese Baumstruktur ist meist durch die rekursive Aufrufstruktur charakterisiert. Den Blättern eines solchen Baumes sind typischerweise Werte zugeordnet und die algorithmische Aufgabe besteht darin, diese Werte bis zur Wurzel nach einem bestimmten Schema zurückzurechnen. Hierbei geht es vor allem darum, ob tatsächlich der gesamte Baum generiert und evaluiert werden muss, oder ob aus Effizienzgründen Teile des Baumes abgeschnitten werden können (tree pruning).

Methoden der *Datenkompression* haben eine große praktische Bedeutung. Wir stellen in Kapitel 8 die wichtigsten gängigen Algorithmen vor, wie die *Huffman-Codierung*, *arithmetische Codierung* und den *LZW-Algorithmus*.

Algebraische und zahlentheoretische Algorithmen sind das Thema von Kapitel 9. Wir behandeln schnelle Multiplikationsmethoden für ganze Zahlen, für Matrizen und für Polynome (im letzteren Fall mit Hilfe der schnellen Fourier-Transformation, kurz: FFT). Des Weiteren wird der Euklidsche Algorithmus zur Bestimmung des größten gemeinsamen Teilers und seine Erweiterungen und Anwendungen eingehend behandelt, zum Beispiel bei einer algorithmischen Betrachtung des Chinesischen Restsatzes. Eine Methode zum schnellen Berechnung der modularen Potenzfunktion wird vorgestellt, und sozusagen als Anwendung hiervon, ein schneller (probabilistischer) Primzahltest. Für das Faktorisieren einer Zahl kennt man zwar keine effizienten Algorithmen, es werden aber mit dem ρ-Algorithmus und dem $(p-1)$-Algorithmus von Pollard unter den exponentiellen Algorithmen vergleichsweise effiziente Algorithmen vorgestellt.

In Kapitel 10 wird das spezielle Thema der *String Matching* Algorithmen behandelt. Wir stellen die gängigen Algorithmen (Rabin-Karp, Knuth-Morris-Pratt, Boyer-Moore) hierfür vor.

Kapitel 11 behandelt die unterschiedlichsten so genannten *heuristischen Algorithmen*. Dieses sind Verfahren, die insbesondere bei schwierig zu lösenden Problemen zur Anwendung kommen, für die keine effizienten Algorithmen bekannt sind (wie die NP-vollständigen). Bei diesen Algorithmen kann zu Gunsten der Effizienz keine Lösungs- (oder Optimalitäts-) Garantie gegeben werden. Die theoretische Untermauerung derartiger Verfahren ist bisher noch relativ lückenhaft. Trotzdem liefern diese Verfahren in der praktischen Anwendung sehr brauchbare Ergebnisse. Erwähnenswert ist, dass wir in diesem Kapitel das *Traveling Salesman Problem* als laufendes Beispiel verwenden, um die verschiedenen Konzepte zu illustrieren. Bei den meisten der vorgestellten heuristischen Verfahren spielt Probabilismus eine Rolle, wenn zum Beispiel Anfangslösungen zufällig „geraten" oder Lösungen zufällig „mutiert" werden.

In Kapitel 12 behandeln wir einige interessante Algorithmen für das NP-vollständige Problem SAT, das Erfüllbarkeitsproblem für aussagenlogische Formeln (in konjunktiver Normalform). Da SAT NP-vollständig ist, kann sich die Existenz von (relativ) effizienten Algorithmen für dieses Problem auch auf alle anderen NP-vollständigen Probleme auswirken. Der beste bekannte Algorithmus für 3-SAT hat eine Laufzeit, die sich im Wesentlichen wie $(4/3)^n$ verhält, wobei n die Anzahl der Booleschen Variablen ist (Abschnitt 12.7).

Algorithmen formulieren wir im Folgenden durchweg in einer Pascal- bzw. Modula-ähnlichen Notation – evtl. mit umgangssprachlichen Einschüben – wobei die Blockstruktur durch Einrücken (ohne Verwenden von END) deutlich gemacht wird.

Wir gehen davon aus, dass die vorgestellten Algorithmen mit Unterstützung der üblichen Datenstrukturen (lineare Listen, etc.) implementiert werden – meist ohne diese explizit zu erwähnen. In einigen Fällen müssen zur effizienten Implementierung von algorithmischen Ideen speziell zugeschnittene höherwertige Datenstrukturen entworfen werden. In diesen Fällen weisen wir natürlich darauf hin (vgl. Abschnitte 5.6, 6.1, 8.3 und 10.5).

Die Algorithmen in diesem Buch sind nicht insoweit getrimmt, dass sie nur abgeschrieben werden brauchen. Das ist nicht unsere didaktische Intension. Es geht vielmehr darum, ein Grundverständnis der besprochenen Konzepte herbeizuführen, so dass der Leser selber in der Lage ist, die entsprechenden Programmiermethoden und Algorithmenprinzipien anzuwenden. Genauso wichtig wie die Algorithmen und deren Implementierung als solche sind die zugrunde liegenden Prinzipien, sowie der Korrektheits- und insbesondere der Komplexitätsnachweis.

Kapitel 1

Grundlegende Konzepte

Wir stellen in diesem Kapitel einige grundlegende Konzepte und Methoden der Algorithmenanalyse, des Algorithmenentwurfs und des dazugehörigen Umfelds zusammen. Einiges davon geht ein wenig über das hinaus, was tatsächlich in diesem Buch in späteren Kapiteln gebraucht wird. Wir geben einen kurzen Abriss über die notwendigen Programmierkenntnisse, endliche Automaten, stochastische Begriffe, Methoden der Algorithmenanalyse, worst-case und average-case Komplexitätsaussagen, verschiedene Komplexitätsbegriffe, das Konzept und den Vorteil von probabilistischen Algorithmen, NP-Vollständigkeit, Approximation und den Entropiebegriff.

Wir erwarten vom Leser oder der Leserin nicht, sich erst durch diese ca. 80 Seiten Grundlagen zu arbeiten, bevor er oder sie sich mit den eigentlichen Algorithmen, beginnend mit Kapitel 2, beschäftigen kann. Man kann stattdessen so vorgehen, dass man das erste Kapitel zunächst überschlägt, um dann später, bei Bedarf, zu den entsprechenden Abschnitten dieses ersten Kapitels zurückzukehren.

1.1 Elementare Programm- und Datenstrukturen

Wir gehen davon aus, dass der Leser oder die Leserin grundlegende Kenntnisse in einer Programmiersprache mitbringt, wobei wir hier von einer imperativen Programmiersprache, wie ALGOL, PASCAL oder MODULA, ausgehen. In diesen Programmiersprachen ist das grundlegende Konzept das der *Variablen*, welche je nach vereinbartem Typ ganzzahlige, Boolesche oder andere Werte annehmen kann. Die einfachste Anweisung ist die der *Wertzuweisung*. Durch eine Wertzuweisung wird einer Variablen, wie der Name sagt, ein neuer Wert, aufgrund eines zu evaluierenden arithmetischen (oder logischen) Ausdrucks, zugeordnet. Die Vorstellung ist, dass ein solches Programm auf einer Maschine ausgeführt wird, welche für die Variablenwerte ein beliebig großes Repertoir an direkt zugreifbaren Speicherzellen zur Verfügung hat. Bei jeder Wertzuweisung ändert sich der innere „(Speicher-)Zustand" der ausführenden Maschine entsprechend. (Dies ist das Modell einer RAM, also einer *random access machine*).

Zur Formulierung von arithmetischen oder logischen Ausdrücken steht ein gewisses Grundrepertoir an Operationen zur Verfügung (∗, +, –, /, DIV, MOD, =, OR, AND, NOT,...). Imperative (im Unterschied zu funktionalen oder logischen) Programmiersprachen sind geradezu dadurch charakterisiert, dass diese von Speicherzustand zu Speicherzustand der RAM bei Ausführung der jeweiligen Operationen (zum Beispiel einer Wertzuweisung) voranschreiten (das „Paradigma" der imperativen Programmierung).

Nach Abfragen einer logischen Bedingung (d.h. Evaluation eines logischen Ausdrucks) kann mit Hilfe von Anweisungen vom Typ IF-THEN, IF-THEN-ELSE oder IF-THEN-ELSIF-ELSE verzweigt werden. Der THEN-Teil wird bei Eintreffen der abgeprüften Bedingung ausgeführt, ansonsten der ELSE-Teil (sofern vorhanden). Bei ELSIF wird bei Nicht-Eintreffen der ersten Bedingung eine zweite Bedingung abgeprüft.

Programmschleifen gibt es in verschiedenen Spielarten: Bei der FOR-Schleife wird eine Schleifenvariable, beginnend von einem Startwert aufwärts (oder abwärts) gezählt, bis ein vorher festzulegender Endwert erreicht wird. Bei jedem Zählvorgang wird der Programmkörper der Schleife einmal ausgeführt.

Bei der WHILE- und der REPEAT-Schleife ist die Anzahl, wie oft der Schleifenkörper auszuführen ist, zuvor nicht festgelegt. Es muss *vor* (bei der WHILE-Schleife) oder *nach* (bei der REPEAT-Schleife) jeder Ausführung des Programmkörpers eine Abbruchbedingung überprüft werden. Diese Bedingung entscheidet, ob die Schleife beendet oder erneut betreten wird. WHILE- und REPEAT-Schleifen bergen dementsprechend die Gefahr einer Endlosschleife in sich. Andererseits ist aus der Algorithmentheorie (vgl. Abschnitt 1.2) bekannt, dass man allein mit den (immer stoppenden) FOR-Schleifen, aber ohne WHILE- oder REPEAT-Schleifen, nicht alle berechenbaren Funktionen, wie zum Beispiel die *Ackermannfunktion*, berechnen kann. Für manche Aufgaben sind also WHILE- oder REPEAT-Schleifen (oder rekursive Prozeduren, siehe unten) unumgänglich.

Für immer wiederkehrende Aufgaben vom gleichen oder sehr ähnlichen Typ verwendet man *Prozeduren*. Diese besitzen im Allgemeinen Parameter, die bei dem jeweiligen Aufruf der Prozedur festgelegt werden. Interessant sind für uns vor allem *rekursive* Prozeduren, also solche, die sich selbst aufrufen (evtl. indirekt über weitere dazwischen geschaltete Prozeduren). System-intern werden rekursive Prozeduren dadurch implementiert, dass jeder „Prozedurinkarnation" ein eigener Speicherbereich (der Versorgungsblock oder auch activation record) bereitgestellt wird, der die Werte der lokalen Variablen und Parameter der Prozedur enthält, sowie eine Information über die Aufrufstelle. Diese Speicherbereiche werden wie ein Keller (stack) vom System verwaltet.

Rekursive Prozeduren sind nach folgendem Schema aufgebaut:

```
PROCEDURE a ( Parameter )
IF (Parameter erfüllen Abbruchbedingung) THEN RETURN
   ELSE
     ...
     rekursiver Aufruf (oder Aufrufe) von a mit modifizierten Parametern
     ...
END a
```

Rekursive Prozeduren können unter Zuhilfenahme von WHILE-Schleifen und eines stacks wieder eliminiert werden. (Dies ist aber nicht unsere Intension in diesem Buch. Wir werden immer, wenn es geht, eine rekursive Formulierung vorziehen, da diese meist systematischer und leichter verständlich sind). Umgekehrt kann man mit Hilfe von Rekursion den Effekt von (WHILE- oder REPEAT-) Schleifen simulieren, und damit ganz ohne Schleifenkonstrukte auskommen (wie dies bei funktionalen und logischen Programmiersprachen der Fall ist).

Sehr typisch ist der Einsatz rekursiver Prozeduren immer dann, wenn ein Problem nach der Methode „divide-and-conquer" gelöst werden kann und soll (siehe Seite 52).

Eine Besonderheit liegt vor, wenn ein rekursiver Prozedur-Aufruf ganz am Ende der Prozedur stattfindet (so genannte *tail recursion*). Insbesondere werden nach diesem rekursiven Aufruf die lokalen Variablen und die Parameter der Prozedur bis zum Verlassen der Prozedur nicht mehr benötigt. Daher kann man den im Versorgungsblock reservierten Platz für diese Variablen schon *vor* dem rekursiven Aufruf wieder freigeben. Das hat zur Folge, dass rekursive Prozeduraufrufe, die am Ende der betreffenden Prozedur stattfinden, keinen zusätzlichen Speicherplatz verursachen. Man kann einen solchen rekursiven Aufruf letztendlich iterativ (ohne stack) durch einen Rücksprung an den Anfang der Prozedur implementieren – und ein cleverer Compiler erzeugt seinen Code auch entsprechend.

Diese Diskussion zur tail recursion spielt bei unseren Algorithmen gelegentlich eine Rolle, und zwar wenn es um die Analyse des verwendeten Speicherplatzes geht. So kann z.B. der Euklidsche Algorithmus (Abschnitt 9.5 und Abschnitt 9.6) ohne zusätzlichen Speicherplatz implementiert werden, obwohl er als rekursive Prozedur formuliert ist. Gleiches gilt für die Prozedur *Heapify* in Abschnitt 2.5. Bei QuickSort (Abschnitt 2.4) ist der *zweite* rekursive Aufruf eine tail recursion. Wenn man bei QuickSort das *größere* der beiden Teilarrays als *zweites* rekursiv sortiert und das *kleinere* Teilarray *zuerst*, so wird der verbrauchte Speicherplatz nur durch die jeweils *ersten* rekursiven Aufrufe bestimmt (vgl. die Diskussion auf Seite 104).

Programme operieren im Allgemeinen nicht nur auf einzelnen Programmvariablen, sondern fassen diese zu komplexeren *Datenstrukturen* zusammen. Eine dieser Strukturen ist das *Array*, also eine Sequenz von Daten desselben Typs. Mit $a[1..n]$ bezeichnen wir ein Array a von n Elementen, welche von 1 bis n durchnummeriert sind. Das i-te Element wird hierbei mit $a[i]$ bezeichnet. Das Programm kann über die Indexangabe i direkt auf $a[i]$ zugreifen. Arrays können auch mehrdimensional sein, so bezeichnet zum Beispiel $M[1..n, 1..n]$ mathematisch betrachtet eine $n \times n$ Matrix M.

Wenn die in einem Array untergebrachten Daten bereits sortiert sind, und wenn nach einem Datum gesucht werden soll, so bietet sich (anstatt das Array *linear* zu durchsuchen) eine *binäre Suche* an. Hierbei wird mit Hilfe von drei Indexvariablen *links, rechts* und *mitte=(links+rechts)* DIV 2, wobei *links* mit 1 und *rechts* mit n initialisiert wird, festgestellt, ob das gesuchte Datenelement entweder bereits gefunden wurde, oder ob es sich im linken Teil [*links..mitte*] oder im rechten Teil [*mitte..rechts*] befindet, in welchem dann rekursiv weitergesucht werden muss. Die Anzahl der Suchschritte (oder rekursiven Aufrufe) bei diesem Vorgehen beträgt etwa $\log_2 n$.

Allgemein führen exponentielle Einsparungen, also von 2^n auf n oder von n auf $\log n$ zu extremen Rechenzeitgewinnen.

Die Datenstruktur *Menge* oder *set* bezeichnet eine Menge von (wenigen) Elementen. Die typischen Operationen auf Mengen sind:

- Feststellen, ob ein Element in einer Menge enthalten ist;
- Feststellen, ob die Menge leer ist;
- zwei Mengen vereinigen oder schneiden.

Rechner-intern werden Mengen (Teilmengen einer Grundmenge von n Elementen) durch Bitstrings der Länge n dargestellt. Die obigen Operationen lassen sich dann durch entsprechende Bit-Operationen realisieren.

Mittels *Zeiger* (pointer) können Datenstrukturen geschaffen werden, deren Anzahl von Basiselementen und deren Struktur sich dynamisch während des Algorithmenablaufs ändern können. Typische solche Strukturen sind *lineare Listen*:

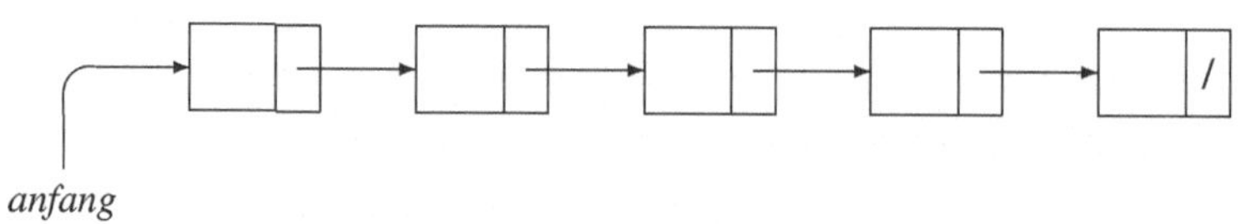

Eine um weitere Zeiger angereicherte Form von Listen wird auf Seite 68 besprochen (Skiplisten).

Des Weiteren kommen als Datenstruktur sehr häufig (binäre) Bäume vor:

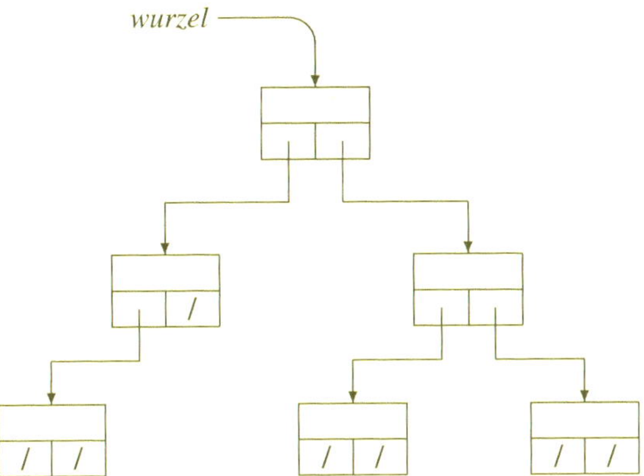

Eine besondere Form von binären Bäumen bilden die *Heaps*, die in den Abschnitten 2.5 und 5.6 besprochen werden.

Ein binärer Baum heißt binärer *Suchbaum*, wenn die darin untergebrachten Datenelemente so angeordnet sind, dass für jeden Knoten im Baum gilt, dass die Datenwerte im linken Teilbaum des Knotens (sofern vorhanden) alle kleiner und die im rechten Teilbaum (sofern vorhanden) alle größer sind als das Datum im Knoten selbst ist. Ein Suchbaum repräsentiert gewissermaßen das algorithmische Konzept des binären Suchens in Form einer Datenstruktur. Sofern der Suchbaum nahezu einem vollständigen Binärbaum entspricht, so gilt wie beim binären Suchen, dass die mittlere Anzahl von Suchschritten, bis ein gesuchtes Objekt gefunden wird (oder bis feststeht, dass das Objekt im Suchbaum nicht vorhanden ist), etwa $\log_2 n$ ist. Es gibt verschiedene Methoden, Suchbäume nach jeder Einfüge- oder Löschaktion zu „rebalancieren", so dass ein ausgewogener Baum entsteht, der eine Suchzeit von $c \log_2 n$ garantiert für eine Konstante c, die etwas größer als 1 ist.

Bei diesen Methoden (z.B. AVL-Bäume, Rot-Schwarz-Bäume) werden so genannte *Rotationen* und/oder *Doppelrotationen* (oder ihre spiegelbildlichen Versionen) angewandt, die entlang des Suchpfades ein Umarrangement vornehmen, wobei aber darauf zu achten ist, dass die Suchbaumeigenschaft erhalten bleibt; vgl. die folgenden Skizzen:

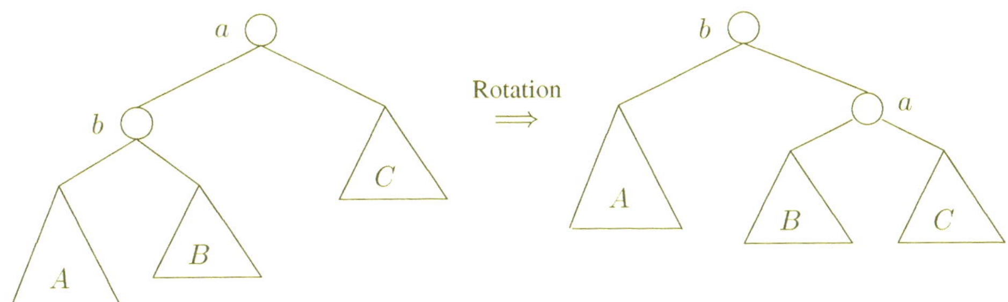

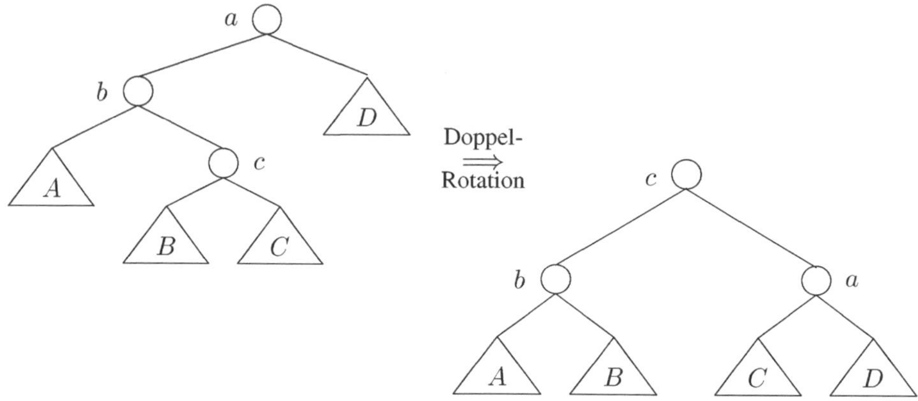

So wie wir gerade argumentiert haben, soll jeder Knoten eines Suchbaums eine Information enthalten; dies bezeichnet man *knotenorientierte Speicherung*. Gelegentlich werden die Daten nur in den Blättern gespeichert (*blattorientierte Speicherung*). (Solches kommt z.B. in Abschnitt 8.1 vor).

Lineare Listen sollten höchstens zur Speicherung kleinerer Datenmengen verwendet werden, ansonsten bieten sich andere, schnellere Methoden an, wie die gerade angesprochenen binären Suchbäume oder Hashtabellen (Kapitel 3). Eine andere Anwendung linearer Listen ist die Implementierung eines Kellers (stack): Beim Anfang-Zeiger werden Elemente eingefügt (Push-Operation) und ausgelesen bzw. entfernt (Pop-Operation). Für die Implementierung einer Schlange (queue) bietet sich ebenfalls eine lineare Liste an; man benötigt lediglich einen zweiten Zeiger *ende*, der auf das „letzte“ Element der Liste zeigt. Die Einfügeoperationen finden nun am Ende (!) der Liste statt und die Ausleseoperationen am Anfang.

Der Vorteil von linearen Listen gegenüber Arrays ist die Möglichkeit, an jeder Stelle Elemente einfügen oder löschen zu können (nachdem die Einfüge- bzw. Löschposition aufgefunden wurde). Bei einem Array müsste stattdessen ein gewisser Teil des Arrays verschoben werden, außerdem ist die Größe eines Arrays im Allgemeinen zuvor festzulegen.

1.2 Einiges zur Algorithmentheorie

Jeder der sich mit konkreten Algorithmen beschäftigt, sollte darüber hinaus ein Grundverständnis der allgemeinen Algorithmentheorie (Berechenbarkeitstheorie) haben, die sozusagen die erkenntnistheoretische Grundlage für jegliche Beschäftigung mit Algorithmen darstellt.

Ein allgemeines Ziel der Algorithmentheorie ist es zunächst zu klären, was es für eine Funktion (etwa auf den natürlichen Zahlen) genau bedeutet, „berechenbar“ zu sein. Eine Idee davon hat man zunächst ja durchaus: Eine Funktion ist dann berechenbar, wenn es ein Programm gibt, welches diese Funktion berechnet. Die Frage ist nun aber, was für eine Art Programm dies sein sollte. Wenn man sich auf eine bestimmte Programmiersprache beschränkt, kann man dann wirklich alle Funktionen berechnen, die man evtl. in einer anderen Programmiersprache berechnen könnte? Es geht also darum, den Umfang und die Grenzen des (zunächst nur) intuitiven Berechenbarkeitsbegriffs abzustecken und zu klären.

Verschiedene Forscher haben in sehr unterschiedlicher Weise versucht, den Berechenbarkeitsbegriff in eine formale Form zu bringen. Der englische Mathematiker Alan Turing hat um 1936 vorgeschlagen, „Berechenbarkeit" in Bezug auf ein sehr einfaches Computermodell (mit einer sehr simplen Programmiersprache) zu definieren, welches man heutzutage *Turingmaschine* nennt. Den Speicher einer Turingmaschine kann man sich vorstellen wie ein zweiseitig (im Prinzip) unendlich langes Band, das in Felder unterteilt ist. Jedes Bandfeld kann mit einem Zeichen beschriftet sein. Die mögliche Zeichenmenge muss zuvor festgelegt werden, etwa $\{\square, A, B, \ldots, Z, 0, 1, \ldots, 9\}$. Das Bandsymbol „$\square$" (das Leerzeichen) symbolisiert die Tatsache, dass das betreffende Bandfeld noch unbeschriftet ist. Zu Beginn einer Turingmaschinen-Berechnung sind alle Felder, bis auf diejenigen, die die Eingabe enthalten, (in diesem Sinne) leer.

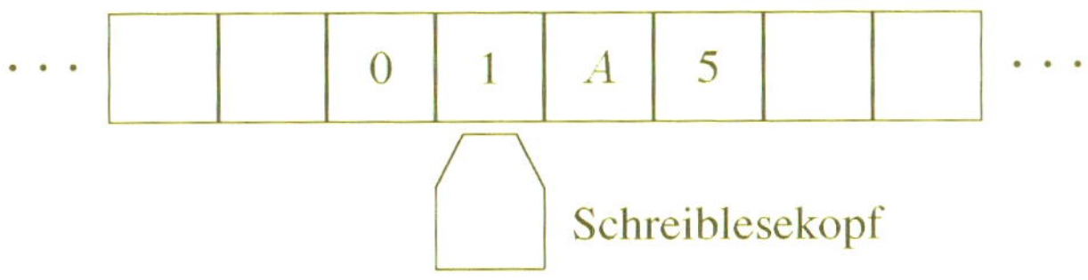

Das Band wird von einem Schreiblesekopf bearbeitet, wobei die Steuerung durch ein Turingmaschinen-Programm übernommen wird, welches aus folgenden Anweisungen bestehen kann:

- Springe zur Anweisung mit der Nummer i.
- Wenn unter dem Schreiblesekopf das Zeichen a steht, so springe zur Anweisung mit der Nummer i.
- Schreibe an der Position des Schreiblesekopfs das Zeichen a aufs Band.
- Bewege den Schreiblesekopf um eine Position nach links (oder nach rechts).
- Stop

Ein Turingmaschinen-Programm besteht aus einer durchnummerierten Folge solcher Anweisungen. Eine Funktion wird nun dadurch berechnet, dass man sich vorstellt, dass das Argument der Funktion zunächst auf dem Band geschrieben steht und der Schreiblesekopf sich auf der Position zu Beginn der Eingabe befindet. Nach Ablauf des betreffenden Turingmaschinen-Programms soll auf dem Band das Rechenergebnis, der Funktionswert der zu berechnenden Funktion, stehen.

Beispiel: Das folgende Turingmaschinen-Programm berechnet die Funktion $x \mapsto x+1$, wobei die Ein- und Ausgabe in Binärdarstellung erfolgt.

1. Wenn 0 gelesen wird, gehe nach 4.
2. Wenn 1 gelesen wird, gehe nach 4.
3. Wenn das Leerzeichen gelesen wird, gehe nach 6.
4. Eine Position nach rechts.
5. Gehe nach 1.
6. Eine Position nach links.
7. Wenn 0 gelesen wird, gehe nach 9.
8. Wenn 1 gelesen wird, gehe nach 11.
9. Schreibe 1.
10. Stop
11. Schreibe 0.
12. Gehe nach 6.

Man fragt sich natürlich, ob diese einfache Programmiersprache nicht „zu einfach" ist; das heißt, ob es Funktionen gibt, die man im intuitiven Sinne zwar als berechenbar ansehen muss, die aber nicht durch eine Turingmaschine berechnet werden können. Deshalb könnte man zum Vergleich eine weitere, diesmal besonders mächtige Maschine (mit zugehöriger Programmiersprache) entwerfen und deren „Berechnungskraft" dann mit der der Turingmaschine vergleichen. Ein solcher Vorschlag ist die *Registermaschine*, die aus einer unbegrenzten Zahl von Registern als Speichermedium besteht. Jedes solche Register kann eine (beliebig große) natürliche Zahl aufnehmen. Zur Programmierung solcher Registermaschinen kann man Anweisungen wie Wertzuweisungen, einfache arithmetische Operationen, wie die vier Grundrechenarten (auf natürlichen Zahlen), sowie logische Abfragen, bedingte und unbedingte Sprünge, alle Formen von Schleifen und Unterprogrammaufrufe vorsehen. Man kann dann aber formal beweisen, dass jedes solche Registermaschinenprogramm durch ein entsprechendes (wenn auch im Allgemeinen sehr ineffizientes) Turingmaschinen-Programm simuliert werden kann. Daher hat eine solche Registermaschine keine prinzipielle zusätzliche Berechnungskraft gegenüber der Turingmaschine.

Ein weiterer ganz anderer Ansatz beruht darauf, die „Berechenbarkeit" einer Funktion dadurch festzustellen bzw. zu definieren, dass es eine gewisse funktionale Darstellung dieser Funktion gibt. Und zwar legen wir zunächst eine Reihe von Basisfunktionen fest, nämlich alle konstanten Funktionen, alle Projektionsfunktionen der Form $\pi_i^n : (x_1, \ldots, x_i, \ldots, x_n) \mapsto x_i$, sowie die Nachfolgerfunktion $s : x \mapsto x+1$. Man definiert nun die Klasse der *primitiv rekursiven* Funktionen induktiv dadurch, dass man festlegt, dass zunächst alle Basisfunktionen primitiv rekursiv sind. Ferner kann eine primitiv rekursive Funktion auch dadurch entstehen, dass sie sich durch ineinander Einsetzen (Komposition) von primitiv rekursiven Funktionen darstellen lässt. Die dritte in der Definition vorgesehene Möglichkeit besteht darin, dass sich die fragliche Funktion f

durch ein funktionales Programm der Form

```
procedure f ( n, x_1, ..., x_k : nat ) : nat;
  if n = 0 then return g(x_1, ..., x_k)
  else return h(n, f(n - 1, x_1, ..., x_k), x_1, ..., x_k)
```

darstellen lässt. Hierbei müssen die Funktionen g und h bereits primitiv rekursiv sein. Der Datentyp nat soll hierbei die Menge der natürlichen Zahlen bezeichnen. Die Parameter, die für die Funktionen g und h vorgesehen sind, stellen die Maximalmöglichkeit dar. Im konkreten Einzelfall können auch einzelne Parameter von g und h weggelassen werden. Im Wesentlichen läuft es bei dieser Darstellung der Funktion f darauf hinaus, dass der Funktionswert von $f(n, x_1, \ldots, x_k)$ für $n > 0$ auf den Funktionswert von $f(n-1, x_1, \ldots, x_k)$ zurückgeführt wird, wobei die „Umrechnung" vermittels der primitiv rekursiven Funktion h durchgeführt wird. Man sagt, die Funktion f entsteht aus den Funktionen g und h durch primitive Rekursion.

Beispiel: Die zweistellige Additionsfunktion $add : (n, x) \mapsto n + x$ ist primitiv rekursiv, denn sie lässt sich darstellen durch folgende Prozedur, die im Inneren eine Anwendung der Nachfolgerfunktion s verwendet, welche bereits per Definition primitiv rekursiv ist.

```
procedure add ( n, x : nat ) : nat;
  if n = 0 then return x
  else return s(add(n - 1, x))
```

Ebenso ist die zweistellige Multiplikationsfunktion $mul : (n, x) \mapsto n \cdot x$ primitiv rekursiv, denn ihre Berechnung lässt sich in folgender Weise auf die Additionsfunktion add zurückführen:

```
procedure mul ( n, x : nat ) : nat;
  if n = 0 then return 0
  else return add(mul(n - 1, x), x)
```

Tatsächlich stellen die primitiv rekursiven Funktionen eine *echte* Teilmenge der Turingmaschinen- oder Registermaschinen-berechenbaren Funktionen dar. Es gibt berechenbare Funktionen, die nicht primitiv rekursiv sind, nämlich zum Beispiel die zweistellige *Ackermannfunktion*, die durch folgendes rekursive Schema definiert wird:

$$a(x, y) = \begin{cases} y + 1, & \text{falls } x = 0 \\ a(x-1, 1), & \text{falls } x > 0 \text{ und } y = 0 \\ a(x-1, a(x, y-1)), & \text{sonst} \end{cases}$$

Es lässt sich zeigen, dass die Klasse der primitiv-rekursiven Funktionen identisch ist mit der Klasse der so genannten Loop-berechenbaren Funktionen; dieses sind Funktionen, die sich auf Registermaschinen berechnen lassen, wobei aber außer der Wertzuweisung nur die FOR-Schleife in der Programmiersprache zugelassen sind (also keine Sprünge, keine Unterprogramme und kein WHILE oder REPEAT). FOR-Schleifen haben die Eigenschaft, dass die Anzahl der Schleifendurchläufe zu Beginn feststeht und dann nach Ablauf dieser Anzahl die FOR-Schleife garantiertermaßen endet. Derartige Programme stoppen also immer; sie können nicht in eine unendliche Schleife geraten. Die Ackermann-Funktion ist also auch nicht durch ein Programm zu berechnen, welches nur aus FOR-Schleifen (ohne WHILE oder REPEAT oder Rekursion) aufgebaut ist.

Die Klasse der primitiv-rekursiven Funktionen lässt sich jedoch durch Hinzunahme eines weiteren Definitionsmechanismus zur Klasse der so genannten *μ-rekursiven* Funktionen ausbauen. Sei g eine $(k+1)$-stellige Funktion. Wir sagen, dass die k-stellige Funktion f aus g durch Anwendung des μ-Operators entsteht, falls sich f wie folgt berechnen lässt:

```
procedure f ( x_1, ..., x_k : nat ) : nat;
  i := 0;
  while g(i, x_1, ..., x_k) ≠ 0 do i := i + 1;
  return i
```

Eine Funktion ist μ-rekursiv, falls sie

- eine der o.a. *Basisfunktionen* ist, oder
- aus anderen μ-rekursiven Funktionen durch *Komposition* entsteht, oder
- aus anderen μ-rekursiven Funktionen durch *primitive Rekursion* entsteht, oder
- aus einer μ-rekursiven Funktion durch Anwendung des *μ-Operators* entsteht.

Es gilt der Satz, dass Turing-berechenbare, Registermaschinen-berechenbare und μ-rekursive Funktionen ein und dasselbe sind. Dieses Phänomen, nämlich dass jeder neu vorgeschlagene Berechenbarkeitsbegriff sich wieder als äquivalent mit dem der Turing-Berechenbarkeit herausstellt, führte zu der These, dass es tatsächlich nur *einen* sinnvollen Berechenbarkeitsbegriff gibt und man diesen adäquat mit Hilfe der Turing-Berechenbarkeit definiert hat („Churchsche These“). Im Folgenden sprechen wir deshalb schlicht von „Berechenbarkeit“ ohne weiter ins Detail zu gehen, wie dieser Begriff im Einzelnen definiert wurde.

Gibt es eigentlich nicht-berechenbare Funktionen? Ja, und zwar ist die bekannteste solche Funktion das so genannte Halteproblem:

$$h(x,y) = \begin{cases} 1, & \text{falls } x \text{ Codenummer eines Programms ist,} \\ & \text{welches bei Eingabe von } y \text{ nach endlich} \\ & \text{vielen Schritten hält,} \\ 0, & \text{sonst} \end{cases}$$

Zu erläutern wäre hier der Begriff „Codenummer“. Programme sind selbst nichts anderes als Strings (über einem geeigneten Zeichenvorrat). Die Menge aller solcher (sinnvollen und unsinnigen) Strings lässt sich auf die Menge der natürlichen Zahlen abbilden.

Mit anderen Worten, man kann die Menge der Strings durchnummerieren. Die Nummer, die einem bestimmten Programm-String solcherart zugeordnet ist, nennen wir seine Codenummer. Auf diese Weise können Programme (vermittels ihrer Codenummer) selbst Eingabe anderer Programme sein. Für einen Informatiker ist das nicht ungewöhnlich, dass Programme andere Programme als Eingabe verarbeiten, wenn man zum Beispiel an einen Compiler denkt. Die Frage nach der Berechenbarkeit der Funktion h bedeutet also, ob sich ein Programm schreiben lässt, welches ein anderes Programm namens x analysiert und nach endlich vielen Schritten zu dem (korrekten) Schluss kommt, ob x bei Eingabe y stoppen würde oder nicht.

Man sagt, das Halteproblem ist unlösbar, das heißt, diese Funktion h ist nicht berechenbar. Zum Beweis nehmen wir für den Moment doch einmal an, es gäbe ein Programm, welches die Funktion h berechnen könnte. Dann könnte man hieraus das folgende Programm P entwickeln, welches bei einer Eingabe x zunächst den Wert von $h(x, x)$ berechnet. Sofern dieser Wert =1 ist, so begibt sich P in eine Unendlichschleife, stoppt also nicht. Sofern der Wert =0 ist, so stoppt das Programm P. Die Codenummer dieses soeben beschriebenen Programms sei c. Die Frage ist nun, welchen Wert hat $h(c, c)$? Nach Definition von h gilt $h(c, c) = 1$ genau dann, wenn das Programm mit Codenummer c (also P) bei Eingabe von c stoppt. Dies bedeutet aber nach Konstruktion von P, dass der Wert von $h(c, c) = 0$ sein muss, denn nur in diesem Fall stoppt P. Dieser logische Widerspruch beweist, dass die Annahme der Existenz eines Programms zur Berechnung von h falsch war. Die Funktion h ist also nicht berechenbar.

Die Funktion h mag etwas esoterisch anmuten, so dass man zunächst bezweifeln kann, ob deren Nicht-Berechenbarkeit denn so schlimm ist. Aber man kann aus der Nicht-Berechenbarkeit von h die Nicht-Berechenbarkeit vieler anderer Aufgabenstellungen ableiten, die gar nicht mehr so esoterisch anmuten. Zum Beispiel ist es nicht möglich, ein algorithmisches Verfahren anzugeben, das die Allgemeingültigkeit von prädikatenlogischen Formeln feststellt. Oder: es ist unmöglich, ein Programm zu schreiben, das die Äquivalenz von kontextfreien Grammatiken (oder von Syntaxdiagrammen) feststellt.

1.3 Endliche Automaten

Endliche Automaten eignen sich hervorragend zur Modellierung verschiedener Algorithmen. Ein endlicher Automat wird am Besten grafisch dargestellt durch sein *Zustandsübergangsdiagramm*: Jeder Knoten entspricht hierbei einem *Zustand*, in dem der Automat sich befindet kann. Die gerichteten Kanten zwischen diesen Zustandsknoten deuten die möglichen Übergänge des Automaten an. Die Beschriftung der Kanten deutet an, wodurch ein Zustandsübergang des Automaten ausgelöst wird. Dies kann das Lesen eines bestimmten Eingabezeichens, das Vorliegen einer bestimmten Bedingung, oder das Eintreffen eines Ereignisses (Ablaufen eines Zeitintervalls, Empfangen eines

Sensorsignals etc.) sein. (Ein typisches Beispiel ist eine Ampel- oder eine Fahrstuhlsteuerung). Mit jedem Zustand kann des Weiteren eine semantische Aktion verknüpft sein, zum Beispiel die Ausgabe eines Zeichens oder das Senden eines Signals.

Beispiel: Das Folgende könnte ein erster Ansatz für einen Entwurf einer Ampelsteuerung sein.

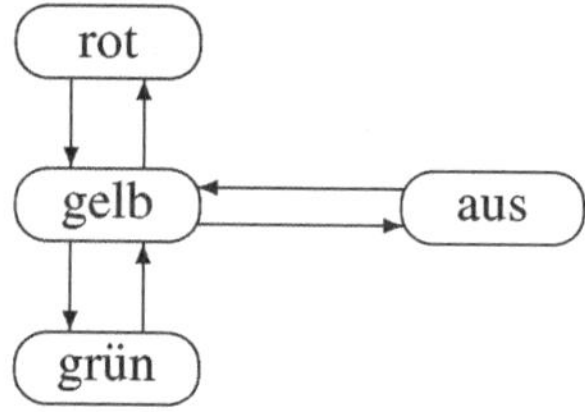

Formaler wird ein endlicher Automat beschrieben durch eine endliche Funktion δ : $Z \times \Sigma \to Z$, die *Überführungsfunktion*, wobei Z die zugrunde liegende, endliche Menge der Zustände ist und Σ eine endliche Menge von Symbolen (oder Signalen). Hierbei bedeutet „$\delta(z, a) = z'$“, dass der Automat, wenn er sich im Zustand z befindet und das Zeichen a liest (oder das Signal a empfängt) in den Zustand z' übergeht.

Die Arbeitsweise vieler Algorithmen kann als die eines endlichen Automaten verstanden werden, und man tut sich natürlich leichter mit dem Algorithmen-Design, wenn man sich dies von vorneherein klar macht, und den Algorithmus nicht ad-hoc konzipiert.

Ein Flussdiagramm zu Beschreibung eines Algorithmen-Ablaufes ist nichts anderes als ein endlicher Automat, wobei den einzelnen „Kästchen“, also den Zuständen, spezielle semantische Aktionen zugeordnet sind.

Einer der Zustände eines endlichen Automaten ist typischerweise der *Startzustand*, bei dem der algorithmische Prozess beginnt. Ferner gibt es ggfs. auch einen oder mehrere *Endzustände*, die das Vorliegen einer besonderen (Abbruch-) Situation anzeigen.

Beispiel: Der folgende endliche Automat erkennt in einem fortlaufenden Text von Nullen und Einsen jedes Vorkommen von „101“ und von „111“.

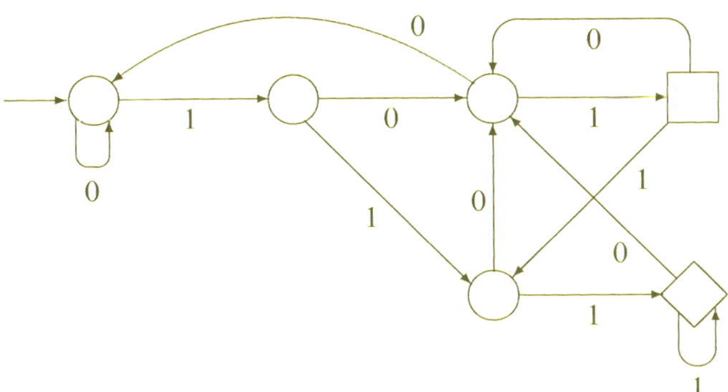

Hierbei wird der Startzustand durch einen hineingehenden Pfeil gekennzeichnet, und die beiden viereckigen Kästchen sind die Endzustände, die ein erkanntes Vorkommen von „101“ bzw. „111“ anzeigen. (Zu derartigen „Texterkennungsautomaten“ vgl. auch Abschnitt 10.2).

Eine besondere Form von endlichen Automaten sind *stochastische Automaten* oder *Markoff-Ketten*. Hierbei sind die Kanten mit Wahrscheinlichkeiten (vgl. Abschnitt 1.4) beschriftet. Zu jedem Zeitpunkt $t = 1, 2, 3, \ldots$ kann der Automat gemäß den angegebenen Übergangswahrscheinlichkeiten in einen neuen Zustand übergehen. Es ist klar, dass sich die Wahrscheinlichkeiten aller von einem Zustand ausgehenden Pfeile zu 1 addieren. Die Arbeitsweise vieler probabilistischer Algorithmen (vgl. Abschnitt 1.12) lässt sich mit Hilfe stochastischer Automaten modellieren und analysieren. Man kann einen stochastischen Automaten mit n Zuständen durch eine $n \times n$ Matrix beschreiben, wobei der Eintrag $a_{i,j}$ dieser Matrix die Übergangswahrscheinlichkeit von Zustand i nach Zustand j angibt. (Genauer ist $a_{i,j}$ die bedingte Wahrscheinlichkeit für das Eintreten des Zustands j, wenn der vorherige Zustand i war. Hierbei muss $\sum_{j=1}^{n} a_{i,j} = 1$ gelten).

Beispiel: Der folgende stochastische Automat modelliert einen „random walk“, welcher im mittleren Zustand startet und in jeder Zeiteinheit einen zufälligen Schritt nach links oder nach rechts vom aktuellen Zustand macht, wobei der Zustand ganz links *reflektierend* und der Zustand ganz rechts *absorbierend* ist.

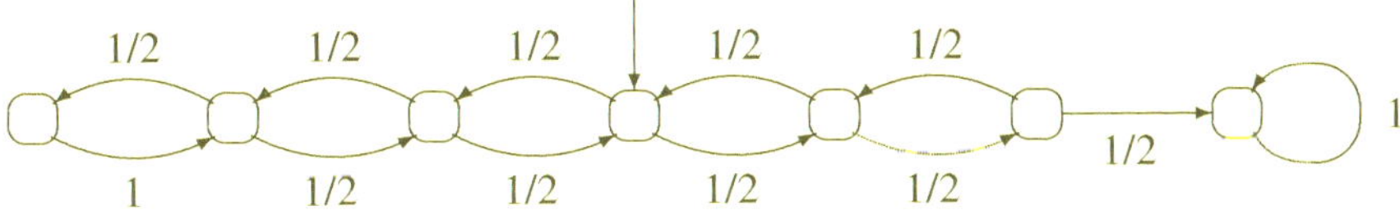

Manche der im Kapitel 11 und 12 beschriebenen Algorithmen haben einen ähnlichen Charakter; durch einen random walk auf dem Lösungsraum wird versucht, eine geeignete, möglichst optimale Lösung zu finden. Eine Lösung, die ein lokales Optimum darstellt, wirkt wie ein absorbierender Zustand, aus dem man ohne weitere Maßnahmen nicht mehr herauskommt (vgl. Seite 327).

Oft wird bei einer Markoff-Kette nicht ein einzelner spezifischer Startzustand angegeben, sondern der Startzustand wird gemäß einer Wahrscheinlichkeitsverteilung $(p_1, p_2, \ldots, p_n)$ mit $\sum_{i=1}^{n} p_i = 1$, der so genannte *Anfangsverteilung*, „ausgelost". Genau diese Situation treffen wir in Abschnitt 12.7 an.

Die Wahrscheinlichkeit für das Auftreten eines Zustandes j ist mit zunehmender Zeit nicht mehr abhängig von der Anfangsverteilung, sondern hängt nur von den Übergangswahrscheinlichkeiten $a_{i,j}$ ab. Diese Wahrscheinlichkeitsverteilung $(q_1, q_2, \ldots, q_n)$ heißt *stationäre Verteilung*, wobei q_i die Wahrscheinlichkeit darstellt, dass der Zustand i beobachtet wird, wenn diese Beobachtung erst lange Zeit nach dem Start durchgeführt wird. Man sagt auch, das System befindet sich nach einiger Zeit *im stationären Zustand*. Diese stationäre Verteilung (sofern eine solche existiert) kann man berechnen, indem man das Gleichungssystem

$$\begin{aligned} \sum_{i=1}^{n} q_i a_{i,j} &= q_j \quad (j = 1, 2, \ldots, n-1) \\ \sum_{j=1}^{n} q_j &= 1 \end{aligned}$$

löst.

1.4 Ein Streifzug durch die Stochastik

Wir wollen einige Begriffe aus der Stochastik in aller Kürze rekapitulieren, da diese bei Algorithmenanalysen und im Zusammenhang mit probabilistischen Algorithmen immer wieder benötigt werden. Wir werden es hier immer mit endlichen Wahrscheinlichkeitsräumen zu tun haben. Ein solcher wird spezifiziert durch eine endliche Menge $M = \{e_1, \ldots, e_n\}$ von *Elementarereignissen*, denen jeweils eine *Wahrscheinlichkeit* $p(e_i)$ zugeordnet ist, wobei $\sum_{i=1}^{n} p(e_i) = 1$. (Die Vorstellung ist hierbei, dass auf dem Wahrscheinlichkeitsraum M ein *Zufallsexperiment* durchgeführt wird, dessen Ergebnis genau eines der Elementarereignisse e_i sein kann. Zum Beispiel könnten die e_i die potenziellen Eingaben für einen Algorithmus darstellen).

Die Zuordnung von Wahrscheinlichkeiten zu Elementarereignissen nennen wir eine *(Wahrscheinlichkeits-) Verteilung*. Sofern alle Wahrscheinlichkeiten $p(e_i)$ identisch sind (also $p(e_i) = 1/n$), so sprechen wir von einer *Gleichverteilung*.

Die Zuordnung von Wahrscheinlichkeiten lässt sich von Elementarereignissen verallgemeinern auf *Ereignisse*, dies sind beliebige Teilmengen der betreffenden Grundmenge M. Mit $Pr(E)$ bezeichnen wir die Wahrscheinlichkeit des Ereignisses $E \subseteq M$. Es ist $Pr(E) = \sum_{e \in E} p(e)$. Bei Vorliegen einer Gleichverteilung auf der Grundmenge M lässt sich die Wahrscheinlichkeit für ein Ereignis E leicht durch den Quotienten $|E|/|M|$, also nach der Methode „Anzahl der günstigen Fälle geteilt durch die Anzahl aller Fälle“, bestimmen.

Einige Eigenschaften der Wahrscheinlichkeitsfunktion Pr sind die Folgenden.

- $0 \leq Pr(E) \leq 1$.
- $Pr(\emptyset) = 0,\ Pr(M) = 1$.
- $Pr(\overline{E}) = 1 - Pr(E)$, wobei $\overline{E}$ das *Komplementärereignis* von E darstellt, also $\overline{E} = M - E$ (Negationsformel).
- $Pr(E \cup F) = Pr(E) + Pr(F) - Pr(E \cap F)$ (Siebformel).

Die Siebformel lässt sich verallgemeinern auf den Fall von n Ereignissen. Es gilt:

$$\begin{aligned} Pr(\bigcup_{i=1}^{n} E_i) &= \sum_{i=1}^{n} Pr(E_i) \\ &- \sum_{1 \leq i < j \leq n} Pr(E_i \cap E_j) \\ &+ \sum_{1 \leq i < j < k \leq n} Pr(E_i \cap E_j \cap E_k) \\ &- + \cdots \pm Pr(E_1 \cap \cdots \cap E_n) \end{aligned}$$

Diese alternierende Summe berücksichtigt im ersten Term Einzelelemente, dann 2-elementige Mengen, 3-elementige Mengen, usw. Der erste Term überschätzt die tatsächliche Wahrscheinlichkeit, also $Pr(\bigcup_{i=1}^{n} E_i) \leq \sum_{i=1}^{n} Pr(E_i)$ (dies nennt man die *Boole-Ungleichung*). Die ersten zwei Terme unterschätzen diese, usw. Das heißt, es gilt die so genannte *Bonferroni-Ungleichung*:

$$Pr(\bigcup_{i=1}^{n} E_i) \geq \sum_{i=1}^{n} Pr(E_i) - \sum_{1 \leq i < j \leq n} Pr(E_i \cap E_j)$$

Eine ähnliche Abschätzung dieser Art stammt von Chung und Erdös:

$$Pr(\bigcup_{i=1}^{n} E_i) \geq \frac{\left(\sum_{i=1}^{n} Pr(E_i)\right)^2}{\sum_{i=1}^{n} Pr(E_i) + \sum_{i \neq j} Pr(E_i \cap E_j)}$$

Aus der Boole-Ungleichung erhält man durch Anwenden der deMorganschen Regeln und der Negationsformel die folgende duale Variante:

$$Pr\left(\bigcap_{i=1}^{n} E_i\right) \geq 1 - \sum_{i=1}^{n} (1 - Pr(E_i))$$

Zwei Ereignisse E, F heißen *(stochastisch) unabhängig*, falls $Pr(E \cap F) = Pr(E) \cdot Pr(F)$ gilt. Eine Menge von Ereignissen $\{E_1, \ldots, E_n\}$ heißt *paarweise unabhängig*, falls für jedes Paar von Ereignissen E_i, E_j, $i \neq j$, gilt, dass diese unabhängig sind. Eine Menge von Ereignissen $\{E_1, \ldots, E_n\}$ heißt *(vollständig) unabhängig*, falls für jede Teilmenge $I \subseteq \{1, \ldots, n\}$ gilt: $Pr(\bigcap_{i \in I} E_i) = \prod_{i \in I} Pr(E_i)$.
Eine Anwendung: Falls die Ereignisse $E_1, \ldots, E_n$ *paarweise* unabhängig sind und $Pr(E_i) = p$, so lässt sich mit der Siebformel wie folgt abschätzen:

$$np - \binom{n}{2} p^2 \leq Pr(\bigcup_{i=1}^{n} E_i) \leq np$$

Sofern *vollständige* Unabhängigkeit der Ereignisse E_i vorliegt, so gilt:

$$Pr(\bigcup_{i=1}^{n} E_i) = 1 - Pr(\bigcap_{i=1}^{n} \overline{E_i}) = 1 - \prod_{i=1}^{n} Pr(\overline{E_i}) = 1 - (1-p)^n$$

Beispiel: Sei $n = 10$ und $p = Pr(E_i) = 0.05$. Wenn wir über die Ereignisse $E_1, \ldots, E_{10}$ keinerlei Information bzgl. Unabhängigkeit haben, können wir die Wahrscheinlichkeit $Pr(E_1 \cup \ldots \cup E_{10})$ lediglich wie folgt abschätzen:

$$0.05 = p \leq Pr(E_1 \cup \ldots \cup E_{10}) \leq np = 0.5$$

Falls die Ereignisse *paarweise* unabhängig sind, so gilt:

$$0.3875 = np - \binom{n}{2} p^2 \leq Pr(E_1 \cup \ldots \cup E_{10}) \leq np = 0.5$$

Die Chung-Erdös-Ungleichung liefert in diesem Falle lediglich die untere Schranke 0.3448; sie kann aber in anderen Fällen besser sein.
Sofern *vollständige* Unabhängigkeit vorliegt, so gilt:

$$Pr(E_1 \cup \ldots \cup E_{10}) = 1 - (1-p)^n = 0.40126$$

Seien A und B zwei Ereignisse auf einem gegebenen Wahrscheinlichkeitsraum, wobei $Pr(B) > 0$. Dann bezeichnet $Pr(A \mid B) := Pr(A \cap B)/Pr(B)$ die *bedingte Wahrscheinlichkeit* des Ereignisses A unter der Bedingung B. Es ist $Pr(A \mid B)$ die Wahrscheinlichkeit des Eintreffens von A, wenn vorausgesetzt werden kann, dass B vorliegt. Sofern die Ereignisse A und B unabhängig sind, so gilt $Pr(A) = Pr(A \mid B)$ und $Pr(B) = Pr(B \mid A)$. Es gilt die Formel

$$Pr(A) = Pr(A \mid B) \cdot Pr(B) + Pr(A \mid \overline{B}) \cdot (1 - Pr(B))$$

und weiter verallgemeinert: Wenn $B_1, \ldots, B_k$ disjunkte Ereignisse sind, die den gesamten Wahrscheinlichkeitsraum aufspannen ($\bigcup_{i=1}^{k} B_i = M$), dann ist

$$Pr(A) = \sum_{i=1}^{k} Pr(A \mid B_i) \cdot Pr(B_i)$$

Eine *Zufallsgröße* oder *Zufallsvariable* ist eine Funktion, die jedem Elementarereignis einen (reellen oder ganzzahligen) Wert zuordnet. (Beispiel: Wenn jedes Elementarereignis e_i eine Eingabe für einen Algorithmus darstellt, so könnte man $X(e_i)$ als die Laufzeit des Algorithmus bei Eingabe e_i definieren).

Oft werden Ereignisse über die möglichen Werte, die eine Zufallsvariable annehmen kann, definiert. Sei etwa $X : M \to I\!R$ eine Zufallsvariable auf einem Wahrscheinlichkeitsraum M. Dann bezeichnet „$X = a$" das Ereignis E, dass X den Wert a annimmt, also $E = \{e \in M \mid X(e) = a\}$.

Der *Erwartungswert* und die *Varianz* (oder auch: Streuung) einer Zufallsvariablen X sind definiert durch

$$\begin{aligned} E[X] &= \sum_{e \in M} X(e) \cdot p(e), \\ V[X] &= E[(X - E[X])^2] = E[X^2] - (E[X])^2 \end{aligned}$$

Der Erwartungswert $E[X]$ gibt an, welchen Wert die Zufallsvariable X „im Mittel" annimmt – bezogen auf die zugrunde liegende Wahrscheinlichkeitsverteilung. Die Varianz ist ein Maß für die Streuung um diesen Mittelwert. Eine ähnliche inhaltliche Interpretation wie der Erwartungswert einer Zufallsvariablen X hat der *Median*; dies ist die kleinste Zahl m, für die $Pr(X \leq m) \geq 1/2$ gilt.

Eine wichtige Eigenschaft ist die *Linearität* des Erwartungswertoperators:

$$E[\sum_{i=1}^{n} X_i] = \sum_{i=1}^{n} E[X_i]$$

Hierbei brauchen die Zufallsvariablen X_i nicht unabhängig zu sein. (Eine Menge von Zufallsvariablen $\{X_i\}$ ist unabhängig, falls die Ereignisse „$X_i = r$" ($i = 1, \ldots, n$ und $r \in I\!R$) unabhängig sind. Für unabhängige Zufallsvariable $\{X_i\}$ gilt darüber hinaus $E[\prod_i X_i] = \prod_i E[X_i]$). Auch für die Varianz gilt eine entsprechende Additionsformel, allerdings nur unter der Voraussetzung der Unabhängigkeit der Zufallsvariablen X_i (es genügt aber bereits die *paarweise* Unabhängigkeit):

$$V[\sum_{i=1}^{n} X_i] = \sum_{i=1}^{n} V[X_i]$$

Sei Y eine Zufallsvariable, die nur die Werte 0 und 1 annehmen kann. Dann ist $E[Y]$ gerade die Wahrscheinlichkeit, dass Y den Wert 1 annimmt, also $E[Y] = Pr(Y = 1)$. Eine oft angewandte Methode, um den Erwartungswert einer (beliebigen) Zufallsvariablen X zu bestimmen, ist, diese Zufallsvariable als Summe von geeigneten 0/1-wertigen Zufallsvariablen X_i aufzufassen, also $X = \sum_{i=1}^{n} X_i$. Dann ist $E[X] = \sum_{i=1}^{n} Pr(X_i = 1)$; eine Formel, die evtl. wesentlich leichter zu berechnen ist als die Definitionsformel von $E[X]$ (vgl. etwa die probabilistische Analyse auf Seite 44 oder auch die Analyse von QuickSort in Abschnitt 2.4).

Wenn X, Y Zufallsvariablen sind, so dass die Erwartungswerte $E[X^2]$ und $E[Y^2]$ existieren, so ist die folgende Ungleichung (von Cauchy und Schwartz) gelegentlich nützlich:

$$(E[X \cdot Y])^2 \le E[X^2] \cdot E[Y^2]$$

Wenn der Erwartungswert (und evtl. die Varianz) einer Zufallsvariablen bekannt sind, so kann man diese charakteristischen Werte verwenden, um die Wahrscheinlichkeit, dass die Zufallsvariable bestimmte Werte (die vom Erwartungswert abweichen) annimmt, abschätzen:

$$\begin{array}{rcll} Pr(\, X \ge a\,) & \le & E[X]/a & \text{(Markoff-Ungleichung)} \\ Pr(\, |X - E[X]| \ge a\,) & \le & V[X]/a^2 & \text{(Tschebyscheff-Ungleichung)} \end{array}$$

Zu bemerken ist noch, dass die Markoff-Ungleichung voraussetzt, dass die Zufallsvariable X nur nicht-negative Werte annehmen kann. Eine Anwendung der Markoff-Ungleichung ist zum Beispiel die Aussage, dass eine nicht-negative Zufallsvariable X höchstens mit Wahrscheinlichkeit $1/t$ das t-fache ihres Erwartungswertes $E[X]$ überschreitet, also $Pr(X \ge t \cdot E[X]) \le 1/t$. (Man setze $a = t \cdot E[X]$).

Beweis der Markoff-Ungleichung: Sei Y die folgende 0-1-wertige Zufallsvariable

$$Y = \begin{cases} 1, & X \ge a \\ 0, & X < a \end{cases}$$

Dann gilt $X \ge a \cdot Y$ und damit $E[X] \ge a \cdot E[Y] = a \cdot Pr(X \ge a)$, also $Pr(X \ge a) \le E[X]/a$. □

Beweis der Tschebyscheff-Ungleichung: Mit Hilfe der Markoff-Ungleichung folgt $Pr(|X - E[X]| \ge a) = Pr((X - E[X])^2 \ge a^2) \le E[(X - E[X])^2]/a^2 = V[X]/a^2$. □

Ein häufig angewandter Spezialfall der Tschebyscheff-Ungleichung ist die Abschätzung

$$Pr(\, X = 0\,) \le V[X]/(E[X])^2$$

(Man setze $a = E[X]$). Tatsächlich lässt sich diese Abschätzung noch etwas verschärfen, und zwar wie folgt. Sei Y eine 0-1-wertige Zufallsvariable, die genau dann den Wert 1 annimmt, wenn $X \ne 0$. Dann gilt mit Hilfe der Cauchy-Schwartz-Ungleichung:

$$(E[X])^2 = (E[Y \cdot X])^2 \le E(Y^2) \cdot E(X^2) = Pr(\, X \ne 0\,) \cdot E[X^2]$$

Hieraus ergibt sich dann

$$Pr(\, X \ne 0\,) \ge (E[X])^2/E[X^2]$$

woraus man auch die oben zitierte Chung-Erdös-Ungleichung ableiten kann. Indem man Komplemente nimmt, erhält man die angekündigte Verschärfung

$$Pr(X=0) \le 1-(E[X])^2/E[X^2] = V[X]/E[X^2]$$

Sei p die Wahrscheinlichkeit für das Auftreten eines Ereignisses E. Sei X eine Zufallsvariable, die die Anzahl der unabhängigen Versuche angibt, bis E zum ersten Mal eintritt. Es gilt: $Pr(X=1)=p$, $Pr(X=2)=(1-p)p, \ldots, Pr(X=i)=(1-p)^{i-1}p$. Also haben wir:

$$E[X] = p\sum_{i=1}^{\infty} i(1-p)^{i-1} = p\frac{1}{(1-(1-p))^2} = \frac{1}{p}$$

Eine alternative, elegante Art, diesen Erwartungswert zu berechnen, ist die Folgende: Sei m die mittlere Anzahl der Versuche, bis zum ersten Mal das Ereignis E eintritt, also $m=E[X]$. Mit Wahrscheinlichkeit p tritt E beim ersten Versuch ein; mit Wahrscheinlichkeit $1-p$ sind es nach diesem ersten Versuch im Mittel noch m Versuche, wie zuvor, insgesamt also $1+m$ Versuche. Also haben wir:

$$m = p\cdot 1+(1-p)\cdot(1+m)$$

Hieraus ergibt sich $m=1/p$.

Wenn wir also einen probabilistischen Algorithmus (siehe Abschnitt 1.12) vorliegen haben, der ein erwünschtes Ergebnis mit Wahrscheinlichkeit p liefert, so müssen wir diesen Algorithmus im Mittel $(1/p)$-mal laufen lassen, bis wir das Ergebnis erhalten.

Eine häufig auftretende Wahrscheinlichkeitsverteilung ist die *Binomialverteilung*. Hierbei wird n-mal unabhängig dasselbe Zufallsexperiment durchgeführt, das jedes Mal entweder den Ausgang 1 („Erfolg") oder 0 („Misserfolg") haben kann, wobei 1 mit Wahrscheinlichkeit p und 0 mit Wahrscheinlichkeit $1-p$ auftritt. Ein solches n-faches Zufallsexperiment wird auch *Bernoulli-Experiment* genannt. Sei X_i eine 0-1-wertige Zufallsvariable, die das Ergebnis des i-ten Zufallsexperiments repräsentiert. Die Zufallsvariable $S=\sum_{i=1}^{n} X_i$ nennen wir dann *binomialverteilt* (mit den Parametern n und p). Es gilt

$$Pr(S=k) = \binom{n}{k} p^k(1-p)^{n-k}$$

und für den Erwartungswert von S ergibt sich

$$E[S] = E\left[\sum_{i=1}^{n} X_i\right] = \sum_{i=1}^{n} E[X_i] = \sum_{i=1}^{n} Pr(X_i=1) = np$$

Für die Varianz von S erhalten wir unter Verwenden der (paarweisen) Unabhängigkeit der X_i:

$$V[S] = E[S^2]-(E[S])^2 = E[(X_1+\ldots+X_n)(X_1+\ldots+X_n)]-(np)^2$$

$$
\begin{aligned}
&= E[\sum_{i,j} X_i X_j] - (np)^2 = \sum_{i,j} E[X_i X_j] - (np)^2 \\
&= \sum_{i \neq j} E[X_i X_j] + \sum_i E[X_i X_i] - (np)^2 \\
&= (n^2 - n)p^2 + np - (np)^2 = np - np^2 = np(1-p)
\end{aligned}
$$

Für solche (n, p)-binomialverteilte Zufallsvariablen S lassen sich weit bessere Abschätzungen für die Wahrscheinlichkeit, vom Erwartungswert $E[S] = np$ abzuweichen, angeben, als dies durch Markoff- oder Tschebyscheff-Ungleichung möglich ist. Dies sind die *Chernoff-Ungleichungen* (oder Chernoff-Schranken). Sei $\delta > 0$. Es gilt:

$$
\begin{aligned}
Pr(S \geq (1+\delta)E[S]) &\leq \left(\frac{e^{\delta}}{(1+\delta)^{(1+\delta)}}\right)^{E[S]} \\
Pr(S \leq (1-\delta)E[S]) &\leq \left(\frac{e^{-\delta}}{(1-\delta)^{(1-\delta)}}\right)^{E[S]}
\end{aligned}
$$

wobei diese Ungleichungen auch für den Fall gelten, dass die Wahrscheinlichkeiten bei jedem einzelnen Versuch des Bernoulli-Experiments variieren, also $E[X_i] = p_i$ $(i = 1, \ldots, n)$ und $E[S] = \sum_{i=1}^{n} p_i$. (Diese Situation nennt man auch ein *Poisson-Experiment*). Die zweite Ungleichung kann auch in folgende Form umgeschrieben werden:

$$
Pr(S \leq \frac{E[S]}{1+\alpha}) \leq \left(\frac{1+\alpha}{e^{\alpha}}\right)^{\frac{E[S]}{1+\alpha}}
$$

Beweis der Chernoff-Ungleichungen:

$$
\begin{aligned}
Pr(S \geq (1+\delta)E[S]) &= Pr(t^S \geq t^{(1+\delta)E[S]}) && \text{(für alle } t > 1) \\
&\leq \frac{E[t^S]}{t^{(1+\delta)E[S]}} && \text{(Markoff-Ungleichung)} \\
&= \frac{E[t^{X_1} t^{X_2} \cdots t^{X_n}]}{t^{(1+\delta)E[S]}} \\
&= \frac{\prod_{i=1}^{n} E[t^{X_i}]}{t^{(1+\delta)E[S]}} && \text{(Unabhängigkeit)} \\
&= \frac{\prod_{i=1}^{n} (p_i t + (1-p_i))}{t^{(1+\delta)E[S]}} \\
&\leq \frac{\prod_{i=1}^{n} e^{(t-1)p_i}}{t^{(1+\delta)E[S]}} && \text{(wegen } 1+x \leq e^x) \\
&= \frac{e^{(t-1)\sum_{i=1}^{n} p_i}}{t^{(1+\delta)E[S]}} = \left(\frac{e^{t-1}}{t^{1+\delta}}\right)^{E[S]}
\end{aligned}
$$

Durch Wahl von $t = 1 + \delta$ wird dieser Ausdruck minimiert und wir erhalten:

$$
Pr(S \geq (1+\delta)E[S]) \leq \left(\frac{e^{\delta}}{(1+\delta)^{(1+\delta)}}\right)^{E[S]}
$$

Die zweite Chernoff-Ungleichung beweist man analog. Nachdem man zunächst die Abschätzung

$$Pr(S \leq (1-\delta)E[S]) \leq \left(\frac{e^{-1+1/t}}{t^{\delta-1}}\right)^{E[S]}$$

erhält, setzt man $t = 1/(1-\delta)$ ein. □

Im Abschnitt 1.12 werden wir noch einen Spezialfall (und eine Verschärfung) dieser Abschätzung herleiten.

Das folgende Diagramm zeigt den Funktionsverlauf von $e^{\delta}/(1+\delta)^{(1+\delta)}$ und $e^{-\delta}/(1-\delta)^{(1-\delta)}$.

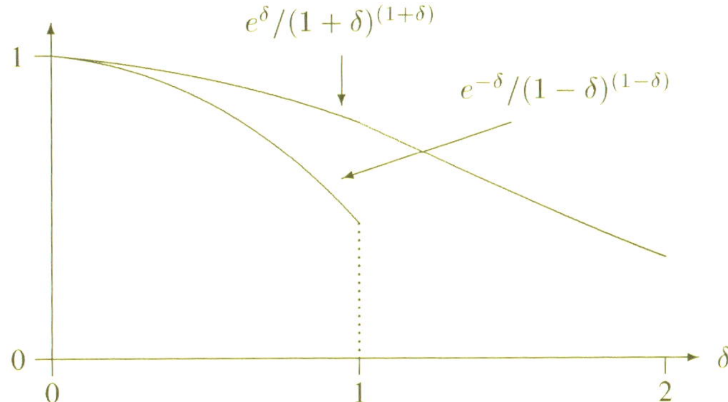

Durch Vergleich der betreffenden Potenzreihenentwicklungen lassen sich die oben dargestellten Funktionen noch durch etwas „handlichere“ Funktionen nach oben abschätzen (sei $\delta \in (0,1)$):

$$\frac{e^{\delta}}{(1+\delta)^{(1+\delta)}} \leq e^{-\delta^2/3}, \qquad \frac{e^{-\delta}}{(1-\delta)^{(1-\delta)}} \leq e^{-\delta^2/2}$$

Also erhalten wir:

$$\begin{aligned} Pr(S \geq (1+\delta)E[S]) &\leq e^{-\delta^2 E[S]/3} \\ Pr(S \leq (1-\delta)E[S]) &\leq e^{-\delta^2 E[S]/2} \end{aligned}$$

Seien X und Y zwei unabhängige Zufallsvariablen, die nur Werte aus der endlichen Menge M annehmen können. Die zugrunde liegende Wahrscheinlichkeitsverteilung von X und von Y sei dieselbe. (Man sagt, X und Y seien *identisch verteilt*). Dann nennen wir die Wahrscheinlichkeit

$$Pr(X = Y) = \sum_{m \in M} Pr(X = m)Pr(Y = m) = \sum_{m \in M} p(m)^2$$

den *Koinzidenzindex* der zugrunde liegenden Verteilung (ein Begriff, der in der Kryptographie bzw. Kryptoanalyse eine wichtige Rolle spielt). Dieser Wert liegt zwischen $\frac{1}{|M|}$ und 1, wobei der Minimalwert genau dann angenommen wird, wenn die zugrunde liegende Wahrscheinlichkeitsverteilung eine Gleichverteilung auf M ist. Der Maximalwert wird angenommen, wenn es einen Wert aus M gibt, der mit Wahrscheinlichkeit 1 angenommen wird. Der Koinzidenzindex ist somit ein Maß für die „Rauheit" der betreffenden Wahrscheinlichkeitsverteilung.

Nehmen wir an, eine Zufallsvariable X (und eine identisch verteilte Zufallsvariable Y) nehme Werte aus einer Menge M an, wobei die zugrunde liegende Verteilung einen Koinzidenzindex $\leq \frac{1}{|M|}(1+\varepsilon)$ habe. Sei E eine Teilmenge von M. Wir wollen abschätzen, inwieweit $Pr(X \in E)$ vom Wert $\frac{|E|}{|M|}$ abweichen kann, der bei einer Gleichverteilung gelten würde. Wir erhalten:

$$\begin{aligned}\frac{1}{|M|}(1+\varepsilon) &\geq Pr(X=Y)\\ &= Pr(X=Y \mid X,Y \in E)\cdot Pr(X,Y \in E)\\ &\quad +Pr(X=Y \mid X,Y \notin E)\cdot Pr(X,Y \notin E)\\ &\geq \frac{1}{|E|}\cdot (Pr(X \in E))^2 + \frac{1}{|M|-|E|}\cdot (1-Pr(X\in E))^2\end{aligned}$$

Hierbei wurde berücksichtigt, dass $Pr(X=Y \mid X \in E, Y \notin E) = Pr(X=Y \mid X \notin E, Y \in E) = 0$. Es sei $Pr(X \in E) = \frac{|E|}{|M|} + \delta$ für ein noch zu bestimmendes δ und wir setzen dies ein:

$$\begin{aligned}\frac{1}{|M|}(1+\varepsilon) &\geq \frac{1}{|E|}\cdot\left(\frac{|E|}{|M|}+\delta\right)^2 + \frac{1}{|M|-|E|}\cdot\left(1-\frac{|E|}{|M|}-\delta\right)^2\\ &= \frac{\delta^2}{|M|-|E|}+\frac{\delta^2}{|E|}+\frac{1}{|M|}\end{aligned}$$

Dieser Term wird maximal für $|E| = \frac{|M|}{2}$. Daher gilt für alle $E \subseteq M$ die Ungleichung:

$$\frac{1}{|M|}(1+\varepsilon) \geq \frac{2\delta^2}{|M|}+\frac{2\delta^2}{|M|}+\frac{1}{|M|} = \frac{1}{|M|}(1+4\delta^2)$$

Also ist $4\delta^2 \leq \varepsilon$ bzw. $|\delta| \leq \frac{1}{2}\sqrt{\varepsilon}$. Das heißt, $Pr(X \in E)$ kann vom „Idealwert" $\frac{|E|}{|M|}$ höchstens um $\pm\frac{1}{2}\sqrt{\varepsilon}$ abweichen.

1.5 Entropie

Wenn wir es mit einem Zufallsexperiment zu tun haben, das endlich viele mögliche Ausgänge hat, welche mit den Wahrscheinlichkeiten $p_1, \ldots, p_n$ mit $\sum_{i=1}^n p_i = 1$ auftreten, so kann man diesem Zufallsexperiment eine Maßzahl zuordnen. Dies ist die

Entropie der Wahrscheinlichkeitsverteilung $(p_1, \ldots, p_n)$ und wird mittels

$$H(p_1, \ldots, p_n) = -\sum_{i=1}^{n} p_i \log_2 p_i$$

definiert. (Wir setzen hierbei $0 \log_2 0 = 0$). Diese gewichtete Summe hat formal betrachtet die Form eines Erwartungswertes. Und zwar kann man diesen Wert als ein Maß für die *Unbestimmtheit* des Ausgangs des betreffenden Zufallsexperiments ansehen, *bevor* dieses durchgeführt wird. Umgekehrt kann man die Entropie auch als Maß für den (mittleren) *Informationsgewinn* ansehen, die man erhält, *nachdem* das Ergebnis des Zufallsexperiments feststeht. (Das heißt, wenn das i-te Ereignis des Zufallsexperiments eintritt, so erfährt man den Informationsgewinn $-\log_2 p_i = \log_2(1/p_i)$. Da man bei unabhängigen Ereignissen die betreffenden Wahrscheinlichkeiten multiplizieren kann, kann man in diesem Fall, wegen der Logarithmusfunktion, die Informationsgewinne addieren). Entropiewerte werden üblicherweise in *bit* angegeben. Wenn X eine Zufallsvariable ist, die n mögliche Werte, und zwar mit den Wahrscheinlichkeiten $p_1, \ldots, p_n$, annimmt, so schreiben wir auch $H(X)$ anstatt $H(p_1, \ldots, p_n)$.

Das folgende Bild zeigt den Verlauf der Entropiefunktion für den Fall eines Zufallsexperiments mit *zwei* möglichen Ausgängen, wobei die erste Alternative mit Wahrscheinlichkeit p und die zweite Alternative mit Wahrscheinlichkeit $1 - p$ auftritt.

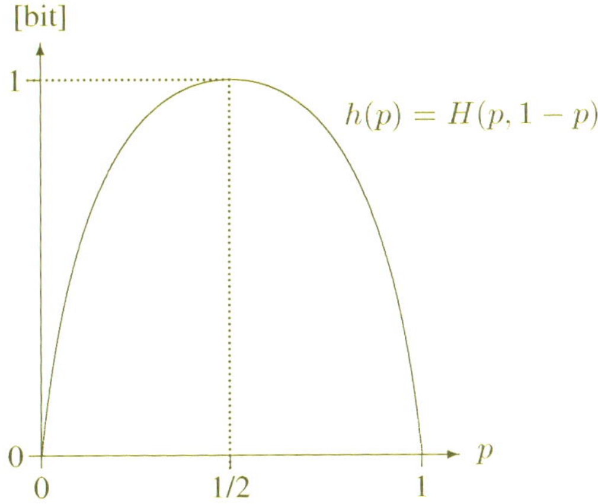

Für $p = 1/2$ (wie beim Werfen einer „fairen" Münze) hat das Zufallsexperiment also den Informationsgehalt von 1 bit. Falls die Münze jedoch nicht „fair" ist und p zum Beispiel den Wert $1/4$ hat, so erniedrigt sich die Entropie auf etwa 0.8113 bit.

Einige Eigenschaften der Entropiefunktion sind die Folgenden:

- Es gilt $H(p_1, \ldots, p_n) \geq 0$, wobei Gleichheit genau dann gilt, wenn $p_i = 1$ für genau ein i gilt (und dementsprechend für die anderen Wahrscheinlichkeiten $p_j = 0$ gilt). In diesem Falle ist der Ausgang des Zufallsexperiment vollständig determiniert und enthält keinerlei Unsicherheit (bzw. liefert keinerlei Information).

- Es gilt $H(p_1, \ldots, p_n) \leq \log_2 n$, wobei Gleichheit genau dann gilt, wenn $(p_1, \ldots, p_n) = (\frac{1}{n}, \ldots, \frac{1}{n})$.

- Es gilt $H(p_1, \ldots, p_n) = H(p_1, \ldots, p_n, 0)$.

- Sei π eine beliebige Permutation auf der Menge $\{1, \ldots, n\}$. Dann gilt: $H(p_1, \ldots, p_n) = H(p_{\pi(1)}, \ldots, p_{\pi(n)})$.

- $H(p_1, \ldots, p_n) = H(p_1 + p_2, p_3, \ldots, p_n) + (p_1 + p_2)H(\frac{p_1}{p_1+p_2}, \frac{p_2}{p_1+p_2})$ (Gruppierungseigenschaft).

- Sei $(q_1, \ldots, q_n)$ eine beliebige, weitere Wahrscheinlichkeitsverteilung (also $0 \leq q_i \leq 1$ und $\sum_{i=1}^n q_i = 1$). Dann gilt

  $$H(p_1, \ldots, p_n) \leq -\sum_{i=1}^{n} p_i \log_2 q_i$$

  wobei Gleichheit genau dann gilt, wenn $(p_1, \ldots, p_n) = (q_1, \ldots, q_n)$ (Lemma von Gibb). Wir bemerken, dass diese Abschätzung auch (erst recht) gilt, wenn $\sum_{i=1}^n q_i \leq 1$ gilt.

- Sei $Y = (X_1, \ldots, X_n)$ eine Zufallsvariable, deren mögliche Werte n-Tupel der Form $(x_1, \ldots, x_n)$ sind. Hierbei sei x_i der Wert der Zufallsvariablen X_i. Dann gilt $H(Y) \leq H(X_1) + \ldots + H(X_n)$ (Subadditivität), wobei Gleichheit genau dann gilt, wenn die Zufallsvariablen X_i unabhängig sind.

Entropieargumente werden bei der Algorithmen-Analyse und Konstruktion immer dann eine Rolle spielen, wenn eine Wahrscheinlichkeitsverteilung in Bezug auf ein gewisses Zufallsexperiment vorliegt oder angenommen werden kann (zum Beispiel in Form von Zugriffshäufigkeiten bei einem Suchbaum, oder wenn eine Wahrscheinlichkeitsverteilung auf der Menge der potenziellen Algorithmen-Eingaben vorliegt). Die Tatsache, dass bei der Gleichverteilung der größtmögliche Entropiewert angenommen wird, gibt eine gewisse Rechtfertigung für die Gleichverteilungsannahme bei der Definition der average-case Komplexität (vgl. Seite 43).

Nehmen wir an, B sei ein Binärbaum mit n Blättern. Diese Blätter kommen auf den Tiefen $t_1, \ldots, t_n$ vor.

Beispiel: Die Blätter (rechteckig gezeichnet) in dem folgenden Binärbaum sind auf den

Tiefen 2,2,3,3.

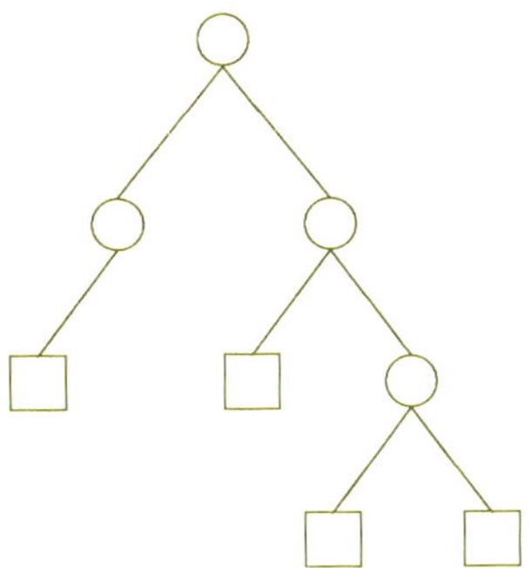

Man kann allgemein nachweisen, dass für die in einem Binärbaum vorkommenden Blatt-Tiefen $t_1, \ldots, t_n$ immer gilt:

$$\sum_{i=1}^{n} 2^{-t_i} \leq 1 \quad \text{(Kraftsche Ungleichung)}$$

Die Kraftsche Ungleichung kann man wie folgt begründen: Nehmen wir an, der gegebene Binärbaum definiert ein Zufallsexperiment; wir starten bei der Wurzel und bewegen uns in Richtung der Blätter. Jedesmal, wenn wir einen Knoten mit zwei Söhnen erreichen, so wählen wir mit Wahrscheinlichkeit 1/2 den linken bzw. den rechten Sohn. Sei p_i $(i = 1, \ldots, n)$ die Wahrscheinlichkeit, das i-te Blatt bei diesem Zufallsprozess zu erreichen. Dieses Blatt liege auf der Tiefe t_i. Dann gilt $2^{-t_i} \leq p_i$, denn auf dem Weg von der Wurzel zu diesem Blatt liegen maximal t_i Knoten, bei denen jeweils mit Wahrscheinlichkeit 1/2 „gewürfelt" werden muss. Also erhalten wir:

$$\sum_{i=1}^{n} 2^{-t_i} \leq \sum_{i=1}^{n} p_i = 1$$

(Eine „Umkehrung der Kraftschen Ungleichung" wird auf Seite 254 bewiesen).

Bei dem Beispiel oben ergibt sich: $\frac{1}{4} + \frac{1}{4} + \frac{1}{8} + \frac{1}{8} = \frac{3}{4} \leq 1$. Wenn man den Pfad ganz links um eine Kante verkürzt, ergibt sich die Bilanz: $\frac{1}{2} + \frac{1}{4} + \frac{1}{8} + \frac{1}{8} = 1$.

Daher können wir die Folge $(q_1, \ldots, q_n) := (2^{-t_1}, \ldots, 2^{-t_n})$ in das Lemma von Gibb (Seite 40) einsetzen und erhalten:

$$H(p_1, \ldots, p_n) \leq -\sum_{i=1}^{n} p_i \log_2 q_i = -\sum_{i=1}^{n} p_i \log_2 2^{-t_i} = \sum_{i=1}^{n} p_i t_i$$

Dies bedeutet Folgendes: Wenn p_i die Wahrscheinlichkeit ist, dass das i-te Blatt in B „nachgefragt" wird, so ist $\sum_{i=1}^{n} p_i t_i$ gerade die mittlere Baumtiefe der Blätter (entsprechend dieser Wahrscheinlichkeitsverteilung). Die obige Ungleichung besagt, dass sich dieser gewichtete Mittelwert von unten durch die Entropie der betreffenden Wahrscheinlichkeitsverteilung abschätzen lässt.

Anwendungen dieser Abschätzung finden sich im Abschnitt 2.2 (untere Schranke für die mittlere Anzahl von Vergleichen beim Sortieren), im Abschnitt 4.3 (Abschätzungen der mittleren Suchzeit in einem optimalen Suchbaum) und im Abschnitt 8.1 (mittlere Codewortlänge in einem optimalen Präfixcode). Insbesondere wird in Abschnitt 8.1 als eine mögliche Anwendung gezeigt, wie man Dateien komprimieren kann. Als untere Schranke für die erreichbare Kompression erweist sich hierbei die Entropie, also der Informationsgehalt, der in der Datei enthaltenen Daten. Dies ist intuitiv einsichtig: man kann eine Datei nicht auf weniger bits komprimieren als der in ihr enthaltene Informationsgehalt (in bit). Sonst geht Information verloren, und man wird die ursprüngliche Datei aus der komprimierten Version nicht verlustfrei rekonstruieren können.

Die Anwendung der Datenkompression behandeln wir als eigenes Thema in Kapitel 8.

Eine andere, rein kombinatorische Theorie der Datenkompression (die ohne Wahrscheinlichkeitstheorie auskommt) geht schlicht von der Tatsache aus, dass (bei festgehaltenem Kompressions- und Dekompressionsalgorithmus) die Abbildung

$$\text{Originaldatei} \mapsto \text{komprimierte Datei}$$

injektiv sein muss (sonst entsteht Datenverlust, da sonst zwei unterschiedliche Originaldateien auf dieselbe komprimierte Datei abgebildet werden; man kann die Originaldatei dann nicht eindeutig rekonstruieren). Ein simples Abzählargument zeigt, dass es genau $2^{k-1} + 2^{k-2} + \ldots + 1 = 2^k - 1$ viele Dateien der Länge $< k$ gibt. Es können also nicht *alle* 2^k Dateien der Länge k auf $< k$ viele Bits komprimierbar sein. Genauer gilt, dass nur ein Anteil von höchstens 2^{-l} aller Dateien der Länge k auf die Länge $n - l$ komprimierbar sein kann. Das heißt, dass eine zufällig erzeugte 0-1-Folge mit hoher Wahrscheinlichkeit *nicht komprimierbar* ist. (Dies ist übrigens ein guter Test auf Zufälligkeit: wenn sich die Ausgabe eines Pseudozufallszahlengenerators (vgl. Abschnitt 1.12) durch einen Kompressionsalgorithmus um nur, sagen wir, 10 bits komprimieren lässt, so spricht dies sehr gegen die Güte dieses Generators, denn bei einer echt zufälligen Folge wäre dies nur mit Wahrscheinlichkeit $\leq 2^{-10}$ möglich).

Was wir hier andeuten ist Thema der so genannten *algorithmischen Informationstheorie* oder *Kolmogoroff-Komplexität*, und auf Seite 116 werden wir ein Beweisargument kennen lernen, das darauf beruht, dass die meisten 0-1-Folgen nicht komprimierbar sind.

1.6 Worst-Case und Average-Case

Ein *Algorithmus* wird immer gestartet mit einer *Eingabe*. Eine Eingabe kann zum Beispiel ein Graph, eine Zahl, eine Matrix, etc., oder eine Kombination hiervon sein. Jeder Eingabe kann man eine *Länge* $n \in \mathbb{N}$ zuordnen. Mit $|x|$ bezeichnen wir die Länge der Eingabe x.

Die *worst-case-Komplexität* von einem Algorithmus A ist die Laufzeit von A bei der ungünstigsten Eingabe der Länge n. In Formeln:

$$\text{wc-time}_A(n) \;:=\; \max_{x:|x|=n} \text{time}_A(x)$$

Hierbei ist $\text{time}_A(x)$ die Laufzeit (Anzahl der durchlaufenen Elementarschritte) von Algorithmus A bei Eingabe x.

Da wir an dieser Stelle nur über *deterministische* Algorithmen reden, ist mit Angabe einer Eingabe x der Rechenablauf und damit dessen Länge eindeutig festgelegt.

Falls $\text{wc-time}_A(n) \leq f(n)$ für eine Funktion f gilt, so heißt dies, dass der Algorithmus A bei *jeder* Eingabe der Länge n höchstens $f(n)$ Schritte macht. Falls dagegen $\text{wc-time}_A(n) \geq g(n)$ für eine Funktion g gilt, so heißt dies (nur), dass es Eingaben der Länge n gibt, für die Algorithmus A mindestens die Laufzeit $g(n)$ benötigt.

Bei der *average-case*-Analyse wird Gleichverteilung auf allen Eingaben der Länge n angenommen. Die Laufzeit von einem Algorithmus A (bei zufälliger Wahl der Eingabe) wird damit zu einer *Zufallsvariablen* $T_{A,n}$. Es ist

$$\text{av-time}_A(n) \;:=\; E[\,T_{A,n}\,]$$

wobei die Eingaben der Länge n unter Gleichverteilung zufällig ausgewählt werden. Hierbei ist E der *Erwartungswertoperator*. In Formeln heißt dies also:

$$\text{av-time}_A(n) \;:=\; \frac{1}{|\{x : |x| = n\}|} \cdot \sum_{x:|x|=n} \text{time}_A(x)$$

Es ist klar, dass immer $\text{av-time}_A(n) \leq \text{wc-time}_A(n)$ gilt.

Eine average-case Analyse ergibt eher realistischere Aussagen über die Performanz eines Algorithmus als eine worst-case Analyse; ist jedoch im Allgemeinen schwieriger durchzuführen. Das Unrealistische wiederum an einer average-case Analyse ist die Annahme der Gleichverteilung. In dieser Hinsicht ist die worst-case Analyse wieder robuster, da sie keine spezielle Annahme über die Verteilung der Eingaben macht.

Beispiel: Maximum bestimmen.

Betrachte den folgenden Programmabschnitt (Eingabe sei ein Array $a[1..n]$, $n \geq 1$, und wir verstehen n als die Eingabelänge).

(1) $\max := a[1]$
(2) FOR $i := 2$ TO n DO
(3) IF $a[i] > \max$ THEN $\underbrace{\max := a[i]}_{(4)}$

Sei c_1 der Aufwand zur Ausführung von (1). Sei c_2 der Aufwand, der mit jedem einzelnen Schleifendurchlauf in (2) und (3) verbunden ist. Sei c_3 der Aufwand für (4).

Dann ergibt sich:

$$\text{wc-time}_A(n) \;=\; c_1 + (n-1)(c_2 + c_3)$$

Wie sieht es mit dem average-case aus? Als eine Eingabe der Länge n betrachten wir hier ein Array $a[1..n]$, dessen Elemente eine beliebige Permutation der Zahlen (z.B.) $1, 2, \ldots, n$ darstellen. Alle $n!$ solchen Permutationen seien gleichwahrscheinlich. Dann gilt:

$$\begin{array}{lcl} Pr(a[2] > a[1]) & = & 1/2 \\ Pr(a[3] > \max(a[1], a[2])) & = & 1/3 \\ & \vdots & \\ Pr(a[n] > \max(a[1], a[2], \ldots, a[n-1])) & = & 1/n \end{array}$$

Sei X_j $(j = 1, \ldots, n)$ die Zufallsvariable mit

$$X_j = \begin{cases} 1, & \text{in dem Arrayabschnitt } a[1..j] \text{ ist } a[j] \text{ das Maximum} \\ 0, & \text{sonst} \end{cases}$$

Dann ist $E[X_j] = Pr(a[j] > \max(a[1], a[2], \ldots, a[j-1])) = 1/j$. Daher ergibt sich:

$$\begin{array}{rcl} \text{av-time}_A(n) & = & c_1 + (n-1)c_2 + c_3 E\Big[\sum_{j=2}^{n} X_j\Big] \\ & = & c_1 + (n-1)c_2 + c_3 \sum_{j=2}^{n} E[X_j] \\ & = & c_1 + (n-1)c_2 + c_3 \sum_{j=2}^{n} \frac{1}{j} \\ & = & c_1 + (n-1)c_2 + (H_n - 1)c_3 \\ & \approx & c_1 + (n-1)c_2 + (\ln n)c_3 \end{array}$$

Hierbei ist $H_n = \sum_{j=1}^{n} \frac{1}{j}$ die harmonische Reihe (vgl. auch Abschnitt 1.8).

1.7 Asymptotische Notationen

Die genaue Angabe einer Komplexitätsfunktion, bis auf den konstanten Faktor, ist oft schwierig oder unmöglich, da die konkrete Laufzeit eines Algorithmus von der verwendeten Maschine, der Programmiersprache, ja sogar vom verwendeten Compiler, abhängig ist. Eine Angabe, die dagegen stabil, also von der konkreten Ausführung des Algorithmus unabhängig ist, ist zum Beispiel die Aussage, dass die Komplexität „höchstens quadratisch mit der Eingabelänge zunimmt“. Genau solche unscharfen Aussagen werden durch die folgenden Notationen unterstützt.

Wir beginnen mit der O-Notation, welche es ermöglicht, Aussagen über obere Schranken zu machen – unter Ignorieren von konstanten Faktoren und von Termen niedrigerer Ordnung.

Im Folgenden seien f und g immer Funktionen von $I\!N$ nach $I\!R_+$.

Definition: Mit $O(f(n))$ bezeichnen wir die Klasse aller Funktionen g mit der Eigenschaft:

$$\exists c > 0 \; \exists n_0 > 0 \; \forall n \geq n_0 \; : \; g(n) \leq cf(n)$$

Beispiel: Es gilt $3n^4 + 5n^3 + 7\log_2 n \in O(n^4)$, denn es gilt $3n^4 + 5n^3 + 7\log_2 n \leq 3n^4 + 5n^4 + 7n^4 = 15n^4$ für $n \geq 1$. Daher können wir $c = 15$ und $n_0 = 1$ wählen.

Die O-Notation ist natürlich nur dann sinnvoll, wenn die zur Abschätzung verwendete Funktion *möglichst einfach* ist, also keine überflüssigen konstanten Faktoren oder Terme niedriger Ordnung enthält. Soll etwa eine Funktion mit Hilfe der O-Notation asymptotisch abgeschätzt werden, welche sich als Summe von endlich vielen Einzelfunktionen darstellt, so wählt man diejenige Einzelfunktion mit dem asymptotisch größten Wachstum aus (im obigen Beispiel $3n^4$) und streift auch noch eventuell vorhandene konstante Faktoren ab.

Bemerkung: Wenn wir im Rahmen der O-Notation den Logarithmus verwenden, also $O(\ldots \log n \ldots)$, so erübrigt sich die Angabe der Basis des Logarithmus, da sich verschiedene Basen lediglich im konstanten Faktor unterscheiden. Konstante Faktoren werden durch die O-Notation aber gerade ignoriert.

Dual zur O-Notation, und damit für untere Schranken geeignet, ist die Ω-Notation:

Definition: Mit $\Omega(f(n))$ bezeichnen wir die Klasse aller Funktionen g mit der Eigenschaft:

$$\exists c > 0 \; \exists n_0 > 0 \; \forall n \geq n_0 \; : \; g(n) \geq cf(n)$$

Definition: Mit $\Theta(f(n))$ bezeichnen wir die Klasse $O(f(n)) \cap \Omega(f(n))$.

Falls also $g(n) \in \Theta(f(n))$ gezeigt ist, so haben wir das Wachstum der Funktion $g(n)$ mittels $f(n)$ genau – bis auf einen konstanten Faktor und bis auf Terme niedriger Ordnung – abgeschätzt. Die Funktion $g(n)$ verläuft dann also, zumindest ab einem Anfangswert n_0, in dem „Streifen" $[c_1 f(n), c_2 f(n)]$, für gewisse Konstanten c_1, c_2 mit $c_1 < c_2$.

Beispiele: $5 + \sin n \in \Theta(1)$, $3n^2 \log_2 n + 4n^2 + 3n \in \Theta(n^2 \log n)$.

Es gibt noch einige seltener verwendete asymptotische Notationen:

Definition: Mit $o(f(n))$ bezeichnen wir die Klasse aller Funktionen g mit der Eigenschaft:

$$\forall c > 0\ \exists n_0 > 0\ \forall n \geq n_0\ :\ g(n) \leq cf(n)$$

Der Unterschied zur O-Notation besteht „nur“ in dem Quantor bei der Konstanten c. Der Effekt dieses Allquantors ist, dass sich die Funktionen f und g beliebig weit (für genügend große n) unterscheiden müssen.

Beispiele: Im Unterschied zur O-Notation gilt $3n^2 \notin o(n^2)$, aber zum Beispiel $3n \log_2 n \in o(n^2)$. Eine Funktion $g(n) \in o(1)$ ist zum Beispiel eine Nullfolge.
Es gilt: $g(n) \in o(f(n))$ genau dann, wenn $\lim_{n\to\infty} g(n)/f(n) = 0$.

Die zur o-Notation duale Notation ist die ω-Notation.

Definition: Mit $\omega(f(n))$ bezeichnen wir die Klasse aller Funktionen g mit der Eigenschaft:

$$\forall c > 0\ \exists n_0 > 0\ \forall n \geq n_0\ :\ f(n) \leq cg(n)$$

Es gilt: $g(n) \in \omega(f(n))$ genau dann, wenn $\lim_{n\to\infty} f(n)/g(n) = 0$.

In Analogie zum Vergleich zweier reeller Zahlen a und b kann man die folgenden intuitiven Vergleiche aufstellen:

$$\begin{array}{rll}
g(n) \in O(f(n)) & \text{entspricht} & a \leq b \\
g(n) \in \Omega(f(n)) & \text{entspricht} & a \geq b \\
g(n) \in \Theta(f(n)) & \text{entspricht} & a = b \\
g(n) \in o(f(n)) & \text{entspricht} & a < b \\
g(n) \in \omega(f(n)) & \text{entspricht} & a > b
\end{array}$$

Der Vergleich hat jedoch seine Grenzen. Während für alle reellen Zahlen a, b gilt, dass entweder $a < b$ oder $a = b$ oder $a > b$ gilt, können Funktionen f und g im Sinne keiner dieser asymptotischen Notationen miteinander vergleichbar sein.

Beispiel: Sei $f(n) = n^2$ und $g(n) = \begin{cases} n, & n \text{ ungerade,} \\ n^3 & n \text{ gerade.} \end{cases}$

In der Praxis wird bei asymptotischen Abschätzungen oft das Gleichheitszeichen „=“ verwendet, obwohl eigentlich „∈“ oder „⊆“ korrekt wäre: Man schreibt zum Beispiel

$$3n^3 + 4n + \log_2 n \ = \ 3n^3 + \Theta(n) \ = \ \Theta(n^3)$$

anstatt

$$3n^3 + 4n + \log_2 n \ \in \ 3n^3 + \Theta(n) \ \subseteq \ \Theta(n^3)$$

Die Genauigkeit der Abschätzung nimmt hierbei von links nach rechts ab. Solche „Gleichungen" dürfen also nur von links nach rechts gelesen werden.

Zum Schluss wollen wir noch eine weitere asymptotische Notation einführen: Man schreibt $f(n) \sim g(n)$ genau dann, wenn $\lim_{n\to\infty} f(n)/g(n) = 1$. Dies ist ein genauerer Vergleich der beiden Funktionen f und g als dies durch die Notation $f(n) = \Theta(g(n))$ ausgedrückt wird. Bei $f(n) \sim g(n)$ muss der konstante Faktor bei beiden Funktionen übereinstimmen.

1.8 Einige nützliche Abschätzungen

Die folgenden Funktionen treten oftmals bei der Analyse von Algorithmen auf. Oft lassen sich diese durch einfachere Funktionen (asymptotisch) abschätzen.

Es gilt mit der *Stirlingschen Formel*

$$n! \sim \sqrt{2\pi n} \cdot \left(\frac{n}{e}\right)^n$$

Hieraus ergibt sich

$$\log_2(n!) = n \log_2 n - \Theta(n)$$

und auch

$$\binom{2n}{n} \sim \frac{4^n}{\sqrt{\pi n}}$$

Eine weitere Konsequenz der Stirlingschen Formel ist die Abschätzung

$$\left(\frac{n}{k}\right)^k \le \binom{n}{k} \le \left(\frac{en}{k}\right)^k$$

Eine ähnliche Abschätzung können wir über den binomischen Satz erhalten. Im Folgenden sei $0 \le p \le \frac{1}{2}$:

$$\begin{aligned} 1 &= (p + (1-p))^n \ge \sum_{i=0}^{pn} \binom{n}{i} p^i (1-p)^{n-i} \\ &\ge (1-p)^n \sum_{i=0}^{pn} \binom{n}{i} \left(\frac{p}{1-p}\right)^{pn} = p^{pn}(1-p)^{(1-p)n} \sum_{i=0}^{pn} \binom{n}{i} \end{aligned}$$

Hieraus ergibt sich

$$\sum_{i=0}^{pn} \binom{n}{i} \le p^{-pn}(1-p)^{-(1-p)n} = 2^{h(p)n}$$

wobei $h(p) = -p \log_2 p - (1-p)\log_2(1-p)$ die binäre *Entropiefunktion* ist, vgl. Seite 38. Hieraus ergibt sich auch die Abschätzung

$$\binom{n}{k} \leq 2^{h(k/n)n}$$

Sei

$$H_n := \sum_{i=1}^{n} \frac{1}{i}$$

die *harmonische Reihe*. Es gilt:

$$\ln(n+1) \leq H_n \leq \ln n + 1$$

wobei ln der natürliche Logarithmus ist. Diese Abschätzung lässt sich einsehen, indem man die Summenfunktion H_n von oben und von unten durch ein Integral abschätzt: $\ln(n+1) = \int_1^{n+1}(1/x)dx \leq H_n \leq 1 + \int_1^n (1/x)dx = 1 + \ln n$, siehe folgende Skizze:

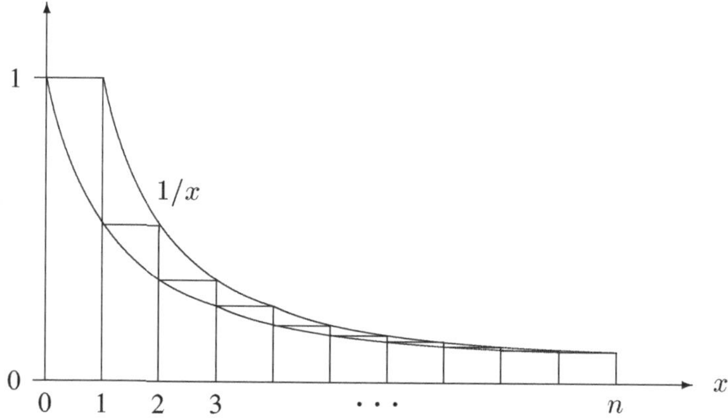

Tatsächlich gilt die folgende, etwas genauere Abschätzung:

$$H_n \sim \ln n + \frac{1}{2n} + \gamma$$

wobei $\gamma \approx 0.57721$ (die Eulersche Konstante).

Gelegentlich möchte man Ausdrücke mit Logarithmen vermeiden und einen linearen Ausdruck verwenden; oder aber man möchte mit einer Exponentialfunktion abschätzen. Das folgende Diagramm gibt eine Reihe von unteren und oberen Abschätzungen der Funktionen $f(x) = x$ an, die besonders gut in der Nähe von $x = 0$ sind.

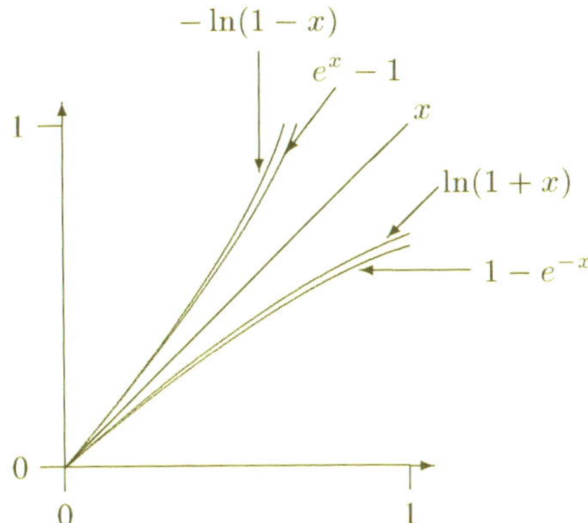

Diese Abschätzungen lassen sich einsehen, indem man die Potenzreihen der entsprechenden Exponential- und Logarithmusfunktionen inspiziert. Es gilt:

$$\begin{aligned} e^x - 1 &= x + \frac{x^2}{2} + \frac{x^3}{6} + \frac{x^4}{24} + \cdots \\ -\ln(1-x) &= x + \frac{x^2}{2} + \frac{x^3}{3} + \frac{x^4}{4} + \cdots \\ \ln(1+x) &= x - \frac{x^2}{2} + \frac{x^3}{3} - \frac{x^4}{4} + - \cdots \\ 1 - e^{-x} &= x - \frac{x^2}{2} + \frac{x^3}{6} - \frac{x^4}{24} + - \cdots \end{aligned}$$

Hieraus lassen sich leicht weitere Abschätzungen gewinnen. Beispielsweise gilt $1+x \leq e^x$ und $1 - x \leq 1 - \ln(1+x) \leq e^{-x}$, usw.

Indem man das arithmetische Mittel von $\ln(1+x)$ und $-\ln(1-x)$ bildet, erhält man:

$$\frac{1}{2}(\ln(1+x) - \ln(1-x)) = \frac{1}{2}\ln\left(\frac{1+x}{1-x}\right) = x + \frac{x^3}{3} + \frac{x^5}{5} + \ldots$$

Indem man das arithmetische Mittel von $e^x - 1$ und $1 - e^{-x}$ bildet, erhält man:

$$\frac{1}{2}(e^x - e^{-x}) = x + \frac{x^3}{6} + \frac{x^5}{120} + \ldots$$

Diese Funktionen verlaufen zwischen x und $e^x - 1$. Es gilt (für $0 \leq x < 1$):

$$x \leq \frac{1}{2}(e^x - e^{-x}) \leq \frac{1}{2}\ln\left(\frac{1+x}{1-x}\right) \leq e^x - 1$$

Eine weitere Abschätzung dieser Art, die auf $[0,1]$ gilt, nämlich $(1 - 1/e)x \leq 1 - e^{-x}$ (die in Abschnitt 11.1 benötigt wird), wird durch das folgende Diagramm veranschaulicht:

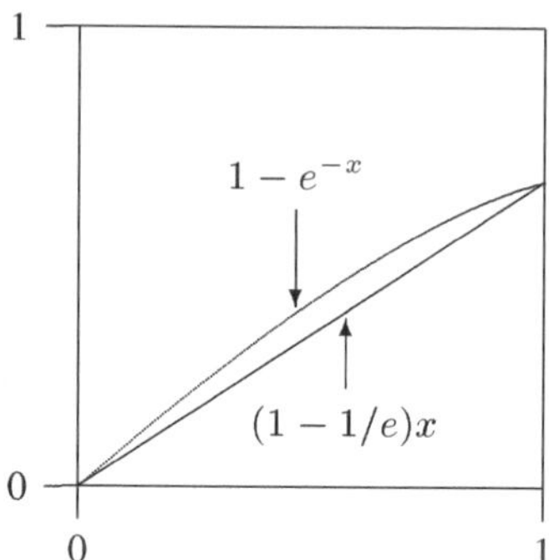

Nützliche Abschätzungen ergeben sich auch aus der Beziehung zwischen verschiedenen Mittelwertbildungen. Seien $a_i > 0$, $i = 1, \ldots, n$. Dann gilt folgende Abschätzung zwischen dem *harmonischen Mittel*, dem *geometrischen Mittel*, dem *arithmetischen Mittel* und dem *quadratischen Mittel* (Satz von Cauchy):

$$\begin{aligned} \min(a_1, \ldots, a_n) &\leq \frac{n}{1/a_1 + 1/a_2 + \ldots + 1/a_n} && \text{(harmonisches Mittel)} \\ &\leq (a_1 \cdot a_2 \cdots a_n)^{1/n} && \text{(geometrisches Mittel)} \\ &\leq (a_1 + a_2 + \ldots + a_n)/n && \text{(arithmetisches Mittel)} \\ &\leq \sqrt{(a_1^2 + \cdots + a_n^2)/n} && \text{(quadratisches Mittel)} \\ &\leq \max(a_1, \ldots, a_n) \end{aligned}$$

Aus der Beziehung zwischen dem geometrischen und dem arithmetischen Mittel ergibt sich nach Logarithmieren

$$\frac{1}{n}\sum_{i=1}^{n} \ln a_i = \frac{1}{n}\ln\Big(\prod_{i=1}^{n} a_i\Big) = \ln\Big((\prod_{i=1}^{n} a_i)^{1/n}\Big) \leq \ln\Big(\frac{1}{n}\sum_{i=1}^{n} a_i\Big)$$

Dies kann als Abschätzung zwischen zwei Erwartungswerten umgeschrieben werden:

$$E[\ln X] \leq \ln(E[X]) \text{ oder } E[Y] \leq \ln(E[e^Y]) \text{ oder } E[Z] \leq \log_2(E[2^Z])$$

Dies nennt man die *Jensensche Ungleichung*.

Hierbei wurde die folgende Verallgemeinerung der Beziehung zwischen geometrischem und arithmetischem Mittel verwendet. Sei $p_1, \ldots, p_n$ mit $\sum_{i=1}^{n} p_i = 1$ eine Wahrscheinlichkeitsverteilung. Dann gilt:

$$\prod_{i=1}^{n} a_i^{p_i} \leq \sum_{i=1}^{n} p_i a_i$$

Sei $\pi(n)$ die Anzahl der Primzahlen bis zur Zahl n. Der berühmte *Primzahlsatz* der Zahlentheorie besagt, dass

$$\pi(n) \sim n/\ln n$$

Wenn man also eine Zahl $z \in \{1, \ldots, n\}$ zufällig unter Gleichverteilung zieht, so wird diese etwa mit Wahrscheinlichkeit $\frac{n/\ln n}{n} = 1/\ln n$ eine Primzahl sein. Im Mittel wird man also das Zufallsexperiment $(\ln n)$-mal wiederholen müssen, bis man eine Primzahl gefunden hat (vgl. Seite 35).

1.9 Rekursionsgleichungen

Bei der Komplexitätsanalyse von (rekursiven) Algorithmen entstehen sehr oft Rekursionsgleichungen, die behandelt und gelöst werden müssen. Eine Rekursionsgleichung hat die allgemeine Form $f(n) = F(f(1), f(2), \ldots, f(n-1))$.

Ohne eine weitere Angabe besteht die Lösungsmenge einer solchen Gleichung in einer Funktionenschar. Die einzelnen Funktionen der Funktionenschar werden durch Festlegen geeigneter Parameter spezifiziert. Wenn k Parameter anzugeben sind, so können diese durch Lösen von k Anfangswertbedingungen an f ermittelt werden:

$$\begin{aligned} f(1) &= a_1 \\ f(2) &= a_2 \\ &\vdots \\ f(k) &= a_k \end{aligned}$$

Beispiel: Die *Fibonacci*-Folge ist definiert durch die Rekursion $f(n) = f(n-1) + f(n-2)$ und $f(1) = f(2) = 1$. Wir vermuten, dass diese Funktion exponentielles Wachstum besitzt. Also zeigen wir, dass für gewisse Konstanten a, c gilt: $f(n) \geq ac^n$, $n \geq n_0$. Wir setzen induktiv in die Rekursionsgleichung ein:

$$\begin{aligned} f(n) &= f(n-1) + f(n-2) \\ &\geq ac^{n-1} + ac^{n-2} \\ &= ac^n \cdot \frac{c+1}{c^2} \end{aligned}$$

Dieser letzte Ausdruck sollte $\geq ac^n$ sein, damit der Induktionsschritt korrekt bewiesen ist. Dies ist äquivalent mit $c^2 - c - 1 \leq 0$. Lösen der quadratischen Gleichung $c^2 - c - 1 = 0$ liefert $c = \frac{\sqrt{5}+1}{2}$ (der goldene Schnitt). (Die zweite, negative Lösung für c ist hier uninteressant). Somit ist der Induktionsschritt für $c \leq \frac{\sqrt{5}+1}{2} \approx 1.618$ gezeigt.

Der Induktionsanfang gilt, indem man geeignet a und den Startwert n_0 wählt.

Analog (durch Vertauschen von „$\geq$“ und „$\leq$“) zeigt man auch, dass $f(n) \leq a'd^n$ für eine geeignete Konstante a' und $d \geq \frac{\sqrt{5}+1}{2}$ gilt.

Zusammengefasst heißt dies, dass $f(n) = \Theta(c^n)$, wobei $c = \frac{\sqrt{5}+1}{2}$.

Beispiel: Angenommen, ein typischer *divide-and-conquer* Algorithmus zerlegt das zu lösende Problem der Größe $n = 2^k$, $k \geq 1$, in 2 Teilprobleme der Größe $n/2$, löst diese durch rekursive Aufrufe und setzt die Lösung aus den beiden erhaltenen Lösungen zusammen:

```
PROCEDURE löse(x : Eingabe) : Lösung
IF |x| = 1 THEN
  löse x direkt; die Lösung sei l
  RETURN l
ELSE
  zerlege x in zwei Teilprobleme x1 und x2
  l1 := löse(x1); l2 := löse(x2)
  setze Lösung l aus l1 und l2 zusammen
  RETURN l
```

Der Aufwand für das Zerlegen der Eingabe und Zusammenfügen der Lösungen zur Gesamtlösung sei durch $cn + d$ gegeben. Dann ergibt sich für die Komplexität von *löse* bei einer Eingabe der Länge n:

$$f(n) = cn + d + 2f(n/2)$$

Nach etwas Nachdenken wird man vielleicht eine Lösung der Form $f(n) = \alpha + \beta n + \delta n \log_2 n$ (mit noch unbekannten Konstanten α, β, δ) vermuten. Setzen wir dies (induktiv) ein:

$$\begin{aligned} f(n) &= cn + d + 2f(n/2) \\ &= cn + d + 2\alpha + 2\beta(n/2) + 2\delta(n/2)\log_2(n/2) \\ &= cn + d + 2\alpha + \beta n + \delta n \log_2 n - \delta n \end{aligned}$$

Durch Koeffizientenvergleich mit der erwünschten Lösung $\alpha + \beta n + \delta n \log_2 n$ ergibt sich $\alpha = -d$ und $\delta = c$. Die Funktionenschar der Lösungsfunktionen hat also die Form

$$\{-d + \beta n + cn \log_2 n \mid \beta \in \mathbb{R}\}$$

Sei nun die Anfangswertbedingung $f(1) = a$ gegeben. Dann ergibt sich durch Einsetzen der Wert des Parameters β:

$$-d + \beta + c \log_2 1 = a \quad \Rightarrow \quad \beta = a + d$$

Die Lösungsfunktion lautet also $f(n) = -d + (a + d)n + cn \log_2 n$.

Dies war ein Beispiel für die *induktive Einsetzungsmethode*. Man rät die Lösung und bestätigt diese durch Induktion. Oftmals enthält die vermutete Lösung noch zu spezifizierende Parameter. Die Werte dieser Parameter ergeben sich dann oft durch die Notwendigkeit, dass der Induktionsbeweis korrekt vollzogen werden muss (vgl. den Koeffizientenvergleich oben). In diesem Zusammenhang spricht man auch oft von einer *konstruktiven Induktion*.

Bei dem folgenden *Beispiel* gibt es einen kleinen Haken. Gegeben sei die Rekursionsgleichung $f(n) = f(\lceil n/2 \rceil) + f(\lfloor n/2 \rfloor) + 1$. Wir raten die durchaus richtige Lösung

$f(n) = O(n)$. Also versuchen wir es mit $f(n) \le cn$ mittels der induktiven Einsetzungsmethode:

$$\begin{aligned} f(n) &= f(\lceil n/2 \rceil) + f(\lfloor n/2 \rfloor) + 1 \\ &\le c\lceil n/2 \rceil + c\lfloor n/2 \rfloor + 1 \\ &= cn + 1 \end{aligned}$$

So, und wie soll es nun weitergehen? Der letzte Ausdruck lässt sich nicht durch cn nach oben abschätzen.

Der Trick besteht darin, bei der Lösungsvermutung eine Konstante abzuziehen. Es soll also die *stärkere* Behauptung $f(n) \le cn - a$ bewiesen werden.

$$\begin{aligned} f(n) &= f(\lceil n/2 \rceil) + f(\lfloor n/2 \rfloor) + 1 \\ &\le (c\lceil n/2 \rceil - a) + (c\lfloor n/2 \rfloor - a) + 1 \\ &= cn - 2a + 1 \\ &\le cn - a \quad \text{falls } a \ge 1. \end{aligned}$$

Bei der *Iterationsmethode* wird fortgesetzt die Rekursionsgleichung auf der rechten Seite wieder eingesetzt und dann, wenn möglich, in eine geschlossene Form aufgelöst.

Beispiel: $f(n) = n + 3f(n/4)$.

Wir setzen iterativ ein:

$$\begin{aligned} f(n) &= n + 3f(\frac{n}{4}) = n + 3(\frac{n}{4} + 3f(\frac{n}{16})) = n + \frac{3}{4}n + 3^2 f(\frac{n}{4^2}) \\ &= n + \frac{3}{4}n + 3^2(\frac{n}{4^2} + 3f(\frac{n}{4^3})) = n + \frac{3}{4}n + (\frac{3}{4})^2 n + 3^3 f(\frac{n}{4^3}) \\ &= n + \frac{3}{4}n + (\frac{3}{4})^2 n + \ldots + (\frac{3}{4})^{\log_4 n - 1} n + 3^{\log_4 n} f(1) \\ &\le n \cdot \sum_{i=0}^{\infty} (\frac{3}{4})^i + 3^{\log_4 n} f(1) = n \cdot \frac{1}{1 - 3/4} + o(n) \\ &= 4n + o(n) = O(n) \end{aligned}$$

Da $f(n) \ge n$, gilt also $f(n) = \Theta(n)$. Man beachte, dass man diese asymptotische Aussage treffen kann, *ohne* eine Anfangswertbedingung verwendet zu haben, denn die Anfangswertbedingung $f(1) = a$ wirkt sich höchstens auf die in der Θ-Notation versteckte Konstante aus.

Die nächste Methode, die wir diskutieren wollen, ist die *Variablensubstitution*.

Einige Arten von Rekursionsgleichungen haben wir bereits im Griff und können sie also lösen. Andere scheinen auf den ersten Blick überhaupt nicht die vertraute Form zu haben:

$$f(n) = 2f(\sqrt{n}) + \log_2 n$$

Das Ungewohnte hierbei ist, dass das Argument von f auf der rechten Seite nicht die Form $n/2$ (oder $n-1$) hat.

Führen wir aber mal eine neue Variable m ein und setzen $m = \log_2 n$ bzw. $n = 2^m$. Dann ergibt sich:

$$f(2^m) = 2f(\sqrt{2^m}) + \log_2(2^m) = 2f(2^{m/2}) + m$$

Kürzen wir ferner $f(2^m)$ durch $g(m)$ ab, so erhalten wir nun die neue Rekursionsgleichung:

$$g(m) = 2g(m/2) + m$$

Diese Gleichung können wir lösen; siehe oben. Es ist $g(m) = \Theta(m \log m)$. Wieder rückwärts eingesetzt ergibt dies $f(2^m) = g(m) = \Theta(m \log m)$, und damit, wegen $m = \log_2 n$, $f(n) = \Theta(\log n \log \log n)$.

Ähnlich der iterativen Einsetzungsmethode ist die *Visualisierung der Baumstruktur:* Wir entwickeln die Rekursionsgleichung Schritt für Schritt in eine Baumstruktur:

Sei beispielsweise $T(n) = n + T(n/3) + T(2n/3)$ gegeben.

$$T(n) \quad = \quad n$$

$$T(\tfrac{n}{3}) \qquad T(\tfrac{2n}{3})$$

Und weiter:

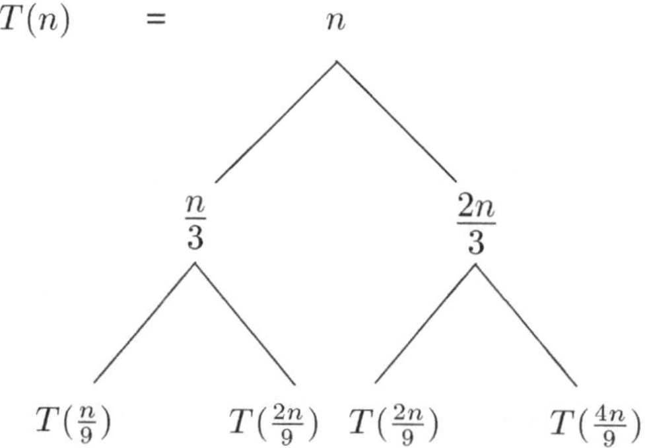

Und weiter:

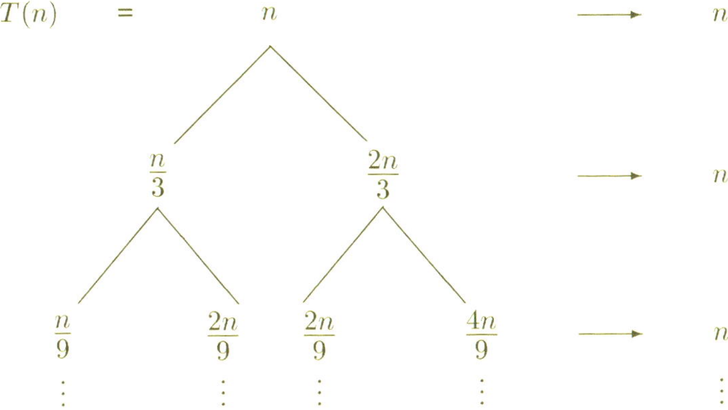

Man erkennt, dass in jeder Schicht des Baumes ein Anteil von n (in den tieferen Schichten $\leq n$) entsteht. Da die Baumtiefe durch $O(\log n)$ beschränkt ist, ergibt sich $T(n) \leq nO(\log n) = O(n \log n)$.

Bei den obigen Beispielen sind bereits verschiedene Vereinfachungen und Vernachlässigungen vorgekommen, die bei den Rekursionsgleichungen wie sie bei der Algorithmenanalyse vorkommen, allerdings üblich und durchaus zulässig sind. Wir stellen diese nochmals zusammen:

- *Nicht-Ganzzahligkeit.*

  Korrekt sollte die Rekursionsgleichung für die Laufzeit $T(n)$ eines gewissen divide-and-conquer Algorithmus vielleicht lauten

  $$T(n) = T(\lceil n/2 \rceil) + T(\lfloor n/2 \rfloor) + n$$

  Stattdessen ignorieren wir das Erzwingen der Ganzzahligkeit des Arguments von T und analysieren die Rekursionsgleichung

  $$T(n) = 2T(n/2) + n$$

  Diese Änderung wirkt sich asymptotisch nicht aus.

- *Ignorieren der Anfangswertbedingung.*

  Die Lösungsmenge einer Rekursionsgleichung ohne Angabe einer Anfangswertbedingung ist eine Funktionenschar. Die (potenzielle) Anfangswertbedingung legt meist nur den konkreten konstanten Faktor bei der Lösungsfunktion fest. Da wir diese konstanten Faktoren bei der (z.B.) Θ-Notation ignorieren, brauchen wir auch keine Anfangswertbedingungen zu betrachten.

- *Abschätzungen gelten ohne besondere Erwähnung nur für große n.*

  Oftmals schätzen wir beispielsweise „$5 + \ln(n + 7) \leq n$" ab, ohne zu sagen, dass diese Abschätzung etwa erst ab $n = 8$ gilt. Solche Angaben können natürlich leicht nachgeholt werden. Es kommt jedoch bei asymptotischen Abschätzungen, zum Beispiel im Sinne der O-Notation, nur darauf an, dass ein entsprechender Anfangswert n_0 *existiert*.

- *Asymptotische Notation bereits in der Rekursionsgleichung.*

  Da uns am Ende nur eine Lösungsfunktion T der Form $T(n) = \Theta(\ldots)$ interessiert, können wir die asymptotische Notation auch schon in der Rekursionsgleichung selber verwenden (Beispiel: $T(n) = \Theta(n) + T(n/2)$) und dadurch die Analyse wesentlich vereinfachen.

  Eine gewisse Vorsicht ist hierbei aber vonnöten. Betrachten wir zum Beispiel die iterative Einsetzungsmethode:

$$\begin{aligned} T(n) &= \Theta(n) + T(n/2) \\ &= \Theta(n) + \Theta(n/2) + T(n/4) \\ &\vdots \\ &= \Theta(n) + \Theta(n/2) + \Theta(n/4) + \ldots \end{aligned}$$

  Bei dem letzten Ausdruck muss man nun aber wissen, dass die in den verschiedenen Θ-Notationen versteckten Konstanten *immer dieselben* sind! Man darf also den letzten Ausdruck nicht umformen zu

$$\Theta(n) + \Theta(n) + \Theta(n) + \ldots$$

- *Obere oder untere Schranke.*

  Meist interessiert uns nicht die exakte Lösung der Rekursionsgleichung, sondern nur eine Abschätzung nach oben oder nach unten (meist nach oben). Daher kann es einfacher sein, bei einer gegebenen Rekursionsgleichung von $T(n)$ nachzuweisen, dass $T(n) \leq f(n)$ für eine gewisse Funktion f gilt als die exakte Lösung g mit $T(n) = g(n)$ zu bestimmen.

  (Möglicherweise liegt die Rekursions„gleichung" auch nur in Form einer Ungleichung vor; Beispiel: $T(n) \leq 3T(n/3) + 2$).

Das folgende „*Master-Theorem*" gibt die Lösung einer ganzen Klasse von Rekursionsgleichungen, wie sie typischerweise bei divide-and-conquer Algorithmen auftreten, auf einmal an.

Satz. Gegeben sei eine Rekursionsgleichung der Form

$$T(n) = \sum_{i=1}^{m} T(\alpha_i n) + \Theta(n^k)$$

wobei $0 < \alpha_i < 1$, $m \geq 1$, $k \geq 0$.

Dann kann $T(n)$ asymptotisch wie folgt abgeschätzt werden:

$$T(n) = \begin{cases} \Theta(n^k), & \text{falls } \sum_{i=1}^m \alpha_i^k < 1 \\ \Theta(n^k \log n), & \text{falls } \sum_{i=1}^m \alpha_i^k = 1 \\ \Theta(n^c), & \text{falls } \sum_{i=1}^m \alpha_i^k > 1 \end{cases}$$

Hierbei ist c Lösung der Gleichung $\sum_{i=1}^m \alpha_i^c = 1$. (Falls der Spezialfall vorliegt, dass alle α_i denselben Wert α haben, so ist also $c = -\ln(m)/\ln(\alpha)$.)

Diese Rekursionsgleichung beschreibt die Laufzeit eines Algorithmus nach dem divide-and-conquer Prinzip, der die Eingabe der Größe n in m Teilprobleme der Größe $\alpha_1 n, \alpha_2 n, \ldots, \alpha_m n$ zerlegt; diese dann durch entsprechende rekursive Aufrufe löst, und aus den erhaltenen Teillösungen die Gesamtlösung zusammensetzt. Hierbei ist $\Theta(n^k)$ der Aufwand für diesen Algorithmus – ohne die rekursiven Aufrufe; dies ist also diejenige Zeit, die für das Zerlegen in Teilprobleme und für das Zusammensetzen der Gesamtlösung benötigt wird.

Beispiele: Die drei Rekursionsgleichungen

$$\begin{aligned} T(n) &= 8T(n/3) + n^2 \\ T(n) &= 9T(n/3) + n^2 \\ T(n) &= 10T(n/3) + n^2 \end{aligned}$$

haben der Reihe nach die Lösungen:

$$\begin{aligned} T(n) &= \Theta(n^2) \\ T(n) &= \Theta(n^2 \log n) \\ T(n) &= \Theta(n^c) \end{aligned}$$

wobei $c = -\ln(10)/\ln(1/3) = \log_3 10 \approx 2.096$.

Zum *Beweis* des Master-Theorems beobachten wir, dass sich aus der Rekursionsgleichung bereits $T(n) = \Omega(n^k)$ ergibt. Für den ersten Fall ($\sum_{i=1}^m \alpha_i^k < 1$) genügt es daher zu zeigen, dass für eine Konstante d und genügend großes n die Abschätzung $T(n) \leq dn^k$ gilt. Wir zeigen dies durch eine induktive Einsetzung:

$$\begin{aligned} T(n) &= \sum_{i=1}^m T(\alpha_i n) + \Theta(n^k) \\ &\leq \sum_{i=1}^m d\alpha_i^k n^k + en^k \quad \text{für ein } e \in I\!N \\ &= n^k \cdot (e + d\sum_{i=1}^m \alpha_i^k) \\ &= n^k \cdot (e + d(1-\varepsilon)) \quad \text{für ein } \varepsilon > 0 \end{aligned}$$

Durch Wahl von $d \geq e/\varepsilon$ folgt die Induktionsbehauptung $T(n) \leq dn^k$.

Betrachten wir nun den zweiten Fall ($\sum_{i=1}^m \alpha_i^k = 1$). Wir zeigen zunächst, wieder induktiv, dass $T(n) \leq dn^k \log_2 n$ für eine geeignete Konstante d gilt:

$$\begin{aligned}
T(n) &= \sum_{i=1}^{m} T(\alpha_i n) + \Theta(n^k) \\
&\leq \sum_{i=1}^{m} d\alpha_i^k n^k \log(\alpha_i n) + en^k \quad \text{für ein } e \in I\!N \\
&= n^k \big(e + d \sum_{i=1}^{m} \alpha_i^k \log_2(\alpha_i n)\big) \\
&= n^k (e + d \log_2 n + d \sum_{i=1}^{m} \alpha_i^k \log \alpha_i) \\
&= n^k (e + d \log_2 n - df)
\end{aligned}$$

Hierbei ist $f = -\sum_{i=1}^m \alpha_i^k \log \alpha_i$. Der letzte Ausdruck der Abschätzung ist $\leq dn^k \log_2 n$, sofern $d \geq e/f$.

Nun schätzen wir im Fall 2 nach unten ab, indem wir für eine geeignete Konstante d' zeigen $T(n) \geq d' n^k \log_2 n$.

$$\begin{aligned}
T(n) &= \sum_{i=1}^{m} T(\alpha_i n) + \Theta(n^k) \\
&\geq \sum_{i=1}^{m} d' \alpha_i^k n^k \log(\alpha_i n) + e' n^k \quad \text{für ein } e' \in I\!N \\
&= n^k (e' + d' \log_2 n - d' f)
\end{aligned}$$

wobei f wie oben definiert ist. Der letzte Ausdruck der Abschätzung ist $\geq d' n^k \log_2 n$ falls $d' \leq e'/f$.

Betrachten wir den Fall 3, d.h. $\sum_{i=1}^m \alpha_i^k > 1$. Wir zeigen, dass für geeignete Konstanten c, d gilt: $T(n) \geq dn^c$.

$$\begin{aligned}
T(n) &= \sum_{i=1}^{m} T(\alpha_i n) + \Theta(n^k) \\
&\geq \sum_{i=1}^{m} d\alpha_i^c n^c + \Theta(n^k) \\
&\geq dn^c \sum_{i=1}^{m} \alpha_i^c
\end{aligned}$$

Die Induktion geht auf, sofern c so gewählt wird, dass $\sum_{i=1}^m \alpha_i^c = 1$ gilt. In diesem Fall gilt $T(n) \geq dn^c$.

Umgekehrt zeigen wir, dass für eine Konstante d' und dieselbe Zahl c wie oben gilt $T(n) \leq d'n^c - n^{k'}$. Hierbei ist k' eine Konstante mit $k < k' < c$. (Man beachte, dass aus der Voraussetzung $\sum_{i=1}^{m} \alpha_i^k > 1$ und der Definition von c folgt, dass $k < c$. Außerdem gilt $\sum_{i=1}^{m} \alpha_i^{k'} > 1$).

$$\begin{aligned} T(n) &= \sum_{i=1}^{m} T(\alpha_i n) + \Theta(n^k) \\ &\leq \sum_{i=1}^{m} d'\alpha_i^c n^c - \sum_{i=1}^{m} \alpha_i^{k'} n^{k'} + en^k \\ &= d'n^c - (1+\varepsilon)n^{k'} + en^k \\ &\leq d'n^c - n^{k'} \quad \text{für große } n \end{aligned}$$

Also zeigt dieser Beweis die Teilbehauptung $T(n) = O(n^c)$. □

1.10 Amortisationsanalyse

Angenommen, es wird im Rahmen der Ausführung eines Algorithmus auf einer Datenstruktur eine gewisse Grundoperation (z.B. Einfügen, Löschen oder Hochzählen) n-mal ausgeführt. Dann ist es oft möglich, dass sich die worst-case Komplexität einer solchen Abfolge von n Grundoperationen in der Gesamtheit besser abschätzen lässt, als wenn man bei jeder einzelnen Grundoperation den worst-case zugrunde legt und dann mit n multipliziert. Sehr oft findet man die folgende Situation vor: wenn einmal der worst-case bei der Ausführung einer Grundoperation eingetreten ist, dann kann dieser worst-case aufgrund der damit verbundenen Umstrukturierungsmaßnahmen in der zugrundliegenden Datenstruktur eine gewisse Anzahl k mal danach *nicht* wieder auftreten.

Indem man diese Effekte detaillierter studiert (man spricht dann von einer Amortisationsanalyse), erhält man evtl. eine bessere Abschätzung $T(n)$ für die (worst-case) Gesamtkomplexität bei der sequenziellen Ausführung von n solchen Grundoperationen. Man nennt dann $T(n)/n$ die so genannte *amortisierte Komplexität* der Einzeloperation. Wie bereits angedeutet, kann diese amortisierte Komplexität unter Umständen geringer ausfallen als die worst-case Komplexität der einzelnen Grundoperation.

Amortisierte Komplexitätsangaben muss man von einer average-case Komplexitätsangabe klar unterscheiden, da hier keine Wahrscheinlichkeitsbetrachtung involviert ist: es wird der Durchschnitt über die Komplexitäten bei einer Folge von Grundoperationen genommen.

Beispiel: Die zugrunde liegende Datenstruktur sei ein Binärzähler. Die Grundoperation bestehe hier im Hochzählen des Zählers um 1, beginnend beim Zählerstand 0. Die Komplexität sei hier die Anzahl der Zähler-Bits, die geändert werden müssen. Insgesamt soll n-mal gezählt werden. Es reicht also, einen Binärzähler mit $\approx \log_2 n$ Bits vorzusehen. Der worst-case bei der einzelnen Grundoperation liegt vor, wenn die Überträge sich bis in die erste Bitposition fortpflanzen; dies wäre also die Komplexität $O(\log n)$. Tatsächlich lässt sich die Gesamtkomplexität aber besser abschätzen als mit $O(n \log n)$. Betrachten wir eine Folge von Zähloperationen:

Zähler	Komplexität
00000	
$0000\underline{1}$	1
$000\underline{10}$	2
$0001\underline{1}$	1
$00\underline{100}$	3
$0010\underline{1}$	1
$001\underline{10}$	2
$0011\underline{1}$	1
$0\underline{1000}$	4
$0100\underline{1}$	1
	$\vdots$

(Hierbei wurden immer die sich ändernden Bits unterstrichen). Bei jedem Zählvorgang entsteht mindestens die Komplexität 1; jedes 2. Mal kommt noch eine weitere Einheit dazu (was dann die Komplexität 2 ergibt); jedes 4. Mal kommt eine weitere Einheit dazu (was die Komplexität 3 ergibt), usw. Daher erhalten wir insgesamt:

$$T(n) \leq n + \frac{n}{2} + \frac{n}{4} + \frac{n}{8} + \ldots \leq 2n$$

Die amortisierte Komplexität einer einzelnen Zählaktion ist daher $T(n)/n \leq 2n/n = 2$.

Betrachten wir ein anderes *Beispiel:*

FOR $i := 1$ TO n DO
  Lege Objekt a_i auf einen Stack
  Nimm eine (nicht näher bestimmte) Anzahl von Objekten
   vom Stack herunter (sofern dieser nicht leer ist)

Jede Stackoperation (push oder pop) soll hier *eine* Komplexitätseinheit kosten.

Äußerlich betrachtet besteht der obige Algorithmus aus zwei ineinander geschachtelten Schleifen; die äußere läuft von 1 bis n und führt jedes Mal eine push-Operation aus, und die innere entspricht dem sukzessiven Abbau des Stacks, wobei im schlimmsten Fall n Elemente entnommen werden. Somit ergibt eine grobe Abschätzung die worst-case Komplexität

$$n \cdot (\text{worst case für die innere Schleife}) = O(n^2).$$

Man kann aber offensichtlich besser abschätzen: Jedes Element a_i wird einmal auf den Stack gelegt und kann höchstens einmal entnommen werden, somit ergibt diese Betrachtung die obere Komplexitätsschranke $2n$, und damit eine amortisierte Komplexität für einen einzelnen Schleifendurchlauf von ≤ 2.

Ähnlichen Situationen wird man in den Abschnitten 4.9, 5.6, 9.5 und 10.3 wieder begegnen.

Für die anschauliche Durchführung einer Amortisationsanalyse kann oftmals folgende Betrachtungsweise nützlich sein, die man „Bankkontomethode" nennt. Angenommen, die unterschiedlichen Laufzeiten $t_1, t_2, \ldots, t_n$ zur Ausführung der jeweiligen Einzeloperationen entsprechen bestimmten Geldbeträgen, die zum Zeitpunkt der Ausführung der jeweiligen Operation an eine „Komplexitätskasse" zu bezahlen sind. Der insgesamt bei der Komplexitätskasse im Laufe des Verfahrens eingehende Betrag ist dann also $T(n) = t_1 + t_2 + \ldots + t_n$ und die amortisierten Kosten pro Einzeloperation sind $T(n)/n$.

Angenommen, dem Algorithmus wird in jeder Runde, unmittelbar vor Ausführung einer Operation, ein regelmäßiges und gleichbleibendes „Gehalt" G ausgezahlt. Sollte in der i-ten Runde $t_i = G$ sein, so wird das einfließende Gehalt unmittelbar verwendet, um die Komplexitätskasse zufriedenzustellen, und damit kann die i-te Operation ausgeführt werden. Ist $t_i < G$, so können ebenfalls die anfallenden t_i Geldeinheiten bezahlt werden, aber der verbleibende Restbetrag $G - t_i$ kann auf ein „Sparkonto" zurückgelegt werden. Sollte zu einem späterem Zeitpunkt j einmal eine „teure" Operation mit $t_j > G$ zur Ausführung anstehen, so kann der fehlende Restbetrag $t_j - G$ evtl. mit dem in der Zwischenzeit angesparten Geld bezahlt werden.

Eine Amortisationsanalyse im Sinne der Bankkontomethode besteht nun darin, einen geeigneten Gehaltsbetrag G festzulegen und eine „Spar-Strategie", die festlegt, in welcher Weise ein zum Zeitpunkt i eingesparter Betrag für eine später stattfindende Operation j wieder ausgegeben wird. Oft stehen diese Operationen i und j in einem inhaltlichen Zusammenhang. Es muss durch die Strategie garantiert werden, dass alle Operationen in der vorliegenden Abfolge bezahlt werden können. Das Sparkonto darf also zu keinem Zeitpunkt rote Zahlen schreiben. Wenn dies gewährleistet werden kann, so ist offensichtlich $T(n) \leq nG$, und die amortisierte Komplexität der Einzeloperation ist $T(n)/n \leq G$.

Wir wollen die Bankkontomethode auf das Binärzählerbeispiel von oben anwenden: Wir setzen ein Gehalt von $G = 2$ fest. Bei jedem Zählvorgang wird genau ein Bit auf 1 gesetzt. Dieses auf-1-Setzen kostet uns eine Geldeinheit. Die verbleibende Geldeinheit aus G legen wir auf das Sparkonto, und zwar, um damit das zu einem späteren Zeitpunkt anfallende auf-0-Setzen desselben Bits zu finanzieren. Anders ausgedrückt: Angenommen zu einem Zeitpunkt i fällt k-mal auf-0-Setzen und einmal auf-1-Setzen an. Dies kostet uns also $k + 1$ Geldeinheiten an die Komplexitätskasse. Diese werden wie folgt finanziert: Die k auf-0-setz-Vorgänge werden aus dem Sparkonto beglichen (welches zu diesem Zeitpunkt mindestens den Betrag k aufweisen muss, da zuvor k mal ein auf-1-setz-Vorgang stattfand). Der eine auszuführende auf-1-setz-Vorgang wird mit Hilfe des Gehalts G finanziert, und die eine verbleibende Geldeinheit aus G wird wieder aufs Sparkonto gelegt. Es ist klar, dass nach dieser Methode alle Zählvorgänge finanzierbar sind. Daher ist die amortisierte Komplexität einer einzelnen Zählaktion ≤ 2.

1.11 Uniformes Komplexitätsmaß und Bit-Komplexität

Bei allen obigen Betrachtungen sind wir davon ausgegangen, dass jede Elementaroperation (z.B. die Addition zweier Zahlen) einen konstanten Aufwand erfordert. Dies ist dann gerechtfertigt, wenn alle in einem Programm vorkommenden Zahlen in jeweils einer Speicherzelle untergebracht werden können. Diese Annahme vereinfacht natürlich die Komplexitätsanalyse von Algorithmen ganz entscheidend. Wir sprechen hier vom so genannten *uniformen Komplexitätsmaß*.

Eine weitere Simplifikation besteht darin, dass bisher relativ unspezifiziert blieb, was genau die Eingabelänge für ein Problem ist. Sollen z.B. n Zahlen sortiert werden, so wählen wir beim uniformen Komplexitätsmaß n als Eingabelänge und geben alle Komplexitätsangaben als Funktion von n an. Das ist in diesem Fall sinnvoll, denn man möchte von den eigentlichen zu sortierenden Zahlenwerten abstrahieren. Man möchte von der Komplexität des Sortierens als solches reden – unabhängig davon, ob man große oder kleine Zahlenwerte zu sortieren hat.

Bei manchen Aufgabenstellungen ist diese Simplifikation, was die Eingabelänge betrifft, und damit einhergehend, das uniforme Komplexitätsmaß, nicht angebracht. Beim Primzahlproblem zum Beispiel (vgl. Abschnitt 9.9) ist die Eingabe eine einzelne Zahl; von dieser soll festgestellt werden, ob sie Primzahl ist oder nicht. Was ist die Eingabelänge? Bei uniformer Betrachtungsweise wäre sie 1. Dann kann man aber keine sinnvollen Komplexitätsaussagen in Abhängigkeit von der Eingabelänge machen. Außerdem geht es hier ja gerade darum, dass die Primzahleigenschaft bei *sehr großen* Zahlen getestet werden soll, die nicht mehr in eine einzelne Speicherzelle passen.

In einem solchen Fall (insbesondere immer dann, wenn die Eingabe aus *Zahlen* besteht) ist das so genannte *Bit-Komplexitätsmaß* eher angebracht: Wir messen die Eingabelänge anhand der Anzahl der Bits, die die Eingabe (in codierter Form) in Anspruch nimmt. Bei natürlichen Zahlen ist dies die Länge der Binärdarstellung. Dann können wir auch nicht mehr annehmen, dass elementare Rechenoperationen, wie die Addition, mit konstantem Aufwand ausführbar sind. Vielmehr müssen wir jetzt den Aufwand jeder Operationen bis auf Bitebene ausrechnen. (Zum Beispiel kann man n-Bit-Zahlen mit Aufwand $O(n)$ addieren und mit Aufwand $O(n^2)$ multiplizieren; vgl. jedoch auch Abschnitt 9.1).

Die Bit-Komplexität entspricht also dem Komplexitätsbegriff auf einer Turingmaschine. Wenn wir im Folgenden gelegentlich ein NP-Vollständigkeitsergebnis anführen, so heißt dies, dass für das entsprechende Problem keine Algorithmen mit polynomialer Komplexität in Bezug auf die Bit-Komplexität bekannt sind (siehe Abschnitt 1.14).

1.12 Probabilistische Algorithmen und Datenstrukturen

Probabilistische (oder auch: *stochastische*) *Algorithmen* verwenden im Laufe ihrer Rechnung Zufallszahlen. Diese Zufallszahlen werden benutzt, um den weiteren Algorithmenablauf zu steuern. Deshalb muss im Allgemeinen sowohl die Rechenzeit als auch das Rechenergebnis als Zufallsvariable (in Abhängigkeit von der Algorithmeneingabe) betrachtet werden. Hierbei wird die Existenz eines idealen Zufallszahlengenerators vorausgesetzt. Programmtechnisch formulieren wir das Verwenden einer Zufallszahl folgendermaßen:

RANDOM x IN M

Hierdurch wird der Variablen x zufällig unter Gleichverteilung (und unabhängig) ein Wert aus der endlichen Menge M zugewiesen. Kommt eine solche Zufallszahl in einem mathematischen Kontext vor, so schreiben wir auch stattdessen: $x \in_R M$. Durch das Verwenden dieser Notation wird also das Vorhandensein eines Zufallsexperiments signalisiert.

Beispiel für einen probabilistischen Algorithmus (*probabilistisches BubbleSort*). (Dieser Algorithmus soll allerdings nur als Beispiel dienen, ansonsten ist dieser sicher nicht empfehlenswert).

```
INPUT a[1..n]
REPEAT
  RANDOM i IN [1 .. n − 1]
  IF a[i] > a[i + 1] THEN
    Vertausche(a[i], a[i + 1])
UNTIL (a ist sortiert)
```

Bei diesem Algorithmus ist nur die Laufzeit eine Zufallsvariable, nicht jedoch das Rechenergebnis; dieses ist immer die sortierte Zahlenfolge.

Bei einem probabilistischen Algorithmus A wird die Laufzeit $\text{time}_A(x)$ (bei fester Eingabe x) zu einer Zufallsvariablen. Sei $\text{time}'_A(x)$ der Erwartungswert von $\text{time}_A(x)$, wobei dieser über alle im Lauf des Algorithmus möglichen Zufallsauswahlen ermittelt wird.

Nun kann man bei probabilistischen Algorithmen wieder worst-case Analyse betreiben:

$$\text{wc-time}_A(n) \;=\; \max_{x:|x|=n} \text{time}'_A(x)$$

als auch average-case Analyse:

$$\text{av-time}_A(n) \;=\; \frac{1}{|\{x : |x| = n\}|} \cdot \sum_{x:|x|=n} \text{time}'_A(x)$$

Bei letzterem Ausdruck wird also ein Erwartungswert gebildet über ein kombiniertes Zufallsexperiment: zum einen wird die Eingabe x der Länge n zufällig gezogen, zum anderen kommen im Lauf des Algorithmus Zufallszahlen vor, die die jeweilige Rechenzeit bei Eingabe x beeinflussen.

Man beachte, dass für manche probabilistische Algorithmen auch das Rechenergebnis als Zufallsvariable betrachtet werden muss; d.h. mit gewisser Wahrscheinlichkeit könnte auch ein falsches (oder gar kein) Ergebnis berechnet werden. Dies macht nur dann Sinn, wenn man die Wahrscheinlichkeit hierfür sehr klein halten kann. Diese Situation kommt z.B. bei probabilistischen Primzahltests (vgl. Abschnitt 9.9) und probabilistischen Äquivalenztests (vgl. Abschnitt 9.3) vor, aber auch bei probabilistischen Algorithmen, die eine Lösung einer algorithmischen Aufgabenstellung suchen und hierbei den Suchraum in einer stochastischen Weise durchlaufen oder eingrenzen; vgl. hierzu die Algorithmen in Kapitel 12, aber auch die Algorithmen zum Auffinden eines minimalen Schnitts (Abschnitt 6.5) oder des Medians einer Menge (Seite 128).

Beispiel für einen probabilistischen Algorithmus mit „Fehler“: Gegeben seien zwei Arrays $A[1..n]$ und $B[1..n]$. Es soll festgestellt werden, ob die darin enthaltenen Zahlen (als Multimenge) gleich sind; das heißt, es soll festgestellt werden, ob in A und B dieselben Zahlen – und mit derselben Häufigkeit – auftreten. Wir verwenden das Zeichen $\equiv$, um diese Art von Äquivalenz zwischen A und B auszudrücken. Es gilt beispielsweise

$$\boxed{2}\boxed{5}\boxed{5}\boxed{3}\boxed{2}\boxed{2} \;\equiv\; \boxed{5}\boxed{2}\boxed{3}\boxed{2}\boxed{2}\boxed{5}$$

aber

$$\boxed{2}\boxed{5}\boxed{5}\boxed{3}\boxed{2}\boxed{2} \;\not\equiv\; \boxed{5}\boxed{2}\boxed{3}\boxed{5}\boxed{2}\boxed{5}$$

Man könnte die beiden Arrays sortieren, was die Komplexität $\Theta(n \cdot \log n)$ hat, vgl. Kapitel 2, und dann Element für Element vergleichen. Durch einen probabilistischen Algorithmus können wir aber die Komplexität $O(n)$ erreichen. Und zwar ordnen wir den beiden Arrays A und B Polynome p_A und p_B zu. Diese sind wie folgt definiert:

$$p_A(x) = \prod_{i=1}^{n}(x - A[i]), \quad p_B(x) = \prod_{i=1}^{n}(x - B[i])$$

Diese Polynome besitzen genau an den Arrayelementen ihre (evtl. mehrfachen) Nullstellen. Falls $A \equiv B$, so ist das Polynom $q := p_A - p_B$ das Nullpolynom. Falls $A \not\equiv B$, so ist das Polynom q nicht das Nullpolynom. Daher kann q, da es höchstens den Grad n hat, nicht mehr als n Nullstellen besitzen. Wenn wir x zufällig aus einer endlichen Menge S wählen mit $|S| >> n$, so ist es sehr unwahrscheinlich, dass x gerade eine Nullstelle von $p_A - p_B$ ist, und es wird höchstwahrscheinlich $p_A(x) \neq p_B(x)$ gelten. (Genauer: die Wahrscheinlichkeit, mit $x \in_R S$ zufällig eine Nullstelle von q zu treffen und damit einen „Fehler" zu begehen ist höchstens $n/|S|$). Der folgende probabilistische Algorithmus führt diese Idee aus (hierbei sei ε eine noch akzeptable Fehlerwahrscheinlichkeit für den Algorithmus, die zuvor festgelegt wurde).

```
RANDOM x IN [1..⌈n/ε⌉] ;
a := 1;  b := 1;
FOR i := 1 TO n DO
  a := a · (x − A[i])
  b := b · (x − B[i])
IF a = b THEN „A ≡ B" {höchstwahrscheinlich}
  ELSE „A ≢ B" {definitiv}
```

Ein Problem bei diesem Algorithmus könnte noch sein, dass die Zahlen a und b zu groß werden, so dass sie nicht mehr in einer Speicherzelle gehalten werden können. In einem solchen Fall kann man nicht mehr sinnvollerweise von der Komplexität $O(1)$ für eine arithmetische Operation ausgehen, was die Gesamtkomplexität von $O(n)$ in Frage stellt. Das Problem kann man dadurch beseitigen, dass man alle Rechnungen modulo p ausführt, wobei p eine genügend große Primzahl ist (also $p \geq |S|, A[i], B[j]$). Da p eine Primzahl ist, ist die zugrunde liegende algebraische Struktur nach wie vor ein Körper (es gilt insbesondere der Interpolationssatz für Polynome), dass also alle obigen Bemerkungen zur Anzahl der Nullstellen immer noch gelten.

Man beachte, dass bei diesem Beispiel für einen probabilistischen Algorithmus die Analyse der mittleren Laufzeit einfach ist, nämlich $\Theta(n)$, da bei diesem Algorithmus die Rechenzeit nicht vom Wert der Zufallszahl x abhängt. Hier wirkt sich die Zufallsauswahl von x nur auf die evtl. Korrektheit des Ergebnisses aus.

Man kann sich fragen, warum ein probabilistischer Algorithmus, der mit einer gewissen Wahrscheinlichkeit eine falsche Antwort berechnen kann, überhaupt akzeptabel sein kann. Nehmen wir das obige Beispiel. Falls die Antwort des Algorithmus „$A \not\equiv B$" ist, so ist diese Antwort sicher korrekt. Falls die Antwort aber „$A \equiv B$" ist, so kann mit Wahrscheinlichkeit ε doch fälschlicherweise $A \not\equiv B$ gelten. Solange die Algorithmen-Antwort „$A \equiv B$" ist, wiederholen wir denselben Algorithmus in einer Schleife bis zu t-mal, wobei jedes Mal neue, unabhängige Zufallszahlen verwendet werden. Hat man am Ende t-mal die Antwort „$A \equiv B$" erhalten, so ist die Wahrscheinlichkeit für einen Fehler nur noch ε^t. Das heißt, man kann durch eine vergleichsweise geringe Anzahl t von Wiederholungen die Fehlerwahrscheinlichkeit unter jede vorgegebene Schranke bringen, zum Beispiel unterhalb der Wahrscheinlichkeit, dass die ausführende Maschine eine spontane Hardware-Fehlfunktion hat. Insofern ist die Situation bei einem im Prinzip fehlerfrei arbeitenden deterministischen Algorithmus nicht grundsätzlich anders: auch dieser kann, ausgeführt auf einer konkreten Hardware, mit einer Wahrscheinlichkeit sehr nahe bei Null, aber eben nicht gleich Null, eine Fehlfunktion haben.

Zum Vergleich: Die Wahrscheinlichkeit für einen Lottogewinn ist $7 \cdot 10^{-8} \approx 2^{-24}$. Die Wahrscheinlichkeit, innerhalb eines Jahres von einem Blitz (bzw. Meteor) getroffen zu werden, ist ca. $10^{-7} \approx 2^{-23}$ (bzw. $10^{-12} \approx 2^{-40}$)).

Bei den probabilistischen Algorithmen in diesem Buch werden wir davon ausgehen, dass eine Fehlerwahrscheinlichkeit von 2^{-30} (oder e^{-20}) akzeptabel ist.

Bemerkung: Bei obigem Algorithmus ist es übrigens zur Herabsetzung der Fehlerwahrscheinlichkeit besser bzw. wirksamer, anstatt $|S|$ zu erhöhen (was seine natürlichen Grenzen hat), mit einer Menge S moderater Größe zu arbeiten (etwa $|S| = 2n$), und stattdessen die Wiederholungsanzahl t zu erhöhen. (Die Erhöhung von $|S|$ wirkt sich nur linear auf die Erniedrigung des Fehlers aus; das Erhöhen von t dagegen exponentiell).

Bei dem obigen Argument, welches zeigt, wie man die Fehlerwahrscheinlichkeit von ε auf ε^t reduzieren kann, spielte eine wichtige Rolle, dass die Antwort „$A \not\equiv B$" immer korrekt ist, während nur bei der Antwort „$A \equiv B$" ein Fehler möglich ist. Was ist, wenn jede der beiden möglichen Algorithmen-Ergebnisse, sagen wir 0 und 1, mit einer Fehlerwahrscheinlichkeit $\varepsilon < \frac{1}{2}$ behaftet ist? (Es macht hier keinen Sinn, $\varepsilon = \frac{1}{2}$ zuzulassen. Dann ist das Algorithmenergebnis absolut zufällig). In diesem Fall kann man wie folgt vorgehen. Man wiederholt den Algorithmus wiederum t-mal (t ungerade), notiert sich die erhaltenen Antworten, und entscheidet dann nach „Majoritätsvotum". Wenn öfter eine 0 als eine 1 erhalten wurde, so gibt man 0 aus, und genauso umgekehrt. Die Wahrscheinlichkeit p, hierbei einen Fehler zu begehen, kann gemäß Binomialverteilung wie folgt abgeschätzt werden (dies kann als Spezialfall und Verschärfung der Chernoff-Ungleichung verstanden werden, vgl. Seite 36):

$$\begin{aligned}
p &= \sum_{i=0}^{\lfloor t/2 \rfloor} \binom{t}{i} (1-\varepsilon)^i \varepsilon^{t-i} \\
&\le \sum_{i=0}^{\lfloor t/2 \rfloor} \binom{t}{i} (1-\varepsilon)^i \varepsilon^{t-i} \left(\frac{1-\varepsilon}{\varepsilon}\right)^{t/2-i} \qquad \text{da } \varepsilon \le \tfrac{1}{2} \text{ und } i \le \tfrac{t}{2} \\
&= (\varepsilon(1-\varepsilon))^{t/2} \sum_{i=0}^{\lfloor t/2 \rfloor} \binom{t}{i} \\
&\le (\varepsilon(1-\varepsilon))^{t/2} \cdot 2^t = \delta^t \quad \text{da} \sum_{i=0}^{t} \binom{t}{i} = 2^t
\end{aligned}$$

wobei $\delta = 2\sqrt{\varepsilon(1-\varepsilon)} < 1$ (falls $\varepsilon < \frac{1}{2}$).

Das heißt, auch in diesem Fall strebt die Fehlerwahrscheinlichkeit mit wachsendem t exponentiell gegen Null, allerdings mit einer etwas größeren Basiszahl δ als zuvor.

Die folgende *Skizze* zeigt den Zusammenhang zwischen ε und δ.

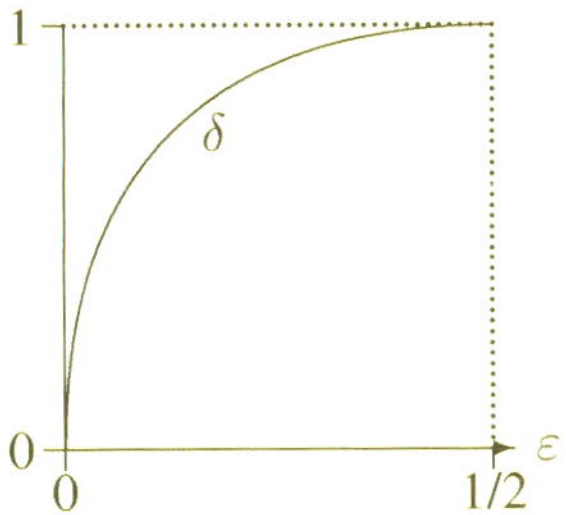

Um also eine „fast nicht mehr messbare“ Fehlerwahrscheinlichkeit von (zum Beispiel) e^{-20} zu erreichen, genügt es

$$t = \frac{-20}{\ln \delta} = \frac{-40}{\ln(4\varepsilon(1-\varepsilon))} \approx \frac{20}{(\frac{1}{2}-\varepsilon)^2}$$

zu wählen. Das heißt, selbst wenn ε von der Eingabelänge abhängt und gegen 1/2 strebt, zum Beispiel $\varepsilon = \frac{1}{2} - \frac{1}{n^2}$, so ist mit $O(n^4)$ vielen Wiederholungen eine Fehlerwahrscheinlichkeit von „fast Null“ erreichbar.

In der Literatur werden probabilistische Algorithmen oft in „Las Vegas-Algorithmen“ und „Monte Carlo-Algorithmen“ unterteilt. Die Las Vegas-Algorithmen sind dadurch charakterisiert, dass sie keine falschen Ausgaben produzieren können (höchstens die Ausgabe „Misserfolg“ ist zugelassen). Sofern ein Las Vegas-Algorithmus die Antwort „Misserfolg“ liefert, kann man ihn sofort wieder starten mit neuen unabhängigen Zufallszahlen. Sofern ε die Wahrscheinlichkeit für Misserfolg ist, so muss man bei einem solchen Algorithmus im Mittel $1/(1-\varepsilon)$ oft neu starten, bis man Erfolg hat. Die Wahrscheinlichkeit, auch nach $20/(1-\varepsilon)$ vielen Versuchen immer noch keinen Erfolg zu haben, ist verschwindend gering, nämlich höchstens e^{-20}.

Ein Beispiel für einen Las Vegas-Algorithmus wäre der probabilistische Bubble-Sort-Algorithmus. Auch hier ist die Laufzeit eine Zufallsvariable. Sofern man diesen Algorithmus nach einer bestimmten vorgegebenen Laufzeit mit der Ausgabe „Misserfolg“ abbricht, so entspricht dies tatsächlich der bei Las Vegas-Algorithmen verlangten Form. Andere Beispiele für Las Vegas-Algorithmen finden sich in den Abschnitten 2.7 (probabilistischer Medianalgorithmus), 7.3 (probabilistische Auswertung von Und-Oder-Bäumen). Auf der Ebene der Komplexitätsklassen entsprechen die Las Vegas-Algorithmen mit polynomialer Komplexität gerade der Klasse ZPP (vgl. Abschnitt 1.17).

Bei Monte Carlo-Algorithmen können fehlerhafte Ausgaben vorkommen. Hierbei kann man, wie wir es oben gesehen haben, noch weiter unterscheiden zwischen solchen mit einseitigem Fehler und solchem mit zweiseitigem Fehler. (Wie wir oben gezeigt haben, kann aber in beiden Fällen die Fehlerquote so verkleinert werden, dass sie „fast nicht mehr messbar“ ist). Weitere Beispiele für Monte Carlo-Algorithmen findet man in den Abschnitten 6.5 (probabilistischer Algorithmus für den minimalen Schnitt), 9.3

(Multiplikationstest für Matrizen), 9.9 (Primzahltest), 11.1 (Randomized Rounding), 11.4 (Simulated Annealing) und in Kapitel 12 (verschiedene probabilistische Algorithmen für k-SAT). Auf der Ebene der Komplexitätsklassen entsprechen die Monte Carlo-Algorithmen mit polynomialer Komplexität gerade der Klasse BPP (vgl. Abschnitt 1.17).

Die Überschrift dieses Abschnitts erwähnt *probabilistische* (oder auch: *stochastische*) *Datenstrukturen*. Hierbei ist weniger an ein zufallsgesteuertes algorithmisches Verfahren wie bei unseren bisherigen Beispielen gedacht, sondern daran, wie der Aufbau einer Datenstruktur unter Verwenden von Zufall erfolgen kann. Der Nutzen hierbei kann der sein, dass die Datenstruktur dann (im Mittel) effizient verwendet werden kann, um zum Beispiel gespeicherte Daten wiederzufinden.

Bei einer *Skipliste* werden die Datenelemente in einer verketteten sortierten Liste eingeordnet. Da die Daten allerdings nicht in einer Baumstruktur gespeichert sind, erscheint es zunächst – trotz Sortierung – nicht so einfach, ein Datenelement effizient zu finden – außer durch lineares Sondieren. Der Trick besteht nun darin, dass beim Einfügen eines neuen Datenelements jedes Mal ein Block von Zeigern eingerichtet wird, wobei die Anzahl dieser Zeiger zufällig festgelegt wird; und zwar so, dass ein Block mit k Zeigern mit Wahrscheinlichkeit $(1/2)^k$ erzeugt wird. Der folgende Programmabschnitt realisiert genau dieses Wahrscheinlichkeitsverhalten:

```
k:=0
REPEAT
  k := k + 1
  RANDOM x IN [0,1]
UNTIL x = 0
Erzeuge einen Datenblock mit k Zeigern
```

Im Erwartungswert erhält ein Datenelement einen Zeigerblock aus $\sum_{k\geq 1} k \cdot 2^{-k} = 2$ Zeigern. Der erwartete Speicheraufwand für eine Skip Liste mit n Elementen ist daher $O(n)$.

Der i-te Zeiger eines Datenblocks für ein Datenelement e zeigt nun auf dasjenige nachfolgende Datenelement in der sortierten Liste, das als erstes ebenfalls einen i-ten Zeiger besitzt. Man beachte, dass jeder Datenblock mindestens einen Zeiger enthält; dieser *erste* Zeiger zeigt somit immer auf den unmittelbaren Nachfolger. Zusätzlich benötigt man einen Anfang- und einen Endeblock. Der Anfangsblock muss so viele Zeiger enthalten wie der größte in der Skipliste vorkommende Datenblock.

Das Folgende ist ein Beispiel für eine Skipliste, welche die Datenelemente 2, 5, 7, 8, 12, 14, 23, 31, 33, 38 enthält.

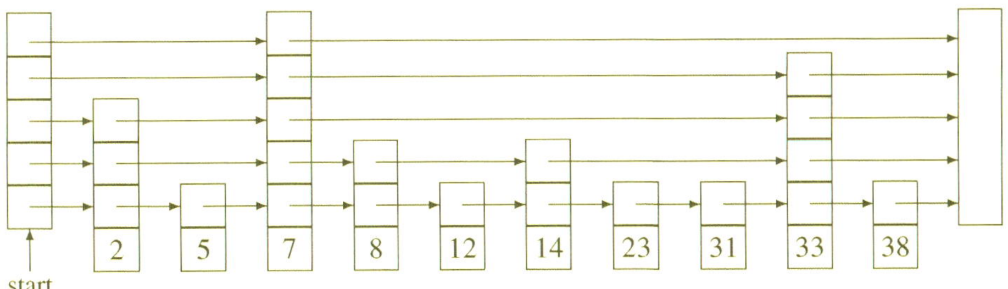

Bei der Suche nach einem Datenelement x wird vom Anfangsblock aus gestartet. Es wird der höchste vorhandene Zeiger verwendet. Sofern dieser allerdings auf ein Datenelement zeigt, das größer ist als x (oder auf den Endeblock), so fährt die Suche eine Ebene tiefer fort. Beispielsweise verläuft die Suche nach dem Datenelement 12 wie folgt:

$$\begin{array}{llllll} \text{start} & \to 7 & \to \text{ende} & \text{(zu groß)} & & \\ & & \to 33 & \text{(zu groß)} & & \\ & & \to 33 & \text{(zu groß)} & & \\ & & \to 8 & \to 14 & \text{(zu groß)} & \\ & & & \to 12 & \text{(gefunden)} & \end{array}$$

Die Höhe des höchsten Blocks bei insgesamt n Datenblöcken beträgt im Erwartungswert $O(\log n)$ (siehe unten). Die Analyse der mittleren Suchzeit gestaltet sich viel einfacher, wenn man den Suchpfad rückwärts verfolgt. Wir beobachten zunächst, dass ein Datenblock bei der Suche immer über seinen höchsten Zeiger erreicht wird. Die Wahrscheinlichkeit, dass der aktuelle Datenblock noch eine höhere Ebene besitzt, ist nach Konstruktion 1/2. Daher wird bei der Rückwärtsverfolgung des Suchpfades mit Wahrscheinlichkeit 1/2 ein Schritt nach oben bzw. mit Wahrscheinlichkeit 1/2 ein Schritt nach links gemacht. Da im Mittel nur $O(\log n)$ Schritte nach oben möglich sind, endet der Prozess im Mittel nach $2 \cdot O(\log n) = O(\log n)$ Schritten im Startknoten. Die Suchzeit in einer Skipliste beträgt also mit hoher Wahrscheinlichkeit nur $O(\log n)$.

Wir müssen noch begründen, dass die mittlere Höhe einer Skipliste mit n Elementen $O(\log n)$ ist. Sei X_i, $i = 1, 2, \ldots n$, eine Zufallsvariable, die die Höhe des i-ten Zeigerblocks angibt. Es ist $Pr(X_i = k) = 2^{-k}$. Wir müssen $E[\max_{1\leq i\leq n} X_i]$ bestimmen. Es gilt mit der Jensenschen Ungleichung (vgl. Seite 50), wobei $\alpha \in (1, 2)$ eine beliebige Konstante ist:

$$E[\max_{1\leq i\leq n} X_i] \leq \log_\alpha E\Big[\alpha^{\max_{1\leq i\leq n} X_i}\Big] = \log_\alpha E\Big[\max_{1\leq i\leq n} \alpha^{X_i}\Big]$$

$$\leq \log_\alpha E\Big[\sum_{i=1}^{n} \alpha^{X_i}\Big] = \log_\alpha\Big(\sum_{i=1}^{n} E\big[\alpha^{X_i}\big]\Big) = \log_\alpha\Big(\sum_{i=1}^{n}\sum_{k\geq 1} \alpha^k 2^{-k}\Big)$$

$$= \log_\alpha\Big(\sum_{i=1}^{n} \frac{1}{1-\alpha/2}\Big) = \log_\alpha n + \log_\alpha \frac{1}{1-\alpha/2} = O(\log n)$$

Weitere stochastische Datenstrukturen sind Hashtabellen. Mit diesen werden wir uns in Kapitel 3 beschäftigen.

1.13 Pseudozufallszahlen und Derandomisierung

In der Praxis werden statt echter Zufallszahlen oft so genannte *Pseudozufallszahlen* verwendet. Diese sind das Ergebnis eines algorithmischen Prozesses – und daher eigentlich überhaupt nicht „zufällig". Und zwar beginnt man mit einer beliebigen Startzahl z_0 (dem „seed"), und dann berechnet man bei jedem Aufruf von RANDOM geeignet die Zahl z_{n+1} aus z_n $(n = 0, 1, 2, 3, \ldots)$.

Eine mögliche Berechnungsvorschrift für z_{n+1} ist gegeben durch die *lineare Kongruenzmethode*:

$$z_{n+1} = (a \cdot z_n + b) \bmod c$$

für geeignete Zahlen a, b, c (wobei c möglichst groß sein sollte; außerdem sind die Zahlen $a = 0$ und $a = 1$ ungeeignet).

Allgemeiner kann man statt einer linearen Funktion natürlich auch ein Polynom höheren Grades oder eine modulare Exponentialfunktion verwenden.

Aus der Zahl z_i, die im i-ten Aufruf von RANDOM berechnet wurde, gewinnt man dann die eigentliche (Pseudo-) Zufallszahl. Der aktuelle Aufruf in einem probabilistischen Algorithmus sei zum Beispiel

$$\text{RANDOM } x \text{ IN } M \qquad \text{wobei } M = \{m_0, m_1, \ldots, m_{k-1}\}$$

Hierbei sei k wesentlich kleiner als c. Dann setzt man $x := m_j$, wobei $j = z_i \bmod k$ (alternativ: $j = (z_i \cdot k) \text{ div } c$).

Wichtig ist unter anderem auch, dass die Anzahl der in einem Algorithmus verwendeten Zufallszahlen kleiner ist als die *Periode* des verwendeten Pseudozufallszahlengenerators, also die kleinste Zahl p, so dass $z_i = z_{i+p}$ für alle i gilt. Bei Pseudozufallszahlengeneratoren nach der Kongruenzmethode ist die Periode immer $\leq c$.

Es gilt folgender Satz:

Satz. Bei einem Pseudozufallszahlengenerator nach der Linearen Kongruenzmethode (also: $z_{n+1} := (az_n + b) \bmod c$) wird die maximale Periodenlänge (nämlich c) genau dann erreicht, wenn folgendes gilt:

- $ggt(b, c) = 1$,
- $a \bmod q = 1$ für alle Primfaktoren q von c,
- $a \bmod 4 = 1$, sofern c ein Vielfaches von 4 ist.

Wenn beispielsweise $c = 2^n$ gewählt wird (was für einen Rechner, der im Binärsystem arbeitet, sehr günstig ist), sowie $a = 2^k + 1$, $2 \leq k < n$ und $b = 1$, so sind die

Bedingungen des Satzes erfüllt und es ergibt sich die maximale Periode c. Die Rekursionsformel lautet dann $z_{n+1} = ((2^k + 1)z_n + 1) \bmod 2^n$. Diese Formel legt nahe, dass Multiplikationen vermieden werden können, Shift-Operationen und Additionen sind ausreichend.

Als weitere Alternative bei der Konstruktion von Pseudozufallszahlengeneratoren kann man bei der Berechnungsvorschrift für z_{n+1} statt nur auf z_n auch auf z_{n-1}, z_{n-2} usw. zurückgreifen. Ein Beispiel für eine solche Art von Pseudozufallszahlengenerator, welcher zufällige *Bits* produziert, ist ein (linear) rückgekoppeltes *Schieberegister*. Hierbei wird eine Folge von k Flip-Flops, von denen jedes 1 Bit speichern kann, als Schieberegister zusammengeschaltet. Das heißt, der Speicherinhalt wird mit jedem Taktimpuls um ein Flop-Flop verschoben. In das erste Flop-Flop wird hierbei ein Signal eingespeist, welches durch Rückkopplung aus dem Inhalt der k Flip-Flops gewonnen wird, und zwar durch eine (mod 2)-Addition gewisser dieser k Flip-Flop-Inhalte.

Beispiel:

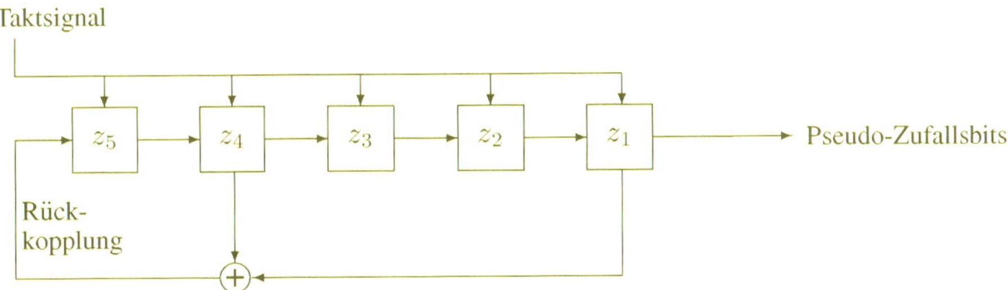

Zu Beginn muss das Schieberegister mit einem beliebigen Startwert $\neq (0, 0, \ldots, 0)$ initialisiert werden. Ein rückgekoppeltes Schieberegister mit k Flip-Flops kann als spezieller endlicher Automat (mit $\leq 2^k$ Zuständen) verstanden werden. Die maximal erreichbare Periode solcherart erzeugter Bitfolgen ist $2^k - 1$.

Im obigen Beispiel erzeugt der Generator die maximale Periodenlänge von $2^5 - 1 = 31$. Wenn alle Flip-Flops zu Beginn auf 1 gesetzt gestartet werden, so erhalten wir die Folge

$$1111100110100100001010111011000$$

die sich von dann an wiederholt.

Der Vorteil rückgekoppelter Schieberegister ist deren einfache technische Realisierbarkeit. Allerdings ist die „Zufälligkeit" der erzeugten Bitfolgen nicht allzu groß, und zwar in dem folgenden Sinne: aus dem Beobachten von $2k$ aufeinander folgenden Pseudozufalls-Bits kann man bereits auf die innere Verschaltung des Schieberegisters und damit auf die gesamte Folge schließen. Dies sieht man wie folgt. Sei $(r_1, \ldots, r_k)$ ein 0-1-Vektor, der die Verschaltung repräsentiert; und zwar bedeutet $r_i = 1$, dass das i-Bit über das XOR-Gatter rückgekoppelt wird. Dann kann man das Rückkopplungs-Bit

b durch folgende Formel ausdrücken:

$$b = \sum_{i=1}^{k} r_i z_i \pmod 2$$

Hierbei ist $(z_1, \ldots, z_k)$ der aktuelle Inhalt des Schieberegisters. Wenn nun $2k$ aufeinander folgende Bits $z_1, z_2, \ldots, z_{2k}$ gegeben sind, so kann man k derartige lineare Gleichungen aufstellen

$$\begin{aligned} z_{k+1} &= \textstyle\sum_{i=1}^{k} r_i z_i && \pmod 2 \\ z_{k+2} &= \textstyle\sum_{i=1}^{k} r_i z_{i+1} && \pmod 2 \\ &\vdots \\ z_{2k} &= \textstyle\sum_{i=1}^{k} r_i z_{i+k-1} && \pmod 2 \end{aligned}$$

Aus diesem linearen Gleichungssystem (über dem Körper $GF(2)$ mit 2 Elementen) lassen sich die k Unbekannten $r_1, \ldots, r_k$ bestimmen.

Zur Theorie der rückgekoppelten Schieberegister vgl. das Buch von Lüneburg.

Die Hoffnung ist, dass die mit dieser oder ähnlichen Methoden gewonnenen Pseudozufallszahlen mehr oder weniger die statistischen Zufälligkeitskriterien, wie unter anderem die der Gleichverteilung und der Unabhängigkeit, erfüllen. Es gibt verschiedene statistische Testmethoden, die die Zufälligkeit solcher Zahlenfolgen bewerten können (zum Beispiel den χ^2-Test, den Run-Test, den Permutationstest u.a.). Diese Tests berechnen aus einer durch den Pseudozufallszahlengenerator erzeugten Folge einen charakteristischen Wert und dieser Wert wird verglichen mit dem betreffenden Wert, der sich bei einer echt zufälligen Folge im Mittel ergeben müsste. Wenn die Abweichung zu groß ist, wird die Folge als nicht zufällig abgelehnt (obwohl dies mit sehr geringer Wahrscheinlichkeit auch bei einer echt zufälligen Folge passieren könnte).

Beim χ^2-Test etwa wird folgendermaßen vorgegangen: Wenn die zu testenden n Zufallszahlen jeweils k verschiedene Werte annehmen können, so sollte jeder dieser Werte (bei einer Gleichverteilung) etwa mit der Häufigkeit n/k auftreten. Seien $a_1, \ldots, a_k$, $\sum_{i=1}^{k} a_i = n$, die tatsächlich auftretenden Häufigkeiten. Wir berechnen die Zahl

$$\chi^2 := \frac{\sum_{i=1}^{k}(a_i - n/k)^2}{n/k}$$

Für echte Zufallszahlen sollte dieser Wert etwa bei k liegen und eine Abweichung von mehr als $2\sqrt{k}$ ist dabei sehr unwahrscheinlich. Sollte die Pseudozufallszahlenfolge einen solchen, zu kleinen oder zu großen Wert aufweisen, so wird sie als nicht zufällig abgelehnt.

Konsequent betrachtet kann jeder probabilistische Algorithmus auch als ein statistischer Test verstanden werden: wenn das Verhalten des Algorithmus bei Verwenden der Pseudozufallszahlen deutlich vom erwarteten Verhalten bei echten Zufallszahlen abweicht, so sind die Pseudozufallszahlen zu verwerfen (und der betreffende Pseudozufallszahlengenerator sollte nicht für den betreffenden probabilistischen Algorithmus verwendet werden).

Es ist noch Thema aktueller Forschung, inwieweit (und mit welchen Abstrichen, und für welche Algorithmen, etc.) solche Pseudozufallszahlengeneratoren tatsächlich wie echte Zufallszahlengeneratoren verwendet werden können. (Resultate in dieser Richtung werden auf den Seiten 108 und 300 erwähnt). Speziell interessant ist die Frage, ob die auf Seite 65 beschriebene Art, die Fehlerwahrscheinlichkeit, die bei einem Lauf eines probabilistischen Algorithmus auftritt, durch Wiederholen des Versuchs extrem zu reduzieren, auch dann noch funktioniert, wenn die hierbei verwendeten Zufallszahlen (in irgendeinem Sinne) „schlecht" sind.

Die Vorstellung hier ist, dass es technisch aufwändig ist, „echte" Zufallszahlen zu erzeugen, und dass der Aufwand hierfür irgendwie mit der normalen Komplexitätsbetrachtung verrechnet werden müsste. Trotz aller Vorteile, die probabilistische Algorithmen bieten können, sucht man daher auch nach Möglichkeiten – ausgehend von einem zunächst konzipierten probabilistischen Algorithmus – diesen wieder ohne Zufallsmechanismus auszustatten, oder zumindest die Anzahl der notwendigen Zufallszahlen zu reduzieren. Man spricht in diesem Zusammenhang von „Derandomisierung". Sollte zum Beispiel ein probabilistischer Algorithmus mit einem Pseudozufallszahlengenerator mit fest vorgegebener Startzahl (dem seed) bei allen potenziellen zufriedenstellend funktionieren, so haben wir den Algorithmus tatsächlich vollständig derandomisiert; der Algorithmus wurde dadurch zu einem deterministischen Algorithmus.

In der Theoretischen Informatik werden Pseudozufallszahlengeneratoren so modelliert, dass man davon ausgeht, dass der seed, die Anfangszufallszahl z_0, echt zufällig gewählt wird, und dann daraus in deterministischer Weise sehr viele Pseudozufallszahlen $z_1, z_2, \ldots$ hergestellt werden. Aus einer echten m-Bit Zufallszahl wird so eine Folge von zum Beispiel $\Theta(2^m)$ vielen Pseudozufallszahlen erzeugt.

Von einem theoretischen Standpunkt betrachtet kann der Grad an „Zufälligkeit" (zum Beispiel im Sinne der *Entropie*, vgl. Abschnitt 1.5), der in dem seed drinsteckt, grundsätzlich nicht zunehmen. Daher kann es Pseudozufallszahlengeneratoren, die sozusagen aus dem „Nichts" (oder einem sehr kleinen seed) Zufälligkeit auf deterministische Weise produzieren, gar nicht geben, gerade so wie es kein perpetuum mobile geben kann. Trotzdem macht das Konzept eines Pseudozufallszahlengenerators Sinn; wir sind hier nicht an der Zunahme von Zufälligkeit in irgendeinem abstrakten Sinne interessiert, sondern nur daran, ob der uns betreffende probabilistische Algorithmus mit Hilfe des Pseudozufallszahlengenerators Ergebnisse liefert, die mit der stochastischen Analyse in Einklang stehen – und das ist oft der Fall.

Angenommen ein probabilistischer Algorithmus benötigt Zufalls-Bits, die lediglich *paarweise unabhängig* zu sein brauchen (siehe Abschnitt 1.4). Das soll heißen, die Analyse des Algorithmus verwendet nur die Eigenschaft der paarweisen Unabhängigkeit.

Solche Zufalls-Bits kann man aus sehr wenigen „echten“, also vollständig unabhängigen Zufalls-Bits $a_1, \ldots, a_m$ erzeugen: Die Folge der $2^m - 1$ vielen Bits der Form b_J, wobei $J \subseteq \{1, \ldots, m\}$, $J \neq \emptyset$, mit $b_J = \bigoplus_{j \in J} a_j$ ist paarweise unabhängig. Dies sieht man wie folgt: Seien $I \neq J$, $I, J \subseteq \{1, \ldots, n\}$, gegeben. Sei E das Ereignis $\bigoplus_{i \in I} a_i = a$ und F das Ereignis $\bigoplus_{j \in J} a_j = b$ für gegebene $a, b \in \{0, 1\}$. Wir müssen zeigen, dass $Pr(E \cap F) = Pr(E) \cdot Pr(F)$ gilt. Sei G das Ereignis $\bigoplus_{i \in I \cap J} a_i = 1$. Dann sind die Ereignisse $Pr(E \mid G)$ und $Pr(F \mid G)$ unabhängig, da die beteiligten Indizes disjunkt sind. Somit haben wir:

$$\begin{aligned} Pr(E \cap F) &= Pr(E \cap F \mid G) \cdot Pr(G) + Pr(E \cap F \mid \overline{G}) \cdot Pr(\overline{G}) \\ &= Pr(E \mid G) \cdot Pr(F \mid G) \cdot \tfrac{1}{2} + Pr(E \mid \overline{G}) \cdot Pr(F \mid \overline{G}) \cdot \tfrac{1}{2} \\ &= \tfrac{1}{2} \cdot \tfrac{1}{2} \cdot \tfrac{1}{2} + \tfrac{1}{2} \cdot \tfrac{1}{2} \cdot \tfrac{1}{2} \\ &= \tfrac{1}{4} = Pr(E) \cdot Pr(F). \end{aligned}$$

Eine weitere Methode, um aus wenigen echten Zufallsbits viele paarweise unabhängige Pseudozufallszahlen herzustellen, wird am Ende von Abschnitt 3.4 besprochen.

1.14 NP-Vollständigkeit

Wir wollen die wesentlichen Ideen des NP-Vollständigkeitsbegriffs hier rekapitulieren. Ausgangspunkt für diese Theorie sind die Klassen P und NP. Eine algorithmische Problemstellung fällt (per Definition) in die Klasse P, wenn es für diese einen Algorithmus gibt mit worst-case Bit-Komplexität $\leq p(n)$, wobei p ein Polynom in n, der Eingabelänge, ist; also zum Beispiel $p(n) = 7n^3 + 2n^2 + 10$. Solch einen Algorithmus nennen wir fortan einen *polynomialen Algorithmus*. Zum Beispiel gibt es einen polynomialen Algorithmus zur Multiplikation zweier n-Bit-Zahlen (vgl. Abschnitt 9.1). Also liegt das Multiplikationsproblem in der Klasse P.

Ein wenig idealisierend kann man die Klasse P gleichsetzen mit denjenigen algorithmischen Aufgabenstellungen, für die es *effiziente* Algorithmen gibt. Für praktische Begriffe ist der durch die Definition der Klasse P gesteckte Rahmen wohl etwas weit gefasst, denn man wird einen Algorithmus mit Komplexität $1000n^{1000}$ kaum wirklich als effizient ansehen. Aber der Vorteil der Klasse P ist deren Robustheit: Die Menge der Polynome ist abgeschlossen unter Addition, Multiplikation und Einsetzung (Komposition). Wenn man daher polynomiale Algorithmen in beliebiger Weise miteinander kombiniert (Hintereinanderausführen der Algorithmen; oder den einen Algorithmus als Unterprogramm des anderen verwenden, etc.) so ergibt sich wieder ein polynomialer Algorithmus.

Es ist auf jeden Fall sicher, dass Algorithmen mit Komplexitäten, die sich *nicht* polynomial beschränken lassen, höchstens für kleine Eingaben zu verwenden sind (das mag ja ausreichend sein) und für große Eingaben ineffizient sind, da die potenziellen Rechenzeiten dann astronomische Ausmaße annehmen. Da hilft es auch nur bedingt, auf eine schnellere Rechnergeneration zu warten.

Beispiel: Ein bestimmter nicht-polynomialer Algorithmus habe die Komplexität 2^n. Sei die Eingabelänge $n = 100$, für die der Algorithmus eingesetzt werden soll. Selbst mit einem Computer, der zum Beispiel 100 Millionen Einzeloperationen pro Sekunde durchführen kann, benötigen wir zur Ausführung des Algorithmus eine Rechenzeit von $2^{100}/10^8$ Sekunden. Dies sind mehr als 10^{14} Jahre. (Das Alter des Universums wird auf ca. 10^{10} Jahre geschätzt).

Ein anderes, sehr überzeugendes Argument dafür, dass exponentielle Algorithmen nicht effizient sind, ist das Folgende: Angenommen, wir können mit Computern heutiger Technologie Eingaben bis zur Größe n_0 in vertretbarer Rechenzeit t_0 mit einem Algorithmus der Komplexität 2^n bearbeiten. Wenn uns nach einiger Zeit ein 10-mal schnellerer Computer zur Verfügung steht, welche Eingabegröße n_1 können wir dann in derselben Zeitvorgabe t_0 bearbeiten? Wir lösen die Gleichungen $2^{n_0} = t_0$ und $2^{n_1} = 10t_0$ auf und erhalten das frustrierende Ergebnis $n_1 = n_0 + \log_2 10 \approx n_0 + 3.3$; also die bearbeitbare Eingabegröße erhöht sich um eine sehr kleine *additive* Konstante. Bei einem polynomialen Algorithmus kann man n_0 dagegen mit einem bestimmten *Faktor* multiplizieren, der vom Grad des Polynoms abhängt. Betrachte beispielsweise die Komplexität n^3. Wir müssen dann die Gleichungen $n_0^3 = t_0$, $n_1^3 = 10t_0$ auflösen und erhalten $n_1 = \sqrt[3]{10} \cdot n_0 \approx 2.15 \cdot n_0$. Das heißt, wenn ein 10-mal schnellerer Computer zur Verfügung steht, so wirkt sich das bei einem Algorithmus mit Komplexität n^3 so aus, dass mehr als doppelt so große Aufgabenstellungen in der selben Zeit berechnet werden können.

Bei einem Problem, für das nur Algorithmen der Komplexität 2^n bekannt sind, könnte es uns vielleicht gelingen, einen neuen Algorithmus, zum Beispiel der Komplexität $2^{n/2} \approx (1.41)^n$ zu konzipieren. (Entsprechende Beispiele finden sich in den Abschnitten 7.3, 9.10, 11.1 und Kapitel 12). Dieser neue Algorithmus hat im Prinzip zwar immer noch exponentielle Komplexität, aber die in der vorgegebenen Zeit t_0 bearbeitbare Problemgröße hat sich verdoppelt.

Eine (anscheinend) viel größere Ausdehnung als die Klasse P, der mit polynomialen Algorithmen lösbaren Probleme, hat die Klasse NP; und zwar enthält NP viele Problemstellungen, für die bisher keine polynomialen Algorithmen bekannt sind. Ein *Entscheidungsproblem*, also eine algorithmische Aufgabenstellung A, die nur die Antworten „ja" (bzw. 1) und „nein" (bzw. 0) zulässt (Beispiel: Ist die Eingabe x eine Primzahl?), liegt in der Klasse NP, falls es einen polynomialen Algorithmus gibt, der außer der „eigentlichen" Eingabe x eine weitere „Zusatzeingabe" y verarbeitet und sich folgendermaßen verhält:

- Wenn die richtige Antwort für die Eingabe x „ja" ist (also $x \in A$), so *gibt es* eine Zusatzeingabe y, so dass der Algorithmus auf (x, y) „ja" antwortet.
- Wenn die richtige Antwort für die Eingabe x „nein" ist (also $x \notin A$), so gilt *für alle* Zusatzeingaben y, dass der Algorithmus auf (x, y) „nein" antwortet.

Außerdem ist gefordert, dass die Zusatzeingabe „nicht zu viel Information“ enthalten darf, nämlich die Länge von y muss sich durch ein Polynom in der Länge von x beschränken lassen. Dies impliziert, dass es höchstens exponentiell in $n = |x|$ viele Kandidaten für die Zusatzeingabe y gibt. Zur algorithmischen Lösung eines NP-Problems kann man also so vorgehen, dass man alle potenziellen Zusatzeingaben y daraufhin untersucht, ob die Eingabe (x, y) bei dem nach Definition von NP gegebenen polynomialen Algorithmus die Antwort „nein“ hervorruft (oder ob einmal „ja“ vorkommt). Das heißt, man kann immer den gesamten Suchraum durchlaufen. Ein solcher Algorithmus hätte dann exponentielle Komplexität. Mit anderen Worten, alle Probleme in NP lassen sich mit *exponentieller* Komplexität lösen (also mit Komplexität $2^{p(n)}$, für ein Polynom p). Dies liegt daran, dass sich die Längen der potenziellen Zusatzeingaben y durch $p(n)$ beschränken lassen.

Wenn wir es mit einem Entscheidungsproblem zu tun haben, dessen *komplementäres Problem* (also die Antworten „ja“ und „nein“ vertauscht) in NP liegt, so sprechen wir von einem co-NP Problem. Beispielsweise besteht das zu dem oben erwähnten Primzahlproblem PRIM komplementäre Problem darin, festzustellen, ob eine gegebene Zahl x sich in nicht-triviale Faktoren zerlegen lässt. (Es geht nur um die ja-nein-Entscheidung; die Faktoren selber müssen nicht notwendigerweise gefunden werden). Für das Problem PRIM ist bekannt, dass es in NP liegt, genauso wie sein komplementäres Problem, also PRIM $\in NP \cap$ co-NP.

Bei den Problemen in P ist es so, dass es nach Definition von P einen polynomialen Algorithmus gibt, der die bei der Definition von NP vorgesehene Zusatzeingabe y völlig ignorieren kann, und in polynomial begrenzter Rechenzeit seine Entscheidung nur auf der ersten Komponente der Eingabe, nämlich x, basieren kann. Dieses Argument zeigt, dass für alle Entscheidungsprobleme A gilt: $A \in P \;\Rightarrow\; A \in NP$ (mehr noch: $P \subseteq NP \cap$ co-NP). Ob die Umkehrung (also $P = NP$) gilt, ist offen (und wird bezweifelt). Dies ist gerade das berühmte P-NP-Problem. Wenn die Umkehrung gelten sollte, so heißt dies, dass es für alle NP-Probleme eine (vermutlich nicht-triviale) algorithmische Möglichkeit gibt, ohne Verwenden der Zusatzeingabe in polynomial begrenzter Rechenzeit zu der richtigen ja-nein-Entscheidung zu kommen. (Die Vermutung $P \neq NP$ wird auch „*Cooksche Hypothese*“ genannt).

Das folgende Bild zeigt die relative Lage der Klassen P, NP und co-NP.

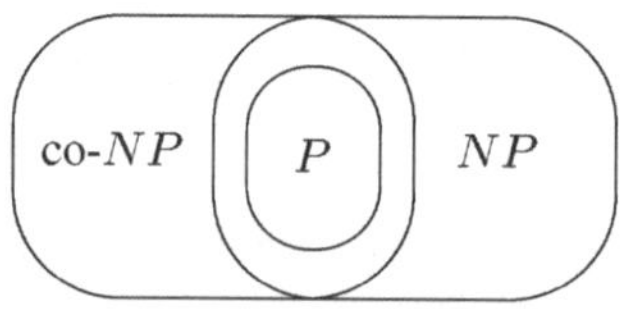

Hier ist ein *Beispiel* für ein NP-Problem, für das kein polynomialer Algorithmus bekannt ist, das *Graphenisomorphieproblem*: Die Eingabe besteht aus zwei Graphen

G_1, G_2, es soll durch die ja-nein-Antwort entschieden werden, ob die Graphen isomorph sind oder nicht, also ob es eine bijektive Abbildung π zwischen den beiden Knotenmengen gibt, welche mit der Kanteneigenschaft konsistent ist (das heißt, $\{u, v\}$ ist genau dann eine Kante in G_1, wenn $\{\pi(u), \pi(v)\}$ eine Kante in G_2 ist).

Beispiel für zwei isomorphe Graphen und einen möglichen Isomorphismus:

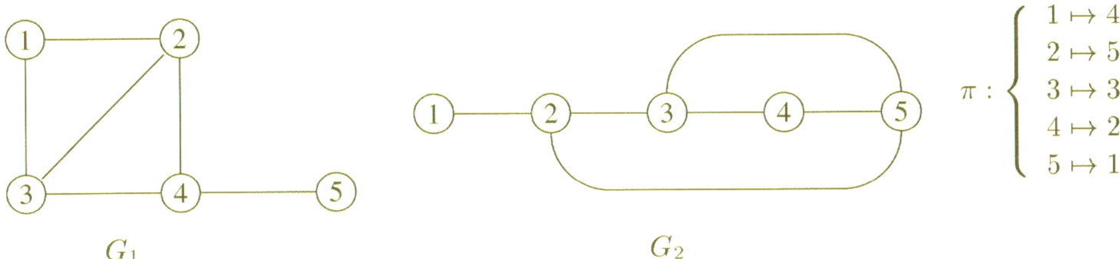

Das Problem liegt in der Klasse NP, denn es gibt einen polynomialen Algorithmus, der bei Eingabe von G_1, G_2 und π als Zusatzeingabe lediglich feststellt, ob π die erwünschten Eigenschaften hat. Es ist klar, dass alle Bedingungen in der Definition von NP erfüllt sind.

Eine Besonderheit dieser P-NP-Theorie ist es, dass es gelungen ist, derartige algorithmischen Probleme in NP zu identifizieren, deren Status, was die Existenz oder Nicht-Existenz von polynomialen Algorithmen betrifft, bereits die gesamte P-NP-Frage löst. Für ein solches Problem gibt es *genau dann* einen polynomialen Algorithmus, wenn es polynomiale Algorithmen für *alle* Probleme in NP gibt, also wenn $P = NP$ gilt. Solche Probleme heißen *NP-vollständig*.

Der wesentliche Begriff in der formalen Definition der NP-Vollständigkeit ist der der *polynomialen Reduzierbarkeit*. Ein Entscheidungsproblem A ist auf ein Entscheidungsproblem B *polynomial reduzierbar*, wenn es eine mit polynomialer Bit-Komplexität berechenbare Funktion f gibt, so dass für alle Eingaben x gilt: $x \in A \Leftrightarrow f(x) \in B$. Das bedeutet, dass sich das Entscheidungsproblem A sozusagen als Spezialfall von B „einbetten" lässt. Insbesondere folgt, dass A einen effizienten (polynomialen) Algorithmus besitzt, wenn B einen solchen besitzt; oder logisch gleichwertig, wenn für A *kein* polynomialer Algorithmus existiert, dann auch nicht für B.

Nochmals formaler formuliert: Wenn das Problem A auf das Problem B polynomial reduzierbar ist im Sinne der obigen Definition, und falls $B \in (N)P$, so folgt $A \in (N)P$. Dies sieht man durch „Hintereinanderschalten" des Algorithmus zur Berechnung von f und des Entscheidungsalgorithmus für B:

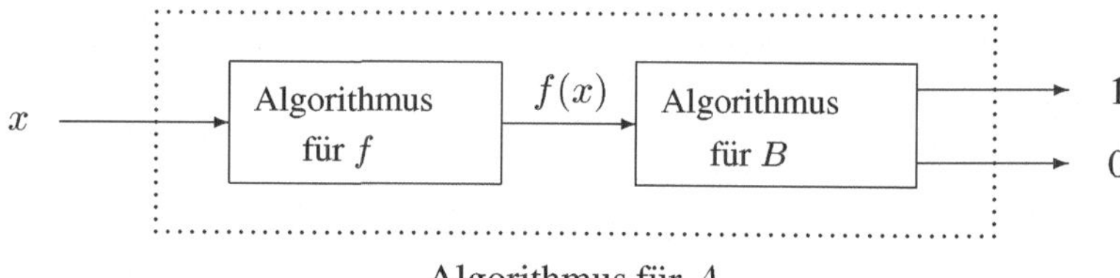

Falls *alle* Probleme A in NP auf ein Problem B polynomial reduzierbar sind, so heißt B *NP-schwierig* (oder *NP-hart*). Ein solches Problem B ist also in gewisser Weise mindestens so schwer zu lösen wie jedes Problem in NP. Falls zusätzlich gilt, dass B selber in NP liegt, so heißt B *NP-vollständig*.

Die NP-vollständigen Sprachen sind also die „schwierigsten" Probleme in NP, vgl. folgende Skizze, die die Landschaft der Komplexitätsklassen P und NP unter der Annahme $P \neq NP$ wiedergibt:

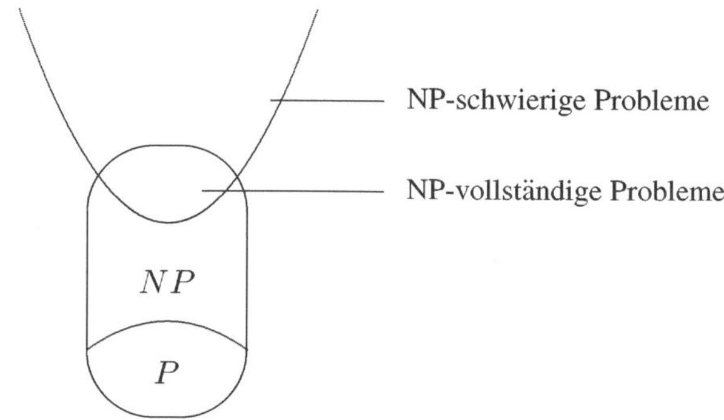

Da die NP-vollständigen Probleme nach Definition auch selber in NP liegen, folgt, dass sie paarweise aufeinander polynomial reduzierbar sind. Das heißt, die NP-vollständigen Probleme bilden eine Äquivalenzklasse unter der Reduzierbarkeitsrelation.

Man kann allerdings auch zeigen, dass es unter der Annahme $P \neq NP$ Probleme in NP geben muss, die weder in P liegen, noch NP-vollständig sind. Kandidaten hierfür sind das Primzahlproblem und das oben angegebene Graphenisomorphieproblem, denn für beide Probleme konnte bisher weder der eine noch der andere Nachweis geführt werden. (In Abschnitt 9.9 werden wir jedoch sehen, dass die Position des Primzahlproblems „sehr nahe" bei der Klasse P liegt, da es zwar polynomiale, allerdings probabilistische Algorithmen für das Problem gibt).

Viele NP-vollständige Probleme sind inzwischen bekannt. Einige in Schlagworten: das Erfüllbarkeitsproblem für aussagenlogische Formeln, kurz SAT (vgl. Abschnitt 11.1 und Kapitel 12); das Problem festzustellen, ob ein Graph einen Hamiltonschen Kreis enthält; das Traveling Salesman Problem (TSP, vgl. Abschnitt 4.6 und Kapitel 11); das 0/1-Rucksackproblem (vgl. Abschnitt 4.7); das Graphenfärbungsproblem (vgl. Abschnitt 11.2), also das Problem festzustellen, ob ein Graph mit einer vorgegebenen

Zahl von Farben färbbar ist; das Mengenüberdeckungsproblem (vgl. Abschnitt 11.2); das Problem (0/1-) ganzzahlige Programmierung (vgl. Abschnitt 11.1), und viele andere mehr. Das Buch von Garey und Johnson (1979) präsentiert außer einer theoretischen Einführung in die Theorie der NP-Vollständigkeit eine Liste von über 300 NP-vollständigen Problemen aus den unterschiedlichsten Bereichen der Mathematik und Informatik.

Soll ein neues, vorgefundenes Problem daraufhin untersucht werden, ob es NP-vollständig ist, so kann man zum einen versuchen, gemäß der Definition der NP-Vollständigkeit vorzugehen. Das heißt insbesondere, man muss für den Nachweis, dass das Problem NP-hart ist, zeigen, dass es von *jedem* Problem in der Klasse NP aus eine polynomiale Reduktion auf das in Frage stehende Problem gibt. Dies müsste in ganz allgemeiner und abstrakter Form nachgewiesen werden. Ein solcher „generischer" NP-Vollständigkeitsnachweis ist im Allgemeinen recht schwierig. Es ist viel einfacher, ein bereits bekanntes, nachgewiesenes NP-vollständiges Problem herzunehmen, zum Beispiel das Erfüllbarkeitsproblem der Aussagenlogik SAT, und zu zeigen, dass es eine polynomiale Reduktion von SAT auf das in Frage stehende Problem A gibt. Mit Hilfe der Transitivität der polynomialen Reduktion, die leicht einzusehen ist, folgt dann nämlich, dass sich *jedes* NP-Problem nicht nur auf SAT, sondern auch auf A reduzieren lässt. Nützlich ist es daher, eine möglichst umfangreiche und gut dokumentierte Sammlung von bereits nachgewiesenen NP-vollständigen Problemen zur Verfügung zu haben (dies leistet bisher am Besten das Buch von Garey und Johnson).

Eine große Klasse von NP-vollständigen Problemen bilden die so genannten *Constraint Satisfaction Probleme* (kurz: CSP). Ein solches Problem besteht aus folgenden Komponenten:

- Eine Menge von n *Variablen* $x_1, \ldots, x_n$. Diese Variablen können Werte aus einem endlichen Grundbereich D annehmen. Der „Lösungsraum" besteht somit aus der Menge D^n.

- Eine Menge von m *Constraints* $C_1, \ldots, C_m$. Dieses sind 0-1-wertige Funktionen auf der Menge D^n. Wir sagen, dass das Constraint C_j *erfüllt* ist für ein $(a_1, \ldots, a_n) \in D^n$, wenn $C_j(a_1, \ldots, a_n) = 1$. Typischerweise hängen die einzelnen Constraints jeweils nur von wenigen Variablen ab. Wenn C_j nur von k Variablen abhängt, so sagen wir, die *Ordnung* von C_j sei k.

Sei nun ein Constraint Satisfaction Problem gegeben, wobei die Menge der Constraints in geeigneter Form (als Formeln, als gewisse Graphen, etc.) codiert sind, so besteht die algorithmische Aufgabe darin, festzustellen, ob es eine Wertebelegung $(a_1, \ldots, a_n) \in D^n$ für die Variablen gibt, so dass *alle* Constraints erfüllt sind.

Man sieht sofort, dass KNF-SAT, das Erfüllbarkeitsproblem für aussagenlogische Formeln in konjunktiver Normalform nichts anderes als ein Constraint Satisfaction Problem ist mit $D = \{0, 1\}$, wobei die Constraints in Form der Klauseln gegeben sind.

Sofern alle Klauseln höchstens k Variablen enthalten (also das Problem k-SAT), so handelt es sich um den Spezialfall eines Constraint Satisfaction Problems mit der Ordnung k.

Ein weiteres Problem, das sich unmittelbar als Constraint Satisfaction Problem interpretieren lässt, ist das Graphenfärbungsproblem: es soll festgestellt werden, ob ein gegebener Graph mit k Farben färbbar ist. In diesem Fall entspricht jeder Knoten des Graphen einer Variablen des CSP. Den Wertebereich für die Variablen stellen die k Farben dar: $D = \{1, 2, \ldots, k\}$. Jede Kante des Graphen entspricht jetzt einem Constraint der Ordnung 2 in folgendem Sinne: Die Kante $\{u, v\}$ stellt das Constraint $C_{\{u,v\}}$ dar, welches genau dann erfüllt wird, wenn die Wertebelegung der Variablen (also die Färbung der Knoten des Graphen) den Variablen (Knoten) u und v *verschiedene* Werte zuweisen.

Da k-SAT für $k \geq 3$ und k-Färbbarkeit für $k \geq 3$ NP-vollständig sind, ist das CSP NP-vollständig, wenn entweder ($|D| \geq 3$, Ordnung ≥ 2) oder wenn ($|D| \geq 2$, Ordnung ≥ 3) ist. Es bleibt nur der Fall $|D| = 2$ und Ordnung=2 übrig. Dieser ist tatsächlich in polynomialer Zeit lösbar, da er sich leicht als ein 2-SAT Problem umformulieren lässt, und 2-SAT liegt in P (siehe Abschnitt 12.1). Algorithmen für das CSP werden in den Abschnitten 11.3 und 12.7 angegeben, welche wesentlich effizienter sind als der naive Algorithmus, der den gesamten Lösungsraum der Größe $|D|^n$ durchsucht.

Die „natürliche“ Formulierung einer algorithmischen Aufgabenstellung ist normalerweise nicht die als Entscheidungsproblem, sondern als *funktionales Problem* (oder *Suchproblem*): Gegegen x, bestimme eine „Lösung“ y, falls eine solche existiert. Dies ist dann gerade ein solches y, das in der Definition von NP die Rolle der Zusatzeingabe spielt. (Beispiel: gegeben zwei Graphen G_1, G_2, bestimme einen Isomorphismus π, falls ein solcher existiert. Oder: gegeben eine Zahl x, bestimme eine Faktorisierung von x, sofern x keine Primzahl ist).

Darüberhinaus werden oft *Optimierungsprobleme* betrachtet: es wird in diesem Fall nicht nur irgendeine Lösung gesucht, sondern eine solche, die eine bestimmte Kostenfunktion maximiert (oder minimiert). Mehr dazu siehe im nächsten Abschnitt.

Nun ist es aber so, dass sich für NP-vollständige Probleme das funktionale Problem oder das Optimierungsproblem auf das Entscheidungsproblem polynomial reduzieren lässt, in dem Sinne, dass sich aus der Existenz eines polynomialen Algorithmus für das Entscheidungsproblem auch ein solcher für das funktionale oder das Optimierungsproblem ergibt. Daher kann man sich aus einer theoretischen (aber nicht sehr praxisnahen) Sicht auf die Untersuchung der Entscheidungsprobleme beschränken.

Ein interessantes NP-Problem, für das diese Aussage über die Reduzierbarkeit des funktionalen Problems auf das Entscheidungsproblem womöglich nicht zutrifft, ist das Komplement des Primzahlproblems. Wenn eine Zahl *nicht* Primzahl ist, so lässt sie sich in nicht-triviale Faktoren zerlegen. Die funktionale Version des Nicht-Primzahlproblems besteht darin, in diesem Fall einen (oder alle) nicht-trivialen Faktoren zu liefern (auch *Faktorisierungsproblem* genannt). Dies scheint eine wesentlich schwierigere Aufgabe zu sein als lediglich die ja-nein Entscheidung (Primzahl oder nicht) zu liefern, jedenfalls ist bisher keine polynomiale Reduktion des Faktorisierungsproblems auf das (Nicht-)Primzahlproblem bekannt. Dieser Unterschied in der Komplexität des Primzahlproblems (als Entscheidungsproblem) und des Faktorisierungsproblems (als funktionales Problem) wird ausgenützt für die Sicherheit einiger kryptographischer Verfahren (z.B. des RSA-Systems).

Eine weitere Problemstellung, die sich aus dem ursprünglichen NP-Entscheidungsproblem ableitet, ist das *Zählproblem*: Gegeben eine Eingabe, stelle nicht nur fest, ob es Lösungen (also Zusatzeingaben, die zur Ausgabe „ja" führen) gibt, sondern bestimme deren genaue Anzahl. Es ist klar, dass dieses Problem mindestens so schwierig ist wie das betreffende Entscheidungsproblem. Für NP-vollständige Probleme scheinen die entsprechenden zugeordneten Zählprobleme einen noch größeren Schwierigkeitsgrad zu haben als das Entscheidungsproblem, da man aus der Annahme eines fiktiven polynomialen Algorithmus für das Entscheidungsproblem immer noch nicht in der Lage ist, einen polynomialen Algorithmus für das betreffende Zählprobblem abzuleiten. Hier zeigt sich für ein weiteres Mal, dass das Graphenisomorphieproblem strukturell einfacher ist als die NP-vollständigen Probleme: bei diesem Problem kann man tatsächlich aus einem fiktiven polynomialen Entscheidungsalgorithmus einen polynomialen Algorithmus für das Zählproblem ableiten (vgl. das Buch von Köbler, Schöning, Torán).

Wir werden uns in den folgenden Abschnitten immer wieder mit Algorithmen für NP-vollständige Probleme – insbesondere das Traveling Salesman Problem und das Erfüllbarkeitsproblem – befassen. Wenn solche Algorithmen das betreffende (funktionale oder Optimierungs-) Problem exakt lösen, so wird deren Laufzeit exponential sein, allerdings kann es sein, dass der betreffende Algorithmus immer noch weit besser als der oben beschriebene naive Algorithmus ist, welcher alle potenziellen Lösungskandidaten y durchprobiert. Allerdings lassen sich mit geeigneten polynomialen Algorithmen unter Umständen akzeptable Näherungslösungen für NP-vollständige Probleme berechnen (siehe dazu den nächsten Abschnitt). Für manche NP-vollständige Probleme gibt es (evtl. probabilistische) Algorithmen, die im Sinne der average-case Komplexität (unter geeigneten Wahrscheinlichkeitsverteilungen auf den Eingaben) sogar polynomial sein können (vgl. Abschnitt 12.2). Dies wird im Wesentlichen aber durch die Wahrscheinlichkeitsverteilung auf der Menge der Eingaben hervorgerufen und hat wenig mit der P-NP-Frage zu tun.

Wie bereits erwähnt, kann man NP-(vollständige) Probleme immer dadurch lösen, dass man alle potenziellen „Lösungskandidaten" oder „Zusatzeingaben" y (der Länge $p(n)$, für ein Polynom p) systematisch daraufhin untersucht, ob sie tatsächlich eine Lösung darstellen. Angenommen, die Eingabe x besitzt tatsächlich $m \geq 1$ Lösungen, so dass dieser systematische Suchalgorithmus schließlich erfolgreich sein wird und eine Lösung findet. Die worst-case Komplexität ist dabei $O(2^{p(n)} - m)$, wobei $n = |x|$. Ein probabilistischer Algorithmus, der wiederholt zufällige Stichproblen y der Länge $p(n)$ zieht und diese überprüft, könnte im Mittel effizienter sein, sofern m groß ist. Die Wahrscheinlichkeit, bei einem einzelnen Versuch erfolgreich zu sein, ist $m/2^{p(n)}$. Daher ist der Erwartungswert für die Anzahl der Versuche, bis man eine Lösung findet, gerade der Kehrwert dieser Wahrscheinlichkeit, also $2^{p(n)}/m$ (vgl. Seite 35). Wir müssen ferner abschätzen, wie oft man solche Zufallsversuche tätigen muss, bis man bei lauter erfolglosen Versuchen nahezu sicher sein kann, dass keine Lösung existiert. Wir wollen eine sehr geringe Fehlerwahrscheinlichkeit ε zulassen. Das Experiment wird t mal unabhängig wiederholt. Dann ist $\mu = tm/2^{p(n)}$ die erwartete Anzahl von Erfolgen. Die Wahrscheinlichkeit, bei t unabhängigen Wiederholungen des Zufallsexperiments jedes Mal keine Lösung zu finden, ist

$$(1-\frac{m}{2^{p(n)}})^t \leq e^{-tm/2^{p(n)}} = e^{-\mu} \quad (\text{wegen } 1-y \leq e^{-y})$$

Diese Wahrscheinlichkeit soll kleiner-gleich ε werden. Also genügt es, die Wiederholungsanzahl t größer-gleich $\ln(1/\varepsilon)2^{p(n)}/m$ zu wählen. (*Beispiel:* für $\varepsilon = e^{-20}$ ist $\ln(1/\varepsilon) = 20$, also sollte die Anzahl der Versuche 20-mal so groß sein wie die erwartete Anzahl der Versuche bis zum ersten Auftreten einer Lösung).

Die heuristischen Algorithmen, die in Kapitel 11 besprochen werden – sofern sie probabilistische Methoden einsetzen – lassen sich zum großen Teil so erklären, dass sie unter Ausnützen von Charakteristika der zu lösenden Problemstellung versuchen, die „Trefferwahrscheinlichkeit“ (welche bei der obigen Diskussion $m/2^{p(n)}$ beträgt) zu erhöhen – und damit die (mittlere) Komplexität zu reduzieren. Ein weiteres Beispiel für diesen Typ von Algorithmus findet sich in Abschnitt 12.5.

1.15 Optimierungsprobleme und Approximation

Ein Optimierungsproblem wird spezifiziert durch

- die Menge seiner zulässigen Eingaben (wobei die Zulässigkeit einer Eingabe mit polynomialer Komplexität überprüft werden können sollte),
- die einer zulässigen Eingabe x zugeordneten zulässigen Lösungen $S(x)$ (wobei es mit polynomialer Komplexität möglich sein sollte, festzustellen, ob $y \in S(x)$),
- eine mit polynomialer Komplexität berechenbare Bewertungsfunktion v, die einer Lösung y einen Wert $v(y)$ zuordnet.

Optimierungsprobleme gliedern sich in *Minimierungsprobleme* und *Maximierungsprobleme*. Bei Minimierungsproblemen geht es darum, bei gegebener (zulässiger) Eingabe x eine Lösung $y \in S(x)$ zu finden mit $v(y) = \min\{v(s) \mid s \in S(x)\}$. Bei Maximierungsproblemen wird analog eine Lösung mit maximalem v-Wert gesucht.

Beispiel: Beim *Traveling Salesman Problem* (kurz: TSP) besteht eine zulässige Eingabe aus einer $n \times n$ Entfernungsmatrix, die die paarweisen Abstände zwischen je zwei Städten i und j angibt ($i, j \in \{1, \ldots, n\}$). Einige Einträge können den Wert ∞ aufweisen, welcher besagt, dass keine direkte Straßenverbindung zwischen Ort i und Ort j existiert. Eine zu einer solchen Eingabematrix zulässige Lösung besteht aus einer Permutation π auf der Menge $\{1, 2, \ldots, n\}$, welche eine Rundreise über die n Städte repräsentieren soll. Eine zulässige Rundreise darf dabei nicht über einen ∞-Eintrag laufen. Das heißt, keine der Matrixpositionen $(\pi(k), \pi(k+1))$ für $k = 1, \ldots, n-1$ und $(\pi(n), \pi(1))$ darf ∞ sein. Sei $M = (m_{i,j})$ die Eingabematrix. Der Wert v einer solchen zulässigen Permutation π für M ist definiert durch

$$v(\pi) = \sum_{k=1}^{n-1} m_{\pi(k),\pi(k+1)} + m_{\pi(n),\pi(1)}$$

Ohne Beschränkung der Allgemeinheit kann man sich auf solche Permutationen π beschränken mit $\pi(1) = 1$. Man kann die gesuchte Rundreise also immer bei Stadt 1 beginnen lassen. Hierbei geht es darum, eine Lösung mit *minimalem* Wert zu finden; das TSP ist also ein Minimierungsproblem.

Dagegen ist MaxSAT ein Maximierungsproblem. Gegeben ist hier eine Menge F von Klauseln, dieses sind Oder-Verknüpfungen von Variablen oder negierten Variablen, wie zum Beispiel

$$F = \{ (x_1 \vee \overline{x_3} \vee x_4), (x_2 \vee \overline{x_3}), (\overline{x_1} \vee x_2 \vee x_3) \}$$

Es geht nun darum, eine Belegung zu finden, die *möglichst viele* der Klauseln erfüllt.

Zulässige Eingaben sind hier also syntaktisch korrekt aufgebaute Klauselmengen; *alle* Belegungen der vorkommenden Variablen stellen zulässige Lösungen dar. Der Wert, der einer Belegung zugeordnet ist, ist die Anzahl der durch die Belegung erfüllten Klauseln.

Aus einem Optimierungsproblem lässt sich ein Entscheidungsproblem in NP zurückgewinnen, indem man eine natürliche Zahl k als weiteren Bestandteil der Eingabe hinzunimmt und die Frage stellt, ob es eine Lösung der Güte k oder besser gibt:

$$\{ (x, k) \mid x \text{ ist zulässige Eingabe und es gibt ein } y \in S(x) \text{ mit } v(y) \leq k \}$$

Dies wäre die Formulierung für ein Minimierungsproblem; für ein Maximierungsproblem müsste man „$\geq$“ schreiben. Für viele bekannte Optimierungsprobleme (beispielsweise TSP oder MaxSAT) ist das solcherart zugeordnete Entscheidungsproblem NP-vollständig. Das bedeutet, dass man keine polynomialen Algorithmen kennt, weder für das eigentliche Optimierungsproblem, noch für das daraus abgeleitete Entscheidungsproblem.

Daher macht es Sinn, für solche Optimierungsprobleme nach einem effizienten Algorithmus zu suchen, der wenigstens eine gute *Approximation* bestimmt, also eine Lösung

$y \in S(x)$, so dass $v(y)$ nicht „allzu weit“ von v^* entfernt ist, wobei v^* der Wert einer optimalen Lösung für die Eingabe x ist. Hierzu sollte die Formulierung des Optimierungsproblems allerdings so sein, dass nicht schon allein das Bestimmen einer zulässigen Lösung $y \in S(x)$ ein NP-vollständiges Problem ausmacht. (Beispielsweise ist bei MaxSAT das Bestimmen von zulässigen Lösungen trivial; während allerdings bei TSP – in der oben gegebenen Formulierung – das Bestimmen einer zulässigen Lösung bereits das Bestimmen eines Hamiltonkreises in einem Graphen bedeutet, welches ein NP-vollständiges Problem ist).

Um die Güte eines solchen Approximationsverfahrens messen und vergleichen zu können, definieren wir die *Performanz* r einer (approximativen) Lösung $y \in S(x)$ durch

$$r = \min\left\{\frac{v(y)}{v^*}, \frac{v^*}{v(y)}\right\}$$

Diese Definition hat den Vorteil, dass sie gleichermaßen auf Minimierungs- und Maximierungsprobleme anwendbar ist. Es gilt immer $r \leq 1$, wobei bei Werten nahe 1 die Approximation am besten ist. (Gelegentlich wird in der Literatur auch stattdessen der Kehrwert betrachtet; dann gilt immer $1/r \geq 1$).

Die Optimierungsprobleme lassen sich in verschiedene Klassen unterteilen, je nachdem welcher Grad an Approximation möglich ist:

$$\{\text{Optimierungsprobleme, die optimal in Polynomialzeit gelöst werden können}\}$$
$$\subseteq FPTAS \subseteq PTAS \subseteq APX \subseteq \{\text{alle NP-Optimierungsprobleme}\}$$

Beispielsweise lässt sich das Optimierungsproblem, in einem Graphen einen maximalen Fluss zu bestimmen, in polynomialer Zeit lösen (vgl. Abschnitt 6.6) und fällt damit in die als Erstes angegebene Klasse. Die Klassen $APX, PTAS, FPTAS$ sind wie folgt definiert:

APX : Ein Optimierungsproblem liegt in APX, wenn es eine Zahl $\delta \in (0,1)$ und einen polynomialen Algorithmus gibt, der bei jeder zulässigen Eingabe x eine Lösung $y \in S(x)$ liefert mit einer zugehörigen Performanz $r \geq 1 - \delta$.

Die Abkürzung APX deutet an, dass das Optimierungsproblem – bis zu einem gewissen Grad – approximierbar ist.

$PTAS$: Ein Optimierungsproblem liegt in $PTAS$, wenn es für jede Zahl $\delta \in (0,1)$ einen polynomialen Algorithmus gibt, der bei jeder zulässigen Eingabe x eine Lösung $y \in S(x)$ liefert mit einer zugehörigen Performanz $r \geq 1 - \delta$.

Die Abkürzung PTAS steht für *polynomial time approximation scheme*.

$FPTAS$: Ein Optimierungsproblem liegt in $FPTAS$, wenn es einen Algorithmus gibt, der bei jedem zulässigen x und $k \in \mathbb{N}$ als Eingabe eine Lösung $y \in S(x)$ liefert mit einer zugehörigen Performanz $r \geq 1 - 1/k$. Die Komplexität des Algorithmus ist polynomial in $|x|$ und k.

Die Abkürzung FPTAS steht für *fully polynomial-time approximation scheme.*

Unter der Cookschen Hypothese $P \neq NP$ sind alle vier oben angegebenen Inklusionen echte Inklusionen. Es gibt dann also Beispiele für Optimierungsprobleme, die im Sinne von $PTAS$ approximierbar sind, aber nicht im Sinne von $FPTAS$, usw. Es gibt dann also auch Optimierungsprobleme, die sich nicht einmal im Sinne von APX approximieren lassen. Das TSP ist ein solches Beispiel: Denn sei angenommen, es gibt einen polynomialen Algorithmus für das TSP und eine Zahl $\delta \in (0, 1)$, so dass der Algorithmus bei jeder Eingabe mindestens eine Performanz von $1 - \delta$ erreicht. Sei G ein beliebiger Graph. Wir ordnen diesem Graphen ein TSP zu, indem wir

$$m_{i,j} := \begin{cases} 1, & \text{falls } (i,j) \text{ eine Kante in } G \text{ ist} \\ 1 + \lceil \frac{n}{1-\delta} \rceil & \text{sonst} \end{cases}$$

setzen. Indem wir nun den fiktiven Approximationsalgorithmus auf dieses TSP ansetzen, erhalten wir in polynomialer Zeit eine Lösung y des TSP mit Performanz $\frac{v^*}{v(y)} \geq 1 - \delta$. Wenn der Ausgangsgraph G einen Hamilton-Kreis besitzt, so ist nach Konstruktion des TSP $v^* = n$, also $v(y) \leq \frac{n}{1-\delta}$. Das bedeutet, dass die approximative TSP-Lösung nur Kanten (i, j) verwenden kann, die auch im ursprünglichen Graph G vorhanden sind. Das Verwenden von nur einer einzigen anderen Kante würde den Wert $v(y)$ (die Rundreiselänge) über den Wert $\frac{n}{1-\delta}$ hinaus erhöhen, wie man leicht nachrechnet:

$$v(y) \geq (n-1) + 1 + \lceil \frac{n}{1-\delta} \rceil \geq \frac{n(1-\delta) + n}{1-\delta} > \frac{n}{1-\delta}$$

Daher liefert diese Rundreise, die durch den fiktiven Approximationsalgorithmus gefunden wird, gleichzeitig eine Lösung des ursprünglichen Hamilton-Kreis-Problems bzgl. des Graphen G. Da Hamilton-Kreis NP-vollständig ist, folgt $P = NP$.

Des Weiteren ist MaxSAT ein Beispiel für APX-Approximierbarkeit, für das aber keine $PTAS$-Approximierbarkeit möglich ist. Die Tatsache, dass MaxSAT nicht beliebig gut approximierbar ist (sofern $P \neq NP$), also MaxSAT $\notin PTAS$, folgt aus dem berühmten „PCP-Theorem", siehe z.B. Mayr, Prömel, Steger (1998) und Ausiello et al. (1999). Ein Approximationsverfahren im Sinne von APX für MaxSAT (welches allerdings probabilistisch ist) wird in Abschnitt 11.1 angegeben.

Ein Beispiel für ein Problem, das im Sinne von $FPTAS$ approximierbar ist, ist das 0/1-Rucksackproblem. Dies wird in Abschnitt 4.7 gezeigt.

Nochmals zusammenfassend gilt also folgende Aussage:

$$P \neq NP \Longrightarrow$$

$$\{\text{Optimierungsprobleme, die optimal in Polynomialzeit gelöst werden können}\}$$
$$\underset{\neq}{\subset} FPTAS \underset{\neq}{\subset} PTAS \underset{\neq}{\subset} APX \underset{\neq}{\subset} \{\text{alle NP-Optimierungsprobleme}\}$$

Um Optimierungsprobleme im Sinne der Approximierbarkeit miteinander vergleichen zu können und um Vollständigkeitsergebnisse (wie „APX-Vollständigkeit") zu erhalten, wurden in der Literatur verschiedene Arten von Reduzierbarkeiten eingeführt, die die polynomiale Reduzierbarkeit des vorigen Abschnitts noch erweitern. Und zwar muss eine solche *approximations-erhaltende Reduktion* zwischen zwei Optimierungsproblemen A und B aus der Angabe von zwei polynomial-berechenbaren Funktionen (f, g) bestehen, so dass jede zulässige Eingabe x für A mittels f in eine zulässige Eingabe $f(x)$ für B transformiert wird. Darüber hinaus muss jede approximative Lösung $y' \in S(f(x))$ für B mittels g in eine approximative Lösung $g(y') \in S(x)$ für A transfomiert werden, wobei der Grad der Approximation in gewissem Sinn erhalten bleiben muss.

Skizze:

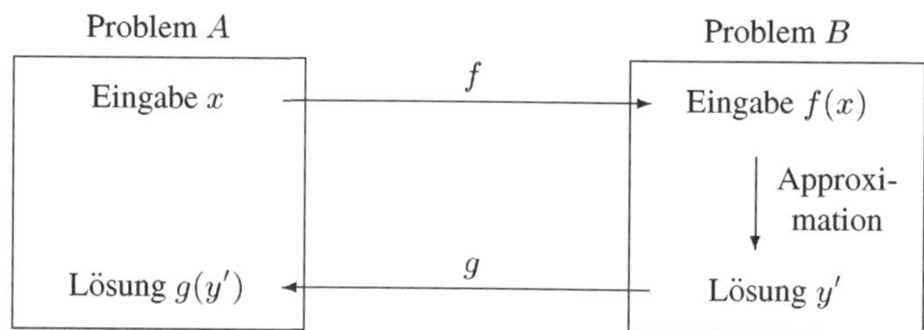

Sofern nun B in einem der oben angegebenen Sinne approximiert werden kann, so kann gefolgert werden, dass auch A entprechend approximiert werden kann.

1.16 Algorithmen mit Ergebnisverifikation

Bei den probabilistischen Algorithmen (siehe Abschnitt 1.12), insbesondere bei denen vom Monte Carlo-Typ, also mit einer möglichen fehlerhaften Ausgabe, hat man sicher ein gewisses Unbehagen verspürt, selbst wenn nachgewiesen werden konnte, dass die Wahrscheinlichkeit für ein solches „Fehlverhalten" sehr klein gehalten werden kann. Nicht zuletzt dieses Unbehagen ist wohl auch ein Grund dafür, dass wir in Abschnitt 1.13 die Möglichkeit betrachtet haben, probabilistische Algorithmen wieder vollständig zu derandomisieren, also zu deterministischen Algorithmen zu machen.

Auch bei deterministischen Algorithmen, selbst wenn diese zuvor vollständig analysiert und auf Korrektheit bewiesen wurden, bleibt ein gewisser Unsicherheitsfaktor in der Implementierung, im verwendeten Betriebssystem, in der Hardware. Nicht viel anders als bei probabilistischen Algorithmen können wir also am Ende nicht 100-prozentig sicher sein, dass die berechneten Ergebnisse korrekt sind.

Was wir hier vorschlagen und populär machen wollen, ist dass Algorithmen mit einem Ergebnisverifikationsmechanismus versehen werden sollten – sofern dies irgendwie geht und effizient machbar ist. Der Benutzer soll so die überprüfbare Garantie erhalten, dass das konkret berechnete Ergebnis korrekt (in Bezug auf die aktuelle Eingabe) ist. Dieser Anspruch ist nicht so groß (und damit evtl. leichter realisierbar) als wenn wir im Vergleich dazu automatisch überprüfen oder beweisen wollten, dass der Algorithmus für *jede* potenzielle Eingabe und alle Eventualitäten korrekt arbeitet. (Tatsächlich lässt sich zeigen, dass dieses allgemeine Verifikationsproblem unentscheidbar ist).

Oftmals ist der Verifikationsprozess (für die jeweils aktuelle Eingabe) wesentlich effizienter realisierbar als das eigentliche Finden eines Ergebnisses (für diese betreffende Eingabe). Und genau das ist die Idealvorstellung für eine erfolgreiche Ergebnisverifikation. Zum Beispiel ist das Faktorisieren einer natürlichen Zahl eine algorithmisch schwierige Aufgabe (vgl. Abschnitt 9.10). Sofern aber ein (potenzieller) Faktor m einer Zahl n gegeben ist, so kostet es nur eine Division, um festzustellen, ob m tatsächlich ein Teiler von n ist. (Auch wenn n eine Primzahl sein sollte, so liefert der in Abschnitt 9.9 besprochene Algorithmus sozusagen als Seiteneffekt einen „Beweis" für die Primzahleigenschaft).

Ein anderes Beispiel ist das Sortieren. Sortieren kann man mit Komplexität $O(n \log n)$ (siehe Kapitel 2). Um festzustellen, ob die Ergebnisfolge die sortierte Version der Eingabefolge ist, muss man überprüfen, ob die ausgegebenen Elemente tatsächlich aufsteigend (oder absteigend, je nach dem) sortiert sind. Darüberhinaus muss sichergestellt werden, dass die (Multi-)Menge der Eingabezahlen mit der (Multi-)Menge der Ausgabezahlen übereinstimmt. Genau für diese Aufgabe wurde in Abschnitt 1.12 ein (probabilistischer) Algorithmus mit $O(n)$ Komplexität angegeben.

Ein ähnliches Beispiel findet sich in Kapitel 9. Man kann mit Komplexität $O(n^3)$ (sogar mit Komplexität $O(n^{2.8074})$, vgl. Abschnitt 9.1) zwei $n \times n$ Matrizen multiplizieren. Verifizieren, dass das Ergebnis richtig ist, kann man mit einem probabilistischen Algorithmus mit Komplexität $O(n^2)$, siehe Abschnitt 9.3.

Ein weiteres Beispiel ist der erweiterte Euklidsche Algorithmus (Abschnitt 9.6). Dieser Algorithmus berechnet $(a, b) \mapsto (d, x, y)$, wobei $d = ggt(a, b)$ und $d = ax + by$ gelten soll. Die Korrektheit des Ergebnisses kann durch Testen auf $d|a$, $d|b$ und $d = ax + by$ bestätigt werden.

Oft ist es so, dass die Art der Programmierung bereits als „Seiteneffekt" eine überprüfbare Datenstruktur hinterlässt, anhand der die Korrektheit des errechneten Ergebnisses nachvollzogen werden kann. Bei Algorithmen nach dem Prinzip dynamisches Programmieren (Kapitel 4) wird am Ende eine vollständig ausgefüllte Tabelle hinterlassen, die in aller Detailliertheit „nachweist", dass das Ergebnis korrekt ist (allerdings wird der Verifikationsalgorithmus nicht wesentlich effizienter sein als der eigentliche Algorithmus).

Es ist beispielsweise wünschenswert, dass man bei einem Entscheidungsproblem A in NP (siehe Abschnitt 1.14), das man ja ganz allgemein über eine polynomial entscheidbare Relation R beschreiben kann und welches die Form hat

$$A = \{x \mid \text{es gibt eine Zusatzeingabe } y, \text{ so dass } (x, y) \in R\}$$

vom Algorithmus nicht nur die Antwort „ja" (es gibt eine Zusatzeingabe y mit $(x, y) \in$

R) oder „nein" (es gibt keine) erfährt. Im Falle der Antwort „ja" sollte das System die entsprechende Zusatzeingabe y ebenso bereitstellen (und mit Hilfe der polynomial entscheidbaren Relation R kann so die Korrektheit der „ja" Antwort überprüft werden). Auch die Antwort „nein" sollte im Idealfall durch die Ausgabe eines „Beweises" bestätigt werden können. (Im Falle von NP-vollständigen Problemen ist die effiziente Verifikation der „nein" Ausgabe allerdings nicht möglich, da dieses implizieren würde, dass das betreffende Problem nicht nur in NP sondern auch in co-NP, also in $NP \cap$ co-NP, liegt. Hieraus würde folgen $NP =$ co-NP).

Bei anderen Aufgabenstellungen (die nicht NP-vollständig sind) lässt sich ein Verifikationsmechanismus sowohl für den „ja" als auch für den „nein" Fall bereitstellen. Betrachten wir beispielsweise die Aufgabe, festzustellen, ob ein gegebener Graph planar ist. Sollte der Graph planar sein, so kann man vom Programm eine planare Einbettung des Graphen in die Ebene zeigen lassen. Sollte der Graph nicht planar sein, so kann man verlangen, dass der im Graphen versteckte K_5 oder $K_{3,3}$ gezeigt wird. (Siehe hierzu jedes Buch über Graphentheorie; Stichwort: Satz von Kuratowski).

Bei numerischen Verfahren kann sich der Verifikationsmechanimus ausschließlich auf die Eingrenzung des Rundungsfehlers beziehen. Synchron mit der eigentlichen Ausführung des numerischen Verfahrens wird bei jeder durchgeführten arithmetischen Rechenoperation abgeschätzt, wie groß sich hierbei der Rundungsfehler entwickeln könnte (im worst-case oder im average-case). Am Ende entsteht parallel mit dem eigentlichen Rechenergebnis eine Abschätzung über den mit dem Ergebnis gehafteten Rundungsfehler. Es kann überprüft werden, ob der Rundungsfehler im Toleranzbereich liegt, oder ob die Rechnung von Neuem gestartet werden sollte mit einer veränderten Anzahl von Iterationsschritten und/oder ob mit einer längeren Zahlendarstellung gearbeitet werden sollte.

Das allgemeine Modell für einen Verifikationsmechanismus ist wie folgt. Der eigentliche Algorithmus zur Lösung eines Problems oder Berechnung einer Funktion wird um eine Verifikationskomponente ergänzt, die aus der Ein- und Ausgabe, sowie aus Daten, die während des eigentlichen Algorithmenablaufs erhoben werden, einen verifizierbaren Beweis für die Korrektheit des Ergebnisses berechnet.

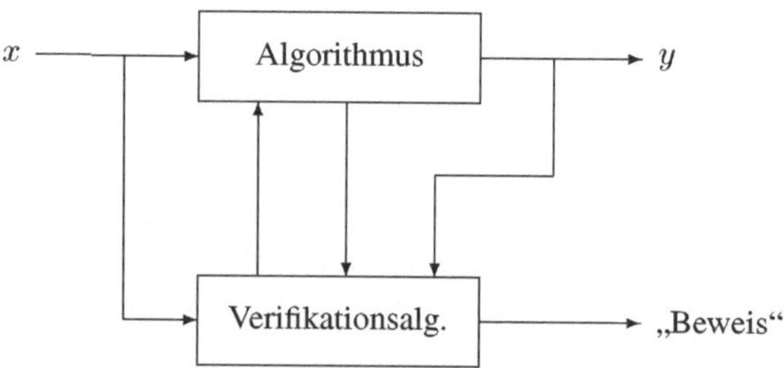

Interessant ist der Pfeil vom Verifikationsalgorithmus zum eigentlichen Algorithmus. In manchen Situationen kann nämlich der Verifikationsprozess so vonstatten gehen, dass abgesehen von der eigentlichen Berechnung $x \mapsto y$ der Verifikationsalgorithmus den Algorithmus als Unterprogramm verwendet und einige weitere Berechnungen $x' \mapsto y'$ einfordert. Diese Rechenergebnisse werden verwendet, um deren Konsistenz mit der eigentlichen Berechnung $x \mapsto y$, und damit die Korrektheit von y zu bestätigen.

Bei den zu Beginn dieses Abschnitts aufgeführten Beispielen war es so, dass der Verifikationsvorgang effizienter durchgeführt werden kann als der eigentliche Berechnungsvorgang. Das heißt, für die entsprechenden Komplexitätsfunktionen $T_{check}(n)$ und $T_{compute}(n)$ gilt $T_{check}(n) = o(T_{compute}(n))$. Wenn nun aber der Verifikationsalgorithmus den Berechnungsalgorithmus sozusagen als Unterprogramm verwendet, so wird man diese Eigenschaft nicht erfüllen können. Aber man sagt, dass ein Entscheidungsproblem *polynomial verifizierbar* (polynomially checkable) ist, wenn es einen Verifikationsalgorithmus gibt, so dass für die Komplexitätsfunktionen gilt $T_{check}(n) = p(T_{compute}(n))$ wobei p ein Polynom ist. (Man beachte, dass $T_{compute}(n)$ keine polynomial beschränkte Funktion zu sein braucht).

Beispiel: Ein bekanntes Beispiel für ein Problem, das einen polynomialen Verifikationsmechanismus zulässt, ist das *Graphenisomorphieproblem* (vgl. Seite 76). Die Eingabe besteht aus zwei Graphen G und H. Der „eigentliche“ Algorithmus liefert lediglich die Antwort „ja“ oder „nein“, je nach dem, ob die beiden Graphen (seiner Meinung nach) isomorph sind oder nicht. Man beachte, dass bisher kein polynomialer Algorithmen für das Graphenisomorphieproblem bekannt ist. Es ist aber trotzdem auch unwahrscheinlich, dass das Problem NP-vollständig ist (insbesondere aufgrund des hier angegebenen Ergebnisses, das das Graphenisomorphieproblem von den anderen NP-vollständigen Problem unterscheidet).

Der hinzu kommende Verifikationsmechanismus ist nun der Folgende: Wenn der gegebene Algorithmus behauptet, die Graphen seien isomorph, so soll zum Beweis ein Isomorphismus konstruiert werden. Dies kann man mit Hilfe der so genannten Selbstreduktionsstruktur des Graphenisomorphieproblems erreichen. Und zwar kann man an einen Knoten u von G und einen Knoten v von H probehalber zwei identische Testgraphen über eine zusätzliche Kante anschließen. Diese Testgraphen können zum Beispiel zwei Cliquen mit $n + 1$ Knoten sein, denn diese können sonst nirgends im eigentlichen Graphen als Teilgraph vorkommen. Daher können die Testgraphen von einem potenziellen Isomorphismus nur aufeinander abgebildet werden und ferner muss dann u auf v abgebildet werden.

Skizze:

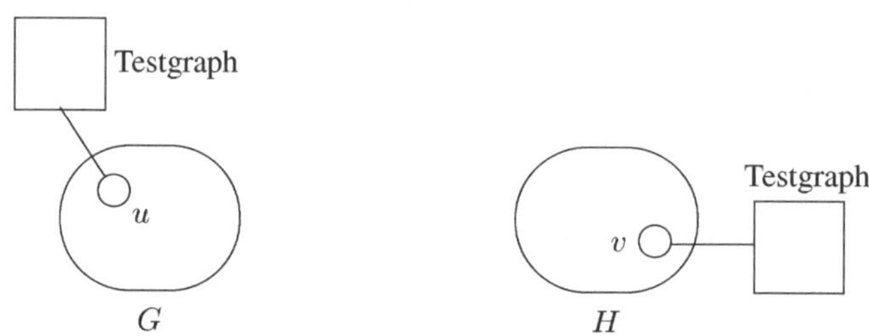

Sollte der Isomorphietest auch bei diesen beiden Graphen „ja“ ausgeben, so wissen wir, dass ein Isomorphismus existiert, der u auf v abbildet. Indem man für alle gefundenen Paarungen immer wieder neue Testgraphen ankoppelt und alle verbleibenden u-v Kombinationen durchprobiert, lässt sich ein Isomorphismus konstruieren (und als solcher überprüfen).

Nehmen wir nun an, der Algorithmus behauptet, die beiden Graphen G und H seien nicht isomorph. Dann führen wir mehrfach den folgenden probabilistischen Test durch:

RANDOM z IN $\{1, 2\}$
RANDOM π IN S_n ($*$die Menge aller n-Permutationen$*$)
IF $z = 1$ THEN
  Wende den Isomorphietest auf die Graphen G und $\pi(G)$ an
  Der Algorithmus ist inkorrekt, wenn hier „nein“ ausgegeben wird
IF $z = 2$ THEN
  Wende den Isomorphietest auf die Graphen G und $\pi(H)$ an
  Der Algorithmus ist inkorrekt, wenn hier „ja“ ausgegeben wird

Im Falle, dass der Algorithmus korrekt arbeitet, werden die verschiedenen Tests alle korrekt bestanden. Falls die Graphen G und H nicht isomorph sind, vom Algorithmus jedoch „ja“ behauptet wird, so ist es aber unmöglich, einen Isomorphismus zu konstruieren, da keiner existiert. Daher kann der Algorithmus in diesem Fall den (ersten) Test nicht bestehen. Der interessanteste Fall liegt vor, wenn die Graphen isomorph sind, vom Algorithmus aber „nein“ behauptet wird. Beim zweiten Test werden dem Algorithmus dann sowohl im Fall $z = 1$ als auch im Fall $z = 2$ zwei isomorphe Graphen G und G' vorgelegt, wobei der zweite Graph in beiden Fällen mit derselben Wahrscheinlichkeitsverteilung generiert wird. Keine Algorithmenstrategie kann hier stochastisch eine bessere Trefferquote als 1/2 haben. Ein Algorithmus kann diesen Test nur dann bestehen, wenn er bei $z = 1$ immer „ja“ und bei $z = 2$ immer „nein“ ausgibt, obwohl die beiden Fälle (ohne Wissen des z-Wertes) nicht zu unterscheiden sind. Nach k Wiederholungen des Versuchs hat man eine Chance von $\geq 1 - 2^{-k}$, einen Algorithmenfehler aufzudecken.

1.17 Probabilistische Komplexitätsklassen

So wie man die durch deterministische Algorithmen „effizient lösbaren" Probleme (also solche mit polynomialer Komplexität) in eine Komplexitätsklasse, nämlich P, einordnen kann, so kann man dies entsprechend vornehmen, falls effiziente *probabilistische* Algorithmen existieren. Da es verschiedene Formen von probabilistischen Algorithmen gibt (dies wurde in Abschnitt 1.12 bereits besprochen), gibt es entsprechend verschiedene probabilistische Komplexitätsklassen, die jeweils eine Erweiterung der Klasse P darstellen (denn deterministische Algorithmen, wie sie in der Definition der Klasse P vorgesehen sind, können immer auch als probabilistische Algorithmen aufgefasst werden).

Die Klasse BPP (*bounded error probabilistic polynomial time*) besteht aus allen solchen algorithmischen Entscheidungsproblemen A, für die es einen probabilistischen Algorithmus M mit polynomialer Komplexität und eine Konstante $\varepsilon \in [0, 1/2)$ gibt, so dass für alle Eingaben x gilt:

$$x \in A \quad \Rightarrow \quad Pr[\, M \text{ bei Eingabe } x \text{ gibt „ja" aus} \,] > 1 - \varepsilon$$
$$x \notin A \quad \Rightarrow \quad Pr[\, M \text{ bei Eingabe } x \text{ gibt „nein" aus} \,] > 1 - \varepsilon$$

Das folgende Diagramm skizziert die entsprechenden Übergangswahrscheinlichkeiten:

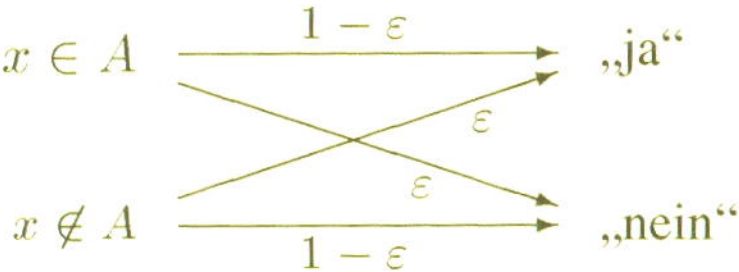

Bei diesen probabilistischen Algorithmen handelt es sich also um den Monte Carlo-Typ (vgl. Seite 67), da sie mit geringer Wahrscheinlichkeit auch falsch antworten können. Auf Seite 66 wurde gezeigt, dass bei diesen Algorithmen die Fehlerwahrscheinlichkeit von ε bis „fast" auf Null reduziert werden kann. Insbesondere kann man zum Beispiel bei $O(q(n))$-maliger Wiederholung des Algorithmus (und nachträglichem „Majoritätsvotum") die Fehlerwahrscheinlichkeit auf $2^{-q(n)}$ reduzieren. Hierbei ist n die Länge der Eingabe x und q ein beliebiges, zuvor gewähltes Polynom.

Es zeigt sich desöfteren bei den bisher konkret gefundenen probabilistischen Algorithmen, dass tatsächlich nur im Fall $x \in A$ eine Fehlerwahrscheinlichkeit echt größer als Null auftreten kann, während sie im anderen Fall, wenn $x \notin A$, gleich Null ist. Beispiele für solche Algorithmen finden sich in den Abschnitten 1.12, 9.3 und 9.9. Um dieser Situation mit einer entsprechenden Komplexitätsklasse Rechnung zu tragen, definieren wir die Klasse RP (*random polynomial time*) wie folgt. Ein algorithmisches Entscheidungsproblem A liegt in dieser Klasse, falls es einen polynomial zeitbeschränkten Algorithmus M und eine Konstante $\varepsilon < 1$ gibt, so dass für alle Eingaben x gilt:

$$x \in A \quad \Rightarrow \quad Pr[\, M \text{ bei Eingabe } x \text{ gibt „ja" aus} \,] > 1 - \varepsilon$$

$$x \notin A \quad \Rightarrow \quad Pr[\,M \text{ bei Eingabe } x \text{ gibt „nein" aus}\,] = 1$$

Das folgende Diagramm skizziert wieder die entsprechenden Übergangswahrscheinlichkeiten:

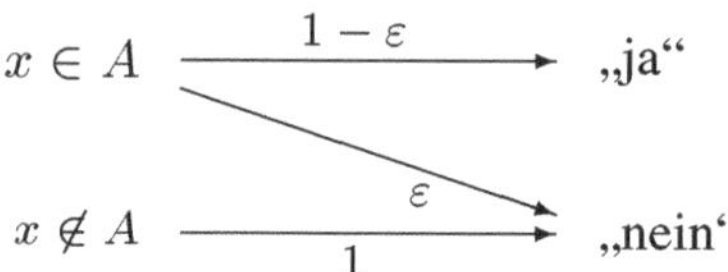

Aus den jeweiligen Definitionen ergeben sich sofort die folgenden Enthaltenseinsbeziehungen: $P \subseteq RP \begin{array}{l} \subseteq NP \\ \subseteq BPP \end{array}$. Von keiner dieser Enthaltenseinsbeziehungen ist bekannt, ob sie echt ist oder nicht. Ebenso ist die Beziehung zwischen NP und BPP bisher noch ungeklärt. Es wird vermutet, dass keine der beiden Klassen in der anderen enthalten ist.

Es lässt sich zeigen, dass aus der Annahme $NP \subseteq BPP$ sogar schon $NP = RP$ folgt (was gegen diese Annahme spricht). Hierzu genügt es zu zeigen, dass für das NP-vollständige Problem SAT gilt: $SAT \in BPP \Rightarrow SAT \in RP$. Sei also M ein probabilistischer Algorithmus für SAT vom BPP-Typ mit sehr kleiner Fehlerwahrscheinlichkeit. Sofern dieser Algorithmus bei einer Eingabe F „ja" ausgeben würde, so führen wir zunächst eine Ergebnisverifikation (im Sinne von Abschnitt 1.16) durch. Das heißt, wir wenden M, statt auf die eigentliche Eingabe F (eine Boolesche Formel mit den Variablen $x_1, \ldots, x_n$) an auf Formeln, die wir aus F erhalten, indem wir sukzessive für die Variablen Nullen und Einsen einsetzen und dann auf die solcherart partiell belegte Formel den probabilistischen Algorithmus M anwenden. Hierdurch erhalten wir in polynomialer Zeit schließlich (mit hoher Wahrscheinlichkeit) einen „Kandidaten" $a_1 \ldots a_n \in \{0,1\}^n$ für eine erfüllende Belegung von F. Nur dann, wenn sich nach Einsetzen von $a_1, \ldots, a_n$ für die Variablen in F zeigt, dass F tatsächlich mittels $a_1, \ldots, a_n$ erfüllbar ist, so gibt der modifizierte Algorithmus „ja" (und sonst „nein") aus.

```
G := F
FOR i := 1 TO n DO
   IF BPP-Algorithmus gibt auf Eingabe G|x_i=1 „ja" aus
     THEN a_i := 1; G := G|x_i=1
     ELSE a_i := 0; G := G|x_i=0
IF F(a_1, a_2, ..., a_n) = 1 THEN OUTPUT „ja" ELSE OUTPUT „nein"
```

Dieser modifizierte Algorithmus beweist, dass SAT in RP liegt, denn dieser Algorithmus wird niemals eine unerfüllbare Eingabeformel F mit „ja" beantworten.

Eine weitere interessante probabilistische Komplexitätsklasse ist $ZPP := RP \cap$ co-RP. Das heißt, ein Entscheidungsproblem A liegt in ZPP (*zero error probabilistic polynomial time*), falls es einen probabilistischen Algorithmus M_1 für A vom RP-Typ und einen weiteren probabilistischen Algorithmus M_2 für die Komplementsprache $\overline{A}$ vom RP-Typ gibt. Wenn also M_1 bei einer Eingabe x „ja“ ausgibt, so ist dies korrekt, und es gilt tatsächlich $x \in A$. Symmetrisch gilt, wenn M_2 bei Eingabe x „ja“ ausgibt, dass mit Sicherheit $x \in \overline{A}$, also $x \notin A$, gilt. Man beachte, dass es also nicht vorkommen kann, dass sowohl M_1 als auch M_2 „ja“ ausgeben. Man kann nun diese beiden Algorithmen miteinander kombinieren, so dass nur dann „ja“ oder „nein“ ausgegeben wird, wenn diese Antwort durch M_1 bzw. M_2 bestätigt wird. Mit kleiner Wahrscheinlichkeit kann es aber vorkommen, dass sowohl M_1 als auch M_2 „nein“ ausgeben, und damit das endgültige Ergebnis nicht gesichert ist. Die folgende Skizze deutet die Situation an.

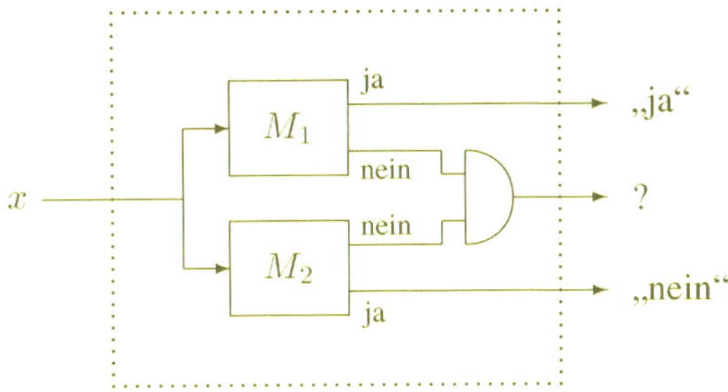

Im Unterschied zur Situation bei der Klasse BPP kann ein probabilistischer Algorithmus vom ZPP-Typ keine falsche Ausgabe produzieren, daher die Bezeichnung „zero error“. Solche Algorithmen nennt man auch Las Vegas-Algorithmen.

Bei Vorliegen der Situation, die in der obigen Skizze durch „?“ gekennzeichnet ist, startet man die Algorithmen M_1, M_2 am Besten erneut mit neuen unabhängigen Zufallszahlen; dies solange, bis man eine definitive „ja“ oder „nein“ Antwort erhält. Die *mittlere* Laufzeit eines solcherart modifizierten probabilistischen Algorithmus ist polynomial.

Das folgende Diagramm skizziert wieder die entsprechenden Übergangswahrscheinlichkeiten:

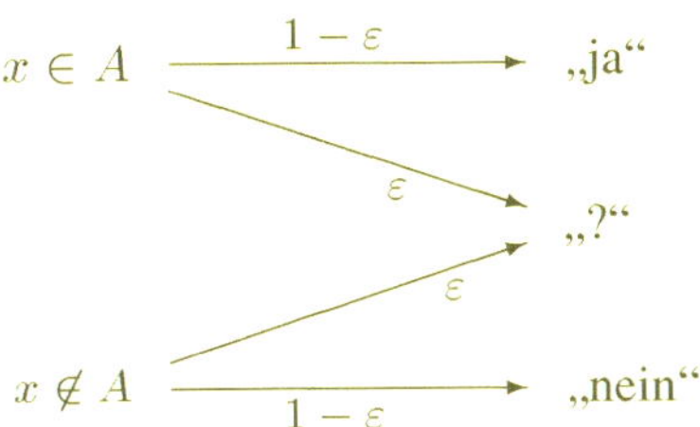

Wir wollen noch eine weitere interessante Eigenschaft dieser probabilistischen Komplexitätsklassen besprechen. Sei M ein probabilistischer Algorithmus (zum Beispiel vom BPP-Typ). Wir nehmen an, dass die Fehlerwahrscheinlichkeit bereits mit der Methode von Seite 66 soweit reduziert wurde, dass bei einer Eingabe der Länge n ein Fehler höchstens mit Wahrscheinlichkeit $2^{-(n+30)}$ auftritt. Seien $z_1 z_2 \ldots z_{p(n)}$ die im Verlauf des Algorithmus benötigten Zufallsbits, wobei p ein geeignetes Polynom ist. Das heißt, man kann den Ablauf des Algorithmus so modifizieren bzw. so verstehen, dass man bei Eingabe x, $|x| = n$, zunächst $z = z_1 z_2 \ldots z_{p(n)} \in_R \{0,1\}^{p(n)}$ zufällig wählt, und dann den eigentlichen Algorithmus ausführt, der nun als *deterministischer* Algorithmus aufgefasst werden kann, allerdings nicht nur mit der Eingabe x, sondern mit x und z.

Wenn wir die einmal zufällig gewählte Bitfolge z festhalten, und diese verwenden, um mit dem deterministischen Teil des Algorithmus dann *jede beliebige* Eingabe x der Länge n zu verarbeiten, so lässt sich die Wahrscheinlichkeit p dafür, dass z für *alle* diese Eingaben das jeweils richtige Ergebnis liefert, wie folgt nach unten abschätzen. Es ist $p = 1 - q$, wobei

$$\begin{aligned} q &\leq \sum_{x:|x|=n} Pr[M \text{ auf Eingabe } x \text{ liefert inkorrektes Ergebnis}] \\ &\leq 2^n \cdot 2^{-(n+30)} = 2^{-30} \end{aligned}$$

Das heißt, die Wahrscheinlichkeit dafür, dass z bei nur einer der potenziellen Eingaben x versagt, ist verschwindend gering. Insbesondere *gibt es* Strings z, die die Eigenschaft haben, für alle Eingaben x einer festen Länge korrekte Ergebnisse zu liefern.

Man kann diese Situation so verstehen, dass ein gewisser Vorverarbeitungsschritt, den man nur einmal auszuführen braucht, uns die Information z liefert. Sodann wird z in den eigentlichen, den deterministischen Teil des Algorithmus eingesetzt (sozusagen „fest verdrahtet") und der Algorithmus kann dann zumindest für alle Eingaben einer festen Länge n effizient eingesetzt werden. Anders ausgedrückt, für jede Eingabelänge n *gibt es* einen „fest verdrahteten" Algorithmus (sozusagen einen „Schaltkreis", bzw. einen „Chip"), dessen Größe nur polynomial in n anwächst. Die notwendige Anzahl von Bits, um diesen Chip zu beschreiben, ist nämlich $p(n) + O(1)$. Man sagt, die Klassen ZPP, RP, BPP besitzen *polynomiale Schaltkreiskomplexität* – eine Eigenschaft, die der Klasse NP vermutlich nicht zukommt.

Die folgende Skizze fasst alle Enthaltenseinsbeziehungen nochmals zusammen. Hierbei bedeutet co-K die Klasse aller Entscheidungsprobleme, die zu einem Problem in K komplementär sind, also co-$K = \{A \mid \overline{A} \in K\}$.

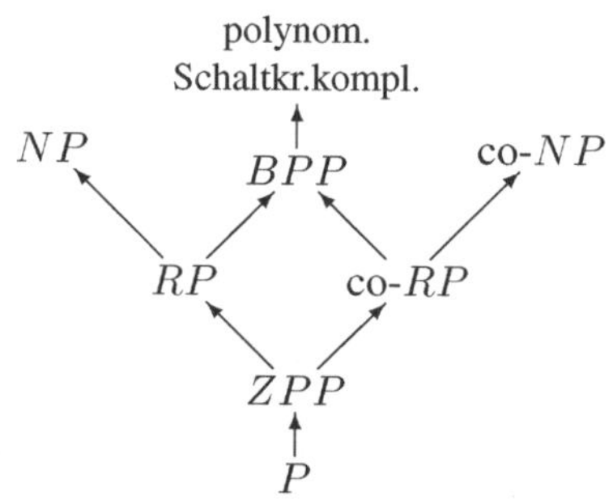

Kapitel 2

Sortier- und Selektionsalgorithmen

Sortieralgorithmen gehören zu den am häufigsten vorkommenden in der Informatik.

Gegeben sei eine Folge von Zahlen $a[1], \ldots, a[n]$. Ein *Sortieralgorithmus* soll diese Folge sortieren; das heißt, dieser soll durch entsprechende Vergleichsoperationen am Ende eine Permutation $\pi : \{1, 2, \ldots, n\} \to \{1, 2, \ldots, n\}$ bestimmen mit $a[\pi(1)] \leq a[\pi(2)] \leq \ldots \leq a[\pi(n)]$. (Tatsächlich wird diese Permutation dadurch implizit angegeben, dass die a-Folge durch den Algorithmus so durch Vertauschungen umarrangiert wird, dass sie aufsteigend sortiert ist).

Ein *Selektionsalgorithmus* soll bei einer gegebenen Zahlenfolge $a[1..n]$ und $i \in \{1, \ldots, n\}$ feststellen, welches das i-kleinste Element der Folge ist. (Spezialfälle hiervon sind das Bestimmen des größten Elements ($i = n$), des kleinsten Elements ($i = 1$) oder des Medians der Folge ($i = \lceil \frac{n}{2} \rceil$)). Man könnte die Selektionsaufgabe natürlich dadurch lösen, dass man die gesamte Folge zunächst sortiert, und dann feststellt, welches Element der Folge an die i-te Position gesetzt wurde. Aber wir werden noch sehen, dass es effizienter geht.

Bei Sortier- und Selektionsalgorithmen wird oft ein besonderes Komplexitätsmaß betrachtet, nämlich $V(n)$, die Anzahl der Vergleiche zwischen je zwei Elementen $a[i]$ und $a[j]$, also die *Vergleichskomplexität*. Die Vergleichskomplexität kann, wie üblich, sowohl im worst-case als auch im average-case analysiert werden, wobei für die average-case Analyse eine Gleichverteilung auf allen $n!$ möglichen Anordnungen der Elemente $a[1], \ldots, a[n]$ angenommen wird. Diese Funktion $V(n)$ lässt sich bei vielen Algorithmen exakt bestimmen oder gut von unten oder oben eingrenzen. Sofern $V(n)$ exakt bestimmt oder abgeschätzt wurde, so ist die tatsächliche Laufzeit-Komplexität $\Theta(V(n))$, da jeder Vergleich mit einem konstanten „Overhead" an weiteren algorithmischen Operationen einhergeht.

2.1 BubbleSort

Es gibt verschiedene sehr simple, allerdings nicht optimale Sortier-Algorithmen. Stellvertretend betrachten wir *BubbleSort:*

```
m := n − 1
REPEAT
  b :=TRUE
  FOR i := 1 TO m DO
   IF a[i] > a[i + 1] THEN
    b :=FALSE
    m := i − 1
    Vertausche(a[i], a[i + 1])
UNTIL b
```

Der Name BubbleSort erklärt sich so, dass sich die Array-Elemente wie „Blasen“ durch das Array bewegen, bis sie ihre endgültige Position erreichen. Man beachte, dass BubbleSort ein *stabiles* Sortierverfahren ist, das heißt, dass gleichgroße Elemente in ihrer relativen Anordnung im Verlauf des Sortiervorgangs nicht vertauscht werden. Dies spielt bei machen Anwendungen eine Rolle.

Günstigstenfalls ist das Array a bereits sortiert; in diesem Fall stellt dies der Algorithmus nach einem Durchlauf fest, also gilt dann $V(n) = n - 1$.

Im ersten FOR-Schleifendurchlauf (welcher $n-1$ Vergleiche kostet) erreicht das größte Element seine endgültige Position, nämlich n; (spätestens) im zweiten Durchlauf erreicht das zweitgrößte die Position $n-1$, usw., so dass nach höchstens $n-1$ Durchläufen der FOR-Schleife die Folge sortiert ist. Wenn in einem Durchlauf die letzte Austauschaktion zwischen den Elementen $a[i]$ und $a[i+1]$ stattfand, dann befinden sich im Arrayabschnitt $a[i..n]$ bereits alle größten Elemente in sortierter reihenfolge. Der nachfolgende Durchlauf braucht diese Elemente nicht mehr anzutasten. (Die erklärt die Rolle der Variablen m). Also gilt für die worst-case Vergleichskomplexität

$$V(n) \le \sum_{i=1}^{n-1} i = \frac{n(n-1)}{2} = O(n^2)$$

Diese Abschätzung ist scharf, denn im schlechtesten Fall befindet sich das kleinste Element der Folge a an der letzten Position n und wandert dann in jedem Durchlauf der FOR-Schleife nur um eine Position nach vorne, so dass alle $n-1$ FOR-Schleifendurchläufe auszuführen sind. Also ergibt sich für die worst-case Vergleichskomplexität $V(n) = n(n-1)/2$.

Was den mittleren Fall betrifft: für alle $i \in \{1, \ldots, n\}$ gilt, dass das kleinste Element der a-Folge mit Wahrscheinlichkeit $1/n$ gerade das Element $a[i]$ ist. In diesem Fall ergeben sich also (mit Wahrscheinlichkeit $1/n$) mindestens i FOR-Schleifendurchläufe. Für die mittlere Vergleichskomplexität gilt also die Abschätzung

$$V(n) \geq \frac{1}{n} \cdot \sum_{i=1}^{n-1} i(i-1)/2 = (n^2 - 3n + 2)/6$$

Bis auf den konstanten Faktor stimmt also der worst-case mit dem average-case überein, nämlich $\Theta(n^2)$.

2.2 Eine untere Schranke für (fast) alle Sortierverfahren

Für die folgende Betrachtung nehmen wir an, dass die einzige Art, wie der potenzielle Sortieralgorithmus etwas über die Anordnung der Eingabefolge erfährt, darin besteht, Abfragen der Form „$a[i] < a[j]$" zu tätigen. Der Algorithmus BubbleSort (und auch die noch zu besprechenden Algorithmen QuickSort, MergeSort, HeapSort) ist von dieser Art. Da wir keine Annahme über die absolute Größe der zu sortierenden Zahlen treffen, ist eine (hier nicht zulässige) Abfrage wie zum Beispiel „$a[3] > 100$" auch nicht sinnvoll.

Jeder Sortieralgorithmus ist zunächst in vollständiger „Unwissenheit" darüber, welche Permutation π die gegebene Eingabe $a[1..n]$ sortiert (das heißt, für welches π gilt, dass $\pi(i)$ gerade der Rang des Elements $a[i]$ ist, $i = 1, 2, \ldots, n$). Die Menge der zu Beginn der Rechnung möglichen Permutationen U_0 hat die Mächtigkeit $n!$. Durch eine IF-Abfrage nach „$a[i] < a[j]$" wird die Menge der möglichen Permutationen in zwei Teilmengen zerlegt. Genauer: Sei U_k die Menge der möglichen Permutationen nach dem k-ten Vergleich. Nach Ausführung des Vergleichs „$a[i] < a[j]$" wird U_k zerlegt in

$$\begin{aligned} U'_k &= \{\pi \in U_k \mid \pi(i) < \pi(j)\} \\ U''_k &= \{\pi \in U_k \mid \pi(i) > \pi(j)\} \end{aligned}$$

Je nachdem, wie der Vergleich ausfällt, gilt dann $U_{k+1} = U'_k$ oder $U_{k+1} = U''_k$. Im schlechtesten Fall liegt die gesuchte Permutation π in der größeren der beiden Mengen U'_k oder U''_k. Daher kann sich im schlechtesten Fall $|U_{k+1}|$ gegenüber $|U_k|$ höchstens halbiert haben, also $|U_{k+1}| \geq |U_k|/2$. Jeder Sortieralgorithmus muss schlimmstenfalls mindestens so viele Vergleiche machen, wie man benötigt, um durch fortgesetztes Halbieren die Zahl $|U_0| = n!$ zu einer Zahl ≤ 1 zu machen. Dies sind also mindestens $\lceil \log_2(n!) \rceil$ Vergleiche. (Denn wenn ein Sortieralgorithmus nach k Schritten stoppt, solange sich noch mehr als eine Permutation in U_k befindet, ist dieser inkorrekt, denn er behandelt dann mindestens zwei Eingabepermutationen identisch).

Asymptotisch verhält sich $\log_2(n!)$ wie $n \log_2 n - \Theta(n)$ (vgl. Abschnitt 1.8). Daher muss *jeder* (auf paarweisen Element-Vergleichen basierende) Sortieralgorithmus die worst-case Vergleichskomplexität $\geq n \log n - \Theta(n)$ haben.

Hinter dem gerade gegebenen Beweis steckt das Konzept des *Entscheidungsbaums*. Jede Verzweigung (=innerer Knoten des Baumes) ist mit einer Abfrage „$a[i] < a[j]$“ beschriftet. An den Blättern des Entscheidungsbaums ist die festgestellte Permutation eingetragen. Da es $n!$ verschiedene Permutationen gibt, muss der einem Sortieralgorithmus zugeordnete Entscheidungsbaum mindestens $n!$ Blätter haben. Dies impliziert, dass es mindestens einen Pfad der Länge $\lceil \log_2(n!) \rceil$ in dem Baum gibt. (Diesen Zusammenhang zwischen der Anzahl der Blätter und der Tiefe eines Binärbaumes sieht man sofort mit einer Induktion ein).

Man spricht in diesem Zusammenhang auch von der *informationstheoretischen Schranke*, denn um durch binäre ja/nein-Fragen zwischen einer von $n!$ Möglichkeiten zu unterscheiden, benötigt man (schlechtestenfalls) $\log_2(n!)$ viele Fragen. Ein Ereignis, das $n!$ mögliche, gleichwahrscheinliche Ausgänge hat, hat den Informationsgehalt von $\log_2(n!)$ bits (vgl. Abschnitt 1.5).

Beispiel: Der folgende spezielle Entscheidungsbaum „sortiert“ das Array $a[1..3]$. Da $3! = 6$, muss dieser mindestens 6 Blätter besitzen. Da $\lceil \log_2 6 \rceil = 3$, muss dieser Baum einen Pfad der Länge 3 besitzen.

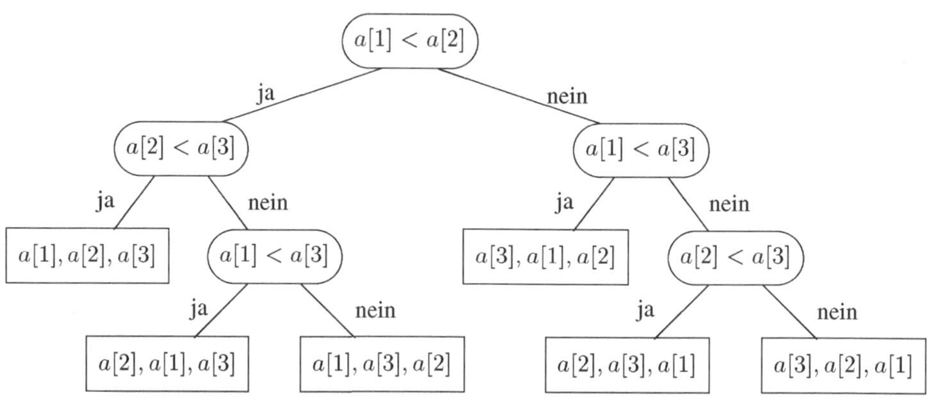

Nun wollen wir eine untere Schranke für die *average-case* Komplexität eines beliebigen Sortieralgorithmus angeben. Alle Permutationen π seien gleichwahrscheinlich, haben also die Wahrscheinlichkeit $1/n!$. Dies bedeutet, dass alle Blätter des dem Sortieralgorithmus zugeordneten Entscheidungsbaumes mit gleicher Wahrscheinlichkeit aufgesucht werden. (Im Beispiel oben ergibt sich eine mittlere Vergleichskomplexität von $2 \cdot 2/6 + 4 \cdot 3/6 \approx 2.667$).

Aus Abschnitt 1.5 ergibt sich sofort, dass die mittlere Blatt-Tiefe eines jeden Binärbaumes mit $n!$ Blättern, welche ganz allgemein mit den Wahrscheinlichkeiten $(p_1, p_2, \ldots, p_{n!})$, $\sum_{i=1}^{n!} p_i = 1$, aufgesucht werden, mindestens den Wert des Entropiewerts $H(p_1, p_2, \ldots, p_{n!})$ erreicht. In dem hier betrachteten Fall ist $p_i = 1/n!$, also ist $H(\underbrace{\frac{1}{n!}, \ldots, \frac{1}{n!}}_{n!\text{-mal}}) = \log_2(n!)$ eine untere Schranke für die mittlere Vergleichskomplexität eines jeden auf paarweisen Vergleichen basierenden Sortieralgorithmus. (Auf das obige Beispiel bezogen ist $\log_2(3!) \approx 2.585$).

Zusammenfassung: Jeder auf paarweisen Element-Vergleichen basierende Sortieralgorithmus hat im schlechtesten Fall eine Vergleichskomplexität von $\geq \lceil \log_2(n!) \rceil$ und im Mittel von $\geq \log_2(n!)$.

2.3 MergeSort

In der rekursiven Formulierung ist MergeSort ein klassisches divide-and-conquer Verfahren, das genau dem Schema auf Seite 52 entspricht. Das zu sortierende Array $a[1..n]$ wird zunächst in zwei gleich große Hälften aufgeteilt; diese werden separat durch zwei rekursive Aufrufe sortiert. Die beiden sortierten Teilarrays werden sodann zu einer sortierten Gesamtfolge „gemischt". Den Mischvorgang kann man sich (wie bei einem Reißverschluss) wie folgt veranschaulichen. Wir zeigen eine Momentaufnahme. Die beiden sortierten Teilfolgen $(2, 4, 5, 7, 8)$ und $(0, 1, 3, 6, 9)$ der Länge $n/2$ wurden bereits zum Teil in ein weiteres Array in sortierter Reihenfolge hineingeschrieben.

Im nächsten Schritt müsste die Zahl 5 mit der Zahl 6 verglichen werden, und die größere der beiden, die 6, wandert dann in das Ergebnis-Array, usw.

Hier ist nochmals der Algorithmus:

PROCEDURE *MergeSort*(a)
IF $|a| = 1$ THEN RETURN
ELSE
Zerlege a in zwei gleichgroße Teile a' und a''
MergeSort(a')
MergeSort(a'')
Mische a' und a'' zu einem Array b
$a := b$
RETURN

Dieser Mischvorgang benötigt $n - 1$ Vergleiche zwischen Elementen. Daher erhalten wir die Rekursionsgleichung $V(n) = 2V(n/2) + n - 1$, $V(1) = 0$, welche die Lösung $V(n) = n\log_2 n - n + 1$ hat. Verglichen mit der unteren Schranke $V(n) \geq \log_2(n!) = n\log_2 n - n/\ln 2 + \Theta(\log n)$ ist dies, was die Anzahl der Vergleiche betrifft, optimal (abgesehen von einem Term linearer Ordnung).

Die Anzahl der Vergleiche zwischen zwei Elementen, um zwei m-elementige sortierte Folgen (hier: $m = n/2$) zu mischen, war hier $2m - 1$. Und tatsächlich ist dies optimal, denn es geht nicht mit einer geringeren Anzahl von Vergleichen:

Behauptung. Die notwendige Anzahl von Vergleichen, um zwei sortierte Folgen $a_1 < a_2 < \ldots < a_m$ und $b_1 < b_2 < \ldots < b_m$ aus je m Elementen zu einer sortierten Gesamtfolge aus $2m$ Elementen zu mischen, beträgt im worst-case mindestens $2m - 1$.

Beweis: Wir nehmen an, die konkret vorliegende Ordnung auf den $2m$ Elementen sei

$$a_1 < b_1 < a_2 < b_2 < \ldots < a_m < b_m$$

Dann muss *jeder* korrekte Mischalgorithmus mindestens die folgenden Vergleiche durchführen: $a_1 : b_1$, $b_1 : a_2$, $\ldots$, $a_m : b_m$. Dieses sind $2m - 1$ Vergleiche. Sollte einer dieser Vergleiche nicht durchgeführt werden, so gibt es mindestens zwei Anordnungen, die der Algorithmus nicht unterscheiden kann, und daher kann der Algorithmus dann nicht korrekt sein. Wenn zum Beispiel der Vergleich $b_1 : a_2$ nicht vorkommt, so ist auch die Anordnung

$$a_1 < a_2 < b_1 < b_2 < \ldots < a_m < b_m$$

möglich, also von der obigen Anordnung nicht unterscheidbar. □

Ein Nachteil von MergeSort ist, dass in ein separates Array umgespeichert werden muss. Es ist also kein *in-place* Verfahren, welches nur das eigentliche Array und höchstens konstant viel zusätzlichen Speicherplatz für die Variablen benötigt.

Andererseits ist MergeSort (in nicht-rekursiver Implementierung) ein sehr geeignetes *externes* Sortierverfahren. Das heißt, wenn man davon ausgehen muss, dass die zu sortierenden Daten nicht als Ganzes im Hauptspeicher untergebracht werden können, sondern in einer externen Datei untergebracht sind, so eignet sich MergeSort zur Sortierung, indem man insgesamt 3 Dateien verwendet.

Wenn man sich die Rekursion bei MergeSort „abgespult" vorstellt, und entsprechend des Rekursionsstruktur von unten nach oben vorgeht, so bedeutet dies, dass MergeSort aus der Eingabefolge, welche als n sortierte Teilfolgen der Länge 1 aufgefasst wird, $n/2$ viele sortierte Teilfolgen der Länge 2 herstellt, dann $n/4$ viele sortierte Folgen der Länge 4, usw. bis man nach $\log_2 n$ Durchgängen durch die Dateien fertig ist. Eine bessere Implementierung, die nicht stur an den Zweierpotenzen festhält und bereits sortierte Teilfolgen in der Eingabe berücksichtigt, ist das so genannte *natürliche Mischen*.

Hierbei werden die Zahlen, die zunächst in Datei 1 stehen, so alternierend in die Dateien 2 und 3 umgeschrieben, dass bereits aufsteigend sortierte Teilfolgen (so genannte *Runs*) zusammen bleiben und hintereinander in Datei 2 (bzw. 3) geschrieben werden.

Erst wenn der Run unterbrochen ist, weil eine zu kleine Zahl nachfolgt, wird von Datei 2 auf Datei 3 gewechselt (oder umgekehrt).

```
k := 2
Reset(Datei 1); Rewrite(Datei 2); Rewrite(Datei 3)
WHILE not eof(Datei 1) DO
  Schreibe den nächsten Run von Datei 1 nach Datei k
  IF k = 2 THEN k := 3 ELSE k := 2
```

Nach diesem Zerlege-Vorgang folgt der Misch-Vorgang, der von den Dateien 2 und 3 wieder zurück in die Datei 1 führt. Dabei werden je zwei aufsteigend sortierte Runs, einer aus Datei 2 und einer aus Datei 3, zu einer aufsteigend sortierten Teilfolge zusammengemischt und dabei in Datei 1 geschrieben. Das Ende eines Runs in Datei 2 bzw. 3 kann wieder daran erkannt werden, dass eine kleinere Zahl als die zuvor gelesene nachfolgt.

Skizze:

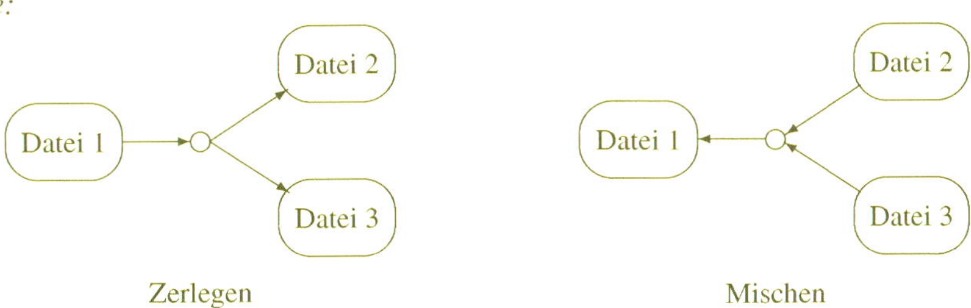

Schlimmstenfalls ist die Ausgangsfolge umgekehrt sortiert, dann entstehen genau wie oben beschrieben, sortierte Teilfolgen der Länge 1, 2, 4, 8, usw. Günstigenfalls ist die Folge bereits sortiert. Dies wird beim Zerlege-Vorgang festgestellt und das Verfahren kann dann sofort stoppen. Insgesamt ergibt sich auf jeden Fall ein $\Theta(n \log n)$ Verfahren.

2.4 QuickSort und binäre Suchbäume

QuickSort ist ein im Mittel sehr schnelles Sortierverfahren; es erreicht im average-case die bestmögliche Komplexität, die, wie wir gesehen haben, $\Theta(n \log n)$ beträgt.

Im worst-case hat QuickSort allerdings wie die naiven Verfahren die Komplexität $\Theta(n^2)$.

QuickSort, ein typisches *divide-and-conquer* Verfahren, funktioniert wie folgt. Im Unterschied zu MergeSort entsteht der eigentliche Aufwand *vor* Ausführung der rekursiven Aufrufe; bei MergeSort entsteht dieser *danach*.

> PROCEDURE *QuickSort*(links , rechts)
> {Sortiert den Array-Abschnitt a[links..rechts]}
> IF rechts$-$links $\geq$ 1 THEN
> Wähle ein Element x aus a[links..rechts], z.B. $x = a$[links]
> Ordne a[links..rechts] so um, dass alle Array-Elemente, die kleiner (größer) als x sind, links (bzw. rechts) von x angeordnet werden.
> Sei q die Array-Position, die x bei der Umordnung von a erhält.
> *QuickSort*(links , $q - 1$)
> *QuickSort*($q + 1$, rechts)

Im Hauptprogramm wird diese Prozedur durch QuickSort$(1, n)$ aufgerufen.

Die folgende Skizze zeigt ein Beispiel für den Aufteilungsprozess des Arrays.

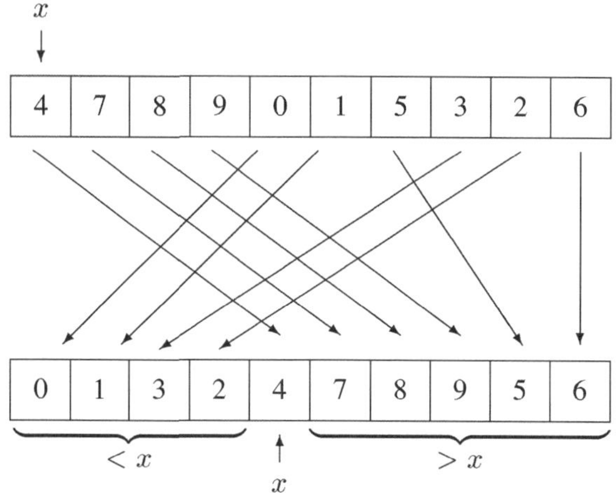

Bei diesem Beispiel ist das erste Array-Element das Aufteilungselement x (das „Pivotelement“), nämlich die 4. Die entstehende Zerlegung ist dann solcherart, dass im linken Teil-Array noch 4 Elemente zu sortieren sind, im rechten Teil-Array noch 5.

Im *schlechtesten Fall* gilt bei jedem rekursiven Aufruf q = links (oder q = rechts). In diesem Fall sind im ersten Aufruf von QuickSort $n - 1$ Elemente-Vergleiche notwendig, dann im nächsten $n - 2$, usw. Wenn $V(n)$ die Anzahl der Vergleichsoperationen im schlechtesten Fall ist, so gilt also (wie bei BubbleSort)

$$V(n) = \sum_{i=1}^{n-1} i = \frac{(n-1)n}{2}$$

Also ist wc-time$_{\text{QuickSort}}(n) = \Theta(n^2)$. (Interessanterweise tritt dieser schlechteste Fall unter anderem dann auf, wenn die zu sortierende Zahlenfolge bereits sortiert ist!)

Im *günstigsten Fall* werden bei jedem Umordnungs-Vorgang zwei gleichgroße Hälften geschaffen. Dies ist dann der Fall, wenn das Element x, das so genannte *Pivotelement* gerade der Median des Arrays a[links..rechts] ist.

Sei $V(n)$ die Anzahl der Vergleiche zum Sortieren von n Elementen. Wenn also jedes Mal dieser günstigste Fall vorliegt, dann gilt die Rekursionsgleichung

$$V(n) = n - 1 + 2 \cdot V(\frac{n}{2}), \quad V(1) = 0$$

denn $n - 1$ Vergleiche werden für das Aufteilen selbst benötigt. Mit den Methoden aus Abschnitt 1.9 ergibt sich $V(n) = n \cdot \log_2 n + \Theta(n)$. Im günstigsten Fall erreicht man also (bis auf den $\Theta(n)$-Term) die minimal mögliche Anzahl von Vergleichen.

Wir wollen nun das *average-case Verhalten* von QuickSort analysieren. Wir nehmen hierzu an, dass alle $n!$ Permutationen der Eingabezahlen gleichwahrscheinlich sind.

Sei s_i dasjenige Array-Element, das den Rang i hat, das heißt, s_i ist das i-kleinste Element in a. Sei X_{ij} $(i < j)$ eine 0-1-wertige Zufallsvariable, die genau dann den Wert 1 annimmt, wenn die Elemente s_i und s_j bei einem Lauf von QuickSort – bei zufälliger Eingabefolge $a[1..n]$ – miteinander verglichen werden. (Man überzeuge sich davon, dass zwei Array-Elemente bei QuickSort höchstens einmal miteinander verglichen werden). Dann ist die mittlere Anzahl von Vergleichen, die QuickSort bei zufälliger Eingabe tätigt, gegeben durch

$$V(n) = E\left[\sum_{i<j} X_{ij}\right] = \sum_{i<j} E[X_{ij}]$$

Sei p_{ij} die Wahrscheinlichkeit, dass bei einem Lauf von QuickSort die Elemente s_i und s_j verglichen werden. Da

$$E[X_{ij}] = 1 \cdot p_{ij} + 0 \cdot (1 - p_{ij}) = p_{ij}$$

besteht die Aufgabe, $V(n)$ zu berechnen, letztlich darin, p_{ij} zu berechnen.

Behauptung: Genau die folgenden Eingabe-Permutationen führen dazu, dass ein Vergleich zwischen s_i und s_j $(i < j)$ stattfindet: Im Eingabe-Array $a[1..n]$ sei von den Zahlen $s_i, s_{i+1}, \ldots, s_j$ die Zahl s_μ diejenige mit dem kleinsten Index, also $s_\mu = a_k$, k minimal. Es findet genau dann ein Vergleich zwischen s_i und s_j statt, wenn $\mu = i$ oder $\mu = j$.

Daher gilt für die gesuchte Wahrscheinlichkeit $p_{ij} = 2/(j - i + 1)$, denn in genau 2 von $j - i + 1$ gleichwahrscheinlichen Fällen tritt die geschilderte Situation ein.

Die Begründung für die obige Behauptung ist wie folgt: In jedem Aufteilungsvorgang des Arrays, in dem das Pivotelement nicht aus dem Abschnitt $s_i, \ldots, s_j$ stammt, wird die relative Reihenfolge der Elemente $s_i, \ldots, s_j$ im betreffenden Teilarray nicht geändert. (Zur Veranschaulichung vgl. das Bild auf Seite 102). Dasjenige Element mit dem kleinsten Index bleibt also das mit kleinstem Index. Insbesondere werden in diesem Fall s_i und s_j nicht miteinander verglichen. Wenn schließlich in einem rekursiven Aufruf von QuickSort ein Pivotelement x aus der Menge $\{s_i, \ldots, s_j\}$ ausgewählt wird, so ist es dasjenige s_μ, das im Eingabe-Array den kleinsten Index hat.

Sofern das Pivotelement x aus der Menge $\{s_i, \ldots, s_j\}$ stammt, und $x \neq s_i$ und $x \neq s_j$, so geraten s_i und s_j in verschiedene Teilarrays und werden im späteren Verlauf nicht mehr miteinander verglichen. Nur im Fall, dass $x = s_i$ oder $x = s_j$ werden die beiden Elemente im Laufe des Partitionsvorgangs miteinander verglichen.

Wir setzen nun in die oben entwickelte Formel ein und erhalten für die gesuchte mittlere Anzahl von Vergleichen:

$$
\begin{aligned}
V(n) &= \sum_{i<j} E[X_{ij}] = \sum_{i<j} p_{ij} = \sum_{i<j} \frac{2}{j-i+1} \\
&= \sum_{i=1}^{n-1} \sum_{j=i+1}^{n} \frac{2}{j-i+1} \leq \sum_{i=1}^{n-1} 2(H_n - 1) \leq 2n(H_n - 1) \\
&\leq 2n \ln n = (2 \ln 2) n \log_2 n \leq 1.3863 \cdot n \log_2 n
\end{aligned}
$$

Hierbei ist H_n die harmonische Reihe. Im Mittel benötigt QuickSort also etwa 39 Prozent mehr Vergleiche als das potenzielle Optimum. Auf jeden Fall ist die average-case Komplexität von QuickSort von der Größenordnung $\Theta(n \log n)$.

Der zweite rekursive Aufruf von QuickSort ist eine *tail recursion* (vgl. Abschnitt 1.1). Wenn man QuickSort so modifiziert, dass die beiden rekursiven Aufrufe in der Reihenfolge erledigt werden, dass das *kleinere* der beiden Teilarrays *zuerst* bearbeitet wird, so wird der durch die Rekursion verursachte Speicheraufwand lediglich durch den jeweils ersten rekursiven Aufruf bestimmt. Da das kleinere der beiden Teilarrays höchstens die halbe Größe des Ausgangsarrays hat, ist die Rekursionstiefe von Quicksort bei dieser Implementierung (auch im schlechtesten Fall) auf $O(\log n)$ begrenzt. QuickSort ist daher „fast" ein in-place Verfahren. Diese Diskussion setzt allerdings voraus, dass der Compiler, wie in Abschnitt 1.1 beschrieben, die rekursiven Aufrufe am Ende der Prozedur durch Rücksprünge an den Anfang realisiert. Eine andere Möglichkeit ist, dass der Programmierer dies selbst in die Hand nimmt. Das folgende modifizierte QuickSort-Programm realisiert dies mit Hilfe einer WHILE-Schleife:

```
PROCEDURE QuickSort( links , rechts )
{Sortiert den Array-Abschnitt a[links..rechts]}
WHILE rechts−links ≥ 1 DO
  Wähle ein Element x aus a[links..rechts], z.B. x = a[links]
  Ordne a[links..rechts] so um, dass alle Array-Elemente, die kleiner
  (größer) als x sind, links (bzw. rechts) von x angeordnet werden.
  Sei q die Array-Position, die x bei der Umordnung von a erhält.
  IF q − links < rechts − q THEN
    QuickSort( links , q − 1 )
    links := q + 1
   ELSE
    QuickSort( q + 1 , rechts )
    rechts := q − 1
```

Wenn man sich die rekursiven Aufrufe von QuickSort vergegenwärtigt, so sieht man, dass bei jedem rekursiven Aufruf das Pivotelement (das wir ganz links in dem betreffenden Arrayabschnitt annehmen) die Aufteilung des Arrays bestimmt: die Elemente kleiner als das Pivotelement wandern in den linken Teilbaum, die Elemente, die größer sind als das Pivotelement, wandern in den rechten Teilbaum. Das folgende Bild zeigt einen solchen Verzweigungsvorgang. (Die erste Verzweigung entspricht dem Bild auf Seite 102).

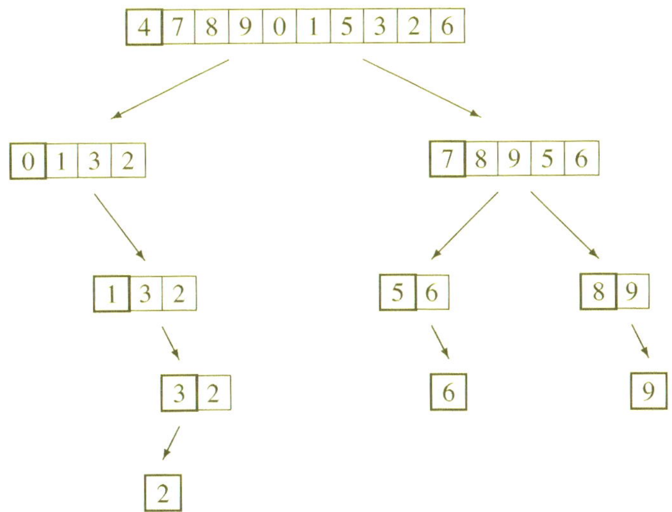

Genau dieselbe Baumstruktur entsteht, wenn die Elemente $4, 7, 8, 9, 0, 1, 5, 3, 2, 6$ in dieser Reihenfolge in einen zunächst leeren binären Suchbaum eingeordnet werden:

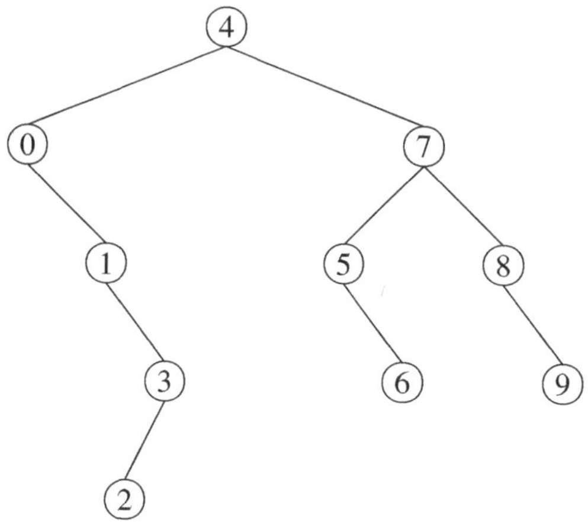

Für QuickSort haben wir eine mittlere Anzahl von Vergleichen $V(n) \leq 1.39n \log_2 n$ errechnet. Aufgrund der engen Beziehung zwischen QuickSort und dem Erzeugen eines Suchbaums lässt sich $V(n)$ auch im Kontext der Suchbäume interpretieren. Bei jedem Vergleich mit einem Pivotelement rutscht – in der Suchbaum-Interpretation – das betreffende Element eine Tiefenstufe nach unten. Das heißt, die für QuickSort errechnete mittlere Anzahl von Vergleichen $V(n)$ ist gleichzeitig der Erwartungswert für die Summe aller Knoten-Tiefen im zufällig erzeugten binären Suchbaum. In Formeln heißt dies $V(n) = \sum_{i=1}^{n} T_i$, wobei T_i die Tiefe des i-ten Knoten bezeichnet. Dann ist aber gerade $V(n)/n \leq 1.39 \log_2 n$ die *mittlere* Tiefe aller Knoten im zufällig erzeugten binären Suchbaum.

Wir haben also aus der Analyse von QuickSort ein kleines Nebenergebnis erhalten: Sofern man beim Aufbau eines Suchbaums davon ausgehen kann, dass die eingefügten Elemente zufällig generiert werden, so kann man sich organisatorisch aufwändige Balancierungsmaßnahmen (z.B. wie bei einem AVL-Baum) ersparen, da die mittlere Knotentiefe im Suchbaum $O(\log n)$ ist.

Hier schließt sich eine weitere Frage an. Wir haben gesehen, dass die mittlere Tiefe aller n Knoten in einem zufällig generierten Suchbaum höchstens $1.39 \log_2 n$ beträgt. Aber wie sieht es mit der *mittleren Tiefe* eines zufällig erzeugten *Suchbaums* aus (also der Länge eines längsten Pfades im Suchbaum)? Es wäre denkbar, dass die mittlere Knotentiefe zwar $O(\log n)$ ist, dass aber die mittlere Suchbaum-Tiefe $\omega(\log n)$ ist. (Solche Bäume kann man konstruieren).

Gesucht ist also $E[\max_{1 \leq i \leq n} T_i]$, wobei T_i die Tiefe des i-ten Blattes im Suchbaum ist. Um diesen Erwartungswert nach oben abzuschätzen, verwenden wir die Jensensche Ungleichung (Seite 50):

$$\begin{aligned} E[\max_{1\le i\le n} T_i] &\le \log_2\left(E\left[2^{\max_{1\le i\le n} T_i}\right]\right) \\ &= \log_2\left(E\left[\max_{1\le i\le n} 2^{T_i}\right]\right) \le \log_2\underbrace{\left(E\left[\sum_{i=1}^{n} 2^{T_i}\right]\right)}_{=:g(n)} \end{aligned}$$

Zur Bestimmung von $g(n)$ können wir folgende Rekursionsformel aufstellen.

$$g(n) = 1 + \frac{1}{n}\sum_{i=1}^{n} 2(g(i-1) + g(n-i)) = 1 + \frac{4}{n}\sum_{i=0}^{n-1} g(i)$$

Denn mit Wahrscheinlichkeit $1/n$ ist die Wurzel des Suchbaums das i-kleinste Element. Dann gibt es $i-1$ Elemente, die kleiner sind (und in den linken Teilbaum geraten) und $n-i$ Elemente, die größer sind (und in den rechten Teilbaum geraten). Diese Teilbäume sind wieder zufällige Suchbaume mit jeweils $i-1$ bzw. $n-i$ vielen Elementen, denen die Erwartungswerte $g(i-1)$ und $g(n-i)$ zugeordnet sind. Der gesamte Suchbaum hat dann den Wert $1 + 2(g(i-1) + g(n-i))$, wobei $1 = 2^0$ der Beitrag der Wurzel an der Summe ist. Wir erhalten die folgende Gleichung:

$$ng(n) = n + 4\sum_{i=0}^{n-1} g(i)$$

Und dasselbe mit $n-1$ statt n:

$$(n-1)g(n-1) = n - 1 + 4\sum_{i=0}^{n-2} g(i)$$

Subtrahieren beider Gleichungen ergibt $ng(n) = 1 + (n+3)g(n-1)$. Zusammen mit der Anfangsbedingung $g(1) = 1$ ergibt sich:

$$\begin{aligned} g(n) &= \frac{n+3}{n}\, g(n-1) + \frac{1}{n} \\ &\vdots \\ &= \frac{(n+3)(n+2)\cdots 6\cdot 5}{n(n-1)\cdots 3\cdot 2}\, g(1) + O(\log n) \\ &= \frac{(n+3)(n+2)(n+1)}{4\cdot 3\cdot 2} + O(\log n) \\ &\le n^3 \end{aligned}$$

Somit ergibt sich

$$\log_2\left(E\left[\sum_{i=1}^{n} 2^{T_i}\right]\right) = \log_2 g(n) \le \log_2 n^3 = 3\log_2 n$$

Wir fassen zusammen: Im Idealfall, wenn die n Schlüssel im Suchbaum so kompakt wie es geht untergebracht sind, so haben wir eine mittlere Knoten- und Suchbaumtiefe von etwa $\log_2 n$. Bei zufälligen Einfügungen der n Schlüssel, ohne irgendwelche Rebalancierungsmaßnahmen, erhalten wir einen Suchbaum mit mittlerer Knotentiefe $\leq 1.39 \log_2 n$, und einer mittleren maximalen Knotentiefe (also einer mittleren Suchbaumtiefe) von $\leq 3 \log_2 n$.

Eine Variante von QuickSort ist *probabilistisches QuickSort*. Dieses ist, wie der Name sagt, ein probabilistischer Algorithmus. Der Unterschied liegt nur darin, dass das Pivotelement x zufällig ausgewählt wird:

```
RANDOM j IN [links .. rechts]
x := a[j]
```

Was ist der Unterschied? Sei a ein beliebiges Eingabe-Array der Länge n. Wir berechnen die durchschnittliche Anzahl von Vergleichen $T(a)$ bei Eingabe a. Hierbei wird der Durchschnitt (Erwartungswert) über die potenziellen Zufallsauswahlen im Verlauf des Algorithmus genommen. Sei wieder X_{ij} die Zufallsvariable wie auf Seite 103 – wobei jetzt allerdings ein anderes Zufallsexperiment zugrunde liegt (nicht die Eingabe wird zufällig gezogen, sondern der Algorithmus agiert zufällig).

Es gilt aber für die Wahrscheinlichkeit p_{ij} wie auf Seite 103 auch $p_{ij} = 2/(j - i + 1)$. Denn mit dieser Wahrscheinlichkeit wird – unter der Bedingung, dass ein Element aus der Menge $\{s_i, \ldots, s_j\}$ zum Pivotelement wird – gerade s_i oder s_j zum Pivotelement.

Daher ist die mittlere Zahl von Vergleichen $T(a) \leq (2 \ln 2) \cdot n \log_2 n$. Dieses gilt für *jede* Eingabe-Permutation a.

Was ist nun der Unterschied gegenüber dem deterministischen QuickSort-Algorithmus? Beim deterministischen Algorithmus gab es einzelne Eingaben (z.B. die sortierte Folge), die die Laufzeit $\approx n^2$ haben. Solche „schlechten" Eingaben kommen jedoch nicht sehr häufig vor, denn im Mittel (gebildet über alle Eingabefolgen der Länge n) hat QuickSort die Laufzeit $\approx n \log n$.

Der probabilistische Algorithmus verhält sich dagegen – statistisch gesehen – bei jeder Eingabefolge gleich. Bei jeder Eingabefolge besteht eine kleine Chance, dass die Laufzeit $\approx n^2$ ist; im Durchschnitt (gebildet über die Zufallsauswahlen im Innern des Algorithmus) wird sie jedoch $\approx n \log n$ sein. Hier gibt es also keine „guten" und „schlechten" Eingaben mehr; alle sind gleich. Man spricht in diesem Zusammenhang vom *„Robin-Hood-Effekt"*. Man kann diesen Effekt formaler auch so ausdrücken: Während für den deterministischen Algorithmus A gilt $\text{av-time}_A(n) = o(\text{wc-time}_A(n))$ (vgl. die Definitionen auf Seite 43), gilt für die „randomisierte Version" von Algorithmus A, nämlich A', dass $\text{av-time}_{A'}(n) = \Theta(\text{wc-time}_{A'}(n)) = \Theta(\text{av-time}_A(n))$ (vgl. hierzu die Definitionen auf Seite 64).

Bezugnehmend auf die Diskussion über Pseudozufallszahlengeneratoren auf Seite 70 erwähnen wir ein Resultat von Karloff und Raghavan (1988) (siehe auch bei Tompa

(1991)): Wenn die Zufallszahlen, die probabilistisches QuickSort benötigt, mit Hilfe eines Pseudozufallszahlengenerators nach der linearen Kongruenzmethode geliefert werden, so wird der gewünschte Robin-Hood-Effekt nicht vollständig erreicht. Selbst wenn die Startzufallszahl (der „seed") unter Gleichverteilung gezogen wird, gibt es Eingabeinstanzen, die die mittlere Laufzeit $\Omega(n^2)$ benötigen. (Die Mittelwertbildung bezieht sich hierbei auf die zufällige Auswahl des seeds).

2.5 HeapSort

HeapSort operiert auf einer Datenstruktur, die *Heap* genannt wird. Da dieser Heap absolut im Mittelpunkt des Algorithmus steht und die gesamte Vorgehensweise durch diese Datenstruktur bestimmt wird, ist HeapSort ein Beispiel für einen „Datenstruktur-getriebenen" Algorithmus. Ein Heap ist ein Binärbaum, der – soweit es geht – vollständig aufgefüllt ist. Nur die unterste Schicht ist möglicherweise nicht voll aufgefüllt. Was diese Schicht betrifft, so muss diese *linksbündig* aufgefüllt werden. Die Struktur eines Heaps sieht also wie folgt aus:

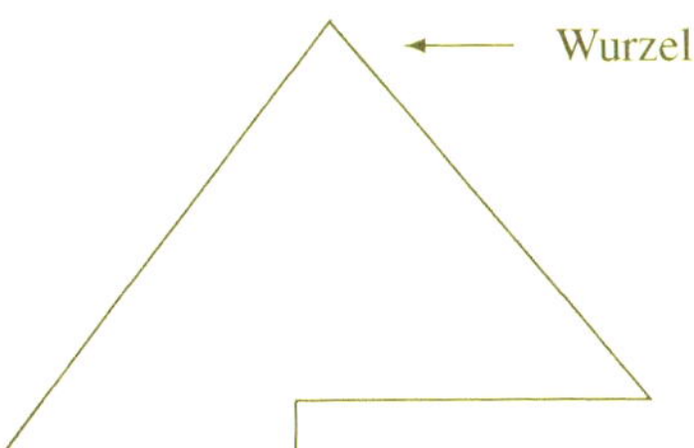

Die Anzahl der Knoten in einem Heap legt also eindeutig dessen Struktur fest.

Jeder Knoten des Heaps ist ferner mit einer Zahl beschriftet. Diese Beschriftung muss solcherart sein, dass der Vaterknoten immer einen höheren Zahlenwert trägt als jeder seiner Söhne. Zwischen den beiden Söhnen braucht keine Relation eingehalten zu werden.

Beispiel: Das Folgende ist ein Heap mit 10 Knoten, der mit den Zahlen 0,1,..., 9 in einer möglichen Weise beschriftet ist:

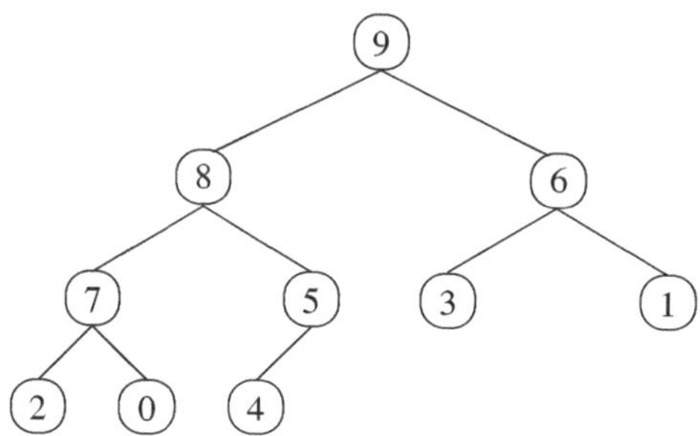

Der Wert der Wurzel muss notwendigerweise der größte der Zahlenmenge sein.

HeapSort arbeitet nun in zwei Phasen: in der ersten Phase wird aus der gegebenen Zahlenfolge ein Heap aufgebaut. In der zweiten Phase wird der Heap wieder abgebaut, dabei entsteht sukzessive eine sortierte Zahlenfolge.

Betrachten wir zunächst die zweite Phase. Bei dem obigen Beispiel-Heap steht die größte Zahl gerade an der Wurzel. „Pflücken“ wir die Zahl an der Wurzel ab, so ist natürlich die Heap-Eigenschaft verletzt:

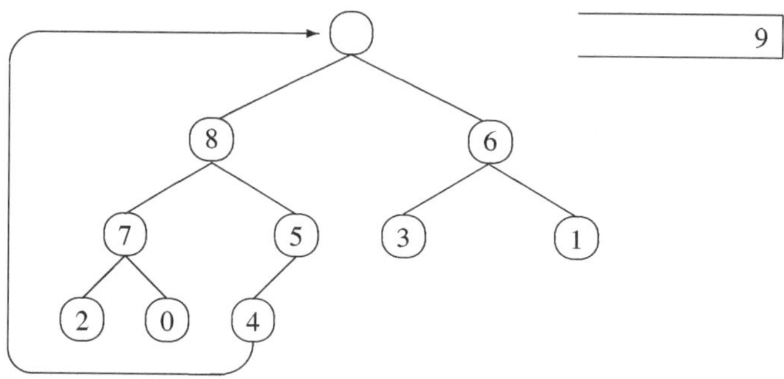

Wir setzen nun das Element der untersten Schicht, das am weitesten rechts liegt, an die Wurzelposition. Nun ist zwar die Heap-Baumstruktur wieder hergestellt, aber die Heap-Bedingung (Vater $\geq$ Sohn) ist an der Wurzel noch nicht erfüllt. Wir folgen nun, beginnend bei der Wurzel, dem Pfad entlang des jeweils größeren der beiden Söhne, bis wir entweder auf Blattebene ankommen oder bei einem Knoten, dessen Söhne mit kleineren Werten als der momentane Wurzelwert beschriftet sind.

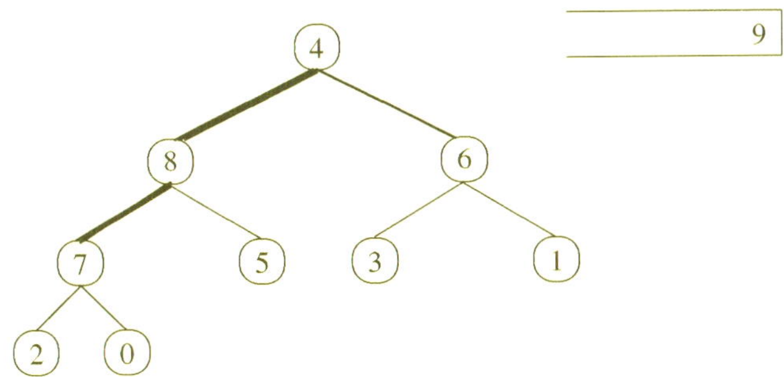

Dadurch haben wir eine Folge von Knoten gefunden, deren Werte nur im Ringtausch ausgewechselt werden müssen, um die Heap-Eigenschaft wieder herzustellen.

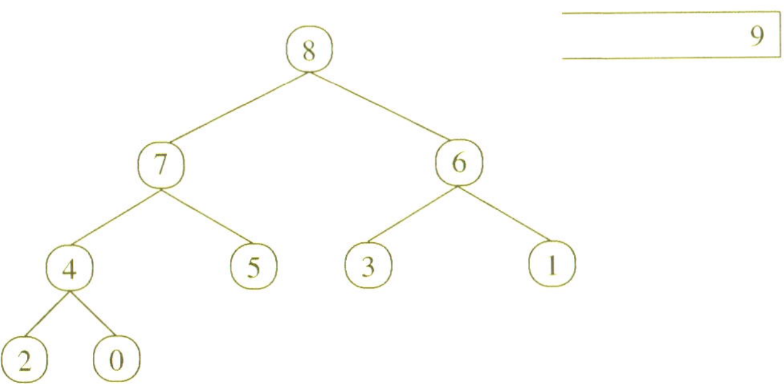

So geht es weiter. Nach 4 weiteren solchen Schritten erhalten wir:

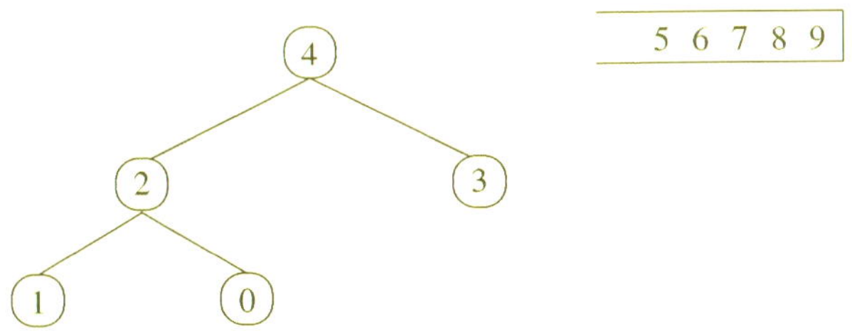

Auf diese Weise entsteht eine sortierte Folge.

Diesen Prozess des Wiederherstellens der Heap-Bedingung, wenn diese höchstens beim Wurzelknoten verletzt ist, indem man den Wurzelwert mit dem jeweils größeren der beiden Söhne vertauscht, nennen wir *Heapify*.

Bis zu diesem Zeitpunkt sieht es so aus als benötigten wir zur Realisierung dieses Algorithmus eine verzeigerte Datenstruktur, um den Heap zu realisieren. Der Heap kann jedoch in einem Array repräsentiert werden, und zwar spiegelt sich die Heap-Struktur im Array durch die Indizierung wider:

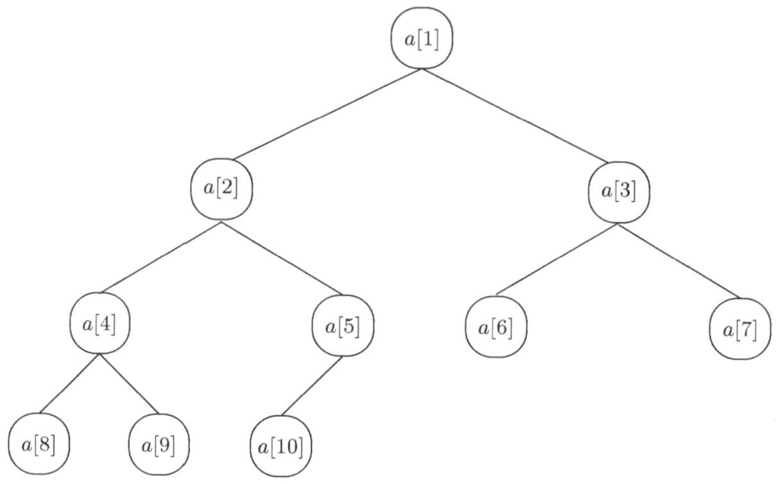

Das heißt, die Vater-Sohn-Beziehung lässt sich aus der Array-Indizierung wie folgt entnehmen: Der Knoten $a[i]$ hat die Söhne $a[2i]$ und $a[2i+1]$ (sofern $2i$ bzw. $2i+1$ kleiner-gleich n ist). Umgekehrt hat der Knoten $a[k]$ (für $2 \leq k \leq n$) den Vater $a[k \text{ div } 2]$.

Die Heap-Bedingung lautet dann also

$$a[i] \geq a[2i] \quad \text{und} \quad a[i] \geq a[2i+1]$$

Wir wollen im Folgenden die Heap-Bedingung (per Definition) auch auf einen *Teilabschnitt* des Arrays anwenden. Daher definieren wir, dass ein Abschnitt $a[li..re] \subseteq a[1..n]$ die Heapbedingung erfüllt, falls gilt:

$$\forall i \in \{li, \ldots, re\} : \\ \Big((2i \leq re \Rightarrow a[i] \geq a[2i]) \wedge (2i+1 \leq re \Rightarrow a[i] \geq a[2i+1])\Big)$$

Man beachte, dass der Abschnitt $a[n \text{ div } 2+1, \ldots, n]$ immer die Heap-Bedingung erfüllt, da es sich bei den in diesem Abschnitt vorkommenden Knoten nur um Blätter handelt.

Die Prozedur *Heapify* können wir auf der Array-Repräsentation wie folgt realisieren:

```
PROCEDURE Heapify(li, re)
k := 2 * li
IF k > re THEN RETURN
IF k + 1 > re THEN
  IF a[k] > a[li] THEN Vertausche(a[li], a[k])
  RETURN
IF a[k] < a[k + 1] THEN k := k + 1
IF a[li] < a[k] THEN Vertausche(a[li], a[k]); Heapify(k, re)
```

HeapSort wird nun so implementiert, dass in der ersten Phase der Heap aufgebaut wird, indem der Links-Zeiger sukzessive nach vorne verschoben wird und jedes Mal wieder mittels *Heapify* die HEAP-Bedingung hergestellt wird. In der zweiten Phase werden die Wurzelelemente „abgepflückt", indem der Rechts-Zeiger nach links verschoben wird und das Wurzelelement jenseits des rechten Rands des Heaps umgetauscht wird.

Skizze:

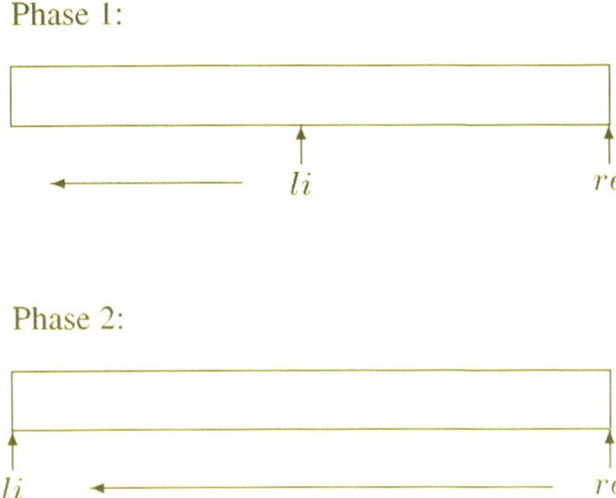

Wir formulieren dies als Programm:

$li := n$ DIV $2 + 1$
$re := n$
{Phase 1:}
WHILE $li > 1$ DO $li := li - 1$; *Heapify*(li, re)
{Phase 2:}
WHILE $re > 1$ DO
  Vertausche$(a[re], a[li])$; $re := re - 1$; *Heapify*(li, re)

Zur Komplexitätsanalyse bemerken wir zunächst, dass HeapSort ohne zusätzlichen Speicheraufwand realisiert werden kann (also $O(1)$ zusätzlicher Speicheraufwand). Durch die Rekursion bei *Heapify* entsteht eigentlich ein gewisser Speicheraufwand; aber die Prozedur *Heapify* kann ohne weiteres nicht-rekursiv und ohne zusätzlichen Speicheraufwand programmiert werden, da es sich um eine *tail recursion* handelt (vgl. Abschnitt 1.1). Man spricht von einem *in-place* (oder „in-situ") Sortierverfahren.

Was die worst-case Komplexität von HeapSort betrifft, so ist ziemlich offensichtlich, dass dies ein $O(n \log n)$-Verfahren ist: Ein Aufruf von *Heapify* erzeugt höchstens $\log_2 n$ viele Austauschaktionen (da dies die maximale Baumtiefe eines Heaps mit n Knoten ist), hat also die Komplexität $O(\log n)$. Die Prozedur *Heapify* muss in der ersten Phase etwa $(n/2)$-mal und in der zweiten Phase $(n - 1)$-mal aufgerufen werden, daher ist die Komplexität also insgesamt durch $O(n \log n)$ beschränkt. Also ist die Komplexität von HeapSort (bis auf den unbekannten konstanten Faktor in der O-Notation) optimal – im Sinne von Abschnitt 2.2.

Wir wollen aber noch die genaue Anzahl $V(n)$ von Vergleichen abschätzen, die HeapSort benötigt, und diese mit der informationstheoretischen unteren Schranke (vgl. Abschnitt 2.2) $V(n) \geq \log_2(n!) = n \log_2 n - \Theta(n)$ vergleichen.

Pro Austauschvorgang in der Prozedur *Heapify* werden 2 Vergleiche gemacht (nämlich, um das größte Element der Menge $\{a[i], a[2i], a[2i+1]\}$ zu bestimmen). Wir werden gleich sehen, dass die Phase 1 insgesamt nur $O(n)$ Vergleiche benötigt. Daher ist die Anzahl notwendiger Vergleiche von HeapSort (im schlechtesten Fall) $2n \log_2 n + O(n)$, also um den Faktor 2 schlechter als das potenzielle Optimum.

Wir wollen noch zeigen, dass die Phase 1 tatsächlich nur $O(n)$ Vergleiche benötigt (das heißt, die einzelnen Einfügeoperationen in der 1. Phase haben nur eine amortisierte Komplexität von $O(1)$). Sei a ein Array mit n Elementen (=Knoten). Die Zahl der Vergleiche, um a in die Heapstruktur zu bringen, ist höchstens 2 mal so groß wie die Summe der Entfernungen aller Knoten bis zur Blattebene, denn dies ist die maximale Wegstrecke entlang der beim Heapaufbau Austausch- und Vergleichsoperationen stattfinden können. Der Abstand eines Knotens von der Blattebene ist, anders ausgedrückt, die Tiefe des Teilbaums, dessen Wurzel der betreffende Knoten ist.

Man kann zeigen, dass bei einem Heap mit n Knoten die Summe dieser Abstände zur Blattebene die Zahl n nicht übersteigt. Und zwar sind etwa $n/2$ der Knoten Blätter, haben damit Abstand 0 zur Blattebene, etwa ein Viertel aller Knoten hat den Abstand 1, etwa ein Achtel aller Knoten hat den Abstand 2, usw.

Hierzu zwei Beispiele: bei einem vollständigem Binärbaum der Tiefe 4, welcher $n = 31$ Knoten besitzt, haben 16 Knoten den Abstand 0, 8 Knoten den Abstand 1, 4 Knoten den Abstand 2, 2 Knoten den Abstand 3 und ein Knoten (die Wurzel) den Abstand 4 von der Blattebene. In der Summe ergibt dies 26 ($< n$). Allgemein ergibt sich, dass ein vollständiger Binärbaum der Tiefe k (der $n = 2^{k+1} - 1$ Knoten besitzt), die Abstands-Summe $n - k - 1$ hat.

Wenn wir nun einen weiteren Knoten zum Heap hinzufügen (also $n = 32$), so erhöht sich für alle Knoten entlang des Pfades von der Wurzel zu diesem hinzugefügten Knoten der Abstand zur Blattebene um 1. Die neue Bilanz sieht so aus: 16 Knoten haben den Abstand 0, 8 Knoten den Abstand 1, 4 Knoten den Abstand 2, 2 Knoten den Abstand 3, ein Knoten den Abstand 4 und ein Knoten (die Wurzel) den Abstand 5 von der Blattebene. In der Summe ergibt dies 31 ($< n$). Allgemein hat ein Heap mit $n = 2^{k+1}$ Knoten die Abstands-Summe $n - 1$.

Alle anderen Heaps liegen zwischen diesen beiden Extremen.

Das folgende Bild skizziert nochmals die Phasen bei HeapSort:

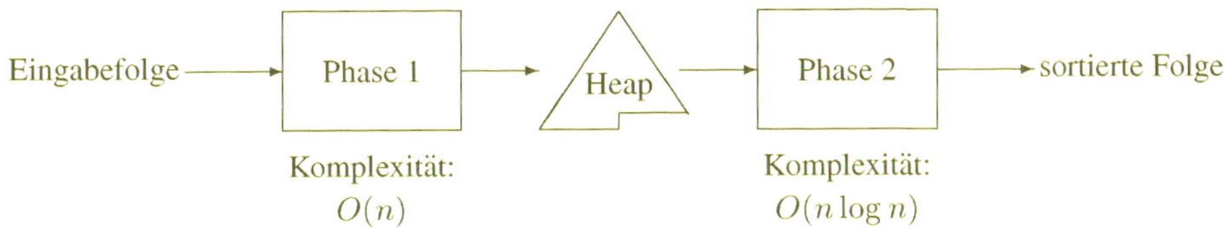

Wir haben argumentiert, dass die worst-case Vergleichskomplexität von HeapSort $\leq 2n \log_2 n + O(n)$ ist. Als Nächstes wollen wir nun den *average-case* genauer untersuchen. Insbesondere wollen wir die Frage beantworten, wie groß in diesem Fall genau die Konstante beim $n \log_2 n$-Term ist. Hierbei macht es einen Unterschied, in welcher Form die oben beschriebene Prozedur *Heapify* realisiert wird. Es gibt zwei Varianten, die dasselbe Ergebnis liefern, aber eine unterschiedliche Anzahl von Vergleichen benötigen.

Strategie von Williams Führe jeweils 2 Vergleiche pro Stufe – bei der Wurzel beginnend – durch, um das größte der drei Elemente $a[i], a[2i], a[2i+1]$ zu bestimmen. Führe eine Vertauschung durch, so dass $a[i]$ das größte der 3 Elemente wird und fahre an der Position des eingetauschten Elements eine Stufe tiefer fort, solange bis die endgültige Position des ursprünglich an die Wurzel gesetzten Elements feststeht. Sofern die hierbei erreichte Position auf der Tiefe t (wobei $t \leq \log_2 n$) im Heap liegt, so benötigt diese Strategie $2t$ Vergleiche.

(Dies ist die Strategie, die wir bei der bisherigen Diskussion von HeapSort und in der obigen Implementierung von *Heapify* verwendet haben).

Strategie von Floyd (auch: „bottom-up HeapSort") Führe pro Stufe *einen* Vergleich durch, und zwar nur zwischen den beiden Söhnen $a[2i]$ und $a[2i+1]$. Folge auf diese Weise dem Pfad entlang des jeweils größeren der beiden Söhne hinunter bis auf Blatt-Ebene. (Bis zu diesem Zeitpunkt sind dies $\log_2 n$ Vergleiche). Folge dem durchlaufenen Pfad von der Blatt-Ebene zurück in Richtung Wurzel und vergleiche jedes Mal den vorgefundenen Knoten mit der Wurzel $a[1]$, bis die Position gefunden ist, wo die Wurzel mit Hilfe eines Ringtausches einzufügen ist. Sofern der notwendige Ringtausch bei *Heapify* bis zur Tiefe t (wobei $t \leq \log_2 n$) führt, so benötigt diese Strategie $\log_2 n + (\log_2 n - t) = 2\log_2 n - t$ Vergleiche.

Offensichtlich ist es für die Analyse des Durchschnittsfalls von Bedeutung, ob während der Phase 2 (bei der die $O(n \log n)$-Komplexität anfällt), die Array-Elemente bei den *Heapify*-Aufrufen typischerweise bis auf nahezu Blatt-Ebene herunterrutschen, oder ob die typische Endposition eher in der Nähe der Wurzel erreicht wird. Im ersten Fall wird die Strategie von Floyd eher von Vorteil sein, im zweiten Fall die Strategie von Williams.

Eine präzise average-case Analyse war lange Zeit nicht möglich; das Problem liegt in der vorgeschalteten Phase 1, die zwar komplexitätsmäßig nicht relevant ist (wegen der oben gezeigten $O(n)$ Vergleichskomplexität), welche aber aus den gleichverteilten Eingabepermutationen Heaps produziert, von denen zunächst unklar ist, was deren Wahrscheinlichkeitsverteilung ist. Ein solches Wissen ist aber die Voraussetzung für die Analyse von Phase 2.

Durch einen ungewöhnlichen Ansatz wird die Analyse gelingen. Und zwar überlegen wir uns, durch welche (und wie viele Bits an) „Zusatzinformationen" man den gesamten Berechnungsvorgang von der Eingabepermutation bis zur sortierten Folge $(1, 2, \ldots, n)$ *reversibel* machen kann. Was wir erreichen möchten, ist durch Umkehr des Berechnungsvorgangs auf die Eingabepermutation rückzuschließen:

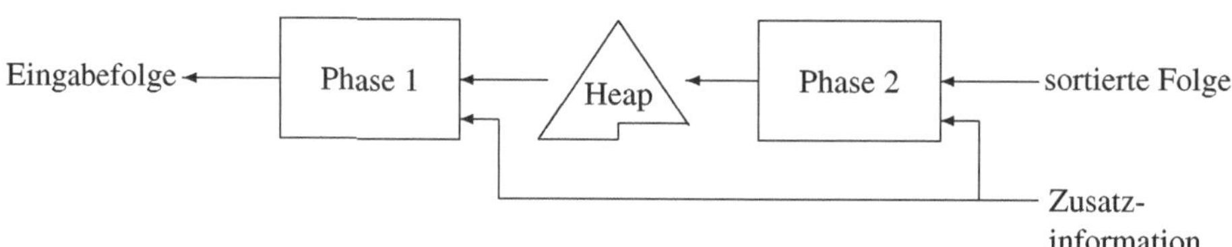

Hier ist eine kurze Vorschau des Beweisarguments: Wir zeigen, dass man durch eine gewisse Anzahl von Bits als Zusatzinformation den Rechenvorgang tatsächlich reversibel machen kann. Die hierzu notwendige Anzahl von Bits ist eng mit der Vergleichskomplexität von HeapSort verknüpft. Da jede der $n!$ Eingabepermutationen sich auf diese Weise durch eine geeignete Zusatzinformation zurückgewinnen lässt, muss für die Mehrzahl der Eingabepermutationen gelten, dass man etwa $\log_2(n!)$ viele Bits an Zusatzinformation für deren Rekonstruktion benötigt (vgl. auch das Argument auf Seite 42). Aus dieser Betrachtung lässt sich dann eine Abschätzung für die Vergleichskomplexität im Durchschnitt ableiten, wobei wir für die zwei angegebenen Varianten von HeapSort unterschiedliche Ergebnisse erhalten werden.

Um die Phase 1 rückwärts – ausgehend vom Heap – exakt so durchspielen zu können, dass man die Eingabepermutation zurückerhält, benötigt man als Information die Folge der Positionsangaben innerhalb des Heaps, wo die Ringtauschaktionen stattfanden. Mit dieser Information lassen sich Schritt für Schritt die Aufrufe von *Heapify* wieder rückgängig machen. Eine solche Positionsangabe kann zum Beispiel informal durch eine Angabe der Form

links–links–rechts–links–Ende

erfolgen, welche einen Pfad von der Wurzel aus in den Heap hinein beschreibt. Die Komplexitätsanalyse der Phase 1 zeigt, dass diese Informationen insgesamt mit $O(n)$ vielen Bits angegeben werden können.

Im Prinzip analog kann man bei der Phase 2 vorgehen. Hier kann man ebenfalls Schritt für Schritt die Auslesevorgänge aus dem Heap, die ebenfalls unter Anwendung von *Heapify* stattfinden, in umgekehrter Reihenfolge durchspielen, um so von der vollständig sortierten Folge $(1, 2, \ldots, n)$ zum entsprechenden Heap, der zwischen Phase 1 und Phase 2 als „Zwischenprodukt" entsteht, zurückzugelangen. Man muss die entsprechenden links-rechts-Folgen von *Heapify* als 0-1-Strings codieren. Dieses Mal kommt es auf die Kompaktheit der Codierung als 0-1-String ganz wesentlich an, da die gesamte Codierungslänge nun im Unterschied zu Phase 1 $O(n \log n)$ ist. Das technische Problem ist hierbei, wie man die Codierung einer links-rechts-Folge als 0-1-Folge so vornehmen kann, dass man das Ende einer solchen Folge erkennen kann. Die einzelnen 0-1-Folgen soll man direkt hintereinanderschreiben können, so dass man die einzelnen Teilfolgen aufgrund der gewählten Codierung identifizieren kann. (In Abschnitt 8.1 wird dies *eindeutige Entzifferbarkeit* genannt).

Eine einfache Form einer solchen „selbst-beendenden" Codierung besteht darin, hinter jedes Bit eine Null einzuschieben und hinter das letzte Bit eine Eins, sozusagen als Signal für das Ende. Die 0-1-Folge $a_1 a_2 \dots a_m$ wird also selbst-beendend codiert durch

$$c(a_1 a_2 \dots a_m) := a_1 0 a_2 0 \dots a_{m-1} 0 a_m 1$$

Auf diese Weise verdoppelt sich die Codelänge. Dies ist für unsere Zwecke noch viel zu ineffizient. Stattdessen kann man die folgende Methode verwenden. Sei $\overline{m}$ die Binärdarstellung der Zahl m. Dann kann man $a_1 a_2 \dots a_m$ codieren durch

$$c(\overline{m}) a_1 a_2 \dots a_m$$

was die Länge $m + 2\log_2 m$ ergibt. Auch dieser Code ist selbst-beendend; man kann das Ende eines solchen 0-1-Strings innerhalb eines fortlaufenden 0-1-Strings durch Rekonstruktion der Zahl m und Abzählen der restlichen Zeichen bis m erkennen.

Sei nun $a_1 a_2 \dots a_t$, $t \leq \log_2 n$, eine 0-1-Folge, die die erreichte Endposition bei *Heapify* im Heap beschreibt (0=links, 1=rechts). Wir codieren die Folge – in Variation zur zuletzt genannten Methode – durch

$$c(\overline{\log_2 n - t}) a_1 a_2 \dots a_t$$

Dieser Code hat die Länge $t + 2\log_2(\log_2 n - t)$. (Wir sind hier wie im Folgenden etwas lax mit der Notation „$\log_2 n$". Präzise könnte etwa statt $\log n$ die Funktion $\max(1, \lceil \log_2(n+1) \rceil)$ oder $\lfloor \log_2 n \rfloor$, etc. gemeint sein. Diese Simplifikation wirkt sich aber asymptotisch nicht weiter aus).

Seien $t_1, t_2, \dots, t_n \leq \log_2 n$ die konkreten Tiefen, die bei einer festen Eingabepermutation angeben, wie weit die Elemente bei Phase 2 von HeapSort in den Heap hineinsinken. Bei der Williams-Strategie erhalten wir die Vergleichskomplexität $O(n) + 2\sum_{i=1}^{n} t_i$ und bei der Floyd-Strategie $O(n) + 2n\log_2 n - \sum_{i=1}^{n} t_i$, wobei in beiden Fällen der $O(n)$-Term von der Phase 1 herrührt. Es geht im Folgenden also darum, den Term $\sum_{i=1}^{n} t_i$ *im Mittel* abzuschätzen (wobei die t_i nun als Zufallsvariablen zu verstehen sind).

Die Gesamtlänge der Zusatzinformation, unter der gerade angegebenen Art der Codierung ist

$$\sum_{i=1}^{n} (t_i + 2\log_2(\log_2 n - t_i)) = \sum_{i=1}^{n} t_i + 2\sum_{i=1}^{n} \log_2(\log_2 n - t_i)$$

Dieser Ausdruck wird maximal, wenn alle t_i-Werte den Wert $\tilde{t} := (\sum_{i=1}^{n} t_i)/n$ annehmen. Der Ausdruck lässt sich also nach oben abschätzen durch $n\tilde{t} + 2n\log_2(\log_2 n - \tilde{t})$. Es gibt $n!$ potenzielle Eingabepermutationen. Über den oben angegebenen Codierungsmechanismus und das „Rückwärts"-Auswerten von HeapSort können wir also mittels gewisser 0-1-Strings als Zusatzinformation (mit der angegebenen Länge) diese Eingabepermutationen rekonstruieren. Da mit Hilfe der Stirling-Formel (siehe Abschnitt 1.8) gilt $\log_2(n!) \geq n\log_2 n - 2n$, kann höchstens ein Anteil von 2^{-n} an allen n-Permutationen mit nur $n\log_2 n - 3n$ vielen Bits rekonstruierbar sein (vgl. Seite 42). Es folgt, dass für einen Anteil von mindestens $1-2^{-n}$ von allen n-Permutationen gelten muss:

$$n\tilde{t} + 2n\log_2(\log_2 n - \tilde{t}) \geq n\log_2 n - 3n$$

also

$$\tilde{t} \geq \log_2 n - 3 - 2\log_2(\log_2 n - \tilde{t}) \qquad (*)$$

Wir setzen $\tilde{t} \geq 0$ in die rechte Seite von $(*)$ ein und erhalten als erste (grobe) Abschätzung:

$$\tilde{t} \geq \log_2 n - 3 - 2\log_2\log_2 n \qquad (1)$$

Indem wir (1) nochmals in die rechte Seite von $(*)$ einsetzen (dies nennt man „bootstrapping") erhalten wir die verbesserte Abschätzung:

$$\tilde{t} \geq \log_2 n - 3 - 2\log_2(3 + 2\log_2\log_2 n) \qquad (2)$$

Durch iteriertes bootstrapping ergibt sich, dass für eine Konstante d gilt:

$$\tilde{t} \geq \log_2 n - 3 - d, \text{ also } n\tilde{t} = \sum_{i=1}^{n} t_i \geq n\log_2 n - O(n)$$

Dies sieht man wie folgt ein. Es gilt

$$\tilde{t} \geq \log_2 n - 3 - f^{[t]}(n)$$

wobei

$$f^{[1]}(n) = 2\log_2\log_2 n \text{ und } f^{[t+1]}(n) = 2\log_2\log_2(3 + f^{[t]}(n))$$

Wir zeigen nun, dass es für jedes n ein t gibt mit $f^{[t]}(n) \leq 8$. Hieraus folgt dann $\tilde{t} \geq \log_2 n - 11$. Betrachten wir eine Zahlenfolge $x_1, x_2, \ldots$ mit $x_1 > 0$ und $x_{t+1} = 2\log_2(3 + x_t)$. Für $x_t > 8$ gilt

$$x_{t+1} = 2\log_2(3 + x_t) \leq 0.9x_t$$

Es folgt, dass für einen Anteil von $1 - 2^{-n}$ an allen Eingabepermutationen gilt, dass die Vergleichskomplexität der Williams-Strategie (bis auf einen Term linearer Ordnung)

$2n \log_2 n$ und die der Floyd-Strategie $n \log_2 n$ ist. Ein Anteil von 2^{-n} an allen Permutationen kann dagegen die worst-case Vergleichskomplexität $2n \log_2 n + O(n)$ erreichen, was sich aber asymptotisch nicht weiter auswirkt. □

Ergebnis: Die average-case Vergleichskomplexität der Williams-Strategie entspricht dem worst-case und ist (bis auf einen Term linearer Ordnung) $2n \log_2 n$ und die average-case Vergleichskomplexität der Floyd-Strategie ist (bis auf einen Term linearer Ordnung) $n \log_2 n$.

Das obige Beweisargument beruhte (bei genauem Hinsehen) auf Kolmogoroff-Komplexität. Wir verweisen hierzu auf das Buch von Li und Vitanyi.

2.6 BucketSort

BucketSort (auch: Sortieren durch Fachverteilen) unterbietet im average-case die $n \log n$ Schranke, denn das Verfahren hat in diesem Fall die Komplexität $O(n)$. Wie kann das im Hinblick auf Abschnitt 2.2 angehen? Der Grund liegt darin, dass BucketSort sich nicht an die in Abschnitt 2.2 vorgegebenen „Spielregeln“ hält, welche nämlich fordern, dass die einzig zulässigen Vergleiche solche zwischen Elementen $a[i]$ und $a[j]$ sind.

Diese average-case Komplexität $O(n)$ beruht allerdings auf einer weitergehenden Annahme über die Verteilung der Eingabezahlen: Die Werte $a[i] \in I\!R$ müssen unabhängig und gleichverteilt in einem festen Intervall $[a, b)$ mit $a < b$ sein. (Im Folgenden beschränken wir uns der Einfachheit halber auf $a = 0$ und $b = 1$).

Der Nachteil von BucketSort ist allerdings, dass es $O(n)$ zusätzlichen Speicherplatz benötigt, also kein „in-place“ Verfahren ist.

Wir beschreiben nun das Verfahren. Die Eingabe sei $a[1..n]$. BucketSort benötigt ein weiteres Array $b[0 .. n - 1]$ von Zeigern, welches der Ausgangspunkt für n lineare, verkettete Listen ist. Diese sind die „Buckets“, welche gerade solche $a[i]$-Elemente zusammenfassen, die in dasselbe Zahlenintervall fallen. Hierbei wird das Intervall $[a, b) = [0, 1)$ in n gleichgroße Intervalle zerlegt und der Bucket $b[i]$ ist „zuständig“ für das Zahlenintervall $[i/n,\ (i + 1)/n)$.

```
FOR i := 0 TO n − 1 DO
  Initialisiere b[i] mit der leeren Liste
FOR i := 1 TO n DO
  Trage a[i] in die Liste b[⌊n · a[i]⌋] ein
FOR i := 0 TO n − 1 DO
  Sortiere die Liste b[i] nach einem Standard-Verfahren, das
  auf verkettete Listen anwendbar ist, z.B. BubbleSort
Füge die Listen b[0], b[1], . . . , b[n − 1] zu einer
  sortierten Liste zusammen
```

Beispiel: Die Situation nach dem Einfügen in die buckets, aber vor deren Sortierung, könnte wie folgt aussehen:

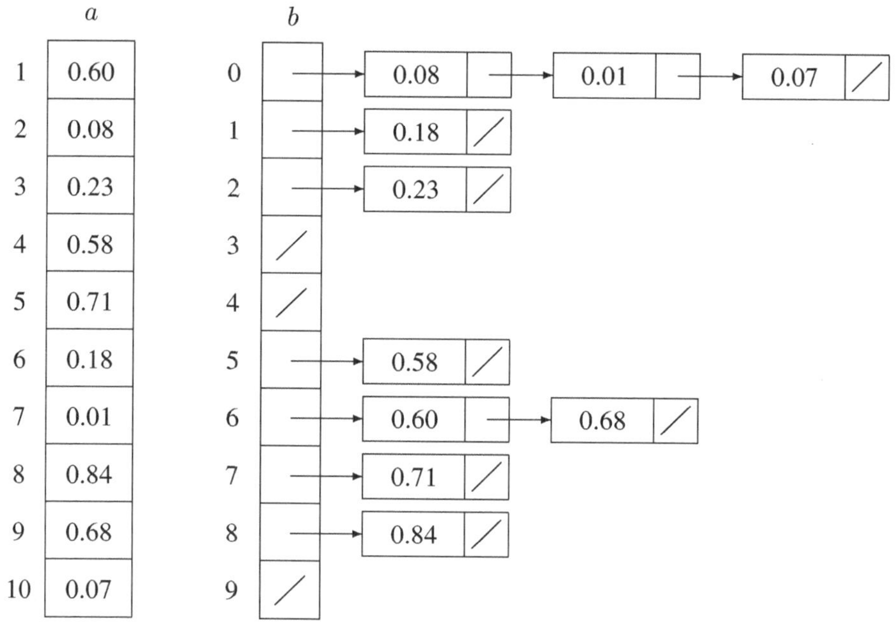

Es ist klar, dass im worst-case alle Elemente in ein und denselben Bucket geraten. Dann ergibt sich die Komplexität $O(n^2)$.

Wir analysieren nun die average-case Komplexität: Sei X_i eine Zufallsvariable, die angibt, wie viele Elemente in „Bucket“ i fallen (X_i ist die Länge der Liste $b[i]$). Für jedes Array-Element $a[j]$, $j = 1, \ldots, n$, gilt:

$$Pr(\, a[j] \text{ kommt in Liste } b[i]\,) \;=\; 1/n$$

Dies gilt voneinander unabhängig für alle j. Daher liegt hier ein Bernoulli-Experiment vor. Somit ist die Zufallsvariable X_i *binomialverteilt* mit den Parametern n und $p = 1/n$.

Also gilt (vgl. Abschnitt 1.4):

$$\begin{aligned} E[X_i] &= np = 1 \\ V[X_i] &= np(1-p) = 1 - 1/n \end{aligned}$$

Ferner beobachten wir, dass $V[X_i] = E[X_i^2] - (E[X_i])^2$, also $E[X_i^2] = V[X_i] + (E[X_i])^2$.

Der Aufwand für das Sortieren von Liste $b[i]$ ist $O(X_i^2)$. Insgesamt ergibt dies somit

$$\sum_{i=0}^{n-1} O(X_i^2)$$

Der mittlere Gesamtaufwand zum Sortieren aller $b[i]$'s ist somit

$$\begin{aligned} E\Big[\sum_{i=0}^{n-1} O(X_i^2)\Big] &= E\Big[O(\sum_{i=0}^{n-1} X_i^2)\Big] = O\Big(E[\sum_{i=0}^{n-1} X_i^2]\Big) \\ &= O\Big(\sum_{i=0}^{n-1} E[X_i^2]\Big) = O\Big(\sum_{i=0}^{n-1}(V[X_i] + (E[X_i])^2)\Big) \\ &= O\Big(\sum_{i=0}^{n-1}(2 - 1/n)\Big) = O(2n-1) = O(n) \end{aligned}$$

Damit ist gezeigt, dass die average-case Komplexität (unter der speziellen Wahrscheinlichkeitsannahme der Gleichverteilung aller $a[j]$) von BucketSort $O(n)$ ist.

Nehmen wir an, wir haben m Buckets, bei n zu sortierenden Elementen. Wenn wir obige Rechnung nochmals inspizieren, so erhalten wir in diesem allgemeineren Fall die Komplexität $O(n(n+m)/m)$. Wenn beispielsweise $m = \sqrt{n}$ gewählt wird, so ergibt sich die Komplexität $O(n^{3/2})$.

2.7 Selektionsalgorithmen

Die einfachste Selektionsaufgabe besteht darin, das *Maximum* einer Zahlenmenge festzustellen. Sei $V(n)$ die Anzahl der notwendigen Vergleiche (im schlechtesten Fall), um das Maximum von $a[1..n]$ zu bestimmen.

Behauptung: Für das Bestimmen des Maximums einer n-elementigen Menge gilt $V(n) = n - 1$.

Beweis: ($\leq$) Gehe nach der üblichen Strategie vor:

Vergleiche $a[1]$ und $a[2]$
Vergleiche $\max(a[1], a[2])$ und $a[3]$
...
Vergleiche $\max(a[1], \ldots, a[n-1])$ und $a[n]$

Dieses sind $n - 1$ Vergleiche.

($\geq$) Da bei jedem Vergleich, den ein Algorithmus tätigt, höchstens ein Element als Nicht-Maximum ausscheiden kann, ergibt sich die Schranke $V(n) \geq n - 1$. □

Tatsächlich zeigt der Beweis auch, dass jeder Entscheidungsbaum (vgl. Abschnitt 2.2) für die Aufgabe, das Maximum zu bestimmen, in jedem Ast mindestens die Länge $n-1$

hat. Daher hat ein solcher Entscheidungsbaum mindestens 2^{n-1} Blätter. Daher gilt auch für den *average-case*: $V(n) = n - 1$.

Analoges gilt natürlich auch, wenn das *Minimum* statt das Maximum einer Zahlenmenge bestimmt werden soll.

Als Nächstes wollen wir betrachten, wie viele Vergleiche (im schlimmsten Fall) notwendig sind, um das Minimum *und* das Maximum einer Zahlenmenge zu bestimmen. Sei $V(n)$ die entsprechende Anzahl von Vergleichen.

Man kann natürlich zunächst mit $n - 1$ Vergleichen das Minimum bestimmen und dann unter den verbleibenden $n - 1$ Elementen mit $n - 2$ Vergleichen das Maximum bestimmen, also gilt $V(n) \leq (n-1) + (n-2) = 2n - 3$.

Geht es vielleicht noch besser?

Ja, es geht: Man führe zunächst $n/2$ paarweise Vergleiche durch. Danach ergibt sich folgende Situation, die sich durch ein Hasse-Diagramm wie folgt beschreiben lässt:

Sodann bestimme man unter den $\frac{n}{2}$ vielen „Siegern“ mit $\frac{n}{2} - 1$ Vergleichen das größte Element und unter den $\frac{n}{2}$ vielen „Verlierern“ mit $\frac{n}{2} - 1$ Vergleichen das kleinste Element. Dies macht zusammen $\frac{n}{2} + (\frac{n}{2} - 1) + (\frac{n}{2} - 1)$ Vergleiche. Also gilt $V(n) \leq \frac{3}{2}n - 2$.

Als Nächstes zeigen wir, dass diese obere Schranke optimal ist. Das heißt, wir zeigen, dass *jeder* Algorithmus zum Bestimmen des Maximums und des Minimums *im schlechtesten Fall* mindestens $\frac{3}{2}n - 2$ Vergleiche durchführen muss. (Die Aussage *„im schlechtesten Fall“* muss hier extra betont werden, denn bei Vorliegen einer günstigen Eingabepermutation könnte ein Algorithmus bereits mit $n - 1$ Vergleichen das Maximum und Minimum bestimmen).

Für das Beweisargument betrachten wir die dynamische Veränderung der folgenden vier Mengen A, B, C, D:

$$\begin{aligned} A &= \text{Elemente, die bisher bei keinem Vergleich beteiligt waren,} \\ B &= \text{Elemente, die bisher bei allen Vergleichen „Sieger" waren,} \\ C &= \text{Elemente, die bisher bei allen Vergleichen „Verlierer" waren,} \\ D &= \text{die restlichen Elemente.} \end{aligned}$$

Sei $a = |A|$, $b = |B|$, $c = |C|$, $d = |D|$. Wir beschreiben den „Zustand“, in dem sich ein Algorithmus zur Bestimmung des Minimums und des Maximums befindet, durch (a, b, c). (Es ist nicht notwendig, auch noch d anzugeben, da d durch a, b, c (und n) eindeutig bestimmt ist: $d = n - a - b - c$).

Jeder Algorithmus befindet sich zu Beginn im Zustand $(n, 0, 0)$; und am Ende, nachdem das Maximum und das Minimum eindeutig bestimmt sind, muss der Zustand $(0, 1, 1)$ sein. (Man überlege sich, dass weder $a > 0$ als auch $b, c \neq 1$ möglich sein können). Es geht also darum, in wie vielen Schritten ein Algorithmus (im schlechtesten Fall) den Anfangszustand in den Endzustand überführen kann.

Wir analysieren die möglichen Zustandsübergänge:

$$(a, b, c) \mapsto \begin{cases} (a-2, b+1, c+1), & A < A \\ (a-1, b, c+1), & A < B \\ (a-1, b, c), & A > B \\ (a-1, b, c), & A < C \\ (a-1, b+1, c), & A > C \\ (a-1, b, c+1), & A < D \\ (a-1, b+1, c), & A > D \\ (a, b-1, c), & B < B \\ (a, b-1, c-1), & B < C \\ (a, b, c), & B > C \\ (a, b-1, c), & B < D \\ (a, b, c), & B > D \\ (a, b, c-1), & C < C \\ (a, b, c), & C < D \\ (a, b, c-1), & C > D \\ (a, b, c), & D < D \end{cases}$$

Hierbei bedeutet zum Beispiel „$A > B$“, dass in dem betreffenden Fall ein A-Element und ein B-Element verglichen wurden, und dass das A-Element dabei der „Sieger“ war.

Jeder Algorithmus, der das kleinste und das größte Element einer Zahlenfolge bestimmt, muss daher den Anfangszustand $(n, 0, 0)$ unter Verwendung der oben angegebenen dreidimensionalen „Rösselsprünge“ in den Endzustand $(0, 1, 1)$ überführen.

Skizze:

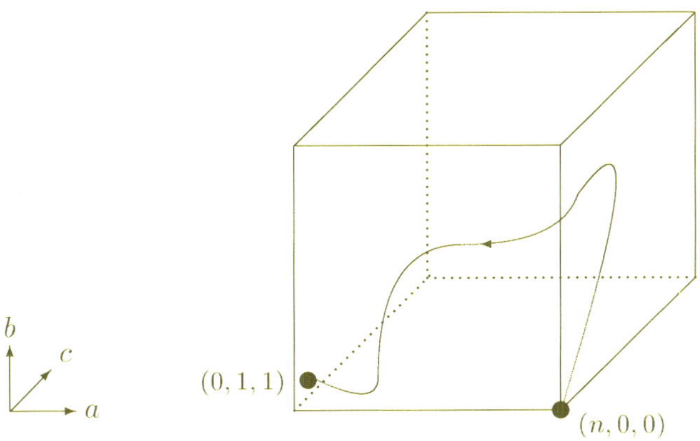

Da es schwierig ist, sich die möglichen Übergänge von (a, b, c) im dreidimensionalen Raum vorzustellen, bilden wir eine (für das Beweisargument) geeignete Linearkombination von a, b, c und können dann im Eindimensionalen argumentieren. Sei

$$U(a, b, c) = 3a + 2b + 2c$$

der dem Tripel (a, b, c) zugeordnete „Unsicherheitswert“. Dann gilt $U_{\text{Anfang}} = U(n, 0, 0) = 3n$ und $U_{\text{Ende}} = U(0, 1, 1) = 4$. Wenn wir zeigen könnten, dass pro Vergleichsschritt der U-Wert um höchstens 2 abnimmt, so erhalten wir also eine untere Schranke für die Zahl der notwendigen Vergleiche:

$$\frac{U_{\text{Anfang}} - U_{\text{Ende}}}{2} = \frac{3n - 4}{2} = \frac{3}{2}n - 2$$

Dies ist die angekündigte untere Schranke.

Inspizieren wir den ersten Fall oben: Der Wert $U(a, b, c)$ ändert sich hier zu $U(a - 2, b + 1, c + 1)$. Es gilt $U(a, b, c) - U(a - 2, b + 1, c + 1) = 6 - 2 - 2 = 2$. An dieser Stelle wäre unsere Annahme, dass der U-Wert pro Schritt höchstens um 2 abnimmt, also bestätigt.

Ein Fall, bei dem es nicht so wie gewünscht aussieht, ist „$A > B$“. Hier ergibt sich: $U(a, b, c) - U(a-1, b, c) = 3$. Wir müssen aber bedenken, dass unser Argument sich auf den *schlechtesten Fall* bezieht. Wenn also ein A und ein B Element verglichen werden, so legen wir nun (zur Konstruktion des schlechtesten Falles) fest, dass hier immer das A-Element das *kleinere* sein soll (also nur der Fall „$A < B$“ relevant ist). Für den Fall $A < B$ gilt: $U(a, b, c) - U(a - 1, b, c + 1) = 3 - 2 = 1$, was wieder in Ordnung geht. Diese Festlegung zur Konstruktion des schlechtesten Falles ist möglich, da es sich bei einem A-Element um ein bisher noch unverglichenes Element handelt, und wir die Wahlfreiheit haben, festzulegen, dass dieses Element zum Beispiel besonders klein sein soll. Wir begeben uns hier also in keinerlei Inkonsistenzen zu vorangegangenen Vergleichsentscheidungen. Wir konstruieren hier also in gewisser Weise dynamisch den schlechtesten Fall für den fraglichen Algorithmus (man spricht oft auch von einem „adversary argument“). Auf ähnliche Weise kann man die weiteren Fälle in der Auflistung oben auch behandeln (wobei „$B < C$“ der einzige weitere nicht-triviale Fall ist, den man aber ebenfalls ausschließen und stattdessen $B > C$ annehmen kann). □

Als Nächstes wollen wir die Selektionsaufgabe betrachten, das *größte und das zweitgrößte* Element zu bestimmen.

Behauptung: Für die worst-case Vergleichskomplexität $V(n)$ zum Bestimmen des größten und des zweitgrößten Elements einer n-elementigen Menge gilt: $V(n) = n + \lceil \log_2 n \rceil - 2$.

Beweis: ($\leq$) Wir führen ein Turnier in der Art eines K.O.-Systems durch. Wir bilden zunächst $n/2$ viele Paare, vergleichen diese, bilden dann Paare aus den jeweiligen Siegern, usw. Diese Methode erfordert $n-1$ Vergleiche, um das größte Element zu bestimmen. Dieses größte Element hat im Verlauf des Turniers $\leq \lceil \log_2 n \rceil$ viele Vergleiche mit anderen Elementen hinter sich gebracht. Das zweitgrößte Element muss sich in der Menge dieser Elemente befinden, die bei einem Vergleich mit dem größten Element „unterlegen“ waren. Mit weiteren $\lceil \log_2 n \rceil - 1$ Vergleichen bestimmen wir, welches das größte Element dieser Menge (und damit das zweitgrößte Element der Gesamtmenge) ist. Dies ergibt $V(n) \leq (n-1) + (\lceil \log_2 n \rceil - 1) = n + \lceil \log_2 n \rceil - 2$.

($\geq$) Wir argumentieren ähnlich wie in Abschnitt 2.2, nämlich mit Hilfe des vom Algorithmus erzeugten Entscheidungsbaums. Im vorliegenden Fall liefert der Entscheidungsbaum an den Blättern die Information, welches das größte und welches das zweitgrößte Element ist. Wir können die Blätter des Entscheidungsbaums in n Klassen unterteilen, wobei die i-te Klasse dadurch charakterisiert ist, dass gerade $a[i]$ das größte Element ist. Die Frage ist nun, wie viele Blätter sich in jeder der n Klassen befinden. Betrachten wir den Teilbaum, der sich durch Restriktion auf die i-te Klasse ergibt. Dies bedeutet, dass wir bei allen Abfragen der Form $a[i] : a[j]$ uns auf denjenigen Teilbaum einschränken können, der der Antwort $a[i] > a[j]$ entspricht. Bei diesen Teilbäumen handelt es sich jeweils um einen Entscheidungsbaum mit der Aufgabe, unter den $n-1$ vielen Elementen $\{a[1], \ldots, a[i-1], a[i+1], \ldots, a[n]\}$ das größte herauszufinden. Auf Seite 121 haben wir argumentiert, dass der zugehörige Entscheidungsbaum 2^{n-2} viele Blätter haben muss, und damit ergibt sich insgesamt für den Entscheidungsbaum die Anzahl von mindestens $n2^{n-2}$ Blättern und die Tiefe $\geq \lceil \log_2(n2^{n-2}) \rceil = n + \lceil \log_2 n \rceil - 2$. □

Eine unmittelbare Verallgemeinerung des zuletzt gegebenen Beweisarguments zeigt, dass die Vergleichskomplexität für das Bestimmen des größten, 2.größten, ..., k.größten Elements ($k \leq n$) mindestens $n - k + \lceil \log_2 n(n-1) \ldots (n-k+2) \rceil$ beträgt. Im Extremfall $k = n$ geht diese Formel in das Resultat von Abschnitt 2.2 über.

Die folgende Selektionsaufgabe unterscheidet sich von der vorigen dadurch, dass wir nur ausfindig machen wollen, welches das k-kleinste (analog: k-größte) Element ist. Hierbei wird sich zwar herausstellen, welche $k-1$ Elemente kleiner sind als das gesuchte Element und welche $n-k$ Elemente größer sind. Die Rangordnung dieser restlichen Elemente interessiert uns im Unterschied zur obigen Betrachtung jedoch nicht.

Man beachte, dass das Problem, den Median einer Menge zu bestimmen, sich als der Spezialfall $k = n/2$ der vorliegenden Problemstellung darstellt.

In Anlehnung an QuickSort bietet sich die folgende Lösung an:

```
PROCEDURE select(a, i, l, r)
{Bestimmt das i-kleinste Element im Arrayabschnitt a[l..r].
 Vorausgesetzt sei 1 ≤ i ≤ r − l + 1.}
IF l = r THEN RETURN a[l]ELSE
  Bestimme ein Pivotelement x in dem Array a[l..r]            (*)
  Ordne a so um, dass alle Elemente, die kleiner (größer)
   als x sind, links (bzw. rechts) von x angeordnet werden
   Sei hierbei q der Index, den das Pivotelement x erhält,

    IF i = q − l + 1 THEN RETURN x
     ELSIF i < q − l + 1 THEN RETURN select(a, i, l, q − 1)
     ELSE RETURN select(a, i − (q − l + 1), q + 1, r)
```

Aufgerufen wird die Prozedur durch *select*$(a, i, 1, n)$. Es ist klar, dass wie bei QuickSort der schlechteste Fall dann eintritt, wenn das Pivotelement jedes Mal ganz am Rand liegt. Dann hat diese Prozedur die Laufzeit $O(n^2)$.

Es ist noch nicht spezifiziert, wie das Pivotelement in Zeile $(*)$ ausgewählt werden soll. Betrachten wir zunächst die Variante, bei der das Pivotelement x *zufällig* aus $a[l..r]$ ausgewählt wird. Dies ist *random-select*. Für ein Array a der Größe n und für jedes $j \in \{1, \dots, n\}$ gilt, dass das Pivotelement x mit Wahrscheinlichkeit $1/n$ das j-kleinste Element von a ist. In diesem Fall hat dann das linke Teilarray die Größe $j - 1$ und rechte Teilarray die Größe $n - j$. Schlimmstenfalls bezieht sich der rekursive Aufruf von *select* dann auf das größere der beiden Teilarrays. Der Aufteilungsvorgang des Arrays a benötigt $n - 1$ Vergleiche mit dem Pivotelement. Sei $V(n)$ die mittlere Anzahl von Vergleichen von *random-select*. Wegen dieser Vorbetrachtungen gilt die rekursive Beziehung

$$\begin{aligned} V(n) &\leq (n-1) + \frac{1}{n} \cdot \sum_{j=1}^{n} \max(V(j-1), V(n-j)) \\ &\leq (n-1) + \frac{2}{n} \cdot \sum_{j=n/2}^{n-1} V(j) \end{aligned}$$

Man prüft leicht nach, dass diese Rekursion die Lösung $V(n) \leq cn$ für eine genügend große Konstante c hat ($c \geq 4$).

Daher gilt, dass die mittlere Laufzeit des probabilistischen Algorithmus *random-select*, bei beliebiger Eingabe $a[1..n]$ und i, *linear* in der Array-Größe n ist.

Als Nächstes wollen wir eine *deterministische* Variante von *select* angeben. Hierbei wird die Zeile $(*)$ in cleverer Weise implementiert: Zunächst wird das Array in $n/5$ viele Gruppen mit jeweils 5 Elementen aufgeteilt. In jeder der 5-er Gruppen wird der Median bestimmt (zum Beispiel, indem man jede 5-er Gruppe vollständig sortiert).

Sei $b[1..n/5]$ die Menge dieser $n/5$ vielen Mediane. Wir rufen nun *select* rekursiv auf mit dem Parameter $(b, n/10, 1, n/5)$ (wobei natürlich auf Ganzzahligkeit der Argumente zu achten ist). Hierdurch wird also der Median der $n/5$ vielen Mediane ermittelt. Dieses Element nehmen wir als das Pivotelement x und fahren in dem oben beschriebenen Algorithmus *select* fort.

Das folgende Hasse-Diagramm beschreibt die relative Position der Elemente in den 5-er Gruppen:

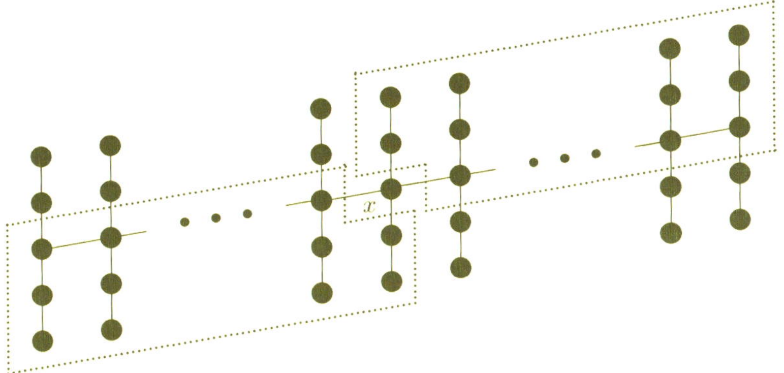

In den Bereichen, die durch gestrichelte Linien abgegrenzt sind, befinden sich Elemente, die definitiv kleiner (links unten) bzw. größer (rechts oben) sind als das Pivotelement x, der Median der Mediane. Dieses sind jeweils $\frac{3}{10}n$ viele Elemente. Das bedeutet, dass der Rang von x sich allenfalls noch in dem Intervall $[\,\frac{3}{10}n\,,\,\frac{7}{10}n\,]$ befinden kann:

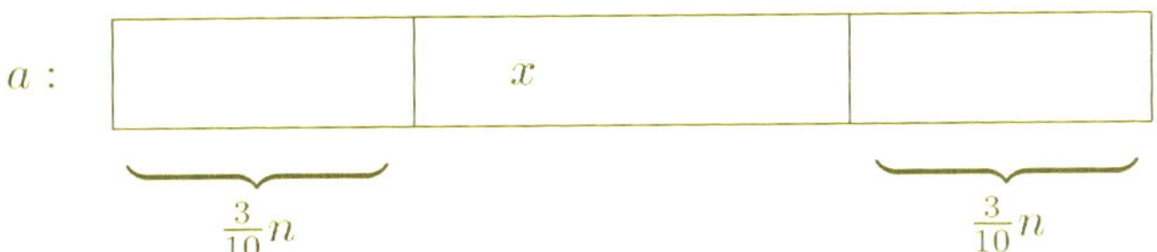

Schlechtestenfalls kann der rekursive Aufruf von *select* sich auf ein Array der Größe $\frac{7}{10}n$ beziehen. Daher erhalten wir für die Anzahl der Vergleiche von *select* folgende rekursive Abschätzung:

$$V(n) \;\le\; dn/5 + (n-1) + V(n/5) + V(7n/10)$$

Hierbei ist d die Anzahl von Vergleichen, die ausreicht, um den Median in einer 5-er Gruppe zu bestimmen (z.B. $d = 7$). Die $(n-1)$ Vergleiche in der Formel fallen beim Partitionsvorgang an. (Tatsächlich brauchen wir das Pivotelement nur mit denjenigen $\frac{2}{5}n$ vielen Elementen vergleichen, die *nicht* in den durch gestrichelte Linien abgegrenzten Bereichen liegen). Mit Hilfe des Master-Theorems (Seite 56) ergibt sich mit $\alpha_1 = 1/5$, $\alpha_2 = 7/10$, $m = 2$, $k = 1$ die Lösung $V(n) = \Theta(n)$ (wobei der Fall 1 vorliegt). Also hat dieser Selektionsalgorithmus auch im schlechtesten Fall lineare Laufzeit. (Die beste bekannte obere Schranke für das Problem, den Median zu bestimmen (also $k = n/2$), beträgt übrigens $V(n) \le 3n + o(n)$).

Man kann nachweisen, dass jeder Algorithmus zur Bestimmung des Medians im schlechtesten Fall mindestens $V(n) \geq 2n - o(n)$ viele Vergleiche durchführen muss. Eine etwas schwächere Schranke ergibt sich mit der Beweistechnik von Seite 125 wie folgt.

Behauptung: Sei $V(n)$ die worst-case Vergleichskomplexität für das Bestimmen des Medians einer n-elementigen Menge. Dann gilt: $V(n) \geq 1.5 \cdot n - O(\log n)$.

Beweis: Wir argumentieren ähnlich wie in Abschnitt 2.2, nämlich mit Hilfe des vom Algorithmus erzeugten Entscheidungsbaums. Im vorliegenden Fall liefert der Entscheidungsbaum an den Blättern die Information, welches das Medianelement ist. Wir können die Blätter des Entscheidungsbaums in $\binom{n}{(n-1)/2}$ Klassen unterteilen, wobei zwei Blätter in dieselbe Klasse fallen, wenn für dieselbe $(n-1)/2$-elementige Menge $M \subseteq \{1, 2, \ldots, n\}$ gilt, dass $a[i]$, $i \in M$, größer als das jeweilige Medianelement ist (hierbei sei n ungerade). Die Frage ist nun, wie viele Blätter sich in jeder der Klassen befinden. Betrachten wir den Teilbaum, der einer festgehaltenen Klasse zugeordnet ist. Dieser Teilbaum ist dadurch charakterisiert, dass wir bei allen Abfragen der Form $a[i] : a[j]$, wobei $i \in M$, nur denjenigen Teilbaum betrachten, der $a[i] > a[j]$ entspricht. (Sollten beide Indizes i, j in M liegen, so entscheiden wir willkürlich). Bei diesen Teilbäumen handelt es sich jeweils um einen Entscheidungsbaum mit der Aufgabe, unter den $(n+1)/2$ vielen verbleibenden Elementen, also denjenigen mit den Indizes $\{1, 2, \ldots, n\} - M$, das größte herauszufinden (welches dann das Medianelement der Gesamtmenge ist). Auf Seite 121 haben wir argumentiert, dass ein entsprechender Entscheidungsbaum $2^{(n-1)/2}$ viele Blätter haben muss, und daher ergeben sich dann insgesamt mindestens $\binom{n}{(n-1)/2} 2^{(n-1)/2}$ Blätter für den Entscheidungsbaum und somit die Tiefe $\geq \log_2 \left(\binom{n}{(n-1)/2} 2^{(n-1)/2} \right) = 1.5 \cdot n - O(\log n)$. □

Wir bemerken, dass das obige Beweisargument tatsächlich sogar zeigt, dass *jedes* Blatt eines Entscheidungsbaums für das Medianproblem mindestens die Tiefe $1.5 \cdot n - O(\log n)$ hat. Daher gilt diese Schranke auch für den *average-case*. Tatsächlich ist dies die bestmögliche untere Schranke für den average-case.

Wir zeigen nun noch, dass man mit Hilfe eines probabilistischen Algorithmus nur eine Anzahl von Vergleichen zum Auffinden des Medians benötigt, die mit hoher Wahrscheinlichkeit die Schranke $1.5 \cdot n + o(n)$ nicht überschreitet.

Gegeben sei eine Folge $A[1..n]$ von Elementen. Wir suchen dasjenige Element, das innerhalb von A den Rang $n/2$ hat, also den Median. Hierzu wählen wir zunächst unabhängig voneinander insgesamt $n^{3/4}$ viele Elemente von A aus. (Diese Zufallsauswahl ist *mit* Zurücklegen zu verstehen; Wiederholungen der Elemente sind also möglich). Diese Elemente bilden eine Multi-Menge S, die „Sampling-Menge“. Wir sortieren die Elemente in S mit einem effizienten Verfahren mit Komplexität $O(n^{3/4} \log n^{3/4}) = o(n)$. Sei a dasjenige Element, das innerhalb von S den Rang $(n^{3/4} - n^{1/2})/2$ hat und sei b dasjenige Element, das innerhalb von S den Rang $(n^{3/4} + n^{1/2})/2$ hat. Da S sortiert vorliegt, lassen sich die Elemente a und b leicht durch Abzählen bestimmen. Als Nächstes durchlaufen wir alle Elemente e von A und vergleichen diese mit a. Sofern e größer als a ist, so vergleichen wir auch noch e mit b. Auf diese Weise können wir feststellen, welche Elemente von A sich vom Rang her zwischen a und b befinden; die Menge dieser Elemente sei T. Als Nebeneffekt können wir auch feststellen, welchen Rang a innerhalb von A hat; dieser Rang sei m. Als Letztes brauchen wir nur noch T zu sortieren und das $(n/2 - m)$te Element in T zu identifizieren; dies ist der Median.

Das folgende Diagramm skizziert die Situation:

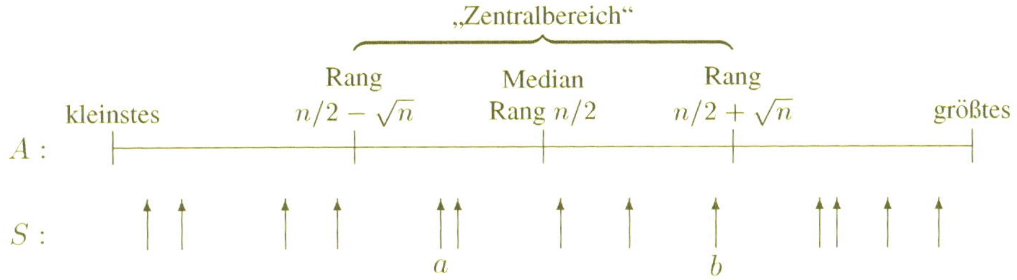

Es gibt verschiedene Möglichkeiten, dass dieser probabilistische Algorithmus mit „Misserfolg" endet. In diesem Fall wird er nochmals mit neuen Zufallszahlen gestartet. Wir zeigen allerdings, dass die Wahrscheinlichkeit hierfür sehr gering ist:

1. Es könnte passieren, dass a oberhalb des Medianelements zu liegen kommt. Dies wird dann festgestellt, wenn der Rang von a innerhalb von A bestimmt wird; es muss $m \leq n/2$ gelten.

2. Analog könnte es passieren, dass b unterhalb des Medianelements zu liegen kommt.

3. Im obigen Diagramm ist ein „Zentralbereich" abgesteckt, der sich vom Element mit Rang $n/2 - \sqrt{n}$ in A bis zum Element mit Rang $n/2 + \sqrt{n}$ erstreckt. Der Algorithmus wird ebenfalls mit „Misserfolg" abgebrochen, wenn a unterhalb des Zentralbereichs zu liegen kommt, also falls $m < n/2 - \sqrt{n}$.

4. Dasselbe gilt, wenn b oberhalb des Zentralbereichs zu liegen kommt.

Aus Symmetriegründen ist die Wahrscheinlichkeit für das Eintreffen von 1 dieselbe wie für 2. Ferner ist die Wahrscheinlichkeit für 3 diesselbe wie für 4. Es genügt also den Fall 1 und den Fall 3 zu diskutieren.

Man beachte zunächst noch Folgendes: Die Anzahl der Vergleiche, die in einem erfolgreichen Lauf des Algorithmus zu tätigen sind, ergibt sich wie folgt. Es sind $o(n)$ Vergleiche für das Sortieren von S und ebenso $o(n)$ Vergleiche für das Sortieren von T notwendig (da T sich innerhalb des Zentralbereichs befindet, gilt $|T| = O(\sqrt{n})$). Beim Durchgang durch die Elemente aus A werden mindestens $n/2 - \sqrt{n}$ viele Elemente nur mit a verglichen; die restlichen Elemente werden mit a und mit b verglichen. Daher sind dies insgesamt höchstens $1.5 \cdot n + o(n)$ viele Vergleiche.

Sei X eine Zufallsvariable, die die Anzahl der Elemente in S angibt, die oberhalb des Medians von A liegen. Es ist klar, dass X $(n^{3/4}, 1/2)$-binomialverteilt ist. Der Erwartungswert von X ist also $n^{3/4}/2$. Der Fall 1 liegt genau dann vor, wenn $X < (n^{3/4} - n^{1/2})/2$. Mit der Chernoff-Ungleichung (Seite 36) lässt sich die Wahrscheinlichkeit für Fall 1 (und für Fall 2) daher mit $e^{-Omega(n^{1/4})}$ abschätzen.

Ähnlich kann man bei Fall 3 verfahren. Sei Y eine Zufallsvariable, die die Anzahl der Elemente in S angibt, die unterhalb des Zentralbereichs liegen. Es ist klar, dass Y $(n^{3/4}, 1/2 - 1/\sqrt{n})$-binomialverteilt ist. Der Erwartungswert von Y ist also $n^{3/4}/2 - n^{1/4}$. Der Fall 3 liegt genau dann vor, wenn $Y > (n^{3/4} - n^{1/2})/2$. Wieder mit der Chernoff-Ungleichung ist die Wahrscheinlichkeit für Fall 3 (und auch für Fall 4) höchstens $e^{-Omega(n^{1/4})}$.

2.8 Tabellarische Zusammenfassung

Die folgende Tabelle fasst die Ergebnisse dieses Kapitels über die worst-case und average-case Komplexitäten der verschiedenen Sortierverfahren zusammen.

	BubbleSort	MergeSort	QuickSort	HeapSort	BucketSort
worst-case Komplexität	$\Theta(n^2)$	$\Theta(n \log n)$	$\Theta(n^2)$	$\Theta(n \log n)$	$\Theta(n^2)$
average-case Komplexität	$\Theta(n^2)$	$\Theta(n \log n)$	$\Theta(n \log n)$	$\Theta(n \log n)$	$\Theta(n)$
Speicherplatz-bedarf	$\Theta(1)$	$\Theta(n)$	$\Theta(\log n)$	$\Theta(1)$	$\Theta(n)$

Als Nächstes sind noch die wesentlichen Ergebnisse über die Anzahl der Vergleiche (im worst-case) bei den verschiedenen Selektionsaufgaben aufgelistet.

größtes Element	größtes + kleinstes	größtes + zweitgrößtes	i-größtes (bzw. Median)
$n - 1$	$\frac{3}{2}n - 2$	$n + \lceil \log_2 n \rceil - 2$	$\Theta(n)$

Kapitel 3

Hashing

Hashing ist eine Methode zur dynamischen Verwaltung von Daten, wobei die Daten durch einen *Schlüssel* angesprochen werden. Viele Anwendungen benötigen nur sehr einfache Daten-Zugriffsmechanismen:

- *Suchen* nach einem Datensatz bei gegebenem Schlüssel;
- Einen neuen Datensatz (samt Schlüssel) *einfügen*;
- Einen Datensatz zu einem gegebenen Schlüssel *löschen*.

Dieses nennt man oft die *Dictionary Operations*.

Eine mögliche Methode wäre es, die Daten in einem (balancierten) Baum zu verwalten (AVL-Baum, Rot-Schwarz-Baum, B-Baum). In diesem Fall hat jede der obigen Operationen einen (worst-case und average-case) Aufwand von $\Theta(\log n)$. Wir werden sehen, dass Hashing unter gewissen Annahmen einen mittleren Aufwand von $O(1)$ hat.

Das Szenario bei Hashing besteht darin, dass es eine große Menge U von potenziellen Schlüsseln (das „Universum") gibt, während die tatsächlich vorkommenden und zu verwaltenden Schlüssel eine relativ kleine Menge $S \subseteq U$ ausmachen. (Im allgemeinen ist aber S vorher nicht bekannt).

Hashing verwendet eine so genannte *Hashfunktion* h, welche angewandt auf den (gesuchten oder einzufügenden) Schlüssel $s \in U$ eine Adresse in der *Hashtabelle* liefert. Diese Hashtabelle ist ein Array von Zeigern, welche dann auf die eigentlichen Datensätze zeigen. Im Folgenden nehmen wir an, dass die Hashtabelle T mit $0, 1, \ldots, m-1$ durchindiziert ist.

Nehmen wir für den Moment mal an, dass die Hashfunktion $h : U \longrightarrow \{0, 1, \ldots, m-1\}$ auf der Menge S *injektiv* ist (wobei $|S| \leq m$). Das heißt, je zwei verschiedene tatsächlich verwendete Schlüssel $s, s' \in S$ haben verschiedene Hashwerte $h(s) \neq h(s')$.

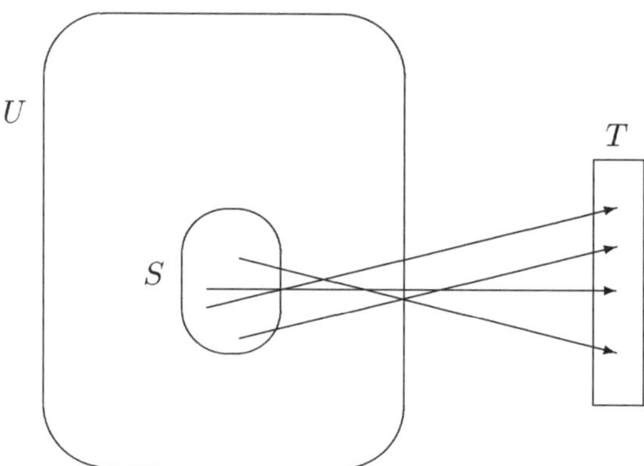

In diesem Fall sind die Dictionary Operations sehr einfach in der Zeit $O(1)$ implementierbar:

- Suchen nach einem Datensatz bei gegebenem Schlüssel:

  IF $T[h(s)] \neq$ NIL THEN ...

- Einen neuen Datensatz (samt Schlüssel) einfügen:

  $T[h(s)] :=$ (Zeiger auf) Daten zu Schlüssel s

- Einen Datensatz zu einem gegebenen Schlüssel löschen:

  DISPOSE($T[h(s)]$); $T[h(s)] :=$ NIL

Diskutieren wir als erstes die Möglichkeiten, eine geeignete Hashfunktion zu definieren. Diese Funktion sollte die Elemente von U möglichst gut in die Menge $\{0, 1, \ldots, m - 1\}$ zerstreuen. (Im Deutschen heißt Hashing oft auch *Streuspeicherverfahren*).

Nehmen wir für das Folgende an, die Menge U ist eine Teilmenge der natürlichen Zahlen, $U \subseteq I\!N$.

- *Divisions-* oder *Kongruenzmethode*:

  $$h(s) \;:=\; s \,\text{MOD}\, m$$

  Um eine gute Streuung der Werte zu erreichen, empfiehlt es sich, m als Primzahl zu wählen.

- *Multiplikationsmethode*: Sei α eine reelle Zahl zwischen 0 und 1.

  $$h(s) \;:=\; \lfloor m \cdot ((s \cdot \alpha) \text{ MOD } 1) \rfloor$$

  Hierbei bedeutet x MOD 1, dass die Stellen vor dem Komma in x abgeschnitten werden.

Knuth empfiehlt für α die Zahl $\alpha = (\sqrt{5} - 1)/2 = 0.618...$, eine Zahl, die sich aus dem *goldenen Schnitt* ergibt.

3.1 Das Geburtstagsparadoxon

Im allgemeinen können wir natürlich nicht damit rechnen, dass die Hashfunktion h auf den verwendeten Schlüsseln S injektiv ist. Tatsächlich ist es sogar bei einer sehr kleinen Schlüsselmenge (im Vergleich zu m, der Hashtabellengröße) schon recht wahrscheinlich, dass *Kollisionen* auftreten (also, dass es $s, s' \in S$, $s \neq s'$, gibt mit $h(s) = h(s')$). Dies ist eine Variante des so genannten *Geburtstagsparadoxons*: Bei wie vielen (zufällig gewählten) Personen ist es „wahrscheinlich", dass hiervon zwei am selben Tag (und Monat) Geburtstag haben? (Formaler: Gesucht ist der *Median* der betreffenden Wahrscheinlichkeitsverteilung).

Die zweite Person hat nicht am gleichen Tag Geburtstag wie die erste mit Wahrscheinlichkeit 364/365. Die dritte Person hat nicht am gleichen Tag Geburtstag wie die ersten beiden – unter der Bedingung, dass die ersten beiden bereits verschiedene Geburtstage haben – mit Wahrscheinlichkeit 363/365; usw.

Es stellt sich heraus, dass

$$\frac{364}{365} \cdot \frac{363}{365} \cdot \frac{362}{365} \cdots \frac{343}{365} < 0.5$$

Daher ist es ab 23 Personen *wahrscheinlicher*, dass es darunter zwei Personen gibt, die am selben Tag Geburtstag haben, als dass alle 23 Personen an verschiedenen Tagen Geburtstag haben. (Da die Zahl 23 im Vergleich mit 365 außerordentlich klein erscheint, wird dies ein „Paradoxon" bezeichnet; eigentlich verbirgt sich hinter dieser Anwendung der Wahrscheinlichkeitsrechnung überhaupt nichts Paradoxes).

Auf Hashing angewandt heißt dies: wenn man (nur!) 23 zufällige Schlüssel in eine Hashtabelle mit $m = 365$ Einträgen einträgt, so ist es „wahrscheinlich", dass mindestens eine Kollision auftritt.

Das folgende Diagramm zeigt die Wahrscheinlichkeit, dass es bei n Personen zwei gibt, die am selben Tag Geburtstag haben.

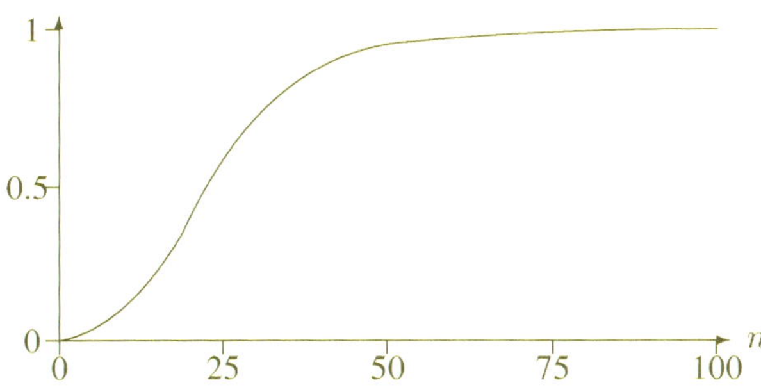

Berechnen wir nach dem obigen Muster ganz allgemein, wie groß die Wahrscheinlichkeit ist, dass bei n zufälligen Einträgen in eine Hashtabelle der Größe m alle Hashwerte verschieden sind. Wir können diese Wahrscheinlichkeit wie folgt abschätzen:

$$\prod_{i=1}^{n-1} \frac{m-i}{m} = \prod_{i=1}^{n-1} (1 - i/m) \approx \prod_{i=1}^{n-1} e^{-i/m} = e^{-\sum_{i=1}^{n-1} i/m} = e^{-n(n-1)/2m}$$

Indem wir diese Wahrscheinlichkeit gleich 1/2 setzen, bestimmen wir den *Median* dieser Wahrscheinlichkeitsverteilung. An der Medianstelle gilt somit folgender Zusammenhang zwischen n und m:

$$n \approx \sqrt{(2\ln 2) \cdot m}$$

Für $m = 365$ ergibt dies die sehr gute Approximation von $n = 22.49$.

Berechnen wir mal den Erwartungswert für die Anzahl auftretender Kollisionen, wenn n Daten in eine Hashtabelle der Größe m eingetragen werden. Sei X_{ij} folgende Zufallsvariable.

$$X_{ij} = \begin{cases} 1, & \text{Kollision zwischen Schlüssel } i \text{ und } j\text{, also } h(s_i) = h(s_j), \\ 0, & \text{sonst.} \end{cases}$$

Für $i \neq j$ gilt $E[X_{ij}] = 1/m$. Sei X die Gesamtanzahl der Kollisionen. Dann gilt

$$E[X] = E\Big[\sum_{i<j} X_{ij}\Big] = \sum_{i<j} E[X_{ij}] = \sum_{i<j} \frac{1}{m} = \binom{n}{2} \cdot \frac{1}{m}$$

Zum Beispiel überschreitet ab 27 Personen die mittlere Anzahl der zu erwartenden gleichen Geburtstage den Wert 1. (Also $n = 27, m = 365 \Rightarrow E[X] \geq 1$). Allgemein heißt dies, dass bei einer Hashtabellengröße m und $n \approx \sqrt{2m}$ vielen eingetragenen Schlüssel bereits mit einer Kollision zu rechnen ist.

Im Folgenden nennen wir den Quotienten $\beta := n/m$ (n = Anzahl der gespeicherten Elemente; m = Größe der Hashtabelle) den *Belegungsfaktor* (oder auch Lastfaktor) der Hashtabelle. Es wird sich bei den Analysen aller zu besprechenden Hashverfahren das erstaunliche Phänomen zeigen, dass der Suchaufwand sich als Funktion von β abschätzen lässt. Das heißt, die Anzahl n der gespeicherten Elemente geht nicht (oder nur indirekt) in den Aufwand ein. Sofern man also einen konstant bleibenden Belegungsfaktor (z.B. $\beta = 0.8$) garantieren kann, ist der Suchaufwand $\Theta(1)$, also unabhängig von n.

Wir wollen noch eine weitere allgemeine stochastische Betrachtung anstellen, die eng mit dem Geburtstagsparadoxon zusammenhängt, bevor wir die verschiedenen Hashverfahren im Einzelnen besprechen. Eine festgehaltene Position in der Hashtabelle wird mit Wahrscheinlichkeit $(1 - 1/m)$ bei einem einzelnen Hashvorgang nicht „angehasht“

werden. Bei n unabhängigen Versuchen wird diese Position daher mit Wahrscheinlichkeit $(1-1/m)^n = \left((1-1/m)^m\right)^\beta \approx e^{-\beta}$ kein einziges Mal gehasht werden. Daher ist der Erwartungswert für die Anzahl der bei n Versuchen ungehashten Positionen $me^{-\beta}$, wobei $\beta = n/m$. Obwohl eine injektive Hashfunktion also eigentlich einen Anteil von β vielen Positionen hashen könnte, wird im Mittel nur ein Anteil von $1 - e^{-\beta}$ vielen Positionen gehasht werden.

Zahlenbeispiel: Für $\beta = 0.5$ ist $1-e^{-0.5} \approx 0.3935$ und für $\beta = 1$ ist $1-e^{-1} \approx 0.6321$. Das folgende Diagramm zeigt den Funktionsverlauf von $1 - e^{-\beta}$.

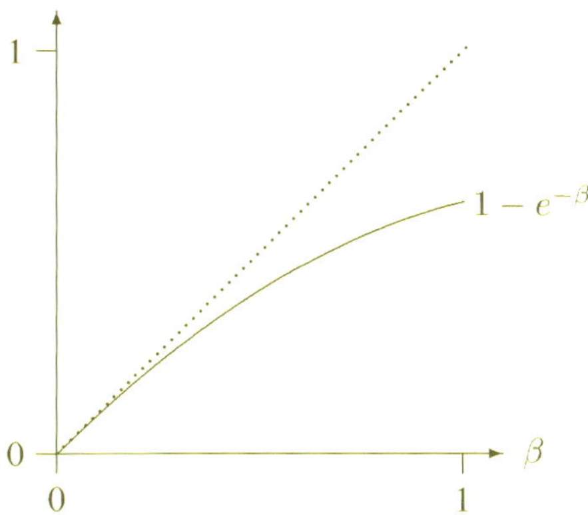

Solche stochastischen Betrachtungen, wie wir sie in diesem Abschnitt angestellt haben, findet man in der Literatur oft unter dem Stichwort „*balls into bins*“, denn man kann sich statt dem Hashtabellen-Modell und statt dem Geburtstage-Modell auch vorstellen, dass man n Bälle in zufälliger Weise in m Kästen wirft (und danach deren Verteilung analysiert).

3.2 Hashing mit Verkettung

Die vielleicht einfachste Art der Kollisionsbehandlung ist Hashing mit Verkettung. Hierbei wird jedes Element der Hashtabelle als Ausgangspunkt einer (Überlauf)-Liste angesehen. Alle Daten, deren Schlüssel auf denselben Hashwert führen, werden in die entsprechende Liste eingetragen.

Beispiel: Einzuspeichern seien die Schlüssel 49, 22, 6, 52, 76, 33, 34, 13, 29, 11, 83. Bei Verwenden der Hashfunktion $h(x) = x$ MOD 11 ergeben sich die Hashwerte 5, 0, 6, 8, 10, 0, 1, 2, 7, 0, 6. Nach Einspeichern in die Hashtabelle ergibt sich die folgende Situation.

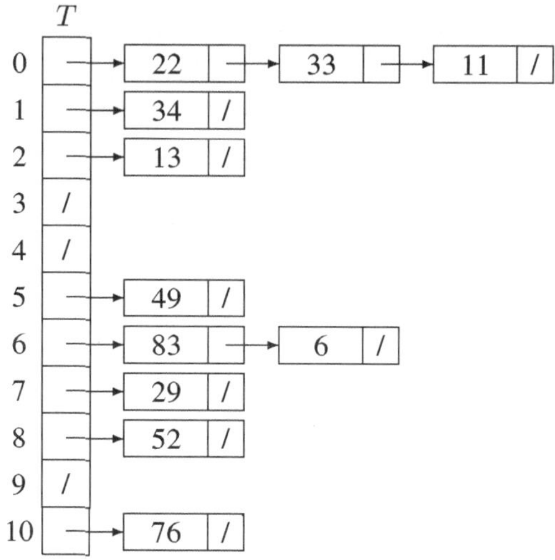

In diesem Beispiel gibt es die Kollisionen $h(88) = h(101) = h(75) = 0$ und $h(201) = h(68) = 6$.

Die Dictionary Operations sind leicht implementierbar. Zur Suche nach einem Objekt mit Schlüssel s wird mittels $h(s)$ zunächst der Einstiegspunkt in die entsprechende Liste berechnet und dann diese Liste linear durchsucht. Analog lässt sich das Einfügen und Löschen implementieren.

Bei der Analyse von Hashverfahren sind generell die folgenden beiden Komplexitätsfunktionen interessant:

> $A = A(m,n)$ bezeichnet die mittlere Anzahl der Sondierschritte (=Zugriffe auf die Hashtabelle), bis der gesuchte Schlüssel gefunden wird. Hierbei wird vorausgesetzt, dass der Suchschlüssel in der Tabelle tatsächlich vorhanden ist.
>
> Mit $A' = A'(m,n)$ bezeichnen wir dagegen die mittlere Anzahl der Sondierschritte – unter der Bedingung, dass der gesuchte Schlüssel *nicht* vorhanden ist. Das heißt, dies ist die Anzahl der Sondierschritte, die nötig ist, bis das betreffende Hashverfahren sicher sein kann, dass der Schlüssel nicht vorhanden ist.

Das zugrunde liegende Wahrscheinlichkeitsmodell geht davon aus, dass alle Hashtabellenplätze $0, 1, \ldots, m-1$ mit derselben Wahrscheinlichkeit „gehasht“ werden. Insgesamt seien n Schlüssel in der Hashtabelle gespeichert.

Man beachte, dass bei Hashing mit Verkettung durchaus ein Belegungsfaktor $\beta = n/m$ von über 100 % möglich (aber nicht empfehlenswert) ist.

Aus der Analyse von BucketSort (Abschnitt 2.6) ist klar, dass bei Hashing mit Verkettung die mittlere Länge der Überlauflisten gerade β ist. Daher sind im Mittel (bei erfolgloser Suche) gerade $1 + \beta$ viele Sondierschritte nötig. Also ist $A' = 1 + \beta = 1 + n/m$.

Um A zu berechnen, führen wir folgende ganz allgemeine und auch bei anderen Hashverfahren anwendbare Überlegung durch. Die in der Hashtabelle gespeicherten n Schlüssel wurden einmal in irgendeiner Reihenfolge eingetragen. Wir nummerieren die Schlüssel anhand dieser Einfügereihenfolge durch: $s_1, s_2, \ldots, s_n$. Die entscheidende Beobachtung ist, dass die Sondierreihenfolge beim Einfügen von Schlüssel s_i (zum Zeitpunkt $i-1$, also als Schlüssel s_i noch nicht vorhanden war), dieselbe ist wie zum Zeitpunkt n, wenn nach Schlüssel s_i erfolgreich gesucht wird. Wir erhalten also die mittlere, erfolgreiche Suchzeit A, indem wir über die entsprechenden A'-Werte zu allen Zeitpunkten $i = 0, 1, 2, \ldots, n-1$ den Mittelwert bilden:

$$A(m,n) = \frac{1}{n} \cdot \sum_{i=0}^{n-1} A'(m,i) \qquad (*)$$

Wir setzen $A'(m,n) = 1 + n/m$ in die Formel $(*)$ ein und erhalten:

$$A = \frac{1}{n} \cdot \sum_{i=0}^{n-1} (1 + \frac{i}{m}) = 1 + \frac{1}{nm} \cdot \sum_{i=0}^{n-1} i$$

$$= 1 + \frac{(n-1)n}{2nm} = 1 + \frac{\beta}{2} - \frac{1}{2m} \leq 1 + \frac{\beta}{2}$$

Wir wollen uns ein Bild von einigen statistischen Eigenschaften der Hashtabelle (bei linearer Verkettung der Kollisionselemente) machen. Nehmen wir mal an, es wurde $m = n$ gewählt, also der Belegungsfaktor sei 100 %. Die auf Seite 135 angestellten Überlegungen zeigen, dass nur etwa 63 % der Hashtabellenplätze besetzt (und zum Teil mehrfach besetzt) sind, und dementsprechend etwa 37 % der Plätze frei bleiben.

Eine verwandte Frage ist, wie viele Werte man im Mittel in die Hashtabelle eintragen muss, bis *alle* Hashpositionen mit mindestens einem Element belegt sind. Diese Frage entspricht dem bekannten *Coupon Collector Problem:* In jeder Cornflakes-Schachtel befinde sich ein „Bildchen". Wie viele Schachteln muss man im Mittel kaufen, bis man eine vollständige Sammlung aller m Bildchen hat?

Wir betrachten eine fortlaufende Folge von zufälligen Einträgen in die Hashtabelle, ausgehend von einer zunächst leeren Hashtabelle. Diese Folge zerlegen wir in Abschnitte, wobei das Ende eines Abschnitts dadurch charakterisiert ist, dass beim letzten Eintrag eine bisher noch nicht verwendete Hashposition aufgesucht wird. (Der erste solche Abschnitt hat somit die Länge 1, denn beim ersten Mal wird auf jeden Fall eine neue Position gehasht). Sei X_i eine Zufallsvariable, die die Anzahl der Versuche im i-ten Abschnitt angibt. Für das Coupon Collector Problem interessiert uns der Erwartungswert von $X = \sum_{i=1}^{m} X_i$. Sei p_i die „Erfolgswahrscheinlichkeit" innerhalb des i-ten Abschnitts, das heißt, p_i ist die Wahrscheinlichkeit, eine der verbleibenden $m-i+1$ freien Plätze zu treffen. Also ist $p_i = (m-i+1)/m$. Hieraus ergibt sich, dass $E[X_i] = 1/p_i$, und damit

$$E[X] = E[\sum_{i=1}^{m} X_i] = \sum_{i=1}^{m} E[X_i] = \sum_{i=1}^{m} \frac{m}{m-i+1} = m \sum_{i=1}^{m} \frac{1}{i} = mH_m \approx m \ln m$$

Also nach etwa $m \ln m$ Einträgen in eine Hashtabelle mit m Positionen wird jede Position mindestens ein Element enthalten (die durchschnittliche Länge einer Überlaufliste ist zu diesem Zeitpunkt allerdings $\ln m$).

3.3 Open Hashing

Bei Open Hashing wird im Kollisionsfall ein alternativer freier (bzw. „offener", daher open) Platz *in* der Hashtabelle gesucht. Es ist klar, dass bei diesem Vorgehen die Zahl der speicherbaren Elemente n höchstens auf m anwachsen kann. Das heißt $\beta = 1$ ist das Maximum. Soll noch ein weiteres Element gespeichert werden, so muss das Verfahren „passen" – oder man muss nach einer anderen Methode die Daten neu organisieren.

Die einfachste Open Hash-Methode geht mittels *linearem Sondieren* (kurz: *Linear Hashing*). Sollte der Platz $k = h(s)$ beim Einfügen mit einem anderen Schlüssel $s' \neq s$ belegt sein, so wird versucht, den Schlüssel s auf Position $(k + 1)$ MOD m, $(k + 2)$ MOD m, usw. zu speichern, bis eine freie Position gefunden wird.

Umgekehrt, bei der Suche nach einem Schlüssel s in der Hashtabelle wird zunächst die Position $k = h(s)$ sondiert, und falls diese mit einem anderen Schlüssel als der Gesuchte belegt ist, kommt Position $(k + 1)$ MOD m, $(k + 2)$ MOD m, usw. an die Reihe. Dies solange, bis entweder der Schlüssel s gefunden wird, oder bis ein freier Platz angetroffen wird; dann ist der Schlüssel in der Hashtabelle nicht vorhanden.

Ein Problem bei allen Open Hash-Verfahren ist das Löschen. Man kann einen Schlüssel s nicht ohne weiteres einfach aus der Hashtabelle löschen, da dadurch die Sondierreihenfolge für andere Schlüssel unterbrochen werden könnte, und diese dann nicht mehr aufgefunden werden.

Das einfachste Beispiel wären zwei Schlüssel s, s' mit $k := h(s) = h(s')$. Der Schlüssel s sei in Position k gespeichert; der Schlüssel s' sei in Position $k + 1$ gespeichert. Wenn man nun s löscht, so wird eine nachfolgende Suche nach Schlüssel s' fälschlicherweise „nicht vorhanden" melden, da die Position $h(s') = k$ leer ist.

Man kann dieses Problem behelfsmäßig so lösen, dass man zwischen *gelöschten* und *freien* Plätzen unterscheidet. Bei der Suche nach einem Schlüssel müssen gelöschte Positionen als belegt behandelt werden, und es muss weiter sondiert werden. Erst wenn ein freier Platz gefunden wird, kann „nicht vorhanden" gemeldet werden.

Bei der Einfügeoperation können gelöschte Plätze dagegen als frei betrachtet werden und es kann dort also der neue Schlüssel eingefügt werden.

Dieses ist jedoch nur eine Notlösung und ist nur dann akzeptabel, wenn nicht sehr häufig Löschoperationen auftreten. Durch die gelöschten Plätze (die beim Suchen als belegt behandelt werden) vergrößert sich die mittlere Suchzeit.

Ein weiteres Problem beim Linear Hashing ist die *Clusterbildung*: Es besteht die Tendenz, dass immer längere zusammenhängende, belegte Abschnitte in der Hashtabelle entstehen, so genannte *Cluster*. Diese Cluster verschlechtern deutlich die mittlere Suchzeit – im Vergleich zu einer Hashtabelle mit demselben Belegungsfaktor, wo aber die Elemente zufällig gestreut sind.

Wodurch entstehen diese Cluster? Nehmen wir mal an, dass an einer Stelle bereits ein Cluster der Länge 4 vorhanden sei; die nachfolgenden Positionen seien frei.

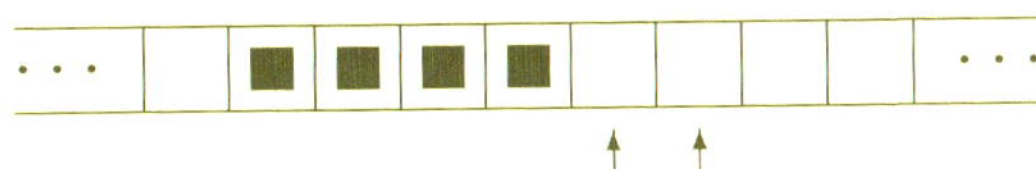

Die Wahrscheinlichkeit, dass der nächste einzutragende Schlüssel in die Position des linken Pfeiles kommt, ist $5/m$; während die Wahrscheinlichkeit für die rechte Pfeilposition nur $1/m$ ist. Schon bestehende Cluster haben damit – stochastisch gesehen – die Tendenz immer länger zu werden.

Beispiel: Hier ist das Ergebnis eines Zufallsexperiments. Wir haben eine Hashtabelle mit 100 Einträgen zugrunde gelegt und im ersten Experiment diese Tabelle zufällig bis zu einem Belegungsfaktor von 70 % aufgefüllt. Das heißt, wir haben von den $\binom{100}{70}$ vielen 0-1-Folgen mit 70 % Einsen eine Folge zufällig ausgewählt:

Beim zweiten Experiment haben wir mit der Methode Open Hashing mit linearem Sondieren die Tabelle bis zum Belegungsfaktor 70 % gefüllt:

Man kann aufgrund der entstehenden Cluster im zweiten Experiment schon optisch einen Unterschied erkennen.

Wegen der notwendigen Modellierung dieser Clusterbildung ist eine Durchschnittsanalyse von Hashing mit linearem Sondieren nicht ganz einfach. Wir geben zunächst die Formeln für A und A' an (die für großes m und n gelten):

$$A \approx \frac{1}{2} \cdot (1 + \frac{1}{1-\beta})$$

$$A' \approx \frac{1}{2} \cdot (1 + \frac{1}{(1-\beta)^2})$$

Ein *Rechenbeispiel:* Ein Beamter kann eine Akte pro Tag bearbeiten. Pro Jahr werden zu zufälligen Zeitpunkten insgesamt 300 Akten eingereicht. Wenn der Beamte an 365 Tagen im Jahr arbeitet (zugegeben, ein unrealistisches Beispiel), wie lange bleibt eine Akte im Durchschnitt liegen, bis sie bearbeitet wird? (Es spielt hierbei keine Rolle, ob die Akten in Form eines Stacks oder einer Warteschlange zwischengelagert werden). Die Antwort erhalten wir durch Einsetzen von $m = 365$ und $n = 300$ (also $\beta = 300/365$) in obige Formel für A': Es sind 16.3 Tage.

Die folgende Tabelle listet einige Werte von A und A' auf:

β	A	A'
0.5	1.5	2.5
0.6	1.75	3.62
0.7	2.16	6.05
0.8	3	13
0.9	5.5	50.5
0.95	10.5	200.5

Wir wollen einen *Beweis* für die obigen Formeln skizzieren: Wir betrachten den gesamten Vorgang des Auffüllens der Hashtabelle mittels Linearem Sondieren, bis in die Tabelle der Größe m insgesamt n Elemente eingefügt sind. Es gibt m^n potenzielle Folgen von Hashwerten (im Folgenden *Hashfolgen* genannt), die alle gleichwahrscheinlich sind, und welche die Einfügereihenfolge und die dabei entstehenden Cluster festlegen.

Sei $f(n, m)$ die Anzahl der Hashfolgen, die dazu führen, dass eine festgehaltene Hashtabellenposition i frei bleibt. (Aus Symmetriegründen hängt f von i nicht ab). Es gilt:

$$f(n, m) = (1 - \frac{n}{m})m^n$$

Sei $g(n, m, k)$ die Anzahl der Hashfolgen, bei denen eine feste Position (z.B. i) frei bleibt, sowie die k davor liegenden Positionen belegt sind, und der $(k + 1)$-te davor liegende Platz wieder frei bleibt; siehe folgende Skizze:

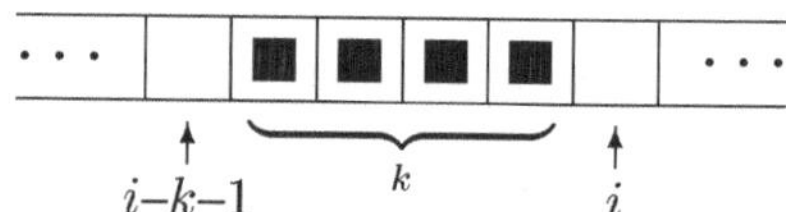

Die Tabelle ist dabei zirkulär angeordnet zu verstehen. Die Vorgängerposition von 0 ist also $m - 1$. Es gilt

$$\begin{aligned} g(n, m, k) &= \binom{n}{k} f(k, k + 1) f(n - k, m - k - 1) \\ &= \binom{n}{k} (k + 1)^{k-1} (m - n - 1)(m - k - 1)^{n-k+1} \end{aligned}$$

denn es gibt $\binom{n}{k}$ Möglichkeiten, k Elemente aus der Hashfolge auszuwählen, welche für die k belegten Plätze verantwortlich sind. Die gesamte Tabelle der Größe m kann sodann gedanklich in 2 Teile aufgeteilt werden, ein Teilarray der Länge $k + 1$ (belegt mit k Elementen) und ein Teilarray der Länge $m - k - 1$ (belegt mit $n - k$ Elementen). In diesen Teilarrays soll jeweils eine festgehaltene Position frei bleiben. Dies erklärt das Verwenden der Funktionswerte $f(k, k + 1)$ und $f(n - k, m - k - 1)$.

Schließlich sei $p(n, m, j)$ die Wahrscheinlichkeit dafür, dass das Einfügen des nächsten Schlüssels genau $j + 1$ Sondierschritte erfordert. (Wir nehmen an, dass die endgültige Einfügeposition i sei. Wieder aus Symmetriegründen hängt p von i nicht ab). Wir bestimmen $p(n, m, j)$ nach dem Prinzip „Anzahl der günstigen Möglichkeiten geteilt durch die Anzahl aller Möglichkeiten" wie folgt:

$$p(n, m, j) = \frac{\sum_{k=j}^{n} g(n, m, l)}{m^n}$$

Der Ausdruck über dem Bruchstrich zählt die Anzahl der Hashfolgen, welche die Position i frei lassen, und davor mindestens j Plätze belegen. Aus Symmetriegründen ist diese Anzahl diesselbe wie die, um die es eigentlich geht, nämlich die Anzahl der Hashfolgen mit der Eigenschaft, dass beim Hashen eines neuen Elements in die Hashtabelle dieses mittels Linearem Sondierens aufgrund j belegter Plätze erst j Positionen weiter hinten eingefügt werden kann.

Die gesuchte Formel für $A'(m, n)$, also die erwartete Anzahl von Sondierschritten im nicht-erfolgreichen Fall, ergibt sich nun zu

$$\begin{aligned}
A'(m, n) &= \sum_{j \geq 0} (j + 1) p(n, m, j) = \frac{1}{m^n} \cdot \sum_{j \geq 0} (j + 1) \sum_{k=j}^{n} g(n, m, k) \\
&= \frac{1}{m^n} \cdot \sum_{k \geq 0} g(n, m, k) \sum_{j=0}^{k} (j + 1) = \frac{1}{2m^n} \cdot \sum_{k \geq 0} (k + 1)(k + 2) g(n, m, k) \\
&= \frac{1}{2} \cdot \left(\frac{1}{m^n} \cdot \sum_{k \geq 0} ((k + 1) + (k + 1)^2) g(n, m, k) \right)
\end{aligned}$$

Man kann zeigen, dass der Teilausdruck $\frac{1}{m^n} \cdot \sum_{k \geq 0} (k + 1) g(n, m, k)$ den Wert 1 hat (denn dieser Ausdruck ist gleich $\sum_{k \geq 0} p(n, m, k)$, also einer Summe von Wahrscheinlichkeiten), und dass sich der Teilausdruck $\frac{1}{m^n} \cdot \sum_{k \geq 0} (k + 1)^2 g(n, m, k)$ asymptotisch verhält wie $\frac{1}{(1-\beta)^2}$, $\beta = n/m$.

Die Formel für $A(m, n)$ erhält man dann wieder über die Formel $(*)$ (siehe Seite 137).

□

Die Methode *Double Hashing* umgeht das Problem der Clusterbildung durch Verwenden einer zweiten Hashfunktion h'. Diese bestimmt im Kollisionsfall für den jeweiligen Schlüssel s die Schrittweite, mittels der dann in der Hashtabelle weitersondiert werden soll.

Das heißt, die anzuwendende Sondierreihenfolge ist die Folgende:

$$h_1(s) = h(s)$$

$$\begin{aligned} h_2(s) &= (h(s) + h'(s)) \text{ MOD } m \\ h_3(s) &= (h(s) + 2h'(s)) \text{ MOD } m \\ h_4(s) &= (h(s) + 3h'(s)) \text{ MOD } m \\ &\vdots \end{aligned}$$

Lineares Sondieren ist dann der Spezialfall $h'(s) = 1$. Die Hashfunktion h' sollte möglichst „unabhängig" von der Funktion h definiert werden (etwa h mittels Multiplikationsmethode und h' mittels Divisionsmethode). Sollten also zwei Schlüssel s_1, s_2 im ersten Versuch kollidieren (das heißt $h(s_1) = h(s_2)$), so sollten die jeweiligen Schrittweiten (also $h'(s_1)$ und $h'(s_2)$) möglichst unterschiedlich sein.

Ferner ist bei diesem Verfahren wichtig, dass die Tabellengröße eine *Primzahl* ist. Denn, wenn m und $h'(s)$ nicht teilerfremd sind, so wird beim Sondieren nicht die gesamte Tabelle (in irgendeiner Reihenfolge) durchlaufen. (*Beispiel:* Bei $m = 100$ und $h'(s) = 20$ werden nur 5 verschiedene alternative Tabellenplätze durchlaufen). Für Primzahlen m gilt jedoch, dass $(\mathbb{Z}_m, +_{\text{mod } m})$ eine zyklische Gruppe ist und jedes Element aus $\mathbb{Z}_m - \{0\}$ ein Generator für diese Gruppe ist. Mit anderen Worten, wenn m eine Primzahl ist, so durchläuft die Sondierreihenfolge *alle* Werte in $\{0, 1, \ldots, m-1\}$ (in irgendeiner Reihenfolge), bevor sich ein Wert (nämlich $h(s)$) zum ersten Mal wiederholt.

Des Weiteren darf der Wert von $h'(s)$ – im Unterschied zu $h(s)$ – nicht Null sein. Der Grund hierfür ist offensichtlich, da $h'(s)$ als Schrittweite verwendet wird. Der Wertebereich für h' ist also $\{1, 2, \ldots, m - 1\}$.

Für Double Hashing gilt:

$$\begin{aligned} A &\approx \frac{1}{\beta} \cdot \ln(\frac{1}{1-\beta}) \\ A' &\approx \frac{1}{1-\beta} \end{aligned}$$

Die folgende Tabelle listet ein paar Werte auf:

β	A	A'
0.5	1.39	2.0
0.6	1.53	2.5
0.7	1.72	3.3
0.8	2.01	5.0
0.9	2.56	10.0
0.95	3.15	20.0

Begründung für obige Formeln: Wir analysieren Double Hashing unter der Annahme, dass jeder Sondiervorgang eine *zufällige* Auswahl aus der Menge der Indizes $\{0, 1, \ldots, m - 1\}$ darstellt („Random Hashing"). Diese Annahme wird durch Experimente bestätigt, ist jedoch streng genommen nicht korrekt, da die Sondierreihenfolge ja nicht wirklich zufällig ist (nur die Schrittweite, die zu Beginn bestimmt wird).

Es gilt dann, dass $1 - \beta$ die Wahrscheinlichkeit ist, auf eine leere Position zu treffen. Also benötigt man im Erwartungswert $1/(1 - \beta)$ viele Versuche, bis man zum ersten Mal auf eine freie Position trifft (vgl. Abschnitt 1.4). Mit anderen Worten, es gilt $A'(m,n) = 1/(1 - n/m) = 1/(1 - \beta)$.

Für die Analyse von A verwenden wir die auf Seite 137 entwickelte Formel $(*)$, die auch in diesem Fall anwendbar ist. Damit erhalten wir:

$$\begin{aligned} A(m,n) &= \frac{1}{n} \cdot \sum_{j=0}^{n-1} \frac{1}{1 - j/m} = \frac{m}{n} \cdot \sum_{j=0}^{n-1} \frac{1}{m-j} \\ &= \frac{1}{\beta} \cdot (H_m - H_{m-n}) \approx \frac{1}{\beta} \cdot (\ln m - \ln(m-n)) \\ &= \frac{1}{\beta} \cdot \ln(\frac{m}{m-n}) = \frac{1}{\beta} \cdot \ln(\frac{1}{1-\beta}) \end{aligned}$$

Hierbei wurde näherungsweise H_n mit $\ln n$ gleichgesetzt. □

Das folgende Diagramm zeigt nochmals zusammenfassend das Verhalten von Double Hashing (A_D und A'_D) und Hashing mit linearem Sondieren (A_L und A'_L).

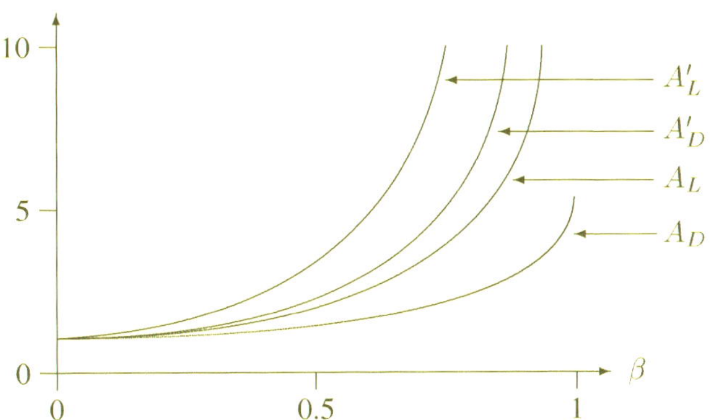

3.4 Universal Hashing

Trotz der hervorragenden average-case Komplexität von $\Theta(1)$ hat Hashing ein sehr schlechtes worst-case Verhalten: im schlechtesten Fall werden alle Schlüssel auf dieselbe Hashtabellen-Adresse abgebildet. Dann entartet Hashing zum Suchen in einer linearen Liste; hat also Komplexität $\Theta(n)$.

Bei einmal festgelegter Hashfunktion sind es bestimmte Schlüsselmengen, die dieses ungünstige Verhalten hervorrufen. (Im Extremfall gilt für die Schlüsselmenge $S = h^{-1}(y)$ für ein festes Element y des Wertebereichs der Hashfunktion). Die Idee besteht nun darin, dass der Algorithmus zur Laufzeit *zufällig* eine Hashfunktion aus einer sorgfältig ausgewählten Klasse von Hashfunktionen auswählt. Auf diese Weise macht sich der Algorithmus unabhängig von der jeweils gewählten Schlüsselmenge. Für *jede* Schlüsselmenge $S \subseteq U$ zeigt Universal Hashing dann ein gutes Laufzeitverhalten – im Mittel, bezogen auf die Zufallsauswahl der Hashfunktion.

Universal Hashing ist also ein probabilistisches Verfahren, und es geht darum, die (sehr geringe) Wahrscheinlichkeit für ein schlechtes Laufzeitverhalten gleichmäßig über alle Eingaben (also Schlüsselmengen S) zu verteilen. Man kann hier also wieder vom *Robin-Hood-Effekt* sprechen wie bei probabilistischem QuickSort (vgl. Seite 108).

Sei $\mathcal{H}$ eine endliche Menge von Hashfunktionen, welche U nach $\{0, 1, \ldots, m-1\}$ abbilden. Die Menge $\mathcal{H}$ heißt *universal*, falls für jedes Paar von verschiedenen Schlüsseln $x, y \in U$ die Zahl der Hashfunktionen $h \in \mathcal{H}$ mit $h(x) = h(y)$ genau $|\mathcal{H}|/m$ ist.

Mit anderen Worten, $\mathcal{H}$ ist universal, falls für alle $x, y \in U$, $x \neq y$, gilt

$$Pr(\,h(x) = h(y)\,) = \frac{1}{m}$$

wobei $h \in_R \mathcal{H}$. (Zur Notation „$\in_R$" siehe Seite 63).

Die geforderte Kollisionswahrscheinlichkeit $1/m$ entspricht also genau der Wahrscheinlichkeit für eine Kollision, wenn man $h(x)$ und $h(y)$ zufällig und unabhängig aus $\{0, 1, \ldots, m-1\}$ wählen würde.

Bemerkung: Gelegentlich wird in der Literatur eine etwas stärkere Bedingung für „universal" aufgestellt: Für alle $x, y \in U$ mit $x \neq y$ und alle a, b aus dem Wertebereich soll gelten

$$Pr(\,h(x) = a \wedge h(y) = b\,) \;=\; \frac{1}{m^2}$$

Das heißt, es wird verlangt, dass die Hashwerte paarweise unabhängig sind.

Es gibt Beispiele für Hashfunktionenklassen, die die Definition von „universal" erfüllen, aber nicht die stärkere Definition. Sei $\mathcal{H} = \{h_1, h_2\}$, $h_i : \{0,1\} \to \{0,1\}$, wobei

$$h_1 : \begin{cases} 0 \mapsto 0 \\ 1 \mapsto 1 \end{cases} \qquad h_2 : \begin{cases} 0 \mapsto 0 \\ 1 \mapsto 0 \end{cases}$$

Dann gilt für alle $x, y \in \{0,1\}$ mit $x \neq y$: $Pr(\,h(x) = h(y)\,) \;=\; 1/2$, wobei $h \in_R \mathcal{H}$. Es gilt aber $Pr(h(0) = 1 \wedge h(1) = 0) = 0 \neq 1/4$. An diesem Beispiel sieht man auch, dass die Hashwerte $h(x)$ (bei festem $x \in U$ und $h \in_R \mathcal{H}$) bei universalen Klassen nicht gleichverteilt zu sein brauchen – wohl aber bei der stärkeren Definition.

Es kommt in der Literatur auch ein schwächerer Begriff von Universal Hashing als der hier betrachtete vor. Eine Hashfunktionenklasse $\mathcal{H}$ heißt dann *c-universal*, falls für alle $x \neq y \in U$ gilt $Pr(h(x) = h(y)) \leq c/m$. Unsere obige Definition hieße dann 1-universal.

Die folgende Behauptung zeigt, dass eine universale Hashfunktionenklasse tatsächlich ein gutes Durchschnittsverhalten – in Bezug auf *jede beliebige* Schlüsselmenge S – hat.

Behauptung: Sei $S \subseteq U$, $|S| = n$, eine beliebige Menge von Schlüsseln. Sei $\mathcal{H}$ eine universale Klasse von Hashfunktionen. Wähle $h \in_R \mathcal{H}$. Dann ist pro Schlüssel $x \in S$ die mittlere Anzahl der Kollisionen (also die Anzahl der $y \in S - \{x\}$ mit $h(y) = h(x)$) höchstens $\beta = n/m$.

Beweis: Sei c_{xy} die folgende Zufallsvariable

$$c_{xy} = \begin{cases} 1, & h(x) = h(y) \\ 0, & h(x) \neq h(y) \end{cases}$$

Es gilt $E[c_{xy}] = Pr(h(x) = h(y)) = 1/m$.

Ferner sei C_x die Zufallsvariable, die die Zahl aller Kollisionen (auf S) mit dem Schlüssel x angibt. Dann gilt:

$$E[C_x] = E\Big[\sum_{y \in S, y \neq x} c_{xy}\Big] = \sum_{y \in S, y \neq x} E[c_{xy}]$$

$$= \sum_{y \in S, y \neq x} \frac{1}{m} \leq \frac{|S|}{m} = \frac{n}{m} = \beta \qquad \square$$

Aus der Behauptung ergibt sich: falls $|S| \leq m$, so ist die mittlere Anzahl der insgesamt zu erwartenden Kollisionen mit einem festgehaltenen Schlüssel x höchstens 1.

Wir wollen die Gleichverteilungseigenschaften von Universal Hashing nochmals von einer anderen Warte besprechen. Eingangs wurde gesagt, dass es bei einer festgehaltenen, einzelnen Hashfunktion h immer eine Schlüsselmenge S gibt, die besonders ungünstig ist, falls zum Beispiel $h(x) = a$ für ein festes Element a und alle $x \in S$ gilt. Im Kontrast dazu zeigen wir nun, dass unter dem Szenario von Universal Hashing, bei *beliebiger* Wahl von S (wobei S eine gewisse Mindestgröße haben muss) gilt, dass $h(x)$ „fast" gleichverteilt ist (auf $\{0, 1, \ldots, m-1\}$). Wenn man hierbei als Zufallsexperiment unterstellt, dass $x \in_R S$ und $h \in_R H$ unabhängig und zufällig unter Gleichverteilung gewählt werden, so bedeutet dies insbesondere, dass die Verteilung der $x \in U$ einen sehr hohen Koinzidenzindex $\alpha = \frac{1}{|S|}$ hat, also weit von einer Gleichverteilung auf U entfernt sein kann. Im folgenden Satz geht lediglich der Koinzidenzindex der Verteilung der $x \in U$ ein.

Satz („Leftover Hash Lemma") Sei $\mathcal{H}$ eine universale Klasse von Hashfunktionen von U nach $\{0, 1, \ldots, m-1\}$. Sei $p : U \to [0, 1]$ eine Wahrscheinlichkeitsverteilung auf der Grundmenge U mit Koinzidenzindex α. Betrachte die Zufallsvariable $h(x) \in \{0, 1, \ldots, m-1\}$, wobei $h \in_R \mathcal{H}$ und x mit Wahrscheinlichkeit $p(x)$, unabhängig voneinander, gewählt werden. Dann ist der Koinzidenzindex der Verteilung von $h(x)$ höchstens $\frac{1}{m} + \alpha$.

(Das heißt, wenn α klein ist im Verhältnis zu $\frac{1}{m}$, so kann die Verteilung der Hashwerte $h(x)$ kaum von einer Gleichverteilung unterschieden werden, vgl. hierzu Seite 38).

Beweis: Seien $h_1(x_1)$ und $h_2(x_2)$ zwei unabhängige Zufallsvariablen, die der im Satz angegebenen Verteilung genügen. Es gilt für den Koinzidenzindex die Abschätzung:

$$\begin{aligned} Pr(h_1(x) = h_2(x_2)) &= Pr(h_1(x_1) = h_2(x_2) \mid x_1 \neq x_2) \cdot Pr(x_1 \neq x_2) \\ &\quad + Pr(h_1(x_1) = h_2(x_2) \mid x_1 = x_2) \cdot Pr(x_1 = x_2) \\ &\leq Pr(h_1(x_1) = h_2(x_2) \mid x_1 \neq x_2) + Pr(x_1 = x_2) \\ &= \frac{1}{m} + \alpha \end{aligned}$$

In der letzten Zeile wurde verwendet, dass $\mathcal{H}$ universal ist. □

Man beachte jedoch, wenn die Klasse $\mathcal{H}$ die stärkere Definition von „universal" von Seite 144 erfüllt, so ist $h(x)$ immer gleichverteilt – unabhängig von α.

Wie kann man nun universale Klassen von Hashfunktionen finden (abgesehen von dem trivialen Beispiel oben)? Eine Klasse $\mathcal{H}$, die sicherlich universal ist, ist die Klasse *aller* Funktionen von U nach $\{0, 1, \ldots, m-1\}$. Dieses sind $m^{|U|}$ viele. Aber dies ist eigentlich nicht die gesuchte Lösung für unser Problem. Die Idee ist ja doch, dass sich die Funktionen in $\mathcal{H}$ leicht spezifizieren (und evaluieren) lassen. Wir suchen nach einer universalen Klasse $\mathcal{H}$, die mit weit weniger Funktionen (und möglichst einfachen) auskommt.

Wir definieren eine universale Klasse $\mathcal{H}_1$ wie folgt. Wir gehen davon aus, dass die Schlüssel in U durch Bitstrings derselben Länge gegeben sind. Diese Bitstrings zerlegen wir in so viele Blöcke, dass jeder Zahlenwert eines Blocks (als natürliche Zahl in Binärdarstellung betrachtet) kleiner als m ist. Also sei $x = \langle x_0, x_1, \ldots, x_r \rangle$ ein Schlüssel, wobei die x_i natürliche Zahlen sind mit $0 \leq x_i < m$. Die Klasse $\mathcal{H}_1$ besteht aus allen Hashfunktionen $h = h_a$, die durch ein Tupel $a = \langle a_0, a_1, \ldots, a_r \rangle$ spezifiziert werden. Die Funktion h_a ist dann wie folgt definiert:

$$h_a(x) = \sum_{i=0}^{r} a_i x_i \text{ MOD } m$$

Hierbei ist $a_i \in \{0, 1, \ldots, m-1\}$. Daher gibt es m^{r+1} viele Funktionen h_a; d.h. $|\mathcal{H}_1| = m^{r+1}$.

Ferner muss m eine Primzahl sein!

Satz: Die Klasse $\mathcal{H}_1$, wie oben definiert, ist universal.

Beweis: Seien x, y zwei verschiedene Schlüssel in U. Das heißt, die Bitstrings x und y unterscheiden sich in mindestens einem Bit. Wir nehmen ohne Beschränkung der Allgemeinheit an, $x_0 \neq y_0$. Dann gilt $h_a(x) = h_a(y)$ genau dann, wenn

$$\sum_{i=0}^{r} a_i x_i \equiv \sum_{i=0}^{r} a_i y_i \pmod{m}$$

Dies gilt genau dann, wenn

$$a_0(x_0 - y_0) \equiv \sum_{i=1}^{r} a_i(y_i - x_i) \pmod m$$

Da m eine Primzahl ist, ist die algebraische Struktur

$$\Big(\{0, 1, \ldots, m-1\}, +_{\text{mod } m}, *_{\text{mod } m}\Big)$$

ein Körper (vgl. auch Kapitel 7). Daher existieren für alle Körperelemente $\neq 0$ eindeutige multiplikative Inverse. Wir können daher nach a_0 eindeutig auflösen:

$$a_0 \equiv (x_0 - y_0)^{-1} \cdot \sum_{i=1}^{r} a_i(y_i - x_i) \pmod m$$

Damit haben wir gezeigt, dass es für jede Wahl von $(a_1, \ldots, a_r) \in \{0, 1, \ldots, m-1\}^r$ ein eindeutig bestimmtes a_0 gibt, so dass $h_a(x) = h_a(y)$ gilt. Von den m^{r+1} vielen a's liefern also genau m^r viele $h_a(x) = h_a(y)$. Daher ist

$$Pr(h(x) = h(y)) = \frac{m^r}{m^{r+1}} = \frac{1}{m}$$

wobei $h \in_R \mathcal{H}$, was zu zeigen war. □

Eine weitere universale Hashklasse $\mathcal{H}_2$ erhält man wie folgt: Die Schlüssel seien Bitstrings der Länge p. Der Wertebereich der Hashfunktionen seien ebenfalls Bitstrings, und zwar der Länge q. Diese Bitstrings können als Zahlen interpretiert werden, also ist der Wertebereich die Menge $\{0, 1, \ldots, m-1\}$, $m = 2^q$. Eine Hashfunktion h aus der Klasse $\mathcal{H}_2$ wird durch Angabe einer Booleschen $p \times q$ Matrix $M = (M_{i,j})$ spezifiziert, also $h = h_M$. Somit ist $|\mathcal{H}_2| = 2^{pq}$. Sei $x = x_1 \ldots x_p$ ein Schlüssel. Der Wert $h_M(x)$ ist wie folgt definiert. Das j-te Bit ($j = 1, \ldots, q$) bezeichnen wir mit $h_M(x)_j$; dieses ergibt sich mittels

$$h_M(x)_j = \bigoplus_{i=1}^{p} (x_i \wedge M_{i,j})$$

Hierbei bezeichnet $\oplus$ die Boolesche Exclusive-or Operation. Dies ist nichts anderes als eine Vektor-Matrix-Multiplikation über dem Körper $GF(2) = (\{0, 1\}, \oplus, \wedge)$.

Satz: Die Klasse $\mathcal{H}_2$, wie oben definiert, ist universal.

Beweis: Seien x, y zwei verschiedene Schlüssel, also Bitstrings der Länge p. Seien $i_1, \ldots, i_k$ die Bitpositionen, an denen sich x und y unterscheiden. Dann gilt für $h_M \in_R \mathcal{H}_2$:

$$Pr\Big(h_M(x) = h_M(y)\Big) = \prod_{j=1}^{q} Pr\Big(h_M(x)_j = h_M(y)_j\Big)$$

$$= \prod_{j=1}^{q} Pr\Big(\bigoplus_{i=1}^{p}(x_i \wedge M_{i,j}) = \bigoplus_{i=1}^{p}(y_i \wedge M_{i,j})\Big) = \prod_{j=1}^{q} Pr\Big(\bigoplus_{i=1}^{p}((x_i \oplus y_i) \wedge M_{i,j}) = 0\Big)$$

$$= \prod_{j=1}^{q} Pr\Big(\bigoplus_{i \in \{i_1,\ldots,i_k\}} M_{i,j} = 0\Big) = \prod_{i=1}^{q} \frac{1}{2} = 2^{-q} = \frac{1}{m} \qquad \square$$

Tatsächlich lässt sich analog zeigen, dass die Klasse $\mathcal{H}_2$ sogar die stärkere Bedingung von Universalität erfüllt (vgl. die Bemerkung auf Seite 144). Hierbei muss allerdings der Schlüssel 0^p aus der Grundmenge ausgeschlossen werden.

Hier ist schließlich noch eine weitere universale Hashfunktionenklasse, die von Dietzfelbinger (1996) gefunden wurde: Wieder sollen die Hashfunktionen Bitstrings der Länge p auf Bitstrings der Länge q abbilden, wobei q ein Teiler von p sein sollte. Eine Hashfunktion der Klasse $\mathcal{H}_3$ wird durch Angabe eines Bitstrings a der Länge $p + q$ spezifiziert. Die Hashfunktion h_a ist dann wie folgt definiert:

$$h_a(x) = (ax \bmod 2^{p+q}) \operatorname{div} 2^q$$

Anschaulich bedeutet dies, dass aus dem $(2p + q)$-langen Bitstring, der das Ergebnis der Multiplikation ax darstellt, ein mittlerer Teil der Länge q herausgeschnitten wird, welcher den Funktionswert $h_a(x)$ liefert.

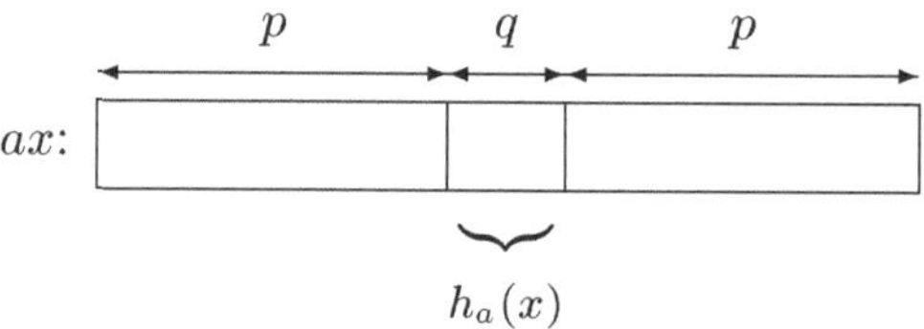

Wir wollen noch eine Betrachtung anschließen in Bezug auf die Frage, wie groß eine Klasse von Hashfunktionen $\mathcal{H}$ *mindestens* sein muss, um universal zu sein.

Behauptung: Sei $\mathcal{H}$ universal, wobei die Hashfunktionen $h \in \mathcal{H}$ von einer u-elementigen Grundmenge in eine m-elementige Wertemenge abbilden. Dann gilt:

$$|\mathcal{H}| \geq m \left\lfloor \frac{\log_2 u - 1}{\log_2 m} \right\rfloor$$

(Zum Vergleich: die Menge *aller* Hashfunktionen, die trivialerweise universal ist, hat die Mächtigkeit m^u; die Klassen $\mathcal{H}_1, \mathcal{H}_2$ und $\mathcal{H}_3$, die oben definiert wurden, haben folgende Mächtigkeiten: $|\mathcal{H}_1| = u$, $|\mathcal{H}_2| = m^{\log_2 u} = u^{\log_2 m}$, $|\mathcal{H}_3| = mn$).

Beweis: Sei $\mathcal{H} = \{h_1, h_2, \ldots, h_t\}$ universal, wobei $h_i : U \to M$, $|U| = u$, $|M| = m$. Wir konstruieren eine Folge $U = U_0 \supseteq U_1 \supseteq U_2 \supseteq \ldots \supseteq U_t$ wie folgt: Sei $U_i = U_{i-1} \cap h_i^{-1}(y_i)$. Dabei ist $y_i \in M$ so gewählt, dass die Mächtigkeit von U_i maximiert wird. Es gilt in diesem Fall $|U_i| \geq |U_{i-1}|/m$, also $|U_i| \geq u/m^i$. Ferner gilt nach Konstruktion von U_i, dass die Funktionen $h_1, \ldots, h_i$ auf U_i konstant sind. Wähle nun $t_0 = \lfloor(\log_2 \frac{u}{2})/\log_2 m\rfloor$. Dann gilt $|U_{t_0}| \geq 2$.

Wir betrachten nun die für diese universale Klasse $\mathcal{H}$ konstruierte, besonders ungünstige Schlüsselmenge $U_{t_0} \subseteq U$. Seien $x, y \in U_{t_0}$, $x \neq y$. Es gilt aufgrund der Konstruktion von U_{t_0} und der Definition von „universal":

$$t_0 \leq |\{h \in \mathcal{H} \mid h(x) = h(y)\}| = \frac{|\mathcal{H}|}{m}$$

Hieraus folgt $|\mathcal{H}| \geq mt_0 = m\lfloor\log_2 \frac{u}{2}/\log_2 m\rfloor$. □

Zum Abschluss soll noch eine interessante Brücke zwischen Universal Hashing und der Theorie der Pseudozufallszahlengeneratoren (siehe Abschnitt 1.13) hergestellt werden. Sei $\mathcal{H}$ eine universale Klasse von Hashfunktionen, welche von $U = \{x_1, x_2, \ldots, x_u\}$ nach M abbilden. Sei $|\mathcal{H}| = 2^k$. (Zu den möglichen unteren und oberen Schranken für $|\mathcal{H}|$ siehe die Diskussion oben). Mit Hilfe von $\mathcal{H}$ kann ein Pseudozufallszahlengenerator hergestellt werden, der k echte Zufallsbits „streckt" zu $|U| = u$ vielen Pseudozufallszahlen aus der Menge M. (Ein ähnliches „exponentielles Blow-Up", allerdings für Zufallsbits, also $M = \{0, 1\}$, wird auf Seite 73 beschrieben). Mit Hilfe der k echten Zufallsbits wählt man eine Hashfunktion $h \in_R \mathcal{H}$ aus. Die Pseudozufallszahlen ergeben sich dann zu $h(x_1), h(x_2), \ldots, h(x_u)$. Bei Vorliegen der stärkeren Definition von „universal" (siehe Bemerkung auf Seite 144) sind diese Zahlen auf M gleichverteilt und paarweise unabhängig.

Kapitel 4

Dynamisches Programmieren

Im Gegensatz zu divide-and-conquer, welches eine *top-down*-Methode ist, ist dynamisches Programmieren eine *bottom-up*-Methode. Das heißt, um für ein Problem der Größe n eine Lösung zu finden, werden alle für das Problem relevanten Teilprobleme der Größe $1, 2, \ldots, n-1$ gelöst und diese Lösungen (und deren Lösungswerte) in einer Tabelle untergebracht. Um jeweils eine nächstgrößere Teillösung berechnen zu können, muss auf die bisher berechneten Tabelleneinträge zugegriffen werden.

Dynamisches Programmieren wird typischerweise zur Lösung von Optimierungsproblemen angewandt. Die Bezeichnung „Programmierung" ist historisch bedingt und bezeichnet ein Verfahren, das mit einer Tabelle arbeitet.

Eine wichtige Voraussetzung zur Anwendung des Verfahrens ist, dass die optimale Lösung für ein Problem der Größe n im Inneren aus optimalen Teillösungen kleinerer Größe zusammengesetzt ist (*Bellmansches Optimalitätsprinzip*), denn die optimalen Teillösungen sind ja gerade diejenigen, die in der Tabelle erfasst werden und auf die der Algorithmus zurückgreift. Das heißt, wenn im Rahmen der dynamischen Programmiermethode das in Frage stehende Problem x der Größe n (optimal) gelöst werden soll, so stehen bereits alle (optimalen) Lösungen aller Teilprobleme von x zur Verfügung. Diese können im Allgemeinen in verschiedener Weise zusammengefügt werden, um eine Lösung für das Problem x zu erhalten. Eine dieser Möglichkeiten entspricht der optimalen, und nach dieser wird systematisch gesucht.

Weiterhin ist dynamisches Programmieren vor allem dann effizient einsetzbar, wenn im Spektrum der verschiedenen Teillösungen viele davon „überlappend" sind. Das hat die Konsequenz, dass die optimale Lösung eines Teilproblems, die einmal berechnet und in der Tabelle fixiert ist, im Rahmen der Berechnung verschiedener größerer Teilprobleme immer wieder verwendet werden kann, und nicht wieder neu berechnet werden muss. Im Unterschied dazu müsste ein Algorithmus nach dem divide-and-conquer Prinzip diese Teillösungen (und deren Teillösungen) in vielen rekursiven Prozedurinkarnationen immmer wieder neu berechnen.

Die Entwicklung eines Algorithmus, der auf dem Prinzip der dynamischen Programmierung beruht, erfolgt in mehreren Schritten:

1. Charakterisiere den Lösungsraum und die Struktur einer erwünschten optimalen Lösung.

2. Definiere rekursiv, wie sich eine optimale Lösung (und der ihr zugeordnete Wert) aus kleineren optimalen Lösungen (und deren Werten) zusammensetzt.

3. Konzipiere den Algorithmus in einer bottom-up Weise so, dass für $n = 1, 2, 3, \ldots$ tabellarisch optimale Teillösungen (und deren zugeordnete Werte) gefunden werden. Beim Finden einer bestimmten optimalen Teillösung der Größe $k > 1$ hilft hierbei, dass bereits alle optimalen Teillösungen der Größe $< k$ bereitstehen.

4.1 Das Wortproblem bei kontextfreien Sprachen

Ein bekanntes Beispiel für einen Algorithmus, der auf dynamischem Programmieren beruht, ist der *Cooke-Younger-Kasami-Algorithmus* zur Lösung des Wortproblems bei kontextfreien Sprachen.

Gegeben sei eine *kontextfreie Grammatik*. Dies ist eine endliche Menge von Regeln der Form

$$\text{linke Seite} \to \text{rechte Seite}$$

Die hierbei vorkommenden Zeichen gliedern sich in so genannte *Variablen*, die wir durch Großbuchstaben kenntlich machen, und *Terminalzeichen* (Kleinbuchstaben). Die linke Seite einer kontextfreien Grammatik darf nur aus einer einzelnen Variablen bestehen, die rechte Seite darf ein String, bestehend aus Variablen und/oder Terminalzeichen sein. (Die Beschränkung, dass die linke Seite nur aus einer einzelnen Variablen bestehen darf, rechtfertigt die Bezeichnung *kontextfrei*, welche wir im Folgenden aber weglassen und nur von „Grammatik“ sprechen).

Durch eine Grammatik wird eine *Sprache* definiert, also eine (im Allgemeinen unendlich große) Menge von Strings, die ausschließlich aus Terminalzeichen bestehen. Diese Strings kommen folgendermaßen zu Stande. Man beginnt mit einer bestimmten der vorkommenden Variablen, die dadurch eine Sonderrolle spielt und *Startvariable* genannt wird. Sodann wendet man beliebig oft die Regeln der Grammatik an. Das heißt, man ersetzt in dem bisher erzeugten String (der im Allgemeinen sowohl aus Variablen als auch aus Terminalzeichen besteht) eine Variable, die als linke Seite einer Grammatik-Regel auftritt durch deren rechte Seite. Auf diese Weise fortfahrend erhält man schließlich möglicherweise einen String, der nur aus Terminalzeichen besteht. Dieser String ist dann ein Element der von der Grammatik definierten (oder erzeugten) Sprache.

Beispiel: Gegeben sei die Grammatik

$$S \to ab \quad S \to aSb \quad S \to aSbb$$

Hierbei ist S die einzige vorkommende Variable, die auch Startvariable ist. Dann ist die durch diese Grammatik definierte Sprache gerade die Menge aller Strings der Bauart

$$\underbrace{aa\ldots a}_{m}\underbrace{bb\ldots b}_{n} \text{ mit } 1 \leq m \leq n < 2m$$

Im Folgenden ist eine so genannte *Ableitung* des Strings $aaabbbb$ angegeben. Das heißt, es wird die Abfolge der Strings aufgezeigt, beginnend mit S, an deren Ende der String $aaabbbb$ entsteht, und wobei in jedem Schritt eine Grammatik-Regel angewandt wird.

$$S,\ aSbb,\ aaSbbb,\ aaabbbb$$

Es geht im Folgenden darum, dass ein Algorithmus gesucht ist, der bei gegebenem Eingabestring x und gegebener Grammatik G feststellt, ob (und wie) x mit Hilfe der Grammatik-Regeln aus der Startvariablen erzeugt werden kann. Hierzu erweist es sich als günstig, nicht alle Grammatiken zuzulassen, sondern sich auf eine gewisse Normalform, die so genannte *Chomsky-Normalform* zu beschränken. Die Grammatik-Regeln dürfen hierbei nur in den folgenden zwei Formen auftreten (die folgenden zwei Regeln sind prototypisch gemeint):

$$A \to a \text{ und } A \to BC$$

Auf der rechten Seite dürfen also entweder nur ein einzelnes Terminalzeichen oder zwei Variablen auftreten.

Jede Grammatik kann in diese Normalform gebracht werden. Hierzu führt man für jedes Terminalzeichen, wenn es auf der rechten Seite einer Regel vorkommt, die nicht der Chomsky-Normalform entspricht, eine neue Variable ein. Dies ergibt bei unserem Beispiel als ersten Zwischenschritt die folgende Grammatik:

$$\begin{array}{c} S \to AB \quad S \to ASB \quad S \to ASBB \\ A \to a \quad B \to b \end{array}$$

Es gibt nun noch zwei Regeln, deren rechte Seiten aus mehr als zwei Variablen bestehen. Diese spalten wir jeweils in zwei Regeln auf, wobei weitere neue Variablen eingeführt werden müssen:

$$\begin{array}{c} S \to AB \quad S \to AC \quad S \to DE \\ C \to SB \quad D \to AS \quad E \to BB \\ A \to a \quad B \to b \end{array}$$

Eine Ableitung des Strings $aaabbbb$ in dieser Chomsky-Normalform Grammatik wäre nun die Folgende. Hierbei wurde immer die am weitesten links stehende Variable innerhalb eines Strings zu einer Regel-Anwendung herangezogen:

$$\begin{array}{l} S,\ DE,\ ASE,\ aSE,\ aACE,\ aaCE,\ aaSBE,\ aaABBE, \\ aaaBBE,\ aaabBE,\ aaabbE,\ aaabbBB,\ aaabbbB,\ aaabbbb \end{array}$$

Sei nun $x = a_1 a_2 \ldots a_n$ das zu analysierende Eingabewort der Länge n. Der Algorithmus von Cooke-Younger-Kasami baut nun in systematischer Weise eine 2-dimensionale Tabelle auf, wobei der Eintrag an der Position (i, j) die Menge aller Variablen A enthält, so dass eine Ableitung möglich ist, die bei A beginnt und auf das Teilwort $a_i a_{i+1} \ldots a_{i+j}$ führt. Die nullte Zeile dieser Tabelle, nämlich die Einträge mit den Indizes $(i, 0)$ lassen sich unmittelbar bestimmen: Es muss die Variable A eingetragen werden, sofern es in der Chomsky-Normalform Grammatik eine Regel der Form $A \to a_i$ gibt. Das folgende Diagramm zeigt die für das Eingabewort $aaabbbb$ vorgesehene Tabelle, wobei die nullte Zeile der Tabelle bereits eingetragen ist.

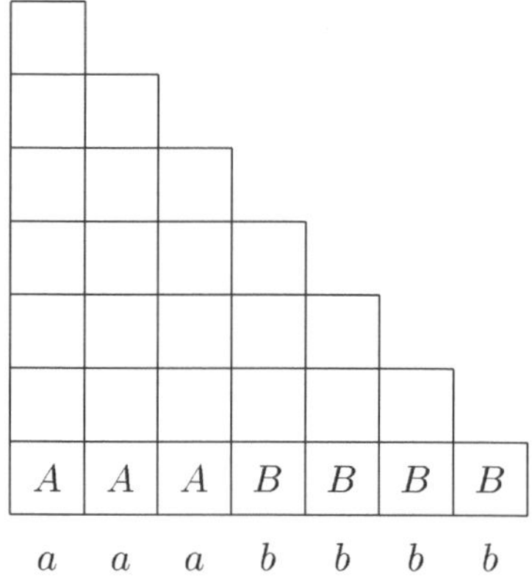

Die weiteren Einträge in die Tabelle werden Zeile für Zeile, von unten nach oben (also für $j = 1, \ldots, n-1$), bestimmt. Hierbei wird in eine Tabellenposition (i, j) genau dann eine Variable A eingetragen, falls es eine Regel der Form $A \to BC$ in der Grammatik gibt und das Variablenpaar B und C bereits in den darunterliegenden Zeilen eingetragen wurde, und zwar an einem der Positionspaare (i, k) und $(i + k + 1, j - k)$ für $k \in \{0, \ldots, j - 1\}$. Inhaltlich heißt dies, dass eine Ableitung, von A ausgehend, möglich ist, die im ersten Schritt auf BC führt, und im weiteren Verlauf aus B das Teilwort $a_i \ldots a_{i+k}$ und aus C das restliche Teilwort $a_{i+k+1} \ldots a_j$ erzeugt:

$$A,\ BC,\ \ldots,\ a_1 \ldots a_{i+k}C,\ \ldots,\ a_1 \ldots a_{i+k}a_{i+k+1} \ldots a_j$$

Das folgende Bild zeigt die vollständig ausgefüllte Tabelle:

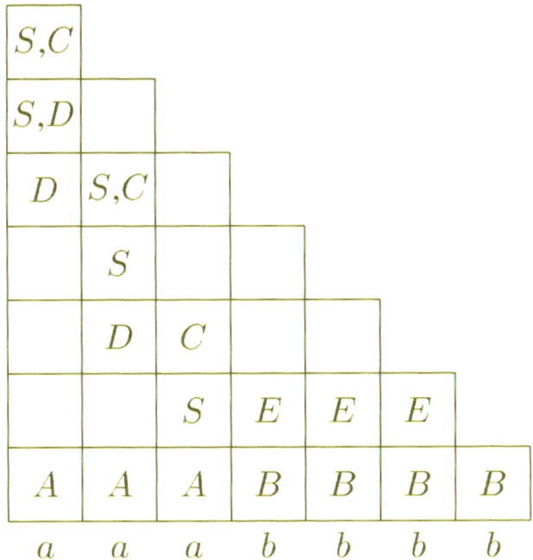

S,C						
S,D						
D	S,C					
	S					
	D	C				
		S	E	E	E	
A	A	A	B	B	B	B
a	a	a	b	b	b	b

Da in der obersten Tabellenposition $(1, n-1)$ die Startvariable S enthalten ist, und da der Tabelleneintrag in $(1, n-1)$ nach Definition gerade charakterisiert, aus welchen Variablen sich der gesamte String $a_1 \ldots a_{1+(n-1)}$ ableiten lässt, folgt, dass $a_1 \ldots a_n$ in der von der Grammatik definierten Sprache enthalten ist.

Hier ist nochmals der Algorithmus, der in 3 verschachtelten Schleifen die fragliche Tabelle T ausfüllt.

```
INPUT a_1 a_2 ... a_n
FOR i := 1 TO n DO
  T[i,0] := {A | es gibt eine Regel der Form A → a_i}
FOR j := 1 TO n − 1 DO
  FOR i := 1 TO n − j DO
    T[i,j] := ∅
    FOR k := 0 TO j − 1 DO
      T[i,j] := T[i,j] ∪ {A | es gibt Regel der Form A → BC
        und B ∈ T[i,k] und C ∈ T[i + k + 1, j − k]}
IF S ∈ T[1, n − 1] {hierbei ist S die Startvariable}
  THEN OUTPUT „String gehört der Sprache an“
  ELSE OUTPUT „String gehört nicht der Sprache an“
```

Die Komplexität des Verfahrens ist aufgrund der 3 verschachtelten Schleifen $O(n^3)$.

Indem man rückverfolgt, aus welchem Grund die Variable S schließlich in den Eintrag $(1, n-1)$ hineingerät, kann man eine Ableitung (in Form einer Baumstruktur) für den Eingabestring angeben. Bei unserem Beispiel von oben sieht diese wie folgt aus:

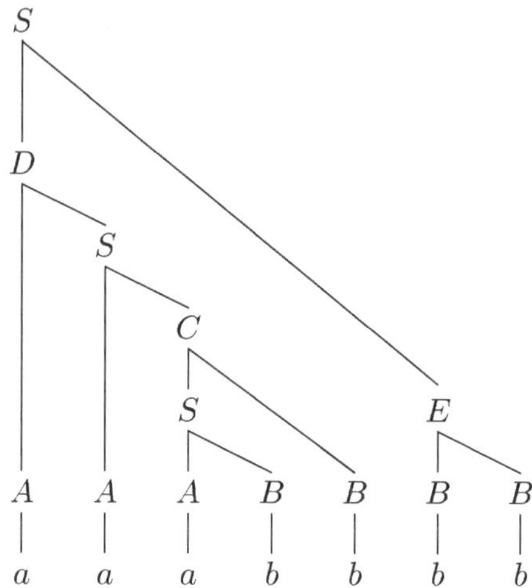

4.2 Matrizen-Kettenmultiplikation

Gegeben seien n Matrizen, die miteinander multipliziert werden sollen. Diese Matrizen haben unterschiedliche Seitenlängen: die erste ist eine $p_0 \times p_1$ Matrix, die zweite eine $p_1 \times p_2$ Matrix, usw. die letzte ist eine $p_{n-1} \times p_n$ Matrix. Da die Matrizenmultiplikation assoziativ ist, erhebt sich die Frage, in welcher Weise diese Folge von Matrizen am günstigsten zu klammern ist, und dementsprechend, welches die günstigste Auswertungsreihenfolge ist, die mit der geringsten Komplexität auskommt.

Wir beobachten zunächst, dass die Multiplikation von *zwei* Matrizen, wobei die eine eine $p \times q$, die andere $q \times r$ Matrix ist, $p \cdot q \cdot r$ Einzel-Multiplikationen erfordert, und damit einen Gesamtaufwand von $\Theta(p \cdot q \cdot r)$ hat.

Sollen zum Beispiel drei Matrizen M_1, M_2, M_3 multipliziert werden, und diese haben die Seitenlängen (50×10), (10×20), (20×5), so gibt es zwei mögliche Klammerungen und damit zwei mögliche Auswertungsstrategien mit demselben Ergebnis:

$$(M_1 \cdot M_2) \cdot M_3 \text{ und } M_1 \cdot (M_2 \cdot M_3)$$

Die erste erfordert

$$50 \cdot 10 \cdot 20 + 50 \cdot 20 \cdot 5 = 15000$$

Multiplikationen zur Auswertung. Die zweite Strategie erfordert dagegen

$$10 \cdot 20 \cdot 5 + 50 \cdot 10 \cdot 5 = 3500$$

Multiplikationen.

Bei der Multiplikation von n Matrizen können durch günstige bzw. ungünstige Klammerung weit extremere Unterschiede in der Komplexität herauskommen.

Der naive Algorithmus würde alle möglichen Klammerungen ausprobieren. Wie viele sind dies?

Hierzu stellen wir zunächst ein paar Überlegungen zu Binomialkoeffizienten an. Wie viele Pfade gibt es in einem Gitter aus $(m+1) \times (n+1)$ Gitterpunkten, um von der Ecke links-unten (mit den Koordinaten $(0,0)$) zur Ecke rechts-oben (mit den Koordinaten (m,n)) zu gelangen? (Hierbei sind nur Schritte nach oben und nach rechts gestattet). Ein möglicher solcher Pfad ist im folgenden Bild eingezeichnet:

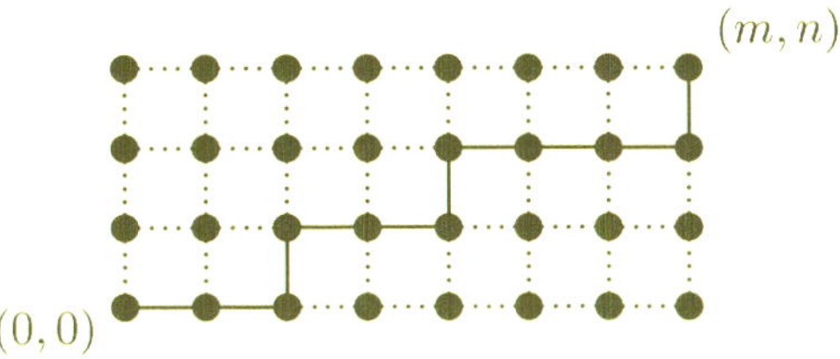

Da man insgesamt $m+n$ Schritte machen muss, von denen m Schritte nach rechts und n Schritte nach oben gehen, sind dies also $\binom{m+n}{n} = \binom{m+n}{m}$ Möglichkeiten.

Jede Klammerung der n Matrizen $M_1, M_2, \ldots, M_n$ kann eindeutig ohne Verwenden von Klammern in *Postfix*-Notation geschrieben werden (auch *umgekehrte polnische Notation* genannt). Hierbei werden die Multiplikationszeichen immer hinter die jeweiligen Operanden geschrieben. Statt $(M_1 * ((M_2 * M_3) * M_4))$ schreibt man also gleichwertig: $M_1 M_2 M_3 * M_4 * *$. Wir beginnen nun in der Koordinate $(0,0)$ und gehen in einem gedachten Gitter immer dann einen Schritt nach oben, wenn in der Postfix-Notation ein M_i angegeben ist, und immer dann einen Schritt nach rechts, wenn ein $*$ angegeben ist. Dies ergibt bei unserem Beispiel folgendes Bild:

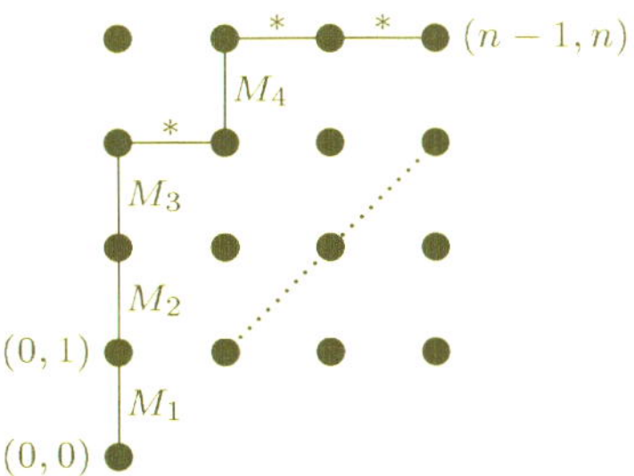

Da jede solche Postfix-Folge mit M_1 beginnen muss, verschieben wir den Beginn unserer Betrachtung zu dem Punkt mit den Koordinaten $(0,1)$. In dem Rechteck mit den Koordinaten $(0,1)$ links-unten und $(n-1,n)$ rechts-oben gibt es nach dem oben Gesagten insgesamt $\binom{2n-2}{n-1}$ viele Pfade. Nicht jeder solche Pfad entspricht jedoch einer zulässigen Postfix-Folge und damit einer Klammerung der n Matrizen, sondern nur solche Pfade, die links-oberhalb der gestrichelten Linie verlaufen, sind zulässig. Wir müssen also noch die Anzahl der Pfade berechnen, die von $(0,1)$ nach $(n-1,n)$ verlaufen und dabei die gestrichelte Linie berühren oder überschreiten. Diese Anzahl müssen wir von

$\binom{2n-1}{n-1}$ abziehen.

Diese Anzahl kann mit einem Trick, der *Spiegelungsprinzip* genannt wird, einfach berechnet werden (siehe Pflug (1986), Seite 154). Betrachten wir einen unzulässigen Pfad, der die gestrichelte Linie überschreitet (linkes Bild). Indem wir diesen Pfad ab dem *ersten* Zeitpunkt, bei dem die gestrichelte Linie berührt wird, an der gestrichelten Linie spiegeln, erhalten wir den Pfad im rechten Bild, welcher von $(0, 1)$ nach $(n, n-1)$ verläuft. (Man beachte, dass $(n, n-1)$ gerade der gespiegelte Punkt $(n-1, n)$ ist).

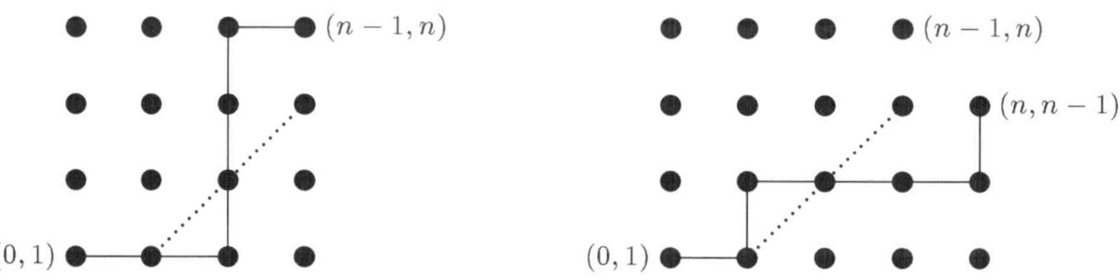

Tatsächlich lässt sich *jeder* Pfad von $(0, 1)$ nach $(n, n-1)$ auf diese Weise, nämlich durch Spiegeln eines unzulässigen Pfades von $(0, 1)$ nach $(n-1, n)$ erhalten (und umgekehrt). Daher entspricht die gesuchte Anzahl der unzulässigen Pfade genau der Anzahl *aller* Pfade von $(0, 1)$ nach $(n, n-1)$; dieses sind $\binom{2n-2}{n-2}$ viele. Das heißt, es gibt genau

$$\binom{2n-2}{n-1} - \binom{2n-2}{n-2} = \binom{2n-2}{n-1} \cdot \frac{1}{n} = \Theta\left(\frac{4^n}{n^{3/2}}\right)$$

viele zulässige Pfade bzw. mögliche Klammerungen. Der naive Algorithmus, der alle möglichen Klammerungen durchprobiert, hätte also exponentielle Komplexität.

Wir bemerken noch, dass die Zahlen $\binom{2n-2}{n-1} \cdot \frac{1}{n}$ für $n = 2, 3, 4, \ldots$ auch *Catalansche Zahlen* genannt werden.

Wir wollen das Problem der optimalen Klammerung nun genauer unter die Lupe nehmen. Die Problem-Eingabe seien die Matrizen-Seitenlängen $(p_0, p_1, \ldots, p_n)$. Die eigentlichen Matrizen M_i sind für die anvisierte Lösung nicht von Interesse, nur die Dimensionen der Matrizen. (Es geht hier also nicht um das eigentliche Multiplizieren der Matrizen (siehe jedoch Abschnitt 9.2), sondern darum, die optimale Klammerung zu finden, welche die Anzahl der Operationen minimiert).

Sei $m(i, j)$ die minimale Anzahl von Einzel-Multiplikationen, so dass man (bei optimaler Klammerung) den Abschnitt $M_i \cdots M_j$ (gegeben durch die Seitenlängen $(p_{i-1}, p_i, \ldots, p_j)$) berechnen kann.

Es ist klar, dass $m(i, j)$ mit $i = j$ den Wert Null hat.

Nehmen wir an, die optimale (äußere) Klammerung von $M_i \cdots M_j$ sei $(M_i \cdots M_k) \cdot (M_{k+1} \cdots M_j)$ für ein $k \in \{i, \ldots, j-1\}$. Für dieses k gilt dann aufgrund des Optimalitätsprinzips:

$$m(i, j) = m(i, k) + m(k+1, j) + p_{i-1} \cdot p_k \cdot p_j$$

Der Anteil von $p_{i-1} \cdot p_k \cdot p_j$ kommt durch die Multiplikation der $p_{i-1} \times p_k$ Matrix $(M_i \cdots M_k)$ mit der $p_k \times p_j$ Matrix $(M_{k+1} \cdots M_j)$ zu Stande.

Damit haben wir auch schon eine Rekursionsformel gefunden, die wir zum Ausfüllen der Tabelle verwenden können:

$$m(i,j) = \begin{cases} 0, & i = j \\ \min\limits_{i \le k < j} (m(i,k) + m(k+1,j) + p_{i-1} \cdot p_k \cdot p_j), & i < j \end{cases}$$

Der gesuchte Algorithmus verwendet also ein Array $m[1..n, 1..n]$, welches allerdings nur in der Form einer Dreiecksmatrix, also für Indizes (i,j) mit $1 \le i \le j \le n$ verwendet wird. Der Algorithmus trägt alle entsprechenden Tabelleneinträge (i,j) in der Reihenfolge $j - i = 0, 1, 2, \ldots, n-1$ ein, indem er dabei gemäß obiger Formel bereits eingetragene Tabellenwerte verwendet.

```
FOR i := 1 TO n DO m[i,i] := 0
FOR l := 1 TO n − 1 DO
 FOR i mit n − l DO
  j := i + l
  m[i,j] := ∞
  FOR k := i TO j − 1 DO
   q := m[i,k] + m[k + 1,j] + p_{i−1} * p_k * p_j
   IF q < m[i,j] THEN m[i,j] := q
```

Am Ende erfährt man im Array-Element $m[1,n]$ mit wie vielen Einzel-Operationen man bei optimaler Klammerung auskommt. Die optimale Klammerung selbst wird durch den Algorithmus zunächst nicht bestimmt. Diese Information kann man aber leicht dadurch bekommen, dass man sich im Algorithmus merkt (z.B. in einem separaten Array), durch welches k jeweils das Minimum zu Stande kam.

Beispiel: Gegeben seien die Matrizen $M_1, \ldots, M_6$ mit den Dimensionen $(6, 12, 20, 3, 10, 5, 18)$. Das heißt im Einzelnen:

Matrix	M_1	M_2	M_3	M_4	M_5	M_6
Dimension	6×12	12×20	20×3	3×10	10×5	5×18

Der Algorithmus baut das folgende Array m auf.

$i \backslash j$	1	2	3	4	5	6
1	0	1440	936	1116	1176	1680
2		0	720	1080	1050	1788
3			0	600	450	1500
4				0	150	420
5					0	900
6						0

Die optimale Klammerung ergibt bei diesem Beispiel eine Gesamtanzahl von Einzel-Multiplikationen von $m[1,6] = 1680$. Die zugehörige optimale Klammerung ergibt sich daraus, wie jeweils die Minima zu Stande gekommen sind. Diese ist

$$(M_1 \cdot (M_2 \cdot M_3)) \cdot ((M_4 \cdot M_5) \cdot M_6)$$

Diese kann man, wie oben angedeutet, dadurch algorithmisch bestimmen, dass man ein zweites Array $Kl[1..n, 1..n]$ verwendet, und im THEN-Teil des obigen Programms die Anweisung $Kl[i,j] := k$ hinzu fügt. In unserem Beispiel ergibt sich die folgende Tabelle:

$i \backslash j$	1	2	3	4	5	6
1	-	1	1	3	3	3
2		-	2	3	3	3
3			-	3	3	3
4				-	4	5
5					-	5
6						-

Was die Komplexität von dynamischem Programmieren betrifft, so lässt sich diese abschätzen durch

$$O\Big(\text{(Größe der Tabelle)} \cdot \text{(Aufwand pro Tabelleneintrag)}\Big)$$

Im Beispiel Matrizen-Kettenmultiplikation ergibt sich somit die Komplexität $O(n^2) \cdot O(n) = O(n^3)$.

Im Prinzip lässt sich die Aufgabenstellung der Matrizen-Kettenmultiplikation genauso auch durch einen divide-and-conquer Ansatz lösen. Schauen wir uns mal die direkte

Umsetzung in einen divide-and-conquer Algorithmus an. Dieser Algorithmus benötigt zwar keinen Speicherplatz für eine Tabelle, dafür ist er aber hoffnungslos ineffizient.

```
PROCEDURE matrix(i, j)
IF i = j THEN RETURN 0
 ELSE
  r := ∞
  FOR k := i TO j − 1 DO
    q := matrix(i, k) + matrix(k + 1, j) + p_{i−1} * p_k * p_j
    IF q < r THEN r := q
  RETURN r
```

Aufgerufen wird diese Prozedur dann durch *matrix*$(1, n)$.

Da ein Aufruf von *matrix*(i, j) mindestens 2 weitere rekursive Aufrufe hervorruft (sofern $j - i \geq 2$), hat dieser Algorithmus exponentielle Komplexität.

Das Problem ist, dass in den verschiedenen Verästelungen der Rekursion immer wieder dieselben Werte berechnet werden müssen; *matrix* wird also immer wieder mit denselben Parametern aufgerufen.

Man kann das Problem allerdings mittels *Memorieren* von schon einmal gelösten Teilproblemen beseitigen. Jetzt benötigen wir wie beim dynamischen Programmieren doch wieder eine Tabelle. Wir nehmen an, dass alle Tabelleneinträge mit dem Wert -1 initialisiert sind. Ein (-1)-Wert bedeutet, dass der entsprechende Tabelleneintrag noch unbekannt ist, also noch nicht berechnet wurde.

```
PROCEDURE matrix(i, j)
IF m[i, j] ≥ 0 THEN RETURN m[i, j]
 ELSIF i = j THEN m[i, j] := 0; RETURN 0
 ELSE
  r := ∞
  FOR k := i TO j − 1 DO
    q := matrix(i, k) + matrix(k + 1, j) + p_{i−1} * p_k * p_j
    IF q < r THEN r := q
  m[i, j] := r;
  RETURN r
```

Dieser Algorithmus füllt genauso wie dynamisches Programmieren die entsprechende Tabelle m aus. Der Unterschied ist nur der, dass die Ablaufsteuerung nicht durch FOR-Schleifen, sondern durch Rekursion vorgenommen wird (bis man entweder auf einen trivialen oder einen zuvor bereits berechneten und „memorisierten" Fall trifft). Die Komplexität dieses Verfahrens ist daher ebenfalls $\Theta(n^3)$.

4.3 Optimale binäre Suchbäume

Ein *Suchbaum* ist bekanntermaßen ein Binärbaum, wobei den Knoten Schlüsselwerte zugeordnet sind (vgl. Abschnitt 1.1). Die Werte im Baum sind in der Weise verteilt, dass die kleineren Werte (als der jeweilige Wurzel-Wert) im linken Teilbaum und die größeren Werte im rechten Teilbaum zu finden sind.

Wir wollen hier annehmen, dass die zu speichernden Schlüsselwerte, zusammen mit den Zugriffswahrscheinlichkeiten, von vornherein bekannt sind (und sich nicht mehr ändern). Es soll ein Suchbaum B mit n Knoten konstruiert werden für diese Schlüsselwerte, welcher die mittlere Zugriffszeit minimiert.

Formaler: Seien $a_1 < a_2 < \ldots < a_n$ die zu speichernden Schlüsselwerte und seien $p_1, p_2, \ldots, p_n$ mit $\sum_{i=1}^{n} p_i = 1$ die zugehörigen Wahrscheinlichkeiten. Durch die Ordnung auf den a_i's ist festgelegt, wie ein potenzieller Suchbaum mit n Knoten (von links nach rechts) mit $a_1, \ldots, a_n$ zu beschriften ist. Seien $t_1, \ldots, t_n$ die Tiefen der mit $a_1, \ldots, a_n$ beschrifteten Knoten in einem Binärbaum B. Dann ist $\sum_{i=1}^{n} p_i t_i$ die mittlere Suchzeit, die man dem Baum B zuordnen kann. Dies ist also die mittlere, gewichtete Tiefe *aller* Knoten im Baum – im Unterschied zu den Betrachtungen in Abschnitt 1.5, bei denen nur die Tiefe der Blätter in Betracht gezogen wird. Gesucht ist ein Baum B, der diesen Wert minimiert.

Aus technischen Gründen ungünstig ist, dass die Baumwurzel per Definition die Tiefe 0 hat, und daher der Wert für die Wurzel in obiger Summe verschwindet. Für den dynamischen Programmieransatz, den wir nun vorstellen, ist es günstiger, die Summe $\sum_{i=1}^{n} p_i(t_i + 1)$ zu betrachten (was an der Problemstellung nicht ändert).

Es gilt offensichtlich wieder das Bellmansche Optimalitätskriterium: In einem optimalen Baum B wird sowohl der rechte als auch der linke Teilbaum (bezogen auf die in den Teilbäumen gepeicherten Schlüsselwerte und entsprechenden Zugriffswahrscheinlichkeiten) optimal sein. Daher bietet sich wieder eine Lösung mittels dynamischen Programmierens an. Wir berechnen in einer Tabelle die optimalen Suchbäume (und deren mittlere, gewichtete Knoten-Tiefe+1) für alle Teilprobleme $a_i, \ldots, a_j$ mit zugehörigen Wahrscheinlichkeiten $p_i, \ldots, p_j$.

Die für das Ausfüllen der Tabelle entscheidende Rekursionsgleichung ist die Folgende. (Hierbei ist $t(i, j)$ wie folgt definiert. Sei T der für das Teilproblem $(a_i, \ldots, a_j)$ optimale Baum. In T treten die Tiefen $t_i, \ldots, t_j$ auf. Dann ist $t(i, j) = \sum_{\mu=i}^{j} p_\mu(t_\mu + 1)$.)

$$t(i,j) = \begin{cases} 0, & i > j \\ w(i,j) + \min_{i \le k \le j}\big(t(i,k-1) + t(k+1,j)\big), & i \le j \end{cases}$$

Hierbei bedeutet $w(i, j) = \sum_{\mu=i}^{j} p_\mu$. (Hieraus ergibt sich $t(i, i) = w(i, i) = p_i$).

Zur Begründung der obigen Formel: Es wird bei der Minimumsbildung die optimale Wahl für die Wurzel gesucht. Sofern a_k an die Wurzel platziert wird, so verursacht diese einen Anteil von p_k bei der mittleren Suchzeit, während die beiden Teilbäume zur linken und zur rechten den Anteil $w(i, k-1) + t(i, k-1)$ bzw. $w(k+1, j) + t(k+1, j)$ verursachen. Unter Berücksichtigung von $p_k + w(i, k-1) + w(k+1, j) = w(i, j)$ ergibt dies die obige Formel.

Zum Ausfüllen der Tabelle benötigt man die Zeit $O(n^3)$ (man beachte jedoch die in Abschnitt 4.9 vorgeschlagene Effizienzverbesserung auf $O(n^2)$).

Beispiel: Gegeben seien die zu speichernden Schlüssel 1,2,3,4,5,6 mit den Zugriffswahrscheinlichkeiten $p_1 = 0.1, p_2 = 0.2, p_3 = 0.12, p_4 = 0.05, p_5 = 0.28, p_6 = 0.25$. Der Algorithmus erzeugt die folgende Tabelle:

$i \searrow$ / $j \rightarrow$	1	2	3	4	5	6
1	0.1	0.4	0.64	0.79	1.52	2.04
2		0.2	0.44	0.59	1.23	1.74
3			0.12	0.22	0.67	1.17
4				0.05	0.38	0.88
5					0.28	0.78
6						0.25

Hieraus ergibt sich, dass der optimale Suchbaum eine mittlere Zugriffszeit von 2.04 garantiert. Wenn wir auflisten, über welche k-Werte jeweils die Minima zu Stande kommen, so ergibt sich folgende Tabelle:

$i \searrow$ / $j \rightarrow$	1	2	3	4	5	6
1	1	2	2	2	2	5
2		2	2	2	3	5
3			3	3	5	5
4				4	5	5
5					5	5
6						6

Beispielsweise entnehmen wir dem Wert 5 an der Stelle (1,6), dass die optimale Baumwurzel durch den Schlüssel 5 gegeben ist. Insgesamt ergibt sich der folgende Suchbaum (wobei in jedem Knoten der Schlüssel zusammen mit der zugehörigen Zugriffswahrscheinlichkeit aufgeführt ist).

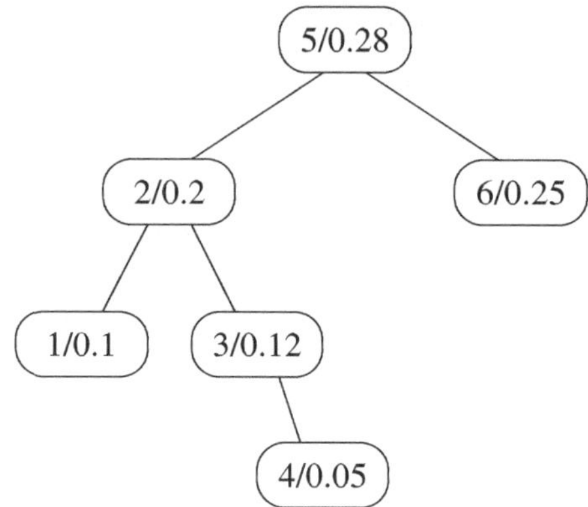

Wir wollen uns nun mit Abschätzungen zur mittleren Tiefe (bzw. der mittleren Suchzeit) in solch einem optimalen Suchbaum befassen. In Abschnitt 1.5 wurde gezeigt, dass die Entropie der Wahrscheinlichkeitsverteilung, hier $H := H(p_1, \ldots, p_n)$, eine untere Schranke für die mittlere Tiefe eines jeden binären Suchbaums darstellt, falls sich allerdings die Informationen $a_1, \ldots, a_n$ nur in den *Blättern* befinden. Da hier die Informationen in allen Knoten verteilt sind, wird die Bilanz etwas besser aussehen als H.

Wir können aber wie folgt argumentieren. Jeden binären Suchbaum kann man in einen *ternär*-verzweigten Baum transformieren, in dem nur die Blätter Informationen tragen, gemäß folgender rekursiver Regel:

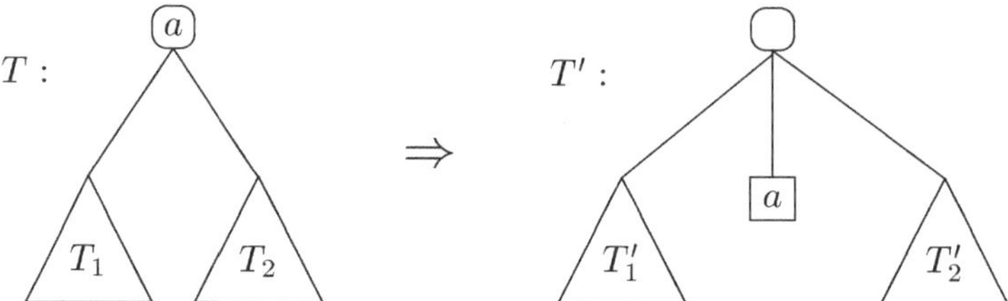

Die neuen Blätter rutschen nun allerdings eine Tiefenstufe nach unten. Nun gilt: (mittlere Tiefe des binären Suchbaums) $\geq$ (mittlere Blatt-Tiefe des ternären Baums) $- 1 \geq H_3(p_1, \ldots, p_n) - 1 = H(p_1, \ldots, p_n)/\log_2 3 - 1$. Hierbei ist H_3 wie die Entropiefunktion definiert, wobei die Logarithmen zur Basis 3 genommen werden. (Die Betrachtung in Abschnitt 1.5 gilt natürlich für ternäre Bäume entsprechend – mit allen Logarithmen zur Basis 3).

Als Nächstes wollen wir die mittlere Tiefe eines optimalen Suchbaums nach *oben* abschätzen. Hierzu dient uns folgendes simple (und einfach zu analysierende) Verfahren zur Konstruktion eines „fast optimalen" Suchbaums: Um für eine Teilfolge mit den Wahrscheinlichkeiten $p_l, \ldots, p_r$ einen möglichst guten Suchbaum zu bestimmen, berechnen wir zunächst $q := \sum_{i=l}^{r} p_i$, und wählen dann als (Teilbaum-) Wurzel den Knoten k, für den gilt:

$$\sum_{i=l}^{k-1} p_i \le q/2 \le \sum_{i=l}^{k} p_i$$

Die erinnert an die Definition des Medians einer Wahrscheinlichkeitsverteilung.

Skizze:

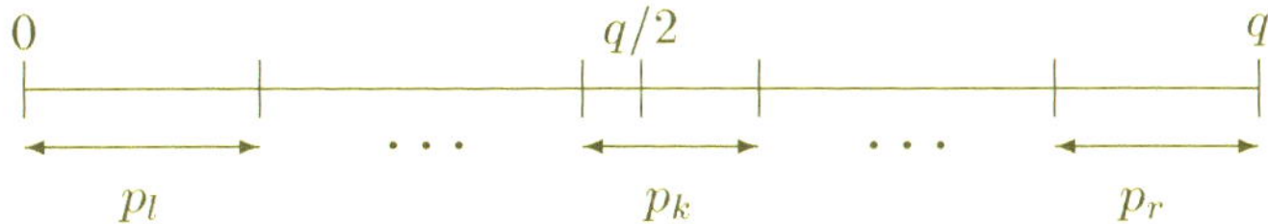

Für die Teilfolgen $(p_l, \ldots, p_{k-1})$ und $(p_{k+1}, \ldots, p_r)$ verfahren wir dann entsprechend (rekursiv). Gestartet wird das Verfahren mit der gesamten Folge $(p_1, \ldots, p_n)$.

Es gilt nun für die Tiefe t_k (im gesamten Suchbaum) einer jeden solcherart bestimmten Teilbaumwurzel k (für die Teilfolge $(p_l, \ldots, p_r)$, $l \le k \le r$), dass $\sum_{i=l}^{r} p_i \le 2^{-t_k}$. Dies zeigt man durch eine einfache Induktion über die Tiefe der betreffenden Wurzel. Insbesondere folgt: $p_k \le 2^{-t_k}$. Dies ergibt:

$$\text{(mittlere Suchbaumtiefe)} = \sum_{i=1}^{n} p_i t_i \le -\sum_{i=1}^{n} p_i \log p_i = H(p_1, \ldots, p_n)$$

Wir fassen zusammen: Die mittlere Knoten-Tiefe eines optimalen binären Suchbaums (und damit zusammenhängend, die mittlere Suchzeit) liegt in dem Intervall $[H/\log_2 3 - 1\,,\, H]$, wobei $1/\log_2 3 \approx 0.63093$.

4.4 Längste gemeinsame Teilfolge, kürzeste gemeinsame Oberfolge und Editierdistanz

Gegeben seien zwei (Zeichen-) Folgen $a_1 \ldots a_m$ und $b_1 \ldots b_n$. Eine *Teilfolge* hiervon kann durch Streichen beliebiger (nicht notwendig benachbarter) Zeichen innerhalb der Folge erzeugt werden. Die Aufgabe besteht darin, die *längste gemeinsame Teilfolge* der beiden Folgen zu bestimmen.

Beispiel: Gegeben seien die beiden Zeichenfolgen „ANANAS“ und „BANANENMUS“. Die längste gemeinsame Teilfolge ist „ANANS“ und hat die Länge 5.

Wir lösen das Problem mittels dynamischen Programmierens. Sei $d(i, j)$ die Länge der längsten gemeinsamen Teilfolge von $a_1 \ldots a_i$ und $b_1 \ldots b_j$. Falls i oder j gleich Null ist, so ist $d(i, j) = 0$. Ferner bestimmen wir d (für $i, j > 0$) rekursiv wie folgt:

$$d(i,j) = \max\left(d(i,j-1),\, d(i-1,j),\, d(i-1,j-1) + \left\{ \begin{array}{l} 1,\, a_i = b_j \\ 0,\, a_i \neq b_j \end{array} \right\}\right)$$

Die nachfolgende Tabelle listet die d-Werte auf, die man mit folgendem Programm erhält:

```
FOR j := 0 TO n DO d[0, j] := 0
FOR i := 0 TO m DO d[i, 0] := 0

FOR i := 1 TO m DO
  FOR j := 1 TO n DO
    d[i, j] := d[i − 1, j]
    IF d[i, j − 1] > d[i, j] THEN d[i, j] := d[i, j − 1]
    IF a[i] = b[j] THEN k := 1 ELSE k := 0
    IF d[i − 1, j − 1] + k > d[i, j] THEN d[i, j] := d[i − 1, j − 1] + k
```

S	0	0	1	2	3	4	4	4	4	4	5
A	0	0	1	2	3	4	4	4	4	4	4
N	0	0	1	2	3	4	4	4	4	4	4
A	0	0	1	2	3	3	3	3	3	3	3
N	0	0	1	2	2	2	2	2	2	2	2
A	0	0	1	1	1	1	1	1	1	1	1
	0	0	0	0	0	0	0	0	0	0	0
		B	A	N	A	N	E	N	M	U	S

Der Wert 5 an der Position (m, n) signalisiert, dass die Länge der längsten gemeinsamen Teilfolge 5 ist.

In ähnlicher Weise kann man die *kürzeste gemeinsame Oberfolge* bestimmen, also die kürzeste Folge, die die beiden gegebenen Folgen $a_1 \dots a_m$ und $b_1 \dots b_n$ als Teilfolgen enthält.

Sei $d(i, j)$ die Länge der kürzesten gemeinsamen Oberfolge von $a_1 \dots a_i$ und $b_1 \dots b_j$. Es gilt offensichtlich $d(0, j) = j$ und $d(i, 0) = i$. Ferner haben wir die Rekursionsgleichung

$$d(i,j) \;=\; \min\left(d(i, j-1) + 1,\; d(i-1, j) + 1,\; d(i-1, j-1) + \left\{ \begin{array}{l} 1,\ a_i = b_j \\ 2,\ a_i \neq b_j \end{array} \right\} \right)$$

Umgesetzt in ein Programm ist dies

```
FOR j := 0 TO n DO d[0, j] := j
FOR i := 0 TO m DO d[i, 0] := i

FOR i := 1 TO m DO
  FOR j := 1 TO n DO
   d[i, j] := d[i − 1, j] + 1
   IF d[i, j − 1] + 1 < d[i, j] THEN d[i, j] := d[i, j − 1] + 1
   IF a[i] = b[j] THEN k := 1 ELSE k := 2
   IF d[i − 1, j − 1] + k < d[i, j] THEN d[i, j] := d[i − 1, j − 1] + k
```

Das Programm erzeugt folgende Tabelle:

S	6	7	7	7	7	7	7	8	9	11	11
A	5	6	6	6	6	6	7	8	9	10	11
N	4	5	5	5	5	5	6	7	8	9	10
A	3	4	4	4	4	5	6	7	8	9	10
N	2	3	3	3	4	5	6	7	8	9	10
A	1	2	2	3	4	5	6	7	8	9	10
	0	1	2	3	4	5	6	7	8	9	10
		B	A	N	A	N	E	N	M	U	S

Die kürzeste gemeinsame Oberfolge hat die Länge 11 und ist (z.B.) „BANANAEN-MUS“.

Eine weitere Funktion, die die „Ähnlichkeit“ zweier Strings messen kann, ist die *Editierdistanz*. Dies ist die minimale Anzahl von elementaren Buchstabenoperationen, die notwendig ist, um den einen String in den anderen überzuführen. Unter „elementaren Buchstabenoperationen“ verstehen wir die Folgenden:

- einen neuen Buchstaben einfügen,
- einen Buchstaben löschen,
- einen bestehenden Buchstaben umbenennen.

Jede dieser Operationen schlägt mit dem Wert 1 bei der Editierdistanz zu Buche. Die maximal-mögliche Editierdistanz von zwei Wörtern der Länge m und n beträgt $\max\{m, n\}$. Der Minimalwert 0 tritt genau dann auf, wenn die beiden Wörter gleich sind.

Beispiel: Die Editierdistanz zwischen „APFEL“ und „PFERD“ beträgt 3. Die folgende Darstellung zeigt, dass man „A“ löschen, „PFE“ (ohne Editierkosten) übernehmen, „L“ in „R“ umbenennen und „D“ neu einfügen kann.

```
A   P   F   E   L
⌴   :   :   :   ↓
    :   :   :   ↓   ⌐¬
    P   F   E   R   D
```

Sei nun $d(i, j)$ die Editierdistanz zwischen den Teilwörtern $a_1 \dots a_i$ und $b_1 \dots b_j$. Es ist klar, dass $d(0, j) = j$ und $d(i, 0) = i$ gilt. Des Weiteren erhalten wir folgende rekursive Beziehung (für $i, j > 0$):

$$d(i,j) = \min \left(d(i, j-1) + 1,\ d(i-1, j) + 1,\ d(i-1, j-1) + \left\{ \begin{array}{l} 1,\ a_i \neq b_j \\ 0,\ a_i = b_j \end{array} \right\} \right)$$

Die nachfolgende Tabelle listet die d-Werte auf, die man mit dem folgendem Programm erhält:

```
FOR j := 0 TO n DO d[0, j] := j
FOR i := 0 TO m DO d[i, 0] := i
FOR i := 1 TO m DO
  FOR j := 1 TO n DO
    d[i, j] := d[i − 1, j] + 1
    IF d[i, j − 1] + 1 < d[i, j] THEN d[i, j] := d[i, j − 1] + 1
    IF a[i] = b[j] THEN k := 0 ELSE k := 1
    IF d[i − 1, j − 1] + k < d[i, j] THEN d[i, j] := d[i − 1, j − 1] + k
```

L	5	4	3	2	2	3
E	4	3	2	1	2	3
F	3	2	1	2	3	4
P	2	1	2	3	4	5
A	1	1	2	3	4	5
	0	1	2	3	4	5
		P	F	E	R	D

Die Komplexität aller Algorithmen in diesem Abschnitt ist offensichtlich $O(mn)$.

In gewisser Weise ist die Editierdistanz ein Maß für die Ähnlichkeit der beiden Strings $a_1 a_2 \dots a_m$ und $b_1 b_2 \dots b_n$ (wobei eine kleine Editierdistanz als eine große Ähnlichkeit zu interpretieren ist). Basierend auf diesem Verfahren lassen sich daher auch *approximative String-Matching Algorithmen* entwerfen (vgl. Kapitel 10). Weitere Anwendungen der hier beschriebenen Algorithmen ergeben sich im Kontext der mathematischen Analyse und Rekombination von *DNA- oder RNA-Sequenzen* in der *Bioinformatik* (siehe auch nächster Abschnitt). Solche Sequenzen können als Strings über dem Alphabet

$\{A, T, G, C\}$ bzw. $\{A, U, G, C\}$ (für Adenin, Thymin, Guanin, Cytosin und Uracil) aufgefasst werden, wobei hier meist ein besonderes, dem biologischen Modell angepasstes Ähnlichkeitsmaß zum Einsatz kommt: Sofern die zu vergleichenden Sequenzen in einem Buchstaben übereinstimmen, so trägt dies einen Bonuspunkt $(+1)$ zum „Score" bei, das Umbenennen eines Buchstaben ergibt einen Maluspunkt (-1), und das Neu-Einfügen oder das Löschen eines Buchstaben wird mit zwei Maluspunkten (-2) versehen (vgl. Setubal, Meidanis (1997), Waterman (1995) oder Gusfield (1997)). Bei der Analyse und dem Vergleich von Proteinfolgen ist es sinnvoll, sehr dezidierte, unterschiedliche „scores" zu verwenden, je nachdem, welche Proteinpaare aufeinander stoßen.

4.5 RNA-Faltung

Wir betrachten ein Problem aus der Bioinformatik. Die RNA (oder RNS für Ribonukleinsäure) kommt in jeder lebenden Zelle von Organismen mit Zellkern (Eukaryonten) vor. Die RNA besteht aus einem Einzelstrang von Nukleotiden mit den Abkürzungen A, C, G, U (für *Adenin, Cytosin, Guanin* und *Uracil*). In erster Näherung und Abstraktion kann man RNA also als einen langen String über dem Alphabet $\{A, C, G, U\}$ verstehen (so genannte Primärstruktur).

Wichtig für das biologische Verständnis der Funktion der RNA, z.B. bei der Proteinerzeugung (Expression), ist es aber auch zu wissen, in welcher Weise sich RNA faltet. Dies bedeutet, dass viele Nukleotide der RNA an passende Nukleotide an anderer Stelle derselben RNA binden und so verschiedene Formen von Schleifen und Schlingen ausbilden. In gewisser Näherung und Abstraktion wiederum stellen wir die RNA-Faltung als einen planaren Graphen dar (so genannte Sekundärstruktur). Und zwar binden die so genannten Watson-Crick-Paare A und U, so wie G und C aneinander.

Beispiel: Gegeben sei folgender RNA-Strang:

$$AGAGCGGAACGUCCAUCUCAGCCAGUUGGCUA$$

Eine mögliche Faltung dieser RNA sieht folgendermaßen aus, wobei insgesamt 10 Bindungsstellen (durch Punkte dargestellt) vorkommen.

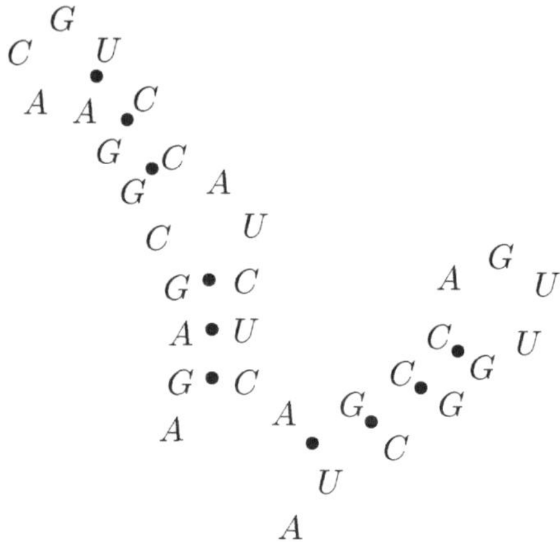

Symbolisch können wir diese Bindungsstruktur wie folgt darstellen.

$$AGAGCGGAACGUCCAUCUCAGCCAGUUGGCUA$$

((((((   )))   ))) ((((   ))))

Die Aufgabe besteht darin, eine Faltungsmöglichkeit zu finden mit einer maximalen Anzahl von Bindungsstellen. Es gibt darüber hinaus ein paar Randbedingungen, die einzuhalten sind. Eine „Umkehr-Schleife" (auch „hairpin" genannt; wie im obigen Beispiel die Teilstrings ACG oder $AGUU$) muss aus mindestens 3 Nukleotiden bestehen.

Sei $a[1..n]$ der RNA-String. Sei $m(i,j)$ die maximal-mögliche Anzahl von Bindungsstellen im Abschnitt $a[i..j]$ des RNA-Strings. Es gilt folgende Rekursion:

$$m(i,j) = \begin{cases} 0, & \text{falls } i+3 \geq j \\ \max\Big(m(i+1,j-1)+p(i,j),\ \max_{i \leq k < j}(m(i,k)+m(k+1,j))\Big), \\ & \text{sonst.} \end{cases}$$

Hierbei gibt $p(i,j)$ an, ob eine Paarung zwischen $a[i]$ und $a[j]$ möglich ist:

$$p(i,j) = \begin{cases} 1, & \text{falls } \{a[i],a[j]\} = \{A,U\} \text{ oder } \{a[i],a[j]\} = \{G,C\} \\ 0, & \text{sonst} \end{cases}$$

Der erste Fall bei der Charakterisierung von $m(i,j)$ berücksichtigt die Mindestlänge 3 von Umkehr-Schleifen. Der sonst-Fall unterscheidet zwei grundsätzliche Möglichkeiten: entweder man bezieht sich auf die optimale Struktur von $a[i+1\,..\,j-1]$ und verlängert diese – evtl. unter Einbeziehung der möglichen Paarung $a[i]$–$a[j]$, oder man greift auf die optimalen Strukturen für die RNA-Abschnitte $a[i..k]$ und $a[k+1..j]$ zurück und verbindet diese miteinander (für ein $k \in \{i,\ldots,j-1\}$).

Ähnlich wie bei den Beispielen in den vorigen Abschnitten kann man also den uns interessierenden Wert $m(1,n)$ mit Hilfe einer $O(n^2)$ großen Tabelle in der Zeit $O(n^3)$ berechnen. Um die optimale Faltungsstruktur zu erhalten, muss man mit Hilfe einer weiteren Tabelle notieren, in welcher Weise jeweils die Maxima bei der Berechnung von m

zu Stande kamen (oder man rechnet dynamisch den Maximierungsvorgang „zurück"). Im Anschluss an die Berechnung von m kann dann mit Hilfe dieser Tabelle rekonstruiert werden, wie diejenige Struktur aussieht, die für den Wert $m(1, n)$ verantwortlich ist – dies können auch mehrere sein.

Es zeigt sich allerdings, dass dieser hier angegebene Algorithmus noch verfeinert werden muss, um die tatsächliche RNA-Faltung, wie sie durch biochemische Experimente verifizierbar ist, korrekt (oder zumindest besser) vorherzusagen. Zum einen liegt dies daran, dass noch nicht alle biologischen Tatsachen in unser algorithmisches Modell eingeflossen sind. Zum Beispiel werden bei der RNA-Faltung auch andere als die Watson-Crick-Bindungen, etwa G–U, beobachtet. Außerdem haben die verschiedenen Nukleotid-Bindungen unterschiedliche Bindungsstärken. Diese Fakten lassen sich noch vergleichsweise einfach bei der Definition von $p(i, j)$ berücksichtigen.

Desweiteren werden die Bindungen erst dann stabil, wenn mehrere in ununterbrochener Folge nebeneinander auftreten. Ausbuchtungen, nicht passende Paare und zu enge Umkehr-Schleifen wirken dagegen destabilisierend. Dies muss man durch geeignet gewählte (negative) Gewichtsanteile bei der Funktion w berücksichtigen.

Ferner haben wir angenommen, dass alle Bindungen in einer „kontextfreien" Art und Weise stattfinden, so dass diese Bindungen immer in einer „Klammer auf" – „Klammer zu"-Struktur dargestellt werden können. Mit anderen Worten, wir sind davon ausgegangen, dass es keine Paarungen $a[i]$–$a[i']$, $a[j]$–$a[j']$ gibt mit $i < j < i' < j'$. Das folgende Bild skizziert eine Bindungsstruktur, die von unserem dynamischen Programmier-Ansatz nicht erfasst wird.

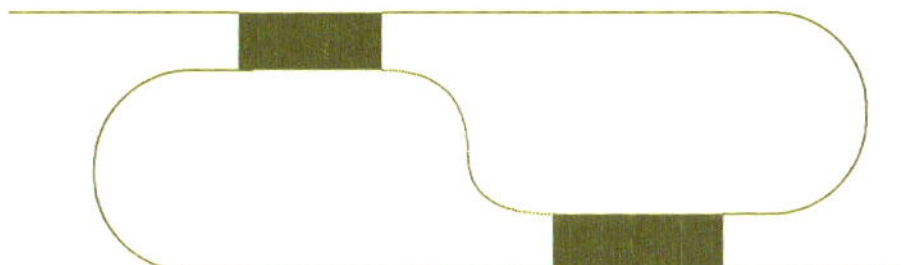

4.6 Traveling Salesman Problem

Das Traveling Salesman Problem (TSP) oder auch Problem des Handlungsreisenden fragt nach einer Rundreise über n gegebene Städte, so dass jede Stadt genau einmal besucht wird, und so dass die zurückgelegte Strecke minimal ist. Die formale Definition wurde in Abschnitt 1.15 gegeben.

Wir lassen in der allgemeinen Formulierung des Problems zu, dass die gegebene Entfernungsmatrix nicht unbedingt symmetrisch zu sein braucht (es muss nicht $m_{ij} = m_{ji}$ gelten); es braucht auch nicht unbedingt die Dreiecksungleichung ($m_{ik} \leq m_{ij} + m_{jk}$) zu gelten. Außerdem dürfen die m_{ij} Einträge auch ∞ sein. Dies heißt dann, dass keine direkte Straße von Stadt i nach Stadt j existiert.

Gesucht ist also nach einer Permutation $\pi : \{1, \ldots, n\} \longrightarrow \{1, \ldots, n\}$, die den Wert

$$c(\pi) = \sum_{i=1}^{n-1} m_{\pi(i),\pi(i+1)} + m_{\pi(n),\pi(1)}$$

minimiert.

Wegen der möglichen ∞-Einträge in der Matrix kann es durchaus vorkommen, dass keine Lösung existiert; mit anderen Worten, dass jede Permutation π auf einen unendlich großen $c(\pi)$-Wert führt. Es gibt nur dann eine Lösung, also eine Rundreise, wenn der zugrunde liegende gerichtete Graph (mit $(i, j) \in E \Leftrightarrow m_{i,j} < \infty$) einen Hamilton-Kreis besitzt.

Der naive Algorithmus würde alle $n!$ Permutationen π durchspielen und jedes Mal $c(\pi)$ berechnen. (Es genügt, nur solche Permutationen mit $\pi(1) = 1$ zu betrachten; dieses sind $(n-1)!$ viele). Dieser Algorithmus hätte die Komplexität $\Omega(n!)$, was eine extrem schnell anwachsende Exponentialfunktion ist.

Dieser naive Ansatz kann mittels dynamischen Programmierens verbessert werden. Jedoch wird auch der entsprechende Algorithmus immer noch (gemäßigt) exponentielle Komplexität haben, denn wir wissen ja, dass das TSP ein NP-vollständiges Problem ist, und daher kein Algorithmus mit polynomialer Komplexität (also $O(n^k)$ für eine Konstante k) zu erwarten ist.

Wenn eine optimale Rundreise (ohne Beschränkung der Allgemeinheit) bei Stadt 1 beginnt und dann die Stadt k besucht, so muss der Weg von k aus durch die Städte $\{2, \ldots, n\} - \{k\}$ zurück nach 1 ebenfalls optimal sein (unter allen solchen Wegen). Daher deutet sich hier wieder das Optimalitätsprinzip an, das man wie folgt umsetzen kann.

Sei $g(i, S)$ die Länge des kürzesten Wegs, der bei Stadt i beginnt, dann durch jede Stadt der Menge S genau einmal geht, um dann bei Stadt 1 zu enden.

Man beachte, dass die Lösung des TSP darin besteht, $g(1, \{2, \ldots, n\})$ zu berechnen. Die Funktion $g(i, S)$ kann wie folgt rekursiv beschrieben werden:

$$g(i, S) = \begin{cases} m_{i1}, & S = \emptyset \\ \min\limits_{j \in S}\Big(m_{ij} + g(j, S - \{j\})\Big), & S \neq \emptyset \end{cases}$$

Unser dynamischer Programmieralgorithmus benötigt eine Tabelle für die $g(i, S)$-Werte, wobei man allerdings die Kombinationen mit $1 \in S$, als auch die mit $i \in S$ nicht benötigt. Der Algorithmus arbeitet wie folgt:

```
FOR i := 2 TO n DO g[i, ∅] := m_i1
FOR k := 1 TO n − 2 DO
  FOR S, |S| = k, 1 ∉ S DO
    FOR i ∈ {2, ..., n} − S DO
      Berechne g[i, S] gemäß Formel
Berechne g[1, {2, ..., n}] gemäß Formel
```

Die Komplexität des Verfahrens ergibt sich wieder wie üblich

(Größe der Tabelle)·(Aufwand pro Tabelleneintrag)

In diesem Fall ist die Größe der Tabelle (Anzahl der i's)·(Anzahl der S's)$\leq n2^n$. Um einen Tabelleneintrag zu berechnen, muss eine Schleife programmiert werden, die das Minimum unter allen $j \in S$ sucht. Dies ist ein Aufwand von $O(n)$. Also ergibt dies insgesamt eine Komplexität von $O(n^2 2^n)$.
Die Funktion $n^2 2^n$ ist zwar exponentiell, jedoch ist $n^2 2^n$ wesentlich kleiner als $n!$.

Beispiel: Gegeben sei folgende Entfernungsmatrix:

$$M = \begin{bmatrix} 0 & 10 & 15 & 20 \\ 5 & 0 & 9 & 10 \\ 6 & 13 & 0 & 12 \\ 8 & 8 & 9 & 0 \end{bmatrix}$$

Der Algorithmus berechnet die folgenden Werte:

$$g(2,\emptyset) = m_{21} = 5, \quad g(3,\emptyset) = m_{31} = 6, \quad g(4,\emptyset) = m_{41} = 8$$

$$\begin{array}{rcl} g(2,\{3\}) & = & m_{23} + g(3,\emptyset) & = & 15 \\ g(2,\{4\}) & = & m_{24} + g(4,\emptyset) & = & 18 \\ g(3,\{2\}) & = & m_{32} + g(2,\emptyset) & = & 18 \\ g(3,\{4\}) & = & m_{34} + g(4,\emptyset) & = & 20 \\ g(4,\{2\}) & = & m_{42} + g(2,\emptyset) & = & 13 \\ g(4,\{3\}) & = & m_{43} + g(3,\emptyset) & = & 15 \end{array}$$

$$\begin{array}{rcl} g(2,\{3,4\}) & = & \min\Big(m_{23} + g(3,\{4\}), m_{24} + g(4,\{3\}\Big) & = & 25 \\ g(3,\{2,4\}) & = & \min\Big(m_{32} + g(2,\{4\}), m_{34} + g(4,\{2\}\Big) & = & 25 \\ g(4,\{2,3\}) & = & \min\Big(m_{42} + g(2,\{3\}), m_{43} + g(3,\{2\}\Big) & = & 23 \end{array}$$

$$\begin{array}{l} g(1,\{2,3,4\}) \\ = \min\Big(m_{12} + g(2,\{3,4\}), m_{13} + g(3,\{2,4\}), m_{14} + g(4,\{2,3\})\Big) \\ = \min(35,40,43) \\ = 35 \end{array}$$

Indem man nachvollzieht, über welche Minimumsbildungen der gesuchte Wert zu Stande kommt, erhält man auch die zugehörige Lösung. Die optimale Rundreise ist 1–2–4–3–1. (Auf dieses Beispiel wird in Abschnitt 7.2 noch ein anderer Algorithmus angewandt; und weitere algorithmische Lösungen für das TSP finden sich in den Abschnitten 5, 11.3 und 11.5).

4.7 Das 0/1-Rucksackproblem

Die Eingabe für das 0/1-Rucksackproblem besteht aus $2n + 1$ vielen natürlichen Zahlen $v_1, \ldots, v_n$, $g_1, \ldots, g_n$ und G. Die Vorstellung dahinter ist, dass es darum geht, einen Teil der „Objekte" $1, \ldots, n$ in einen Rucksack der Größe G zu packen; hierbei haben die Objekte die Größen $g_1, \ldots, g_n$. Die einzuhaltende Randbedingung ist, dass die Gesamtgröße der eingepackten Objekte die Rucksackgröße nicht übersteigt. Jedes der Objekte hat einen „Wert" $v_1, \ldots, v_n$. Es soll eine Auswahl mitzunehmender Objekte solcherart getroffen werden, so dass der Gesamtwert der im Rucksack eingepackten Objekte maximiert wird.

Formal: Gesucht ist ein 0/1-Vektor $(a_1, \ldots, a_n) \in \{0, 1\}^n$ mit

$$\sum_{i=1}^{n} a_i g_i \leq G \quad \text{und} \quad \sum_{i=1}^{n} a_i v_i \to \max$$

Es ist bekannt, dass das 0/1-Rucksackproblem NP-vollständig ist. Einen effizienten Algorithmus werden wir also nicht erwarten können.

Wir nennen das hier betrachtete Problem das 0/1-Rucksackproblem, um es vom Bruchteil-Rucksackproblem zu unterscheiden (das effizient lösbar ist), das später behandelt wird; dort dürfen die Zahlen a_i beliebig aus dem Intervall $[0, 1]$ gewählt werden.

Wir beobachten, dass beim 0/1-Rucksackproblem das Optimalitätsprinzip gilt: Wenn der Rucksack der Größe G optimal mit einer Auswahl $I \subseteq \{1, \ldots, n\}$ der Objekte $\{1, \ldots, n\}$ gepackt ist, so gilt für jedes $i \in I$, dass ein $(G - g_i)$-großer Rucksack optimal mit einem Teil der Objekte $\{1, \ldots, n\} - \{i\}$ gepackt ist, indem man die Auswahl $I - \{i\}$ hernimmt.

Sei $w(i, h)$ der optimale Wert bei Packen eines Rucksacks der Größe $h \leq G$ mit einer Auswahl der Objekte $1, \ldots, i$, wobei $i \leq n$. Also

$$w(i, h) = \max_{a \in \{0,1\}^i} \Big\{ \sum_{j=1}^{i} a_j v_j \mid \sum_{j=1}^{i} a_j g_j \leq h \Big\}$$

Wegen des Optimalitätsprinzips erhalten wir die Rekursionsgleichung

$$w(i, h) = \begin{cases} 0, & i = 0 \\ w(i-1, h), & i > 0, h < g_i \\ \max\big(w(i-1, h), w(i-1, h-g_i) + v_i \big), & \text{sonst} \end{cases}$$

Die Gleichung erklärt sich wie folgt: Man kann das Objekt i in den Rucksack einpacken oder auch nicht. Wenn man es nicht einpackt, so steht für die Objekte $1, \ldots, i-1$ noch die Größe h zur Verfügung. Wenn man es einpackt, so gewinnt man einen Wert von v_i, allerdings steht für die restlichen Objekte nur noch die Größe $h - g_i$ zur Verfügung (sofern $h - g_i \geq 0$).

Der dynamische Programmieralgorithmus für das 0/1-Rucksackproblem verwendet das Array $w[0..n, 0..G]$ und berechnet die Arraywerte wie folgt:

FOR $i := 0$ TO n DO
 FOR $h := 0$ TO G DO
  Berechne $w[i, h]$ gemäß obiger Formel

Die optimale Auswahl $a_1, \ldots, a_n$ ergibt sich daraus, welcher Fall bei der Berechnung von $w[n, G]$ jeweils aufgetreten ist.

Die Komplexität des Verfahrens ergibt sich wieder, wie gewohnt, mittels

(Tabellengröße)·(Aufwand pro Tabelleneintrag)

und berechnet sich hier zu $O(nG) \cdot O(1) = O(nG)$. Wenn man als Eingabegröße $m = 2n + 1$ ansieht, da die Eingabe aus $2n + 1$ vielen natürlichen Zahlen besteht, und vom uniformen Komplexitätsmaß ausgeht, dass also jede arithmetische Operation mit $O(1)$ Kosten verbunden ist, so ist die Komplexität $O(nG) = O(m)$, also linear. Wie kann dies angesichts der NP-Vollständigkeit des 0/1-Rucksackproblems sein?

Die Antwort ist, dass hier das uniforme Komplexitätsmaß (siehe Abschnitt 1.6) nicht adäquat ist (und der NP-Vollständigkeitsbegriff über die Bit-Komplexität definiert wird). Wir sprechen hier von einem *pseudo-polynomialen* Algorithmus. Wenn wir nämlich die Bit-Komplexität betrachten, so müssen wir bei den Eingabezahlen, insbesondere was G betrifft, deren Bitlänge, also die Länge der Binärdarstellung als Eingabelänge veranschlagen (vgl. Abschnitt 1.6). Es gilt:

$$\log(G) \approx (\text{Länge der Binärdarstellung von } G) =: k$$

bzw.

$$G \approx 2^k$$

Daher ist die Bit-Komplexität von unserem Algorithmus $\Omega(n2^k)$, also exponentiell.

Beispiel: Gegeben sei

$$\begin{array}{llll} g_1 = 1, & g_2 = 2, & g_3 = 3, & G = 5 \\ v_1 = 3, & v_2 = 5, & v_3 = 6. & \end{array}$$

Der Algorithmus erzeugt die folgende Tabelle:

	$h =$	0	1	2	3	4	5
$i =$	0	0	0	0	0	0	0
	1	0	3	3	3	3	3
	2	0	3	5	8	8	8
	3						11

Das Ergebnis ist, dass bei Wahl von Objekt 2 und 3 der Maximalwert von $v_2 + v_3 = 11$ zu erzielen ist (wobei die Rucksackbedingung $g_2 + g_3 \leq G$ eingehalten wird).

Man kann die Lösung des Problems auch auf andere Weise, ebenfalls mittels dynamischen Programmierens, angehen. Anstatt eine Tabelle anzufertigen, die für die jeweilige Vorgabe (Anzahl zu Verfügung stehender Objekte i und Gewichtsbeschränkung h) den *maximal* zu erzielenden Wert $w(i, h)$ protokolliert, kann man eine duale Sichtweise anlegen, und für die Vorgabe i (wie oben) und den zu erzielenden Rucksackwert v das hierfür *minimal* hinreichende Gewicht $g(i, v)$ protokollieren.

Sei also $g(i, v)$ das minimal-hinreichende Gewicht, das in den Rucksack gepackt werden kann unter Verwendung der Objekte $1, \ldots, i$, so dass ein Rucksackwert $\geq v$ entsteht. Hierbei sei $v \leq \sum_{i=1}^{n} v_i$. Es ist klar, wenn der Wert von v zu groß gewählt wird, so kann es keine entsprechende Rucksackpackung geben. In diesem Fall sei der Funktionswert von g unendlich. Formal ist die Funktion g wie folgt definiert:

$$g(i, v) = \min_{a \in \{0,1\}^i} \left\{ \sum_{j=1}^{i} a_j g_j \mid \sum_{j=1}^{i} a_j v_j \geq v \right\}$$

Zur Berechnung von g können wieder eine Rekursionsgleichung angeben:

$$g(i, v) = \begin{cases} 0, & v \leq 0 \\ \infty, & v > 0,\ i = 0 \\ \min\big(g(i-1, v),\ g(i-1, v - v_i) + g_i\big), & \text{sonst} \end{cases}$$

Die Gleichung erklärt sich wie folgt: Man kann das Objekt i in den Rucksack einpacken oder auch nicht. Wenn man es nicht einpackt, so muss man mit einer optimalen Rucksackfüllung der Objekte $1, \ldots, i-1$ den Wert v erreichen. Wenn man es einpackt, so belegt man die Größe g_i im Rucksack und braucht mit Hilfe der restlichen Objekte $1, \ldots, i-1$ nur noch den Wert $v - v_i$ zu erreichen.

Die Lösung des Rucksackproblems ergibt sich beim größten Wert v, so dass $g(n, v) \leq G$ ist.

Auf unser obiges Beispiel angewandt ergibt sich die folgende Tabelle (der Lösungswert, der $v = 11$ liefert, ist eingekreist).

	v = 1	2	3	4	5	6	7	8	9	10	11	12	13	14
i = 1	1	1	1	∞	∞	∞	∞	∞	∞	∞	∞	∞	∞	∞
2	1	1	1	2	2	3	3	3	∞	∞	∞	∞	∞	∞
3	1	1	1	2	2	3	3	3	4	5	(5)	6	6	6

Sei $V = \sum_{i=1}^{n} v_i$. Dann ist die Komplexität des Verfahrens $O(nV)$. Es gilt wieder die Diskussion von oben über ein pseudo-polynomiales Komplexitätsverhalten, welches im Sinne der Bit-Komplexität aber exponentiell ist. Je nach den vorliegenden Größenverhältnissen zwischen G und V kann das eine beschriebene Verfahren besser sein oder das andere. Tatsächlich kann man noch etwas besser abschätzen. Sei $V^* = \sum_{i=1}^{n} a_i v_i$ der Wert eines optimal gepackten Rucksacks. Wenn man bei der Berechnung der Tabelle in jeder Zeile bereits dann stoppt, wenn ein Wert $g(n, v) > G$ berechnet wurde (zum Beispiel ∞), dann hat die zu berechnende Tabelle nur die Ausmaße $n \times V^*$. Bei dieser Implementierung ist die Komplexität des Verfahrens also $O(nV^*)$. Hier ist eine entsprechende Programmskizze:

```
v := 0
REPEAT
  v := v + 1
  FOR i := 1 TO n DO
    IF i = 1 THEN w1 := ∞ ELSE w1 := g[i − 1, v]
    IF i = 1 THEN
      IF v_i ≥ v THEN w2 := g_i ELSE w2 := ∞
    ELSE w2 := g[i − 1, v − v_i] + g_i
    IF w1 < w2 THEN g[i, v] := w1 ELSE g[i, v] := w2
UNTIL g[n, v] > G
```

Der zuletzt angegebene dynamische Programmieransatz hat den Vorteil, dass er leicht zu einem effizienten *Approximationsalgorithmus* für das 0/1-Rucksackproblem umgerüstet werden kann (vgl. Abschnitt 1.15). Dazu beobachten wir zunächst, dass das Verfahren bei Modifikation der v_i-Werte zu einem veränderten Wertevektor $(v'_1, \ldots, v'_n)$ zwar im Allgemeinen nicht mehr den optimalen Vektor $(a_1, \ldots, a_n)$ berechnet, dass aber der berechnete Vektor $(a'_1, \ldots, a'_n)$ auf jeden Fall eine *zulässige Lösung* für das Ausgangsproblem darstellt. Das heißt, es gilt $\sum_{i=1}^{n} a'_i g_i \leq G$. Indem wir die Werte v'_i so wählen, dass auf der Komplexitätsseite ein Vorteil entsteht (da die Komplexität von V abhängt), können wir den Vektor $(a'_1, \ldots, a'_n)$ als approximative Lösung verstehen.

Für einen geeignet gewählten Parameter k werden die v'_i-Werte wie folgt gewählt: $v'_i := k \cdot (v_i \text{ div } k)$. Da nun alle v'_i-Werte durch k teilbar sind, können wir das Verfahren auf dem Vektor $(v'_1/k, \ldots, v'_n/k)$ ausführen und reduzieren damit die Komplexität um den Faktor k, also auf $O(nV/k)$. Es gilt nun $v_i - k \leq v'_i \leq v_i$. Damit erhalten wir die Abschätzung:

$$\sum_{i=1}^{n} a'_i v_i \geq \sum_{i=1}^{n} a'_i v'_i \geq \sum_{i=1}^{n} a_i v'_i \geq \sum_{i=1}^{n} a_i (v_i - k) \geq \sum_{i=1}^{n} a_i v_i - nk$$

Das zweite „größer-gleich" gilt, weil der Vektor $(a'_1, \ldots, a'_n)$ optimal ist in Bezug auf den Wertevektor $(v'_1, \ldots, v'_n)$. Damit erhalten wir eine *Performanz* des Algorithmus (siehe Abschnitt 1.15) von

$$\frac{\sum_{i=1}^{n} a'_i v_i}{\sum_{i=1}^{n} a_i v_i} \geq 1 - \frac{nk}{\sum_{i=1}^{n} a_i v_i} \geq 1 - \frac{nk}{v_{max}}$$

Hierbei ist $v_{max} = \max\{v_1, \ldots, v_n\}$ und damit $v_{max} \leq \sum_{i=1}^{n} a_i v_i$. Um also eine Performanz von mindestens $1 - \delta$ zu erreichen, muss $k = \delta v_{max}/n$ gewählt werden und das Verfahren hat dann eine Komplexität von

$$O\Big(\frac{nV}{k}\Big) = O\Big(\frac{n^2 V}{\delta v_{max}}\Big) = O\Big(\frac{n^3}{\delta}\Big), \text{ denn } V \leq n v_{max}$$

Das heißt, es handelt sich um ein *fully polynomial-time approximation scheme* (denn es ist polynomial in der Eingabelänge n und in $1/\delta$), und wir haben damit gezeigt, dass das 0/1-Rucksackproblem in der Klasse $FPTAS$ liegt (vgl. Abschnitt 1.15).

Die hier gezeigte Methode zur Konstruktion eines fully polynomial-time approximation schemes für ein NP-vollständiges Problem war tatsächlich deshalb erfolgreich, weil für dieses Problem ein pseudo-polynomialer Algorithmus existierte. Tatsächlich lässt sich der hier gezeigte Spezialfall (0/1-Rucksackproblem) entsprechend allgemein ausbauen zu einem Konzept, das für Probleme mit pseudo-polynomialen Algorithmen zu guten Approximationsalgorithmen führt (siehe Ausiello et al. (1999)).

4.8 Viterbi-Algorithmus

In der Bioinformatik bei der Analyse von Nukleotid- oder Protein-Sequenzen, bei der Decodierung von fehlerkorrigierenden Codes, ebenso bei der automatischen Spracherkennung, wird oft ein Algorithmus eingesetzt, der Viterbi-Algorithmus heißt.

Gegeben ist ein gerichteter Graph, in dem ein Start- und ein Zielknoten ausgewiesen sind. Den Kanten des Graphen sind gewisse Wahrscheinlichkeiten zugeordnet, wobei die von jedem Knoten x ausgehenden Wahrscheinlichkeiten sich zu 1 aufsummieren müssen:

$$\forall x \in V : \sum_{y:\,(x,y) \in E} p(x,y) = 1$$

Es handelt sich also um einen stochastischen Automaten bzw. eine Markoff-Kette (vgl. Abschnitt 1.3). Zum Modell hinzu kommt nun noch, dass in jedem Zustand des Automaten genau ein Zeichen ausgegeben wird. Jedoch ist die Zuordnung von Zuständen zu Ausgabezeichen nicht eindeutig festgelegt, sondern dieses Zeichen wird auf Grund einer Wahrscheinlichkeitsverteilung, die spezifisch ist für den jeweiligen Zustand, ausgegeben (und zwar, nachdem ein Zustandsübergang in den betreffenden Zustand erfolgt ist). Wir haben nun eine bestimmte Ausgabezeichen-Sequenz $(a_1, a_2, \ldots, a_m)$ beobachtet. Die Frage ist nun, welche Zustandsübergangsfolge der zugrunde liegenden Markoff-Kette diejenige ist, die für die beobachtete Folge am wahrscheinlichsten ist. Um diese Frage zu beantworten, sind sowohl die Übergangswahrscheinlichkeiten zwischen den Zuständen als auch die Ausgabewahrscheinlichkeiten (oder „Emissionswahrscheinlichkeiten") für das jeweils beobachtete Zeichen zu berücksichtigen.

Da man bei diesem Modell von der beobachteten Zeichenfolge nicht eindeutig auf die dazu gehörige Zustandsübergangsfolge rückschließen kann, spricht man von einem *Hidden Markov Model.*

Bei der Sprachanalyse können diese Zeichenfolgen bestimmten Folgen von Phonemen entsprechen. In Bioinformatik-Anwendungen bestehen die Zeichenfolgen aus Folgen von Nukleotiden (Adenin, Guanin, Cytosin, Thymin bzw. Uracil) oder aus Proteinen. Bei der Anwendung im Rahmen fehlerkorrigierender Codes ist die Zeichenfolge als die empfangene Nachricht auf der Gegenseite des mit Fehlern behafteten Übertragungskanals zu interpretieren. Die wahrscheinlichste Zustandsübergangsfolge, die der Viterbi-Algorithmus als Ergebnis liefert, entspricht dann der Vermutung über die ursprünglich gesendete Nachricht.

Gegeben sei also eine bestimmte beobachtete Zeichenfolge $(a_1, a_2, \ldots, a_m)$. Gefragt ist, welches der *wahrscheinlichste* Pfad durch den stochastischen Automaten ist, der diese Ereignisfolge produziert. Unter allen Pfaden der Länge m, die beim Startknoten beginnen und beim Zielknoten enden, ist derjenige gesucht, welcher maximale Wahrscheinlichkeit hat. Die Wahrscheinlichkeit eines Pfades berechnet sich hierbei so, dass entlang des Pfades die jeweiligen Übergangswahrscheinlichkeiten aufmultipliziert werden. Darüber hinaus müssen noch die jeweiligen Emissionswahrscheinlichkeiten für die betreffenden Zeichen (an den betreffenden Zuständen des Automaten) aufmultipliziert werden. Man beachte, dass die Anzahl der verschiedenen Pfade vom Start- zum Zielknoten, die mit einer bestimmten Ereignisfolge $(a_1, a_2, \ldots, a_m)$ beschriftet sind, im allgemeinen exponentiell groß ist, so dass es sich nicht empfiehlt, alle diese Pfade systematisch zu bestimmen. Es hilft hier wieder ein Ansatz über dynamisches Programmieren.

Beispiel: Gegeben sei folgende Markoff-Kette.

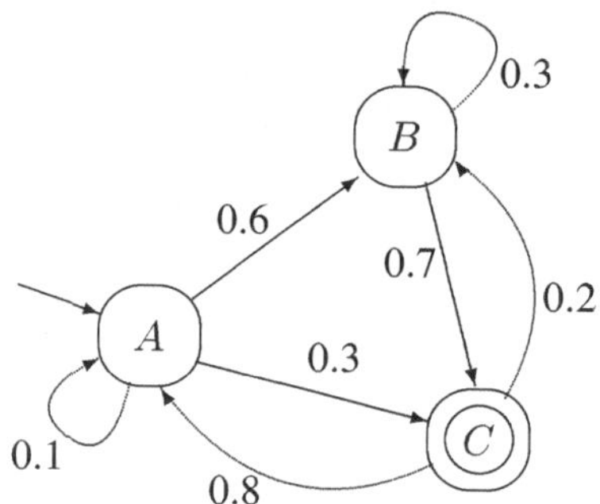

Das zugrunde liegende Alphabet sei $\{a, b\}$ mit folgenden Emissionswahrscheinlichkeitn:

$$\begin{array}{lll} \text{im Zustand } A: & q_A(a) = 0.7 & q_A(b) = 0.3 \\ \text{im Zustand } B: & q_B(a) = 0.9 & q_B(b) = 0.1 \\ \text{im Zustand } C: & q_C(a) = 0.2 & q_C(b) = 0.8 \end{array}$$

Die beobachtete Ausgabefolge sei $ababba$.

Um die wahrscheinlichste Zustandsfolge zu bestimmen, die für die Ausgabefolge verantwortlich ist, berechnen wir in dynamischer Programmier-Manier eine Tabelle mit folgenden Wahrscheinlichkeiten $t(z, i)$, wobei z der betreffende Zustand ist und i der Zeitpunkt, also die Position in der Ausgabefolge $a_1 a_2 \dots a_m$.

$$t(z,i) = \begin{cases} 1, & \text{falls } i = 0 \text{ und } z \text{ Startzustand} \\ 0, & \text{falls } i = 0 \text{ und } z \text{ kein Startzustand} \\ \max\limits_{z'} \left(t(z', i-1) \cdot p(z', z) \cdot q_z(a_i) \right), & \text{sonst.} \end{cases}$$

Als Komplexität für das Ausfüllen der Tabelle erhalten wir

$$O((\text{Zustandszahl})^2 \cdot (\text{Länge der Zeichenfolge}))$$

Auf obiges Beispiel angewandt erhalten wir folgende Tabelle.

	Zustand A		Zustand B		Zustand C	
	[1.0000000E+00]		0.0000000E+00		0.0000000E+00	
a	7.0000000E-02	A	[5.4000000E-01]	A	6.0000000E-02	A
b	1.4400000E-02	C	1.6200000E-02	B	[3.0240000E-01]	B
a	[1.6934400E-01]	C	5.4432000E-02	C	2.2680000E-03	B
b	5.0803200E-03	A	1.0160640E-02	A	[4.0642560E-02]	A
b	[9.7542144E-03]	C	8.1285120E-04	C	5.6899584E-03	B
a	3.1863767E-03	C	5.2672758E-03	A	[5.8525286E-04]	A

Zusätzlich haben wir bei den eingetragenen t-Werten notiert, über welchen Vorgängerzustand z' das jeweilige Maximum zustande kam. Daher können wir dann vom Endzustand C aus rückverfolgen, welches die wahrscheinlichste Zustandfolge ist, die $ababba$ produziert, nämlich $A \to B \to B \to C \to A \to C \to A \to C$.

Es gibt zahlreiche Varianten von diesem Algorithmus. Wir zählen einige auf. Anstatt mit Wahrscheinlichkeiten zu rechnen, kann man auch andere Arten von „scores“ verwenden. Zum Beispiel kann man anstelle der Wahrscheinlichkeiten $t(z,i)$ die Werte $-\log(t(z,i))$ betrachten. Anstelle zu multiplizieren, muss man dann diese Werte addieren (und anstelle zu maximieren, muss man minimieren).

Eine Variante des Markoff-Modells besteht außerdem darin, dass nicht wie hier betrachtet an den *Zuständen* die Zeichen a_i emittiert werden, sondern dass man an jeden *Zustandsübergang* eine Wahrscheinlichkeitsverteilung für die Emission eines Zeichens koppelt. (Dies entspricht dem Unterschied zwischen einem so genannten Moore-Automat und einem Mealy-Automat). Diese Modelle sind aber äquivalent, können also gegenseitig ineinander überführt werden.

Darüber hinaus könnten die stochastischen Automaten auch mehrere Endzustände haben. Bei der Anwendung des automatischen Sprachverstehens könnten diese Endzustände den erkannten Wörtern zugeordnet werden. Darüber hinaus kommt bei solchen Spracherkennungsprogrammen eine Lernkomponente hinzu. Das heißt, wenn eine Phonemfolge falsch klassifiziert wurde, so kann der Benutzer das richtige Wort angeben, was dazu führt, dass die Wahrscheinlichkeiten im Markoff-Modell angepasst werden.

Im Rahmen der Anwendung fehlerkorrigierder Codes bei der Kanalcodierung und anschließender Viterbi-Decodierung ist es günstig, nicht nur von der beobachteten Signalfolge $a_1, a_2, \ldots, a_m \in \{0,1\}$ als solcher auszugehen, sondern darüber hinaus Information auszunutzen, die vom Empfangsgerät stammt. Dieses kann zum Beispiel mitteilen, dass ein bestimmtes empfangenes Zeichen a_i „ziemlich sicher“ eine Null oder eine Eins ist, oder so undeutlich empfangen wurde, dass das Zeichen nicht zugeordnet werden kann, und zunächst als „in der Mitte“ eingestuft werden muss. Solcherart produziert das Empfangsgerät also kontinuierliche Werte zwischen 0 und 1. Solche kontinuierlichen Werte können ohne Weiteres im Viterbi-Algorithmus berücksichtigt werden. (Man spricht dann von „Soft-Decoding“ anstelle von „Hard-Decoding“).

4.9 Effizienzverbesserung

Dynamische Programmier-Algorithmen können unter Umständen in ihrer Effizienz verbessert werden. In der verbesserten Version wird zwar genau diesselbe Tabelle wie zuvor berechnet, nur kann dies in manchen Fällen mit weniger Aufwand geschehen. Typischerweise muss beim Aufbau der Tabelle ein Wert für k bestimmt werden, der einen bestimmten (rekursiv aufgebauten) Ausdruck minimiert Die folgende Formel ist ein Prototyp für die Art von Formel, mit der wir es beim dynamischen Programmieren zu tun haben.

$$m(i,j) = \begin{cases} 0, & i = j \\ \min\limits_{i \le k < j} (m(i,k) + m(k+1,j) + \ldots), & i < j \end{cases}$$

Derjenige k-Wert, bei dem das Minimum angenommen wird, zeigt die optimale Aufteilung in die Teilprobleme (i,k) und $(k+1,j)$ an. In einer konkreten Implementierung sollte man zusätzlich diese k-Werte in einer eigenen Tabelle, etwa $K(i,j)$, abspeichern, um am Ende des Verfahrens die optimale Lösung (die optimale Klammerung bei der Matrizen-Kettenmultiplikationsaufgabe) rekonstruieren und ausgeben zu können. (Beispiele für eine solche Tabelle findet man auf den Seiten 160 und 163).

Das folgende Diagramm skizziert die optimale Aufteilung, die im Laufe des Verfahrens für das Teilproblem (i,j) an der Stelle k gefunden wurde:

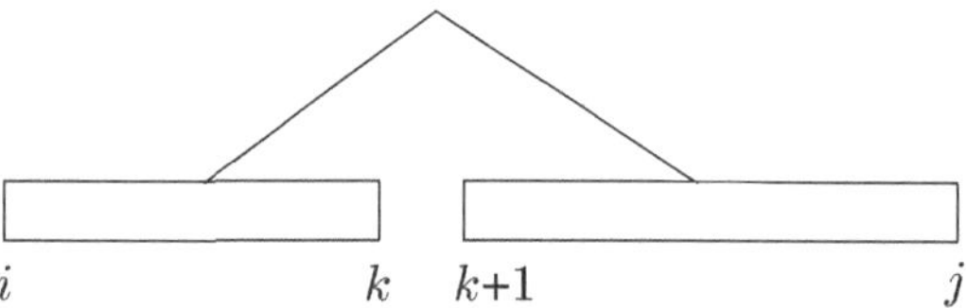

Im weiteren Verlauf des Algorithmus soll nun das um ein Objekt nach rechts erweiterte Teilproblem $(i, j+1)$ gelöst werden, hierbei ergibt sich der optimale Aufteilungspunkt k':

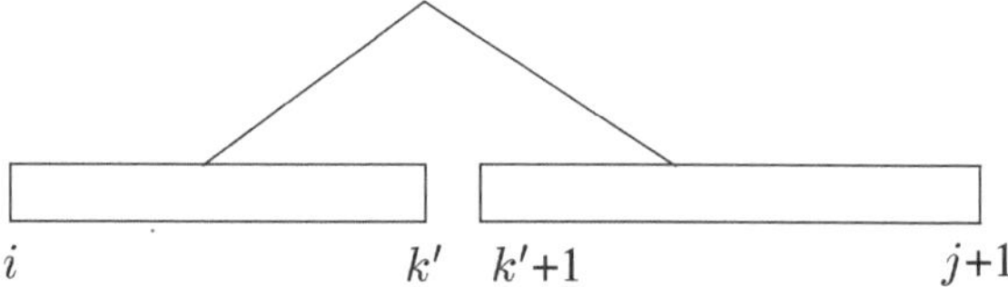

Es erscheint zumindest plausibel, dass $k' \geq k$ gelten muss. Tatsächlich muss dies bei jedem einzelnen Problem (gegeben durch die entsprechende Rekursionsgleichung) neu nachgewiesen werden; das hängt vom Aufbau der betreffenden Rekursionsformel ab.

Sofern diese Überlegungen für die vorliegende Rekursionsformel zutreffen (es kann gezeigt werden, dass dies bei den optimalen Suchbäumen aus Abschnitt 4.3 der Fall ist), so kann man bei der Berechnung von $m(i,j)$ das Suchintervall für das optimale k von $(i,\ldots,j-1)$ auf $(K(i,j-1),\ldots,K(i+1,j))$ eingrenzen. Diese K-Werte wurden schon zuvor berechnet und auf diese kann zugegriffen werden. Die modifizierte Rekursionsformel lautet nun

$$m(i,j) = \begin{cases} 0, & i=j \\ \min\limits_{K(i,j-1)\leq k\leq K(i+1,j)} (m(i,k)+m(k+1,j)+\ldots), & i<j \end{cases}$$

Wie sieht es mit dem Komplexitätsgewinn aus? Wir müssen eine Betrachtung im Sinne der amortisierten Komplexität anstellen, anstatt den Aufwand für jeden einzelnen Tabelleneintrag im worst-case anzusetzen. Betrachten wir einen Durchlauf zur Bestimmung aller $m(i,j)$ und $K(i,j)$-Werte, wobei $j-i=l$. Zur Bestimmung des optimalen k-Werts verwendet das Teilproblem (i,j) das „Suchfenster" $(K(i,j-1),\ldots,K(i+1,j))$. Das impliziert, dass bei den Minimumsbildungen insgesamt jeder k-Wert ($k \in \{1,\ldots,n-l\}$) einmal vorkommen kann, und zusätzlich, jeder k-Wert, der Eckpunkt eines Suchfensters ist. Das heißt, die Minimumsbildungen laufen über höchstens $2(n-l)$ viele Werte von k. Daher benötigt man zur Bestimmung der obigen Werte nur $O(n-l)$ viel Aufwand. Insgesamt, zum Ausfüllen der gesamten Tabelle, haben wir anstatt $O(n^3)$ nur einen Aufwand von

$$\sum_{l=1}^{n-1} O(n-l) \;=\; O(n^2).$$

Wie gesagt, es ist vor Verwendung dieser effizienzverbessernden Methode zu prüfen, ob das Suchfenster bei der jeweiligen Aufgabenstellung tatsächlich so wie beschrieben eingeschränkt werden kann, ohne die Korrektheit des Algorithmus zu gefährden.

Sollte eine derartige Effizienzverbesserungsmethode eingesetzt werden, ohne dass die Korrektheit garantiert ist, also so dass die Möglichkeit besteht, dass durch die eingeschränkte Suchmethode optimale Lösungen gelegentlich nicht berücksichtigt werden, so könnte das Verfahren – wegen der Effizientverbesserung – immer noch sinnvoll sein. Wir haben es dann mit einem heuristischen Verfahren zu tun, welches evtl. nur suboptimale (approximative) Lösungen findet; dies aber effizient. Derartige Methoden werden in Kapitel 11 besprochen.

Kapitel 5

Greedy-Algorithmen und Matroide

Greedy-Algorithmen sind mit dem dynamischen Programmieren verwandt, jedoch einfacher. Die Grundsituation ist dieselbe: Es geht um ein Optimierungsproblem; es soll sukzessiv eine optimale Lösung – in Bezug auf eine gegebene Bewertungsfunktion konstruiert werden.

Während man beim dynamischen Programmieren solche optimalen Lösungen für alle kleineren Teilprobleme konstruiert und mit Hilfe dieser in einer Tabelle eingetragenen Daten die nächstgrößere optimale Lösung konstruiert, verzichtet man bei Greedy auf die Buchführung mittels einer Tabelle. Stattdessen wird der nächste Erweiterungsschritt zu einer (hoffentlich) optimalen Lösung lediglich aufgrund der lokal verfügbaren Informationen getätigt.

Nehmen wir an, es gibt eine Gewichtsfunktion w, die die „Güte" einer Lösung (auch einer Teillösung) misst. Es soll eine Lösung mit maximalem w-Wert konstruiert werden. Wir starten mit der leeren Lösung. Schrittweise wird die bisher konstruierte Teillösung erweitert. Wenn zur Erweiterung dieser Teillösung k Erweiterungsmöglichkeiten zur Verfügung stehen, die auf die vergrößerten Teillösungen $l_1, \ldots, l_k$ führen, so wird diejenige Teillösung l_i mit $w(l_i)$ maximal ausgewählt. Hierzu kann so vorgegangen werden, dass die zur Disposition stehenden Teillösungen gemäß ihrer Bewertungsfunktion vorsortiert werden. Bis auf diese Vorsortierungsphase ist Greedy also eine Methode die „online" entscheidet, ob eine Teillösung zur Konstruktion der Gesamtlösung herangezogen wird oder nicht.

Der Name Greedy=gefräßig erklärt sich dadurch, dass ein Greedy-Algorithmus in dem beschriebenen Sinne nach der Methode „Nimm immer das größte Stück" vorgeht.

Dieses einfache Greedy-Prinzip kann in vielen Fällen „funktionieren", soll heißen, tatsächlich auf eine optimale Lösung führen – und zwar ohne den Aufwand, der bei dynamischem Programmieren betrieben werden muss.

5.1 Bruchteil-Rucksackproblem

Der Unterschied zwischen Greedy und dynamischem Programmieren wird deutlich bei zwei Varianten des Rucksackproblems. Zum einen haben wir das 0/1-Rucksackproblem, das in Abschnitt 4.7 besprochen wurde. Dort wurde eine Lösung mittels dynamischen Programmierens vorgestellt. Zum anderen kann man das *Bruchteil-Rucksackproblem* betrachten. Gegeben sind wieder $2n + 1$ Zahlen $v_1, \dots, v_n$, $g_1, \dots, g_n$ und G. Die Objekte $1, \dots, n$, die in den Rucksack der Größe G zu packen sind, dürfen bei dieser Variante in Bruchteilen mitgenommen werden. Eine Lösung besteht nun aus Zahlen $a_1, \dots, a_n$ mit $0 \le a_i \le 1$, so dass $\sum_{i=1}^{n} a_i g_i \le G$. Gesucht ist eine Lösung, die den Wert $\sum_{i=1}^{n} a_i v_i$ maximiert.

Das Bruchteil-Rucksackproblem (im Vergleich zum 0/1-Rucksackproblem) liefert ein Beispiel für den Begriff *Relaxation*. Das bedeutet, dass die Bedingungen der ursprünglichen Aufgabenstellung (das 0/1-Rucksackproblem) auf eine gewisse Weise „aufgeweicht“ werden, so dass eine effiziente Lösung für das relaxierte Problem (das Bruchteil-Rucksackproblem) möglich wird. Diese Relaxation spielt auch noch eine Rolle bei Branch-and-Bound Algorithmen (Abschnitt 7.1) und Randomized Rounding (Abschnitt 11.1).

Hier geht der Greedy-Ansatz in der folgenden Art und Weise vor: Sortiere alle Objekte gemäß ihrem relativen Wert pro Gewichtseinheit, also nach v_i/g_i. Seien die Objekte so durchnummeriert, dass gilt:

$$\frac{v_1}{g_1} \ge \frac{v_2}{g_2} \ge \cdots \ge \frac{v_n}{g_n}$$

$k := 0$
WHILE $(\sum_{i=1}^{k+1} g_i \le G)$ DO $k := k + 1$
$b := (G - \sum_{i=1}^{k} g_i)/g_{k+1}$
Optimale Lösung ist $(a_1, \dots, a_n) = (\underbrace{1, 1, \dots, 1}_{k}, b, \underbrace{0, 0, \dots, 0}_{n-k-1})$

Diese Lösung erreicht den Wert $\sum_{i=1}^{k} v_i + bv_{k+1}$.

Wir begründen, dass die Lösung $(1, \dots, 1, b, 0, \dots, 0)$ optimal ist. Wenn wir einen der ersten k Einsen reduzieren auf einen Wert $\alpha < 1$ und stattdessen entsprechend mit einem der Objekte $j > k$ auffüllen, also den Wert a_j erhöhen, so sieht die Bilanz wie folgt aus. Wir reduzieren den Wert der neuen Lösung um $(1 - \alpha)v_i$, und erhöhen ihn gleichzeitig um den Wert βv_j. Hierbei ergibt sich β durch die Betrachtung der Größen. Es muss gelten: $\beta g_j = (1 - \alpha)g_i$, also $\beta = (1 - \alpha)g_i/g_j$. Der Wert der neuen Lösung unterscheidet sich also vom Wert der Lösung $(1, \dots, 1, b, 0, \dots, 0)$ um den Betrag $(1-\alpha)g_i v_j/g_j - (1-\alpha)v_i$. Wegen $v_i/g_i \geq v_j/g_j$ ist dieser Betrag ≤ 0. Die neue Lösung ergibt also keine Verbesserung.

Analog lässt sich argumentieren, dass es keine Verbesserung bringt, wenn man den Wert $a_{k+1} = b$ reduziert und stattdessen einen der Werte a_j $(j > k+1)$ erhöht.

Jede andere Lösung müsste durch eine oder mehrere Transaktionen wie die eben analysierte aus der Lösung $(1,\ldots,1,b,0,\ldots,0)$ hervorgehen. Keine andere Lösung $(a_1,\ldots,a_n)$ kann also einen besseren Wert $\sum_{i=1}^{n} a_i v_i$ erreichen. □

Wir beobachten, dass der Greedy-Ansatz beim 0/1-Rucksackproblem dagegen nicht funktioniert, also nicht immer auf das Optimum führt. Bei dem Beispiel auf Seite 175 etwa würde Greedy die nicht-optimale Lösung (Objekt 1 und Objekt 2) mit dem Wert $v_1 + v_2 = 8$ liefern.

Tatsächlich lassen sich systematisch Beispiele angeben, die den Unterschied zwischen theoretisch erreichbarer optimaler Lösung und der durch diesen Greedy-Ansatz erreichbaren Lösung beliebig groß werden lassen: Für $i = 1,\ldots,n-1$ sei $v_i = g_i = 1$ und $v_n = G - 1$ und $g_n = G = k \cdot n$. Hierbei sei k eine (beliebig) große Konstante. Dann liefert der obige Greedy-Algorithmus die Lösung $(\underbrace{1,\ldots,1}_{n-1},0)$ mit dem Wert $n-1$, während die optimale Lösung $(\underbrace{0,\ldots,0}_{n-1},1)$ ist und den Wert $kn-1$ hat.

5.2 Matroide

Wir wollen nun versuchen herauszuarbeiten, was allen Problemstellungen, bei denen der Greedy-Algorithmus zu einer optimalen Lösung führt, gemeinsam ist. Es stellt sich heraus, dass die Greedy-Methode dann optimal arbeitet, wenn die zugrunde liegende algebraische Struktur ein so genanntes *Matroid* ist.

Sei E eine endliche Menge und sei $\mathcal{U}$ eine Menge von Teilmengen von E. Die algebraische Struktur $(E,\mathcal{U})$ heißt ein *Teilmengensystem*, falls gilt:

1. $\emptyset \in \mathcal{U}$,
2. $A \subseteq B,\ B \in \mathcal{U} \Rightarrow A \in \mathcal{U}$.

Das zu $(E,\mathcal{U})$ gehörige Optimierungsproblem besteht darin, für eine beliebige Gewichtsfunktion $w : E \to \mathbb{R}$ eine in $\mathcal{U}$ maximale Menge T (bzgl. $\subseteq$) zu finden, deren Gesamtgewicht

$$w(T) = \sum_{e \in T} w(e)$$

maximal ist.

(Genausogut könnte man als alternatives Opimalitätskriterium ansetzen, dass eine maximale Menge T mit *minimalem* Gesamtgewicht gesucht ist.)

Wenn wir fordern, dass der Wertebereich von w die *positiven* reellen Zahlen sein sollen, dann können wir uns die Forderung nach einer (bzgl. $\subseteq$) *maximalen* Menge A ersparen, denn in diesem Fall ist jede Menge $A \in \mathcal{U}$, die $w(A)$ maximiert, automatisch maximal (bzgl. $\subseteq$).

Der einem Teilmengensystem $(E, \mathcal{U})$ und Gewichtsfunktion $w : E \rightarrow \mathbb{R}$ zugeordnete *kanonische Greedy-Algorithmus* für diese Aufgabe arbeitet wie folgt:

```
Ordne die Elemente in E = {e_1, ..., e_n}
  nach absteigendem Gewicht: w(e_1) ≥ ... ≥ w(e_n)
T := ∅
FOR k := 1 TO n DO
  IF T ∪ {e_k} ∈ U THEN T := T ∪ {e_k}
Gib die Lösung T aus.
```

(Soll alternativ eine maximale Menge in $\mathcal{U}$ mit *minimalem* Gewicht gefunden werden, so ordne man zu Beginn die Elemente von E nach *aufsteigendem* Gewicht).

Dieser Algorithmus liefert allerdings nicht immer die optimale Lösung.

Beispiel: Sei $E = \{e_1, e_2, e_3\}, \mathcal{U} = \{\,\emptyset, \{e_1\}, \{e_2\}, \{e_3\}, \{e_2, e_3\}\,\}$ mit $w(e_1) = 3$, $w(e_2) = w(e_3) = 2$. Dies ist offensichtlich ein Teilmengensystem. Der kanonische Greedy-Algorithmus liefert die Lösung $T = \{e_1\}$ mit $w(T) = 3$, während die optimale Lösung dagegen $T' = \{e_2, e_3\}$ mit $w(T') = 4$ ist.

Wir zeigen: Der kanonische Greedy-Algorithmus liefert (in Bezug auf *jede* mögliche Gewichtsfunktion) genau dann optimale Lösungen, wenn das zugrunde liegende Teilmengensystem $(E, \mathcal{U})$ ein so genanntes *Matroid* ist. Diese algebraische Struktur verlangt ein zusätzliches Axiom, nämlich die *Austauscheigenschaft*:

$$A, B \in \mathcal{U},\ |A| < |B|\ \Rightarrow\ \exists x \in B - A : A \cup \{x\} \in \mathcal{U}$$

Das obige Beispiel stellt kein Matroid dar, denn die Austauscheigenschaft ist bei $A = \{e_1\}$ und $B = \{e_2, e_3\}$ verletzt.

Wir beobachten, dass in einem Matroid alle (bzgl. $\subseteq$) maximalen Mengen dieselbe Mächtigkeit haben. Denn, wenn sowohl A als auch B maximale Mengen in $\mathcal{U}$ sind mit $|A| < |B|$, dann kann A wegen der Austauscheigenschaft zu einer echt größeren Menge $A \cup \{x\}$ in $\mathcal{U}$ erweitert werden; also kann A nicht maximal gewesen sein.

Das folgende Teilmengensystem ist ein *Beispiel* für ein Matroid: Sei $E = \{1, 2, \ldots, n\}$, und $\mathcal{U}$ seien alle Teilmengen von E der Mächtigkeit $\leq k$, wobei k eine Zahl $\leq n$ ist. Die Austauscheigenschaft ist klar erfüllt. Außerdem ist in diesem Fall offensichtlich, dass alle maximalen Mengen in $\mathcal{U}$ dieselbe Mächtigkeit, nämlich k, haben.

Satz. Sei $(E,\mathcal{U})$ ein Teilmengensystem. Der kanonische Greedy-Algorithmus liefert für das zugehörige Optimierungsproblem (in Bezug auf *jede beliebige* Gewichtsfunktion $w : E \to \mathbb{R}$) die optimale Lösung **genau dann wenn** $(E,\mathcal{U})$ ein Matroid ist.

Beweis: $(\Leftarrow)$ Angenommen, $(E,\mathcal{U})$ ist ein Matroid. Sei $w : E \to \mathbb{R}$ eine beliebige Gewichtsfunktion. Die Elemente von $E = \{e_1, \ldots, e_n\}$ sind nach absteigenden w-Werten angeordnet:

$$w(e_1) \geq \cdots \geq w(e_n)$$

Sei $T = \{e_{i_1}, \ldots, e_{i_k}\}$ die vom Greedy-Algorithmus gefundene Lösung, wobei $i_1 < i_2 < \ldots < i_k$.

Angenommen, es gibt eine Lösung $T' = \{e_{j_1}, \ldots e_{j_k}\}$ mit $w(T') > w(T)$. Dann muss es einen Index μ geben mit $w(e_{j_\mu}) > w(e_{i_\mu})$. Sei μ der *kleinste* solche Index. Da die e_i's nach w-Wert absteigend sortiert sind, gilt also $j_\mu < i_\mu$.

Wir wenden nun die Austauscheigenschaft an auf

$$A = \{e_{i_1}, \ldots, e_{i_{\mu-1}}\} \text{ und } B = \{e_{j_1}, \ldots, e_{j_\mu}\}$$

Wegen $|A| < |B|$ gibt es ein Element $e_{j_\sigma} \in B - A$, so dass $A \cup \{e_{j_\sigma}\} \in \mathcal{U}$. Wegen $w(e_{j_\sigma}) \geq w(e_{j_\mu}) > w(e_{i_\mu})$, hätte der Greedy-Algorithmus dann aber das Element e_{j_σ} bereits vor e_{i_μ} auswählen müssen. Widerspruch.

$(\Rightarrow)$ Nehmen wir an, die Austauscheigenschaft gelte nicht. Dann gibt es A und B in $\mathcal{U}$ mit $|A| < |B|$, so dass für alle $b \in B - A$ gilt $A \cup \{b\} \notin \mathcal{U}$. Sei $r = |B|$.

Die Gewichtsfunktion $w : E \to \mathbb{R}$ sei definiert durch

$$w(x) = \begin{cases} r+1, & x \in A, \\ r, & x \in B - A, \\ 0, & \text{sonst} \end{cases}$$

Der Greedy-Algorithmus wählt dann eine Menge T mit $A \subseteq T$ und $T \cap (B - A) = \emptyset$. Also ist $w(T) = (r+1) \cdot |A| \leq (r+1)(r-1) = r^2 - 1$. Wählt man stattdessen eine Lösung $T' \supseteq B$, so hat diese den Wert $w(T') \geq r \cdot |B| = r^2$.

Der Greedy-Algorithmus liefert in diesem Fall also nicht die optimale Lösung. □

Wenn wir also bei einem Problem, bei dem sich der Greedy-Ansatz anbietet, feststellen, dass die zugrunde liegende algebraische Struktur ein Matroid ist, dann haben wir mit Hilfe dieses Satzes „automatisch" gezeigt, dass Greedy die optimale Lösung liefert.

Hierzu werden wir im Folgenden ein paar Beispiele liefern.

5.3 Auftragsplanung mit Schlussterminen

Ein weiteres Beispiel, bei dem der Greedy-Ansatz funktioniert und zu einer optimalen Lösung führt: Gegeben seien eine Menge von n „Aufträgen". Zu jedem Auftrag gehört ein (ganzzahliger) Schlusstermin $d_i \in I\!N$ und ein Gewinn $p_i \in I\!R_+$.

Diese Aufträge – bzw. ein Teil davon – sollen auf einer Maschine ausgeführt werden, bzw. einer Maschine, die diese Jobs ausführen kann, zugeordnet werden. Die Maschine kann jeden der Aufträge in *einer* Zeiteinheit erledigen. Eine zulässige Lösung ist eine Auswahl $A \subseteq \{1, \ldots, n\}$ der Aufträge, so dass die Aufträge in A so angeordnet werden können, dass jeder Auftrag vor seinem Schlusstermin erledigt ist. Die Aufgabe besteht darin, eine zulässige Lösung mit maximalem Gewinn zu bestimmen.

Beispiel:

$$\begin{array}{lllll} n = 4 & p_1 = 100 & p_2 = 10 & p_3 = 15 & p_4 = 27 \\ & d_1 = 2 & d_2 = 1 & d_3 = 2 & d_4 = 1 \end{array}$$

Hier gibt es folgende zulässige Lösungen:

Lösung	Reihenfolge	Gewinn
$1, 2$	$2, 1$	110
$1, 3$	$1, 3$ oder $3, 1$	115
$1, 4$	$4, 1$	$\boxed{127}$
$2, 3$	$2, 3$	25
$3, 4$	$4, 3$	42
1	1	100
2	2	10
3	3	15
4	4	27
$\emptyset$	–	0

Die optimale Lösung besteht in der Auswahl der Aufträge 1 und 4. Diese Auswahl ist zulässig, da man zuerst Auftrag 4 ausführen kann (dessen Schlusstermin 1 ist), und dann Auftrag 1 (dessen Schlusstermin 2 ist).

Eine mögliche Reihenfolge zur Bearbeitung einer Auftragsmenge A ergibt sich dadurch, dass man A anhand der Schlusstermine sortiert: $A = \{(d_1, p_1), (d_2, p_2), \ldots (d_k, p_k)\}$, $k \leq n$, $d_1 \leq d_2 \leq \ldots \leq d_k$. Dann ist A genau dann eine zulässige Lösung, falls $d_1 \geq 1, d_2 \geq 2, \ldots, d_k \geq k$ gilt.

Der folgende Greedy-Algorithmus löst das Auftragsplanungsproblem:

```
Ordne die Aufträge nach absteigenden p-Werten:
 p1 ≥ p2 ≥ ... ≥ pn
A := ∅
FOR i := 1 TO n DO
  IF A ∪ {i} ist zulässige Lösung THEN
   A := A ∪ {i}
Gib A aus
```

Wir zeigen nun, dass dieser Greedy-Algorithmus das Problem optimal löst dadurch, dass wir zeigen, dass die zugrunde liegende algebraische Struktur ein Matroid ist. Daher ergibt sich, dass obiger Greedy-Algorithmus mit dem kanonischen Greedy-Algorithmus für dieses Matroid übereinstimmt. Der Optimalitätsnachweis wird somit auf die Optimalität des kanonischen Greedy-Algorithmus bei Matroiden zurückgeführt.

Als Grundmenge wählen wir

$$E = \{(d_1, p_1), (d_2, p_2), \ldots, (d_n, p_n)\}$$

Das Mengensystem $\mathcal{U}$ über E wird wie folgt definiert: Es ist $A \in \mathcal{U}$ genau dann, wenn A eine zulässige Lösung darstellt.

Es ist klar, dass $\emptyset \in \mathcal{U}$ gilt, und dass $A \subseteq B$, $B \in \mathcal{U} \Rightarrow A \in \mathcal{U}$ gilt. Daher ist $(E, \mathcal{U})$ ein Teilmengensystem.

Für die Matroideigenschaft müssen wir noch das Austauschaxiom nachweisen. Seien A und B zulässige Lösungen mit $|A| < |B|$. Seien die Aufträge in B nach aufsteigenden Schlussterminen geordnet:

$$B = \{(d_{i_1}, p_{i_1}), \ldots, (d_{i_k}, p_{i_k})\}, \quad d_{i_1} \leq \ldots \leq d_{i_k}$$

Da B eine zulässige Lösung ist, gilt $d_{i_1} \geq 1, \ldots, d_{i_k} \geq k$. Es ist $|A| = l$ mit $l < k$. Sei $s \in \{1, \ldots, k\}$ maximal mit $(d_{i_s}, p_{i_s}) \in B - A$. Wir wollen zeigen, dass $A' := A \cup \{(d_{i_s}, p_{i_s})\}$ zulässig ist. Da die Elemente (d_{i_μ}, p_{i_μ}) mit $s < \mu \leq k$ (sofern vorhanden) in A liegen, und da $d_{i_\mu} \geq \mu$ gilt, können diese in A' an die letzten Positionen bis Position $l + 1$ platziert werden, um die Zulässigkeit von A' nachzuweisen. Das Element (d_{i_s}, p_{i_s}) kann dann an die Position direkt vor diesen Elementen gesetzt werden. (Die anderen Elemente in A' können alle vorher platziert werden). Damit sieht man, dass A' zulässig ist. Also ist $(E, \mathcal{U})$ ein Matroid.

Wenn wir als Gewichtsfunktion $w : E \to I\!R$ definieren $w((d_i, p_i)) = p_i$, so stimmen der kanonische Greedy-Algorithmus und obiger tatsächlich überein.

Zur Komplexität des Auftragsplanungsproblems lässt sich sagen, dass die notwendigen Sortiervorgänge (anhand der p-Werte bzw. anhand der Schlusstermine) $O(n \log n)$ Aufwand benötigen. Ferner muss in jedem Schritt die Zulässigkeit der betreffenden Lösung getestet werden, was das Einfügen des i-ten Elements in eine Liste linearer Größe bedeutet, also einen Aufwand von $O(n)$ erfordert. Insgesamt erhalten wir somit die Komplexität $O(n^2 \log n)$.

5.4 Aufspannende Bäume: Kruskal-Algorithmus

Ein weiteres Beispiel, wo Matroide in natürlicher Weise verwendet werden können, stammt aus dem Bereich der Graphentheorie. Sei $G = (V, E)$ ein gegebener ungerichteter, zusammenhängender Graph. Einem solchen Graphen kann man ein Matroid zuordnen, das wir *Graphen-Matroid* nennen, wie folgt: Die Grundmenge ist die Menge aller Kanten E; und als Teilmengensystem $\mathcal{U}$ über E nehmen wir alle solche Kantenmengen, die keinen Kreis enthalten.

Dieses Teilmengensystem ist tatsächlich ein Matroid, denn seien A und B zwei zyklenfreie Teilmengen von E mit $|A| < |B|$. Sowohl A als auch B zerlegen die zugrunde liegende Knotenmenge V in disjunkte Knotenbereiche: zwei Knoten gehören zum selben Bereich, wenn sie durch einen Weg in A (bzw. in B) miteinander verbunden sind. Sei $V = V_1 \cup V_2 \cup \ldots \cup V_k$ die durch A induzierte Zerlegung. Jede Kante in B verbindet entweder zwei Knoten im selben Bereich V_i oder in zwei verschiedenen Bereichen V_i und V_j. In B können höchstens $\sum_i (|V_i| - 1) = |A|$ viele Kanten vom ersten Typ vorkommen, da B zyklenfrei ist. Da $|B| > |A|$, muss es also mindestens eine Kante in $B - A$ geben, die zwei verschiedene Bereiche verbindet. Eine solche Kante kann zu A hinzugefügt werden, ohne dass ein Zyklus entsteht. Also haben wir es mit einem Matroid zu tun.

Als Nächstes nehmen wir an, es sei eine Gewichtsfunktion $w : E \to \mathbb{R}$ gegeben, also eine Gewichtung der Kanten des zugrunde liegenden Graphen. Der kanonische Greedy-Algorithmus berechnet eine maximale Menge von Kanten mit maximalem Gewicht (oder minimalem Gewicht – je nachdem, ob wir die Kanten absteigend oder aufsteigend anordnen). Da die Kantenmenge maximal ist, besteht diese nur noch aus *einer* Zusammenhangskomponente, das heißt, das Ergebnis ist ein so genannter *aufspannender Baum* des Graphen G. Also ein zusammenhängender Teilgraph, auf dem alle Knoten vorkommen, und der keinen Zyklus enthält. Dieser Algorithmus (normalerweise in der Variante, dass ein aufspannender Baum mit *minimalem* Gewicht gefunden wird) heißt auch *Kruskal-Algorithmus*.

Beispiel: Gegeben sei folgender kanten-bewertete Graph:

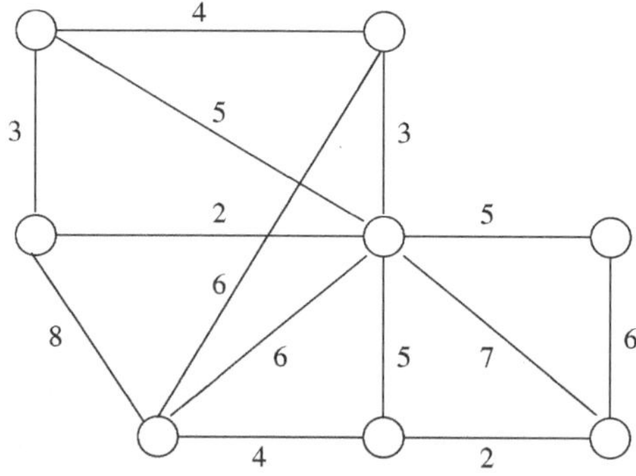

Der Kruskal-Algorithmus wählt nun – nach aufsteigendem Kantengewicht – Kante für Kante aus – solange diese Kante keinen Kreis schließt. Das Ergebnis ist folgender aufspannender Baum mit *minimalem* Kantengewicht, nämlich $2+2+3+3+4+5+5 = 24$ (gestrichelt dargestellt):

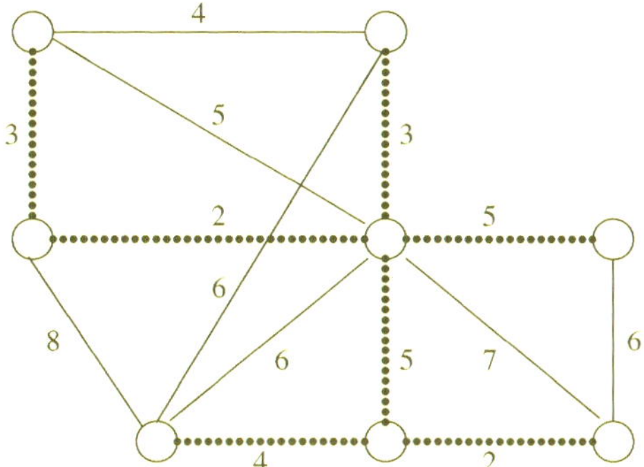

Sofern man nach absteigendem Kantengewicht die Kanten auswählt, erhält man einen aufspannenden Baum mit *maximalem* Kantengewicht, nämlich $8+7+6+6+6+5+5 = 43$ (im folgenden Bild wieder gestrichelt gezeichnet):

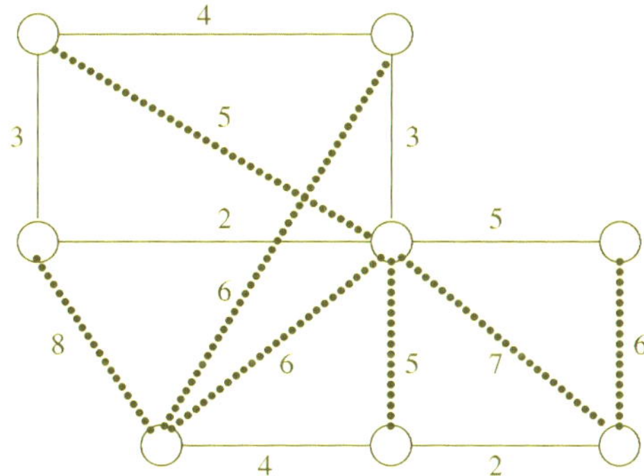

5.5 Kürzeste Wege: Dijkstra-Algorithmus

Gegeben sei wieder ein kanten-bewerteter (gerichteter oder ungerichteter) Graph, also $G = (V, E)$ und $w : E \to \mathbb{R}_+$, wobei ein Knoten $u \in V$ (der „Startknoten") besonders ausgezeichnet ist. Gesucht sind alle kürzesten Wege von u aus zu jedem beliebigen anderen Knoten $v \in V$. Der *Algorithmus von Dijkstra* löst dieses Problem wie folgt. Hierbei ist W eine Liste der noch zu sondierenden Knoten (am Anfang ist $W = V$, am Ende ist $W = \emptyset$); F ist eine Auswahl an Kanten, welche die kürzesten Wege von u aus zu allen anderen Knoten ausmachen; $l(v)$ ist die kürzestmögliche Weglänge von u nach v und $k(v)$ ist die optimale zu v führende Kante. Für einen Knoten v bezeichnet $Adj(v) = \{v' \mid (v, v') \in E\}$.

```
FOR v ∈ V DO l(v) := ∞
l(u) := 0
W := V; F := ∅
FOR i := 1 TO |V| DO
  Finde einen Knoten v ∈ W mit l(v) minimal
  W := W − {v};
  IF v ≠ u THEN F := F ∪ {k(v)};
  FOR v' ∈ Adj(v), v' ∈ W DO
   IF l(v) + w(v, v') < l(v') THEN
    l(v') := l(v) + w(v, v')
    k(v') := (v, v')
```

Beispiel: Wir nehmen wieder den obigen Beispielgraphen:

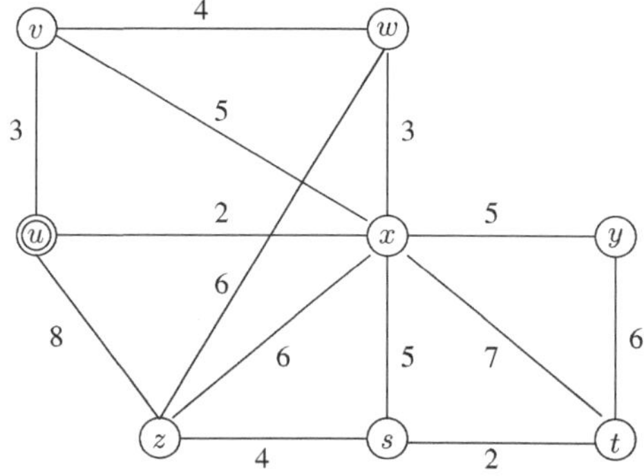

Vom Startknoten u aus entwickelt der Dijkstra-Algorithmus die folgenden (gestrichelten) Pfade (dies sind die Kanten in F). Hierbei werden die Knoten in folgender Reihenfolge aus W entfernt: u, x, v, w, y, s, z, t.

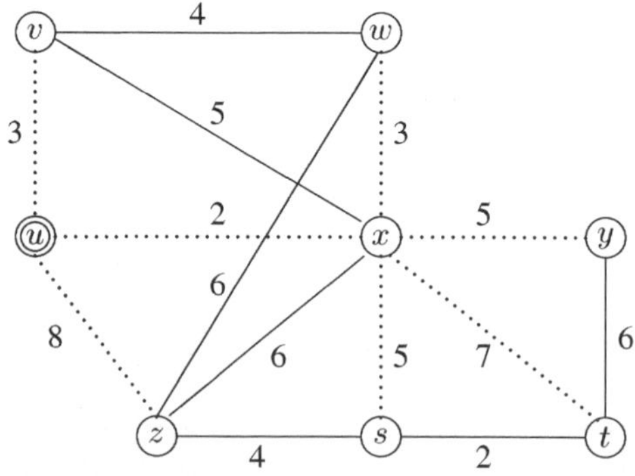

Diese Pfade bilden wieder einen aufspannenden Baum, der allerdings nicht minimales Gewicht hat; was stattdessen minimiert wird, sind die Wegstrecken von u aus gesehen.

Was die Komplexität des Dijkstra-Algorithmus betrifft, so sieht man, dass eine äußere Schleife durchlaufen werden muss; diese liefert den Faktor $O(|V|)$. Im Inneren dieser Schleife ist aber eine weitere, die für das Auffinden des Minimums zuständig ist (Komplexität $O(|V|)$). Das Aufsuchen aller Nachbarn von v kann mit $O(|V|)$ abgeschätzt werden. Daher ist die Komplexität des Dijkstra-Algorithmus beschränkt durch $O(|V|^2)$. Wir werden allerdings noch Komplexitätsverbesserungen in Abschnitt 5.6 besprechen.

Die Korrektheit des Dijkstra-Algorithmus kann man sich durch Aufzeigen der entsprechenden Matroid-Struktur klarmachen, und somit auf die Korrektheit des kanonischen Greedy-Algorithmus für Matroide zurückführen. Wir wählen dieses Mal als Grundmenge die Menge aller zyklenfreien Pfade vom Startknoten u aus. Das Teilmengensystem $\mathcal{U}$ über dieser Grundmenge besteht aus allen solchen Pfadmengen, die auf *verschiedene* Endknoten führen. Man sieht leicht ein, dass diese Struktur ein Matroid ist, denn wenn A und B Pfadmengen aus $\mathcal{U}$ sind mit $|A| < |B|$, dann gibt es in A genau $|A|$ verschiedene Endknoten und in B befindet sich mindestens ein Pfad mit einem weiteren Endknoten, der in A nicht vorkommt. Daher kann A um diesen Pfad erweitert werden.

Als Nächstes benötigen wir noch eine geeignete Gewichtsfunktion w' auf der Grundmenge, also auf den von u ausgehenden Pfaden. Sei p ein solcher Pfad. Dann setzen wir

$$w'(p) = \sum_{k \text{ liegt auf } p} w(k)$$

Man überzeugt sich leicht davon, dass der kanonische Greedy-Algorithmus für dieses Matroid und diese Gewichtsfunktion w' im Ablauf und im erzeugten Ergebnis exakt mit dem Dijkstra-Algorithmus übereinstimmt. (Der Dijkstra-Algorithmus ist nur effizienter formuliert; man muss nicht alle zyklenfreien Pfade, die von u ausgehen, erzeugen und nach aufsteigenden w'-Werten sortieren, wie dies beim kanonischen Greedy-Algorithmus vorgesehen ist). Im Beispiel oben wählt der kanonische Greedy-Algorithmus der Reihe nach folgende Pfade:

Pfad p	$w'(p)$
u	0
$u - x$	2
$u - v$	3
$u - x - w$	5
$u - x - y$	7
$u - x - s$	7
$u - z$	8
$u - x - t$	9

Als Letztes wollen wir noch bemerken, dass man den Dijkstra-Algorithmus durchaus auch als einen einfachen dynamischen-Programmier-Algorithmus ansehen kann, denn es wird die zunächst leere (eindimensionale) Tabelle der l-Werte aufgebaut, die die kürzesten Weglängen angibt. In jedem Erweiterungsschritt wird auf die bereits berechneten l-Werte zurückgegriffen. Es gilt auch das Bellmannsche Optimalitätsprinzip: Die kürzeste Wegstrecke von u nach v erhält man, indem man denjenigen Vorgänger v' von v auswählt, der den Wert $l(v') + w(\{v', v\})$ minimiert. Dieses Vorgehen entspricht also (auch) dem dynamischen Programmier-Paradigma.

5.6 Priority Queues und Union-Find

Bei der Implementierung von allen Greedy-Algorithmen steht immer wieder die Basisaufgabe an, aus einer Menge von möglichen Objekten e_i $(i = 1, \ldots, n)$ dasjenige mit maximalem (oder minimalem) $w(e_i)$-Wert herauszufinden. In unserer bisherigen Algorithmenformulierung haben wir das immer so gemacht, dass alle Elemente e_i nach absteigenden (oder aufsteigenden) w-Werten vorzusortieren sind (was Komplexität $O(n \log n)$ hat).

Tatsächlich lässt sich dies effizienter implementieren, wenn eine Datenstruktur zur Verfügung steht, die die folgenden Grundoperationen unterstützt:

- *Initialisiere die Datenstruktur:* das heißt, aus der zu verwaltenden Datenmenge wird die fragliche Datenstruktur hergestellt.
- *Extrahiere das Maximum:* aus der zu verwaltenden Datenmenge soll dasjenige mit maximalem Wert zurückgeliefert und aus der Datenstruktur entfernt werden.
- *Füge ein Element ein:* ein beliebiges neues Datenelement, dem wiederum ein Wert zugeordnet ist, soll in die bestehende Datenstruktur eingefügt werden.

Eine so genannte *abstrakte Datenstruktur*, die genau diese Operationen (möglichst effizient) unterstützt, nennt man *priority queue* (auch: Prioritätsschlange oder Vorrangschlange). Man nennt eine solcherart über die gewünschten Operationen gegebene Datenstruktur *abstrakt*, um diese von der *konkreten* Implementierung zu unterscheiden. (Genauso wie der mathematische Begriff der *Gruppe* eine *abstrakte* Struktur darstellt, die lediglich durch die Gruppenaxiome spezifiziert wird. Etwas anderes ist dann eine *konkrete* Gruppe, wie zum Beispiel $(\{0, 1\}, \oplus)$).

Man kann die Eigenschaften einer abstrakten Datenstruktur auch axiomatisch beschreiben, worauf wir hier aber verzichten wollen; jeder weiß wohl, was mit „Maximum einer endlichen Menge“ und „Einfügen eines Elements in eine Menge“ gemeint ist. Andere in der Informatik bekannte abstrakte Datenstrukturen sind zum Beispiel der Keller (stack) und die Schlange (queue), vgl. Abschnitt 1.1.

Eine mögliche konkrete Implementierung einer priority queue besteht darin, balancierte Suchbäume (zum Beispiel AVL-Bäume) zu verwenden: Um das Maximum einer in einem AVL-Baum gehaltenen Datenmenge zu bestimmen, starte man bei der Wurzel und gehe bis auf Blattebene herunter, indem man immer den rechten Sohnknoten auswählt.

Die Anzahl der Schritte ist durch die Tiefe des AVL-Baums beschränkt; diese ist bei n gespeicherten Daten gerade $\Theta(\log n)$.

Das Herausnehmen eines Elements erfordert evtl. einige Rebalancierungsschritte (Rotationen oder Doppelrotationen), die sich entlang des Pfades bis zur Wurzel vollziehen; auch das Löschen hat somit die Komplexität $\Theta(\log n)$.

Analoges gilt für das Einfügen eines neuen Elements, man muss die Einfügestelle aufsuchen und dann Rebalancieren; dies hat die Komplexität $\Theta(\log n)$. Um den Initialisierungsprozess durchzuführen, kann man n-mal die Einfügeoperation ausführen; dies hat Komplexität $O(n \log n)$.

Eine andere, noch interessantere Möglichkeit, die priority queue konkret zu implementieren, ist mittels *Heaps*. Das Maximum der im Heap gespeicherten Datenmenge ist immer an der Wurzel zu finden. Das Entfernen das Maximums geht so wie bei Heap-Sort beschrieben: man entfernt die Wurzel und setzt stattdessen das „letzte" Blatt (das in der rechtesten Position auf tiefster Ebene sitzende Blatt) an die Wurzelposition. Da die Heap-Eigenschaft an der Wurzel dann im Allgemeinen verletzt ist, lässt man das Element dann mittels Heapify in den Heap hineinsinken, bis die Heap-Eigenschaft wieder erfüllt ist. Diese Operation ist auf Seite 109ff beschrieben. Die Komplexität dieser Operation ist bei n gespeicherten Elementen wieder $\Theta(\log n)$.

Bei manchen Greedy-Algorithmen muss nicht das Maximum sondern das Minimum aufgesucht werden. Der Heap lässt sich analog natürlich auch so organisieren, dass sich das Minimum an der Wurzel befindet.

Soll ein neues Element in den Heap eingefügt werden, so wird dieses zunächst auf die freie „letzte Blatt"-Position gesetzt. Danach wandert das Element weiter nach oben in den Heap hinein, um schließlich die Heap-Eigenschaft wieder herzustellen, indem das Element ggfs. mit seinem Vater die Plätze tauscht. Auch diese Operation hat die Komplexität $\Theta(\log n)$.

Skizze:

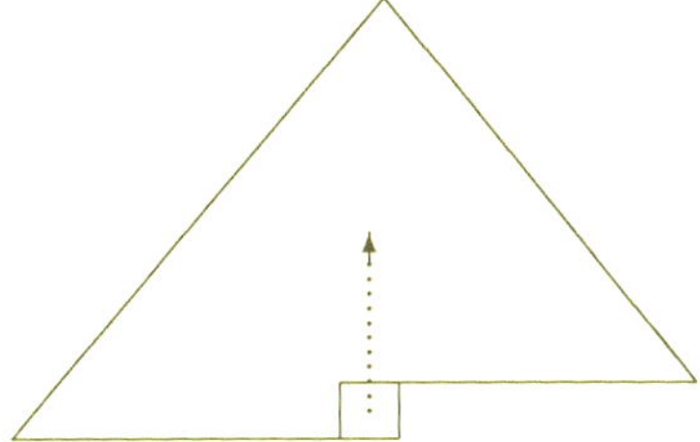

Soll im Rahmen eines Greedy-Algorithmus zunächst ein Heap mit n Elementen hergestellt werden, so ist es günstiger, anstatt n-mal die Einfügeoperation durchzuführen, was die Komplexität $\log 1 + \log 2 + \ldots + \log n = \Omega(n \log n)$ hätte, die bei HeapSort beschriebene Operation zum Aufbau des Heaps durchzuführen (Phase 1 von HeapSort), welche nur die Komplexität $O(n)$ hat.

Wir diskutieren nun die verschiedenen Greedy-Algorithmen hinsichtlich ihrer Komplexität, wenn ein solche effiziente priority queue-Implementierung verwendet wird.

Beim Bruchteil-Rucksackproblem wird zunächst ein Heap mit den v_i/g_i Werten aufgebaut (Komplexität $O(n)$). In jedem Schleifendurchlauf wird das Maximum bestimmt und ausgelesen. Dies ergibt insgesamt die Komplexität $O(n \log n)$ (was in diesem Fall auch nicht besser ist, als wenn man alle Elemente zunächst vollständig sortiert).

Der Dijkstra-Algorithmus wurde schon ohne Verwenden von priority queues in der Komplexität mit $O(|V|^2)$ abgeschätzt. Mittels Heap könnte man den Algorithmus wie folgt implementieren. Der Heap verwaltet die Menge W. Dieser wird zunächst mit den (vorläufigen) l-Werten der Knoten in V initialisiert (Komplexität $O(|V|)$). Im Verlauf der $O(|V|)$ vielen Schleifendurchläufe muss jedes Mal der Knoten mit minimalem l-Wert in W bestimmt und aus W entfernt werden (Komplexität $O(\log |W|) = O(\log |V|)$). (Der Heap ist dabei natürlich so organisiert, dass sich das *Minimum* an der Wurzel befindet). Über alle Schleifendurchläufe hinweg müssen insgesamt $O(|E|)$ viele l-Werte in W aktualisiert werden; dieses sind jeweils die Nachbarknoten v' von v. Um diese Knoten effizient aufzufinden, verwenden wir als Datenstruktur zur Repräsentation des Graphen G eine Adjazenzliste (vgl. Seite 203). Nachdem der l-Wert eines Knotens v' erniedrigt wurde, muss der Knoten dann im Heap evtl. weiter nach oben wandern – wie oben beschrieben (Komplexität $O(\log |V|)$). Daher ergeben diese Heap-Modifikationen insgesamt einen Komplexitätsanteil von $O(|E| \log |V|)$. Solcherart implementiert, hat der Dijkstra-Algorithmus daher die Komplexität $O(|V| \log |V|) + O(|E| \log |V|) = O((|E| + |V|) \log |V|)$. Dies zahlt sich gegenüber $O(|V|^2)$ dann aus, wenn der Graph relativ dünn besetzt ist, was seine Kantenzahl betrifft (also falls $|E| = o(|V|^2 / \log |V|)$).

Beim Kruskal-Algorithmus kann man ebenfalls einen Heap verwenden, der zu Beginn mit den Kantenwerten gefüllt wird. In jedem Schritt wird dann diejenige Kante mit minimalem (bzw. maximalem) Wert bestimmt und aus dem Heap entfernt. Die Gesamtkomplexität für diese Heap-Operationen ist dann $O(|E| \log |E|)$. Diese Schranke würde sich allerdings auch ergeben, wenn man alle Kanten gemäß ihrer Bewertungen in einem Vorverarbeitungsschritt zunächst sortiert.

Nun tritt aber ein weiteres Problem auf, nämlich dass in jedem Schritt getestet werden muss, ob die jeweilige Kante, zusammen mit den bereits ausgewählten Kanten, einen Zyklus bildet. Um diesen Zyklen-Test effizient zu gestalten, benötigen wir eine geeignete Datenstruktur, die die so genannten *Union-Find-Operationen* unterstützt. Hierbei soll eine Menge von Daten $v_1, \ldots, v_n$ verwaltet werden (in unserem Fall ist dies die Menge aller Knoten des Graphen). Jedes Objekt v_i wird zunächst im Initialzustand als eine einelementige Menge $\{v_i\}$ verstanden. Zu einem späteren Zeitpunkt können diese Mengen z.T. vereinigt worden sein, so dass im Allgemeinen also ein System von (disjunkten) Teilmengen von $\{v_1, \ldots, v_n\}$ verwaltet werden muss. Die Operationen *Union* und *Find* sind dann wie folgt definiert:

- *Find*(v_i): Es wird eine eindeutige Bezeichnung zurückgeliefert für die Menge, in der sich v_i befindet; dies kann zum Beispiel ein kanonisches Element dieser Menge sein.
- *Union*(v_i, v_j): Die beiden durch v_i und v_j identifizierten Mengen werden vereinigt und fortan als eine einzige Menge verwaltet.

Wenn man zum Beispiel testen will, ob sich die Elemente v_i und v_j in derselben Menge befinden, so kann man testen, ob *Find*(v_i) = *Find*(v_j) gilt. Im Falle des Kruskal-Algorithmus muss genau mit diesem Test festgestellt werden, ob eine Kante $\{v_i, v_j\}$ einen Zyklus mit bereits vorhandenen Kanten schließt (denn die disjunkten Teilmengen entsprechen genau den Zusammenhangskomponenten des bisher konstruierten Teils eines aufspannenden Baums). Wenn der Test *Find*(v_i) = *Find*(v_j) negativ ausgeht, so kann die neue Kante hinzugefügt werden, ohne dass ein Zyklus entsteht. Danach muss diese Hinzufüge-Aktion mittels der Operation *Union*(v_i, v_j) in der Datenstruktur vermerkt werden.

Sei $f(n)$ die Komplexität von *Find* und sei $u(n)$ die Komplexität von *Union*, jeweils bezogen auf eine n-elementige Grundmenge. Dann lässt sich die Komplexität des Kruskal-Algorithmus durch $O(|E|(\log|E| + f(|V|) + u(|V|)))$ abschätzen. Es gibt effiziente Union-Find-Datenstrukturen und dazugehörige Algorithmen (eine einfache Implementierung ist unten angegeben), so dass man von einer Komplexität von $O(|E|\log|E|)$ für den Kruskal-Algorithmus ausgehen kann.

Sehr einfach lassen sich die Operationen *Union* und *Find* auf einer n-elementigen Grundmenge mittels eines Arrays $A[1..n]$ implementieren. Dieses Array wird so initialisiert, dass $A[i] = i$ für alle i gilt. Dies bedeutet, dass von jedem Element i ein „Zeiger“ auf sich selbst ausgeht; das heißt, i ist gleichfalls das kanonische Element der Menge $\{i\}$. Im Allgemeinen findet man das kanonische Element der Menge, in der sich Element i befindet, dadurch dass man $A[i]$, $A[A[i]]$, usw. solange sondiert, bis man ein k mit $k = A[k]$ vorfindet. Dann ist k das kanonische Element der betreffenden Menge. Das kanonische Element ist also immer die Baum-Wurzel (wenn man die im Array eingetragenen Werte als Zeiger betrachtet). Somit können wir *Union* und *Find* (einschließlich der Initialisierung) einfach implementieren:

```
PROCEDURE Init
FOR i := 1 TO n DO A[i] := i

PROCEDURE Union(i, j)
RANDOM z IN [0, 1]
IF z = 0 THEN A[i] := j
  ELSE A[j] := i
```

```
PROCEDURE Find(i)
IF i = A[i] THEN RETURN i
  ELSE
    j :=Find(A[i])
    A[i] := j
    RETURN j
```

Hier gibt es mehreres zu kommentieren: Bei der Union-Operation wird für die Korrektheit vorausgesetzt, dass sowohl i als auch j jeweils kanonische Elemente sind (das heißt, es muss $A[i] = i$ und $A[j] = j$ gelten). Ferner wird der Zufall verwendet, um festzulegen, ob die Menge i an die Menge j angekoppelt wird oder umgekehrt. Hierdurch soll verhindert werden, dass die Vereinigungsmengen in systematischer Weise unbalanciert werden. Bei einer Abfolge von mehreren Union-Operationen entstehen solcherart also „Zufallsbäume".

Die Find-Operation ist im Prinzip so implementiert wie oben beschrieben: man sucht nach einem k mit $k = A[k]$. Als „Seiteneffekt" wird hierbei die „Verzeigerungsstruktur" durch den Befehl $A[i] := j$ umgebaut, so dass die Wege bis zur Wurzel sich verkürzen. In alle vorgefundenen $A[i]$-Werte wird ein direkter Zeiger auf die Baumwurzel eingetragen (dies nennt man „Pfadkomprimierung"). Dies ist also ein Beispiel für eine *selbstorganisierende Datenstruktur*: je häufiger eine Find-Operation stattfindet, desto mehr sinkt dabei der Suchaufwand.

In der folgenden Skizze ist dargestellt, wie die durch die Array-Implementierung gegebene Verzeigerungsstruktur (die hier von unten nach oben gerichtet ist) nach der Operation *Find(a)* verändert wird bei einer Pfadkomprimierung.

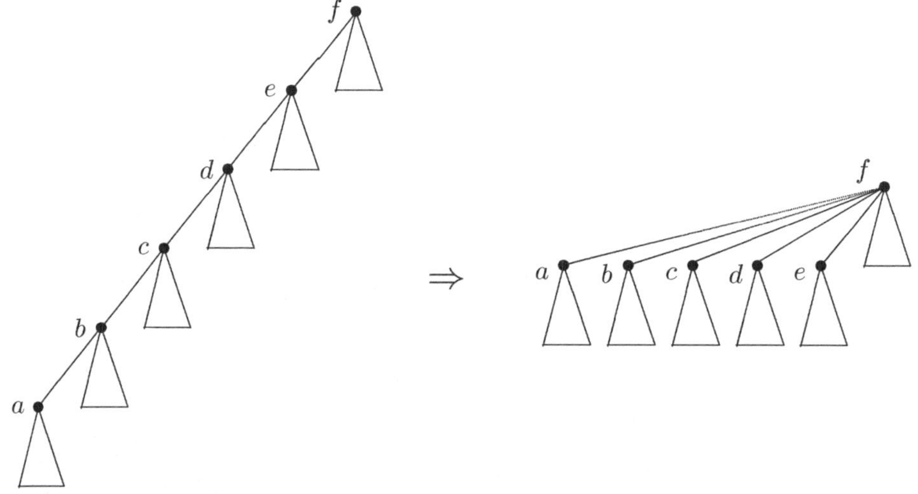

Anstelle bei der Union-Operation, wie vorgeschlagen, den Zufall zu Hilfe zu nehmen, kann man in einem Extra-Array speichern, wie viele Elemente sich hinter einem kanonischen Mengen-Element verbergen (also welche Mächtigkeit die betreffende Menge hat). Diese Information kann man dann bei der Union-Operation ausnützen, um die *kleinere* der beiden Mengen an die größere anzukoppeln, und nicht umgekehrt. Bei der Union-Operation muss diese Information beim kanonischen Element dann neu eingetragen werden (als Summe der vorherigen beiden Werte).

Für diese zuletzt vorgeschlagene Implementierung gilt, dass der nach n Union-Operationen entstehende Baum nicht tiefer sein kann als $\log_2(n+1)$. Dies lässt sich durch eine Induktion nach n einsehen. Der Induktionsanfang $n = 0$ ist klar: alle Bäume bestehen dann aus einem einzelnen Knoten, haben also Tiefe $\log_2(0+1) = 0$. Betrachten wir nun einen Baum, der durch $n > 0$ viele Union-Operationen zustande kam. Bei der letzten Union-Operation, die zu diesem Baum geführt hat, wurden zwei Bäume vereinigt, die jeweils durch n_1 bzw. n_2 Unions entstanden sind, wobei $n_1 + n_2 = n - 1$. Wir nehmen (o.B.d.A.) an, dass $n_1 \leq n_2$, also $n_1 \leq (n-1)/2$. Nach Induktionsvoraussetzung haben diese beiden Bäume jeweils Tiefen $\leq \log_2(n_1+1)$ bzw. $\leq \log_2(n_2+1)$. Nach der Union-Operation hat der Baum dann höchstens die Tiefe

$$\max\Big(1 + \log_2(n_1+1), \log_2(n_2+1)\Big) \leq \log_2(n+1),$$

was zu zeigen war.

Insgesamt können wir daher die worst-case Komplexität einer einzelnen Find-Operationen mit $O(\log n)$ abschätzen, wobei der sich im amortisierten Sinne positiv auswirkende Effekt der Pfadkomprimierung noch nicht berücksichtigt wurde.

Tatsächlich zeigt eine Amortisationsanalyse, dass eine beliebige Folge von $O(n)$ Union- und Find-Operationen sich in der Komplexität mit $O(n \log^* n)$ abschätzen lässt. Hierbei ist die Funktion $\log^* n$ wie folgt definiert:

$$\log^* n \;=\; \min\{k \mid \underbrace{\log \ldots \log}_{k\text{-mal}} n \leq 1\}$$

Die Funktion $\log^* n$ ist eine ungeheuer *langsam* anwachsende Funktion: für $n \leq 10^{19728}$ ist $\log^* n \leq 5$. Die *amortisierte* Komplexität einer einzelnen *Find*-Operation ist also (nahezu) konstant.

Kapitel 6

Algorithmen auf Graphen

Es wurden im Zusammenhang mit Greedy-Algorithmen bereits einige Algorithmen auf Graphen besprochen. In diesem Kapitel sollen weitere Algorithmen betrachtet werden, die einige typische Aufgabenstellungen bei Graphen lösen, wie zum Beispiel das Durchsuchen eines Graphen, entweder auf die depth-first oder auf die breadth-first Weise, sowie das Bestimmen aller kürzesten Wege und das Bestimmen eines maximalen Flusses. Es wird in diesem Kapitel elementare Kenntnis der Graphentheorie vorausgesetzt.

6.1 Repräsentation von Graphen

Für die verschiedenen Algorithmen auf Graphen spielt es eine Rolle, in welcher Form der zu bearbeitende Graph repräsentiert wird. Die gewählte Form der Repräsentation kann sich auf die Komplexität des jeweiligen Algorithmus auswirken. Wir diskutieren hier zwei gängige Darstellungsformen, die *Adjazenzliste* und die *Adjazenzmatrix*. Die Adjazenzliste für einen Graphen $G = (V, E)$ besteht aus einem Array $A[1..|V|]$ von Zeigern. Diese Zeiger sind jeweils Ausgangspunkt für eine verkettete Liste. Die bei $A[i]$ startende Liste beschreibt die direkten Nachfolgerknoten von Knoten i.

Beispiel: Der folgende gerichtete Graph wird durch die Adjazenzliste rechts repräsentiert.

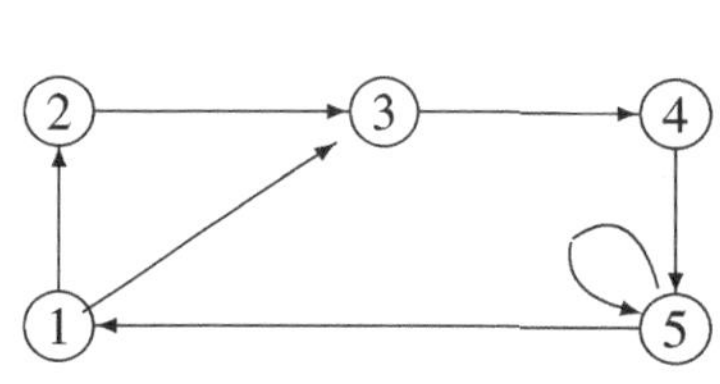

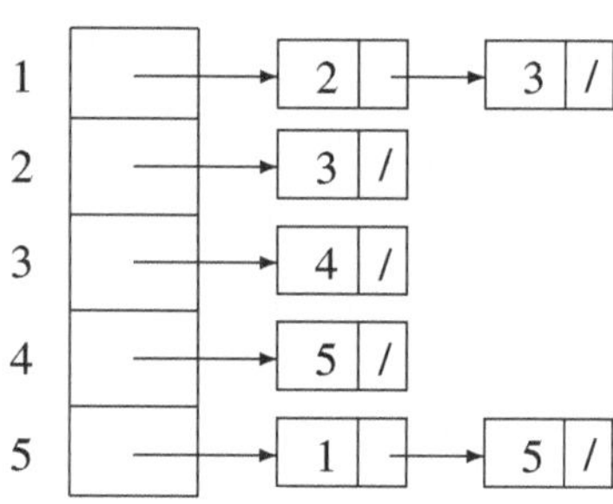

Wir repräsentieren denselben Graphen als Nächstes durch seine Adjazenzmatrix. Dies ist eine Boolesche $|V| \times |V|$ Matrix und das Matrixelement an Position (i, j) enthält eine 1 genau dann, wenn eine Kante von i nach j vorhanden ist, also falls $(i, j) \in E$.

$$\begin{bmatrix} 0 & 1 & 1 & 0 & 0 \\ 0 & 0 & 1 & 0 & 0 \\ 0 & 0 & 0 & 1 & 0 \\ 0 & 0 & 0 & 0 & 1 \\ 1 & 0 & 0 & 0 & 1 \end{bmatrix}$$

Der Speicheraufwand für die Adjazenzliste ist $O(|V| + |E|)$, für die Adjazenzmatrix dagegen $O(|V|^2)$. Die Adjazenzliste ist also in Bezug auf den Speicherplatz vorteilhaft, wenn der Graph *dünn besetzt* ist, also falls $|E| = o(|V|^2)$.

Ansonsten hängt die Wahl der Repräsentation von dem verwendeten Algorithmus ab, bzw. davon, welche Arten des Zugriffs auf den Graphen besonders effizient zu unterstützen sind. In den meisten Fällen ist die Adjazenzliste geeignet. Sollen allerdings für einen Knoten i seine *Vorgänger* aufgesucht werden, so ist diese Operation bei der Adjazenzliste nur ineffizient ausführbar.

Die Adjazenzliste ist vorteilhaft, wenn die Knoten bzw. Kanten in der natürlichen Reihenfolge, gegeben durch die Nachbarschaftsbeziehung auf dem Graphen, durchsucht werden sollen. Hier ist man bei der Matrizendarstellung und vor allem bei einem dünn besetzten Graph (wenige Kanten) im Nachteil, da man dann z.B. eine Zeile der Matrix solange durchsuchen muss, bis man eine 1 vorfindet (Aufwand $O(n)$).

Die Adjazenzliste ist weiterhin von Vorteil, wenn man während des Algorithmenablaufs den Graph dynamisch verändern will, und Knoten oder Kanten, die schon „erfolgreich bearbeitet“ wurden, „ausklinken“ möchte, so dass für diese im weiteren Ablauf keine Komplexität mehr anfällt.

Steht dagegen die Abfrage „ist die Kante (x, y) vorhanden“ im Vordergrund, so ist diese Frage mittels der Adjazenzmatrix schneller zu beantworten als durch Adjazenzlisten, da die bei x startende Liste erst durchsucht werden muss.

Oft ist es vorteilhaft, den gegebenen Graphen in beiden Darstellungsformen zur Verfügung zu haben, oder eine der Darstellungsformen durch weitere Datenstrukturen (Suchbäume, Hashtabellen, Priority Queues, Union-Find-Strukturen) anzureichern.

Beispiele hierfür haben wir beim Dijkstra-Algorithmus und Kruskal-Algorithmus schon kennengelernt.

Gelegentlich kommen bei manchen Anwendungen auch Graphen mit *Mehrfachkanten* (siehe Bild auf Seite 212) und/oder Graphen mit *Schlingen* vor (siehe Bild auf Seite 29). Sollte dies bei den nachfolgenden Algorithmen der Fall sein, so weisen wir explizit darauf hin. Die obigen Datenstrukturen lassen sich entsprechend erweitern. Zum Beispiel können Mehrfachkanten genauso wie einfache Kanten mit ganzzahligen Gewichten behandelt werden.

In vielen Anwendungen sind den Kanten des Graphen gewisse Werte zugeordnet (zu interpretieren als Kosten, Längen, Kapazitäten, etc.) Diese Zusatzinformation lässt sich ohne weiteres in obige Datenstrukturen einbetten: Bei den Adjazenzlisten müssen zusätzlich zu den Knotennummern der Nachbarn die Kantenwerte untergebracht werden.

Bei den Adjazenzmatrizen gibt es zwei Möglichkeiten: Wenn die Kantenbewertung 0 nicht vorgesehen ist, also wenn zum Beispiel alle Kanten positive Werte haben, so kann man mit dem Matrixeintrag 0 ausdrücken, dass die Kante nicht vorhanden ist. Und durch den Matrixeintrag $w > 0$ wird ausgedrückt, dass die betreffende Kante vorhanden ist, und dass ihr zugeordneter Wert = w ist.

Ansonsten könnte man die Adjazenzmatrix als ein Array $[1..|V|, 1..|V|]$ von Zeigern organisieren. Falls der Matrixeintrag = NIL ist, so ist die betreffende Kante nicht vorhanden. Wenn der Eintrag ein Zeiger $\neq$ NIL ist, so zeigt dieser auf den betreffenden Kantenwert.

Den Fall von *ungerichteten* Graphen kann man im Prinzip genauso (mittels Adjazenzlisten oder mittels Adjazenzmatrizen) behandeln, denn ein ungerichteter Graph kann als ein gerichteter Graph verstanden werden, in dem die Kante (u, v) genau dann vorhanden ist, wenn die Kante (v, u) vorhanden ist. Im Falle der Adjazenzmatrix wird die Matrix dann symmetrisch sein. (Man braucht in diesem Fall also evtl. nur die obere Dreiecksmatrix zu speichern).

Im Folgenden werden wir die Komplexitätsangaben bei Graphenalgorithmen immer in Abhängigkeit von der Knotenzahl $|V|$ und/oder der Kantenzahl $|E|$ machen.

6.2 Breiten- und Tiefensuche

Eine häufige Aufgabe ist, dass ein Graph systematisch durchsucht werden muss. Hierzu bieten sich zwei mögliche Strategien an, die *Breitensuche* (breadth-first search) und die *Tiefensuche* (depth-first search). Viele andere Graphalgorithmen benötigen einen solchen Suchalgorithmus als Unterprogramm; oder es ist so, dass in das Grundschema der Breiten- oder Tiefensuche weitere algorithmische Aktionen „eingeklinkt" sind. Mit anderen Worten, viele andere Algorithmen auf Graphen können als Erweiterung der Breiten- oder Tiefensuche aufgefasst werden.

Die Breitensuche ist letztlich nichts anderes als der bereits besprochene Dijkstra-Algorithmus, wobei die Kantengewichte jetzt wegfallen, bzw. alle Kantenwerte auf 1 gesetzt sind. Wir formulieren den Algorithmus nochmals, wobei wir eine *(Warte-) Schlange* Q (first-in, first-out list) als Datenstruktur verwenden. Einer der Knoten $v_0 \in V$ ist der Startknoten, von dem aus die Suche beginnt. Mit $Adj(u)$ bezeichnen wir die direkten Nachbarn von Knoten u. Die Tabelle d enthält die kürzesten Abstände von v_0 aus.

```
FOR v ∈ V DO d[v] := ∞
d[v0] := 0
Q := {v0}
WHILE Q ≠ ∅ DO
  u := erstes Element in Q
  Entferne u aus Q
  FOR v ∈ Adj(u) DO
    IF d[v] = ∞ THEN
      d[v] := d[u] + 1
      Q := Q ∪ {v}
```

Ausgehend vom Knoten v_0 werden zunächst alle seine Nachbarn der Reihe nach betrachtet (dann die Nachbarn der Nachbarn, usw.) und es wird ihr minimaler Abstand zu v_0 in der Tabelle d eingetragen. Implizit wird dabei ein Baum mit Wurzel v_0 konstruiert; dieser enthält immer dann die Kante (u, v), wenn der THEN-Zweig betreten wird.

Beispiel: Gegeben sei folgender Graph, in dem der Startknoten v_0 besonders gekennzeichnet ist.

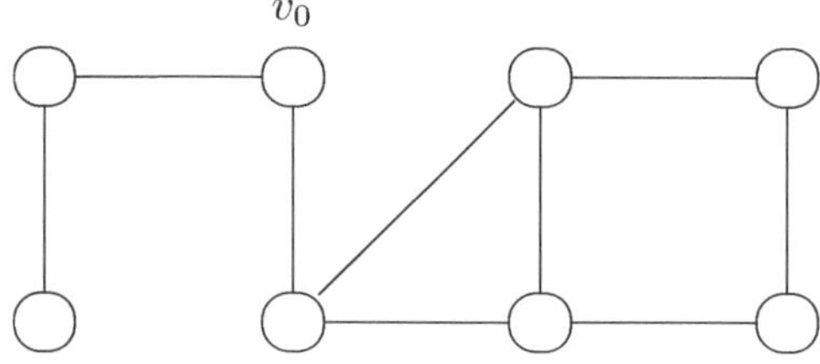

Nach Ablauf der Breitensuche ergeben sich folgende (in den Knoten eingetragene) d-Werte. Ferner ist der Baum, der die Wege minimaler Länge von v_0 aus charakterisiert, gestrichelt gezeichnet.

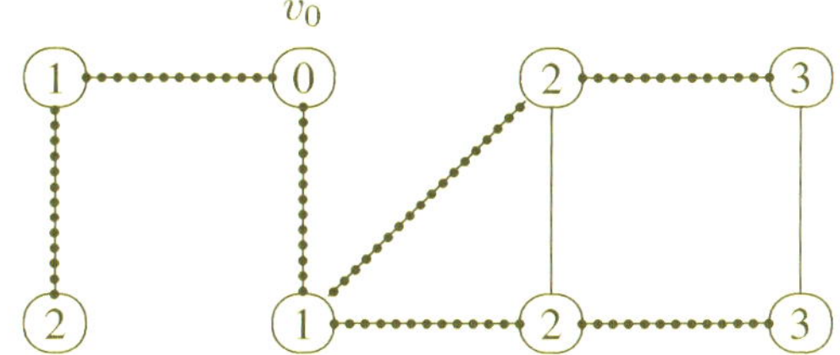

Da jeder Knoten und jede Kante einmal besucht wird, ist die Komplexität der Breitensuche $O(|V| + |E|)$. Falls der Graph zusammenhängend ist, so gilt $|E| \geq |V| - 1$. In diesem Fall können wir die Komplexität somit durch $O(|E|)$ abschätzen.

Bei der Tiefensuche wird „in die Tiefe" zuerst gegangen. Am einfachsten ist dies durch eine rekursive Prozedur zu formulieren, die vom Hauptprogramm aus mit dem Startknoten v_0 aufzurufen ist. Jeder Knoten erhält eine „Farbe", wobei *weiß* bedeutet, dass der Knoten noch nicht besucht wurde; *grau* bedeutet, dass der Knoten besucht wurde, aber noch nicht endgültig abgeschlossen ist; wenn die Farbe eines Knotens *schwarz* ist, so wurde dieser endgültig bearbeitet. Zu Beginn seien alle Knoten weiß.

```
PROCEDURE Tiefensuche(u : Knoten)
farbe[u] := grau
FOR v ∈ Adj(u) DO
  IF farbe[v] = weiß THEN Tiefensuche(v)
farbe[u] := schwarz
```

Die Komplexität der Tiefensuche kann wie bei der Breitensuche mit $O(|E|)$ abgeschätzt werden.

6.3 Topologisches Sortieren

Eine *topologische Sortierung* eines *gerichteten* Graphen $G = (V, E)$ ist eine Anordnung seiner Knoten $V = \{v_1, v_2, \ldots, v_n\}$, so dass für alle Kanten (v_i, v_j) gilt: $i < j$. Graphen, die Zyklen enthalten, können offensichtlich nicht topologisch sortiert werden. Kann man wenigstens alle azyklischen Graphen topologisch sortieren?

Satz Ein Graph G ist azyklisch genau dann, wenn er sich topologisch sortieren lässt.

Beweis: $(\Leftarrow)$ Klar.

$(\Rightarrow)$ Sei G ein azyklischer Graph. Dann muss G einen Startknoten v, also einen Knoten ohne Vorgänger besitzen. (Wenn nicht: konstruiere einen Kreis, indem man von Vorgänger zu Vorgänger läuft). Wir geben dem Knoten v die Nummer 1, also $v = v_1$. Nun entfernen wir v (samt seiner hinausgehenden Kanten) aus G und sortieren den Restgraphen topologisch, beginnend mit v_2. □

In dem Beweis ist auch ein Algorithmus enthalten zur Konstruktion einer topologischen Sortierung: Bestimme einen Startknoten, entferne diesen, bestimme wieder einen Startknoten, usw.

Es geht aber noch eleganter mit Hilfe der Tiefensuche. Wir betten den Tiefensuch-Algorithmus in folgendes Programm *Search* ein:

FOR $v \in V$ DO farbe$[v]$:= weiß
FOR $v \in V$ DO
  IF farbe$[v]$ = weiß THEN *Tiefensuche*(v)

Seien nun die Knoten anhand der umgekehrten Reihenfolge des Schwarz-Werdens (was vor Verlassen der Prozedur Tiefensuche passiert) durchnummeriert:

$$V = \{v_1, v_2, \ldots, v_n\}$$

(Das heißt, v_n wird als erster schwarz und v_1 als letzter). Die Behauptung ist: dies liefert (bei einem azyklischen Graph als Eingabe) eine topologische Sortierung des Graphen.

Dies kann man wie folgt einsehen. Betrachte eine beliebige Kante (u, v) des Graphen. Die Nummerierung der Knoten u und v sollte am Ende solcherart sein, dass die Nummer von u kleiner als die von v ist. In anderen Worten, der Knoten v sollte bei einem Aufruf von *Search vor* dem Knoten u schwarz werden. Im Verlauf von *Search* wird irgendwann *Tiefensuche*(u) aufgerufen. Hierbei wechselt u die Farbe von weiß nach grau. Wir betrachten nun den Zeitpunkt, bei dem im Rahmen der FOR-Schleife der Knoten $v \in Adj(u)$ in Betracht gezogen wird. Welche Farbe hat v zu diesem Zeitpunkt?

Fall 1: v ist schwarz. Dann ist v offensichtlich bereits *vor* u schwarz geworden, denn u wird erst am Ende von *Tiefensuche*(u) schwarz.

Fall 2: v ist grau. Das bedeutet, dass bereits zuvor ein Aufruf von *Tiefensuche*(v) stattgefunden hat, und dieser Aufruf noch nicht abgeschlossen ist, da v noch nicht schwarz ist. Das heißt, diese Inkarnation von Tiefensuche liegt sozusagen „tiefer“ im Stack der rekursiven Aufrufe als der aktuelle Aufruf *Tiefensuche*(u).
Skizze:

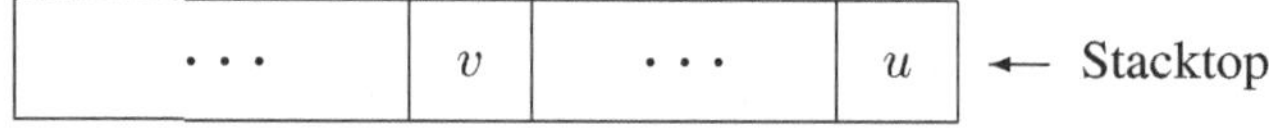

Das bedeutet, dass es einen Pfad von v nach u geben muss. Zusammen mit der Kante (u, v) ergibt dies einen Kreis. Ein solcher kann in einem azyklischen Graphen nicht auftreten. Daher kann dieser Fall gar nicht eintreten.

An dieser Stelle wollen wir die Bemerkung einschieben, dass man das Vorfinden eines grauen Knoten in der FOR-Schleife von Tiefensuche als Indikator für einen vorhandenen Zyklus verwenden kann. Daher lässt sich aus dieser Beobachtung auch leicht ein Algorithmus zum Testen, ob ein Graph azyklisch ist oder nicht, ableiten.

Fall 3: v ist weiß. Dann erfolgt ein rekursiver Aufruf von *Tiefensuche*(v). Erst wenn dieser ausgeführt ist, was den Effekt hat, dass v schwarz geworden ist, kehrt die Kontrolle in die betrachtete Inkarnation von *Tiefensuche*(u) zurück. Daher wird auch in diesem Fall der Knoten v *vor* dem Knoten u schwarz.

Die Komplexität von *Search* ist $O(|V| + |E|)$, da im Hauptprogramm jeder Knoten und im Innern von Tiefensuche jede Kante genau einmal „angefasst" wird.

6.4 Transitive Hülle: Warshall-Algorithmus

Die *transitive Hülle* eines Graphen $G = (V, E)$ ist definiert als der Graph $G^* = (V, E^*)$ mit

$$(u, v) \in E^* \;\Leftrightarrow\; \text{es gibt einen Pfad in } G \text{ von } u \text{ nach } v$$

Wir können den Graph G^* im Prinzip mit den bekannten Algorithmen berechnen, indem man z.B. von jedem Startknoten $u \in V$ aus eine Breitensuche durchführt. Es gibt aber einen wesentlich einfacheren und eleganteren Algorithmus für diese Aufgabe, der von Warshall stammt.

Sei der Graph $G = (V, E)$ mit $V = \{1, 2, \ldots, n\}$ gegeben. Betrachten wir die Booleschen Variablen $m_{i,j}^k$, die wie folgt definiert sind:

$$m_{i,j}^k = \begin{cases} 1, & \text{es gibt einen Pfad von } i \text{ nach } j\text{, wobei} \\ & \text{alle zwischen } i \text{ und } j \text{ liegenden Knoten} \\ & \text{aus der Menge } \{1, \ldots, k\} \text{ stammen} \\ 0, & \text{sonst} \end{cases}$$

Es ist $m_{i,j}^0 = 1$ genau dann, wenn $(i, j) \in E$ (oder wenn $i = j$). Ferner gilt folgende rekursive Beziehung

$$m_{i,j}^k = m_{i,j}^{k-1} \vee (m_{i,k}^{k-1} \wedge m_{k,j}^{k-1})$$

die man sich anhand der Definition von $m_{i,j}^k$ leicht klarmacht.

Es gilt $(i, j) \in E^*$ genau dann, wenn $m_{i,j}^n = 1$. Daher kann man die transitive Hülle berechnen, indem man die Matrizen $(m_{i,j}^k)$ für $k = 0, 1, \ldots, n$ berechnet. Hierbei entspricht $(m_{i,j}^0)$ gerade der Ausgangskantenmenge E. (Der Algorithmus fällt in die Kategorie „dynamisches Programmieren", vgl. Kapitel 4).

Der folgende Algorithmus von Warshall führt diese Idee durch. Sei $A[1..n, 1..n]$ die Adjazenzmatrix des Graphen G. Nach Ausführung des Algorithmus stellt A die Adjazenzmatrix von G^+ dar.

```
FOR k := 1 TO n DO
  FOR i := 1 TO n DO
   IF A[i, k] THEN
    FOR j := 1 TO n DO
     IF A[k, j] THEN A[i, j] := TRUE
```

Offensichtlich ist die Komplexität dieses Algorithmus $\Theta(n^3)$.

Der Warshall-Algorithmus kann geringfügig modifiziert werden, um in einem kantenbewerteten Graphen (wobei ein Kantenwert die „Länge“ der Kante repräsentieren soll), die kürzesten Wege (und deren Längen) zwischen *allen* Knotenpaaren (i, j) zu berechnen.

Die Aufgabe unterscheidet sich insofern vom Dijkstra-Algorithmus, da dieser von *einem* Startknoten aus alle kürzesten Wege zu den anderen Knoten berechnet.

Es bedeute $m_{i,j}^k$ jetzt die kürzeste Weglänge von i nach j, wobei als mögliche „Zwischenknoten“ nur die Knoten in $\{1, , \ldots, k\}$ zugelassen sind. Ähnlich wie oben gilt die rekursive Beziehung

$$m_{i,j}^k \; = \; \min \left(m_{i,j}^{k-1} \, , \, m_{i,k}^{k-1} + m_{k,j}^{k-1} \right)$$

Diese Rekursion kann völlig analog zum obigen Warshall-Algorithmus in einen Algorithmus umgesetzt werden (dieser stammt von Floyd). Sei nun $E[1..n, 1..n]$ eine Matrix, die die Kanten-Längen angibt; und wenn zwischen i und j keine Kante besteht, so sei $E[i, j] = \infty$. Ferner sei $E[i, i] = 0$. Nach Ausführung des Algorithmus enthält $E[i, j]$ die kürzeste Weglänge von i nach j.

```
FOR k := 1 TO n DO
  FOR i := 1 TO n DO
   FOR j := 1 TO n DO
    IF E[i, k] + E[k, j] < E[i, j] THEN E[i, j] := E[i, k] + E[k, j]
```

Die kürzesten Wege selbst erhält man, indem man darüber Buch führt, wie die E-Werte zu Stande kamen.

Wir spielen ein Beispiel durch. Gegeben sei folgender Graph:

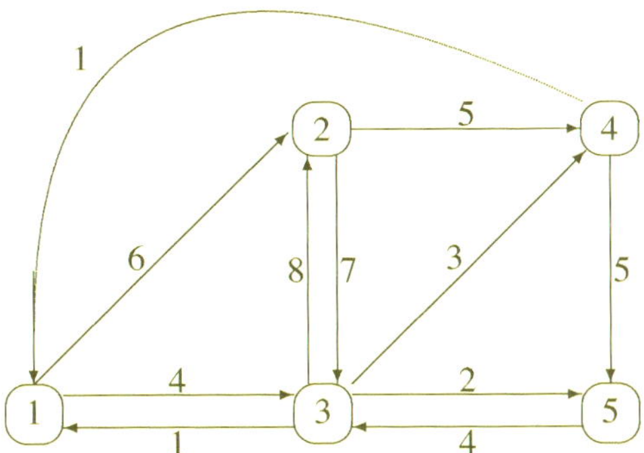

Die folgenden Matrizen stellen „Momentaufnahmen" im Verlauf des Algorithmus dar. Vor jedem Erhöhen des k-Werts wird eine solche Momentaufnahme gemacht:

$$k = 0: \begin{bmatrix} 0 & 6 & 4 & \infty & \infty \\ \infty & 0 & 7 & 5 & \infty \\ 1 & 8 & 0 & 3 & 2 \\ 1 & \infty & \infty & 0 & 5 \\ \infty & \infty & 4 & \infty & 0 \end{bmatrix} \quad k = 1: \begin{bmatrix} 0 & 6 & 4 & \infty & \infty \\ \infty & 0 & 7 & 5 & \infty \\ 1 & 7 & 0 & 3 & 2 \\ 1 & 7 & 5 & 0 & 5 \\ \infty & \infty & 4 & \infty & 0 \end{bmatrix}$$

$$k = 2: \begin{bmatrix} 0 & 6 & 4 & 11 & \infty \\ \infty & 0 & 7 & 5 & \infty \\ 1 & 7 & 0 & 3 & 2 \\ 1 & 7 & 5 & 0 & 5 \\ \infty & \infty & 4 & \infty & 0 \end{bmatrix} \quad k = 3: \begin{bmatrix} 0 & 6 & 4 & 7 & 6 \\ 8 & 0 & 7 & 5 & 9 \\ 1 & 7 & 0 & 3 & 2 \\ 1 & 7 & 5 & 0 & 5 \\ 5 & 11 & 4 & 7 & 0 \end{bmatrix}$$

$$k = 4: \begin{bmatrix} 0 & 6 & 4 & 7 & 6 \\ 6 & 0 & 7 & 5 & 9 \\ 1 & 7 & 0 & 3 & 2 \\ 1 & 7 & 5 & 0 & 5 \\ 5 & 11 & 4 & 7 & 0 \end{bmatrix} \quad k = 5: \begin{bmatrix} 0 & 6 & 4 & 7 & 6 \\ 6 & 0 & 7 & 5 & 9 \\ 1 & 7 & 0 & 3 & 2 \\ 1 & 7 & 5 & 0 & 5 \\ 5 & 11 & 4 & 7 & 0 \end{bmatrix}$$

Beispielsweise sieht man, dass zunächst keine Kante von Knoten 2 nach 1 existiert, daher der Wert ∞. Später ergibt sich als kürzeste gefundene Verbindung die Länge 8 (=7+1), welche im weiteren Verlauf des Verfahrens noch auf 6 (=5+1) reduziert wird.

6.5 Ein probabilistischer Algorithmus für den minimalen Schnitt

Wir betrachten einen ungerichteten, zusammenhängenden Graphen, der auch Mehrfachkanten enthalten darf. Das Folgende ist ein Beispiel für einen solchen Graphen:

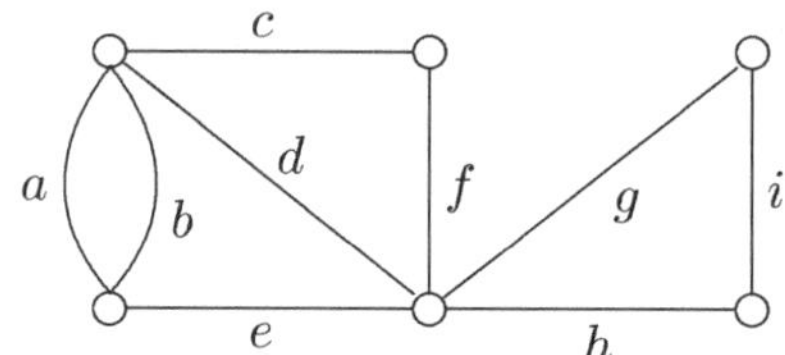

Ein *Schnitt* in einem solchen Graphen besteht aus einer Menge von Kanten, deren Entfernen den Graphen in zwei (oder mehr) nicht-zusammenhängende Komponenten separiert. Gesucht ist ein solcher, *minimaler* Schnitt. Im obigen Beispiel wäre sowohl die Kantenmenge $\{g, h\}$ als auch $\{h, i\}$ ein minimaler Schnitt.

Minimale Schnitte können aufgrund des im nächsten Abschnitt besprochenen Ford-Fulkerson-Algorithmus bestimmt werden. Für diese hier formulierte, einfachere Aufgabe (als die, um die es in Abschnitt 6.6 geht) gibt es einen einfachen probabilistischen Algorithmus, der auf D. Karger zurückgeht:

```
INPUT G
WHILE der Graph G = (V, E) hat mehr als 2 Knoten DO
   Wähle eine Kante {u, v} ∈_R E zufällig aus
   Verschmelze die beiden Knoten u und v in G zu einem
    einzigen Knoten (dabei verschwindet die Kante {u, v}
    und eventuelle weitere Mehrfachkanten)
OUTPUT die zwischen den 2 Knoten verbleibenden Kanten
```

Beispiel: Der oben angegebene Graph könnte aufgrund des Algorithmus wie folgt reduziert werden. Das ausgegebene (falsche) Ergebnis ist der Schnitt $\{c, d, e\}$, der nicht minimal ist. (Man überzeuge sich davon, dass die ausgegebene Kantenmenge immer ein Schnitt ist).

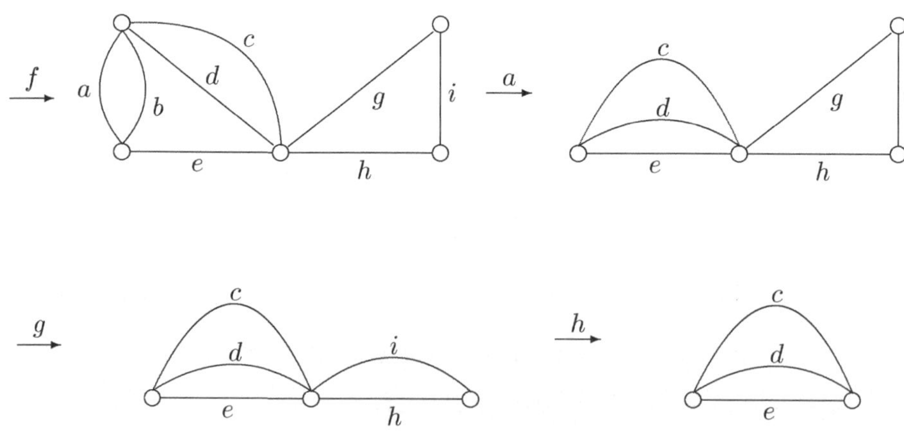

Hätte der Algorithmus dagegen im letzten Schritt eine der Kanten c, d oder e gewählt, wäre das Ergebnis richtig gewesen. Die Strategie besteht nun (wie bei probabilistischen

Algorithmen üblich) darin, den Algorithmus mit unabhängigen Zufallszahlen mehrere Male laufen zu lassen, und am Ende eine der ausgegebenen Kantenmengen mit minimaler Mächtigkeit auszuwählen.

Wir wollen analysieren, mit welcher Wahrscheinlichkeit der Algorithmus bei einem einzelnen Lauf einen minimalen Schnitt ausgibt. Sei S, $|S| = k$, ein minimaler Schnitt. Der Graph G habe n Knoten. Dann muss der Graph mindestens $kn/2$ Kanten besitzen, denn andernfalls gäbe es einen Knoten, der mit weniger als k Kanten verbunden ist. Diese Kantenmenge würde einen Schnitt darstellen. Da der minimale Schnitt aus k Kanten besteht, ist dies ein Widerspruch. Wir wollen die Wahrscheinlichkeit dafür (nach unten) abschätzen, dass bei keinem der Reduktionsschritte einmal eine Kante aus S ausgewählt wird, so dass also genau die Kanten aus S bis zum Ende des Algorithmus „überleben" und ausgegeben werden.

Bei der ersten zufälligen Kantenauswahl wird eine Kante aus S höchstens mit Wahrscheinlichkeit $\frac{k}{kn/2} = 2/n$ ausgewählt; S überlebt also den ersten Schritt mit Wahrscheinlichkeit $\geq 1 - 2/n$. Sofern S den ersten Schritt überlebt hat, haben wir es im zweiten Schritt mit einem Graphen mit $n - 1$ Knoten zu tun, der immer noch einen minimalen Schnitt der Größe k besitzt, daher hat dieser verbleibende Graph mindestens $k(n - 1)/2$ Kanten und die Wahrscheinlichkeit, dass S auch den zweiten Schritt überlebt, ist daher $\geq 1 - 2/(n - 1)$. Die allgemeine Formel für das Überleben des $(i + 1)$-ten Schrittes (unter der Bedingung, dass die ersten i Schritte überlebt wurden) ist daher $1 - 2/(n - i)$.

Der Algorithmus durchläuft $n - 2$ Reduktionsschritte, bis nur noch 2 Knoten übrig bleiben. Die Wahrscheinlichkeit, dass genau S am Ende ausgegeben wird, ist daher mindestens

$$\prod_{i=1}^{n-2} \left(1 - \frac{2}{n-i+1}\right) = \prod_{i=1}^{n-2} \frac{n-i-1}{n-i+1} = \frac{(n-2)!}{n!/2} = \frac{2}{n(n-1)}$$

Die Wahrscheinlichkeit, dass S bei t unabhängigen Wiederholungen des Algorithmus *nicht* gefunden wird, ist damit höchstens

$$\left(1 - \frac{2}{n(n-1)}\right)^t \leq e^{-2t/n(n-1)}$$

unter Verwenden von $1 - x \leq e^{-x}$. Damit diese Wahrscheinlichkeit kleiner als (zum Beispiel) e^{-20} wird, genügt es, t so zu wählen, dass $e^{-2t/n(n-1)} \leq e^{-20}$, also $t \geq 10 \cdot n(n-1)$.

Die Komplexität des Verfahrens, bis eine solche akzeptable Fehlerwahrscheinlichkeit erreicht wird, ist daher $O(n^2) \cdot O(n^2) = O(n^4)$, denn ein einzelner Algorithmenaufruf lässt sich in der Zeit $O(n^2)$, $n = |V|$, realisieren. Dies ist nicht ganz offensichtlich: Der Algorithmus durchläuft $O(n)$ Kontraktionsschritte. Wir benötigen also eine Datenstruktur für den zu kontrahierenden Graphen, so dass ein einzelner Kontraktionsschritt (der aus dem Auswählen und Auffinden einer Zufallskante und dem „Verschmelzen" der zwei betroffenen Knoten besteht) in der Zeit $O(n)$ (nicht $O(|E|)!$) ausgeführt werden kann. Hierzu verwenden wir eine Adjazenzmatrix, wobei in der Matrix jede Mehrfachkante durch einen entsprechenden ganzzahligen Wert dargestellt wird. An den Rändern der Matrix können wir vermerken, welche Knoten (und dementsprechend Zeilen und Spalten der Matrix) gestrichen wurden. Außerdem notieren wir für jeden der aktuellen Knoten, wie viele Kanten er im Moment besitzt. Nachdem wir eine Zufallszahl z aus der Menge $\{1, 2, \ldots, 2m\}$ gezogen haben, wobei m die aktuelle Anzahl der Kanten ist, suchen wir denjenigen Knoten (=Zeile) i auf, der mit dieser z-ten Kante verbunden ist. Nehmen wir an, die Kante führt zu einem Knoten j. Dann markieren wir die j-te Zeile und Spalte der Matrix als gestrichen. Gleichzeitig addieren wir Element für Element die j-te Spalte (Zeile) zur i-ten Spalte (bzw. Zeile). Dies bedeutet, dass die Zeile/Spalte i nun die Rolle des Vereinigungsknotens übernimmt. Dieser update-Vorgang kannn in der Zeit $O(n)$ erledigt werden.

Ein gewisser Nachteil, was die Effizienz des Verfahrens betrifft, liegt darin, dass die Wahrscheinlichkeit, eine Kante des minimalen Schnitts zu eliminieren, am Anfang zwar unbedeutend ist, nämlich $2/n$ beim ersten Kontraktionsschritt beträgt, im letzten Schritt jedoch den Wert 2/3 annimt. Eine Idee zur Effizienzsteigerung ist es deshalb, nach relativ wenigen Kontraktionsschritten die immer kleiner werdende „Überlebenswahrscheinlichkeit“ für den minimalen Schnitt dadurch aufzubessern, dass wir ab einem gewissen Zeitpunkt verzweigen in zwei unabhängige algorithmische Kontraktionsprozesse (und dies weiter so rekursiv), wobei wir von den beiden durch einen rekursiven Aufruf gelieferten Schnitten dann den kleineren auswählen.

Konkreter: Wenn ein Graph G mit n Knoten zu bearbeiten ist, so führen wir so viele zufällige Kontraktionsschritte durch, bis der Graph etwa $n/\sqrt{2}$ viele Knoten hat. Dies sei der Graph H. Die Wahrscheinlichkeit, dass der minimale Schnitt diesen Kontraktionsprozess überlebt hat, also noch in H enthalten ist, beträgt etwa 1/2, denn

$$\prod_{i=1}^{n(1-1/\sqrt{2})} \left(1 - \frac{1}{n-i+1}\right) = \frac{\frac{n}{\sqrt{2}} \cdot (\frac{n}{\sqrt{2}} - 1)}{n \cdot (n-1)} \approx \frac{1}{2}$$

Das heißt, $n(1 - 1/\sqrt{2})$ ist der *Median* der betreffenden Wahrscheinlichkeitsverteilung. Danach rufen wir das Verfahren zweimal rekursiv mit H auf (mit unabhängigen Zufallszahlen) und verwenden den kleineren der beiden erhaltenen Schnitte. Die Komplexität des Verfahrens, gestartet auf einem Graphen mit n Knoten, erfüllt die Rekursionsgleichung

$$T(n) = 2T(n/\sqrt{2}) + O(n^2)$$

Mit dem Master-Theorem (Seite 56) folgt, dass $T(n) = O(n^2 \log n)$.

Als Nächstes müssen wir die Wahrscheinlichkeit $p(n)$ analysieren, dass bei diesem modifizierten Verfahren der minimale Schnitt überlebt. Die Komplexität insgesamt, um eine vernachlässigbare Fehlerwahrscheinlichkeit zu erhalten, ist dann

$O((n^2 \log n)/p(n))$. Es gilt die Rekursion

$$p(n) = \frac{1}{2} \cdot \left(1 - (1 - p(n/\sqrt{2}))^2\right)$$

denn $1/2$ ist die Wahrscheinlichkeit, dass der minimale Schnitt in H enthalten ist, und $(1-p(n/\sqrt{2}))^2$ ist die Wahrscheinlichkeit, dass der minimale Schnitt bei beiden rekursiven Aufrufen eliminiert wird. Dies ergibt simplifiziert

$$p(n) = p(n/\sqrt{2}) - \frac{(p(n/\sqrt{2}))^2}{2}$$

Durch induktives Einsetzen kann man die Abschätzung $p(n) \geq \frac{1}{2\log_2 n}$ bestätigen:

$$\begin{aligned} p(n) &= p(n/\sqrt{2}) - \frac{(p(n/\sqrt{2}))^2}{2} \geq \frac{1}{2\log_2 n - 1} - \frac{1}{2(2\log_2 n - 1)^2} \\ &= \frac{2\log_2 n - 1.5}{(2\log_2 n - 1)^2} \geq \frac{1}{2\log_2 n} \end{aligned}$$

unter Verwendung der Monotonie der Funktion $x - x^2/2$ auf $(0, 1)$. Daher ist die Komplexität dieses modifizierten Verfahrens $O(n^2 \log n/p(n)) = O((n \log n)^2)$.

Ein letzte *Anmerkung:* Wir hatten Graphen mit Mehrfachkanten zugelassen. Anstatt k-fache Mehrfachkanten zu betrachten, können wir auch jeweils eine *einzelne* Kante e hernehmen, der ein *Kantengewicht* von $w(e) = k$ zugeordnet ist. Gesucht ist dann ein minimaler Schnitt in Bezug auf die Summe der Kantengewichte. Damit der Algorithmus (und die Analyse) noch dem entspricht, was wir oben durchgeführt haben, müssen beim Verschmelzen mehrerer Kanten zu einer Kante deren Kantengewichte addiert werden. Ferner muss die Auswahl-Wahrscheinlichkeit für eine Kante e beim Kontraktionsschritt jetzt dem Verhältnis

$$\frac{w(e)}{\sum_{\tilde{e} \in E} w(\tilde{e})}$$

entsprechen. Dieses Modell eines Graphen mit ganzzahligen Kantengewichte entspricht dem im nächsten Abschnitt betrachteten.

6.6 Flüsse in Netzwerken: Ford-Fulkerson

Wir wollen folgende Aufgabe lösen: Gegeben sei ein gerichteter Graph, in dem zwei Knoten besonders ausgezeichnet sind. Der eine Knoten s heißt die *Quelle* und ein anderer Knoten t heißt die *Senke*. Ferner sind den Kanten des Graphen positive, ganze Zahlen zugeordnet. Diese heißen *Kapazitäten*. Wir können den Graphen interpretieren als ein Netzwerk von Röhren, Straßen oder Leitungen, durch die elektrischer Strom, Fahrzeuge oder eine Flüssigkeit fließen kann. Die Kapazitäten entsprechen dann einer maximalen Durchlaufkapazität (z.B. in Liter pro Sekunde) oder einem maximalen Strom (z.B. in Ampère), den die betreffende Leitung verkraftet. Aus der Quelle strömt nun Flüssigkeit in die Röhren (bzw. Strom in die Leitungen, usw.) Diese durchläuft die Kanten und endet schließlich in der Senke.

Beispiel:

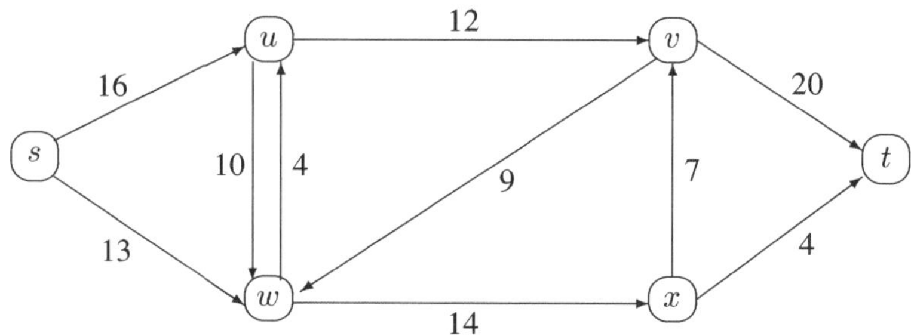

Die Aufgabe besteht nun darin, den Kanten konkrete Flusswerte (Ströme in Ampère, etc.) zuzuordnen, die die jeweiligen Kantenkapazitäten nicht überschreiten, so dass der Gesamtfluss von der Quelle zur Senke maximiert wird. Hierbei ist natürlich die Nebenbedingung einzuhalten, dass aus einem Knoten nicht mehr (oder weniger) herausfließen kann als hineinfließt.

Die folgende Definition führt diese intuitiven Vorstellungen präzise aus.

Definition. Ein *(Fluss-) Netzwerk* ist ein gerichteter Graph $G = (V, E)$ mit zwei ausgezeichneten Knoten $s, t \in V$, der *Quelle* und der *Senke*, sowie einer Funktion $c : V \times V \to \mathbb{N}$, wobei für $(u, v) \notin E$ gilt $c(u, v) = 0$. Der Wert $c(u, v)$ repräsentiert die *Kapazität* der Kante (u, v).

Ein *(zulässiger) Fluss* für ein solches Netzwerk ist eine Funktion $f : V \times V \to \mathbb{Z}$, die folgende Bedingungen erfüllt:

Kapazitätsbedingung $f(u, v) \leq c(u, v)$

Symmetriebedingung $f(u, v) = -f(v, u)$

Kirchhoffsches Gesetz $\forall u \in V - \{s, t\} : \sum_{v \in V} f(u, v) = 0$

Der *Betrag* eines Flusses f ist $|f| := \sum_{v \in V} f(s, v)$.

Die einem Netzwerk mit Kapazitätsfunktion zugeordnete Optimierungsaufgabe besteht darin, einen zulässigen Fluss f zu finden, so dass dessen Betrag $|f|$ maximal ist.

Aus der Definition ergibt sich, wenn zwischen zwei Knoten u und v weder die Kante (u, v) noch (v, u) vorhanden ist, so gilt $c(u, v) = c(v, u) = f(u, v) = f(v, u) = 0$.

Beispiel: In dem folgenden Diagramm ist ein zulässiger Fluss für obiges Beispiel eingetragen. Bei den Zahlenangaben ist die erste Zahl der Fluss und die zweite Zahl die Kapazität. Ist kein Fluss-Wert angegeben, so ist dieser gleich 0. Außerdem nicht eingetragen sind die negativen Flüsse, die sich aufgrund der Symmetriebedingung ergeben.

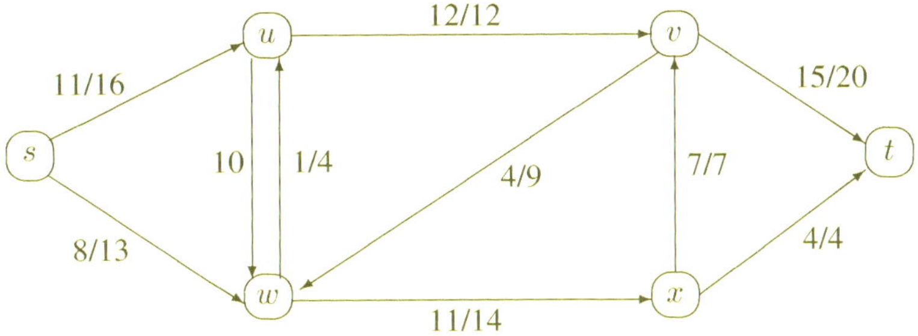

Dieser Fluss hat den Betrag $11+8 = 19$. Dies ist allerdings nicht der maximal-mögliche Fluss, wie wir gleich sehen werden.

Prüfen wir nach, dass das Kirchhoffsche Gesetz erfüllt ist. Nehmen wir als Beispiel den Knoten v:

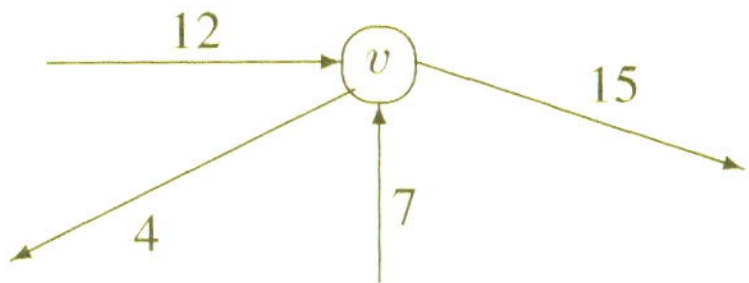

In den Knoten v geht insgesamt ein Fluss von $12 + 7 = 19$ hinein und es fließen entsprechend $4 + 15 = 19$ wieder heraus. Das Kirchhoffsche Gesetz ist also erfüllt. Im formalen Sinne der Kirchhoffbedingung müssten alle aus v *hinausgehenden* Flüsse aufsummiert werden:

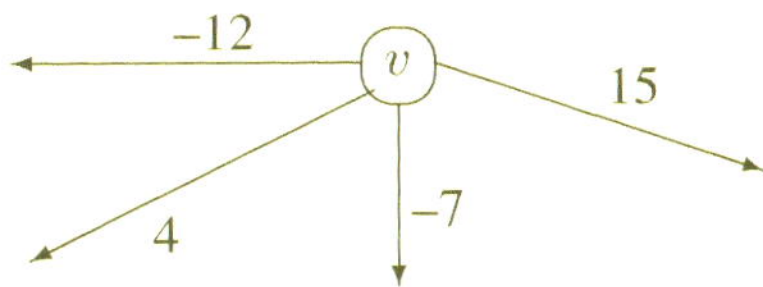

Die Summe dieser Flüsse ist tatsächlich gleich Null.

Der beim obigen Beispielgraphen eingetragene Fluss ist noch nicht optimal, denn betrachten wir mal die folgende Pfad-Verbindung zwischen s und t:

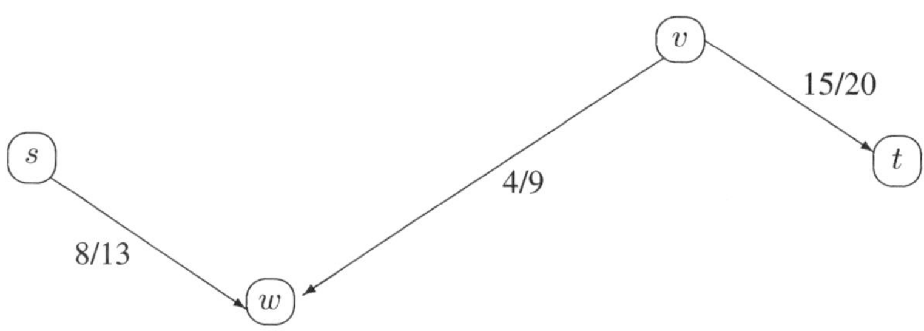

Entlang dieses Pfades kann der Fluss vergrößert werden; und zwar auf der ersten Kante um $13 - 8 = 5$ und ebenso auf der letzten Kante um $20 - 15 = 5$. Die mittlere Kante zeigt in die „falsche" Richtung. Auch hier kann der Fluss in die „Vorwärtsrichtung" vergrößert werden, indem man den (vorwärts gerichteten) negativen Fluss mit dem Wert –4 wieder bis auf 0 reduziert. Also ist auf der mittleren Kante (in diesem Sinne) eine Flussverbesserung um 4 möglich. Indem wir den Fluss nun um $\min(5, 4, 5) = 4$ auf allen Kanten dieses Pfades erhöhen – auf der mittleren Kante, da sie entgegengerichtet ist, um 4 Werte erniedrigen – erhalten wir den folgenden Graphen, der den Fluss-Betrag $11 + 12 = 23$ hat.

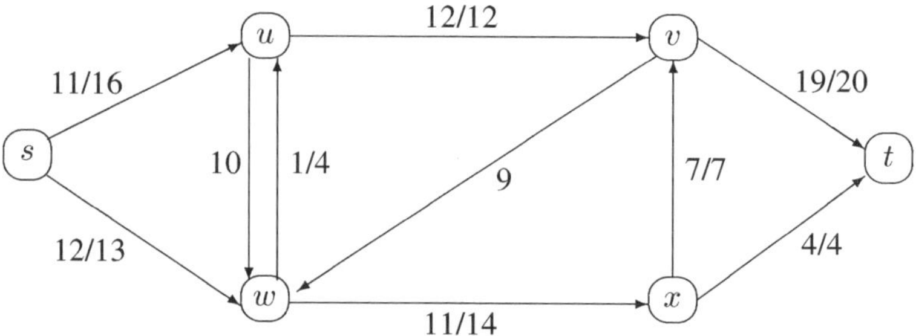

Tatsächlich ist der jetzt eingetragene Fluss maximal.

Was wir gerade eben durchgeführt haben, lässt sich systematischer mit dem Konzept des *Restnetzwerks* formulieren.

Definition. Gegeben sei ein Netzwerk G mit Kapazität c und ein zulässiger Fluss f. Das zugeordnete *Restnetzwerk* G_f mit einer zugeordneten *Restkapazität* $c_f(u, v) = c(u, v) - f(u, v)$ ist gegeben durch $G_f = (V, E_f)$, wobei $E_f = \{(u, v) \mid c_f(u, v) > 0\}$.

Beispiel: Das dem obigen Beispielgraphen auf Seite 217 zugeordnete Restnetzwerk ist das Folgende:

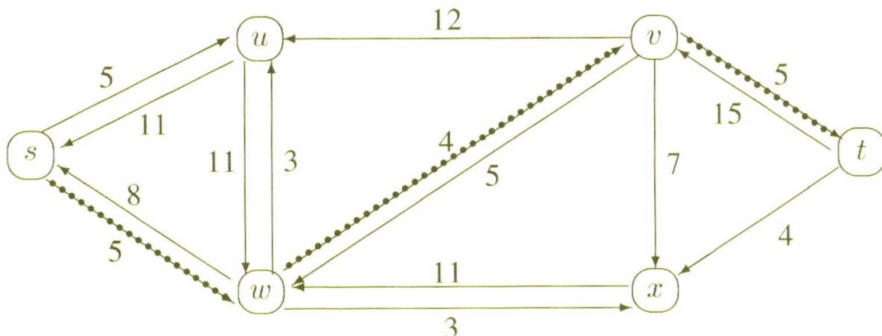

Man erkennt, dass im Restnetzwerk auch Kanten (u, v) entstehen können, die zuvor im eigentlichen Netzwerk nicht vorhanden waren. (Dies ist nur dann der Fall, wenn $(v, u) \in E$).

Im obigen Diagramm ist gestrichelt derjenige Pfad eingezeichnet, entlang dessen wir zuvor den Fluss erhöht hatten. Hierzu die folgende Definition.

Definition. Ein *Erweiterungspfad* ist ein einfacher (also zyklenfreier) Pfad p in G_f von s nach t. Nach Definition von G_f muss für alle Kanten (u, v) auf p gelten $c_f(u, v) > 0$. Die *Restkapazität* von p ist $c_f(p) = \min\{c_f(u, v) \mid (u, v) \text{ liegt auf } p\}$.

Wir bemerken, dass

$$g(u, v) = \begin{cases} c_f(p), & (u, v) \text{ liegt auf } p \\ -c_f(p), & (v, u) \text{ liegt auf } p \\ 0, & \text{sonst} \end{cases}$$

ein zulässiger Fluss in G_f ist.

Lemma. Sei G ein Netzwerk, c eine Kapazität, und f ein zulässiger Fluss. Sei G_f das zugehörige Restnetzwerk und c_f die zugehörige Restkapazität. Sei ferner g ein zulässiger Fluss auf G_f.

Dann gilt: $(f + g)$ ist ein zulässiger Fluss auf G mit $|(f + g)| = |f| + |g|$.

Beweis: Wir überprüfen, dass $(f + g)$ ein zulässiger Fluss auf G ist.

Kapazitätsbedingung: Da g zulässiger Fluss in G_f ist, gilt $g(u, v) \leq c_f(u, v) = c(u, v) - f(u, v)$. Daraus folgt $(f + g)(u, v) = f(u, v) + g(u, v) \leq c(u, v)$.

Symmetriebedingung: $(f + g)(u, v) = f(u, v) + g(u, v) = -f(v, u) - g(v, u) = -(f(v, u) + g(v, u)) = -(f + g)(v, u)$.

Kirchhoffsches Gesetz: Sei $u \in V - \{s, t\}$. Dann gilt $\sum_{v \in V}(f + g)(u, v) = \sum_{v \in V}(f(u, v) + g(u, v)) = \sum_{v \in V} f(u, v) + \sum_{v \in V} g(u, v) = 0 + 0 = 0$.

Ferner gilt: $|(f + g)| = \sum_{v \in V}(f + g)(s, v) = \sum_{v \in V} f(s, v) + \sum_{v \in V} g(s, v) = |f| + |g|$.

Damit ist das Lemma bewiesen. □

Aufgrund des Lemmas können wir also einen bestehenden Fluss f in dem Netzwerk G mit Kapazität c dadurch verbessern, dass wir zunächst das Restnetzwerk G_f bestimmen; danach suchen wir nach einem Erweiterungspfad (also einem einfachen Pfad p in G_f von s nach t), bestimmen $c_f(p)$ und verbessern dann den Fluss f, indem wir den Fluss

$$g(u,v) = \begin{cases} c_f(p), & (u,v) \text{ liegt auf } p \\ -c_f(p), & (v,u) \text{ liegt auf } p \\ 0, & \text{sonst} \end{cases}$$

hinzuaddieren.

Genau dieses ist die Strategie des *Algorithmus von Ford-Fulkerson:*

> Setze $f(u,v) = 0$ für alle $(u,v) \in V \times V$
> REPEAT
>   Berechne G_f
>   Bestimme einen Erweiterungspfad p in G_f
> $f := f + g$ {Definition von g siehe oben}
> UNTIL es gibt keinen Pfad in G_f von s nach t
> Gib f als maximalen Fluss aus

Durch das Lemma wird gerade gezeigt: Wenn ein Erweiterungspfad gefunden werden kann, so bringt der neue Fluss $(f + g)$ eine echte Verbesserung. Die zu klärende Frage ist allerdings noch: Wenn der bisherige Fluss f nicht maximal ist, kann dann immer ein Erweiterungspfad gefunden werden? Die (positive) Antwort wird durch das Min-Cut-Max-Flow-Theorem weiter unten gegeben.

Beispiel: Nach Anwendung der Fluss-Erweiterung auf das Netzwerk auf Seite 217 erhalten wir das Netzwerk auf Seite 218. Nun bilden wir wieder das zugehörige Netzwerk G_f. Man erkennt, dass nun kein Pfad mehr von s nach t führt.

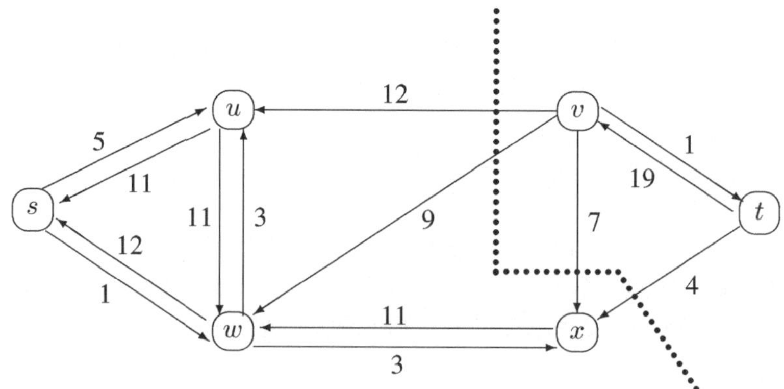

Die gestrichelte Linie stellt einen *Schnitt* durch das Netzwerk dar. Nur die Knoten links dieses Schnitts sind von der Quelle s aus erreichbar.

Der Begriff des Schnitts erweist sich auch weiterhin als nützlich.

Definition. Ein *Schnitt* ist eine Zerlegung der Knotenmenge $V = A \cup B$, $A \cap B = \emptyset$, mit $s \in A$ und $t \in B$.

Die *Kapazität* eines Schnitts (A, B) ist $c(A, B) = \sum_{u \in A, v \in B} c(u, v)$.

Sei f ein Fluss. Dann ist der *Fluss über den Schnitt* (A, B) definiert durch $f(A, B) = \sum_{u \in A, v \in B} f(u, v)$.

Es ist klar, dass für jeden zulässigen Fluss f gilt $f(A, B) \leq c(A, B)$, denn für jeden der Summanden gilt $f(u, v) \leq c(u, v)$.

Ferner gilt nach Definition des Fluss-Betrags: $|f| = f(\{s\}, V - \{s\})$. Tatsächlich spielt es für den Wert von $f(A, B)$ keine Rolle, an welcher Stelle wir das Netzwerk auseinanderschneiden. Für jeden Schnitt (A, B) gilt $|f| = f(A, B)$. Dies lässt sich leicht durch Induktion nach $|A|$ beweisen. Der Fall $|A| = 1$ ist gerade die Definition von $|f|$. Sei nun (A, B) ein Schnitt mit $|A| = n + 1$. Wir wählen einen Knoten $v \in A - \{s\}$ und betrachten den Schnitt $(A', B') = (A - \{v\}, B \cup \{v\})$. Nach Induktionsvoraussetzung gilt $f(A', B') = |f|$. Ferner gilt

$$f(A, B) = f(A', B') - \sum_{u \in A} f(u, v) + \sum_{u \in B} f(v, u) = |f| + \sum_{u \in V} f(v, u) = |f|$$

Somit gilt für jeden Schnitt (A, B) und jeden zulässigen Fluss f: $|f| \leq c(A, B)$. Anders ausgedrückt:

$$\max_f |f| \leq \min_{(A, B)} c(A, B)$$

Der folgende Satz besagt, dass es einen Fluss f^* gibt, bei dem obige Ungleichung zur Gleichung wird, also $|f^*| = \min_{(A,B)} c(A, B)$.

Satz (Min-Cut-Max-Flow-Theorem) Sei f ein zulässiger Fluss in dem Netzwerk G mit Kapazität c. Dann sind die folgenden Aussagen äquivalent:

(1) f ist ein maximaler Fluss in G,

(2) Das Restnetzwerk G_f enthält keinen Erweiterungspfad,

(3) Es gilt $|f| = c(A, B)$ für einen Schnitt (A, B) von G.

Beweis: (1) $\Rightarrow$ (2) Dies folgt aus obigem Lemma: Wenn es in G_f einen Erweiterungspfad gibt, dann kann f echt verbessert werden, kann also nicht maximal gewesen sein.

(2) $\Rightarrow$ (3) Setze $A = \{u \in V \mid \text{es gibt einen Pfad in } G_f \text{ von } s \text{ nach } u\}$ und $B = V - A$. Dann gilt $s \in A$ und nach Voraussetzung $t \in B$. Also ist (A, B) ein Schnitt. Für alle Knoten $u \in A$ und $v \in B$ gilt: $0 = c_f(u, v) = c(u, v) - f(u, v)$, also $c(u, v) = f(u, v)$. Damit folgt:

$$|f| = f(A, B) = \sum_{u \in A, v \in B} f(u, v) = \sum_{u \in A, v \in B} c(u, v) = c(A, B)$$

(3) $\Rightarrow$ (1) Für alle zulässigen Flüsse f und Schnitte (A, B) gilt $|f| \leq c(A, B)$. Falls also $|f| = c(A, B)$ gilt, so muss f ein maximaler Fluss sein. □

Durch diesen Satz wird die Korrektheit des Algorithmus von Ford-Fulkerson gezeigt: Es verblieb zu zeigen, dass es für jedes nicht-maximale f einen Erweiterungspfad in G_f gibt. Dies ist gerade $\neg(1) \Rightarrow \neg(2)$, oder gleichwertig: (2) $\Rightarrow$ (1).

Die Formulierung des Ford-Fulkerson Algorithmus ist an einer Stelle unterspezifiziert; es wird nämlich nicht gesagt, *welcher* Erweiterungspfad gewählt werden soll, sofern es mehrere gibt. Durch „ungeschickte" Wahl des Erweiterungspfades kann Ford-Fulkerson eine recht lange Laufzeit haben, wie das folgende Beispiel zeigt.

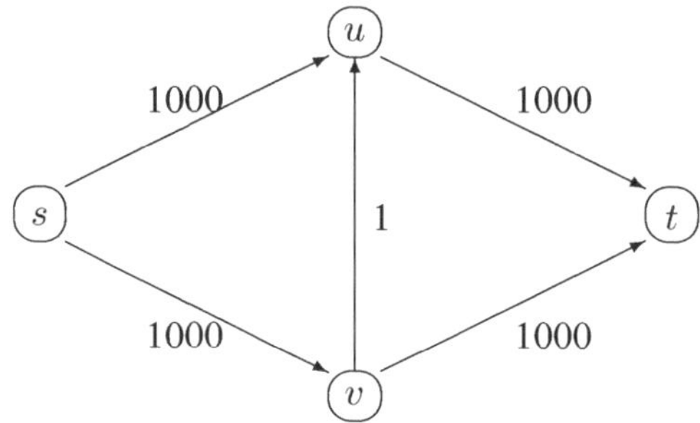

Eine ungeschickte Wahl des Erweiterungspfades wäre s-v-u-t. Dann gilt $c_f(p) = 1$. Das heißt, nach einer Ausführung der REPEAT-Schleife sieht der Fluss wie folgt aus:

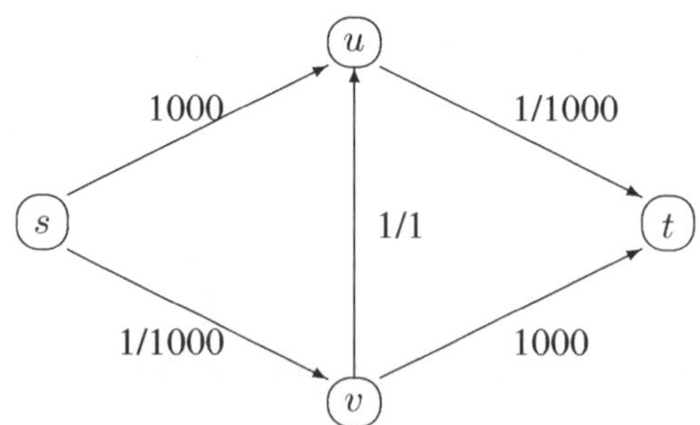

Im nächsten Schritt könnte der Pfad s-u-v-t gewählt werden, usw. Solcherart kommt der Algorithmus erst nach 2000 Schleifendurchläufen zum Stillstand, obwohl es in diesem Fall auch mit 2 Schleifendurchläufen gegangen wäre (nämlich s-u-t und s-v-t). Man kann den worst-case des Ford-Fulkerson Algorithmus somit lediglich mit $O(|f^*| \cdot |E|)$ abschätzen, wobei f^* der maximale Fluss ist, denn im schlechtesten Fall benötigt der Algorithmus $|f^*|$ Schleifendurchläufe. Pro Schleifendurchlauf fällt der Aufwand für eine Suche nach einem Erweiterungspfad an. Dies ist $O(|E|)$, wenn man dies mittels Breitensuche oder Tiefensuche realisiert.

Ungünstig ist, dass der Betrag des maximalen Flusses mit in die Komplexität einfließt. (Im Sinne der Bit-Komplexität kann dies sogar exponentielle Komplexität bedeuten). In dem Spezialfall allerdings, dass die in Frage kommenden Flüsse an den Kanten nur die Werte 0 oder 1 annehmen können (weil die Kapazitätswerte ≤ 1 sind), folgt $|f^*| \leq |E|$, so dass sich die Komplexität des Verfahrens dann mit $O(|E|^2)$ abschätzen lässt. (Tatsächlich lässt sich der Algorithmus samt der dazugehörigen Abschätzung in diesem Spezialfall noch auf $O(|V|^{2/3}|E|)$ verbessern). Dieser Spezialfall liegt zum Beispiel beim Matching-Problem vor, das im nächsten Abschnitt behandelt wird.

Die Abhängigkeit der Komplexität des Verfahrens vom Wert des maximalen Flusses kann allerdings vermieden werden. Die *Edmonds-Karp-Strategie* besteht darin, als Erweiterungspfad immer den *kürzestmöglichen* auszuwählen, also den mit der geringsten Kantenzahl. Ein solcher kürzester Pfad von s nach t in G_f wird zum Beispiel mit Hilfe der Breitensuche (=Dijkstra-Algorithmus) gefunden. Edmonds und Karp argumentieren, dass bei dieser Strategie nie mehr als $|V| \cdot |E|$ viele Schleifendurchläufe notwendig werden, so dass die Gesamtkomplexität dann auf $|V| \cdot |E| \cdot O(|E|) = O(|V| \cdot |E|^2)$ begrenzt werden kann.

Das Argument geht wie folgt. Für jeden Knoten $v \in V$ sei $l(v)$ sein minimaler Abstand von der Quelle s. Der dem Graphen G zugeordnete *Schichtengraph* $L(G)$ ist derjenige Teilgraph von G, der nur solche Kanten $(u, v) \in E$ enthält, für die $l(v) = l(u) + 1$ gilt. Es ist klar, dass $L(G)$ für jeden Knoten $v \in V$ alle Pfade von s nach v minimaler Länge enthält.

Betrachten wir nun einen Erweiterungspfad p minimaler Länge in G_f; das heißt, p wurde gemäß der Edmonds-Karp Strategie gefunden. Dann liegen die Kanten von p in $L(G_f)$. Nun wird der Fluss entlang des Pfades p um $c_f(p)$ erhöht. Das nächste Restnetzwerk G' nach dieser Flusserhöhung unterscheidet sich von G_f dadurch, dass mindestens eine Kante (u, v) auf p nun verschwunden ist (diejenige mit $c_f(u, v) = c_f(p)$). Ferner können einige weitere Kanten hinzugekommen sein; und zwar sind dies Kanten (v, u), wobei (u, v) auf p liegt. Diese neuen Kanten sind also „rückwärtsgerichtet“, denn $l(u) = l(v) - 1$.

Betrachten wir nun den nächsten Erweiterungspfad q in G'. Falls dieser auch in $L(G_f)$ vorkommt, so muss dieser dieselbe Länge wie p haben oder länger sein. Falls dieser dagegen nicht in $L(G_f)$ vorkommt, dann kann dieser Pfad nicht minimale Länge haben.

Daher muss in diesem Fall die Länge von q mindestens um 1 größer sein als die Länge von p.

Diese Überlegung zeigt uns, dass die Pfadlängen der Erweiterungspfade in jedem Schleifendurchlauf entweder gleichbleiben, oder echt zunehmen. Die Pfadlängen können aber höchstens für $2|E| = O(|E|)$ viele Schritte gleichbleiben, denn G_f (und damit auch $L(G_f)$) hat zu Beginn höchstens $2|E|$ viele Kanten, und nach jedem Auffinden eines Erweiterungspfades wird mindestens eine Kante entfernt. Dass G_f höchstens $2|E|$ viele Kanten hat, ergibt sich daraus, dass jede Kante (u, v) in G Anlass zu höchstens zwei Kanten in G_f gibt (nämlich (u, v) und (v, u)).

Als mögliche Pfadlängen kommen nur die Zahlen $1, 2, \ldots, |V| - 1$ in Frage. Zusammengefasst heißt dies, dass nicht mehr als

$$\begin{aligned}&\text{(Anzahl möglicher Pfadlängen)}\\ &\cdot\text{(Anzahl Erweiterungspfade mit derselben Länge)}\\ &= O(|V| \cdot |E|)\end{aligned}$$

viele Schleifendurchläufe möglich sind.

6.7 Maximales Matching

Gegeben sei ein bipartiter Graph. Es geht um die Aufgabe, ein möglichst großes *Matching* zu bestimmen. Hierbei ist ein Matching M eine Teilmenge der Kantenmenge, $M \subseteq E$, so dass keine zwei Kanten in M einen gemeinsamen Knoten besitzen.

Beispiel: Die fett gezeichneten Kanten charakterisieren ein Matching der Größe 4 in dem folgenden bipartiten Graphen $G = (V_1 + V_2,\ E)$. Dieses Matching ist maximal, denn es gibt in diesem Fall kein Matching der Größe 5. Warum das bei diesem Beispiel so ist, beantwortet der so genannte *Heiratssatz*, der etwas weiter unten bewiesen wird.

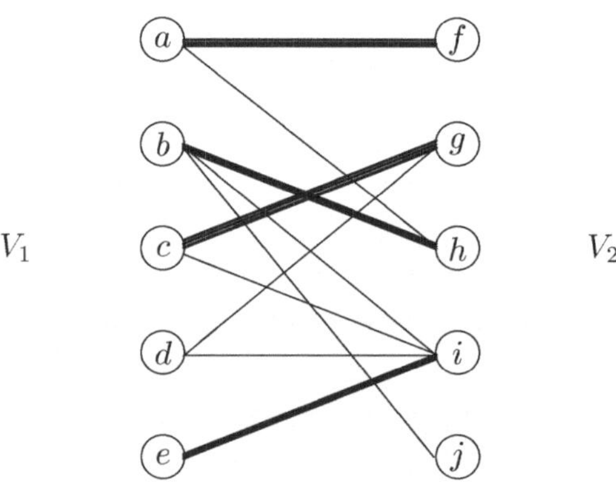

Dieses Matching-Problem ist nicht trivial; zum Beispiel funktioniert der Greedy-Ansatz nicht: wenn wir einfach nur Kanten auswählen, solange sie die Matching-Bedingung erfüllen, bis keine weitere Kante mehr hinzugenommen werden kann, so entsteht am Ende nicht unbedingt ein maximales Matching. Formaler: die Menge aller möglichen Matchings eines gegebenen bipartiten Graphen ist im Allgemeinen kein Matroid, und daher funktioniert aufgrund der in Kapitel 5 entwickelten Theorie der Greedy-Ansatz nicht.

Beispiel: Gegeben sei der folgende Graph mit drei Kanten.

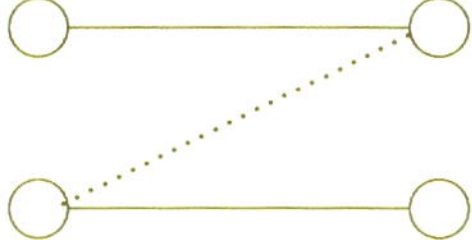

Sei A die einelementige Kantenmenge, die nur aus der gestrichelten Kante besteht; sei B die Kantenmenge, die aus den beiden durchgezogenen Kanten besteht. Für diese Wahl von A und B ist das Austauschaxiom verletzt, denn die partielle Lösung A kann nicht durch Hinzunahme einer Kante aus B zu einem größeren Matching erweitert werden. Mit anderen Worten, sollte der Greedy-Algorithmus mal mit der gestrichelten Kante begonnen haben, so ist er in eine „Sackgasse" geraten, und kann die optimale Lösung, die aus den beiden durchgezogenen Kanten besteht, nicht mehr erreichen, da er einmal getroffene Entscheidungen nicht mehr rückgängig machen kann.

Wir können dieses Matching-Problem aber mit Hilfe des Ford-Fulkerson-Algorithmus lösen, indem wir links eine Quelle s und rechts eine Senke t hinzufügen, die Quelle mit allen Knoten in V_1 und t mit allen Knoten in V_2 verbinden und den Graph (von links nach rechts) gerichtet machen. Wir führen dies bei dem obigen Beispielgraphen durch.

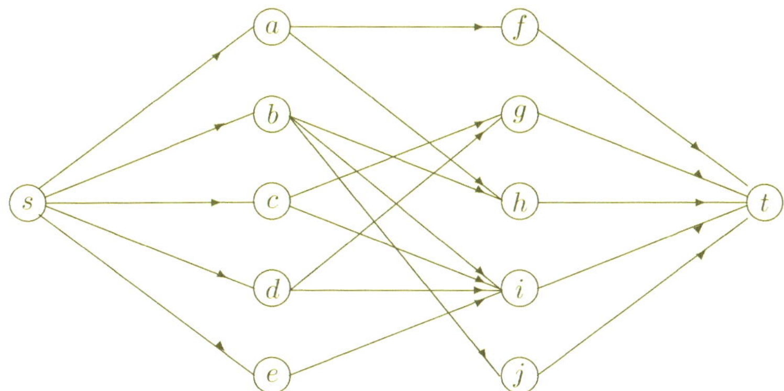

Allen Kanten ordnen wir die Kapazität 1 zu. Wir wenden nun den Algorithmus von Ford-Fulkerson auf dieses Netzwerk an. Das Ergebnis ist ein maximaler Fluss f. Da die c-Werte alle gleich 1 sind, können die f-Werte an den Kanten nur 0 oder 1 sein. Das gesuchte Matching wird gebildet durch diejenigen Kanten zwischen V_1 und V_2 mit dem f-Wert gleich 1.

Diese Kantenmenge bildet tatsächlich ein Matching, denn in jeden Knoten links fließt maximal ein Fluss von 1 hinein, deshalb kann auch nur maximal eine hinausgehende Kante den f-Wert 1 erhalten. Analog ist es auf der rechten Seite: von jedem rechten Knoten fließt ein Fluss von höchstens 1 in Richtung t hinaus, also kann es auch nur höchstens eine hereinkommende Kante mit $f = 1$ geben.

Dieses Matching ist tatsächlich maximal, da f maximal ist. Wenn es ein Matching mit mehr Kanten gäbe, dann hätte der diesem Matching zugeordnete Fluss einen höheren Betrag, was ein Widerspruch ist, denn Ford-Fulkerson bestimmt nachgewiesenermaßen immer einen *maximalen* Fluss.

Wir analysieren nochmals die Komplexität von Ford-Fulkerson in der hier betrachteten speziellen Anwendung. Da hier $|f^*| = O(|V|)$ gilt, hat das Verfahren die Komplexität $O(|V| \cdot |E|)$.

Betrachten wir nochmals das obige Beispiel zum Scheitern des Greedy-Ansatzes. Beim Ford-Fulkerson-Algorithmus (selbst mit der Edmonds-Karp-Strategie) kann es ebenso passieren, dass im ersten Schritt ein Erweiterungsfad gewählt wurde, der über die gestrichelte Kante läuft. Wie kommt Ford-Fulkerson aus dieser „Sackgasse" wieder heraus? Das zugehörige Restnetzwerk nach Auswahl der gestrichelten Kante sieht wie folgt aus:

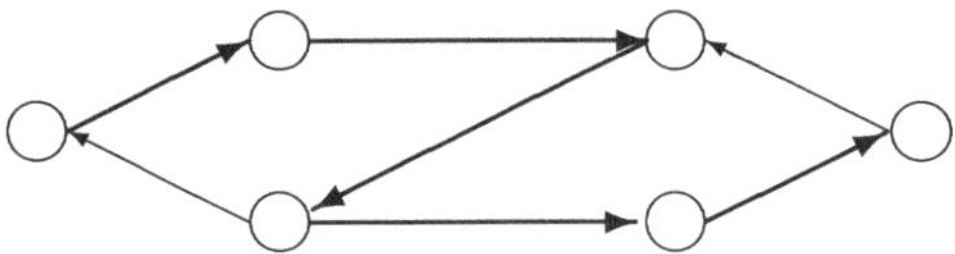

Die fetten Linien deuten einen Erweiterungspfad an, welcher sozusagen die im ersten Schritt gemachte Entscheidung wieder rückgängig macht und stattdessen die beiden anderen Kanten auswählt.

Der folgende Satz gibt ein Kriterium an, wann ein bipartiter Graph ein maximales Matching besitzt.

Satz. („Heiratssatz" von Hall) Sei $G = (V, E)$ mit $V = V_1 + V_2$ ein bipartiter Graph. Es gibt ein Matching $M \subseteq E$ mit $|M| = |V_1|$ genau dann, wenn für alle Teilmengen $A \subseteq V_1$ gilt, dass die Anzahl der Nachbarn der Knoten in A mindestens genauso groß ist wie $|A|$ (formal: $|N(A)| \geq |A|$).

Beispiel: Der bipartite Graph auf Seite 224 besitzt kein Matching mit 5 Kanten, da die drei Knoten c, d, e nur die zwei Nachbarn g, i besitzen, also $|N(\{c, d, e\})| = |\{g, i\}| = 2$.

Beweis des Satzes: Die eine Richtung des Satzes ist klar: Wenn ein Matching M mit $|M| = |V_1|$ existiert, so hat jeder Knoten links einen „Partner" auf der rechten Seite. Also hat jede Teilmenge A links mindestens $|A|$ Nachbarn auf der rechten Seite.

Für die Umkehrung verwenden wir den Ford-Fulkerson-Algorithmus bzw. dessen Korrektheit, welche durch das Min-Cut-Max-Flow-Theorem zu Stande kommt. Es gelte $|A| \leq |N(A)|$ für alle Teilmengen $A \subseteq V_1$. Sei f ein mittels Ford-Fulkerson (wie oben beschrieben) ermittelter maximaler Fluss (der einem maximalen Matching entspricht). Dieser Fluss wird in dem G zugeordneten gerichteten Graphen G' bestimmt. Sei X die Menge aller Knoten, die sich im zuletzt erhaltenen Restnetzwerk zu G' von der Quelle s aus erreichen lassen. Sei angenommen, dass der Fluss nicht den Maximalwert $|V_1|$ hat, also $|f| < |V_1|$. Dann ist die Menge $X \cap V_1$ nicht leer. Daher sind die V_2-Nachbarn der Knoten in $X \cap V_1$ ebenfalls erreichbar, also in X enthalten, formal: $N(X \cap V_1) \subseteq X$. Wir wenden die Voraussetzung auf $X \cap V_1$ an und erhalten:

$$c(X, \overline{X}) = |V_1 - X| + |N(X \cap V_1)| \geq |V_1 - X| + |X \cap V_1| = |V_1| > |f|$$

Dies ist ein Widerspruch, denn nach dem Min-Cut-Max-Flow-Theorem sollte $|f| = c(X, \overline{X})$ gelten. Damit ist $|f| = |V_1|$ gezeigt. □

Bemerkung: Sei $m(G)$ die Größe eines größten Matchings im (bipartiten) Graphen $G = (V_1 + V_2, E)$ (die so genannte *Matching-Zahl* von G). Dann lässt sich sich – in Verallgemeinerung des oben bewiesenen Satzes – zeigen, dass

$$m(G) = |V_1| - \max_{A \subseteq V_1} \Big(|A| - |N(A)| \Big)$$

Kapitel 7

Optimiertes Suchen in Bäumen

In diesem Kapitel werden Algorithmen (Backtracking, Branch-and-Bound, Min-Max, Alpha-Beta) behandelt, denen zu Grunde liegt, dass ein sehr großer Baum (im Allgemeinen mit exponentieller Größe) nach einer „Lösung" durchmustert werden muss, oder dass aus den Informationen in den Baumknoten ein Wert berechnet werden muss. Hierbei ist der Baum allerdings nicht explizit als Eingabe für den Algorithmus gegeben (sonst würde das Thema in das Kapitel „Algorithmen auf Graphen" passen), sondern die Baumstruktur entsteht aus der eigentlichen Eingabe erst dynamisch während des Algorithmenablaufs (im Rahmen der verwendeten Rekursion). Ziel dieser Algorithmen ist es, möglichst nicht den vollständigen Baum zu generieren bzw. zu durchlaufen, sondern Teile des Baumes „abzuschneiden", die zur Evaluierung nicht benötigt werden. Dies ist meist dadurch möglich, dass eine geschickte Reihenfolge bei der Auswertung des Baumes gewählt wird.

7.1 Backtracking

Falls die Lösung eines Problems gesucht ist, welche sich aus n Komponenten zusammensetzt und es für jede der Komponenten evtl. mehrere Wahlmöglichkeiten gibt, dann kann man sukzessive über rekursive Aufrufe (bis zur Rekursionstiefe n) nach der Gesamtlösung suchen, wobei über die verschiedenen rekursiven Aufrufe eine „Teillösung", beginnend mit der leeren Lösung, zusammengesetzt wird. Wenn sich herausstellt, dass eine Teillösung nicht weiter fortsetzbar ist, um eine Gesamtlösung zu erhalten, so wird in die aufrufende Prozedur(inkarnation) zurückgesetzt (backtracking) und damit die „Sackgasse" verlassen und eine andere Fortsetzung versucht.

Das generelle Schema lässt sich wie folgt beschreiben:

```
PROCEDURE backtrack(Teillösung)
IF (vollständige Lösung erreicht) THEN Gib Loesung aus
  ELSE FOR (jede zulässige Erweiterung der Teillösung) DO
    backtrack(Teillösung mit Erweiterung)
RETURN
```

Der Aufruf im Hauptprogramm lautet dann *backtrack*(leere Lösung).

Beispiel: Betrachten wir das NP-vollständige Problem KNF-SAT. (Weitere Algorithmen für dieses Problem werden in Kapitel 12 besprochen). Gegeben sei eine Boolesche Formel F in konjunktiver Normalform, also eine Und-Verknüpfung von so genannten Klauseln, welche wiederum Oder-Verknüpfungen von Variablen oder negierten Variablen sind. Die Aufgabe besteht darin, festzustellen, ob die Formel F erfüllbar ist, also ob es eine Belegung der Variablen mit Wahrheitswerten gibt, so dass die ausgewertete Formel den Wahrheitswert 1 erhält.

Die vorkommenden Variablen seien $x_1, \ldots, x_n$. Indem wir diese Variablen sukzessive mit Wahrheitswerten belegen, erhalten wir partielle Belegungen. Solche partiellen Belegungen geben wir durch Strings $a_1 a_2 \ldots a_k$, $k \leq n$, $a_i \in \{0, 1\}$, an. An der Baumstruktur, die sich hierdurch implizit ergibt, wird der Backtracking-Mechanismus vollzogen. Eine „Sackgasse", also ein vorzeitiges Beenden eines Belegungs-Versuchs, ergibt sich dann, wenn die bis dahin erzeugte partielle Belegung bereits eine der Klauseln mit dem Wert 0 belegt. In diesem Fall kann keine Erweiterung dieser partiellen Belegung mehr erfüllend sein, und diese Erweiterungen brauchen daher nicht betrachtet zu werden.

Der Algorithmus hierzu sieht wie folgt aus:

```
PROCEDURE suche(a: partielle Belegung): BOOLEAN
{Liefert TRUE, genau dann wenn sich die partielle Belegung a
 zu einer erfüllenden Belegung für F erweitern lässt}
IF (a belegt alle Variablen) THEN RETURN F(a)
  ELSIF (eine der Klauseln in F wird durch a auf 0 gesetzt)
    THEN RETURN FALSE  {Sackgasse}
  ELSE
   IF suche(a0) THEN RETURN TRUE
     ELSE RETURN suche(a1)
```

Aufgerufen wird die Prozedur mittels *suche*(ε), wobei ε die leere Belegung ist.

Obwohl die Möglichkeit besteht, dass dieser Algorithmus eine erfüllende Belegung schnell findet, muss man im worst-case mit der Komplexität $2^{O(n)}$ rechnen, da ein Prozeduraufruf von *suche*(a) zwei weitere Aufrufe, nämlich von *suche*($a0$) und *suche*($a1$) nach sich ziehen kann.

Wir wollen das backtracking-Konzept nochmals von einer abstrakteren Warte analysieren. Backtracking wird typischerweise eingesetzt, um ein *Constraint Satisfaction*

Problem (vgl. Seite 79) zu lösen. Das heißt, es sollen eine Menge von Constraints C_j durch Finden von geeigneten Variablenwerten $x_i \in D$ simultan erfüllt werden. Der backtracking-Prozess durchläuft nun eine Variable nach der anderen und durchläuft für jede Variable x_i alle möglichen Werte des Grundbereichs D. Nachdem nun eine Teilmenge der Variablen mit Werten belegt ist, kann sich die Situation ergeben, dass eines der Constraints C_j, sofern es nur von den bisher belegten Variablenwerten abhängt, den Wert 0 hat, also nicht erfüllt wird. Dann kann es keine Vervollständigung der Variablenwerte geben, die je dieses Constraint C_j erfüllen würde. Das heißt, es ist die für das backtracking-Verfahren typische Situation eingetreten, dass man ohne die weiteren Variablenbelegungen zu verfolgen, „zurücksetzen" kann, und die zuletzt vorgenommene Variablenwerte-Belegung wieder aufhebt.

Die Effizienz des Backtracking lässt sich verbessern, wenn man in jedem Schritt die Auswahl der nächsten Variablen so steuert, dass nach möglichst wenigen Schritten alle Variablen, von denen ein bestimmtes Constraint abhängt, Werte erhalten. Sei k die Ordnung der Constraints (vgl. die Definition auf Seite 79), also die Anzahl der Variablen, von denen das Constraint abhängt. Bei der Belegung der ersten k Variablen, jeweils mit einem der d Werte aus der Grundmenge D, entsteht eine Baumstruktur, die sich d^k-fach verzweigt. Wenn diese k Variablen so gewählt wurden, dass damit der Wahrheitswert eines bestimmten Constraints C_j feststeht, so muss es mindestens eine der d^k vielen Variablenbelegungen geben, die das Constraint falsch macht (andernfalls wäre das Constraint trivial, da es unter jeder Belegung wahr wird, und könnte auch weggelassen werden). Das heißt, an mindestens einem Ast dieser Baumstruktur greift das backtracking-Konzept; dieser Ast braucht nicht weiter verfolgt zu werden. Insgesamt erhalten wir so ein Verfahren der Komplexität $(d^k - 1)^{n/k}$. Je nach dem, welches Problem gelöst werden soll, bzw. wie die Constraints C_j beschaffen sind, kann es auch sein, dass mehr als ein Ast weggelassen werden kann.

7.2 Branch-and-Bound

Die Methode Branch-and-Bound ist zur Lösung von Optimierungsproblemen angebracht, bei denen keine anderen effizienten Verfahren bekannt sind, z.B. bei NP-vollständigen Optimierungsproblemen (vgl. Abschnitt 1.14 und 1.15). Hierbei muss der Lösungsraum (implizit) so strukturiert sein, dass er eine Baumstruktur darstellt. Hierbei entspricht die leere Lösung, die noch zu jeder beliebigen Lösung erweitert werden kann, der Wurzel. Dieser Baum, oder ein Teil davon, wird nach einem bestimmten Prinzip erzeugt, das an den Dijkstra-Algorithmus aus Abschnitt 5.5 erinnert (nur ist hier der Baum nicht explizit als Eingabe gegeben).

Beispiel: Beim Traveling Salesman Problem (vgl. Abschnitt 82 und 4.6) kann man wie folgt eine Baumstruktur erzeugen. Gegeben sei eine Entfernungsmatrix $M[1..n, 1..n]$, die die Entfernungen der Städte $1, \ldots, n$ untereinander angibt. Für das Folgende ist es am besten, Kanten, die nicht vorhanden sind oder nicht mehr gewählt werden können, mit dem Eintrag ∞ zu versehen. Insbesondere gehen wir bei der Ausgangsmatrix davon aus, dass $M[i,i] = \infty$ für alle $i = 1, \ldots, n$ gilt. Die gegebene Entfernungsmatrix M entspricht der leeren Lösung und damit der Baumwurzel; d.h. alle potenziellen Lösungen sind durch Erweiterung der leeren Lösung noch möglich. Sobald in der Entfernungsmatrix weitere Einträge (i, j) auf ∞ gesetzt werden, bleiben nur noch Lösungsmöglichkeiten übrig, die die Kante (i, j) *nicht* enthalten. Eine eindeutige und endgültige Lösung entsteht, wenn die Einträge der Entfernungsmatrix, die nicht auf ∞ gesetzt wurden, eine *Permutationsmatrix* bilden. Dann hat in jeder Zeile i genau ein Element (i, j_i) einen endlichen Wert und die Zahlen $(j_1, j_2, \ldots, j_n)$ bilden eine Permutation der Zahlen von 1 bis n (nämlich die Rundreise). Solche Permutationsmatrizen entstehen an den Blättern des Branch-and-Bound Baumes.

Den Verzweigungsschritt (Branch) organisieren wir solcherart, dass wir zunächst einen Eintrag (i, j) der Matrix auswählen, der nicht unendlich ist. Die beiden Nachfolger der Matrix M sind die beiden neuen Entfernungsmatrizen M' und M'', wobei in M' bzw. M'' einige Einträge solcherart auf unendlich gesetzt werden, dass M' diejenigen Rundreisen symbolisiert, die die Kante (i, j) benutzen, während für M'' diejenigen Rundreisen relevant sind, die die Kante (i, j) *nicht* benutzen. Wir erreichen dies dadurch, dass wir $M''[i, j] = \infty$ setzen. Was M' betrifft, so setzen wir $M'[i, k] = \infty$ für $k \neq j$ und $M'[l, j] = \infty$ für $l \neq i$. Ferner setzen wir $M'[j, i] = \infty$. Alle diese Kantenauswahlen können ausgeschlossen werden, wenn die Rundreise über (i, j) verläuft.

Sobald im Branch-and-Bound Baum ein neuer Knoten erzeugt wurde, wird für diesen eine gewisse untere Schranke b (der *Bound*) berechnet. Diese Schranke besagt, dass keine endgültige Lösung, die sich unterhalb des betreffenden Knotens befindet, einen kleineren (also besseren) Wert als b haben kann. Das bedeutet, dass alle Lösungen, die Erweiterungen der betreffenden partiellen Lösung darstellen, einen Wert haben müssen, der $\geq$ dem berechneten *Bound* für die partielle Lösung ist. (Wir gehen hier von einem Minimierungsproblem aus; bei einem Maximierungsproblem müsste der *Bound* eine *obere* Schranke sein). Wie ein solcher *Bound* berechnet werden kann, ist problemspezifisch und wird weiter unten am Beispiel des TSP erläutert.

Der berechnete *Bound* liefert ein Präferenzkriterium. Im nächsten Schritt, dem Branch-Schritt, werden die *Bounds* aller bisherigen Baumblätter miteinander verglichen, und dasjenige Blatt mit dem kleinsten *Bound* wird weiter expandiert; das heißt, es werden seine Nachfolger generiert, die zugehörige partielle Lösung wird also um eine Komponente erweitert. Danach werden die *Bounds* der Nachfolger bestimmt, und so weiter. Um dasjenige Blatt mit dem kleinsten *Bound* effizient zu bestimmen, empfiehlt es sich, die Information über die *Bounds* der aktuellen Baumblätter in einer Priority Queue zu organisieren (vgl. Abschnitt 5.6).

Das folgende Bild skizziert die Situation:

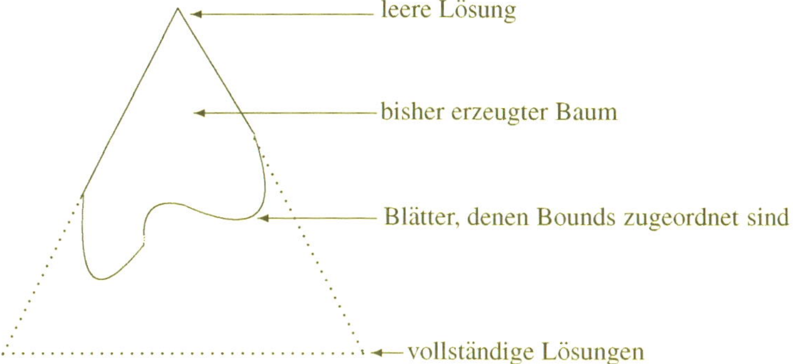

Im folgenden Bild ist skizziert, wie eine Priority Queue (hier implementiert als Heap) parallel zum ständig wachsenden Branch-and-Bound Baum über die *Bounds* an den Blättern Buch führt, um möglichst schnell dasjenige Blatt mit dem kleinsten *Bound* auffinden zu können. Von jedem Heap-Knoten führt ein Zeiger auf ein Blatt des Branch-and-Bound Baumes. Die Heap-Wurzel zeigt auf das Blatt mit dem kleinsten *Bound*.

Wenn bei diesem Verfahren ein Ast so weit entwickelt wurde, dass das entsprechende Blatt eine vollständige Lösung darstellt und dessen Wert im Vergleich zu allen anderen *Bounds* minimal ist, dann ist garantiert, dass diese Lösung optimal ist, denn alle anderen momentanen Baumblätter können höchstens noch zu endgültigen Lösungen erweitert werden mit einem schlechteren oder demselben Wert.

Die Idee des Verfahrens ist also, dass viele der Verzweigungen nicht weiter betrachtet werden müssen, da sie einen zu großen *Bound* erhalten haben. Daher braucht der Baum im Allgemeinen nicht vollständig entwickelt zu werden und die Komplexität bleibt im Erträglichen. (Im worst-case hat die Methode aber im Allgemeinen exponentielle Komplexität).

Man macht sich leicht klar, dass die Güte der *Bounds* für die Effizienz des Verfahrens von entscheidender Bedeutung ist. Nehmen wir im Extremfall mal an, dass wir die Möglichkeit hätten, die *Bounds* exakt zu berechnen. Das soll heißen, dass der *Bound* einer partiellen Lösung tatsächlich immer mit dem Minimum aller derjenigen Lösungswerte übereinstimmt, die sich aus der partiellen Lösung entwickeln lassen. Insbesondere hätten wir dann bereits an der Wurzel, die der leeren Lösung entspricht, die Möglichkeit exakt zu bestimmen, welche Güte die optimale Lösung hat. In diesem Fall würde der Branch-and-Bound Algorithmus zielstrebig einen einzigen Pfad aus der leeren Lösung heraus entwickeln, der direkt auf die optimale Lösung zusteuert. (Eine kleine Technikalität ergibt sich, wenn es mehrere optimale Lösungen geben sollte; in diesem Fall sollte der Algorithmus bei einer festen Auswahlstrategie bleiben, also zum Beispiel bei Vorliegen gleichgroßer minimaler *Bounds* immer den am weitesten links liegenden für den branch-Schritt auszuwählen.)

Oftmals erhält man gute *Bounds* für eine Problemstellung durch eine *Relaxation*, das heißt, die zugrunde liegende Aufgabenstellung wird „aufgeweicht" (es werden zum Beispiel Bedingungen, die eigentlich zu beachten sind, weggelassen etc.), so dass effiziente Lösungsmöglichkeiten für die so veränderte Aufgabenstellung bestehen. Dies ist dann zwar nicht mehr die ursprüngliche Aufgabenstellung, da der Lösungsraum vergrößert wurde, aber die Lösungsgüte der Relaxation stellt eine Schranke für die eigentliche, gesuchte Lösung dar, die im Rahmen von Branch-and-Bound als *Bound* verwendet werden kann. Dies liegt daran, dass das eigentliche zu lösende Problem im vergrößerten Lösungsraum des relaxierten Problems mit enthalten ist. (Weiteres zum Begriff Relaxation findet man in Abschnitt 11.1).

Wir betrachten wieder das Beispiel des Traveling Salesman Problems. Wie bestimmen wir den *Bound*, also eine (möglichst gute) untere Schranke für die Güte der unterhalb von M erreichbaren Lösung? Hierzu beobachten wir Folgendes. Seien $a_1, a_2, \ldots, a_n$ die Werte einer festgehaltenen Zeile (oder Spalte) von M. Sei $m = \min\{a_1, a_2, \ldots, a_n\}$. Indem wir diese Zeile (bzw. Spalte) von M modifizieren zu $a_1 - m, a_2 - m, \ldots, a_n - m$ erhalten wir eine neue Entfernungsmatrix $\hat{M}$ mit der Eigenschaft, dass für jede Lösung π von M mit Wert c die entsprechende Lösung π für $\hat{M}$ den Wert $c - m$ hat (und umgekehrt). Das heißt, wenn π eine optimale Lösung für M ist mit minimalem (Entfernungs-) Wert, so ist π auch minimal für $\hat{M}$ mit einem um m reduzierten Wert. Die Optimierungsprobleme M und $\hat{M}$ sind also – bis auf die Werteverschiebung um m – äquivalent.

Den einer Matrix M zugeordneten *Bound* berechnen wir algorithmisch wie folgt: Wir reduzieren jede Zeile von M und erhalten hierbei die Reduktionswerte $m(1), \ldots, m(n)$. Dann reduzieren wir noch jede Spalte und erhalten die Werte $m(n+1), \ldots, m(2n)$. Der *Bound* für die Matrix M ist dann $\sum_{i=1}^{2n} m(i)$.

Der folgende Algorithmus berechnet den *Bound* von M.

```
PROCEDURE Bound(M)
b := 0
FOR i := 1 TO n DO
  min := ∞
  FOR j := 1 TO n DO
    IF M[i,j] < min THEN min := M[i,j]
  b := b + min
  FOR j := 1 TO n DO M[i,j] := M[i,j] − min
FOR j := 1 TO n DO
  min := ∞
  FOR i := 1 TO n DO
    IF M[i,j] < min THEN min := M[i,j]
  b := b + min
  FOR i := 1 TO n DO M[i,j] := M[i,j] − min
RETURN b
```

Beispiel: Die folgende Matrix M

$$\begin{bmatrix} \infty & 10 & 15 & 20 \\ 5 & \infty & 9 & 10 \\ 6 & 13 & \infty & 12 \\ 8 & 8 & 9 & \infty \end{bmatrix}$$

wird wie folgt zunächst zeilen-reduziert:

$$\begin{bmatrix} \infty & 0 & 5 & 10 \\ 0 & \infty & 4 & 5 \\ 0 & 7 & \infty & 6 \\ 0 & 0 & 1 & \infty \end{bmatrix}$$

was den Wert $10+5+6+8 = 29$ ergibt. Die anschließende Reduktion nach den Spalten liefert

$$\begin{bmatrix} \infty & 0 & 4 & 5 \\ 0 & \infty & 3 & 0 \\ 0 & 7 & \infty & 1 \\ 0 & 0 & 0 & \infty \end{bmatrix}$$

was einen weiteren Wertgewinn von 6 ergibt. Dies macht zusammen 35. Also ist *Bound*(M)=35.

Dies ist eine untere Schranke für die zu erwartende Rundreiselänge in M, denn eine optimale Rundreise in M entspricht einer optimalen Rundreise in der reduzierten Matrix. Letztere hat mindestens den Wert 0. Also hat die kürzeste Rundreise in M mindestens den Wert $\sum_{i=1}^{2n} m(i)$.

Ganz allgemein kann man die typische Vorgehensweise zur Bestimmung von aussagekräftigen *Bounds* so beschreiben: Man betrachtet eine Relaxation des eigentlichen Problems und erhält damit – mit vergleichsweise geringem Komplexitätsaufwand – eine Lösung der Relaxation, deren Wert als untere Schranke für die Lösung des eigentlichen Problems dient.

Das folgende *Beispiel* zeigt den Ablauf des Branch-and-Bound Algorithmus (der von Little, Murty, Sweeney, Karel (1963) vorgeschlagen wurde) auf demselben Beispiel wie in Abschnitt 4.6.

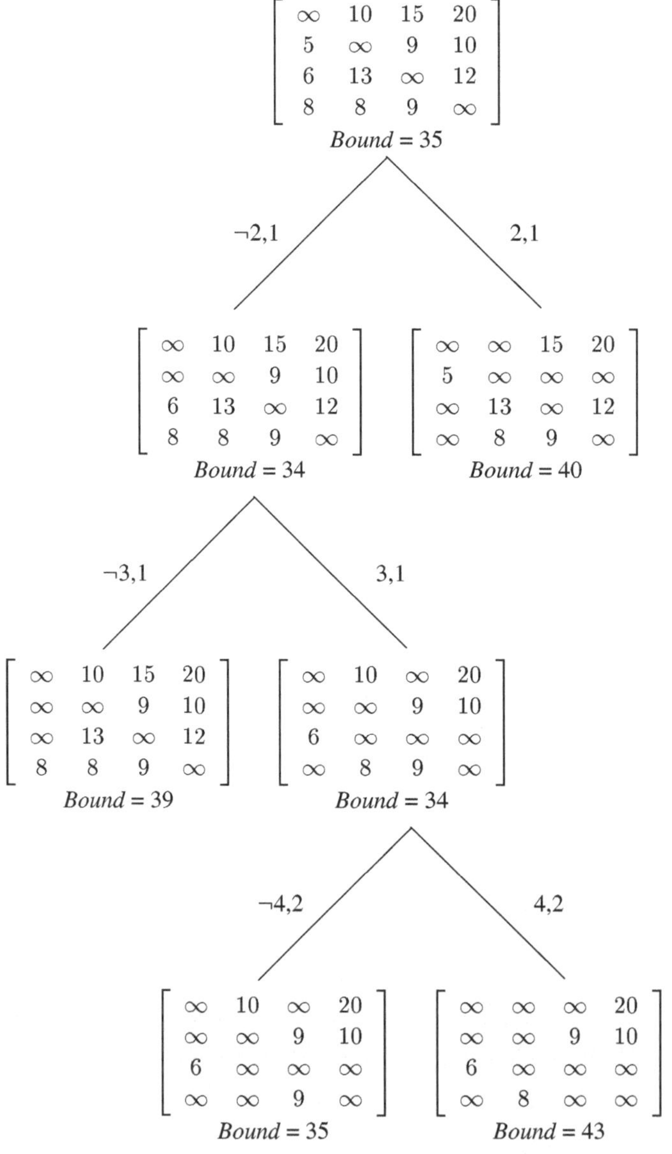

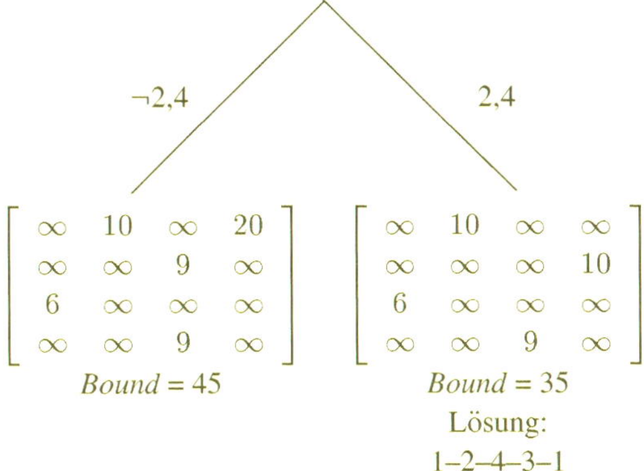

Bei diesem Beispiel (im ersten Branch-Schritt) sieht man, dass es vorkommen kann, dass sich die untere Schranke, die nach der obigen Methode berechnet wurde, wieder verschlechtern kann. In diesem Fall sollte man die bessere der beiden unteren Schranken (hier also 35 statt 34) verwenden.

Die ermittelte Lösung mit dem *Bound* 35 (was der tatsächlichen Länge der Rundreise entspricht) ist nun garantiertermaßen optimal, da es im entwickelten Baum kein Blatt gibt, das einen geringeren *Bound* hat und damit noch zu einer besseren Lösung führen könnte. Dies ist das Abbruchkriterium für den Algorithmus: wenn eine vollständige Lösung entwickelt wurde, dessen Wert mindestens so gut ist wie jeder andere *Bound* an den Blättern des insoweit erzeugten Baumes.

Zusammenfassend sind die wesentlichen Bestandteile des Branch-and-Bound Ansatzes die Folgenden: Erstens muss eine Baumstruktur über den Lösungsraum gelegt werden; auf diese Weise werden die Branch-Schritte definiert. Zweitens muss eine Methode gefunden werden, wie man möglichst gute *Bounds* berechnen kann, um so den zu entwickelnden Baum nicht allzusehr „auswuchern" zu lassen, sondern möglichst zielstrebig auf die optimale Lösung zuzusteuern.

Manchmal wird nur eine (optimistische) *Schätzung* für die Güte der zu erwartenden optimalen Lösung verwendet – also nicht notwendigerweise eine untere Schranke; gelegentlich sind solche Schätzungen viel einfacher zu erhalten als eine garantierte untere Schranke. Wenn man eine solche Schätzfunktion für den *Bound* in dem Verfahren einsetzt, so muss nicht mehr garantiertermaßen die optimale Lösung gefunden werden. In diesem Fall wird die Branch-and-Bound Methode zu einer *approximativen* (oder auch: heuristischen) Methode. Aber möglicherweise wird auf diese Weise in recht effizienter Weise eine nahezu optimale Lösung gefunden.

Eine andere Heuristik besteht darin, den Suchprozess bereits abzubrechen, wenn eine, oder wenige Lösungen gefunden wurden, ohne dass deren Optimalität garantiert ist. Die ersten gefundenen Lösungen müssen noch nicht optimal sein, da evtl. noch Blätter im Suchbaum existieren, die noch einen kleineren *Bound* besitzen, im Vergleich zur Güte der gefundenen Lösung. Solche Blätter besitzen also das Potenzial, eine noch bessere

Lösung zu generieren, wenn man den entsprechenden Teilbaum weiter entwickelt. Diese Thematik der heuristischen Methoden wird noch in Kapitel 11 weiter vertieft.

Branch-and-Bound ist natürlich in symmetrischer Weise auch auf *Maximierungsprobleme* anwendbar (wobei mit dem *Bound* dann natürlich eine *obere* Schranke gemeint ist).

7.3 Und-Oder-Bäume

Manche Problemstellungen führen in natürlicher Weise zu so genannte *Und-Oder-Bäumen*. Wenn man die gegebene Aufgabenstellung so in Teilprobleme zerlegen kann, dass aus der Lösung *aller* Teilprobleme die Gesamtlösung folgt (wie bei divide-and-conquer), so entspricht dies einer Und-Verzweigung.

Wenn dagegen das Problem so in Teilprobleme zerlegt werden kann, dass es schon genügt, *eines* des Teilprobleme zu lösen, so entspricht dies einer Oder-Verzweigung.

Das ursprüngliche Problem kann solcherart in verschiedene Teilprobleme zerlegt werden und diese weiter zerlegt werden etc., so dass ein Baum von alternierenden Und- und Oder-Verzweigungen entsteht. An den Blättern dieses Und-Oder-Baumes sind Teilprobleme eingetragen, die nicht weiter zerlegt werden können und elementar gelöst werden müssen (sofern sie lösbar sind).

Die abstrakte, hinter dieser Zerlegung stehende Aufgabe besteht darin, bei einem solcherart gegebenen Und-Oder-Baum, samt einer Bewertung der Blätter mit Wahrheitswerten (1=lösbar, 0=nicht lösbar), festzustellen, ob eine Lösung des Gesamtproblems möglich ist. Das folgende Bild zeigt anschaulich, dass es sich letztlich um das Evaluieren einer Booleschen Schaltung handelt, die aus Und- und Oder-Gattern besteht.

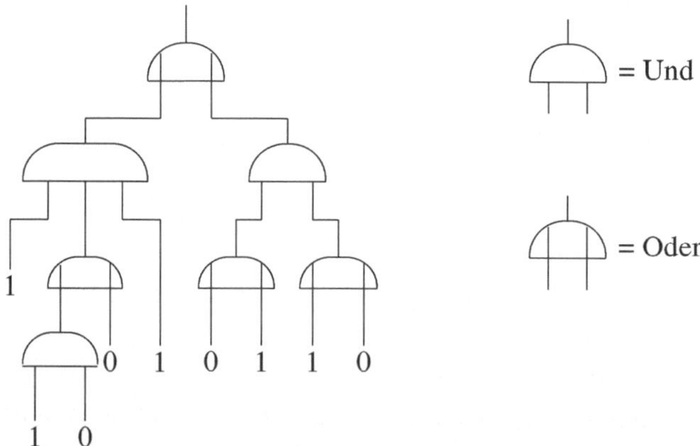

Das Besondere ist nur, dass der Und-Oder-Baum nicht unbedingt explizit gegeben ist, sondern sich nur implizit aus der gegebenen Aufgabenstellung ergibt.

Beispiel: Sogenannte *quantifizierte Boolesche Formeln*, kurz QBF, sind Boolesche Formeln mit Quantoren, wobei sich der Allquantor und der Existenzquantor auf Variablen beziehen, die die beiden Wahrheitswerte 0 und 1 annehmen können. Beispielsweise ist

$$F = \forall x\, \exists y\, \forall z\, ((x \wedge \overline{y}) \vee (\overline{x} \wedge z))$$

eine QBF. Da alle vorkommenden Variablen durch Quantoren gebunden sind, lässt sich diese Formel eindeutig auswerten und ergibt einen Wahrheitswert. Das algorithmische Problem, QBFs auszuwerten, ist NP-schwierig (genauer: es ist „PSPACE-vollständig"). Daher sind keine effizienten Algorithmen zur Auswertung von QBFs bekannt. In Abschnitt 12.1 wird aber ein effizienter Algorithmus für das 2-QBF Problem beschrieben. Hierbei wird vorausgesetzt, dass der quantorenfreie Teil der Formel in konjunktiver Normalform mit höchstens 2 Literalen pro Klausel vorliegt.

Wir konzentrieren uns hier auf den Aspekt des Baum-Auswertens. Das Berechnen des Wahrheitswerts einer QBF entspricht nämlich wieder dem Auswerten eines Und-Oder-Baums:

Die Wahrheitswerte an den Blättern sind $G(0,0,0), G(0,0,1), \ldots, G(1,1,1)$, wobei $G(x,y,z) = ((x \wedge \overline{y}) \vee (\overline{x} \wedge z))$.

Wir betrachten ein anderes *Beispiel:* Wir wollen Algorithmen finden für die Aufgabe, bei einem 2-Personen-Spiel mit vollständiger Information (z.B. bei Schach, Go, Dame, Mühle, Tic-Tac-Toe) einen optimalen Zug zu finden. Betrachten wir eine gegebene Spielsituation in einem solchen Spiel; der Spieler Weiß sei am Zug; er hat endlich viele Zugmöglichkeiten, welche jeweils eine neue Spielkonfiguration ergeben, dann ist Schwarz am Zug, usw. Nach endlich vielen Spielzügen wird eine Situation erreicht, in der entweder Weiß oder Schwarz gewonnen hat (oder evtl. auch Unentschieden). Diese Betrachtung führt auf so genannte Spielbäume, die die möglichen Züge und Folgezüge darstellen:

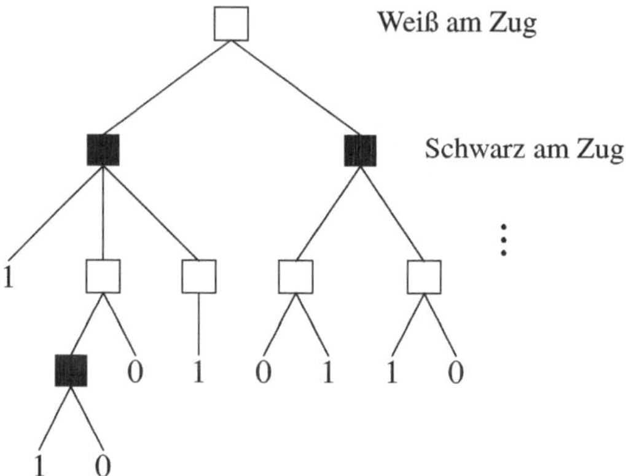

Hierbei bedeutet 1, dass Weiß gewinnt, und 0, dass Schwarz gewinnt. Man beachte wieder, dass diese Spielbäume nicht wie bei den anderen Graphenalgorithmen explizit gegeben sind, sondern dass sich der Baum implizit aus der (zu analysierenden) Anfangs-Spielstellung für Weiß ergibt.

Die Frage ist nun: kann Weiß, der am Zug ist, so spielen, dass er (auch bei optimalem Spiel von Schwarz) gewinnen kann. Indem man die Nullen und Einsen von den Blättern her zur Wurzel zurückbewertet, kann man diese Frage beantworten: An Knoten, bei denen Weiß am Zug ist, übernimmt man den maximalen Wert der Söhne (also sozusagen eine Oder-Verknüpfung); an Knoten, bei denen Schwarz am Zug ist, übernimmt man den minimalen Wert der Söhne (also sozusagen eine UND-Verknüpfung). Man spricht daher auch von *Min-Max-Bäumen*, die in diesem Kontext wieder nichts anderes als Und-Oder-Bäume sind. Im folgenden Baum sind die sich ergebenden Werte an den inneren Knoten eingetragen.

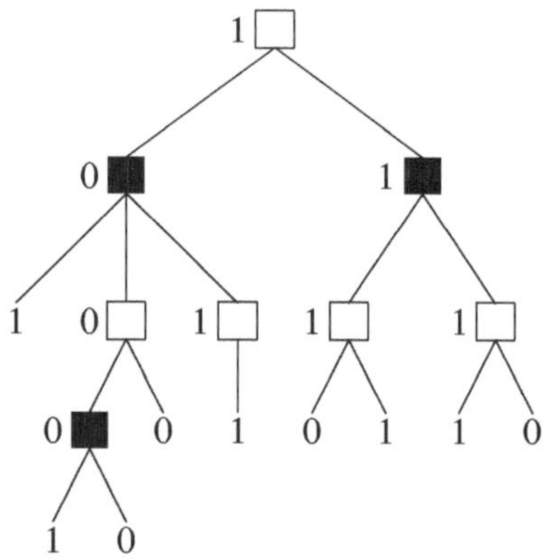

Das Resultat bei diesem Beispiel ist, dass Weiß gewinnen kann (denn der Wert an der Wurzel ist 1), und zwar, indem er den nach rechts führenden Zug ausführt. (Dieser Und-Oder-Baum entspricht übrigens genau der Schaltung aus Und-Oder-Gattern auf Seite 238).

Der folgende Algorithmus vermag solche Und-Oder-Bäume auszuwerten, wobei wir ausnützen, dass eine Und-Verknüpfung bereits dann den Wert 0 ergibt, wenn einer der Eingänge den Wert 0 hat; analog hat eine Oder-Verknüpfung bereits dann den Wert 1, wenn einer der Eingänge den Wert 1 hat. (Der Einfachheit halber nehmen wir an, dass jeder innere Knoten genau 2 Söhne hat).

```
PROCEDURE Oder(s : Knoten): BOOLEAN;
IF (s ist Blatt) THEN RETURN (Wert von s)
ELSE {seien s0 und s1 die beiden Söhne}
  IF Und(s0) THEN RETURN TRUE
  ELSE RETURN Und(s1)
```

```
PROCEDURE Und(s : Knoten): BOOLEAN;
IF (s ist Blatt) THEN RETURN (Wert von s)
ELSE {seien s0 und s1 die beiden Söhne}
  IF NOT Oder(s0) THEN RETURN FALSE
  ELSE RETURN Oder(s1)
```

Nehmen wir an, der Algorithmus arbeitet auf einem vollständigen Binärbaum der Tiefe t; dieser hat 2^t viele Blätter. Man kann immer eine Beschriftung der Blätter finden, so dass obiger Und-Oder-Algorithmus *alle* Blätter besuchen muss, so dass die vorgesehene schnelle Auswertung einer Und- bzw. Oder-Verknüpfung nicht eintrifft. Man muss die Knotenbewertung so vorgeben, dass alle linken Äste einer ODER-Verknüpfung den Wert 0 erhalten und alle linken Äste einer UND-Verknüpfung den Wert 1 erhalten (wobei wir annehmen, dass der Algorithmus die Sohn-Knoten von links nach rechts bearbeitet). Die restlichen Wertebelegungen ergeben sich dann zwangsläufig. Das folgende ist ein Beispiel für diesen schlechtesten Fall für $t = 4$.

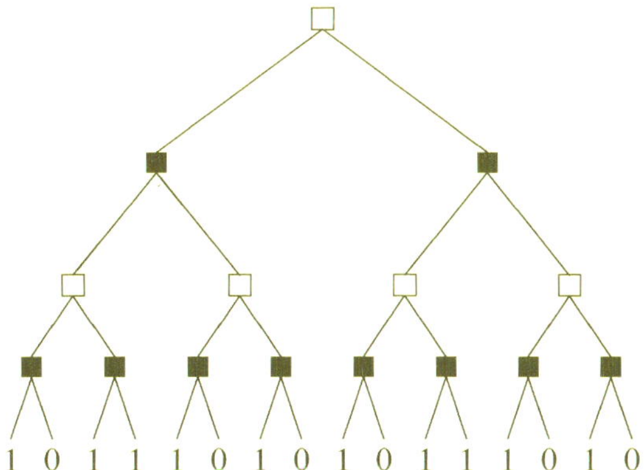

Das heißt, im schlechtesten Fall muss obiger Und-Oder-Algorithmus alle 2^t Blätter besuchen. Interessanterweise können wir das Verfahren durch eine nahe liegende probabilistische Strategie verbessern: wir wählen zufällig aus, welchen Sohn-Wert wir zuerst berechnen. Diese Idee führt auf folgende Prozeduren.

```
PROCEDURE ProbOder(s : Knoten): BOOLEAN
IF (s ist Blatt) THEN RETURN (Wert von s)
ELSE {seien s0 und s1 die beiden Söhne}
  RANDOM k IN [0,1]
  IF ProbUnd(sk) THEN RETURN TRUE
  ELSE RETURN ProbUnd(s1-k)

PROCEDURE ProbUnd(s : Knoten): BOOLEAN
IF (s ist Blatt) THEN RETURN (Wert von s)
ELSE {seien s0 und s1 die beiden Söhne}
  RANDOM k IN [0,1]
  IF NOT ProbOder(sk) THEN RETURN FALSE
  ELSE RETURN ProbOder(s1-k)
```

Jetzt sieht die Sache anders aus. Wenn ein Und auszuwerten ist, welches den Wert 0 hat, so muss mindestens einer der Eingänge 0 sein; und mit Wahrscheinlichkeit 1/2 wird dieser Eingang durch die Zufallsauswahl zuerst ausgewählt. Dann erübrigt sich die Auswertung des zweiten Eingangs. Wenn das Und allerdings den Wert 1 hat, so müssen beide Eingänge ausgewertet werden. Aber in der nächsttieferen Schicht, bei den Oder-Auswertungen, welche in diesem Fall den Wert 1 ergeben, lohnt sich der Probabilismus wieder: mit Wahrscheinlichkeit 1/2 stößt man beim ersten Oder-Eingang bereits auf eine 1, dann braucht der zweite Eingang nicht ausgewertet werden.

Man beachte, dass dieser probabilistische Algorithmus vom „Las Vegas"-Typ ist (vgl. Abschnitt 1.12), denn falsche Ausgaben kann der Algorithmus nicht erzeugen, nur die notwendige Rechenzeit bis zur vollständigen Auswertung des Und-Oder-Baums wird vom Zufall beeinflusst.

Sei $A_0(t)$ der Aufwand (die mittlere Anzahl zu besuchender Blätter), wenn ein Und-Knoten der Stufe t ausgewertet wird, welcher den Wert 0 hat. (Hierbei befinden sich die Blätter auf Stufe 0; für die inneren Knoten bedeutet die „Stufe" t den Abstand von der Blattebene). Analog sei $A_1(t)$ der Aufwand, wenn ein Und-Knoten der Stufe t ausgewertet wird, welcher den Wert 1 hat. Aus Dualitätsgründen ist $A_0(t)$ auch gerade der Aufwand, ein Oder-Gatter auf Stufe t auszuwerten, dessen Wert 1 ist; und $A_1(t)$ ist der Aufwand, ein Oder-Gatter auf Stufe t auszuwerten, dessen Wert 0 ist.

Dann gilt $A_0(0) = A_1(0) = 1$. Für $t > 0$ ergibt sich aufgrund obiger Überlegungen:

$$\begin{aligned} A_0(t) &\leq \tfrac{1}{2} \cdot A_1(t-1) + \tfrac{1}{2} \cdot (A_0(t-1) + A_1(t-1)) \\ &= A_1(t-1) + A_0(t-1)/2 \qquad (1) \\ A_1(t) &= 2 \cdot A_0(t-1) \qquad (2) \end{aligned}$$

Wir setzen (2) in (1) ein und erhalten die folgende Rekursion für A_0:

$$A_0(t) \leq 2 \cdot A_0(t-2) + A_0(t-1)/2$$

Wir versuchen es mit dem Ansatz $A_0(t) \leq \alpha^t$ für eine noch zu bestimmende Konstante α und erhalten hieraus die folgende Gleichung zur Bestimmung von α.

$$\alpha^t = 2 \cdot \alpha^{t-2} + \alpha^{t-1}/2$$

Nach Dividieren mit α^{t-2} ergibt sich die quadratische Gleichung

$$2\alpha^2 - \alpha - 4 = 0$$

welche die (positive) Lösung $\alpha = (1 + \sqrt{33})/4$ hat. Daher ist

$$A_0(t) \; \leq \; \left(\frac{1+\sqrt{33}}{4}\right)^t \; \leq \; (1.68614)^t$$

und insgesamt ergibt sich für die Komplexität des Verfahrens

$$\max(A_0(t), A_1(t)) \; = \; O\left((1.68614)^t\right) \; \ll \; 2^t$$

Man kann dieses Ergebnis wieder als Robin-Hood-Effekt bezeichnen, da das beim deterministischen Algorithmus auftretende breite Spektrum vom besten bis zum schlechtesten Fall beim randomisierten Verfahren „eingeebnet" wird, so dass bei allen Eingaben eine mittlere Laufzeit von ca. $(1.7)^t$ garantiert wird. Der mittlere Verzweigungsgrad des zu bearbeitenden Spielbaums wird also (auch bei einer worst-case Eingabe) von 2 auf 1.7 reduziert.

7.4 Min-Max und Alpha-Beta

Kehren wir zur Fragestellung zurück, wie man den optimalen Zug bei einem stategischen Spiel wie Schach bestimmt. Es leuchtet ein, dass man in diesem Fall nicht alle Züge und Gegenzüge bis zum Gewinn von Weiß oder Schwarz (oder Remis) durchspielen kann, so dass eine rigorose Durchführung des oben diskutierten Verfahrens illusorisch ist. Was man stattdessen macht, ist den Spielbaum bis zu einer gewissen Tiefe zu entwickeln, um die dann entstandene Spielsituation zu „bewerten". Als Bewertungskriterium fließt ein: Figurenvorteil, Stellungsvorteil u.a.m. Dies mündet in einer Bewertungszahl, die möglichst realistisch die Gewinnchancen (z.B. aus der Sicht von Weiß) widerspiegeln sollen. Ein realistischer Spielbaum in diesem Sinne (für ein Spiel, bei dem es bei jedem Zug nur 2 Alternativen gibt) könnte also wie folgt aussehen.

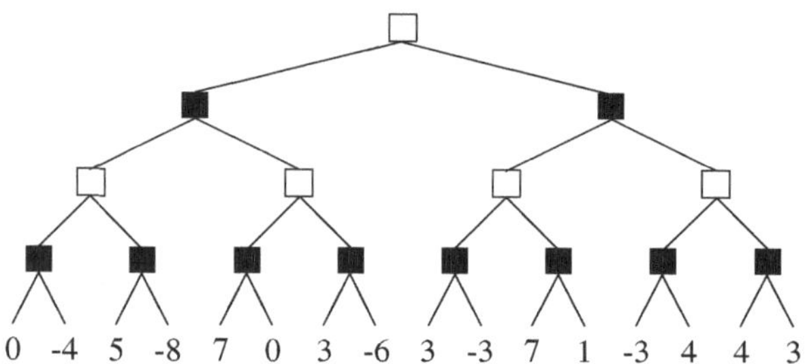

Die Rückbewertung von der Blattebene bis hin zur Wurzel erfolgt im Prinzip wie oben beschrieben: Wenn Weiß am Zug ist, so wird der maximale Sohn-Wert ausgewählt, wenn Schwarz am Zug ist, wird der minimale Sohn-Wert ausgewählt. Im folgenden Bild sind alle sich so ergebenden Bewertungen an den inneren Knoten eingetragen. Der optimale Zug für Weiß ist hier derjenige, der die Bewertung 1 ergibt; nämlich der rechte. Gestrichelt eingezeichnet ist die für Schwarz und Weiß optimale Zugfolge.

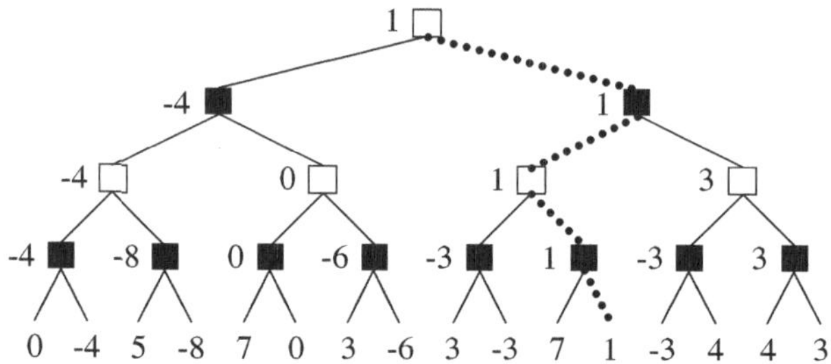

Der folgende Min-Max-Algorithmus berechnet den Wert an der Wurzel (durch Aufruf von Max(Wurzel)).

PROCEDURE *Max*(x : Knoten) : INTEGER
IF (x ist Blatt) THEN RETURN (Bewertung von x)
ELSE $\{$seien $x_1, \ldots, x_k$ die Söhne von $x\}$
  $w := -\infty$
  FOR $i := 1$ TO k DO
    $v :=$*Min*(x_i)
    IF $v > w$ THEN $w := v$
  RETURN w

```
PROCEDURE Min(x : Knoten) : INTEGER
IF (x ist Blatt) THEN RETURN (Bewertung von x)
ELSE {seien x_1, ..., x_k die Söhne von x}
  w := +∞
  FOR i := 1 TO k DO
    v :=Max(x_i)
    IF v < w THEN w := v
  RETURN w
```

Tatsächlich lässt sich dieser Min-Max-Algorithmus in der Effizienz noch verbessern. Betrachten wir folgende Situation während des Ablaufs des Min-Max-Algorithmus:

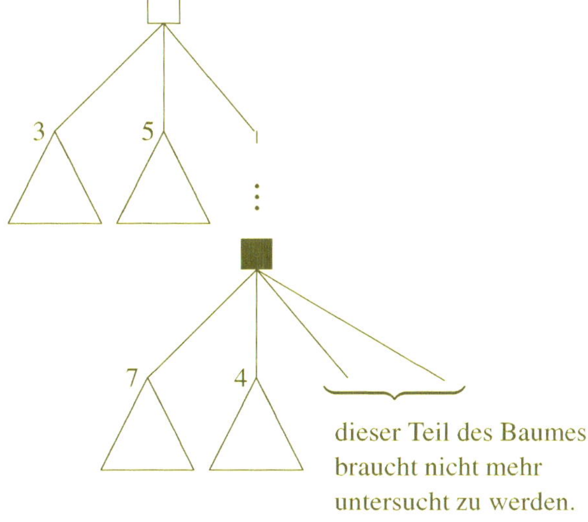

Die ersten beiden Zugauswertungen ergaben die Werte 3 und 5. Das heißt, der vorläufige Maximumwert an der Wurzel ist 5. (Das tatsächliche Maximum kann noch ≥ 5 sein). Im weiteren Verlauf wird in einer tieferen Ebene ein Minimum berechnet. Zunächst ergab sich bei den Söhnen der Wert 7, dann der Wert 4; das vorläufige Minimum ist also 4. Das tatsächliche Minimum wird ≤ 4 sein. Egal wie dieses tatsächliche Minimum ausfällt, es wird die Maximumbildung weiter oben nicht mehr beeinflussen, da $5 \geq 4$. Wir können daher auf die Bearbeitung der weiteren Söhne bei der Minimumsbildung verzichten und können in die nächsthöhere Ebene zurückkehren, indem wir uns mit dem Minimum-Wert 4 zufrieden geben.

Ein analoges Argument zeigt, dass eine Maximumbestimmung in einer tieferen Ebene beendet werden kann, wenn das vorläufige Maximum hierbei $\geq$ einem vorläufigen Minimum aus einer höheren Ebene ist.

Um dieses Verfahren zu implementieren, müssen wir den rekursiven Prozeduren das vorläufig erreichte Maximum und Minimum aus der höheren Ebene als Parameter mitübergeben; diese Werte heißen der α-Wert und der β-Wert und das nachfolgende Verfahren nennt sich *Alpha-Beta-Prozedur*.

```
PROCEDURE AlphaBetaMax(x : Knoten; α , β : INTEGER) :
  INTEGER;
IF (x ist Blatt) THEN RETURN (Bewertung von x)
ELSE {seien x_1, ..., x_k die Söhne von x}
 w := α
 FOR i := 1 TO k DO
   v :=AlphaBetaMin(x_i , w , β)
   IF v > w THEN w := v
   IF w ≥ β THEN RETURN w  {vorzeitiger Rücksprung}
 RETURN w
```

```
PROCEDURE AlphaBetaMin(x : Knoten; α , β : INTEGER) :
  INTEGER;
IF (x ist Blatt) THEN RETURN (Bewertung von x)
ELSE {seien x_1, ..., x_k die Söhne von x}
 w := β
 FOR i := 1 TO k DO
   v :=AlphaBetaMax(x_i , α , w)
   IF v < w THEN w := v
   IF w ≤ α THEN RETURN w  {vorzeitiger Rücksprung}
 RETURN w
```

Zur Bestimmung des Wertes eines Spielbaumes wird im Hauptprogramm *AlphaBetaMax*(Wurzel,$-\infty$,∞) aufgerufen.

Angenommen, der Verzweigungsgrad (branching factor) des Spielbaums (also die Anzahl der Nachfolger jedes inneren Knotens) sei b und die Zahlenwerte an den Blättern werden zufällig gezogen. Der Spielbaum besitzt bei Tiefe t also b^t Blätter. Wenn man den Spielbaum mittels der Alpha-Beta-Prozedur auswertet, wie groß ist dann der mittlere Verzweigungsgrad des Teilbaums, der die tatsächlich besuchten Knoten darstellt? Aus einem Vergleich dieses gesuchten Wertes mit b ergibt sich, wie effektiv die Alpha-Beta-Prozedur arbeitet.

Wir zitieren das folgende Resultat: Der mittlere Verzweigungsgrad der Alpha-Beta-Prozedur bei einem zufällig bewerteten Spielbaum ist (asymptotisch für große t) $\tilde{b} = \alpha_b/(1-\alpha_b)$. Dabei ist α_b die (positive) Lösung der Gleichung $x^b + x = 1$. Für Werte bis etwa $b = 1000$ wird diese Funktion sehr gut approximiert durch $\tilde{b} \approx 0.925 \cdot b^{0.747}$. Das folgende Diagramm zeigt diese Funktion:

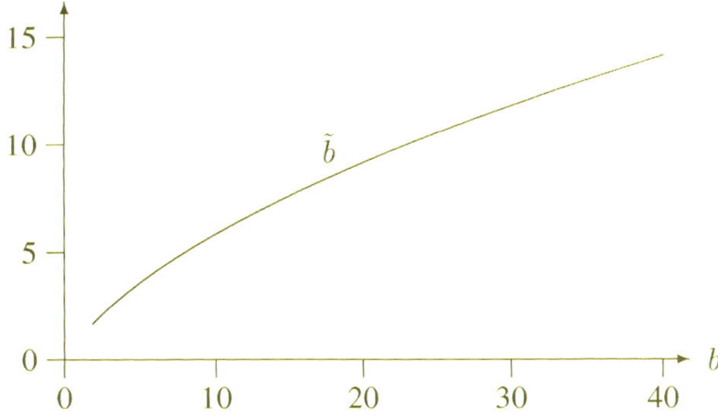

Beispiel: Der Verzweigungsgrad (also die Anzahl der zulässigen Züge) bei Schach beträgt typischerweise 35. Der Min-Max-Algorithmus müsste also bei einem zu analysierenden Spielbaum der Tiefe t 35^t Blätter besuchen. Bei Einsatz der Alpha-Beta-Prozedur besagt das obige Ergebnis, dass der mittlere Verzweigungsgrad nur etwa 13 beträgt. Auflösen der Gleichung $35^t = 13^{t'}$ ergibt $t' = 1.38 \cdot t$. Das heißt, bei gleicher Rechenzeit kann mittels Alpha-Beta ein ca. 38 Prozent tieferer Spielbaum als bei Min-Max bearbeitet werden.

Wir erwähnen noch verschiedene Möglichkeiten der Effizenzverbesserung, die in konkreten Implementierungen der Alpha-Beta-Prozedur (zum Beispiel bei Schachprogrammen) eingesetzt werden.

Als Erstes ist es nicht notwendig, so wie wir es hier getan haben, dass die beiden Prozeduren für das Bestimmen des Minimums (Züge von Schwarz) und des Maximums (Züge von Weiß) voneinander getrennt sind und sich gegenseitig aufrufen. Tatsächlich kann man dies mit einer einzigen rekursiven Prozedur realisieren, indem man die Minimumsbildungen auf Maximumsbildungen mittels $\min(x, y) = -\max(-x, -y)$ zurückführt.

Um den Effekt des „tree pruning", der von der Alpha-Beta-Prozedur erreicht wird, möglichst gut auszunützen, empfiehlt es sich, in jeder Prozedur-Inkarnation die Reihenfolge der betrachteten Züge so vorzusortieren, dass diejenigen Züge, die vermutlich die Besten sind, zuerst betrachtet werden. Auf diese Art wird der mittlere Verzweigungsgrad der Alpha-Beta-Prozedur noch weiter reduziert.

Eine weitere Reduktion des mittleren Verzweigungsgrads ist auf folgende Weise möglich. Die Prozedur *AlphaBetaMax* wird mit den Parametern $\alpha = -\infty$ und $\beta = \infty$ gestartet. Im weiteren Verlauf der rekursiven Prozedur wird dieses „Suchfenster" $[-\infty, \infty]$ immer enger, bis es auf den Wert, der sich an der Wurzel ergibt, zusammenfällt. Der Effekt des „tree pruning", der von der Alpha-Beta-Prozedur erreicht wird, wird umso besser, je enger das Suchfenster ist, mit dem Alpha-Beta aufgerufen wird. Daher lohnt es sich, mit zunächst einer einfachen und effizienten Methode eine Schätzung s für Wert an der Wurzel zu berechnen, und dann erst Alpha-Beta für die genauere Berechnung aufzurufen, wobei ein Suchfenster der Form $[s - \varepsilon, s + \varepsilon]$ verwendet wird.

Eine weitere Verbesserungsmöglichkeit ergibt sich daraus, dass es ja gar nicht der konkrete *Wert* des Spielbaums ist, welcher von Interesse ist, sondern dass es darum geht, denjenigen Unterbaum der Spielbaumwurzel zu ermitteln, welcher den *höchsten* Wert besitzt (dieser bestimmt damit den zu wählenden Zug). Diese Überlegung führt auf die folgende Verbesserung: Man durchsucht alle Unterbäume der Wurzel wie bisher – bis auf den letzten. Vor Berechnung des letzten Unterbaumes habe sich ein vorläufiges Maximum von α ergeben. Nun startet man die Berechnung des letzten Unterbaumes mit dem Suchfenster $[\alpha,\ \alpha+1]$. Hierdurch wird die Suche im letzten Unterbaum wesentlich verkürzt. Das zurückgelieferte Ergebnis kann jetzt nur die Werte α oder $\alpha + 1$ annehmen (weil unsere Bewertungsfunktion ganzzahlig ist). Wenn der zurückgelieferte Wert α ist, so bleibt es beim bisher ermittelten besten Zug. Wenn der Wert $\alpha + 1$ ist, so ist die letzte Zugalternative die beste. Wir wissen allerdings in diesem Fall nicht, was der wirkliche Spielbaumwert ist.

Diese Idee kann man noch weiter entwickeln. Möglicherweise ist es durch eine Vorsortierung der Züge relativ wahrscheinlich, dass sich der beste Zug unter den ersten, sagen wir 3 Spielzügen befindet. Nachdem man die ersten 3 Alternativen durchsucht und einen gewissen Wert α bereits berechnet hat, könnte man dann mit einem $[\alpha,\ \alpha + 1]$-Suchfenster weiter arbeiten. Wenn sich bei keinem der weiteren Züge der Wert $\alpha + 1$ zeigt, so hat sich eine große Rechenzeitersparnis ergeben. Wenn sich allerdings bei mindestens zwei nachfolgenden Zügen $\alpha + 1$ ergab, so muss man, um diese zu vergleichen, nochmals genauer rechnen.

Kapitel 8

Datenkompression

Wir stellen in diesem Abschnitt einige gängige Methoden der Datenkompression vor, die für die verlustfreie Kompression von Texten (weniger für Bilder) geeignet sind. Die Betrachtungen in diesem Kapitel stehen in engem Zusammenhang mit dem Entropiebegriff, der in Abschnitt 1.5 besprochen wurde.

Eine weitere Methode der (nicht-verlustfreien) Datenkompression im Kontext von zum Beispiel Audio-Signalen wird auf Seite 284 beschrieben.

8.1 Huffman-Codierung

Bei der Huffman-Codierung wird ausgenützt, dass die Zeichen, die in einer Datei vorkommen (insbesondere, wenn es sich um einen deutschen oder englischen Text handelt), typischerweise mit sehr unterschiedlichen Häufigkeiten vorkommen. Statt für jedes Zeichen z.B. 1 Byte (=8 Bit) zu verwenden, werden diesen nun Codewörter unterschiedlicher Länge zugeordnet: Häufig auftretende Buchstaben erhalten kurze Codewörter und seltene Buchstaben erhalten längere Codewörter.

Gegeben sei eine Wahrscheinlichkeitsverteilung auf einem Alphabet $\Sigma = \{a_1, a_2, \ldots, a_n\}$. Es sei p_i die Wahrscheinlichkeit für das Zeichen a_i. (Es ist für das Folgende unwichtig, ob die p_i's Wahrscheinlichkeiten oder absolute Häufigkeiten sind; die p_i's brauchen also in der Summe nicht 1 zu ergeben).

Gesucht ist nun ein optimaler *Präfixcode* für diese Wahrscheinlichkeits- (oder Häufigkeits-) Verteilung auf Σ. Ein Präfixcode ist eine Abbildung $c : \Sigma \to \{0,1\}^*$, so dass kein Codewort $c(a_i)$ Anfangsstück (Präfix) eines anderen Codeworts $c(a_j)$ ist. Man beachte, dass solche Codes *variable Länge* haben; nicht jedes Zeichen wird mit derselben Anzahl von Bits dargestellt.

Ein Präfixcode heißt *optimal* (in Bezug auf die gegebene Wahrscheinlichkeitsverteilung), wenn er die mittlere Codewortlänge $\sum_{i=1}^{n} p_i \cdot |c(a_i)|$ minimiert.

Beispiel: Sei $\Sigma = \{a, b, c, d, e, f\}$, wobei

$$\begin{array}{rclrcl} p(a) & = & 0.45 & p(d) & = & 0.16 \\ p(b) & = & 0.13 & p(e) & = & 0.09 \\ p(c) & = & 0.12 & p(f) & = & 0.05 \end{array}$$

Ein möglicher Präfixcode wäre

$$\begin{array}{rclrcl} a & \mapsto & 0 & d & \mapsto & 111 \\ b & \mapsto & 101 & e & \mapsto & 1101 \\ c & \mapsto & 100 & f & \mapsto & 1100 \end{array}$$

Dieser Code hat eine mittlere Codewortlänge – bezogen auf die gegebene Wahrscheinlichkeitsverteilung – von:

$$0.45 \cdot 1 + 0.13 \cdot 3 + 0.12 \cdot 3 + 0.16 \cdot 3 + 0.09 \cdot 4 + 0.05 \cdot 4 \;=\; 2.24$$

Tatsächlich ist dieser Präfixcode – in Bezug auf die mittlere Codewortlänge – optimal.

Jeder Code lässt sich in Form eines *Codebaumes* darstellen: Man steigt bei der Wurzel ein; nach links gehen bedeutet 0; nach rechts gehen bedeutet 1. Ein Präfixcode zeichnet sich dadurch aus, dass Zeichen des zu codierenden Alphabets nur an den Blättern anzufinden sind.

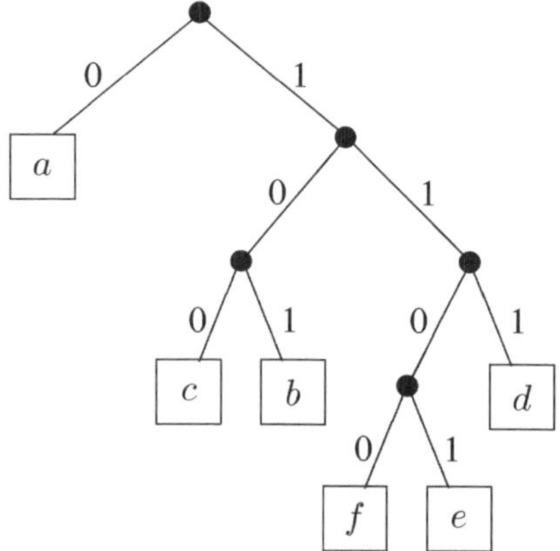

Ein Präfixcode hat die Eigenschaft, dass er *eindeutig entzifferbar* ist; das heißt, in einer fortlaufenden Folge von Nullen und Einsen können die Codewörter (deren Beginn und Ende) eindeutig identifiziert werden. Wenn beispielsweise die Folge

$$0011011110011100111000$$

gegeben ist, so ist die Decodierung eindeutig möglich, indem man den Codebaum wie einen endlichen Automaten (vgl. Abschnitt 1.3) verwendet; man startet in der Wurzel und jedes Mal wenn man auf ein eckiges Kästchen stößt, hat man ein Codewort erkannt:

Präfixcodes sind allerdings nicht die einzigen eindeutig entzifferbaren Codes (siehe z.B. Seite 117).

Der Algorithmus nach Huffman konstruiert einen solchen optimalen Präfixcode, bzw. den zugeordneten Codebaum, nach der Greedy-Methode. Zunächst werden alle Symbole $a_1, \ldots, a_n$ als Bäume, die aus jeweils einem Knoten bestehen, aufgefasst. Der jedem solchen Baum zugeordnete *Wert* ist $p(a_i)$. In jedem Schritt werden jeweils *zwei* solche Bäume zusammengefasst zu *einem* Baum, indem man diejenigen mit den *kleinsten* Werten auswählt und eine gemeinsame Wurzel über die beiden Bäume stülpt. Der dem solcherart geschaffenen Baum zugeordnete Wert ist die *Summe* der beiden Werte der Teilbäume.

Bei dem obigen Beispiel würde man im ersten Schritt die beiden Bäume, die den Blättern e und f entsprechen, zusammenfassen. Der Wert des neuen Baumes ist dann $0.09 + 0.05 = 0.14$. Im nächsten Schritt würde man die Knoten b und c (mit den Werten 0.13 und 0.12) zu einem Baum mit dem Wert 0.25 zusammenfassen, usw. Das Endergebnis des Huffman-Algorithmus ist genau der oben angegebene Codebaum.

Die folgenden Bilder zeigen einige Schritte im Algorithmenablauf.

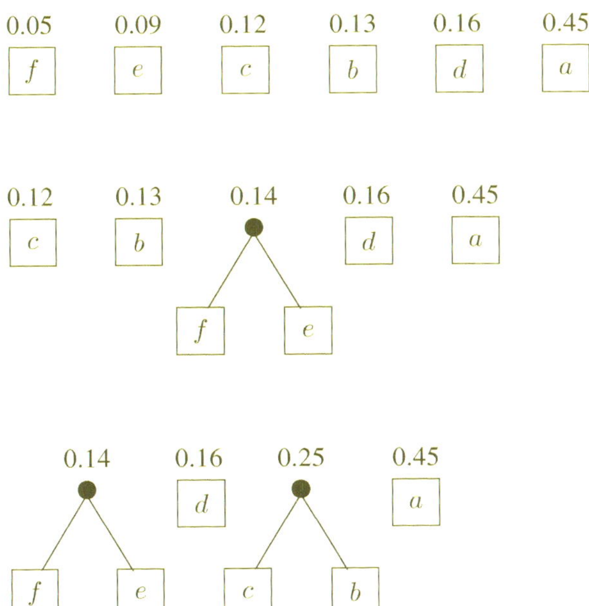

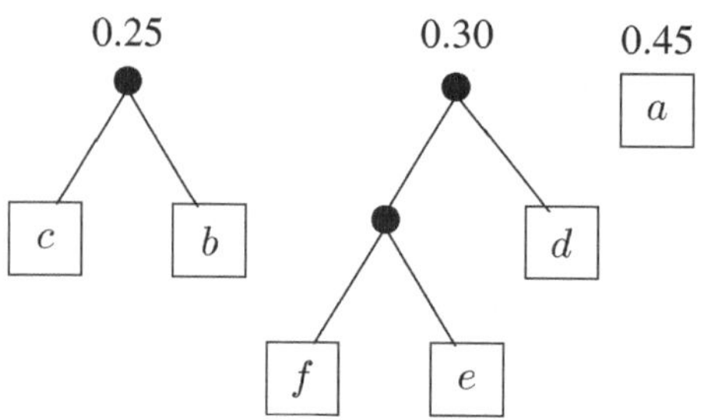

Diese Bilder suggerieren, dass man die jeweiligen Häufigkeitswerte vollständig sortieren muss, um dann nach Zusammenfassen der zwei am wenigsten häufigen Teilbäume, diese wieder in die sortierte Liste einzufügen. Unter Verwenden von Priority Queues (vgl. Abschnitt 5.6) kann dies aber effizienter implementiert werden. Und zwar wird zunächst der Heap (als Priority Queue) mit den $n = |\Sigma|$ vielen Häufigkeitswerten initialisiert. Dies kann wie bei der ersten Phase von HeapSort (Abschnitt 2.5) mit Komplexität $O(n)$ geschehen. Dann werden in jeden Schritt die zwei Symbole mit den kleinsten Häufigkeitswerten gesucht und aus dem Heap entfernt (jeweils Komplexität $O(\log n)$), deren Werte addiert und wieder in den Heap eingefügt (Komplexität $O(\log n)$). Insgesamt ergibt sich so ein Verfahren der Komplexität $O(n \log n)$.

Um den Huffman-Algorithmus zur Datenkompression zu verwenden, durchläuft man die Datei in einem ersten Durchlauf, um eine Häufigkeitstabelle für die vorkommenden Zeichen (Bytes) aufzustellen. In einem englischen oder deutschen Text wird der Buchstabe e etwa viel häufiger auftreten als der Buchstabe x. Anhand der Häufigkeitstabelle erstellt man den Huffman-Codebaum. Schließlich speichert man die Datei, indem man zunächst den Codebaum geeignet als Bitstring codiert (oder die Häufigkeitstabelle, die der Konstruktion des Codebaums zugrunde liegt), gefolgt von den Zeichen in der Datei in der neuen Präfixcode-Darstellung. Eine typische (deutsche oder englische) Textdatei kann man so auf etwa 2/3 der ursprünglichen Länge komprimieren. Ein Möglichkeit der Verbesserung besteht darin, nicht nur für Einzelzeichen einen neuen Code vorzusehen, sondern für je zwei (oder drei,...) aufeinander folgende Zeichen. Der Aufwand für die zugehörige Häufigkeitstabelle steigt dann jedoch immens an, denn man benötigt anstatt $|\Sigma|$ nun $|\Sigma|^2$ bzw. $|\Sigma|^3$ viele Einträge.

Der Nachteil ist, dass der Huffman-Algorithmus nicht *online* ist, er benötigt zwei Durchläufe über die Datei. Der erste Durchlauf bestimmt die Häufigkeiten der Buchstaben, im zweiten Durchlauf wird der Code erzeugt. Man könnte stattdessen für die typischen Häufigkeiten in einem deutschen (oder englischen) Text vorweg ein für alle Mal einen Huffman-Code erstellen und jeden Text dann online in einem einzigen Durchgang über die Datei verschlüsseln. Dann erspart man sich das explizite Abspeichern des jeweiligen Codebaums, da im Codier- und im Decodieralgorithmus in diesem Fall der betreffende Codebaum fest „verdrahtet" ist.

In einem durchschnittlichen englischen Text treten die folgenden Zeichen mit entsprechenden Wahrscheinlichkeiten – in Tausendsteln – auf (nur Großbuchstaben und das Leerzeichen):

A	64	B	14	C	27	D	35	E	100	F	20
G	14	H	42	I	63	J	3	K	6	L	35
M	20	N	56	O	56	P	17	Q	4	R	49
S	56	T	71	U	31	V	10	W	18	X	3
Y	18	Z	2	␣	166						

Eine weitere Möglichkeit der Verbesserung besteht darin, *dynamisch* im Verlauf des Scannens des Textes nach jedem Lesen eines Zeichens erneut den optimalen Huffman-Codebaum zu konstruieren (bzw. diesen Baum aus dem zuvor berechneten Baum mittels einer geeigneten update-Operation zu gewinnen). Es erübrigt sich dann das explizite Abspeichern des Huffman-Baumes, denn der Decodieralgorithmus kann ebenso dynamisch während des Lesens der Codewörter dieselbe Folge von Bäumen berechnen wie der Codieralgorithmus. Das Verfahren heißt „*dynamic Huffman coding*".

Wir wollen beweisen, dass der durch den Huffman-Algorithmus konstruierte Codebaum – in Bezug auf die mittlere Codewortlänge – optimal ist. Hierzu zeigen wir die folgende

Behauptung: Seien $a_1, \ldots, a_n$ so durchnummeriert, dass $p(a_1) \leq p(a_2) \leq \ldots \leq p(a_n)$. Dann gibt es einen optimalen Codebaum B, so dass die beiden Blätter a_1 und a_2 einen gemeinsamen Vaterknoten haben.

Beweis: Sei B ein beliebiger optimaler Codebaum. Seien a_i und a_j, $i < j$, zwei Blätter mit gemeinsamen Vater, die sich auf der tiefsten Ebene des Baumes befinden, sagen wir t. (Wenn es solche Blätter nicht gibt, ist B nicht optimal). Wir wollen den Codebaum B zu einem Baum B' modifizieren, indem wir sowohl a_1 und a_i, als auch a_2 und a_j die Plätze wechseln lassen. Der Baum B' hat dann die geforderte Bauart und wir werden zeigen, dass die mittlere Codewortlänge in B' nicht größer ist als in B; daher ist B' auch ein optimaler Codebaum.

Lassen wir zunächst einmal a_1 und a_i die Plätze wechseln. Hierbei befinde sich a_1 in B auf Tiefe $t' \leq t$. Die neue mittlere Codewortlänge unterscheidet sich von der alten (in B) um den Betrag

$$p(a_1)t + p(a_i)t' - p(a_i)t - p(a_1)t' = \underbrace{(t' - t)}_{\leq 0} \cdot \underbrace{(p(a_i) - p(a_1))}_{\geq 0} \leq 0$$

Daher ist auch der neue Codebaum optimal.

Analog zeigt man, dass auch das Vertauschen von a_2 und a_j die mittlere Codewortlänge nicht verschlechtert. □

Wir zeigen nun durch Induktion nach n, dass der Huffman-Codebaum optimal ist unter allen Präfix-Codebäumen für die gegebene Wahrscheinlichkeitsverteilung. Für $n = 1$ ist dies klar. Sei nun $n > 1$. Es gelte $p(a_1) \leq p(a_2) \leq \ldots \leq p(a_n)$.

Nach Induktionsvoraussetzung erzeugt der Huffman-Algorithmus für die Aufgabenstellung $(b, a_3, \dots, a_n)$ mit $p(b) = p(a_1) + p(a_2)$ einen optimalen Codebaum, da diese nur die Größe $n-1$ hat. Das Ergebnis sei der Baum B. Indem wir das Blatt b expandieren und die zwei neuen Blätter a_1 und a_2 anfügen, erhalten wir als Ergebnis genau denjenigen Baum B', den der Huffman-Algorithmus angesetzt auf $(a_1, a_2, \dots, a_n)$ liefern würde, da der Algorithmus im ersten Schritt a_1 und a_2 zu einem fiktiven Blatt b zusammenfasst und dann weiter arbeitet, als ob er das Problem $(b, a_3, \dots, a_n)$ mit $p(b) = p(a_1) + p(a_2)$ zu lösen hätte.

Bezeichnen wir mit $m(T)$ die mittlere Codewortlänge eines Codebaums T, so gilt nun $m(B') = m(B) + (p(a_1) + p(a_2))$. Sei B'' ein optimaler Codebaum für $(a_1, a_2, \dots, a_n)$. Wegen obiger Behauptung können wir annehmen, dass in B'' die Blätter a_1, a_2 einen gemeinsamen Vater a haben. Indem wir die Blätter a_1 und a_2 aus B'' entfernen, erhalten wir einen Codebaum $\hat{B}$ für $(a, a_3, \dots, a_n)$ mit $p(a) = p(a_1) + p(a_2)$. Da B für diese Verteilung optimal ist, gilt $m(B) \leq m(\hat{B})$. Ferner gilt $m(B'') = m(\hat{B}) + (p(a_1) + p(a_2))$. Daher folgern wir $m(B') \leq m(B'')$. Daher ist auch der Baum B' optimal, was zu zeigen war. □

Der Huffman-Algorithmus steht in enger Beziehung zu den Betrachtungen zur Entropiefunktion (vgl. Abschnitt 1.5). Die mittlere Codewortlänge eines Präfixcodes ist nichts anderes als die mittlere Blatt-Tiefe im Code-Baum, wobei die (gewichtete) Mittelwertbildung in Bezug auf die vorgegebene Wahrscheinlichkeitsverteilung zu verstehen ist. Die Diskussion in Abschnitt 1.5 zeigt, dass die Entropie $H = H(p(a_1), \dots, p(a_n))$ eine untere Schranke für die mittlere Codewortlänge darstellt, also $H \leq \sum_{i=1}^n p_i l_i$, wobei l_i die Länge des i-ten Codeworts (= die Tiefe des entsprechenden Blattes im Codebaum) ist.

Für die Abschätzung nach oben gilt andererseits $\sum_{i=1}^n p_i l_i \leq H + 1$. Dazu zeigen wir eine „Umkehrung der Kraftschen Ungleichung“ (vgl. Seite 41), und zwar im folgenden Sinne.

Behauptung: Wenn $t_1, \dots, t_n$ natürliche Zahlen sind mit $\sum_{i=1}^n 2^{-t_i} \leq 1$, dann gibt es einen Präfixcode mit den Codewortlängen $t_1, \dots, t_n$ (anders ausgedrückt: dann gibt es einen Binärbaum mit n Blättern, so dass die Blätter auf den Tiefen $t_1, \dots, t_n$ vorkommen).

Wenn wir dies gezeigt haben, können wir wie folgt argumentieren: Wähle $t_i = \lceil \log_2(1/p_i) \rceil$. Dann gilt $\sum_{i=1}^n 2^{-t_i} \leq \sum_{i=1}^n p_i = 1$. Also gibt es einen Präfixcodebaum mit den Codewortlängen $t_1, \dots, t_n$. Da der vom Huffman-Algorithmus erzeugte Präfix-Code optimal ist in Bezug auf die mittlere Codewortlänge, lässt sich diese nach oben abschätzen durch

$$\sum_{i=1}^n p_i t_i = \sum_{i=1}^n p_i \lceil \log_2(1/p_i) \rceil \leq \sum_{i=1}^n p_i(-\log_2 p_i + 1) = H(p_1, \dots, p_n) + 1$$

Beweis der „Umkehrung der Kraftschen Ungleichung“: Gegeben seien natürliche Zahlen $t_1, \ldots, t_n$ mit $\sum_{i=1}^{n} 2^{-t_i} \leq 1$. Sei w_j die Anzahl der Vorkommen des Wertes j in der Menge $\{t_1, \ldots, t_n\}$ und N sei der größte vorkommende Wert. Nach Multiplikation mit 2^N können wir die Ungleichung $\sum_{i=1}^{n} 2^{-t_i} \leq 1$ dann umschreiben in:

$$w_0 2^N + w_1 2^{N-1} + \ldots + w_{n-1} 2 + w_N \leq 2^N \qquad (*)$$

Wir konstruieren nun induktiv einen Präfix-Codebaum, indem wir auf jeder Tiefenstufe j genau w_j Blätter einfügen (und auf den Wegen zu ihnen so viele Knoten wie möglich); siehe folgende Skizze:

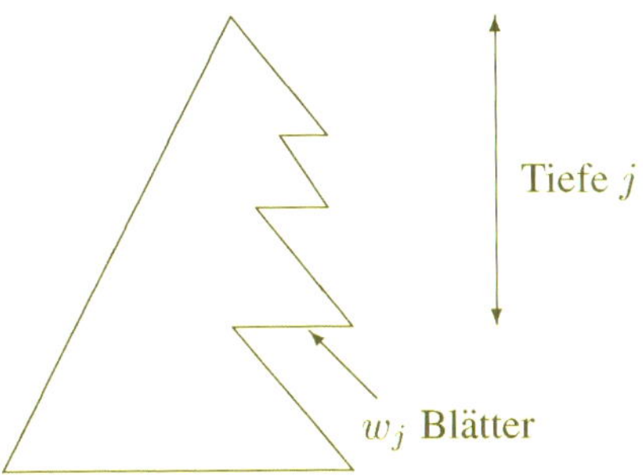

Wir zeigen induktiv über j, dass dies möglich ist, wenn $(*)$ gilt. Der Fall $j = 0$ ist klar, hier gilt $w_0 = 0$ oder $w_0 = 1$. Die Konstruktion sei nun für alle Tiefenstufen $i < j, j \geq 1$ bereits ausgeführt. Ein auf der Tiefe i eingeführtes Blatt „blockiert" genau 2^{j-i} viele Knoten auf der Tiefe j, die dann nicht mehr zur Verfügung stehen. In einem vollständigen Binärbaum gibt es 2^j Knoten auf der Tiefestufe j. Daher stehen für die Konstruktion auf der Tiefenstufe j noch $2^j - \sum_{i=0}^{j-1} w_i 2^{j-i}$ viele Knoten zur Verfügung. Um fortfahren zu können, sollte dieser Wert $\geq w_j$ sein, also $2^j - \sum_{i=0}^{j-1} w_i 2^{j-i} \geq w_j$. Diese Ungleichung ist nach Multiplikation mit 2^{N-j} äquivalent mit $\sum_{i=0}^{j} w_i 2^{N-i} \leq 2^N$ und folgt somit aus $(*)$. □

Die zuletzt bewiesenen Behauptungen stellen eine Formulierung des „noiseless coding theorems" von Shannon dar.

Wir kommen nochmals zu möglichen Verbesserungen des Huffman-Codierungsalgorithmus zurück. Nehmen wir an, wir haben es mit einem sehr kleinen Alphabet zu tun, etwa $\Sigma = \{a, b\}$, und seien die Wahrscheinlichkeiten (bzw. die relativen Häufigkeiten des zu verschlüsselnden Textes) mit $p(a) = 0.9$ und $p(b) = 0.1$ gegeben. Dann liefert der Huffman-Algorithmus nichts anderes als zwei Codewörter der Länge 1, zum Beispiel das Codewort 0 für a und 1 für b. Die mittlere Codewortlänge ist somit 1, obwohl die theoretische untere Entropieschranke $H(0.9, 0.1) = -0.9 \log_2 0.9 - 0.1 \log_2 0.1 = 0.47$ bits pro Zeichen beträgt. Es ist also zu vermuten, dass man weit bessere Codes finden kann.

Betrachten wir stattdessen Paare von Buchstaben aa, ab, ba, bb, wobei wir die Wahrscheinlichkeiten (bei Annahme der Unabhängigkeit) miteinander multiplizieren:

$p(aa) = 0.81$, $p(ab) = 0.09$, $p(ba) = 0.09$, $p(bb) = 0.01$. Indem wir den Huffman-Algorithmus auf dieses 4-elementige Alphabet $\Sigma^2 = \{aa, ab, ba, bb\}$ anwenden, erhalten wir Codewörter der Längen 1, 2, 3, 3, und damit eine mittlere Codewortlänge von $1 \cdot 0.81 + 2 \cdot 0.09 + 3 \cdot 0.09 + 3 \cdot 0.01 = 1.29$. Diese Codewortlänge bezieht sich auf das Alphabet der Paare von Buchstaben Σ^2. Bezogen auf das ursprüngliche Alphabet Σ haben wir damit eine mittlere Codewortlänge von $1.29/2 = 0.645$, was dem theoretischen Wert schon näher kommt. Eine weitere Verbesserung erhalten wir, wenn wir Tripel statt Paare betrachten (nämlich 0.52), usw. Das eigentliche Problem bei diesem Beispiel mit dem Wahrscheinlichkeiten 0.9 und 0.1 liegt darin, dass die mittlere Codewortlänge des Huffman-Codes nur dann exakt dem Entropiewert H entspricht, wenn die betreffenden Wahrscheinlichkeiten Zweierpotenzen (also 1/2, 1/4, 1/8,...) sind.

Wir haben oben gezeigt, dass für die mittlere Codewortlänge m eines per Huffman-Algorithmus erzeugten Codes immer gilt $H \leq m \leq H + 1$, wobei H die Entropie ist. Bei dem obigen Beispiel lag m recht nahe an der oberen Grenze $H + 1$, so dass eine Verbesserung, zum Beispiel durch Codierung von Buchstaben-Paaren anzustreben ist. Die oben entwickelte Theorie besagt, dass für die mittlere Codewortlänge m_2 der Buchstaben-Paare gilt $2H \leq m_2 \leq 2H + 1$, denn $2H$ ist die Entropie des Buchstaben-Paare-Alphabets (Additivität von H, vgl. Seite 40). Also folgt für die mittlere Anzahl von Bits m, die zur Verschlüsselung *eines* Buchstaben notwendig sind $m = m_2/2$ und daraus ergibt sich $H \leq m \leq H + 1/2$. Wenn man stattdessen Buchstaben-Tripel codiert, so ergibt sich dementsprechend $H \leq m \leq H + 1/3$, usw.

Bei obigem Beispiel haben wir die Wahrscheinlichkeiten für das Auftreten bestimmter Symbol-Paare bzw. -Tripel durch Multiplikation der Einzelwahrscheinlichkeiten erhalten. Das heißt, wir sind von dem Modell einer gedächtnislosen Symbol-Quelle ausgegangen, welche die Zeichen unabhängig voneinander mit konstant bleibender Wahrscheinlichkeit ausgibt. Dieses Modell entspricht natürlich nicht der Wirklichkeit. Generell gilt: Je mehr Information über die tatsächliche Verteilung der Daten man in das Kompressionsverfahren hineinsteckt, um so bessere Kompressionsergebnisse sind zu erwarten. Das heißt, man sollte den Text in einem separaten Durchgang durchmustern und eine Häufigkeitstabelle der vorkommenden Buchstaben-Paare (oder Tripel, etc.) aufstellen. Dies wird eine weitere Verbesserung der Kompressionsrate erbringen. Häufigkeitsauszählungen und Entropieberechnungen an typischen deutschen oder englischen Texten zeigen, dass man bei Berücksichtigung genügend langer Textblöcke eine Kompression bis auf 25 bis 30 % des Originaltextes erreichen kann. Man kann sich allerdings vorstellen, dass dies spätestens bei Tripeln sehr aufwändig werden wird, da man anstatt $|\Sigma|$ vieler Tabelleneinträge für die Wahrscheinlichkeiten nun $|\Sigma|^2$ bzw. $|\Sigma|^3$ viele benötigt. Dieser immense Aufwand für das Verfahren gilt leider genauso bei dem obigen Modell, bei dem wir die Einzelwahrscheinlichkeiten schlicht miteinander multipliziert haben, um die Wahrscheinlichkeiten der Buchstaben-Paare zu erhalten.

Eine weitere Möglichkeit der Verbesserung des Huffman-Algorithmus besteht darin, mit einem so genannten *Markoff-Modell* zu arbeiten. Zum Beispiel bei Schwarz-Weiß-Bildern ist es häufig so, dass es nach dem Auftreten eines weißen (schwarzen) Pixels sehr viel wahrscheinlicher ist, dass danach wieder ein weißes (bzw. schwarzes) Pixel auftritt. Zum Beispiel könnten folgende Wahrscheinlichkeiten gelten:

$$\begin{array}{lclclcl} Pr(w|w) & = & 0.9 & \quad & Pr(s|w) & = & 0.1 \\ Pr(w|s) & = & 0.2 & \quad & Pr(s|s) & = & 0.8 \end{array}$$

Hierbei bedeutet etwa $Pr(w|s)$ die (bedingte) Wahrscheinlichkeit, ein weißes Pixel zu erhalten, wenn das Pixel zuvor schwarz war, etc. Der folgende stochastische endliche Automat (vgl. Abschnitt 1.3), auch Markoff-Kette oder Markoff-Modell genannt, beschreibt die Situation anschaulich:

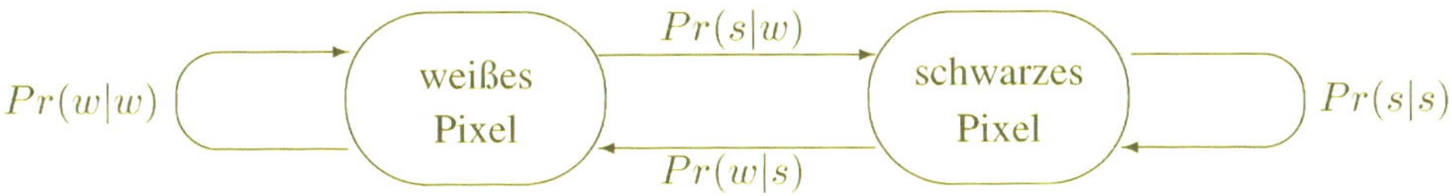

In diesem Beispiel gilt, dass weiße Pixel *insgesamt* (also im stationären Zustand, siehe Abschnitt 1.3) mit einer Wahrscheinlichkeit von $Pr(w) = 2/3$ und schwarze Pixel mit einer Wahrscheinlichkeit von $Pr(s) = 1/3$ auftreten. Wenn wir s und w nach der Huffman-Methode codieren, so können wir 1 Bit bis auf minimal $H(\frac{1}{3}, \frac{2}{3}) \approx 0.92$ komprimieren. Oder wenn wir aus den Übergangswahrscheinlichkeiten berechnen, mit welcher Wahrscheinlichkeit die 4 Pixel-Paare ww, ws, sw, ss auftreten, so können wir bis auf

$$H\Big(\frac{2}{3} \cdot 0.9,\ \frac{2}{3} \cdot 0.1,\ \frac{1}{3} \cdot 0.8,\ \frac{1}{3} \cdot 0.2\Big)/2 \approx 0.736$$

Bit pro Pixel komprimieren.

Wenn wir dagegen so vorgehen, dass wir jeweils einen separaten Code für die beiden Fälle, nämlich dass zuletzt ein weißes bzw. zuletzt ein schwarzes Pixel aufgetreten ist, vorsehen, so erhalten wir die folgende Entropie-Bilanz:

$$\frac{2}{3} \cdot H(0.9,\ 0.1) + \frac{1}{3} \cdot H(0.8,\ 0.2) \approx 0.553$$

Um möglichst nahe an diesen theoretischen Entropiewert heranzukommen, könnte man z.B. Codes bis zur Erfassung von 5 (bei Code 1) bzw. 3 (bei Code 2) aufeinander folgenden Pixeln vorsehen:

Code 1 (letztes Pixel war w):

Pixelfolge	Wahrscheinlichkeit	Codelänge	Code	Nachfolgezustand
s	0.1	3	101	s (Code 2)
ws	$0.9 \cdot 0.1$	3	111	s (Code 2)
wws	$0.9^2 \cdot 0.1$	3	110	s (Code 2)
$wwws$	$0.9^3 \cdot 0.1$	4	1001	s (Code 2)
$wwwws$	$0.9^4 \cdot 0.1$	4	1000	s (Code 2)
$wwwww$	0.9^5	1	0	w (Code 1)

Code 2 (letztes Pixel war s):

Pixelfolge	Wahrscheinlichkeit	Codelänge	Code	Nachfolgezustand
w	0.2	2	11	w (Code 1)
sw	$0.8 \cdot 0.2$	3	101	w (Code 1)
ssw	$0.8^2 \cdot 0.2$	3	100	w (Code 1)
sss	0.8^3	1	0	s (Code 2)

Solange man im Zustand w ist, verwendet man Code 1, solange man im Zustand s ist, verwendet man Code 2. Nehmen wir an, die zu codierende Pixelfolge sei

$$wwwwwwwwssssssswwwwwwwwwwwwwwwsssssswwwwws$$

Dies ergibt folgenden Code (wobei wir mit Code 1 starten):

$$\underbrace{wwwwww}_{0}\underbrace{wws}_{110}\underbrace{sss}_{0}\underbrace{sss}_{0}\underbrace{w}_{11}\underbrace{wwwwww}_{0}\underbrace{wwwwww}_{0}\underbrace{wwws}_{1001}\underbrace{sss}_{0}\underbrace{sw}_{101}\underbrace{wwwws}_{1000}$$

Das Codewort ist nur etwa halb so lang wie die ursprüngliche Pixelfolge.

8.2 Arithmetische Codierung

Beim Huffman-Code bestand das Problem darin, dass man für ein gutes Kompressionsverhalten besser Paare oder Tripel, usw. von Symbolen codiert, dass dieses aber den (Speicher-) Aufwand für das Verfahren immens ansteigen lässt. Bei der arithmetischen Codierung, die wir nun vorstellen, bleibt dieser Aufwand im Erträglichen, und die Kompression entspricht asymptotisch ebenso der Entropie. Wie beim Huffman-Verfahren geht die arithmetische Codierung zunächst von den Wahrscheinlichkeiten der Einzelzeichen aus.

Beispiel: Sei $\Sigma = \{a, b, c, d\}$ und

$$p(a) = 0.2 \quad p(b) = 0.4 \quad p(c) = 0.3 \quad p(d) = 0.1$$

Wichtig für das Verfahren sind die so genannten *kumulativen Wahrscheinlichkeiten*, dies sind bei obigem Beispiel die folgenden Werte:

$$p(a) = 0.2, \quad p(a) + p(b) = 0.6, \quad p(a) + p(b) + p(c) = 0.9$$

Der nullte Wert dieser Folge ist immer 0 und der letzte Wert ist immer 1. Diese Zahlenwerte unterteilen das reelle Zahlenintervall $[0, 1]$ in $|\Sigma|$ (hier 4) Bereiche:

Jedem Symbol $a_i \in \Sigma$ kann solcherart ein Zahlenintervall $[l_i, h_i]$ zugeordnet werden, wobei

$$l_i = \sum_{j=1}^{i-1} p(a_j) \quad \text{und} \quad h_i = \sum_{j=1}^{i} p(a_j)$$

Sollen nun längere Zeichenfolgen codiert werden, so kann auch diesen ein Zahlenintervall zugeordnet werden, indem man diese Teilintervalle entsprechend der kumulativen Wahrscheinlichkeiten immer weiter unterteilt. Wir definieren dies rekursiv: Dem leeren Wort ε wird das ganze Intervall $[0, 1]$ zugeordnet. Sei bereits dem Wort x ein Intervall $[u, v]$ zugeordnet und sei $a_i \in \Sigma$ ein weiteres Symbol. Dann wird dem Wort xa_i das Intervall

$$[\, u + l_i \cdot (v - u),\ u + h_i \cdot (v - u)\,]$$

zugeordnet.

Bei obigem Beispiel wird etwa dem Wort ba das folgende Intervall zugeordnet:

$$[\,0.2 + 0 \cdot (0.6 - 0.2),\ 0.2 + 0.2 \cdot (0.6 - 0.2)] \;=\; [0.2,\ 0.28]$$

Und das Wort bac erhält das Intervall

$$[\,0.2 + 0.6 \cdot (0.28 - 0.2),\ 0.2 + 0.9 \cdot (0.28 - 0.2)] \;=\; [0.248,\ 0.272]$$

Wenn x ein Präfix, also ein Anfangsstück, von y ist, so folgt aus dieser Konstruktion, dass das y zugeordnete Intervall ein Teil-Intervall des x zugeordneten Intervalls ist.

Im Beispiel gilt

$$[0.248, 0.272] \subseteq [0.2, 0.28] \subseteq [0.2, 0.6] \subseteq [0, 1]$$

wobei diese Intervalle den Wörtern bac, ba, b, ε entsprechen.

Um nun das Wort bac zu codieren, berechnen wir die Mitte des zugehörigen Intervalls $(0.248 + 0.272)/2 = 0.26$ und formen diese Zahl in Binärdarstellung um: $0.26 = 0.010000101\ldots$. Wir verwenden die ersten Stellen nach dem Punkt als Code für bac, wobei die Anzahl k der zu wählenden Bits sich aus der Intervallbreite wie folgt berechnet:

$$k \;=\; \lceil -\log_2(0.272 - 0.248) \rceil + 1 \;=\; \lceil 5.381 \rceil + 1 \;=\; 7$$

Also lautet der Code 0100001.

Allgemein lautet die Codierungsvorschrift wie folgt: Man berechne die Binärdarstellung von $(u + v)/2$ wobei $[u, v]$ das Intervall ist, das der zu codierenden Buchstabenfolge $a_{i_1} a_{i_2} \ldots a_{i_l}$ der Länge l zugeordnet ist. Von dieser Binärdarstellung verwende man die ersten $\lceil -\log_2(v - u) \rceil + 1$ vielen Binärstellen nach dem Punkt als Code.

Diese Codes für Buchstabenblöcke jeweils der Länge l werden direkt hintereinander (ohne weitere Trenn-Bits) übertragen (oder gespeichert). Dass der Code eindeutig entzifferbar ist, ergibt sich daraus, dass er ein Präfixcode ist (kein Codewort ist

Anfangsstück eines anderen). Dies ergibt sich daraus, dass durch die Auswahl von $k = \lceil -\log_2(v-u)\rceil + 1$ vielen Binärstellen nach dem Komma eine Binärzahl repräsentiert wird, die zum einen im Intervall $[u, v]$ liegt und darüber hinaus dieses Intervall eindeutig charakterisiert, und zwar deshalb, weil jede Fortsetzung dieser Binärzahl mit weiteren Nullen oder Einsen zu einer Zahl führen würde, die auch in dem Intervall $[u, v]$ enthalten ist. Die Begründung für diese letzte Behauptung ist wie folgt: Schlimmstenfalls kann das Weglassen der Binärstellen hinter der k-ten Stelle, sowie das Hinzufügen von weiteren Nullen und/oder Einsen nach der k-ten Binärstelle nach dem Punkt den Zahlenwert um $\pm 2^{-k}$ verändern. Bei Wahl von k, wie oben angegeben, gilt jedoch:

$$\begin{aligned} \frac{u+v}{2} + 2^{-k} &\leq v \\ \frac{u+v}{2} - 2^{-k} &\geq u \end{aligned}$$

Damit sollte auch der Decodiervorgang klar sein. Die codierte Folge wird Bit für Bit eingelesen, etwa $b_1 b_2 \ldots b_k$, bis der jeweilige numerische Wert $(0.b_1 b_2 \ldots b_k)_2$ genau genug ist, um ein Intervall $[u, v]$, das zu einem Buchstabenblock der Länge l gehört, zu charakterisieren (im Sinne der obigen Formeln). Hierbei kann der zugehörige Buchstabenblock Buchstabe für Buchstabe gefunden werden, ohne dass es notwendig ist, die Codes (und die zugehörigen Intervalle) *aller* Buchstabenblocks der Länge l zu entwickeln. Diese letzte Aussage ist wichtig im Hinblick auf die Komplexität des Verfahrens und war die eingangs erwähnte Motivation.

Im Vergleich zur Entropie H_l (bezogen auf das Alphabet Σ^l) gilt folgende Abschätzung der mittleren Codewortlänge eines Blocks mit l Symbolen:

$$\begin{aligned} &\sum_{a_{i_1}} \cdots \sum_{a_{i_l}} p(a_{i_1} \ldots a_{i_l})(\lceil -\log_2 p(a_{i_1} \ldots a_{i_l})\rceil + 1) \\ \leq\;& -\sum_{a_{i_1}} \cdots \sum_{a_{i_l}} p(a_{i_1} \ldots a_{i_l})(\log_2 p(a_{i_1} \ldots a_{i_l}) + 2) \\ =\;& H_l + 2 \end{aligned}$$

Für die durchschnittliche Länge t pro Symbol im Vergleich zur Entropie H der Einzelzeichen erhalten wir damit (wegen $H_l = l \cdot H$):

$$H = H_l/l \leq t \leq (H_l + 2)/l = H + 2/l$$

Mit zunehmender Blocklänge l nähert sich die mittlere Codewortlänge also dem Idealwert, der Entropie H.

8.3 Lempel-Ziv-Welch-Algorithmus

Während der Huffman-Algorithmus unterschiedliche Häufigkeiten der vorkommenden Buchstaben zur Komprimierung ausnützt, beruht der folgende Kompressionsalgorithmus darauf, im Dateitext immer wiederkehrende Textteile aufzuspüren und diese im betreffenden Code durch eine kürzere Darstellung, sozusagen eine „Abkürzung", zu ersetzen. Der Algorithmus arbeitet hierbei mit einem (Such-)Baum und wurde von Lempel, Ziv und Welch vorgeschlagen (der LZW-Algorithmus). Hierbei wird die zu komprimierende Datei Zeichen für Zeichen gelesen und (nahezu) „online" wird die komprimierte Version der Datei erzeugt. Also ein Durchlauf durch die Datei genügt, um den Code zu erzeugen. Der LZW-Algorithmus erzeugt in adaptiver Weise während des Durchlaufs durch die Datei einen ständig wachsenden Baum, der die bisher aufgefundenen „Regularitäten" widerspiegelt, und den der Algorithmus in gewisser Weise als „Wörterbuch" verwendet, um für die regelmäßig auftretenden Zeichenfolgen „Abkürzungen" bereit zu stellen.

Der im Algorithmus verwendete Baum besteht zu Beginn nur aus der Baumwurzel, zusammen mit $|\Sigma|$ vielen Blättern, die mit den Elementen des zugrunde liegenden Alphabets $a \in \Sigma$ beschriftet – und zusätzlich von Null beginnend durchnummeriert – sind. (In der Praxis wird Σ alle 256 Zeichen des ASCII-Codes enthalten).

Wir betrachten ein einfaches *Beispiel:* Zu komprimieren sei das Wort „ananasanna". Der Einfachheit halber nehmen wir an, dass das Alphabet Σ nur aus den hier vorkommenden Buchstaben „a", „n", „s" besteht. Der Baum wird also wie folgt initialisiert:

Nun wird der Text Buchstabe für Buchstabe durchlaufen und hierbei festgestellt, ob die entstehende Buchstabenfolge schon im Suchbaum eingetragen ist. Das heißt, es wird das längste Anfangswort wa gesucht, so dass w im Suchbaum, von der Wurzel her beginnend, bereits eingetragen ist, nicht jedoch wa. (Der Suchbaum wird also von der Wurzel her beginnend wie ein endlicher Automat durchlaufen). Dann geschieht Folgendes: es wird die Codenummer von w ausgegeben, es wird der „Codenummern-Zähler" n um 1 erhöht, und dann wird ein weiteres mit n-a beschriftetes Blatt an den Suchbaum an der betreffenden Stelle angehängt. Das heißt bei unserem Beispiel, dass beim ersten Schritt der Buchstabe „a" im Baum zwar vorhanden ist, nicht jedoch die Buchstabenfolge „an". Nach einem Schritt ergibt sich also folgendes Bild:

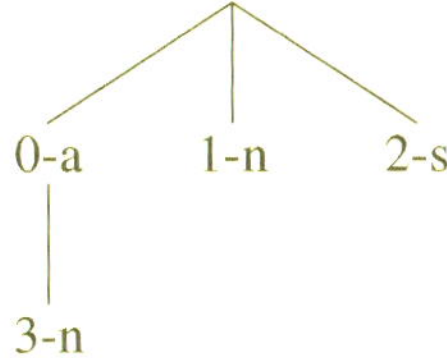

Für den Buchstaben „a" wird dabei die Codenummer 0 ausgegeben. Der Algorithmus setzt nun bei dem zweiten Buchstaben (derjenige, für den ein Blatt eingerichtet wurde)

also in unserem Fall bei „n“ wieder auf, und fährt so wie oben beschrieben, bei der Wurzel beginnend, fort. Am Ende entsteht der folgende Baum:

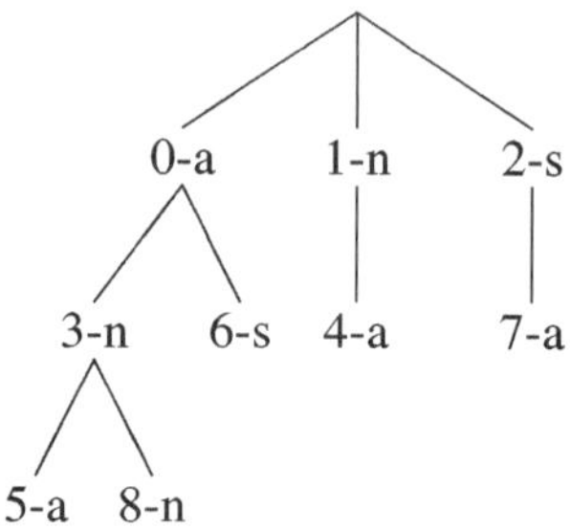

Hierbei wurden der Reihe nach die folgenden Codenummern ausgegeben: 0, 1, 3, 0, 2, 3, 4. (Hierbei steht also 0 für „a“, 1 für „n“, 3 für „an“, 0 für „a“, 2 für „s“, 3 für „an“ und 4 für „na“).

Hier ist nochmals der Algorithmus:

Eingabe: zu komprimierender Text $a[1]a[2]\ldots a[n] \in \Sigma^*$
Initialisiere den Suchbaum mit allen $a \in \Sigma$
Gib diesen Buchstaben die Codenummern $0, 1, \ldots, |\Sigma| - 1$
$n := |\Sigma|$
$i := 1; j := 1$
REPEAT
  WHILE $a[i]\ldots a[j] \in$ Suchbaum DO $j := j + 1$
  Gib die Codenummer von $a[i]\ldots a[j-1]$ aus
  { Beachte aber die Diskussion über die Bit-Codierung
   der Codenummern weiter unten }
  Füge $a[i]\ldots a[j]$ mit der Codenummer n dem Suchbaum hinzu
  $n := n + 1$
  $i := j$
UNTIL End-Of-File

Der *Dekompressionsalgorithmus* geht entsprechend vor. Er beginnt mit dem initialen Suchbaum wie oben beschrieben. Die erste Codenummer 0 signalisiert, dass der erste Originaltextbuchstabe „a“ ist, und dass an den Knoten mit der Codenummer 0 ein weiteres Blatt mit der Codenummer 3 anzufügen ist. Den zugehörigen Buchstaben kennt der Dekompressionsalgorithmus zu diesem Zeitpunkt noch nicht:

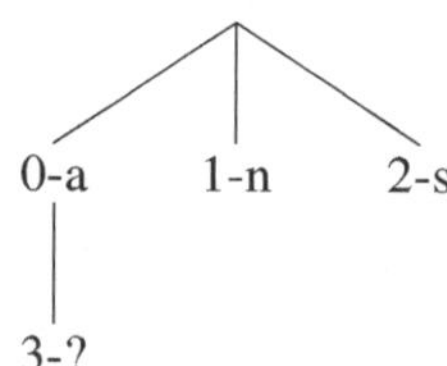

Nun verarbeitet der Dekompressionsalgorithmus die nächste Codenummer, nämlich 1. Hieraus ergibt sich die Information, dass das zuvor angefügte Blatt den Buchstaben n erhält, außerdem wird wieder ein neues Blatt mit der Codenummer 4 generiert:

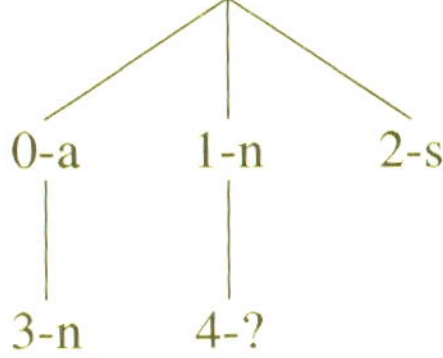

Auf diese Weise kann der Originaltext eindeutig rekonstruiert werden.

Die Anzahl der Codenummern ist umso kleiner, je mehr Regelmäßigkeiten der Text enthält. Solche wiederholt auftretenden Textteile werden dann durch eine einzige Codenummer repräsentiert (beim Beispiel oben ist dies „an" und „na"). Im Suchbaum äußert sich ein gutes Kompressionsverhalten gerade dadurch, dass dieser lange Pfade enthält. Ein extremes Beispiel wäre ein Text, der nur aus einer langen Folge ein und desselben Buchstaben, sagen wir „a", besteht. Die Folge der Codewörter ist dann $k, |\Sigma|, |\Sigma| + 1, |\Sigma| + 2, \ldots$, wobei k die Positionsnummer von „a" innerhalb Σ ist. Insgesamt sind dies bei einem Text der Länge n $O(\sqrt{n})$ Codenummern.

Die Folge der Codenummern muss natürlich noch geeignet als 0-1-Bitfolge umcodiert werden. Dies kann man wie folgt machen: Die erste Codenummer muss $\leq |\Sigma| - 1$ sein. Die zweite Codenummer kann maximal den Wert $|\Sigma|$ annehmen, dann $|\Sigma| + 1$, usw. Wir stellen für jede Codenummer (in Binärdarstellung) genau so viele Bitpositionen zur Verfügung wie notwendig sind, um den potenziellen Maximalwert darzustellen. Wenn der größtmögliche Codenummern-Wert m ist, so sind dies also $\lfloor \log_2(m) \rfloor$ viele Bits. Daher erhalten wir für das obige Beispiel:

Codenummer:	0	1	3	0	2	3	4
größtmöglicher Wert:	2	3	4	5	6	7	8
Anzahl Bits:	2	2	3	3	3	3	4
Bit-Code:	00	01	011	000	010	011	0100

Der Bit-Code kann dann ohne Lücken hintereinander geschrieben werden und kann umgekehrt bei der Dekomprimierung wieder eindeutig in seine Bestandteile zerlegt werden.

Bei diesem Beispiel hat der Originaltext „ananasanna" die Länge von 20 Bits, wobei wir von 2 Bits zur Darstellung eines einzelnen Zeichens $\in \{a, n, s\}$ ausgehen. Der „komprimierte" Bit-Code hat ebenfalls die Länge von 20 Bits. Wesentlich besser ist die Bilanz allerdings, wenn wir von einem Alphabet mit 256 Zeichen ausgehen (ASCII). Dann hätte der Orinaltext die Länge von 10 Bytes=80 Bits, und der (auf das vergrößerte Σ bezogene) komprimierte Text die Länge von 62 Bits.

Für die Implementierung des Dekompressionsalgorithmus ist zu beachten, dass man hier möglichst effizient von einer gegebenen Codenummer zu dem betreffenden Knoten im Suchbaum zugreifen muss. Daher empfiehlt sich hier, eine andere Datenstruktur zu verwenden, die durch die Verwendung von Zeigern den effizienten Zugriff von Codenummern zu Knoten erlaubt. Das folgende Bild deutet eine mögliche Implementierung an.

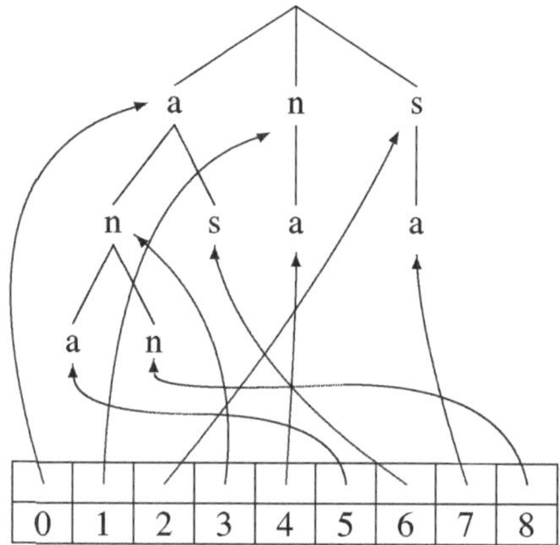

Man kann auch andere, noch effizientere Implementierungen für den Kompressions- bzw. Dekompressionsalgorithmus angeben. Für den Kompressionsalgorithmus kann man eine Hashtabelle verwenden. Die Hashfunktion h muss wie folgt konzipiert sein:

$$h : \text{Knotennummer} \times \text{neuer anzuhängender Buchstabe} \longrightarrow \text{Hashtabellenadresse}$$

In der Hashtabelle werden dann die neue Knotennummer und der dazugehörige Buchstabe eingetragen.

Den Dekompressionsalgorithmus kann man auch ohne Baumstruktur und ohne Hashing implementieren. Man benötigt nur ein Array a, wobei man in $a[n]$ den Buchstaben mit Codenummer n und den Array-Index (die Codenummer) des Vaterknotens einträgt. Für unser obiges Beispiel erhalten wir das folgende Array (die Baumwurzel wird mit –1 repräsentiert):

–1	–1	–1	0	1	3	0	2	3
a	n	s	n	a	a	s	a	n
0	1	2	3	4	5	6	7	8

Um von einer gegebenen Codenummer auf den betreffenden Textabschnitt rückzuschließen, folgt man den angetroffenen Array-Indizes, bis man bei –1 anlangt. Die dabei durchlaufene Buchstabenfolge – *rückwärts gelesen* – ist der fragliche Textabschnitt, der durch die Codenummer repräsentiert wird. Man kann die erhaltene Buchstabenfolge also in einen Stack einspeichern, und sobald man auf –1 stößt, Buchstabe für Buchstabe wieder auskellern und so den betreffenden Original-Text rekonstruieren.

Beispiel: Gegeben sei die Codenummer 8, diese führt uns auf die Folge von Codenummern 3, 0, –1. Die dabei aufgefundenen Buchstaben sind n, n, a, was in umgekehrter Reihenfolge den Klartext „ann“ ergibt.

Interessant ist, dass der Kompressions- und der Dekompressionsvorgang nahezu „online“ geschehen können. Die Verzögerung macht gerade eine „Blocklänge“ (also die Länge der gefundenen Wortabschnitte w im Suchbaum) aus. Um die Blocklängen (und damit die Verzögerungszeit) nicht beliebig anwachsen zu lassen (und wegen des begrenzten Speicherplatzes) wird man in der Praxis den Suchbaum nur bis zu einer gewissen Maximalgröße und/oder einer Maximaltiefe anwachsen lassen und dann keine neuen Knoten mehr hinzufügen.

Eine drastischere Methode wäre, dass man sobald der zur Verfügung stehende Speicherplatz für die Hashtabelle bzw. das Array verbraucht ist, den gesamten Speicherplatz wieder frei gibt und wieder mit einem Baum, wie der, mit dem man das Verfahren begonnen hatte, fortfährt. (Die verwendeten Codewörter können dann auch wieder kürzer sein). Diese Vorgehensweise hat sogar noch einen weiteren Vorteil: Sollte sich die „Statistik“ der zu komprimierenden Datei mittlerweile verändert haben, so dass also diejenigen Strings, die bisher für das Kompressionsverhalten von Vorteil waren, nun nicht mehr so häufig auftreten, so kann sich bei dieser Vorgehensweise der Kompressionsalgorithmus von Zeit zu Zeit an die neuen „statistischen Gegebenheiten“ anpassen.

Eine weitere Variante besteht darin, permanent zu verfolgen, wie groß der Grad der Datenkompression zum aktuellen Zeitpunkt ist. Sollte die Kompressionsrate unter einen bestimmten Wert fallen, so scheint der bisher aufgebaute Baum die Statistik des aktuellen Datenstroms nicht mehr so gut widerzuspiegeln. In dem Fall und zu dem Zeitpunkt wird der Baum wieder gelöscht und frisch aufgebaut. (Dies müssen Kompressionsalgorithmus und Dekompressionsalgorithmus natürlich zum gleichen Zeitpunkt machen).

Experimente zeigen, dass mit dem LZW-Verfahren bei einer (deutschen oder englischen) Textdatei Kompressionen bis auf weniger als die Hälfte der ursprünglichen Länge typisch sind.

Kapitel 9

Algebraische und zahlentheoretische Algorithmen

Wir stellen einige bekannte Algorithmen aus dem Bereich der Algebra und Zahlentheorie vor. Die zahlentheoretischen Algorithmen haben ihren hauptsächlichen Anwendungsbereich in der Kryptographie, zum Beispiel beim so genannten RSA-Verfahren.

9.1 Multiplikation großer Zahlen

Große Zahlen können wir leicht nach der *Schulmethode* miteinander multiplizieren.

Beispiel:

1	2	3	4	5	$*$	6	7	8	9	0
		7	4	0	7	0				
			8	6	4	1	5			
				9	8	7	6	0		
				1	1	1	1	0	5	
+						0	0	0	0	0
		8	3	8	1	0	2	0	5	0

Es ist klar, dass diese Methode die Bit-Komplexität $\Theta(n^2)$ hat, denn die erzeugte Tabelle hat gerade diese Größenordnung. Jede Operation gemäß des „kleinen 1×1“ hat konstante Komplexität.

Karatsuba und Ofman haben eine schnellere Methode angegeben, eine klassische *divide-and-conquer*-Methode. Und zwar zerlegen wir die Ziffernfolgen der zu multiplizierenden Zahlen x und y in zwei gleich lange Teile wie folgt:

x :	x_1	x_0
y :	y_1	y_0

Das heißt, x und y haben die Darstellung:

$$x = x_1 b^{n/2} + x_0, \quad y = y_1 b^{n/2} + y_0$$

wobei b die verwendete Basis ist (z.B. $b = 10$ oder $b = 2$).

Wenn wir x und y multiplizieren, erhalten wir:

$$\begin{aligned} x \cdot y &= (x_1 b^{n/2} + x_0) \cdot (y_1 b^{n/2} + y_0) \\ &= x_1 y_1 \cdot b^n + (x_1 y_0 + x_0 y_1) \cdot b^{n/2} + x_0 y_0 \end{aligned}$$

Das bedeutet, dass wir die Aufgabe, zwei n-stellige Zahlen miteinander zu multiplizieren, darauf reduziert haben, 4 Multiplikationen von $(n/2)$-stelligen Zahlen (rekursiv) durchzuführen, und die Ergebnisse dann gemäß obiger Formel (nach vorherigen „Shifts“ um $n/2$ bzw. um n Stellen) zu addieren.

Skizze:

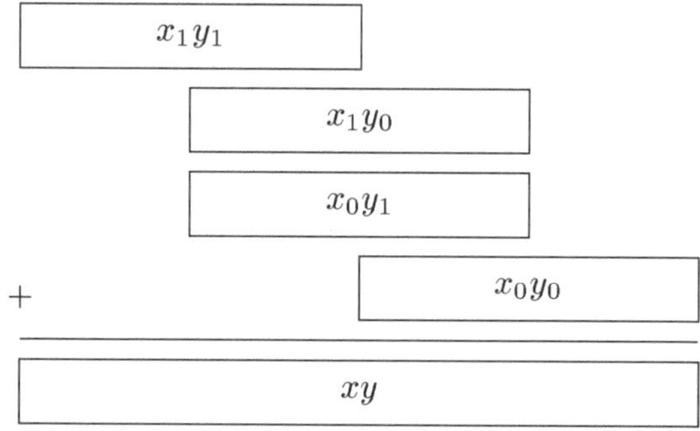

Die Komplexität $T(n)$ dieses Vorgehens können wir abschätzen durch $T(n) = 4T(n/2) + \Theta(n)$, was nach dem „Master-Theorem“ (Seite 56) die Komplexität $\Theta(n^{\log_2 4}) = \Theta(n^2)$ hat. Hoppla – wir haben gegenüber der Schulmethode also gar nichts gewonnen?! Tatsächlich haben wir uns eher einen noch größeren Verwaltungsaufwand durch die rekursiven Aufrufe eingehandelt.

An dem Master-Theorem können wir aber auch sehen, dass wir Komplexität einsparen könnten, wenn es gelänge, die Berechnung statt mit 4 nur mit 3 rekursiven Aufrufen durchzuführen. Genau das ist möglich, wenn wir den gemischten Term $x_1 y_0 + x_0 y_1$ umschreiben in $x_1 y_1 + x_0 y_0 - (x_0 - x_1)(y_0 - y_1)$. Dies ergibt die Darstellung

$$x \cdot y = x_1 y_1 \cdot b^n + (x_1 y_1 + x_0 y_0 + (x_1 - x_0)(y_0 - y_1)) \cdot b^{n/2} + x_0 y_0$$

Bei dieser Darstellung müssen tatsächlich nur 3 Multiplikationen von $(n/2)$-stelligen Zahlen durchgeführt werden, nämlich $x_1 y_1$, $x_0 y_0$ und $(x_1 - x_0)(y_0 - y_1)$. Die durch die 3 rekursiven Aufrufe erhaltenen Ergebnisse müssen dann mittels geeigneter „Shifts" zusammenaddiert werden:

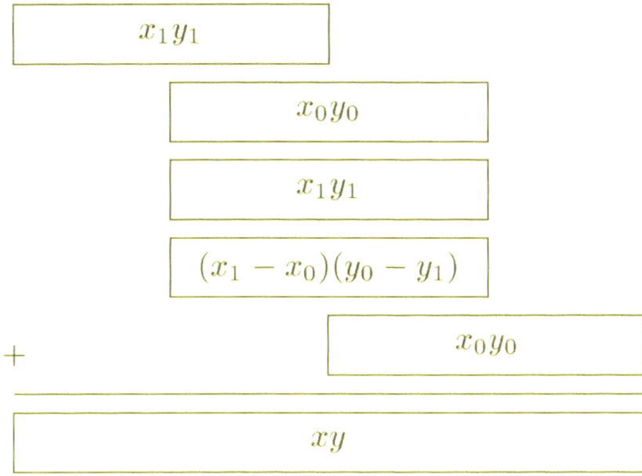

Damit ergibt sich (mit Hilfe des Master-Theorems) eine Komplexität von

$$T(n) = 3T(n/2) + \Theta(n) = \Theta(n^{\log_2 3}), \quad \text{wobei } \log_2 3 \approx 1.585.$$

9.2 Schnelle Matrizenmultiplikation nach Strassen

Wie schnell kann man zwei $n \times n$ Matrizen miteinander multiplizieren? Wie viele Elementaroperationen (Multiplikationen und Additionen von einzelnen Zahlen) benötigt man dazu?

Sei

$$\begin{pmatrix} a_{11} & \dots & a_{1n} \\ \vdots & \ddots & \vdots \\ a_{n1} & \dots & a_{nn} \end{pmatrix} \cdot \begin{pmatrix} b_{11} & \dots & b_{1n} \\ \vdots & \ddots & \vdots \\ b_{n1} & \dots & b_{nn} \end{pmatrix} = \begin{pmatrix} c_{11} & \dots & c_{1n} \\ \vdots & \ddots & \vdots \\ c_{n1} & \dots & c_{nn} \end{pmatrix}$$

Dann gilt:

$$c_{ij} = \sum_{k=1}^{n} a_{ik} b_{kj}$$

Wenn wir die Berechnung der Produktmatrix direkt anhand der Definition durchführen, so haben wir es mit n^3 Einzel-Multiplikationen und $n^2(n-1)$ Einzel-Additionen zu tun.

Betrachten wir den Fall von 2×2 Matrizen:

$$\begin{pmatrix} a_{11} & a_{12} \\ a_{21} & a_{22} \end{pmatrix} \cdot \begin{pmatrix} b_{11} & b_{12} \\ b_{21} & b_{22} \end{pmatrix} = \begin{pmatrix} a_{11}b_{11} + a_{12}b_{21} & a_{11}b_{12} + a_{12}b_{22} \\ a_{21}b_{11} + a_{22}b_{21} & a_{21}b_{12} + a_{22}b_{22} \end{pmatrix}$$

Laut angegebener Formeln brauchen wir hier 8 Multiplikationen und 4 Additionen. Man kann dasselbe Ergebnis aber auch durch 7 Multiplikationen und 18 Additionen (bzw. Subtraktionen) erhalten, indem man folgende Berechnungen durchführt:

$$\begin{aligned}
I &= (a_{12} - a_{22}) \cdot (b_{21} + b_{22}) \\
II &= (a_{11} + a_{22}) \cdot (b_{11} + b_{22}) \\
III &= (a_{11} - a_{21}) \cdot (b_{11} + b_{12}) \\
IV &= (a_{11} + a_{12}) \cdot b_{22} \\
V &= a_{11} \cdot (b_{12} - b_{22}) \\
VI &= a_{22} \cdot (b_{21} - b_{11}) \\
VII &= (a_{21} + a_{22}) \cdot b_{11} \\[1ex]
c_{11} &= I + II - IV + VI \\
c_{12} &= IV + V \\
c_{21} &= VI + VII \\
c_{22} &= II - III + V - VII
\end{aligned}$$

Wieso sollten 7 Multiplikationen und 18 Additionen besser sein als 8 Multiplikationen und 4 Additionen? Entscheidend sind die Multiplikationen, denn über die Multiplikationen können wir ein rekursives divide-and-conquer Verfahren laufen lassen. Hierzu verlassen wir jetzt die 2×2 Matrizen und betrachten wieder allgemeine $n \times n$ Matrizen (hierbei sei n eine Zweierpotenz). Wir zerlegen alle beteiligten Matrizen in 4 $(n/2) \times (n/2)$ Matrizen und erhalten folgende Darstellung:

$$\left(\begin{array}{c|c} A_{11} & A_{12} \\ \hline A_{21} & A_{22} \end{array}\right) \cdot \left(\begin{array}{c|c} B_{11} & B_{12} \\ \hline B_{21} & B_{22} \end{array}\right) = \left(\begin{array}{c|c} C_{11} & C_{12} \\ \hline C_{21} & C_{22} \end{array}\right)$$

Wir können genau dieselben Formeln wie oben verwenden, nur dass wir diese nun als Multiplikationen bzw. Additionen von $(n/2) \times (n/2)$ Matrizen verstehen. Die Additionen/Subtraktionen sind hierbei komponentenweise zu verstehen, und die 7 Multiplikationen führen wir durch rekursive Aufrufe des Matrizen-Multiplikationsalgorithmus durch. Damit erhalten wir die folgende rekursive Prozedur.

PROCEDURE *MatProd*(n, A, B)
IF $n = 1$ THEN RETURN (AB)
ELSE
  Berechne $I, \ldots, VII, C_{11}, C_{12}, C_{21}, C_{22}$ gemäß obiger Formeln.
  Die 7 vorkommenden Multiplikationen werden durch 7 rekursive
  Aufrufe der Form *MatProd*$(n/2, \ldots)$ erledigt
  RETURN $\begin{pmatrix} C_{11} & C_{12} \\ C_{21} & C_{22} \end{pmatrix}$

Sei $T_M(n)$ bzw. $T_A(n)$ die Anzahl der elementaren Multiplikationen bzw. Additionen, die beim Aufruf von *MatProd*$(n, \ldots)$ auftreten. Es gilt:

$$T_M(n) = \begin{cases} 1, & n = 1 \\ 7 \cdot T_M(n/2), & n > 1 \end{cases}$$

Es ergibt sich

$$T_M(n) = \underbrace{7 \cdot 7 \cdots 7}_{(\log n)\text{-mal}} = 7^{\log n} = n^{\log 7} \leq n^{2.8074}$$

Ferner haben wir:

$$T_A(n) = \begin{cases} 0, & n = 1 \\ 18(n/2)(n/2) + 7T_A(n/2), & n > 1 \end{cases}$$

Aus dem Master-Theorem (Seite 56) ergibt sich sofort $T_A(n) = O(n^{2.8074})$. Somit haben wir auch insgesamt die Komplexität $O(n^{2.8074})$ – im Vergleich zur Komplexität $\Theta(n^3)$, wenn wir nach der Schulmethode multiplizieren.

Es ist anzunehmen, dass der versteckte konstante Faktor bei $O(n^{2.8074})$ in diesem Fall größer ist als derjenige bei $\Theta(n^3)$. Das heißt, das Verfahren wird sich erst bei Matrizen ab einer gewissen Mindestgröße n_0 (zum Beispiel $n_0 = 8$) lohnen. Um dieser Tatsache Rechnung zu tragen, können wir die obige Prozedur *MatProd* noch modifizieren. Statt

IF $n = 1$ THEN RETURN (AB)

schreiben wir

IF $n < n_0$ THEN Berechne $C = AB$ nach der Schulmethode;
RETURN C

Wir merken noch an, dass in der Zwischenzeit immer wieder neue Algorithmen für die Matrizenmultiplikation vorgeschlagen wurden; der „Beste" davon (von Coppersmith und Winograd, 1986) erreicht die Komplexität $O(n^{2.376})$. Allerdings ist die in der O-Notation versteckte Konstante so groß, dass dieser Algorithmus nicht praktikabel ist.

9.3 Probabilistischer Multiplikationstest für Matrizen

Wir wollen die Aufgabe betrachten, bei drei vorgelegten $n \times n$ Matrizen A, B, C zu überprüfen, ob $A \cdot B = C$ gilt. Natürlich können wir zunächst A und B multiplizieren und dann mit C vergleichen. Diese Vorgehensweise kommt mit $O(n^3)$ Operationen (oder mit $O(n^{2.8074})$ Operationen, vgl. voriger Abschnitt) aus. Aber es geht noch schneller: Freivalds (1977) hat eine probabilistische Methode vorgeschlagen, die in der Zeit $O(n^2)$ arbeitet. Dieses probabilistische Verfahren birgt eine (einseitige) Fehlermöglichkeit in sich; falls $A \cdot B$ und C nicht identisch sind, so könnte der Algorithmus mit geringer Wahrscheinlichkeit falsch (nämlich „$AB = C$“) antworten. (Konzeptionell ist das Verfahren und die Art der Fehlermöglichkeit sehr ähnlich dem auf Seite 64 vorgestellten).

Sei x ein (Zeilen-) Vektor der Länge n (oder anders ausgedrückt, x ist eine $1 \times n$ Matrix). Dann ergibt die Multiplikation von x mit einer $n \times n$ Matrix M, also $x \cdot M$, wieder eine $1 \times n$ Matrix, also einen Vektor. Dieses Vektor-Matrix-Produkt können wir offensichtlich in der Zeit $O(n^2)$ ausführen. Da die Matrizenmultiplikation assoziativ ist, gilt

$$(x \cdot A) \cdot B = x \cdot (A \cdot B) = x \cdot C$$

sofern $A \cdot B$ und C identisch sind. Man beachte, dass der Ausdruck $(x \cdot A) \cdot B$ in der Zeit $O(n^2)$ ausgewertet werden kann, da er zweimal die Berechnung eines Vektor-Matrix-Produkts beinhaltet.

Der probabilistische Test läuft nun darauf hinaus, dass es im Falle von $A \cdot B \neq C$ und bei zufälliger Wahl von x unwahrscheinlich ist, dass die Vektoren xAB und xC identisch sind – und nach der obigen Diskussion ist klar, dass dieser Test in der Zeit $O(n^2)$ ausgeführt werden kann.

Das analysieren wir nun genauer. Hierbei sei $x = (x_1, \ldots, x_n) \in_R \{0,1\}^n$ zufällig gewählt. (Zur Notation „$\in_R$“ siehe Seite 63). Falls $AB = C$, so ist für jede Wahl von x auch $xAB = xC$. Nehmen wir nun an, dass $AB \neq C$. Wir beobachten, dass $xAB \neq xC$ genau dann gilt, wenn $x(AB - C)$ nicht der Nullvektor ist. Nach Voraussetzung ist $M := AB - C$ nicht die Null-Matrix. Daher gibt es ein von Null verschiedenes Element in M, sagen wir $m_{i,j} \neq 0$. Wir wollen nun zeigen, dass die j-te Komponente des Vektor-Matrix-Produkts xM höchstwahrscheinlich ungleich Null ist. Dieser Wert berechnet sich wie folgt:

$$\sum_{k=1}^{n} x_k m_{k,j}$$

und dieser Wert ist genau dann gleich Null, wenn

$$\sum_{k \neq i} x_k m_{k,j} = -x_i m_{i,j} \quad \text{bzw.} \quad x_i = -\frac{\sum_{k \neq i} x_k m_{k,j}}{m_{i,j}} =: w$$

Da x_i zufällig aus zwei Alternativen gewählt wird, ist die Wahrscheinlichkeit, den Wert w zu treffen, höchstens 1/2. (Tatsächlich könnte man den Fehler noch weiter auf $1/m$ verkleinern, wenn man die x_i's zum Beispiel aus $\{0, 1, \ldots, m-1\}$ zieht. Voraussetzung ist allerdings, dass der zugrunde liegende Körper mindestens m Elemente hat. Wenn die Matrizenmultiplikation beispielsweise über dem Körper $GF(2) = (\{0,1\}, \wedge, \oplus)$ auszuführen ist, so können wir x_i nur aus $\{0,1\}$ ziehen).

Mit der Diskussion auf Seite 65 ergibt sich, dass man die Fehlerwahrscheinlichkeit durch eine geeignete Anzahl von Wiederholungen des Zufallsexperiments unter jede vorgegebene Schranke $\varepsilon > 0$ drücken kann. Angenommen, $\varepsilon = 2^{-30}$ ist eine akzeptable Fehlerwahrscheinlichkeit. Um diese Fehlerwahrscheinlichkeit zu erreichen, genügt es, den Test „$xAB = xC$“ 30-mal (mit unabhängigen Zufallszahlen) zu wiederholen. Es handelt sich bei diesem Äquivalenztest um einen RP-artigen probabilistischen Algorithmus, also einen Monte Carlo-Algorithmus mit einseitigem Fehler (vgl. Abschnitt 1.17).

Beispiel: Gegeben seien

$$A = \begin{pmatrix} 1 & 2 & 3 \\ 4 & 5 & 6 \\ 7 & 8 & 9 \end{pmatrix} \quad B = \begin{pmatrix} 5 & 2 & 6 \\ 4 & 1 & 7 \\ 3 & 9 & 8 \end{pmatrix} \quad C = \begin{pmatrix} 22 & 31 & 44 \\ 58 & 65 & 107 \\ 94 & 103 & 170 \end{pmatrix}$$

Nehmen wir an, unser erster Zufallsvektor sei $x = (1\ 0\ 1)$. Dann ergibt sich:

$$xA = (8\ 10\ 12) \quad (xA)B = (116\ 134\ 214) \quad xC = (116\ 134\ 214)$$

In diesem Fall sind also xAB und xC identisch. Falls wir dagegen $x' = (0\ 1\ 1)$ wählen, so ergibt sich:

$$x'A = (11\ 13\ 15) \quad (x'A)B = (152\ 170\ 277) \quad x'C = (152\ 168\ 277)$$

Dies beweist, dass AB und C verschieden sind. Tatsächlich ist

$$AB = \begin{pmatrix} 22 & 31 & 44 \\ 58 & 67 & 107 \\ 94 & 103 & 170 \end{pmatrix}$$

9.4 Polynommultiplikation und die FFT

Wir betrachten die Aufgabe, zwei Polynome zu multiplizieren. Die Polynome seien gegeben in ihrer Koeffizientendarstellung. Sei das Polynom

$$A(x) = \sum_{j=0}^{n-1} a_j x^j$$

und das Polynom

$$B(x) = \sum_{j=0}^{n-1} b_j x^j$$

gegeben durch die Koeffizienten-Tupel $a = (a_0, \ldots, a_{n-1})$ und $b = (b_0, \ldots, b_{n-1})$. (Sollte eines der Polynome weniger als n Koeffizienten haben, so muss entsprechend mit Nullen aufgefüllt werden. Später wird sich herausstellen, dass es zusätzlich günstig ist, wenn n eine Zweierpotenz ist. In diesem Fall gilt dieselbe Bemerkung: dann muss bis zur nächsten Zweierpotenz mit Nullen aufgefüllt werden).

Das Produktpolynom $C(x) = A(x) \cdot B(x)$ ergibt sich zu

$$C(x) = \left(\sum_{j=0}^{n-1} a_j x^j\right) \cdot \left(\sum_{k=0}^{n-1} b_k x^k\right) = \sum_{i=0}^{2n-2} c_i x^i$$

wobei

$$c_i = \sum_{j+k=i} a_j b_k$$

Diese letzte Operation, mittels der die Koeffizienten c_i zu bestimmen sind, nennt man auch oft *Faltung* (engl.: convolution).

Wenn man die Polynommultiplikation entsprechend dieser Formeln durchführt, so sind also $2n - 1$ Koeffizienten zu bestimmen, wobei jeder von diesen eine Faltung erfordert. Das macht zusammen die Komplexität $O(n^2)$. (Die Komplexitätsangaben sind im uniformen Kostenmaß zu verstehen, d.h. jede elementare Multiplikation bzw. Addition hat die Komplexität $O(1)$).

Eine mögliche effizientere Implementierung ergibt sich, wenn man die Idee der schnellen Multiplikation ganzer Zahlen aus Abschnitt 9.1 wieder aufgreift: Wir zerlegen das Polynom A, gegeben durch die Folge seiner n Koeffizienten $(a_0, \ldots, a_{n-1})$ in zwei Polynome mit jeweils $n/2$ vielen Koeffizienten. Das Polynom A_0 ist hierbei gegeben durch $(a_0, \ldots, a_{n/2-1})$ und das Polynom A_1 ist gegeben durch $(a_{n/2}, \ldots, a_{n-1})$. Es gilt $A(x) = A_0(x) + x^{n/2} A_1(x)$. Analog kann man das Polynom B in B_0 und B_1 zerlegen. Für das Produktpolynom C ergibt sich:

$$\begin{aligned}
C(x) &= A(x)B(x) \\
&= (A_0(x) + x^{n/2} A_1(x))(B_0(x) + x^{n/2} B_1(x)) \\
&= A_0(x)B_0(x) + x^{n/2}(A_0(x)B_1(x) + A_1(x)B_0(x)) \\
&\quad + x^n A_1(x)B_1(x) \\
&= A_0(x)B_0(x) + x^n A_1(x)B_1(x) \\
&\quad + x^{n/2}(A_0(x)B_0(x) + A_1(x)B_1(x) \\
&\quad + (A_1(x) - A_0(x)(B_0(x) - B_1(x)))
\end{aligned}$$

Man erkennt, dass man die Multiplikation in divide-and-conquer Art programmieren kann (vgl. Abschnitt 9.1), wobei drei rekursive Aufrufe notwendig sind. Diese rekursiven Aufrufe beziehen sich auf die folgenden Produkte von Polynomen mit je $(n/2)$-vielen Koeffizienten: $A_0(x)B_0(x)$, $A_1(x)B_1(x)$ und $(A_0(x) - A_1(x)(B_0(x) - B_1(x))$. Unter der Annahme, dass alle Elementar-Additionen und Multiplikationen in der Zeit $O(1)$ ausführbar sind, erhalten wir die Rekursionsgleichung $T(n) = 3T(n/2) + \Theta(n)$, welche mit Hilfe des Master-Theorems (Seite 56) die Lösung $O(n^{\log_2 3}) = O(n^{1.585})$ hat.

Das folgende Schema skizziert einen weiteren möglichen Weg, von den beiden Polynomen $A(x)$ und $B(x)$ (in Koeffizientendarstellung) zum Produktpolynom $C(x) = A(x) \cdot B(x)$ (in Koeffizientendarstellung) zu gelangen. Hierbei ist ein „Umweg“ skizziert, der auch zum Produktpolynom $C(x)$ führt, allerdings zunächst die Polynome $A(x)$ und $B(x)$ an beliebigen $2n-1$ Punkten (Stützstellen) $x_0, \ldots, x_{2n-2}$ evaluiert zur *Punkt-Wert-Darstellung*. Danach werden die Werte Punkt für Punkt miteinander multipliziert und schließlich wird aus den $2n-1$ vielen Werten die Koeffizienten des Produktpolynoms rekonstruiert. (Diesen Vorgang nennt man *Interpolation*).

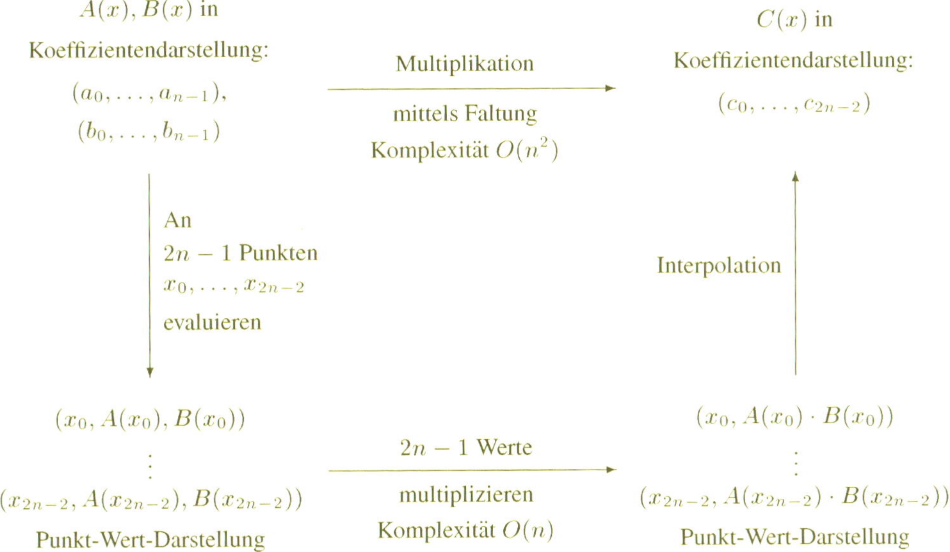

Wenn man das Evaluieren an beliebigen $2n-1$ Stützstellen mittels *Hornerschema* implementiert – also gemäß der Formel

$$A(x) = (\ldots((a_n \cdot x + a_{n-1}) \cdot x + a_{n-2}) \cdot x + \ldots + a_1) \cdot x + a_0$$

und die Interpolation nach Newton, so ergibt jede dieser Operationen eine Komplexität von $O(n^2)$. Man kann solcherart also nichts an Effizienz gegenüber der direkten Methode gewinnen.

Wir können aber ausnützen, dass wir völlige Wahlfreiheit bei den Stützstellen haben. Wenn wir diese geschickt wählen, so kann das Evaluieren (ebenso wie das Interpolieren) an den Stellen $x_0, \ldots, x_{2n-2}$ effizienter als mit Komplexität $O(n^2)$ (nämlich mit Komplexität $O(n \log n)$) implementiert werden.

Die *diskrete Fourier-Transformation* (kurz: DFT) besteht darin, ein Polynom, das durch n Koeffizienten $(a_0, \ldots, a_{n-1})$ gegeben ist, an genau n Stützstellen, und zwar den so genannten *n-ten Einheitswurzeln* auszuwerten. Hier müssen also die Anzahl der Koeffizienten des Polynoms und die Anzahl der Stützstellen übereinstimmen. In der obigen

Situation hat das Polynom n Koeffizienten und soll an $2n - 1$ Stellen evaluiert werden. Indem wir die Koeffizientendarstellung des Polynoms mit Nullen auffüllen, können wir die Anzahl der Koeffizienten gleich der Anzahl der Stützstellen machen.

In der folgenden Diskussion sei der Einfachheit halber n=Anzahl Koeffizienten=Anzahl der Stützstellen. Außerdem sei n eine Zweierpotenz.

Der Trick besteht, wie gesagt, darin, als Evaluationspunkte die (komplexen) *n-ten Einheitswurzeln* zu wählen. Ein komplexe Zahl x ist n-te Einheitswurzel, falls $x^n = 1$. Es gibt im Komplexen genau n Lösungen der Gleichung $x^n = 1$. Dieses sind die Zahlen $x_{0,n}, \ldots, x_{n-1,n}$, wobei

$$x_{k,n} = e^{ik2\pi/n}$$

Wir erinnern in diesem Zusammenhang an die *Eulersche Formel*:

$$e^{i\phi} = \cos(\phi) + i\sin(\phi)$$

bzw.

$$sin(\phi) = \frac{e^{i\phi} - e^{-i\phi}}{2i} \quad \text{und} \quad cos(\phi) = \frac{e^{i\phi} + e^{-i\phi}}{2}$$

Hierbei ist i die imaginäre Einheit mit $i^2 = -1$.

Eine komplexe Zahl z lässt sich darstellen:

- *algebraisch* durch eine Zerlegung in Real- und Imaginärteil: $z = a + ib$,
- *polar* durch Angabe eines Radius r und eines Winkels ϕ als $z = r\cos(\phi) + ir\sin(\phi)$,
- oder *exponentiell* durch $z = re^{i\phi}$.

Veranschaulichung in der *Gaußschen Zahlenebene*:

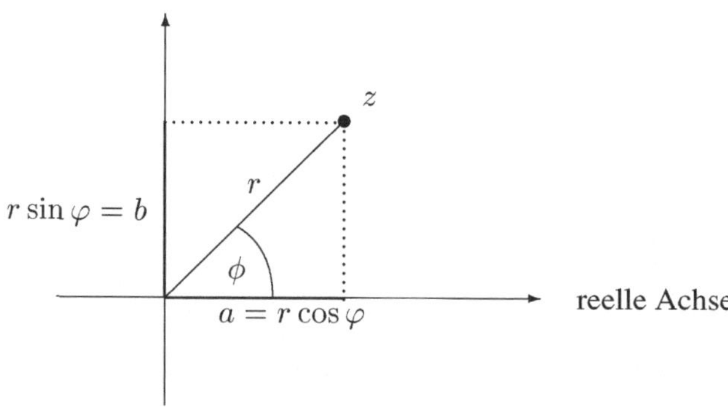

Im Folgenden arbeiten wir mit der exponentiellen Darstellung, da hier die Multiplikation besonders einfach geht:

$$re^{i\phi} \cdot r'e^{i\phi'} = (rr')e^{i(\phi+\phi')}$$

Das heißt, die Radien müssen miteinander multipliziert werden und die Winkel müssen addiert werden.

Die n-ten Einheitswuzeln liegen in der Gaußschen Zahlenebene auf dem Einheitskreis gleichmäßig verteilt. Das folgende Bild zeigt den Fall $n = 8$:

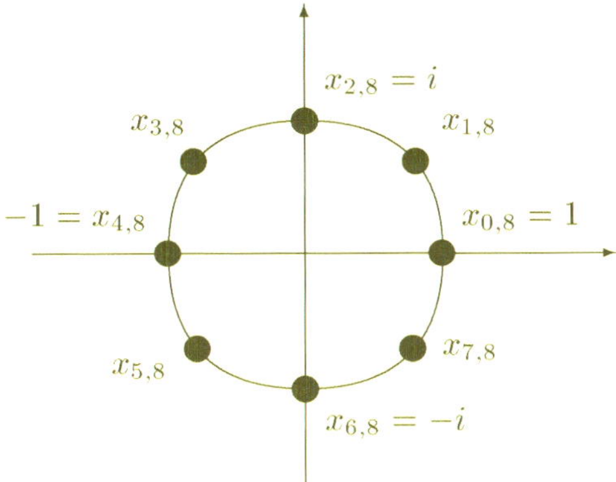

Überprüfen wir, dass $x_{k,n}$ tatsächlich eine n-te Einheitswurzel ist:

$$(x_{k,n})^n = (e^{ik2\pi/n})^n = e^{ik2\pi} = \cos(k2\pi) + i\sin(k2\pi) = 1 + i \cdot 0 = 1$$

Außerdem ergibt sich, dass man alle n-ten Einheitswurzeln als Potenzen von $x_{1,n}$ erhalten kann. Sei im Folgenden $z := x_{1,n} = e^{i2\pi/n}$. Dann gilt:

$$(x_{0,n}, x_{1,n}, \ldots, x_{n-1,n}) = (z^0, z^1, \ldots, z^{n-1})$$

Eine weitere wichtige Beobachtung ist, dass man durch Quadrieren der n-ten Einheitswurzeln gerade die $(n/2)$-ten Einheitswurzeln (und zwar zweimal) erhält. Sei im Folgenden $k = 0, \ldots, (n/2) - 1$:

$$(x_{k,n})^2 = e^{ik2\pi/(n/2)} = x_{k,n/2}$$

$$(x_{(n/2)+k,n})^2 = e^{i((n/2)+k)2\pi/(n/2)} = e^{i2\pi} \cdot e^{ik2\pi/(n/2)} = e^{ik2\pi/(n/2)} = x_{k,n/2}$$

Definition: Zu gegebenem Koeffizientenvektor $a = (a_0, a_1, \ldots, a_{n-1})$ (welcher das Polynom A repäsentiert) bezeichnet der Vektor $y = (y_0, y_1, \ldots, y_{n-1})$ mit

$$\begin{aligned} y_k &= A(x_{k,n}) \\ &= \sum_{j=0}^{n-1} a_j e^{ijk2\pi/n} \end{aligned}$$

die *diskrete Fourier-Transformierte* (DFT) von a.

Das heißt, y zu berechnen bedeutet das Evaluieren von A an den n-ten Einheitswurzeln.

Es wird sich als nützlich erweisen, das Polynom A in zwei kleinere Polynome mit jeweils $n/2$ vielen Koeffizienten aufzuspalten. Sei

$$\begin{aligned} A^{\text{even}}(x) &:= \sum_{k=0}^{(n/2)-1} a_{2k}x^k \\ A^{\text{odd}}(x) &:= \sum_{k=0}^{(n/2)-1} a_{2k+1}x^k \end{aligned}$$

Das heißt, die Polynome A^{even} und A^{odd} besitzen jeweils $n/2$ Koeffizienten und A^{even} wird repräsentiert durch den Koeffizientenvektor

$$(a_0, a_2, a_4, \ldots, a_{n-2})$$

und A^{odd} wird repräsentiert durch

$$(a_1, a_3, a_5, \ldots, a_{n-1}).$$

Es gilt die Beziehung:

$$A(x) = A^{\text{even}}(x^2) + x \cdot A^{\text{odd}}(x^2)$$

In dieser Formel und in der obigen Beobachtung, dass beim Quadrieren der n-ten Einheitswurzeln gerade die $(n/2)$-ten Einheitswurzeln entstehen, liegt der Schlüssel für den *FFT-Algorithmus* (FFT=fast Fourier transform). (Das heißt, der FFT ist ein schneller Algorithmus zur Berechnung der DFT).

Wir beschreiben den Algorithmus zunächst verbal, und dann formal als Programm. Gegeben ist also der Koeffizientenvektor $a = (a_0, \ldots, a_{n-1})$, der das Polynom A repräsentiert. Wir zerlegen diesen zunächst in die beiden Vektoren $a^{\text{even}} = (a_0, a_2, a_4, \ldots, a_{n-2})$ und $a^{\text{odd}} = (a_1, a_3, a_5, \ldots, a_{n-1})$, jeweils der Länge $n/2$. Dann wenden wir den FFT *rekursiv* auf a^{even} und auf a^{odd} an und erhalten die Fourier-Transformierten

$$y^{\text{even}} = (y_0^{\text{even}}, y_1^{\text{even}}, \ldots, y_{(n/2)-1}^{\text{even}}) = (A^{\text{even}}(x_{0,n/2}), \ldots, A^{\text{even}}(x_{(n/2)-1,n/2}))$$

und

$$y^{\text{odd}} = (y_0^{\text{odd}}, y_1^{\text{odd}}, \ldots, y_{(n/2)-1}^{\text{odd}}) = (A^{\text{odd}}(x_{0,n/2}), \ldots, A^{\text{odd}}(x_{(n/2)-1,n/2}))$$

hiervon. Aus der obigen Formel lassen sich nun die gesuchten Werte

$$(y_0, \ldots, y_{n-1}) = (A(x_{0,n}), \ldots, A(x_{n-1,n}))$$

rekonstruieren: Für $k = 0, 1, \ldots, (n/2) - 1$ gilt:

$$\begin{aligned} y_k &= A(x_{k,n}) \\ &= A^{\text{even}}((x_{k,n})^2) + x_{k,n} \cdot A^{\text{odd}}((x_{k,n})^2) \\ &= A^{\text{even}}(x_{k,n/2}) + x_{k,n} \cdot A^{\text{odd}}(x_{k,n/2}) \\ &= y_k^{\text{even}} + x_{k,n} \cdot y_k^{\text{odd}} \end{aligned}$$

und entsprechend

$$\begin{aligned} y_{(n/2)+k} &= A(x_{(n/2)+k,n}) \\ &= A^{\text{even}}((x_{(n/2)+k,n})^2) + x_{(n/2)+k,n} \cdot A^{\text{odd}}((x_{(n/2)+k,n})^2) \\ &= A^{\text{even}}(x_{k,n/2}) + x_{(n/2)+k,n} \cdot A^{\text{odd}}(x_{k,n/2}) \\ &= y_k^{\text{even}} - x_{k,n} \cdot y_k^{\text{odd}} \end{aligned}$$

Die Umformung $x_{(n/2)+k,n} = -x_{k,n}$ ist begründet durch die Beobachtung $x_{n/2,n} = -1$.

Nun lässt sich der FFT-Algorithmus wie folgt formulieren:

```
PROCEDURE FFT(n, (a_0, ..., a_{n-1}))
{ berechnet die DFT von (a_0, ..., a_{n-1}) }
IF n = 1 THEN RETURN (a_0)
  ELSE
    a^even := (a_0, a_2, ..., a_{n-2})
    a^odd := (a_1, a_3, ..., a_{n-1})
    y^even :=FFT(n/2, a^even)
    y^odd :=FFT(n/2, a^odd)
    x := 1
    z := e^{i2π/n}
    FOR k := 0 TO (n/2) - 1 DO
      y_k := y_k^even + x * y_k^odd
      y_{(n/2)+k} := y_k^even - x * y_k^odd
      x := x * z
    RETURN (y_0, y_1, ..., y_{n-1})
```

Die Komplexität dieses Algorithmus ergibt sich aus der Rekursionsgleichung $T(n) = 2T(n/2) + \Theta(n)$, deren Lösung nach Master-Theorem (Seite 56) bekanntermaßen $T(n) = \Theta(n \log n)$ ist.

Die *inverse DFT* unterscheidet sich von der DFT nur geringfügig: Um aus einem gegebenen Wertevektor $(y_0, \ldots, y_{n-1})$ die Koeffizienten $(a_0, \ldots, a_{n-1})$ zurückzuerhalten, wende man die folgende Formel an:

$$a_k = \frac{1}{n} \cdot \sum_{j=0}^{n-1} y_j e^{-ijk2\pi/n}$$

Das heißt, dass die inverse DFT auf die DFT zurückgeführt werden kann, und damit unter Zuhilfenahme des FFT-Algorithmus – ebenfalls mit der Komplexität $\Theta(n \log n)$ – berechnet werden kann. Symbolisch können wir dies wie folgt ausdrücken. Sei *DFT* ein Operator, der den Koeffizientenvektor a in den Wertevektor y überführt; und DFT^{-1} überführt umgekehrt y nach a. Dann gilt $DFT^{-1}(y) = konj(DFT(\text{konj}(y)))/n$, wobei *konj* den Übergang zu den konjugiert komplexen Zahlen und „$/n$" die komponentenweise Division durch n bedeutet.

Seien nun zwei Polynome mit Koeffizientenvektoren a und b gegeben. Diese Vektoren seien mit genügend Nullen aufgefüllt. Dann gilt für den Koeffizientenvektor c des Produktpolynoms

$$c = DFT^{-1}(DFT(a) * DFT(b))$$

Hierbei bedeutet $*$ die komponentenweise Multiplikation der beiden Vektoren, also

$$(y_0, \ldots, y_{n-1}) * (y'_0, \ldots, y'_{n-1}) = (y_0 y'_0, \ldots, y_{n-1} y'_{n-1})$$

Zur Begründung für die obige Formel zur inversen DFT beobachten wir, dass sich die DFT äquivalent durch eine Vektor-Matrix-Multiplikation beschreiben lässt. Hierzu sei wieder $z = e^{i2\pi/n}$:

$$\begin{pmatrix} y_0 \\ y_1 \\ y_2 \\ y_3 \\ \vdots \\ y_{n-1} \end{pmatrix} = \begin{pmatrix} 1 & 1 & 1 & \cdots & 1 \\ 1 & z & z^2 & \cdots & z^{n-1} \\ 1 & z^2 & z^4 & \cdots & z^{2(n-1)} \\ 1 & z^3 & z^6 & \cdots & z^{3(n-1)} \\ \vdots & \vdots & \vdots & \ddots & \vdots \\ 1 & z^{n-1} & z^{2(n-1)} & \cdots & z^{(n-1)(n-1)} \end{pmatrix} \cdot \begin{pmatrix} a_0 \\ a_1 \\ a_2 \\ a_3 \\ \vdots \\ a_{n-1} \end{pmatrix}$$

Diese Matrix wird *Vandermondesche Matrix* genannt. Obige Formel für die inverse DFT behauptet, dass die zur Vandermondeschen Matrix inverse Matrix gerade so aussieht, dass im (j, k)-ten Eintrag z^{-jk}/n steht. Wir überprüfen dies indem wir die Vandermondesche Matrix mit der (behaupteten) Inversen multiplizieren. Der (j, k)-te Eintrag dieser Produktmatrix ergibt sich zu:

$$\sum_{l=0}^{n-1} z^{jl} z^{-lk}/n = \frac{1}{n} \cdot \sum_{l=0}^{n-1} z^{l(j-k)} = \begin{cases} 1, & j = k \\ 0, & j \neq k \end{cases}$$

Das heißt, das Ergebnis ist die Einheitsmatrix – was zu beweisen war.

Bemerkung: Der oben vorgestellte FFT-Algorithmus hat noch einen Nachteil, den wir diskutieren wollen. Es wird implizit angenommen, dass wir mit den komplexen Zahlen, wie zum Beispiel der Einheitswurzel $e^{i2\pi/n}$, in beliebiger (oder ausreichender) Genauigkeit umgehen können. Es besteht also ein Rundungsfehlerproblem. Hinzu kommt, dass die Komplexitätsabschätzung $O(n \log n)$ nur so zu verstehen ist, dass die Operationen mit den komplexen Einheitswurzeln in konstanter Zeit zu erledigen sind. Was ist, wenn wir von Bit-Komplexität ausgehen müssen?

Falls wir beispielsweise den FFT-Algorithmus verwenden wollen, um zwei Polynome mit ganzzahligen Koeffizienten zu multiplizieren, so wird das Produktpolynom wieder ganzzahlige Koeffizienten besitzen. Da die obige Methode darauf hinausläuft, die Polynome an den komplexen Einheitswurzeln auszuwerten, kann es zu Rundungsfehlern kommen. Das heißt, das Rechenergebnis könnte fälschlicherweise nicht-ganzzahlig sein.

Daher könnten wir in diesem Fall anders vorgehen. Wir beobachten, dass alles, was wir oben über den Körper der komplexen Zahlen gesagt haben, entsprechend gilt in jedem Körper K, sofern uns genügend viele n-te Einheitswurzeln zur Verfügung stehen. (Eine n-te Einheitswurzel ist ein Element $u \in K$ mit $u^n = 1$, wobei 1 das neutrale Element bzgl. der Multiplikation in K ist). Die n-ten Einheitswurzeln erhalten wir wieder als Potenzen einer geeigneten Zahl $w \in K$:

$$1 = w^0, w = w^1, w^2, \ldots, w^{n-1}$$

Man kann zeigen, dass wir einen endlichen Körper erhalten, in dem es diese Einheitswurzeln gibt (und die alle verschieden sind), falls wir $K = \mathbb{Z}_p$ für eine Primzahl p wählen, so dass n ein Teiler von $p - 1$ ist. Da n für den FFT-Algorithmus eine Zweierpotenz sein sollte, heißt dies, dass die Primzahl p die Form $2^m k + 1$, wobei $n = 2^m$, haben sollte.

Sofern wir nun diese modifizierte, modulare Fourier-Transformation verwenden (und entsprechend dem FFT-Algorithmus implementieren), erhalten wir bei Eingabe $(a_0, a_1, \ldots, a_{n-1})$ das Ergebnis $(y_0, y_1, \ldots, y_{n-1})$, wobei $y_i = A(w^i) \bmod p$. Hierbei ist A das Polynom (über $\mathbb{Z}_p$), das durch die Koeffizienten a_i repräsentiert wird. Mit Hilfe dieser modularen Fourier-Transformation (relativ zu p und w) können wir die Multiplikation von Polynomen wie oben beschrieben effizient implementieren. Nehmen wir an, für die Koeffizienten c_j des Produktpolynoms gilt $-d \leq c_j \leq d$ für eine geeignete Konstante d. Dann müssen wir, um exakte Ergebnisse zu erhalten, die oben beschriebene Primzahl p so groß wählen, dass $p > 2d$. Der Zahlenbereich $\{0, 1, \ldots, (p-1)/2\}$ repräsentiert dann die positiven und der Zahlenbereich $\{(p-1)/2 + 1, \ldots, p-1\} = \{-(p-1)/2, \ldots, -1\}$ die negativen Zahlen.

Beispiel: Für die Primzahl $p = 17$ kann man $n = 16$ und $w = 3$ wählen (denn 3 ist ein Generator von $\mathbb{Z}_{17}^*$). Es gilt:

$$(w^0, w^1, w^2, \ldots, w^{n-1}) = (1, 3, 9, 10, 13, 5, 15, 11, 16, 14, 8, 7, 4, 12, 2, 6)$$

Die $(n/2)$-ten, also die 8-ten, Einheitswurzeln erhalten wir, indem wir startend mit 1 jede zweite Zahl auswählen: $(1, 9, 13, 15, 16, 8, 4, 2)$, und so weiter. Im Zahlenbereich $\mathbb{Z}_{17}$ könnten wir die Zahlen $\{-8, \ldots, 8\}$ repräsentieren.

Wir wollen einige der vielfältigen Anwendungen der diskreten Fouriertransformation (implementiert mittels FFT) aus dem Ingenieurbereich hier skizzieren.

Gegeben sei eine periodische Funktion (zum Beispiel ein Audio-Signal), die an n (hier $n = 128$) Stellen abgetastet wurde. Wir nehmen als Beispiel die Funktion $a(t) = cos(t * 3 * 2\pi/128) + sin(t * 5 * 2\pi/128)/2$, also eine Kosinusfunktion, die durch eine Sinusfunktion überlagert wird.

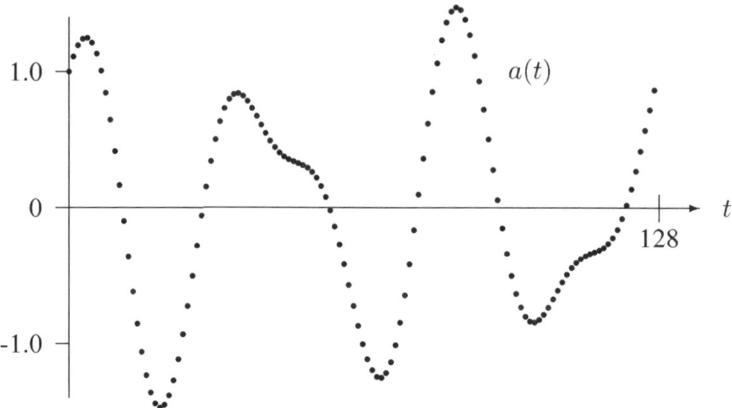

Wir wenden eine diskrete Fouriertransformation auf a an und berechnen die Folge der komplexen Zahlen

$$y(j) = \sum_{t=0}^{n-1} a(t) w^{jt} \quad \text{wobei} \quad w = e^{i2\pi/n}$$

Das folgende Diagramm zeigt den *Betrag* dieser komplex-wertigen Funktion.

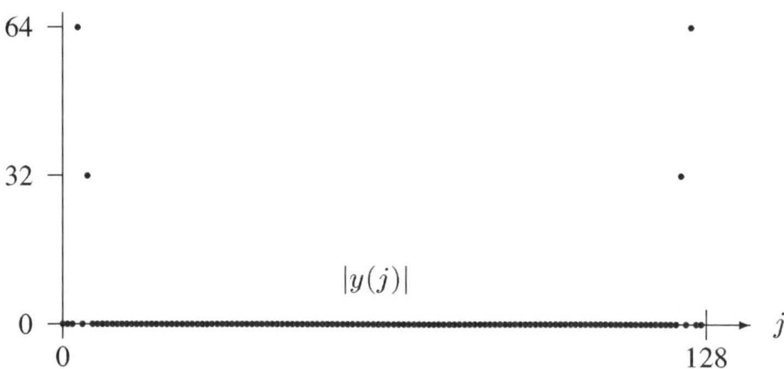

Die einzigen Stellen, an denen diese Funktion nicht verschwindet, sind $|y(3)| = |y(128-3)| = 64$ und $|y(5)| = |y(128-5)| = 32$. Dies erklärt sich mit Hilfe der inversen DFT, denn es gilt:

$$a(t) = \frac{1}{n} \sum_{j=0}^{n-1} y(j) w^{-jt}$$

und ferner mit Hilfe der Eulerschen Formel: $cos(t * 5 * 2\pi/128) = (w^{5t} + w^{-5t})/2$ und $sin(t * 3 * 2\pi/128) = (w^{3t} - w^{-3t})/2i$.

Das heißt, die Fourier-Transformierte kann in diesem Kontext gedeutet werden als eine Darstellung der verschiedenen (Sinus- oder Kosinus-) *Frequenzen*, die in dem Signal $a(t)$ vorhanden sind. Dabei kommen die hohen Frequenzanteile im mittleren Bereich der Funktion $y(j)$ vor und die tiefen Frequenzanteile an den Rändern.

Nehmen wir an, das Signal $a(t)$ werde sehr verrauscht empfangen, was wir durch die Funktion $a'(t) = a(t) + rnd(t)$ modellieren, wobei $rnd(t)$ für jedes t eine reellwertige, gleichverteilte Zufallszahl aus dem Intervall $[-0.5\,,\,0.5]$ ist.

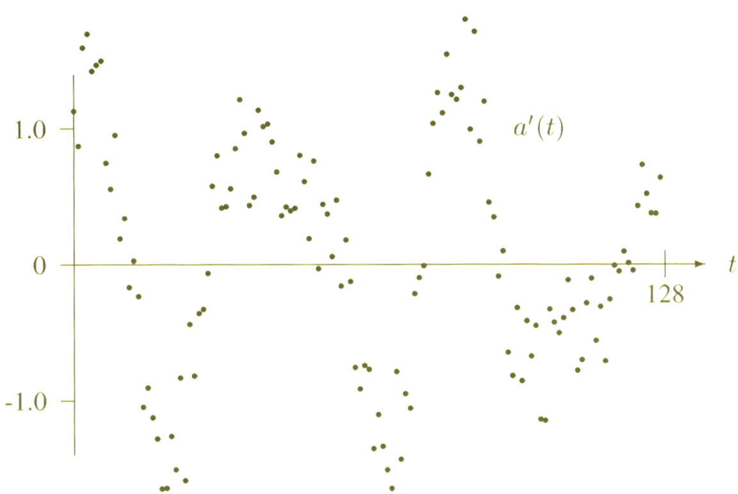

Wir erhalten dann die Fourier-Transformierte $y'(j)$ von a'. Im folgenden Diagramm ist deren Betrag $|y'(j)|$ dargestellt:

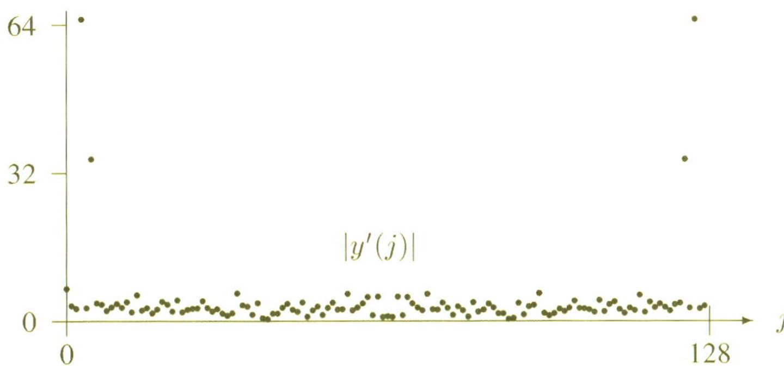

Man erkennt nach wie vor die Funktionsspitzen bei $|y'(3)|$, $|y'(5)|$, $|y'(128-5)|$ und $|y'(128-3)|$, die in gewisser Weise das charakteristische Verhalten der Funktion darstellen. Daher kann die diskrete Fouriertransformation im Sinne der *Merkmalsextraktion* verstanden werden, indem man nur diese Funktionsspitzen zur Charakterisierung der Funktion heranzieht.

Wenden wir nun ein *digitales Tiefpassfilter* auf die Fourier-Transformierte $y'(j)$ an, indem wir sie Punkt für Punkt mit einer Funktion der folgenden Art multiplizieren, welche die tiefen Frequenzen bevorzugt und die hohen Frequenzen absenkt.

Nach der Rücktransformation erhalten wir folgende geglättete und von Rauschen im Wesentlichen befreite Funktion:

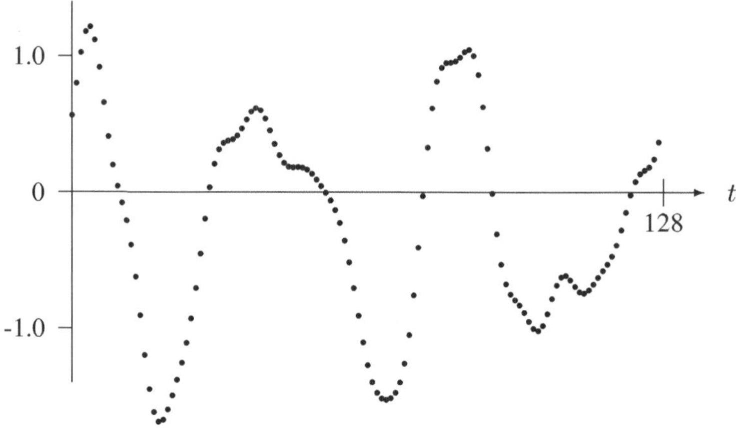

Nach diesem Beispiel wird auch verständlich, dass sich die DFT im Rahmen der Bild- und Sprachverarbeitung auch als Methode der *Datenkompression* (vgl. Abschnitt 1.5) einsetzen lässt: nach Durchführung der DFT speichert man nur die Funktionswerte $y(j)$, die betragsmäßig am größten sind. Die anderen Werte werden nicht gespeichert (und dadurch implizit auf Null gesetzt). Diese Werte werden sozusagen als „Rauschen" betrachtet. Der Dekompressionsalgorithmus ist dann nichts anderes als die inverse DFT.

Darüber hinaus können wie beim mp3-Datenformat weitere psycho-akustische Effekte zur besseren Komprimierung ausgenutzt werden. Das menschliche Ohr kann zum Beispiel zwei dicht nebeneinander liegende Frequenzen im Frequenzspektrum nicht unterscheiden; diejenige mit der größerem Amplitude setzt sich durch, die andere kann unterdrückt werden und braucht nicht gespeichert zu werden.

9.5 Euklidscher Algorithmus

Dieser Algorithmus dient der Bestimmung des *größten gemeinsamen Teilers* zweier ganzer Zahlen und geht auf Euklid (ca. 300 v.Chr.) zurück.

PROCEDURE $Euklid(a, b)$
IF $b = 0$ THEN RETURN a
ELSE RETURN $Euklid(b, a \bmod b)$

Beispiel:

$$\begin{aligned} Euklid(21, 30) &= Euklid(30, 21) \\ &= Euklid(21, 9) \\ &= Euklid(9, 3) \\ &= Euklid(3, 0) \\ &= 3 \end{aligned}$$

Die Korrektheit des Euklidschen Algorithmus beruht auf folgender Beobachtung:

$$ggt(a, b) = ggt(b, a \bmod b)$$

Beweis: Wir zeigen

$$\{t \mid t \text{ teilt } a \text{ und } t \text{ teilt } b\} = \{s \mid s \text{ teilt } b \text{ und } s \text{ teilt } (a \bmod b)\}$$

woraus sich die Behauptung ergibt (denn wenn diese beiden endlichen Mengen gleich sind, müssen auch ihre größten Elemente gleich sein).

Im Folgenden reden wir immer über ganze Zahlen.

($\subseteq$) Sei $a = xt$ und $b = yt$. Dann gilt für die Zahl $r = (a \bmod b)$ die Darstellung $a = zb + r$, wobei $r < b$. Einsetzen ergibt: $xt = zyt + r$ bzw. $r = (x - yz)t$. Also ist t auch ein Teiler von r.

($\supseteq$) Sei $b = xs$ und $r = ys$, wobei $r = (a \bmod b)$. Für eine Zahl z gilt $a = zb + r$ mit $r < b$. Einsetzen ergibt: $a = zxs + ys = (zx + y)s$. Also ist s ein Teiler von a. □

Seien (a_i, b_i) die Parameter von *Euklid* beim i-ten rekursiven Aufruf und seien (a_0, b_0) die Eingabewerte. Wir betrachten eine Folge von *Euklid*-Aufrufen:

$$(a_0, b_0) \mapsto (a_1, b_1) \mapsto \cdots \mapsto (a_k, b_k)$$

Hierbei ist $b_k = 0$, $a_k = ggt(a_0, b_0)$. Ferner gilt $a_{i+1} = b_i$ und $b_{i+1} = (a_i \bmod b_i)$ für $i = 0, \ldots, k - 1$.

Wir behaupten, dass für $i = 0, \ldots, k - 2$ gilt: $b_i > 2b_{i+2}$.

Beweis: Es gilt $b_i = a_{i+1} = xb_{i+1} + b_{i+2}$ für eine Zahl $x \geq 1$. Außerdem gilt $b_{i+2} < b_{i+1}$. Einsetzen von $x = 1$ ergibt die Abschätzung $b_i \geq b_{i+1} + b_{i+2} > 2b_{i+2}$, was zu zeigen war. □

Somit ergibt sich:

$$b_0 > 2b_2 > 4b_4 > 8b_6 > \cdots > 2^{(k-1)/2}b_{k-1} \geq 2^{(k-1)/2}$$

sofern k ungerade ist (den Fall, dass k gerade ist, kann man ähnlich behandeln). Hieraus folgt $b_0 > 2^{(k-1)/2}$ bzw. $k < 1 + 2\log b_0$. Das heißt, die Anzahl der Iterationsschritte (rekursiven Aufrufe) von *Euklid* ist $O(\log b)$, wobei b der zweite Eingabeparameter ist.

In dieser Situation, bei der die Eingaben natürliche Zahlen sind, sollte mittels der Bit-Komplexität abgeschätzt werden (vgl. Abschnitt 1.11). Wir nehmen an, die Eingabezahlen a, b besitzen höchstens n Bits in der Binärdarstellung. Also gilt $a, b < 2^n$. Die Bitkomplexität von *Euklid* ist somit

$$\begin{aligned}&(\text{Anzahl Iterationen}) \cdot (\text{Bit-Komplexität für eine Iteration})\\ &= O(\log b) \cdot O(n^2) \;=\; O(n^3)\end{aligned}$$

Hierbei ist die Bit-Komplexität einer einzelnen Iteration im Wesentlichen durch den Aufwand für eine Multiplikation/Division gegeben, nämlich $O(n^2)$.

Tatsächlich zeigt eine Amortisationsanalyse, dass die Komplexität lediglich $O(n^2)$ ist. Wenn man die Schulmethode zur Berechnung der Division, und damit der mod-Operation, zugrunde legt, so sieht man, dass man zur Division einer n_1-Bit-Zahl durch eine n_2-Bit-Zahl $O((n_1 - n_2) \cdot n_2)$ Bit-Operationen benötigt, denn der Divisor wird am Dividenden „entlanggeschoben", welches $n_1 - n_2$ Positionen erfordert. Eine Iteration des Euklidschen Algorithmus, die vom Zahlenpaar a, b zum Zahlenpaar b, c mit $c = a$ mod b übergeht, erfordert somit

$$O((l_a - l_b) \cdot l_b) \;=\; O(l_a l_b - l_b^2) \;=\; O(l_a l_b - l_b l_c)$$

Bit-Operationen, wobei l_x die Länge der Binärdarstellung der Zahl x ist. Somit erfordert eine Euklid-Berechnung, die die Zahlen $a_1, a_2, \ldots, a_m$ durchläuft, den Aufwand

$$O(l_{a_1} l_{a_2} - l_{a_2} l_{a_3} + l_{a_2} l_{a_3} - l_{a_3} l_{a_4} + \ldots + l_{a_{m-2}} l_{a_{m-1}} - l_{a_{m-1}} l_{a_m}) \;=\; O(l_{a_1} l_{a_2})$$

9.6 Erweiterter Euklidscher (Berlekamp-) Algorithmus

Die folgende Behauptung gibt eine interessante Charakterisierung des größten gemeinsamen Teilers („Vielfachsummendarstellung", „Lemma von Bézout").

Behauptung: Es gilt $ggt(a, b) = \min\Big(\{ax + by \mid x, y \in \mathbb{Z}\} \cap \mathbb{N}_+\Big)$.

Beweis: Sei s das kleinste Element von $\{ax + by \mid x, y \in \mathbb{Z}\}$, das größer als 0 ist. Seien hierzu $x, y \in \mathbb{Z}$ mit $s = ax + by$.

Wir zeigen zunächst, dass s sowohl a als auch b teilt. Hierzu betrachten wir

$$\begin{aligned} (a \bmod s) &= a - qs \quad (q \in \mathbb{N}) \\ &= a - q(ax + by) \\ &= a\underbrace{(1 - qx)}_{\in \mathbb{Z}} + b\underbrace{(-qy)}_{\in \mathbb{Z}} \end{aligned}$$

Daher liegt $(a \bmod s)$ auch in der Menge $\{ax + by \mid x, y \in \mathbb{Z}\}$. Da s aber das *kleinste* positive Element dieser Menge ist, und da $0 \leq (a \bmod s) < s$, folgt $(a \bmod s) = 0$, also ist s ein Teiler von a. Analog zeigt man, dass s ein Teiler von b ist. Daher ist s ein gemeinsamer Teiler von a und b und daher kleiner-gleich dem *größten* gemeinsamen Teiler von a und b, also $s \leq ggt(a, b)$.

Als Nächstes beobachten wir, dass $ggt(a, b)$ sowohl ein Teiler von a als auch ein Teiler von b ist. Damit ist $ggt(a, b)$ auch ein Teiler der Linearkombination $ax + by = s$. Insbesondere muss gelten $ggt(a, b) \leq s$. Damit folgt $s = ggt(a, b)$. □

Wir wollen den Euklidschen Algorithmus nun so erweitern, dass zusätzlich zum $ggt(a, b)$ auch entsprechende Zahlen x, y mit $ax + by = ggt(a, b)$ ausgegeben werden. Es bleibt bei der grundsätzlichen (rekursiven Aufruf-) Struktur des Euklidschen Algorithmus, es werden nur ein paar zusätzliche Berechnungen „eingeklinkt". Daher treffen dieselben Komplexitätsaussagen auf diesen Algorithmus zu wie beim Euklidschen Algorithmus (nämlich Bit-Komplexität $O(n^3)$). Dieser Algorithmus heißt in der Literatur auch *Berlekamp-Algorithmus*:

```
PROCEDURE Extended-Euklid(a, b)
{Berechnet das Tripel (ggt(a, b), x, y) mit ggt(a, b) = ax + by}
IF b = 0 THEN RETURN (a, 1, 0)
ELSE
  (d, x', y') :=Extended-Euklid(b, a mod b)
  x := y'
  y := x' − (a DIV b) · y'
  RETURN (d, x, y)
```

Wir begründen nun die Korrektheit von *Extended-Euklid*. Offensichtlich ist *Extended-Euklid* korrekt, wenn $b = 0$. In diesem Fall wird $x = 1$ und $y = 0$ zurückgeliefert. Dieses ist korrekt, denn $ggt = a = ax + by = a \cdot 1 + 0 \cdot 0$.

Nehmen wir nun an, der rekursive Aufruf im Innern von *Extended-Euklid* liefert ein korrektes Ergebnis (d, x', y'), das heißt $d = bx' + (a \bmod b)y'$. Dann gilt:

$$\begin{aligned} ay' + b(x' - (a \operatorname{div} b) \cdot y') &= ay' + bx' - b(a \operatorname{div} b) \cdot y' \\ &= bx' + (a - b(a \operatorname{div} b)) \cdot y' \\ &= bx' + (a \bmod b) \cdot y' \\ &= d \end{aligned}$$

Das heißt, auch in diesem Fall ist das Ergebnis von *Extended-Euklid*(a, b) korrekt.

Das Folgende ist ein Beispiel für den Ablauf von *Extended-Euklid*; zunächst wird die linke Spalte (von oben nach unten) entwickelt, und während *Extended-Euklid* aus seinen rekursiven Aufrufen zurückkehrt, werden die Daten in den rechten Spalten (von unten nach oben) berechnet. Das Ergebnis von *Extended-Euklid*$(21, 30)$ ist $(3, 3, -2)$. (Man prüft sofort nach, dass $3 \cdot 21 + (-2) \cdot 30 = 3 = ggt(21, 30)$).

a	b	d	x	y
21	30	3	3	-2
30	21	3	-2	3
21	9	3	1	-2
9	3	3	0	1
3	0	3	1	0

Was kann man nun mit der zusätzlichen Information x, y anfangen? Man kann zum Beispiel multiplikative Inverse modulo n bestimmen. Dazu überlegen wir uns zunächst, wann solche multiplikativen Inversen existieren.

Betrachten wir zunächst die Struktur $(\mathbb{Z}_n, +_{\text{mod } n})$. Hierbei ist $\mathbb{Z}_n = \{0, \ldots, n-1\}$ und $+_{\text{mod } n}$ bezeichnet die Addition modulo n, also $a +_{\text{mod } n} b = (a + b) \text{ mod } n$. Man prüft leicht nach, dass diese algebraische Struktur eine kommutative Gruppe ist. (Das zu a inverse Element ist hierbei $n - a$, denn $a +_{\text{mod } n} (n - a) = 0$).

Wie sieht es mit der modularen Multiplikation aus? Es stellt sich heraus, dass wir genau dann eine (kommutative) Gruppe erhalten (und damit die Existenz und Eindeutigkeit multiplikativer inverser Elemente), wenn wir als Grundmenge

$$\mathbb{Z}_n^* = \{a \in \{1, \ldots, n-1\} \mid ggt(a, n) = 1\}$$

wählen. Das heißt, $(\mathbb{Z}_n^*, *_{\text{mod } n})$ ist eine Gruppe.

Beispiel: $\mathbb{Z}_{15}^* = \{1, 2, 4, 7, 8, 11, 13, 14\}$.

In dieser Gruppe ist die 1 das neutrale Element und die Existenz inverser Elemente ergibt sich durch Anwendung des Extended-Euklid Algorithmus wie folgt: Sei $a \in \mathbb{Z}_n^*$, also $ggt(a, n) = 1$. Wenn wir *Extended-Euklid*(a, n) berechnen, so erhalten wir ein Tripel (d, x, y) zurück mit $d = 1 = ax + ny$. Daraus folgt $ax \equiv 1 \pmod{n}$. Also ist x (bzw. $x \text{ mod } n$) ein multiplikatives Inverses zu a. Auf diese Weise kann man also mittels *Extended-Euklid* auf effiziente Weise multiplikative Inverse modulo n bestimmen.

Überzeugen wir uns noch davon, dass $(x \text{ mod } n) \in \mathbb{Z}_n^*$. Hierzu müssen wir zeigen, dass $ggt(x \text{ mod } n, n) = 1$.

Sei $e = ggt(x \text{ mod } n, n) = ggt(x, n)$. Dann ist

$$e = \min\Big(\underbrace{\{ux + nv \mid u, v \in \mathbb{Z}\}}_{=:\, M} \cap \mathbb{N}_+\Big)$$

Wegen $1 = ggt(a, n) = ax + ny$ liegt die 1 ebenfalls in M (nämlich mittels $u = a$ und $v = y$). Da e das kleinste Element von M ist, das größer als 0 ist, muss $e = 1$ sein.

Wir beobachten schließlich noch, dass für Primzahlen n gilt $\mathbb{Z}_n^* = \{1, 2, \ldots, n-1\} = \mathbb{Z}_n - \{0\}$. Daher ist leicht einzusehen, dass für Primzahlen n die algebraische Struktur $(\mathbb{Z}_n, +_{\text{mod } n}, *_{\text{mod } n})$ ein Körper ist.

9.7 Chinesischer Restsatz

Gegeben seien 2 (im Allgemeinen: $k > 1$) modulare Gleichungen:

$$\begin{aligned} x \bmod n_1 &= r_1 \\ x \bmod n_2 &= r_2 \end{aligned}$$

Hierbei sind n_1, n_2 teilerfremd (also $ggt(n_1, n_2) = 1$; ein Spezialfall liegt vor, wenn n_1, n_2 zwei verschiedene Primzahlen sind). Die Frage lautet: Existiert eine entsprechende Lösung x – und wie groß muss das Such-Intervall sein, so dass man sicher sein kann, darin ein solches x zu finden?

Der *Chinesische Restsatz* besagt, dass es zu jedem möglichen Restepaar $(r_1, r_2) \in \{0, \ldots, n_1 - 1\} \times \{0, \ldots, n_2 - 1\}$ im obigen Gleichungssystem genau eine Lösung x in der Menge $\{0, \ldots, n_1 n_2 - 1\}$ gibt. Es ist klar, dass es umgekehrt auch zu jedem $x \in \{0, \ldots, n_1 n_2 - 1\}$ ein Paar (r_1, r_2) gibt, das obige Gleichungen erfüllt. Da der Bildbereich $\{0, \ldots, n_1 n_2 - 1\}$ und der Urbildbereich $\{0, \ldots, n_1 - 1\} \times \{0, \ldots, n_2 - 1\}$ dieselbe Mächtigkeit haben, liegt hier also eine *bijektive* Abbildung vor.

Beispiel: Seien $n_1 = 5$ und $n_2 = 8$. Die folgende Tabelle repräsentiert die bijektive Zuordnung von Restepaaren $(r_1, r_2) \in \{0, \ldots, 4\} \times \{0, \ldots, 7\}$ zu Lösungen $x \in \{0, \ldots, 39\}$.

r_1 \ r_2	0	1	2	3	4	5	6	7
0	0	25	10	35	20	5	30	15
1	16	1	26	11	36	21	6	31
2	32	17	2	27	12	37	22	7
3	8	33	18	3	28	13	38	23
4	24	9	34	19	4	29	14	39

Die Nützlichkeit des chinesischen Restsatzes beruht auf der Tatsache, dass man (modulare) Arithmetik (Addition, Subtraktion, Multiplikation), die man in der „großen" Grundmenge $\{0, \ldots, n_1 n_2 - 1\}$ durchführen möchte, aufsplitten kann in mehrere (hier: 2, im Allgemeinen $k \geq 2$) Operationen auf den kleineren Grundmengen $\{0, \ldots, n_1 - 1\}$ und $\{0, \ldots, n_2 - 1\}$. Falls also x die Reste (r_1, r_2) bei Division durch (n_1, n_2) lässt, und y die Reste (s_1, s_2), so ergibt $x+y$ die Reste $((r_1+s_1) \bmod n_1, (r_2+s_2) \bmod n_2)$.

Das folgende Diagramm illustriert die Vorgehensweise am Beispiel einer Multiplikation zweier Zahlen a und b. Möglicherweise können die Zahlen mit der zur Verfügung stehenden Arithmetik nicht direkt (oder nur mit beträchtichem Aufwand) multipliziert werden. Hier hilft der „Umweg“ über den Chinesischen Restsatz. Seien $p_1, \ldots, p_k$ die ersten k Primzahlen.

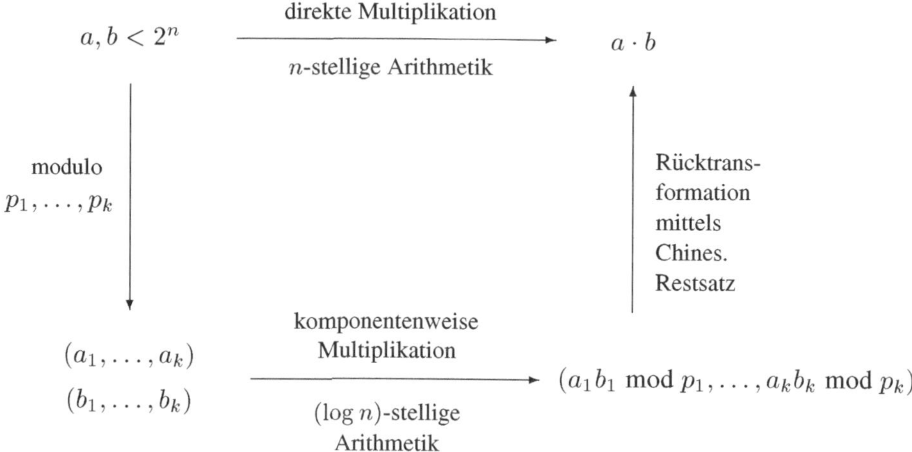

Man muss k so groß wählen, dass $\prod_{i=1}^{k} p_i \geq 2^n$ gilt. Da $p_i \geq 2$, folgt, dass man $k \leq n$ wählen kann (sogar $k \approx n/\ln n$). Daher genügt für die Ausführung der komponentenweisen Multiplikation eine $(\log n)$-stellige Arithmetik.

Beispiel: Wir können mit Hilfe der Primzahlen 2,3,5,7,11,13,17,19,23,29,31 mit Zahlen bis zum Wert

$$2 \cdot 3 \cdot 5 \cdot 7 \cdot 11 \cdot 13 \cdot 17 \cdot 19 \cdot 23 \cdot 29 \cdot 31 - 1 \;=\; 200\,560\,490\,129$$

exakt rechnen. Um mit solch großen Zahlen direkt umgehen zu können, brauchen wir eine Arithmetik mit mindestens 38 Bits. Wenn wir stattdessen, wie oben beschrieben, den Chinesischen Restsatz verwenden und modulo dieser 11 Primzahlen rechnen, muss die hierzu notwendige modulare Arithmetik nur die Zahlen von 0 bis 31 darstellen können, kommt also mit (jeweils) 5 Bits aus.

Eine Variante dieser Betrachtung ist die *Verifikation* einer Multiplikation von großen Zahlen (zu diesem Kontext vgl. den Abschnitt 1.16). Das Multipliplizieren von n-Bit-Zahlen geht mit Bit-Komplexität $O(n^2)$ (oder auch etwas schneller, vgl. Abschnitt 9.1). Die *Verifikation*, dass a mal b gleich c ist (wenn a, b, c gegeben sind), geht mit der Bit-Komplexität $O(n \log n)$. Man bestimme die Reste von a, b und c bei Division durch die Primzahlen $p_1, p_2, \ldots, p_k$, wobei k wie oben kleiner-gleich n gewählt werden kann. Die Länge der größten Primzahl p_n als Binärzahl ist daher $O(\log n)$. Daher gehen diese MOD-Operationen in der Zeit $O(n \log n)$. Sodann multipliziere man die aus a und

b erhaltenen Reste paarweise und vergleiche mit den aus c erhaltenen Resten (Komplexität $O(n(\log n)^2)$).

Sofern ab und c kleiner sind als $\prod_{i=1}^{n} p_i$, so ist das Verifikationsergebnis korrekt. Aber selbst wenn die zu prüfenden Zahlen größer sein sollten, so spürt dieser Verifikationsalgorithmus ein (zufälliges) falsches Ergebnis mit hoher Wahrscheinlichkeit auf.

Eine weitere, simple Variante wäre ein probabilistischer Verifikationsalgorithmus, der lediglich eine (oder sehr wenige) zufällige Primzahlen p (mit etwa $\log n$ vielen Bits) auswählt und überprüft, ob ab mod p mit c mod p übereinstimmt.

Eine andere Anwendung des chinesischen Restsatzes besteht darin, dass man eine Folge mehrerer (kleiner) Zahlen $r_1 < n_1, r_2 < n_2, \ldots$ in eine einzige (große) Zahl codieren kann. (Beim Gödelschen Unvollständigkeitssatz wird diese Technik verwendet).

Das algorithmische Problem besteht darin, zwischen beiden Darstellungen der Zahl x hin und her zu wechseln. Die eine Richtung, nämlich das Berechnen der Reste r_1 und r_2 bei Division von x durch n_1 und n_2 ist kein Problem. Wie sieht es jedoch mit der umgekehrten Richtung aus?

Gegeben seien r_1, r_2 und n_1, n_2, gesucht ist eine Zahl $x \in \{0, \ldots, n_1 n_2 - 1\}$, die die beiden modularen Eingangsgleichungen erfüllt. Wir setzen

$$x = (r_2 n_1 m_1 + r_1 n_2 m_2) \bmod n_1 n_2$$

wobei m_1 das multiplikative Inverse von n_1 modulo n_2 und m_2 das multiplikative Inverse von n_2 modulo n_1 ist. (Diese existieren, da $ggT(n_1, n_2) = 1$). Formal ausgedrückt:

$$\begin{aligned} n_1 m_1 \bmod n_2 &= 1 \\ n_2 m_2 \bmod n_1 &= 1 \end{aligned}$$

Algorithmisch können diese multiplikativen Inversen mittels des erweiterten Euklidschen Algorithmus gefunden werden. (Und zwar genügt *ein einziger* Aufruf. Sei (d, x, y) = *Ext-Euklid*(n_1, n_2). Dann ist x das Inverse von n_1 modulo n_2 und y das Inverse von n_2 modulo n_1).

Die obige Darstellung von x ist tatsächlich korrekt (und damit beweisen wir den Chinesischen Restsatz): Wenn wir modulo n_1 rechnen, so erhalten wir $x = 0 + r_1 \cdot 1 = r_1$, da der erste Summand den Faktor n_1 enthält und der zweite Summand den Faktor $n_2 m_2 = 1$. Wenn wir modulo n_2 rechnen, so erhalten wir entsprechend $x = r_2 \cdot 1 + 0 = r_2$, und damit erfüllt x also obiges Gleichungssystem.

Was wir für den Fall von 2 modularen Gleichungen gemacht haben, lässt sich leicht auf k Gleichungen $x \bmod n_i = r_i$ $(i = 1, \ldots, k)$ verallgemeinern. Sei $n = \prod_{i=1}^{k} n_i$. Die simultane Lösung x dieser Gleichungen ist dann gegeben durch

$$x = \Big(\sum_{i=1}^{k} r_i (n/n_i) m_i\Big) \bmod n$$

wobei m_i das multiplikative Inverse von (n/n_i) modulo n_i ist. (Man beachte, dass $n/n_i = n_1 \cdot \ldots \cdot n_{i-1} \cdot n_{i+1} \cdot \ldots \cdot n_k$).

9.8 Berechnen der modularen Exponentiation

Betrachten wir die Bit-Komplexität der verschiedenen Rechenoperationen modulo einer Zahl n. Hierbei seien a, b, n jeweils Zahlen mit höchstens m Bits. Die Addition von a und b (modulo n) kann man mit Komplexität $O(m)$ ausführen, indem man zunächst a und b wie gewöhnlich bitweise addiert und dann ggfs. n subtrahiert. Für die Multiplikation benötigen wir $O(m^2)$. Für das Bestimmen von Inversen mittels *Extended-Euklid* haben wir die Komplexität $O(m^3)$.

Aber wie sieht es mit der Berechnung der modularen Exponentiation, also $a^b \pmod{n}$ aus? Es ist nicht effizient, diese Funktion auf die Weise $\underbrace{a \cdot a \cdots a}_{b\text{-mal}} \pmod{n}$ zu berechnen. Dies ergäbe die Bit-Komplexität $O(m^2 2^m)$.

Es geht wesentlich besser, indem man die Zahl b zunächst in ihre Binärdarstellung entwickelt: $b = (b_k b_{k-1} \ldots b_1 b_0)_2$. Anhand der Binärdarstellung kann man durch fortgesetztes Quadrieren (und Multiplikation mit a, falls $b_i = 1$) die Potenz berechnen. Der folgende Algorithmus führt dies aus.

```
PROCEDURE ModExp(a, b, n)
{Berechnet a^b (mod n)}
Die Binärdarstellung von b sei b_k b_{k-1} ... b_1 b_0
d := 1
FOR i := k DOWNTO 0 DO
  d := (d · d) mod n
  IF b_i = 1 THEN d := (d · a) mod n
RETURN d
```

Zur Begründung der Korrektheit dieser Prozedur kann man wie folgt argumentieren. Die ersten Bits (bis auf das letzte) der Binärdarstellung von b repräsentieren eine gewisse Zahl c; das letzte Bit von b sei $x \in \{0, 1\}$. Dann ist $b = 2c + x$. Angenommen, $d = a^c$. Dann gilt

$$a^b = a^{2c+x} = d^2 a^x = \begin{cases} d^2, & x = 0, \\ d^2 a, & x = 1. \end{cases}$$

Hiermit wird die Berechnung, die pro Schleifendurchlauf getätigt wird, begründet.

Da die Anzahl der Schleifendurchläufe gleich der Anzahl der Bits von b ist, und da pro Schleifendurchlauf höchstens 2 Multiplikationen nötig sind, ist die Bit-Komplexität von *ModExp* $O(m^3)$.

Man kann die Berechnung der Binärdarstellung der Zahl b, die in der obigen Darstellung separat zu erfolgen hat, auch sehr leicht in die Prozedur mit integrieren. Das Ergebnis sieht dann wie folgt aus:

```
PROCEDURE fastexp(a, b, n)
IF b = 1 THEN RETURN a
  ELSIF odd(b) THEN RETURN a*fastexp(a, b − 1, n) mod n
  ELSE RETURN square(fastexp(a, b div 2)) mod n
```

9.9 Primzahltesten

Wir erinnern uns, dass

$$\mathbb{Z}_n^* = \{a \in \{1, \ldots, n-1\} \mid ggt(a, n) = 1\},$$

wobei $\mathbb{Z}_n^*$ eine multiplikative Gruppe ist. Die *Euler-Funktion* ist definiert durch $\varphi(n) = |\mathbb{Z}_n^*|$. Es ist klar, dass immer $1 \leq \varphi(n) \leq n-1$ gilt, wobei $\varphi(n) = n-1$ genau dann gilt, wenn n eine Primzahl ist.

Satz. (Euler) Für alle $n \geq 2$ und alle $a \in \mathbb{Z}_n^*$ gilt: $a^{\varphi(n)} \equiv 1 \pmod{n}$.

Beweis: Sei $\mathbb{Z}_n^* = \{z_1, z_2, \ldots, z_{\varphi(n)}\}$. Im Folgenden seien alle Multiplikationen und Gleichungen modulo n zu verstehen. Betrachte nun die Menge

$$a\mathbb{Z}_n^* = \{az_1, az_2, \ldots, az_{\varphi(n)}\}$$

Alle Elemente in dieser Menge sind paarweise verschieden (denn $z_i \neq z_j \Rightarrow az_i \neq az_j$) und teilerfremd zu n, liegen also wieder in $\mathbb{Z}_n^*$. Daher gilt $\mathbb{Z}_n^* = a\mathbb{Z}_n^*$. Deshalb können wir folgern

$$\prod_{i=1}^{\varphi(n)} z_i = \prod_{i=1}^{\varphi(n)} (az_i) = a^{\varphi(n)} \cdot \prod_{i=1}^{\varphi(n)} z_i$$

da auf beiden Seiten des ersten Gleichheitszeichens über dieselbe Menge von Zahlen aufmultipliziert wird. Indem man beide Seiten mit $\left(\prod_{i=1}^{\varphi(n)} z_i\right)^{-1}$ multipliziert, folgt $1 = a^{\varphi(n)}$. □

Aus dem Satz von Euler ergibt sich durch spezielle Wahl von n als Primzahl der folgende Satz.

Satz. („Kleiner Satz von Fermat") Für alle Primzahlen n und $a \in \{1, \ldots, n-1\}$ gilt $a^{n-1} \equiv 1 \pmod{n}$.

Bemerkung: Für Primzahlen n kann man aufgrund des Satzes von Fermat mittels der modularen Exponentiation etwas einfacher multiplikative Inverse a^{-1} für $a \in \mathbb{Z}_n^*$ bestimmen, als dies in Abschnitt 9.6 beschrieben ist: man berechne einfach $a^{-1} := a^{n-2} \bmod n$, denn $a^{n-2} \cdot a \equiv a^{n-1} \equiv 1 \pmod{n}$.

Die Umkehrung des Satzes von Fermat gilt leider nicht (das heißt, es gilt *nicht*, dass aus $a^{n-1} \equiv 1$ (mod) n bereits folgt, dass n eine Primzahl ist); aber dennoch gilt diese Behauptung „fast", denn es gibt nur sehr wenige, rar vorkommende Gegenbeispiele. Das Folgende ist somit ein „fast richtiger", effizienter Primzahltest:

```
PROCEDURE Pseudo-Prim(n)
IF ModExp(2, n − 1, n)=1
  THEN RETURN „wahrscheinlich Primzahl"
  ELSE RETURN „keine Primzahl"
```

Folgende „Fehlerquoten" sind bekannt: Sei n eine Zufallszahl mit 50 (bzw. 100) Dezimalziffern. Dann ist die Wahrscheinlichkeit, dass n durch obigen Algorithmus fälschlicherweise als Primzahl deklariert wird, nicht größer als 10^{-6} (bzw. 10^{-13}). (Das erste Gegenbeispiel ist $341 = 11 \cdot 31$).

Man könnte die Fehlerquote noch weiter verkleinern, indem man nicht nur auf $2^{n-1} \equiv 1 \pmod{n}$, sondern zusätzlich auch auf $3^{n-1} \equiv 1 \pmod{n}$ (und evtl. weitere Basiszahlen) testet. Es lässt sich allerdings zeigen, dass es unendlich viele (aber sehr „selten" vorkommende) Zahlen n gibt, die für alle a mit $ggt(a, n) = 1$ den „Fermat-Test" $a^{n-1} \equiv 1 \pmod{n}$ bestehen und keine Primzahlen sind. (Dies sind die so genannten *Carmichael-Zahlen*). Die kleinsten Carmichael-Zahlen sind $561 = 3 \cdot 11 \cdot 17$ und $1729 = 7 \cdot 13 \cdot 19$.

Eine prinzipielle Verbesserung bringen verschiedene probabilistische Primzahltests, die für *jede* Eingabezahl mit hoher Wahrscheinlichkeit eine korrekte Antwort bzgl. der Primzahleigenschaft liefern. Es gibt bei diesen Tests also keine systematischen Fehler mehr, die bei einigen Zahlen, wie den Carmichael-Zahlen, auftreten. Diese Tests wählen immer die Basiszahl a zufällig, testen, ob $ggt(a, n) = 1$ gilt (andernfalls ist n sicher keine Primzahl) und führen dann einen Fermat-Test $a^{n-1} \equiv 1 \pmod{n}$ durch. Wenn dieser Test positiv ausgeht, also n höchstwahrscheinlich eine Primzahl ist, aber doch die Chance besteht, dass n keine Primzahl ist, wird ein weiterer Test angeschlossen. Die folgende Behauptung zeigt, dass für Nicht-Primzahlen, die *nicht* Carmichael-Zahlen sind, dieser probabilistische Test sehr schnell zum Erfolg führt, also nachweist, dass die betreffende Zahl keine Primzahl ist.

Behauptung Für jede Zahl n sei $F_n = \{a \in \mathbb{Z}_n^* \mid a^{n-1} \equiv 1 \pmod{n}\}$ die Menge derjenigen Basiszahlen, für die n den Fermat-Test besteht. (Für eine Nicht-Primzahl n sind dies gerade diejenigen Zahlen, die den Fermat-Test „irreführen").

Für alle Nicht-Primzahlen und Nicht-Carmichaelzahlen gilt: $|F_n| \leq |\mathbb{Z}_n^*|/2$.

Beweis: Da n weder Carmichaelzahl noch Primzahl ist, folgt nach Definition, dass $F_n \neq \mathbb{Z}_n^*$. Man kann leicht nachweisen, dass die algebraische Struktur $(F_n, *_{\text{mod } n})$ eine Gruppe ist. Daher muss dies eine *echte* Untergruppe von $(\mathbb{Z}_n^*, *_{\text{mod } n})$ sein. Nach dem Satz von Lagrange ist deshalb $|F_n|$ ein echter Teiler von $|\mathbb{Z}_n^*|$. Es folgt $|F_n| \leq |\mathbb{Z}_n^*|/2$. □

Um auch die Carmichaelzahlen zu erfassen, kann man folgende Tatsache ausnutzen. Falls $n > 2$ eine Primzahl ist, so hat die 1 genau 2 Quadratwurzeln modulo n (nämlich die 1 und die -1). Viele Nicht-Primzahlen, einschließlich der Carmichael-Zahlen, besitzen dagegen mindestens 4 Quadratwurzeln der 1 modulo n. (Beispiel: $1 \equiv 1^2 \equiv 20^2 \equiv 8^2 \equiv 13^2 \pmod{21}$). Falls nun der Fermat-Test $a^{n-1} \equiv 1 \pmod{n}$ positiv ausgeht, so bietet sich an, zu testen, ob $a^{(n-1)/2} \equiv 1$ oder $\equiv n-1$ gilt. Falls nicht, so kann n keine Primzahl sein. In dem folgenden probabilistischen *Miller-Rabin-Primzahltest* sind mehrere dieser zusätzlichen Tests in die Berechnung der Potenz a^{n-1} eingeflochten, welche nach dem *ModExp* Prinzip durchgeführt werden.

```
PROCEDURE test(a, n)
{Sei b_k ... b_0 die Binärdarstellung von n − 1}
d := 1
FOR i := k DOWNTO 0 DO
  x := d ; d := (d · d) mod n
  IF (d = 1) AND (x ≠ 1) AND (x ≠ n − 1)
    THEN RETURN TRUE {bedeutet: n ist definitiv keine Primzahl}
  IF b_i = 1 THEN d := (d · a) mod n
RETURN (d ≠ 1)
```

Aufgerufen wird dieser Test vom nachfolgenden eigentlichen Programm. Hierbei ist s ein „Sicherheitsparameter", über den die Fehlerwahrscheinlichkeit eingestellt werden kann.

```
PROCEDURE Miller-Rabin(n, s)
FOR i := 1 TO s DO
  RANDOM a IN {2, ..., n − 1}
  IF test(a, n) THEN RETURN „keine Primzahl"
RETURN „Primzahl"
```

Um die Korrektheit dieser Prozedur zu zeigen, müssen wir noch den Fall der Carmichael-Zahlen behandeln. Zunächst zeigen wir, dass Carmichael-Zahlen aus *verschiedenen* Primfaktoren bestehen müssen.

Behauptung Carmichael-Zahlen können nicht die Form einer Primzahlpotenz p^d, p prim, $d \geq 2$, haben.

Beweis: Betrachte die Zahl $p^{d-1} + 1$, welche teilerfremd ist zu p^d. Wenn p^d eine Carmichael-Zahl ist, so sollte die Berechnung von $(p^{d-1} + 1)^{p^d - 1} \bmod p^d$ die 1 ergeben. Wir führen die Berechnung durch (immer modulo p^d zu verstehen):

$$\begin{aligned}(p^{d-1}+1)^{p^d-1} &= \sum_{i=0}^{p^d-1} \binom{p^d-1}{i} p^{(d-1)i} \\ &\equiv 1+(p^d-1)p^{d-1} \equiv 1-p^{d-1} \not\equiv 1.\end{aligned}$$

□

Das bedeutet, jede Carmichael-Zahl n lässt sich zerlegen in zwei Faktoren $n = n_1 \cdot n_2$, so dass n_1 und n_2 teilerfremd sind. (Tatsächlich läst sich jede Carmichael-Zahl in mindestens *drei* solche Faktoren zerlegen). Die Teilerfremdheit werden wir ausnutzen, indem wir in verschiedener Weise den Chinesischen Restsatz anwenden, der ja besagt, dass die Strukturen $\mathbb{Z}_n$ und $\mathbb{Z}_{n_1} \times \mathbb{Z}_{n_2}$ isomorph sind. Beim Miller-Rabin Algorithmus wird die Zahl $n-1$ in Binärdarstellung zerlegt. Da n ungerade ist, ist $n-1$ gerade, enthält also mindestens einmal den Primfaktor 2. Sei $t \geq 1$ die höchste vorkommende Potenz der 2 in $n-1$, d.h. $n-1 = 2^t u$, wobei u ungerade ist. Die letzten t Bitpositionen der Binärdarstellung von $n-1$ sind also gleich Null. Das heißt, im Miller-Rabin Algorithmus wird die Zahl d in dieser Phase fortgesetzt quadriert. Sei j die größtmögliche Zahl $\in \{0, 1, \ldots, t\}$, so dass es eine Basiszahl $v \in \mathbb{Z}_n^*$ gibt mit $v^{2^j u} \equiv -1 \pmod{n}$. Die Existenz eines solches größten j-Wertes ist gesichert, da man $v = n-1$ und $j = 0$ wählen kann. Betrachte nun die Menge

$$J = \{\, a \in \mathbb{Z}_n^* \mid a^{2^j u} \equiv \pm 1 \pmod{n} \,\}$$

Wichtig ist nun die Beobachtung, dass alle Basiszahlen a, die beim Miller-Rabin Algorithmus, bei Eingabe einer Carmichael-Zahl n, auf die falsche Antwort FALSE führen, der Menge J angehören. (Hier fließt die Maximalität von j ein). Da J unter Multiplikation abgeschlossen ist, ist J eine Untergruppe von $\mathbb{Z}_n^*$. Das Ziel besteht nun darin zu zeigen, dass J eine *echte* Untergruppe von $\mathbb{Z}_n^*$ ist, und damit folgt (Satz von Lagrange) $|J| \leq |\mathbb{Z}_n^*|/2 \leq (n-1)/2$. Um dies zu zeigen, wollen wir aus den Eigenschaften der Zahl v auf die Existenz eines $w \in \mathbb{Z}_n^* - J$ schließen. Da $v^{2^j u} \equiv -1 \pmod{n}$, $n = n_1 \cdot n_2$, n_1 und n_2 teilerfremd, folgt $v^{2^j u} \equiv -1 \pmod{n_1}$. Nach dem Chinesischen Restsatz (Abschnitt 9.7) hat das Gleichungssystem

$$\begin{aligned} w &\equiv v \pmod{n_1} \\ w &\equiv 1 \pmod{n_2} \end{aligned}$$

eine eindeutige Lösung $w < n$. Da v in $\mathbb{Z}_{n_1}^*$ liegt, liegt auch w in $\mathbb{Z}_{n_1}^*$, und damit in $\mathbb{Z}_n^*$. Für dieses w gilt nun weiterhin:

$$\begin{aligned} w^{2^j u} &\equiv v^{2^j u} \equiv -1 \pmod{n_1} \\ w^{2^j u} &\equiv 1^{2^j u} \equiv 1 \pmod{n_2} \end{aligned}$$

Das bedeutet aber, dass weder $w^{2^j u} \equiv 1 \pmod{n}$ noch $w^{2^j u} \equiv -1 \pmod{n}$ gelten kann, also $w \notin J$, denn sonst müssten die obigen Kongruenzen modulo n_1 bzw. n_2 beide 1 oder beide -1 ergeben.

Damit haben wir insgesamt gezeigt, dass bei Eingabe einer Nicht-Primzahl n in die Miller-Rabin Prozedur *test* höchstens mit Wahrscheinlichkeit $1/2$ fälschlicherweise FALSE ausgegeben wird. Tatsächlich lässt sich zeigen, dass diese Wahrscheinlichkeit nicht größer als $1/4$ ist. Die Prozedur *test* wird insgesamt s mal aufgerufen. Daher ist die Wahrscheinlichkeit, jedes Mal einen Fehler zu machen, höchstens $(1/4)^s$. Um also die Fehlerwahrscheinlichkeit von zum Beispiel höchstens 2^{-30} zu erreichen, muss man $s = 15$ wählen.

Bemerkung: Es lässt sich zeigen, dass unter Annahme, dass die so genannten *erweitere Riemann-Hypothese* gilt, folgt, dass sich der Miller-Rabin-Test leicht derandomisieren lässt, also zu einem deterministischen Verfahren ohne Fehlerwahrscheinlichkeit umformen lässt. Unter Annahme der erweiterten Riemann-Hypothese folgt, dass es für jede ungerade Nicht-Primzahl n bereits eine Basiszahl $a < 2(\ln n)^2$ gibt, so dass n den Miller-Rabin-Test *test(a,n)* nicht besteht. Das heißt, es genügt eine in der Länge der Binärdarstellung quadratische Anzahl von Kandidaten a zu testen, bis man definitiv die Entscheidung, ob n Primzahl ist, treffen kann.

Viele kryptographischen Anwendungen benötigen zufällige Primzahlen mit etwa 100 Dezimalstellen. Diese kann man wie folgt erhalten:

REPEAT
  Wähle eine 100-stellige Zufallszahl n
UNTIL n ist Primzahl (gemäß Miller-Rabin-Test)

Nun könnte es sein, dass man viel zu viele Schleifendurchläufe machen muss, bis man eine Primzahl gefunden hat. Dass dies aber nicht so ist, garantiert der Primzahlsatz: für die Anzahl der Primzahlen bis zur Zahl n gilt $\pi(n) \sim n/\ln n$. Daher ist die Wahrscheinlichkeit im Intervall $\{1, \ldots, n\}$ bei zufälliger Auswahl eine Primzahl zu finden, etwa $1/\ln n$. Das heißt, im Durchschnitt benötigt man $\ln n$ viele Versuche, bis man eine Primzahl gefunden hat (vgl. Seite 35). Beispielweise gilt $\ln 10^{100} \approx 230$. (Übrigens braucht man von vornherein nur ungerade Zahlen zu testen und reduziert damit den Aufwand auf die Hälfte).

Eine weitere Bemerkung: Wir haben also gesehen, dass es effiziente Primzahltests gibt (mit dem Abstrich, dass diese probabilistisch sind und eine gewisse Fehlerquote in sich tragen – im Sinne der Klasse RP, vgl. Abschnitt 1.17). Wenn der Primzahltest aber „keine Primzahl" ausgibt, so handelt es sich um eine Zahl, die sich in nicht-triviale Faktoren zerlegen lässt. Wir sind aber weit davon entfernt, solche Faktoren in effizienter Weise zu erhalten. Nehmen wir an, n sei das Produkt zweier 100-stelliger Primzahlen p und q. Die Aufgabe, aus einer solchen gegebenen Zahl $n = pq$ die Faktoren p und q rückzugewinnen, ist auch mit heutigen Computern wegen des gewaltigen Rechenaufwandes im Allgemeinen eine „praktisch unlösbare" Aufgabe.

Viele kryptographische Anwendungen (z.B. das RSA-Verfahren) bedienen sich genau dieser Diskrepanz: Primzahl-Testen geht einfach; Primfaktoren zu finden, ist schwierig.

9.10 Faktorisierung: Pollards ρ-Algorithmus

Zunächst bemerken wir, dass es zum Faktorisieren einer Zahl n genügt, zunächst zwei nicht-triviale Faktoren $n = p \cdot q$ zu bestimmen. Diese Faktoren können daraufhin mit einem Primzahltest getestet werden, ob sie Primzahlen sind, und wenn nicht, so kann dieser Algorithmus zur Bestimmung zweier nicht-trivialer Faktoren weiter rekursiv auf p bzw. q (oder beide) angewendet werden.

Der naive Ansatz zum Faktorisieren einer Zahl n besteht darin, alle potenziellen Teiler durchzuprobieren. Hierbei genügt es, nur die Zahlen bis $\sqrt{n}$ zu testen, denn wenn n einen nicht-trivialen Teiler besitzt (also keine Primzahl ist), so gibt es einen Teiler $\leq \sqrt{n}$. (Ausserdem braucht man außer der 2 nur ungerade Probeteiler zu durchlaufen). Dieses Verfahren hat die Komplexität $O(\sqrt{n})$. Dies ist im Sinne der Bit-Komplexität $O(\sqrt{2^m}) = O(2^{m/2})$, also exponentiell (wenn m die Länge der Binärdarstellung von n ist). Es ist, wie oben gesagt, kein effizienter Algorithmus für das Faktorisieren bekannt, wir wollen hier aber eine Verbesserung der naiven Methode besprechen, die die Komplexität $O(2^{m/4})$ hat.

Für alle Faktorisierungsverfahren gilt, dass man gut daran tut, sich zunächst mit einem schnellen Primzahltest davon zu überzeugen, dass es sich bei der Eingabe n *nicht* um eine Primzahl handelt. Andererntalls würde der Faktorisierungsalgorithmus, auf Eingabe n, unnötig lange rechnen, ohne je zu einem Ergebnis zu gelangen.

Darüber hinaus kann man recht schnell feststellen, ob die zu analysierende Zahl n eine Primzahl-Potenz ist, $n = p^k$. Man muss nur feststellen, ob eine der Zahlen $\sqrt{n}$, $\sqrt[3]{n}$, $\ldots$, $\sqrt[q]{n}$, $q = \lceil \log_2 n \rceil$, ganzzahlig ist.

Wir können im Folgenden also davon ausgehen, dass n keine Primzahl ist und aus mindestens zwei verschiedenen Faktoren p und q besteht: $n = p \cdot q$, $1 < p < \sqrt{n} < q < n$.

Der ρ-Algorithmus von Pollard beruht nun auf folgender Idee: Angenommen, wir haben eine zufällige Folge von Zahlen $x_0, x_1, x_2, \ldots$, wobei $x_i \in \{0, 1, \ldots, n-1\}$, zur Verfügung. Sei nun $n = pq$ eine Faktorisierung von n, wobei p eine Primzahl ist. Mit gewisser Wahrscheinlichkeit wird es nach nicht allzulanger Zeit Indizes $i < j$ geben mit $x_i \equiv x_j \pmod p$ (obwohl wir dies nicht explizit testen können, denn p ist ja gerade gesucht). Aufgrund des Geburtstagsparadoxons (siehe Seite 133) tritt dieses Ereignis im Mittel nach $O(p^{1/2}) = O(n^{1/4})$ vielen Schritten ein. Sofern solche Indizes i, j vorliegen, gilt, dass $|x_i - x_j|$ ein Vielfaches von p ist. Mit hoher Wahrscheinlichkeit ist dann der größte gemeinsame Teiler von $|x_i - x_j|$ und n ein nicht-trivialer Teiler von n (nämlich p oder ein Vielfaches von p). Mit sehr geringer Wahrscheinlichkeit könnte jedoch $x_i \equiv x_j \pmod n$ gelten, in diesem Fall erhalten wir keinen Teiler von n (ausser

n selbst).

Nehmen wir an, die Zufallszahlen $x_0, x_1, \ldots$ sind eigentlich nur *Pseudo*-Zufallszahlen (siehe Abschnitt 1.13). Das heißt, nur x_0 (der „seed“) ist eine echte Zufallszahl und die weiteren Zahlen $x_1, x_2, \ldots$ werden aufgrund einer deterministischen Vorschrift $x_{i+1} := f(x_i) \bmod n$ berechnet. Sofern für i, j gilt $x_i \equiv x_j \pmod p$ und sofern die Funktion f ein Polynom ist (d.h. es kommt in der Formel für f nur Addition und Multiplikation vor), so folgt für alle k, dass $x_{i+k} \equiv x_{j+k} \pmod p$. (Was wir hier auch benötigen ist die Tatsache, dass $(x \bmod n) \bmod p = x \bmod p$). Von einem bestimmten Zeitpunkt an befindet sich die Folge der x_i in einer Schleife, deren Zyklenlänge $j - i$ ist (oder ein Teiler hiervon).

Skizze (für $i = 3$ und $j = 9$):

$$\begin{array}{ccccccccccc} x_0 & \to & x_1 & \to & x_2 & \to & x_3 = x_9 & \to & x_4 & \to & x_5 \\ & & & & & & \uparrow & & & & \downarrow \\ & & & & & & x_8 & \leftarrow & x_7 & \leftarrow & x_6 \end{array}$$

Aus der Form dieses Diagramms wird auch die Bezeichnung „ρ-Algorithmus“ offensichtlich.

Anstatt nun alle Indexpaare i, j durchzuprobieren, genügt es, nur die Kombinationen $x_1 - x_2, x_2 - x_4, x_3 - x_6, x_4 - x_8 \ldots$, allgemein $x_t - x_{2t}$ $(t = 1, 2, 3, \ldots)$ zu generieren. Denn wenn $x_i \equiv x_j \pmod p$, $i < j$, gilt, so wird im Rahmen dieses Suchprozesses $x_t \equiv x_{2t} \pmod p$ gelten, wobei für t gelten muss, dass es ein Vielfaches von $j - i$ ist und dass $t \geq i$ gilt. Bei obigem Beispiel hätten wir mit der Kombination $x_6 - x_{12}$ Erfolg.

Damit haben wir das Grundschema für den ρ-Algorithmus:

```
Eingabe: eine Nicht-Primzahl n
RANDOM x IN [0..n − 1]
y := f(x) mod n
REPEAT
  IF x ≠ y THEN
     g := ggt(abs(x − y), n)
     IF g > 1 THEN output(g)
  x := f(x) mod n
  y := f(y) mod n
  y := f(y) mod n
UNTIL Resettaste gedrückt
```

Eine gängige Wahl für die Funktion f ist $f(x) = x^2 + 1$ oder $f(x) = x^2 - 1$.

Da wir die echten Zufallszahlen nun durch Pseudozufallszahlen ersetzt haben, sind die obigen Wahrscheinlichkeitsbetrachtungen und die daraus abgeleitete $O(n^{1/4})$-Schranke nicht exakt, sondern nur heuristisch zu verstehen, werden aber durch Experimente bestätigt. Insbesondere besteht keine Garantie, dass der ρ-Algorithmus auch bei einer Nicht-Primzahl als Eingabe (in angemessener Zeit) stoppt.

Insgesamt betrachtet bietet sich also eine etwas zwiegespaltene Situation, was die Begründung für die Effizenz des Verfahrens betrifft: einerseits sollten sich die Pseudozufallszahlen möglichst wie „echte“ Zufallszahlen verhalten, damit die Statistik im Sinne des Geburtstagsparadoxons zutrifft; andererseits nutzen wir aber gerade aus, dass die Pseudozufallszahlenfolge deterministisch (und zwar nur mittels Addition und Multiplikation) sukzessive berechnet wird. Nur auf diese Weise folgt aus $x_i \equiv x_j \pmod p$, dass $x_{i+k} \equiv x_{j+k} \pmod p$ für alle k gilt, was für die Korrektheit des Verfahrens entscheidend ist.

Beispiel: Wir geben die Zahl $n = 12349 = 53 \cdot 233$ in den Algorithmus ein. Der Startwert für x sei 1 und wir wählen $f(x) = x^2 + 1$. Dann ergeben sich die folgenden Werte, wobei nach 8 Schleifendurchläufen der Faktor 53 gefunden wird:

x	1	2	5	26	677	1417	7352	332
y	2	26	1417	332	11674	1604	6321	6321
g	1	1	1	1	1	1	1	53

Man verifiziert, dass für die letzten Werte von x und y (409 und 6928) tatsächlich gilt $x \equiv y \pmod{53}$.

Wir wählen eine andere „Zufallsfunktion“ $f(x) = 23x - 29$ und haben bereits nach 4 Schleifendurchläufen Erfolg:

x	1	12343	12182	8479
y	12343	8479	2008	11871
g	1	1	1	53

Auch hier gilt $8479 \equiv 11871 \pmod{53}$.

Wir bemerken allerdings, dass eine lineare Funktion $f(x) = ax + b$ im Allgemeinen nicht so günstig ist wie eine quadratische Funktion, da in diesem Fall die Abbildung $x \mapsto f(x) \bmod p$ auf $\{0, 1, \ldots, p-1\}$ *injektiv* ist. Das heißt, ein linearer Kongruenzgenerator erfüllt nicht die für die Komplexitätsanalyse des Verfahrens wichtige statistische Aussage, dass die mittlere Anzahl von Schritten bis zum Erreichen der „ρ-Schleife“ (und auch deren Länge) $O(\sqrt{p})$ ist. Anders ausgedrückt, das *Geburtstagsparadoxon* (vgl. Abschnitt 3.1) findet bei einem linearen Kongruenzgenerator nicht statt. Daher erfüllt dieser Generator einen bestimmten für dieses Verfahren wichtigen *statistischen Test* (vgl. Abschnitt 1.13) nicht, nämlich dass bei $\Theta(\sqrt{p})$ vielen Zufallszahlen aus dem Bereich $\{0, \ldots, p-1\}$ sich mindestens eine Zahl einmal wiederholt.

Von Brent wurde noch eine technische Verbesserung des Algorithmus vorgeschlagen. Die zugrunde liegende Idee ist nach wie vor dieselbe, nur werden die zu testenden Paare x_i und x_j etwas eleganter berechnet, so dass der Algorithmus möglicherweise etwas schneller zum Auffinden eines Faktors kommt.

```
Eingabe: eine Nicht-Primzahl n
RANDOM x IN [0..n − 1]
y := x
i := 1
k := 2
REPEAT
  i := i + 1
  x := f(x) mod n
  IF x ≠ y THEN
    g := ggt(abs(x − y), n)
    IF g > 1 THEN output(g); stop
  IF i = k THEN
    y := x
    k := 2 * k
UNTIL Resettaste gedrückt
```

9.11 Faktorisierung: Pollards $(p-1)$-Algorithmus

Nehmen wir an, die zu faktorisierende Zahl n besitzt einen Primteiler p, so dass $p-1$ lediglich „kleine" Primteiler besitzt. Genauer nehmen wir an, dass $p-1$ ein Teiler von $B!$ ist. Wie groß B anzusetzen ist, hängt von der Rechenzeit ab, die man bereit ist zu investieren. In der Praxis liegt B vielleicht zwischen 10^5 und 10^6. Sei also $B! = (p-1)\cdot k$ für eine Zahl k. Mit dem Fermatschen Satz ergibt sich:

$$2^{B!} \equiv 2^{(p-1)\cdot k} \equiv 1^k \equiv 1 \pmod p$$

Das heißt, für eine Konstante m gilt $2^{B!}-1 = p\cdot m$. Wir dürfen also hoffen, dass $ggt(2^{B!}-1, n) = ggt(p\cdot m, p\cdot q)$ einen nichttrivialen Teiler von n ergibt (nämlich p oder ein Vielfaches von p). Diese Hoffnung wird nur dann nicht erfüllt, wenn zufälligerweise dieser ggt den Wert n ergibt. Anstatt die gigantische Zahl $2^{B!}$ zu berechnen, können wir gleichwertig auch

$$a := 2^{B!} \bmod n = (\ldots((2^2 \bmod n)^3 \bmod n)^4 \ldots)^B \bmod n$$

mit Hilfe der modularen Exponentiation berechnen und dann prüfen, ob $ggt(a-1,n) \in \{2,\ldots,n-1\}$, und diese Zahl damit ein nichttrivialer Teiler von n ist.

Wir wissen natürlich im voraus nicht, ab welchem B wir durch die Berechnung von $2^{B!}$ mod n auf diese Weise einen Primfaktor von n „eingefangen" haben. Daher versuchen wir es am Besten sukzessive für $B = 2, 3, 4, 5, \ldots$

Die Basiszahl 2 hat hier lediglich Beispielcharakter; der Algorithmus lässt sich mit jeder Zahl $a \in \{2,\ldots,n-1\}$ durchführen.

Hier ist nun der Algorithmus:

```
Eingabe: n, eine Nicht-Primzahl
RANDOM a IN {2, ..., n − 1} (*die Basiszahl*)
i := 1
REPEAT
  i := i + 1
  a := ModExp(a, i, n)
  b := ggt(a − 1, n)
  IF (1 < b < n) THEN output(b); stop
UNTIL Resettaste gedrückt
```

Beispiel: Wir wenden den Algorithmus auf $n = 18281 = 101 \cdot 181$ an und bemerken, dass $100 = 2^2 5^2$ und $180 = 2^2 3^2 5$ gilt. Daher ist 180 ein Teiler von 6!. Tatsächlich berechnet der Algorithmus sukzessive die folgenden Werte (wobei wir annehmen, dass der Startwert von a gleich 2 ist):

i	a	b
2	4	1
3	64	1
4	13539	1
5	3933	1
6	6155	181

9.12 Faktorisierung: Quadratisches Sieb

Wir gehen wieder davon aus, dass n ungerade ist, keine Primzahl oder Primzahlpotenz ist und somit aus mindestens zwei verschiedenen Faktoren p und q zusammengesetzt ist. Also $n = p \cdot q$, $1 < p < \sqrt{n} < q < n$. Die Methode beruht darauf, irgendwie eine Zahl $x > \sqrt{n}$ zu finden, so dass $x^2 - n$ eine Quadratzahl ist, also $y^2 = x^2 - n$, bzw. $n = x^2 - y^2 = (x - y) \cdot (x + y)$. Damit haben wir dann zwei Teiler von n gefunden.

Beispiel: Sei wieder $n = 18281 = 101 \cdot 181$. Dann ist $\lceil \sqrt{n} \rceil = 136$. Wenn wir die Zahlen $x = 136, 137, \ldots$ durchsuchen, werden wir bei $x = 141$ fündig. Es ist dann $x^2 - n = 1600 = y^2$, also $y = 40$. Dann sind $x - y = 101$ und $x + y = 181$ die gesuchten Faktoren.

Dass es tatsächlich derartige Zahlen x und y geben muss (vorausgesetzt n ist von der eingangs beschriebenen Bauart), sieht man sofort, wenn man $x = (p + q)/2$ und $y = (q - p)/2$ setzt. Da n ungerade ist, sind x und y ganze Zahlen. Dann ergibt sich:

$$x^2 - y^2 = \frac{p^2 + 2pq + q^2}{4} - \frac{q^2 - 2pq + p^2}{4} = pq = n$$

Die einfachste (im Allgemeinen aber nicht besonders effiziente) Vorgehensweise besteht darin, alle möglichen (ungeraden) Kandidaten für x, beginnend bei $\sqrt{n}$ (bis n) zu durchsuchen (so genannte Fermat-Faktorisierung). Dies ist zumindest dann effizient, wenn n einen Faktor enthält, der nahe bei $\sqrt{n}$ liegt.

Eine bessere Methode besteht darin, zunächst eine Kollektion von Zahlen $a_1, a_2, \ldots, a_k \in \{\lceil \sqrt{n} \rceil - C, \ldots, \lceil \sqrt{n} \rceil + C\}$ zu bestimmen, so dass die Primfaktorisierung der Zahlen $f(a_i) := (a_i)^2 - n$ gelingt, und zwar, weil diese nur kleine Primfaktoren besitzen. Betrachten wir ein fiktives Beispiel. Da die a_i's auch kleiner als $\sqrt{n}$ sein können, ergeben sich für $(a_i)^2 - n$ auch negative Zahlen.

$$\begin{aligned}
(a_1)^2 - n &= -1 \cdot 2^2 \cdot 5^2 \cdot 7^3 \\
(a_2)^2 - n &= -1 \cdot 2^5 \cdot 7^3 \cdot 11 \\
(a_3)^2 - n &= 3 \cdot 7^3 \\
(a_4)^2 - n &= -1 \cdot 2^4 \cdot 7
\end{aligned}$$

Wenn wir die Faktorisierungen der ersten und der vierten Zahl zusammenfassen, ergeben sich nur geradzahlige Potenzen, es handelt sich dann also um eine Quadratzahl:

$$((a_1)^2 - n) \cdot ((a_4)^2 - n) \equiv (a_1 \cdot a_4)^2 \equiv (2^3 \cdot 5 \cdot 7^2)^2 \pmod{n}$$

In Verallgemeinerung der Bedingung $x^2 - y^2 = n$ von oben haben wir nun also Zahlen x, y mit $x^2 \equiv y^2 \pmod{n}$ gefunden, und wir können dann testen, ob der größte gemeinsame Teiler von n und $x - y$ einen nicht-trivialen Faktor von n ergibt. Dies ist in dieser neuen Formulierung genau dann der Fall, wenn $x \not\equiv \pm y \pmod{n}$.

In der Implementierung dieses Verfahrens müssen zwei verschiedene Parameter festgelegt werden. Zunächst ist eine Konstante C zu wählen, die festlegt, wieviele Kandidaten für die a_i's in Frage kommen. Desweiteren muss man sich auf eine Menge von kleinen Primzahlen $\{p_2, p_3, \ldots, p_m\}$, die so genannte *Faktorbasis*, festlegen, und um auch negative Zahlen berücksichtigen zu können, fügen wir dieser Menge noch $p_1 = -1$ hinzu. Es werden nur von solchen a_i's die Primfaktorzerlegungen von $(a_i)^2 - n$ notiert, welche sich vollständig aus diesen kleinen Primzahlen (und der -1) zusammen setzen. Hierbei kann man vorgehen wie beim Sieb des Eratosthenes: Wenn nämlich p ein Primteiler von $f(x) = x^2 - n$ ist, so teilt p auch alle Zahlen der Form $f(x + k \cdot p)$.

Nehmen wir nun an, dass nach dieser Festlegung der Parameter uns eine Menge $\{a_1, a_2, \ldots, a_k\}$ „ins Netz“ gegangen ist. Das heißt, für diese Zahlen ergab sich eine Faktorisierung von $f(a_i) = (a_i)^2 - n$ mit kleinen Primzahlen. Mit $j_{i,1}, \ldots, j_{i,m}$ bezeichnen wir die jeweiligen Primzahlpotenzen:

$$\begin{aligned}
(a_1)^2 - n &= (p_1)^{j_{1,1}} \cdot (p_2)^{j_{1,2}} \cdots (p_m)^{j_{1,m}} \\
(a_2)^2 - n &= (p_1)^{j_{2,1}} \cdot (p_2)^{j_{2,2}} \cdots (p_m)^{j_{2,m}} \\
&\vdots \\
(a_k)^2 - n &= (p_1)^{j_{k,1}} \cdot (p_2)^{j_{k,2}} \cdots (p_m)^{j_{k,m}}
\end{aligned}$$

Als Nächstes besteht die Aufgabe darin, aus diesen Primfaktorzerlegungen eine Auswahl $I \subseteq \{1, 2, \ldots, k\}$ zu treffen, so dass in dem Produkt

$$\prod_{i \in I} [(p_1)^{j_{i,1}} \cdot (p_2)^{j_{i,2}} \cdots (p_m)^{j_{i,m}}]$$

alle Potenzen geradzahlig sind, das bedeutet dann ja, dass diese Zahl eine Quadratzahl ist. Dies klingt nach einem schwierigen kombinatorischen Problem, da es exponentiell in k viele potenzielle Teilmengen I gibt. Tatsächlich kann man das Problem aber auf das Lösen eines linearen Gleichungssystems über $GF(2)$ reduzieren. Gesucht sind Werte $\lambda_1, \ldots, \lambda_k \in \{0, 1\}$, die ausdrücken, welche i's für die Auswahl I heranzuziehen sind, also $I = \{i \mid \lambda_i = 1\}$. Man muss folgendes Gleichungssystem lösen.

$$\begin{aligned}
\lambda_1 j_{1,1} + \lambda_2 j_{2,1} + \cdots + \lambda_k j_{k,1} &\equiv 0 \pmod 2 \\
\lambda_1 j_{1,2} + \lambda_2 j_{2,2} + \cdots + \lambda_k j_{k,2} &\equiv 0 \pmod 2 \\
&\vdots \\
\lambda_1 j_{1,1} + \lambda_2 j_{2,1} + \cdots + \lambda_k j_{k,1} &\equiv 0 \pmod 2
\end{aligned}$$

Die Koeffizienten $j_{\mu,\sigma}$ dieses Gleichungssystems können hierbei modulo 2 reduziert werden. Die Größe der Faktorbasis muss im Vergleich zur Konstanten C so gewählt werden, dass man gleich viele Unbekannte λ_i wie Gleichungen erhält (also $k = m$). Um beispielsweise eine 50-stellige Zahl zu faktorisieren, sollte man eine Faktorbasis mit ca. $m = 3000$ Primzahlen und einen Wert von $C = 100000$ vorsehen.

Da die Zahlen $f(x) = x^2 - n$ schnell sehr groß werden, wird die Chance, dass eine solche Zahl nur aus kleinen Primzahlen zusammengesetzt ist, immer geringer. Daher werden im Allgemeinen gleich mehrere Polynome $f(x)$ betrachtet, die entsprechend wie $x^2 - n$ für das Verfahren verwendet werden können.

Kapitel 10

String Matching

Wir betrachten folgende, sehr häufig vorkommende Aufgabe: Gegeben seien ein *Text* $T[1..n]$ und ein *Muster* oder *Pattern* $P[1..m]$ mit $m \leq n$. Die Elemente von T bzw. P entstammen hierbei einem vorgegebenen Alphabet Σ. Wir sagen, dass das Muster P im Text T mit *Shift* s vorkommt, falls gilt:

$$T[s+1,\ldots,s+m] = P[1,\ldots,m]$$

Die Aufgabe besteht darin, alle Shifts s auszugeben, so dass P in T mit Shift s vorkommt. (Einen solchen Shift nennen wir im Folgenden auch einen *zulässigen Shift*).

Eine Variante der Aufgabe bestünde darin, nur den *ersten* zulässigen Shift s zu finden.

Der naive Algorithmus für die obige Aufgabe arbeitet wie folgt:

```
FOR s := 0 TO n − m DO
  IF test(s) THEN output s
```

wobei

```
PROCEDURE test(s)
FOR j := 1 TO m DO
  IF P[j] ≠ T[s + j]
    THEN RETURN FALSE
RETURN TRUE
```

Die Komplexität von diesem Algorithmus ist $O((n - m + 1) \cdot m) = O(n \cdot m)$. Die Frage ist, ob es auch Algorithmen gibt, die mit linearem Aufwand bezogen auf die Eingabelänge arbeiten, also mit Komplexität $O(n+m)$. Wir werden solche Algorithmen in den nächsten Abschnitten vorstellen.

10.1 Rabin-Karp-Algorithmus

Die Idee bei diesem Algorithmus ist, zunächst das Pattern P mittels einer Hashfunktion auf ein wesentlich kleineres Wort (oder Zahl) $h(P)$ abzubilden, so dass dieses in eine Speicherzelle passt (also mit Komplexität $O(1)$ verarbeitet werden kann). Im weiteren Verlauf des Matching-Vorgangs werden anstelle der Originaltextabschnitte der Länge m deren Hashwerte mit $h(P)$ verglichen. Sollten die Hashwerte nicht übereinstimmen, so kann unmittelbar das Vergleichsfenster weitergeschoben werden. Man spricht anschaulich auch davon, dass von dem Pattern ein „Fingerabdruck" genommen wird; also eine vergleichsweise kurze Information, die jedoch das Pattern (nahezu) eindeutig identifiziert.

Nur wenn die Hashwerte übereinstimmen, so müssen der entsprechende Textabschnitt doch Zeichen für Zeichen mit P verglichen werden, da eine Kollision mit einem Text ungleich P stattgefunden haben kann. Wir können also nicht unbedingt sicher sein, dass aus $h(P) = h(T[s+1..s+m])$ folgt $P = T[s+1..s+m]$.

Ein weiterer Trick besteht darin, dass das Neu-Berechnen der Hashfunktion nach Verschieben des zu betrachtenden Textfensters mit Aufwand $O(1)$ geschehen kann, wenn man eine Hashfunktion nach der Kongruenzmethode verwendet.

Beispiel: Sei $\Sigma = \{0, \ldots, 9\}$ das zugrunde liegende Alphabet. Soll beim laufenden Text $T = ...12345678...$ das Fenster der Größe $m = 6$ von 123456 nach 234567 weitergeschoben werden, so können wir annehmen, dass $t = h(123456) = 123456 \bmod q$ bereits berechnet wurde. Um $t' = h(234567) = 234567 \bmod q$ zu bestimmen, rechne man nur $t' = ((t - 1 \cdot u) * 10 + 7) \bmod q$, wobei $u = 10^{m-1} \bmod q$. Das heißt, die Ziffer 1 vorne wird entfernt; der Rest mit der Basiszahl 10 multipliziert, und dann hinten die neue Ziffer 7 angefügt. Alle Zwischenrechnungen können modulo q gerechnet werden.

Der folgende Algorithmus führt dies aus für ein allgemeines Alphabet Σ, so dass $|\Sigma|$ nun die Rolle der Zahl 10 übernimmt.

```
Sei q eine von vorneherein festgelegte (oder zufällig
gewählte) Zahl, die die weiter unten im Text diskutierten
Bedingungen erfüllt
p := 0;  t := 0;  u := |Σ|^(m-1) mod q
FOR i := 1 TO m DO
  p := (|Σ| · p + P[i]) mod q
  t := (|Σ| · t + T[i]) mod q

FOR s := 0 TO n − m DO
  IF p = t THEN
    IF test(s) THEN output s
  IF s < n − m THEN
    t := ((t − T[s + 1] · u) · |Σ| + T[s + m + 1]) mod q
```

Die Anforderungen an die Zahl q sind die Folgenden: Die Zahl q sollte in eine Speicherzelle passen, so dass alle Rechnungen modulo q mit Aufwand $O(1)$ ausgeführt werden können. (Besser noch: $|\Sigma| \cdot q$ sollte in eine Speicherzelle passen, da solche Zahlen als Zwischenergnisse – vor der Reduktion modulo q – auftreten können). Ferner empfiehlt es sich – genauso wie bei der Kongruenzmethode (Seite 132) – q als Primzahl zu wählen, um eine gute Streuung der Hashwerte zu erreichen. Andererseits sollte q nicht zu klein gewählt werden, da sonst zu oft Kollisionen zu erwarten sind. Die Zahl q sollte größer als die Patternlänge m sein.

Wenn man die Primzahl q zufällig aus einem festgelegten Zahlenintervall zieht, so befreien wir uns von dem jeweils möglichen schlechtesten Fall. Dies bietet dieselbe Art von Vorteil wie beim Universal Hashing (Abschnitt 3.4) diskutiert.

Im schlechtesten Fall hat der Rabin-Karp-Algorithmus dieselbe Komplexität wie der naive Algorithmus, nämlich $O(m \cdot n)$. Wenn zum Beispiel $T = a^n$ und $P = a^m$, so ist jeder Shift ein zulässiger Shift, so dass derselbe Aufwand wie beim naiven Algorithmus entsteht.

Es ist aber realistischer anzunehmen, dass das Pattern im Text nicht sehr häufig vorkommt, etwa nur $O(1)$-mal. In diesem Fall hat der Rabin-Karp-Algorithmus die mittlere Komplexität

$$O(m) + O(n) + (O(1) + (\text{mittlere Anzahl der Kollisionen})) \cdot O(m)$$

Für die meisten Texte und Pattern wird die Anzahl der Kollisionen in etwa der statistischen Trefferhäufigkeit entsprechen. Das heißt, es sind $n/q \leq n/m$ Kollisionen zu erwarten. Dies eingesetzt erhalten wir damit die mittlere Komplexität $O(n + m)$.

10.2 String Matching mit endlichen Automaten

Was den naiven Algorithmus ineffizient macht, ist dass bei einer aufgefundenen Nicht-Übereinstimmung (einem „mismatch") zwischen dem Pattern P und dem Textfenster $T[s + 1..s + m]$ dieses Textfenster nur um eine Position weitergeschoben wird. Evtl. lässt sich aus dem bereits gelesenen Teil von $T[s+1..s+m]$ schließen, dass ein größerer Shift möglich ist als 1.

Diese Idee kann mittels endlicher Automaten (vgl. Abschnitt 1.3) realisiert werden. Anhand des Patterns $P = P[1..m]$ wird ein endlicher Automat konstruiert. Dieser hat $m + 1$ Zustände $0, 1, \ldots, m$, wobei 0 der Startzustand ist und m der Endzustand, welcher signalisiert, dass das Pattern erkannt wurde, also dass ein zulässiger Shift aufgefunden wurde.

Der Automat enthält die folgenden Übergänge, die dafür sorgen, dass bei Lesen des Patterns Schritt für Schritt in den Endzustand übergegangen wird:

$$\delta(i - 1, P[i]) = i \quad (i = 1, 2, \ldots, m)$$

Skizze:

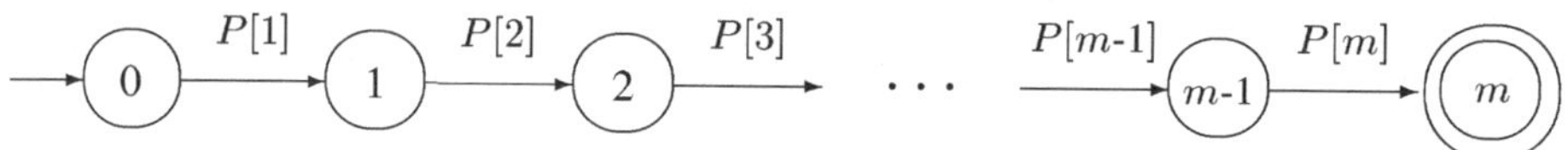

Dies nennen wir den *Skelettautomaten.* Dieser ist natürlich noch kein vollständig beschriebener endlicher Automat, denn es fehlen noch die Übergänge $\delta(i-1,a)$ für $a \neq P[i]$, $i = 1, \ldots, m$ und die Übergänge vom Zustand m aus. Diese Übergänge entsprechen gerade der Situation bei einem mismatch. Und zwar muss dabei berücksichtigt werden, dass ein Suffix von $P[1] \ldots P[i-1]a$ wieder ein Präfix des Patterns sein kann, und daher muss zu einem entsprechenden Zustand, der diesen partiellen match repräsentiert, zurückgesprungen werden.

Die entsprechende Definition ist die Folgende: Es gilt

$$\delta(i,a) = \begin{cases} \max\{k \leq i \mid P[1..k] \text{ ist Endstück von } P[1..i]a\}, \\ \quad \text{falls das Maximum existiert} \\ 0, \quad \text{sonst} \end{cases}$$

Beispiel: Das Pattern sei *ananas* und $\Sigma = \{a, n, s\}$. Dann ergibt sich der folgende Automat.

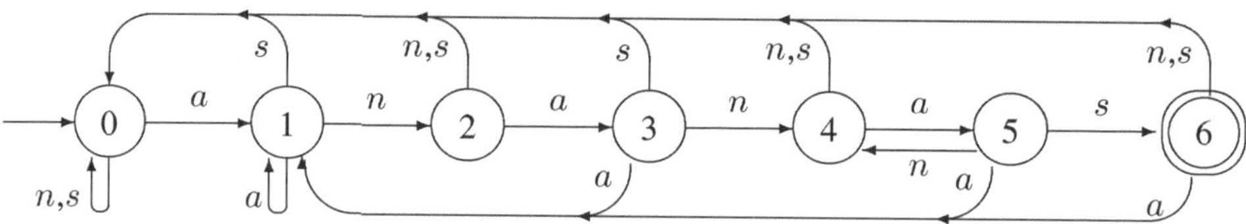

Beispielsweise gilt der Übergang $\delta(5,n) = 4$, weil das Wort $P[1..4] = anan$ ein Endstück von $P[1..5]n = ananan$ ist. (Das Wort $P[1..2] = an$ wäre zwar auch ein Endstück; jedoch ist das *maximale* k auszuwählen).

Der Algorithmus läuft nun so ab, dass zunächst anhand des Patterns der entsprechende endliche Automat aufgebaut wird, und dann der Text mit Hilfe des endlichen Automaten Symbol für Symbol verarbeitet wird. Jedesmal, wenn der Automat in den Endzustand gerät, wird ein zulässiger Shift gemeldet.

```
Konstruiere den endlichen Automaten
z := 0
FOR i := 1 TO n DO
  z := δ(z, T[i])
  IF z = m THEN output i − m
```

Dieser Algorithmus arbeitet in der Zeit $O(|\Sigma|m + n)$. Hierbei wird zur Konstruktion der Übergangstabelle des endlichen Automaten schon ein recht cleverer Algorithmus vorausgesetzt, wenn dies in der Zeit $O(|\Sigma|m)$ (also linear in der Größe der Automaten-Übergangstabelle) gehen soll. Wir verzichten auf eine explizite Angabe eines solchen Algorithmus, da die in den nächsten Abschnitten besprochenen Algorithmen noch effizienter sind.

10.3 Knuth-Morris-Pratt Algorithmus

Beim String-Matching mit endlichen Automaten ist das Erstellen der Automaten-Übergangstabelle recht aufwändig. Es ist eine zweidimensionale Tabelle mit $|\Sigma| \cdot (m+1)$ Einträgen erforderlich. Der folgende Algorithmus von Knuth-Morris-Pratt verwendet konzeptionell dieselbe Idee, nur wird stattdessen eine weniger aufwändige, eindimensionale Tabelle mit m Einträgen verwendet. Diese „Verschiebetabelle" beruht allein auf der Patterninformation und kann in linearer Zeit in der Patternlänge konstruiert werden.

Nehmen wir an, ein Teil des Patterns wurde bereits mit dem Text verglichen, bis ein mismatch auftritt:

```
T:  |          a  b  c  ...  a  b  c                  ...
               :  :  :  ...  :  :  :  : mismatch
P:            |a  b  c  ...  a  b  c      |
```

Bei diesem Beispiel kann das Pattern im nächsten Schritt soweit verschoben werden, bis der Teil „*abc*" wieder zur Deckung gebracht wird. Dazwischenliegende Verschiebepositionen können ausgeschlossen werden. Ferner brauchen in diesem Fall die ersten 3 Zeichen des Patterns nicht noch einmal mit dem Text verglichen zu werden.

```
T:  |          a  b  c  ...  a  b  c                  ...
                             :  :  :
                       P:   |a  b  c              |
```

Wesentlich ist hier, dass der Teil des Patterns vor der mismatch-Stelle identisch ist mit einem Anfangsstück des Patterns. Was wir beim Knuth-Morris-Pratt Algorithmus zunächst berechnen, ist die folgende Verschiebetabelle $\Pi[1..m]$ mit

$$\Pi[q] \;=\; \max\{k < q \mid P[1..k] = P[q-k+1..q]\,\} \quad (q = 1, \ldots, m)$$

Beispiel: Für das Pattern *ananas* ergibt sich folgende Tabelle:

i	1	2	3	4	5	6
P	a	n	a	n	a	s
Π	0	0	1	2	3	0

Wir verschieben zunächst das Problem, die Verschiebetabelle zu berechnen. Der eigentliche Algorithmus arbeitet wie folgt:

```
Berechne die Verschiebetabelle Π[1..m]
q := 0
FOR i := 1 TO n DO
  WHILE (q > 0) AND (P[q + 1] ≠ T[i]) DO q := Π[q]
  IF P[q + 1] = T[i] THEN q := q + 1
  IF q = m THEN
    output i − m
    q := Π[q]
```

Hierbei ist i die aktuelle, zu vergleichende Textposition; q ist die Zahl der Positionen, in denen momentan das Pattern und der Text übereinstimmen; m ist die Patternlänge; n ist die Textlänge.

In der WHILE-Schleife wird im Falle eines mismatches (nämlich $(P[q+1] \neq T[i])$) der Wert von q anhand der Verschiebetabelle reduziert ($q := \Pi[q]$), danach wird die fragliche Pattern-Position $q+1$ wieder mit dem Text verglichen, usw. Wenn schließlich Übereinstimmung zwischen $P[q+1]$ und $T[i]$ festgestellt wird, kann das „Fenster" um eine Position erweitert werden (also $q := q+1$ und $i := i+1$). Ein match tritt genau dann auf (und wird entsprechend ausgegeben), wenn q den Wert m erreicht.

Zur Komplexitätsanalyse: Programmtechnisch wurden oben zwei ineinander verschachtelte Schleifen verwendet, wobei die äußere von 1 bis n läuft, und die innere, die WHILE-Schleife, schlimmstenfalls den Wert von q von m in Einerschritten bis auf 0 reduziert. Dass die Gesamtkomplexität beider Schleifen trotzdem nicht $O(nm)$ ist, sondern nur $O(n)$, zeigt eine Amortisationsanalyse. Der wesentliche Punkt hierbei ist, wenn die innere WHILE-Schleife den q-Wert mal stark reduziert hat, so muss dieser erst wieder in Einerschritten aufgebaut werden. Das hat den Effekt, dass ein solcher schlechtester Fall der inneren WHILE-Schleife nur sehr selten auftreten kann.

Das folgende Diagramm zeigt, wie sich der q-Wert typischerweise im Verlauf der beiden Schleifen verändert.

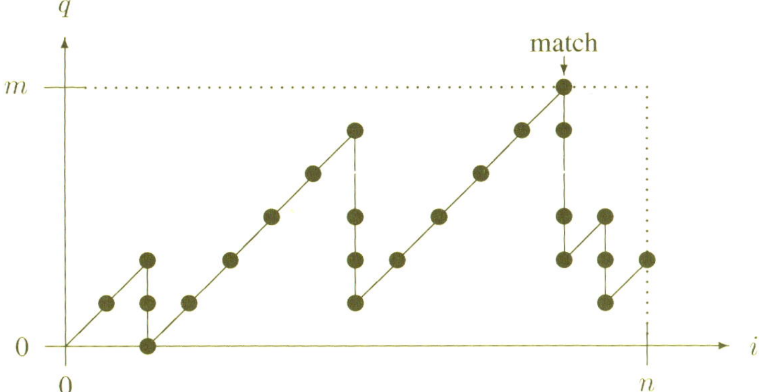

Jeder Punkt auf der Kurve entspricht einer Veränderung des q-Wertes und macht einen $O(1)$ Anteil an der Gesamtkomplexität des Knuth-Morris-Pratt Algorithmus aus (abgesehen von dem Aufwand zur Berechnung der Verschiebetabelle $\Pi[1..m]$). Es genügt also, die Anzahl der q-Wertveränderungen im Verlauf der beiden Schleifen abzuschätzen. Jeder Punkt, der auf einer aufwärts gerichteten Linie sitzt, entspricht einer Ausführung von $q := q + 1$ (und $i := i + 1$). Solche Punkte gibt es insgesamt n Stück, da i die Werte von 1 bis n durchläuft. Die abwärts laufenden Linien entsprechen den WHILE-Schleifendurchläufen. Jede abwärts laufende Linie kann höchstens so viele Punkte enthalten, wie auf der davorliegenden aufwärts laufenden Linie sitzen. Also gilt, dass die Anzahl der „Abwärts-Punkte" höchstens so groß ist wie die Anzahl der „Aufwärts-Punkte". Somit ist die Anzahl der Punkte insgesamt durch $2n$ beschränkt. Somit haben die beiden ineinandergeschachtelten Schleifen eine Komplexität von $O(n)$.

Als Nächstes betrachten wir den Algorithmus zum Aufbau der Verschiebetabelle. Dieser ist konzeptionell genauso aufgebaut wie der vorige Algorithmus, nur wird hier nicht das Pattern mit dem Text verglichen, sondern das Pattern mit sich selbst.

```
Π[1] := 0
k := 0
FOR q := 2 TO m DO
  WHILE (k > 0) AND (P[k + 1] ≠ P[q]) DO k := Π[k]
  IF P[k + 1] = P[q] THEN k := k + 1
  Π[q] := k
```

Die Begründung zur Korrektheit dieses Programms ist analog zu der zuvor gegebenen. Hier ist q die aktuelle Patternposition, während k die Position des Anfangsabschnitts des Patterns ist, welche potenziellerweise mit dem Endstück von $P[1..q]$ übereinstimmt. Ausgehend von $\Pi[1] = 0$ lassen sich die weiteren Π-Werte mit Hilfe der bereits berechneten Π-Werte bestimmen: Sei $q > 1$ und sei k solcherart maximal gewählt, dass $P[1 .. + 1] = P[q - k .. q]$. (Der Wert von k wird durch die WHILE-Schleife, basierend auf den bereits berechneten Π-Werten, bestimmt). Dann ergibt sich $\Pi[q] = k + 1$.

Wir analysieren die Komplexität dieses Verfahrens. Die k-Werte verändern sich – in Abhängigkeit von der q-Schleife – typischerweise so wie im folgenden Diagramm dargestellt. Man beachte, dass der k-Wert höchstens den Wert $q-1$ annehmen kann (entspricht der gestrichelten Linie).

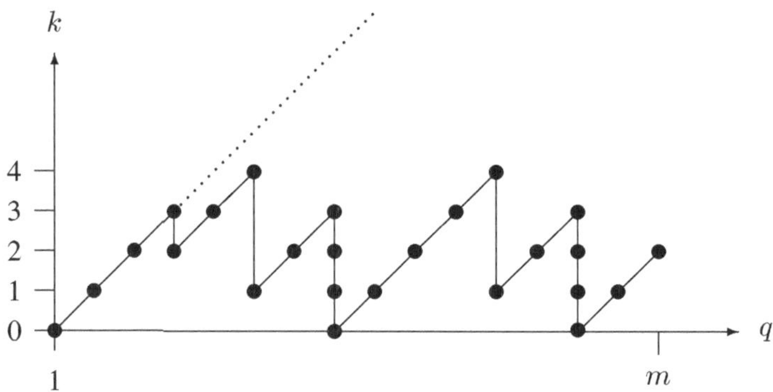

Jeder Punkt in diesem Diagramm entspricht wieder einem $O(1)$ Anteil an Komplexität. Es gilt also, die maximal mögliche Anzahl der Punkte abzuschätzen. Es gibt höchstens m Punkte, die auf einer aufwärts führenden Linie sitzen, da diese mit einer Erhöhung des q-Wertes einhergehen und q nur die Werte von 1 bis m durchläuft. Für jeden Punkt auf einer abwärts führenden Linie gibt es zuvor einen Punkt auf einer aufwärts gerichteten Linie, der auf derselben Höhe sitzt. Daher kann die Anzahl der Punkte nach oben mit $2m = O(m)$ abgeschätzt werden.

Insgesamt ergibt sich daher für die Komplexität des Knuth-Morris-Pratt Algorithmus die worst-case Komplexität $O(m+n)$.

10.4 Boyer-Moore Algorithmus

Wir wollen noch einen weiteren schnellen String-Matching-Algorithmus, allerdings nur skizzenhaft, vorstellen. Grundsätzlich ist hier auch die Idee vorhanden, das Pattern am Text entlangzuschieben, und beim Feststellen eines mismatches das Pattern um einen möglichst großen Abschnitt weiterzuschieben.

Die neue Idee hierbei ist, die Vergleiche zwischen dem Textabschnitt (der Länge m) und dem Pattern nicht wie bisher von links nach rechts, sondern *von rechts nach links* durchzuführen; vgl. folgende Skizze.

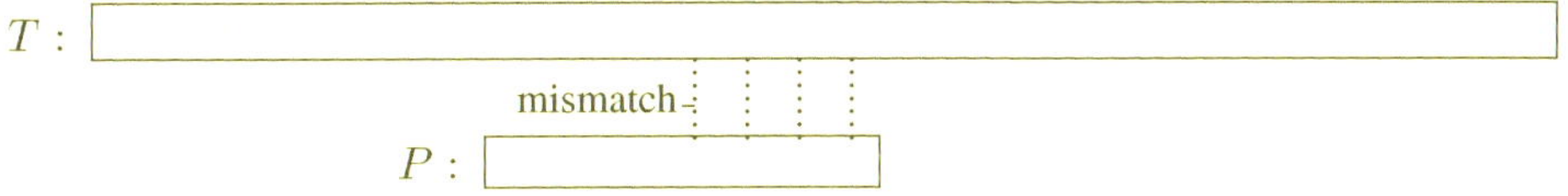

Es ist möglich, dass nach dem Feststellen eines mismatches sehr große Verschiebungen, evtl. bis zur Größenordnung der Patternlänge m, durchgeführt werden können. Im Idealfall (der wohl auch nicht weit vom Durchschnittsfall entfernt ist; dieser ist aber schwer zu analysieren) ergibt sich die folgende Situation: falls Pattern $P[1..m]$ und Textabschnitt $T[s+1..s+m]$ verschieden sind, so kann dies bereits nach $O(1)$ Vergleichen durch einen mismatch festgestellt werden. Danach ist womöglich eine Verschiebung um $m - o(m)$ Positionen möglich, so dass der Algorithmus (abgesehen von einer Initialisierungsphase, in der gewisse „Verschiebetabellen" aufgebaut werden müssen) insgesamt nur die Komplexität $O(1) \cdot \frac{n}{m-o(m)} = O(n/m)$ hat. Dies wäre noch schneller als der Knuth-Morris-Pratt Algorithmus und tatsächlich ist der Boyer-Moore Algorithmus in der Praxis der schnellste String-Matching Algorithmus.

Wir müssen noch diskutieren, wie die Verschiebung des Patterns vonstatten geht. Der Boyer-Moore Algorithmus arbeitet mit zwei verschiedenen Strategien; er wählt bei jedem mismatch schließlich diejenige Strategie, die die größte Verschiebung ergibt.

1.) *Die „bad character"-Strategie:*

Nehmen wir an, es gibt beim dritten Vergleich mit dem Pattern *reminescence* einen mismatch.

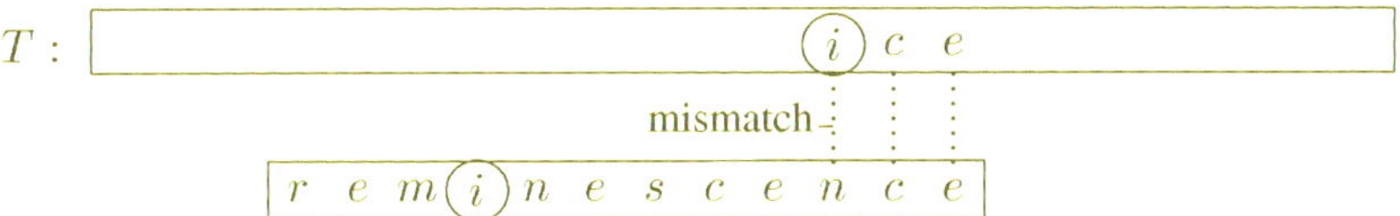

Hierbei ist das „bad character" das Zeichen i im Text. Für den nächsten potenziell möglichen match schauen wir *vor* der mismatch-Position nach dem *am weitesten rechts* vorkommenden i im Pattern nach (dieses ist eingekreist). Wir können das Pattern nun so weit verschieben, bis die beiden i's zur Deckung kommen; dazwischen kann definitiv kein match auftreten.

Nach der Verschiebung erhalten wir:

T : $i\ c\ e$

$r\ e\ m\ i\ n\ e\ s\ c\ e\ n\ c\ e$

Sollte das bad character vor der mismatch-Stelle im Pattern gar nicht mehr auftreten, so können wir das Pattern sogar vollständig über die mismatch-Stelle hinwegschieben.

Was zur Realisierung der bad character-Stragegie benötigt wird, ist eine Tabelle $T[i, a]$, wobei $1 \leq i \leq m$ und $a \in \Sigma$, so dass

$$T[i, a] = \max\{j < i \mid P[j] = a\}$$

Sollte das Maximum nicht existieren, so setzen wir $T[i, a] = 0$.

Sofern diese Tabelle berechnet wurde, so kann der eigentliche Pattern matching-Vorgang mit der bad character-Strategie leicht implementiert werden, da aus der Tabelle die Verschiebelängen (nämlich $i - T[i, a]$) zu entnehmen sind.

2.) *„good suffix"-Strategie:*

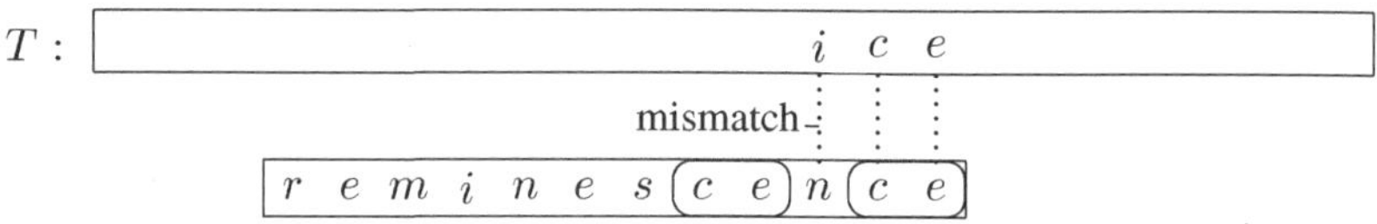

Wir suchen dieses Mal nach Feststellen eines mismatches nach dem am weitesten rechts (vor der mismatch-Position) vorkommenen „good suffix", also derjenigen Zeichenfolge (hier: ce), in der Text und Pattern übereingestimmt haben. Wir können nun das Pattern so weit verschieben, bis diese Textabschnitte zur Deckung gebracht werden:

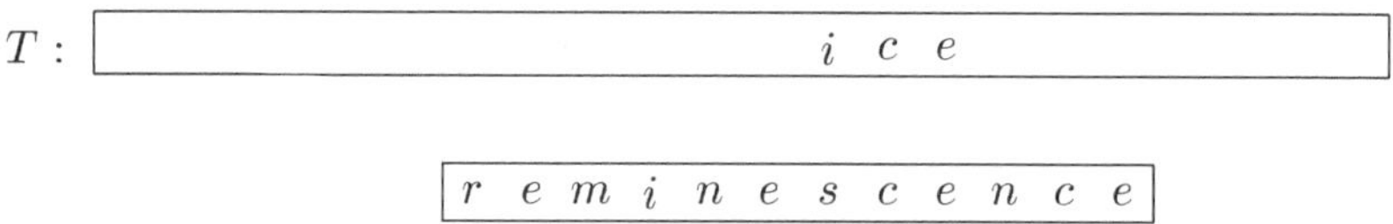

Für jede der Strategien muss zuvor eine geeignete Verschiebetabelle anhand des Patterns in der Zeit $O(m)$ berechnet werden. Es wird natürlich jeweils gemäß derjenigen Strategie verfahren, die die größere Verschiebung mit sich bringt (im obigen Beispiel die bad character-Strategie). Die Berechnung der Verschiebetabelle für die good suffix-Strategie kann analog dem Knuth-Morris-Pratt Algorithmus erfolgen, allerdings nicht von links nach rechts durch P laufend sondern von rechts nach links.

Obwohl der Boyer-Moore Algorithmus im Mittel sehr schnell ist, ist die worst-case Komplexität allerdings miserabel; sie ist $O(mn)$, wie beim naiven Algorithmus. Man überprüft leicht, dass der schlechteste Fall zum Beispiel eintritt, wenn Text und Pattern die Form $T = a^n$ und $P = a^m$ haben.

10.5 Suffix-Bäume

Bei den bisherigen Pattern Matching-Algorithmen fand immer, nachdem P und T gegeben waren, eine gewisse Vorverarbeitungsphase statt, die darin bestand, eine geeignete Tabelle oder eine andere Datenstruktur bereitzustellen, wobei diese Datenstruktur aber immer nur vom Pattern P (und dem zugrunde liegenden Alphabet) abhing. Mit Hilfe dieser Datenstruktur ließ sich dann der eigentliche Suchprozess in der Zeit $O(n)$ erledigen.

In diesem Abschnitt wollen wir den Fall betrachten, dass der zu durchsuchende Text T ein für alle Mal feststeht (und nach verschiedenen Pattern durchsucht werden soll), so dass wir uns daher eine Vorverarbeitungsphase leisten können und wollen, die eine Datenstruktur aufbaut, die nun vom Text T und nicht vom Pattern P abhängt. Der Vorteil wird sein, dass verschiedene Suchanfragen, wie „wo (und wieoft) kommt das Pattern P im Text T vor?" sehr effizient verarbeitet und beantwortet werden können. Der Aufwand für die Vorverarbeitung, also den Aufbau einer geeigneten Datenstruktur, die T repräsentiert, ist allerdings größer als bei den Algorithmen in den vorigen Abschnitten. Diese Situation des feststehenden Textes kommt typischerweise bei Anwendungen in der Bioinformatik vor; der Text könnte z.B. eine DNA-Sequenz (über dem Alphabet $\{A, T, G, C\}$) sein.

Wir wollen hier die Datenstruktur des *Suffix-Baumes* betrachten (im Englischen *suffix-tree* oder *suffix-trie*, als Wortverquickung von *tree* und re*trie*val). Wir betrachten ein Beispiel. Sei der Text $T = atacatagc\$$ gegeben. Hierbei ist das Alphabet um das Extra-Zeichen \$ angereichert, das das Textende signalisiert (und nur dort vorkommt). Für jede Textposition $i = 1, 2, \ldots, n$ (hier: $n = 10$) notieren wir den kürzesten Teilstring von T, der bei Position i beginnt und nur ein Mal im Text vorkommt. Daher *identifiziert* dieser Textstring die Position i.

Position	Teilstring
1	$atac$
2	tac
3	ac
4	ca
5	$atag$
6	tag
7	ag
8	g
9	$c\$$
10	$\$$

Text $T = atacatagc\$$

Der Suffix-Baum besitzt die Blätter $1, 2, \ldots, n$, wobei der Pfad von der Wurzel bis zum betreffenden Blatt i gerade mit den Buchstaben des identifizierenden Teilstrings markiert ist.

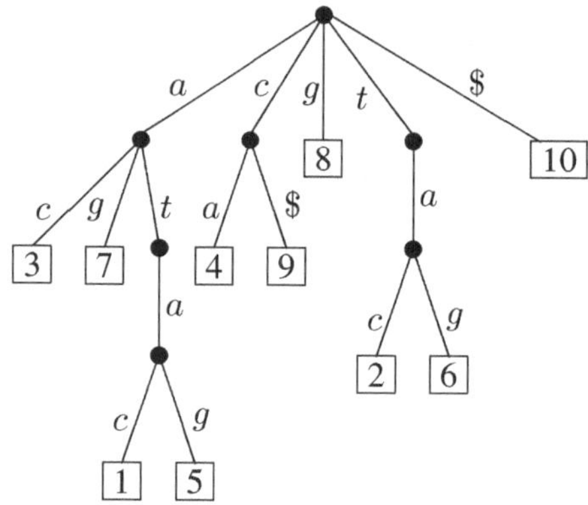

Um zum Beispiel festzustellen, ob der Teilstring at im Text vorkommt, folgt man von der Wurzel her der mit a und dann t beschrifteten Kante und stellt dann fest, dass man sich in einem Teilbaum befindet, der die Blätter 1 und 5 hat. Daher kommt dieser Teilstring an den Positionen 1 und 5 im Text T vor.

Wenn man nach Vorkommen des Pattern-Strings aca sucht, so findet man nach Lesen von ac das Blatt 3 vor; das Teilwort ac des Patterns kommt also lediglich an der Position 3 vor. Jetzt kommt es nur noch darauf an, ob die Fortsetzung (ab Position 5 im Text) auch übereinstimmt (was hier der Fall ist). Dies testet man am Besten ab der betreffenden Text- bzw. Patternstelle durch direkten Vergleich.

Wenn man dagegen nach dem Pattern tg sucht, so stellt man fest, dass kein entsprechender Weg im Baum vorgesehen ist; also ist dieses Pattern nicht im Text vorhanden.

Diese Beispiele zeigen, dass mit Hilfe eines Suffix-Baumes für den Text T die Suche nach Vorkommen eines Pattern P der Länge m in der Zeit $O(m)$ möglich ist. Darüber hinaus sind mit Hilfe des Suffix-Baumes auch noch komplexere Suchanfragen effizient beantwortbar.

Man beachte, dass in der Literatur zahlreiche Varianten von Suffix-Bäumen existieren. Zum einen kann man Kanten, die nur eine Nachfolgerkante haben, zusammenfassen und gleichzeitig kann man dann die entsprechenden Symbol-Beschriftungen zu Strings zusammenfassen. Manchmal werden nicht wie hier die *kürzesten* Teilstrings angegeben, die eine Position i eindeutig charakterisieren, sondern stattdessen wird der gesamte Suffix von T, beginnend bei Position i, im Suffix-Baum notiert.

Die Frage ist nun, wie man einen Suffix-Baum für einen gegebenen Text T (effizient) konstruiert. Eine unmittelbar einleuchtende Konstruktion ist die Folgende. Wir konstruieren den Suffix-Baum, indem wir den Text T *von rechts nach links* abarbeiten. Zunächst starten wir mit einem Baum, der nur aus einer Wurzel besteht. Diesen bezeichnen wir mit B_n. In jedem weiteren Schritt wird ein weiterer Textbuchstabe $T[i]$, $i = n, n-1, \ldots, 1$, mit einbezogen und der bisher konstruierte Baum B_i dadurch zu einem neuen Baum B_{i-1} erweitert. Der endgültige Suffix-Baum ist dann B_0.

Die Konstruktion von B_{i-1}, basierend auf B_i, unter Berücksichtigung des Text-Buchstabens $T[i]$, geschieht wie folgt. Startend von der Wurzel folgenden wir den Kanten von B_i mit den Beschriftungen $T[i], T[i+1], \ldots$, bis zum ersten Mal der Fall eintritt, dass keine mit $T[i+k]$ beschriftete Kante vorhanden ist ($k \geq 0$). Nun wird eine mit $T[i+k]$ beschriftete Kante hinzugefügt. Nun sind zwei Fälle zu unterscheiden.

Fall 1: Die neue Kante wurde an einen inneren Knoten von B_i angefügt. In diesem Fall erhält diese Kante ein mit i beschriftetes Blatt und die Konstruktion von B_{i-1} ist fertig.

Fall 2: Die neue Kante wird an ein bisheriges Blatt mit der Nummer $j > i$ angefügt. Dann wird dieses Blatt zu einem inneren Knoten und es müssen ggfs. weitere Kanten angefügt werden, bis zu einer Position, bei der sich die letzten Buchstaben von $T[i\,..\,i+l]$ und $T[j\,..\,j+l]$ zum ersten Mal unterscheiden ($l \geq k$). Dies führt im Baum B_{i-1} dann zu einem Teilbaum der folgenden Form:

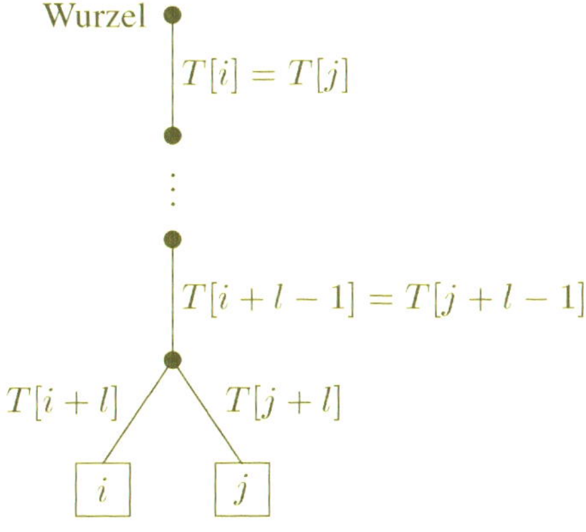

Da bei dieser Konstruktion jeder Textbuchstabe $T[i]$ betrachtet wird, und jeder von diesen evtl. bis zum Textende verfolgt werden muss, ist die worst-case Komplexität dieses Verfahrens $O(n^2)$. Tatsächlich wird die mittlere Tiefe des Suffix-Baumes aber $O(\log n)$ sein, so dass die average-case Komplexität des Verfahrens von der Ordnung $O(n \log n)$ ist. Es wurden in der Literatur verschiedene Verbesserungen vorgeschlagen, die im worst-case sogar den Aufwand $O(n)$ erreichen (vgl. Gusfield (1997)).

10.6 Approximatives String-Matching

In manchen Anwendungen möchte man alle Stellen im Text T auffinden, bei denen ein Teilabschnitt des Textes dem vorgegebenen Pattern P zumindest sehr ähnlich ist, wobei man die Ähnlichkeit von Strings mit der Editierdistanz bewerten kann (vgl. Abschnitt 4.4).

Ein naives Vorgehen bestünde darin, für alle möglichen Textpassagen $T[p..q]$ mit $1 \leq p \leq q \leq n$ die Editierdistanz zum Pattern $P[1..m]$ zu bestimmen, und zwar mit der Methode des dynamischen Programmierens, wie in Abschnitt 4.4 beschrieben. Der Aufwand für dieses Verfahren wäre $\sum_{p=1}^{n}\sum_{q=p}^{n} O(m\cdot(q-p+1)) = O(m\cdot n^3)$, was bei einem langen Text nicht mehr tragbar ist.

Wir beschreiben nun ein Verfahren mit der Komplexität $O(m\cdot n)$, basierend auf dynamischem Programmieren, welches den in Abschnitt 4.4 beschriebenen Verfahren sehr stark ähnelt. Und zwar bestimmen wir für jede Position i im Text denjenigen bei Position i endenden Textabschnitt $T[i'..i]$, welcher dem Pattern P am ähnlichsten ist – zusammen mit der zugehörigen Editierdistanz. Wir definieren, ähnlich wie in Abschnitt 4.4, eine Funktion $d(i,j)$ (für $i\in\{0,1,\dots,n\}$ und $j\in\{0,1,\dots,m\}$), wobei diese die minimale Editierdistanz zwischen dem Anfangsabschnitt des Patterns $P[1..j]$ und einem ähnlichsten Textabschnitt $T[i'..i]$ angibt. Es gilt folgende Rekursionsformel:

$$d(i,j) = \begin{cases} 0, & \text{falls } j=0\\ j, & \text{falls } i=0\\ \min\Big(d(i-1,j)+1,\ d(i,j-1)+1, & \\ \qquad d(i-1,j-1)+\begin{cases}1, & T[i]\neq P[j]\\ 0, & T[i]=P[j]\end{cases}\Big), & \text{sonst}\end{cases}$$

Das folgende Diagramm stellt das Ergebnis der Berechnung von $d(i,j)$ dar, wobei als Text T = KALAMARIS und Pattern P = ALMA gewählt wurde. Durch Linien ist angedeutet, wie bei der Berechnung von d jeweils das Minimum zu Stande gekommen ist.

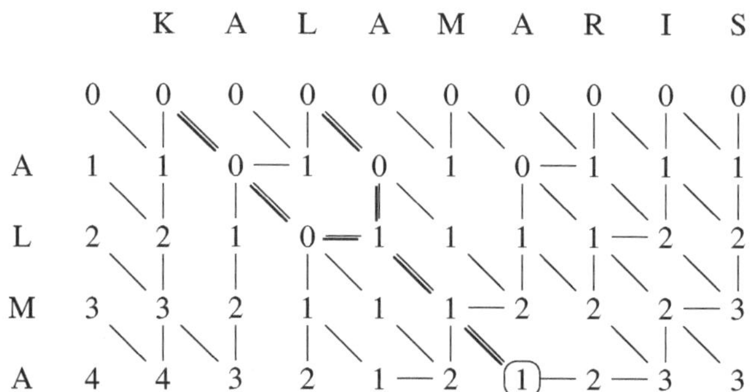

Ein dem Pattern ALMA ähnlicher Textabschnitt mit Editierdistanz 1 ist in diesem Diagramm eingezeichnet. Indem man die Linien von unten nach oben rückverfolgt, kann man erkennen, dass sowohl der Textteil AMA, wie auch ALAMA für die Editierdistanz 1 zu ALMA verantwortlich ist. Eine andere Position mit Editierdistanz 1 (im Diagramm nicht hervorgehoben) führt auf den Textteil ALA.

Bemerkung: Wir haben hier alle Editieroperationen (Löschen, Hinzufügen, Umbenennen) mit 1 bewertet. In Anwendungen wie zum Beispiel der Bioinformatik (sequence alignment von DNA-Sequenzen) ist es sinnvoll, diesen „scores“, die diesen Operationen zugeordnet sind, evtl. recht unterschiedliche Werte zu geben.

Kapitel 11

Heuristische Algorithmen

Unter heuristischen Algorithmen verstehen wir eine Sammelbezeichnung für Algorithmen, die versuchen, eine (möglichst optimale) Lösung in einem (exponentiell) großen Lösungsraum durch eine durch „Heuristiken" gesteuerte Suche zu finden. Heuristiken sind hierbei problem-spezifische Informationen, die es ermöglichen, evtl. schneller zu einer (optimalen, oder wenigstens passablen) Lösung zu gelangen, als durch „blindes" Suchen, also vollständiges Aufzählen aller potenziellen Lösungen. Im Allgemeinen ist es nicht möglich, eine Garantie abzugeben in Bezug auf die erreichbare Lösungsgüte (Performanz) und/oder in Bezug auf die Laufzeit. An Stelle einer rigorosen Komplexitätsanalyse tritt oft eine systematische *experimentelle Algorithmenanalyse*, welche oftmals aufzeigt, dass diese Algorithmen ein erstaunlich gutes Verhalten haben (obwohl dies von theoretischer Seite nicht vollständig begründet, also bewiesen, werden kann).

Wir wollen im Folgenden verschiedene Ansätze, die in diese Kategorie der heuristischen Algorithmen fallen – aber untereinander z.T. sehr unterschiedlich sind – diskutieren. Als Anwendungsbeispiel, an dem wir die verschiedenen Konzepte demonstrieren, haben wir das (NP-vollständige) Traveling Salesman Problem (TSP) gewählt, das in Abschnitt 1.15 eingeführt wurde (siehe auch Abschnitt 4.6 und 7.2).

Die heuristischen Verfahren lassen sich grob in zwei Klassen einteilen: Erstens, solche Verfahren, die eine Lösung sukzessive, ausgehend von der leeren Lösung, konstruieren. Zweitens, solche Verfahren, die bereits gegebene (evtl. zufällig hergestellte) Lösungen versuchen zu verbessern. Im Abschnitt 11.2 wird ein Verfahren der ersten Kategorie behandelt und die Abschnitte 11.3, 11.4, 11.5, 11.6 enthalten Verfahren, die in die zweite Kategorie fallen. Die Algorithmen der zweiten Kategorie sind meist probabilistisch. In Abschnitt 11.1 wird ein weiteres probabilistisches Verfahren diskutiert.

11.1 Randomized Rounding

Das Problem *0/1-ganzzahlige Programmierung* (oder Boolesche Optimierung) ist bekanntermaßen NP-vollständig. Hierbei seien $x_1, \ldots, x_n$ Variablen, die nur die Werte 0 und 1 annehmen dürfen. Die Aufgabe besteht darin, eine Wertebelegung für die Variablen zu finden, die eine Linearkombination

$$\sum_{i=1}^{n} a_i x_i$$

mit gegebenen Koeffizienten $a_1, \ldots, a_n$ maximiert (oder alternativ: minimiert), unter Einhaltung von Nebenbedingungen, die in Form eines Systems von linearen Ungleichungen gegeben sind:

$$\begin{aligned} \sum_{i=1}^{n} b_{1,i} x_i &\geq c_1 \\ \sum_{i=1}^{n} b_{2,i} x_i &\geq c_2 \\ &\vdots \\ \sum_{i=1}^{n} b_{m,i} x_i &\geq c_m \end{aligned}$$

Möglicherweise ist es – je nach Problemstellung – auch geschickt, in dem Ungleichungssystem noch weitere Hilfsvariablen (so genannten *Schlupfvariablen*) z_j zu verwenden, deren Wertebelegung dann aber nicht Bestandteil der gesuchten Lösung ist.

Auf Grund der NP-Vollständigkeit dieses Problems kann also jedes NP-Problem in Form einer solchen 0/1-ganzzahligen Programmierungsaufgabe niedergeschrieben werden.

Da das Problem als solches wie gesagt NP-vollständig ist, haben wir keinen effizienten Algorithmus zur exakten Lösung anzubieten. Aber, es gibt eine interessante probabilistische Methode, die in vielen Fällen recht gute Näherungslösungen liefert. Diese Methode beruht auf der Tatsache, dass das sehr ähnlich aussehende Problem, bei dem die Variablen x_i beliebige *reelle* Werte in $[0, 1]$ annehmen dürfen, effizient lösbar ist. (Man spricht in diesem Zusammenhang von *Relaxation*; dies bedeutet ein gewisses „Aufweichen" der Problemstellung, so dass effiziente Lösungsalgorithmen ermöglicht werden). Tatsächlich gibt es für diese modifizierte Problemstellung verschiedene effiziente Verfahren (z.B. den Algorithmus von Karmarkar), die wir hier nicht beschreiben wollen. (Ein recht einfach zu implementierendes Verfahren ist der Simplex-Algorithmus, der im „Durchschnittsfall" sehr effizient arbeitet, der allerdings ein exponentielles worst-case Verhalten hat. Dieser Algorithmus fällt in die Kategorie der lokalen Verbesserungsstrategien, die wir in Abschnitt 11.3 ansprechen).

Wir gehen also so vor, dass wir das Problem zunächst über $[0,1]^n$ mit einem der existierenden Verfahren exakt lösen. Die Lösung $(\hat{x_1},\ldots,\hat{x_n}) \in [0,1]^n$ für die Variablen $(x_1,\ldots,x_n)$ wird im Allgemeinen aber nicht 0/1-wertig sein. Nun nehmen wir den Zufall zu Hilfe. Wir interpretieren jedes errechnete $\hat{x_i}$ als eine Wahrscheinlichkeit. Das heißt, wir führen dann n unabhängige Zufallsexperimente durch, indem wir zufällige reelle Zahlen zwischen 0 und 1 ziehen. Ist die i-te Zufallszahl $\leq \hat{x_i}$, so setzen wir x_i auf 1; sonst setzen wir x_i auf 0 (also $Pr(x_i = 1) = \hat{x_i}$). Dieser soeben beschriebene Rundungsvorgang hat den Namen *Randomized Rounding*. Hier nochmals als Algorithmus:

```
FOR i := 1 TO n DO
   Wähle eine reellwertige Zufallszahl z aus [0, 1]
   IF z ≤ x̂_i THEN x_i := 1 ELSE x_i := 0
OUTPUT x_1 x_2 ... x_n
```

Nehmen wir an, $(\hat{x_1},\hat{x_2},\ldots,\hat{x_n}) \in [0,1]^n$ sei die errechnete reellwertige Wertebelegung für die Variablen $(x_1,x_2,\ldots,x_n)$. Sei $(b_1,b_2,\ldots,b_n) \in \{0,1\}^n$ die tatsächlich gesuchte optimale Lösung. Je nach Problemstellung sollte der typische Abstand $|\hat{x_i}-b_i|$ deutlich kleiner als 1/2 sein. Die Wahrscheinlichkeit, dass beim Randomized Rounding-Vorgang ein einzelner Wert für x_i korrekt (also gleich b_i) gesetzt wird, ist $\hat{x_i}$, falls $b_i = 1$, und ist $1-\hat{x_i}$, falls $b_i = 0$. Anders ausgedrückt, die Wahrscheinlichkeit ist $1-|\hat{x_i}-b_i|$. Also wird insgesamt die korrekte Lösung $(b_1,\ldots,b_n)$ ermittelt mit Wahrscheinlichkeit $\prod_{i=1}^{n}(1-|\hat{x_i}-b_i|)$. Die Wahrscheinlichkeit, bei t unabhängigen Versuchen die Lösung nicht zu finden, ist dann

$$\left(1-\prod_{i=1}^{n}(1-|\hat{x_i}-b_i|)\right)^t \leq e^{-t\cdot\prod_{i=1}^{n}(1-|\hat{x_i}-b_i|)}$$

Das bedeutet, um eine Fehlerwahrscheinlichkeit von nur e^{-20} zu erreichen, muss die Wiederholungszahl

$$t \geq \frac{20}{\prod_{i=1}^{n}(1-|\hat{x_i}-b_i|)}$$

gewählt werden. *Zahlenbeispiel:* Wenn $|\hat{x_i}-b_i| \leq 0.3$ für alle i gilt, so ist $t = O(1.4286^n)$.

Beispiel: Wir betrachten die dem NP-vollständigen Problem SAT zugeordnete Optimierungsaufgabe, genannt MaxSAT, siehe Abschnitt 1.15. Es geht also darum, bei einer gegebenen Menge von Klauseln eine Belegung zu finden, die *möglichst viele* der Klauseln erfüllt. (Wenn es sich um eine erfüllbare Klauselmenge handelt, sollte der Algorithmus also möglichst eine Belegung finden, die *alle* Klauseln erfüllt).

Die *Performanz* eines Algorithmus' für diese Optimierungsaufgabe lässt sich an dem Verhältnis messen zwischen der Anzahl tatsächlich erfüllter Klauseln und der Anzahl von Klauseln, die idealerweise erfüllt werden kann. Dieser Quotient sollte möglichst

1 sein. Für polynomiale Algorithmen lässt sich dies aber nicht erreichen (sonst folgt $P = NP$); was aber erreicht werden kann, sind Performanzwerte in der Größenordnung von 0.7, wie durch den folgenden Randomized Rounding-Algorithmus. (In der in Abschnitt 1.15 eingeführten Terminologie heißt dies MaxSAT $\in APX$ – abgesehen davon, dass der Algorithmus probabilistisch ist).

Gegeben sei die Klauselmenge $F = \{C_1, C_2, \ldots, C_m\}$. Die Variablenmenge sei $\{x_1, \ldots, x_n\}$. Mit C_j^+ (bzw. C_j^-) bezeichnen wir die Menge der Variablen (genauer: deren Indizes), die in der Klausel C_j positiv (negativ) vorkommen. Dann können wir MaxSAT als ein Boolesches Optimierungsproblem schreiben über den Variablen $x_1, \ldots, x_n$, sowie zusätzlichen Hilfsvariablen (oder Schlupfvariablen) $z_1, \ldots, z_m$: Es soll der Wert von $\sum_{j=1}^m z_j$ maximiert werden, unter Einhaltung der Nebenbedingungen

$$\sum_{i \in C_j^+} x_i + \sum_{i \in C_j^-} (1 - x_i) \geq z_j \qquad \text{für } j = 1, \ldots, m$$

wobei $x_i \in \{0, 1\}$ und $z_j \in \{0, 1\}$. Was wir beschrieben haben, ist nichts anderes als eine polynomiale Reduktion von MaxSAT auf das Problem Boolesche Optimierung.

Wir gehen nun über zum relaxierten Problem. Wir übernehmen die obige lineare Optimierungsaufgabe, fordern aber nur noch $x_i \in [0, 1]$ und $z_j \in [0, 1]$. Dieses lässt sich durch

$$x_i \geq 0, \quad -x_i \geq -1, \quad z_j \geq 0, \quad -z_j \geq -1$$

in Form von zusätzlichen Ungleichungen formulieren. Mit einem existierenden, effizienten Verfahren lösen wir dieses lineare Optimierungsproblem und erhalten die optimalen Werte $\hat{x_i}$ für die „eigentlichen" Variablen x_i und $\hat{z_j}$ für die Hilfsvariablen z_j. Die Werte $\hat{x_i}$ finden Eingang in den oben beschriebenen Randomized Rounding-Prozess, welcher 0-1-Werte für die Variablen x_i zufällig bestimmt.

Ferner gilt, dass der Wert $\sum_{j=1}^m \hat{z_j}$ eine obere Schranke darstellt für die maximale Anzahl der tatsächlich simultan erfüllbaren Klauseln. Dies liegt daran, dass der Lösungsraum des relaxierten Problems den eigentlichen Lösungsraum für das 0-1-wertige Problem mit enthält. (Siehe auch die Diskussion über Relaxation im Kontext von Branch-and-Bound, Seite 234).

Die Wahrscheinlichkeit, dass eine Klausel C_j bei diesem Zufallsprozess *nicht* erfüllt wird, ergibt sich aus dem Produkt der Wahrscheinlichkeiten, dass jedes seiner Literale auf Null gesetzt wird. Wir nehmen ohne Beschränkung der Allgemeinheit an, dass alle Variablen in C_j positiv vorkommen, und dass dies genau die Variablen $x_1, \ldots, x_k$ sind. Dann ist diese Wahrscheinlichkeit $\prod_{i=1}^k (1 - \hat{x_i})$. Der Wert $\prod_{i=1}^k (1 - \hat{x_i})$ wird maximiert (unter Berücksichtigung der Nebenbedingung $\sum_{i=1}^k \hat{x_i} \geq \hat{z_j}$), sofern alle $\hat{x_i}$ den Wert $\hat{z_j}/k$ annehmen. Die Wahrscheinlichkeit, dass C_j nicht erfüllt wird, ist also höchstens $(1 - \hat{z_j}/k)^k \leq e^{-\hat{z_j}}$ und die erwartete Anzahl erfüllter Klauseln ist somit $\geq \sum_{j=1}^m (1 - e^{-\hat{z_j}})$.

Damit hat der oben definierte Performanz-Quotient im Mittel mindestens den Wert

$$\frac{\sum_{j=1}^{m}(1-e^{-\hat{z}_j})}{\sum_{j=1}^{m}\hat{z}_j} \geq \frac{\sum_{j=1}^{m}(1-1/e)\hat{z}_j}{\sum_{j=1}^{m}\hat{z}_j} = 1-\frac{1}{e} \geq 0.632.$$

Zur Abschätzung $1-e^{-x} \geq (1-1/e)x$ siehe Seite 49. Es ist zu erwarten, dass bei mehreren unabhängigen Versuchen dieser Erwartungswert mindestens einmal erreicht und auch überschritten wird.

Bemerkung: Tatsächlich kann der obige Algorithmus – geringfügig modifiziert – bis auf die Performanz 0.75 verbessert werden. Zunächst beobachten wir, dass die obige Abschätzung der Wahrscheinlichkeit, dass eine einzelne Klausel C_j, $|C_j| = k$, erfüllt wird, tatsächlich statt mit $(1-1/e)\hat{z}_j$ etwas besser mit $(1-(1-1/k)^k)\hat{z}_j$ angegeben werden kann.

Des Weiteren betrachten wir einen zweiten probabilistischen Algorithmus, der nichts anderes macht, als alle Variablen unabhängig mit Wahrscheinlichkeit 1/2 mit 1 bzw. mit 0 zu belegen. Dieser Algorithmus erfüllt eine Klausel C_j, $|C_j| = k$, mit Wahrscheinlichkeit $1-2^{-k}$. Während also der Randomized Rounding-Algorithmus die Tendenz hat, kürzere Klauseln mit höherer Wahrscheinlichkeit zu erfüllen als längere Klauseln, hat der naive probabilistische Algorithmus gerade das umgekehrte Verhalten. Wir gehen also so vor, dass wir beide Algorithmen laufen lassen und das bessere Ergebnis verwenden.

Seien n_1, n_2 die erwarteten Anzahlen erfüllter Klauseln, beim ersten bzw. beim zweiten, naiven Algorithmus. Es genügt zu zeigen, dass $(n_1+n_2)/2 \geq 0.75 \cdot \sum_{j=1}^{m}\hat{z}_j$ gilt.

$$\begin{aligned}
\frac{n_1+n_2}{2} &\geq \sum_{k\geq 1}\sum_{|C_j|=k}\frac{((1-(1-1/k)^k)\hat{z}_j+1-2^{-k}}{2}\\
&\geq \sum_{k\geq 1}\sum_{|C_j|=k}\frac{1-(1-1/k)^k+1-2^{-k}}{2}\cdot\hat{z}_j\\
&\geq \sum_{k\geq 1}\sum_{|C_j|=k}0.75\cdot\hat{z}_j = 0.75\cdot\sum_{j=1}^{m}\hat{z}_j
\end{aligned}$$

Die Funktion $f(k) = (1-(1-1/k)^k+1-2^{-k})/2$ nimmt für $k=1$ und $k=2$ ihr Minimum (nämlich 0.75) an, siehe folgende Tabelle:

	$1-(1-1/k)^k$	$1-2^{-k}$	$(1-(1-1/k)^k+1-2^{-k})/2$
$k=1$	1	0.5	0.75
2	0.75	0.75	0.75
3	0.7037	0.875	0.78935
4	0.6836	0.9375	0.81055
5	0.67232	0.96875	0.820535

Damit ist die (mittlere) Performanz von 0.75 nachgewiesen. □

Aufgrund des so genannten „PCP-Theorems“ (siehe Mayr, Prömel, Steger (1998) oder Ausiello et al. (1999)) gibt es eine Konstante ε, so dass keine Approximation für MaxSAT eine größere Performanz als $1 - \varepsilon$ erreichen kann, außer wenn $P = NP$. (Im Falle von Max3SAT wurde diese Schranke für die Performanz inzwischen exakt mit 7/8=0.875 bestimmt).

Wir wollen noch ein *Beispiel* zu Randomized Rounding in Bezug auf SAT bzw. MaxSAT betrachten. Sei n die Anzahl der Variablen, wobei wir annehmen, dass n durch 3 teilbar ist. Die Variablenmenge wird aufgeteilt in $n/3$ viele Gruppen mit jeweils 3 Variablen. Für jede dieser 3 Variablen führen wir 7 Klauseln ein, und zwar alle Klauseln mit diesen 3 Variablen bis auf diejenige Klausel, in der alle 3 Variablen negiert vorkommen. Dies sind insgesamt also $7n/3$ viele Klauseln. Diese Formel ist erfüllbar, und die einzige erfüllende Belegung besteht darin, allen Variablen den Wert 1 zuzuordnen.

Wenn wir nun ein System von linearen Ungleichungen so wie oben ansetzen und dieses lösen, so ergibt die optimale Lösung die Werte $\hat{z_j} = 1$ für die Schlupfvariablen, und für die eigentlichen Variablen kommen außer der gesuchten Lösung $x_i = 1$ auch jede reellwertige Wertezuordnung mit $\frac{1}{3} \leq \hat{x_i} \leq \frac{2}{3}$ in Frage. Im Extremfall liefert der effiziente Algorithmus zur Lösung des linearen Ungleichungssystems sogar die Werte $\hat{x_i} = \frac{1}{3}$ für die Variablen. Im Unterschied zu der oben gemachten „plausiblen Annahme“, dass die berechneten Werte $\hat{x_i}$ recht nahe an dem gesuchten Wert $x_i = 1$ liegen, wäre hier der Abstand sogar $\frac{2}{3}$, also sogar noch größer als 0.5.

11.2 Greedy-Heuristiken

In Kapitel 5 haben wir das Greedy Algorithmen-Paradigma vorgestellt, welches nach der Methode vorgeht, nur auf Grund der lokal verfügbaren Information den nächsten Lösungs-Erweiterungsschritt vorzunehmen, nämlich denjenigen, der für den Moment den größten Gewinn einbringt – bei einem Maximierungsproblem (bzw. die geringsten Kosten verursacht – bei einem Minimierungsproblem). Die Methode ist deshalb attraktiv, weil sie einfach zu implementieren und effizient ist.

Wenn die zugrunde liegende algebraische Struktur ein Matroid ist, so führt diese simple Strategie tatsächlich zum Erfolg, das heißt, es wird eine optimale Lösung gefunden. Wenn diese Voraussetzungen aber nicht gegeben sind, so wird Greedy im Allgemeinen nicht erfolgreich sein. Aber trotzdem, unter Umständen wird durch die simple Greedy-Vorgehensweise auch in einem solchen Fall eine „nahezu optimale“ Lösung erreicht. Daher haben wir es mit einem effizient implementierbaren *heuristischen* Verfahren zu tun.

Betrachten wir eine sehr einfache Greedy-Heuristik für das *Graphenfärbungsproblem.*

(Gegeben ein Graph, färbe diesen mit möglichst wenigen Farben. Das Problem ist NP-vollständig). Wir ordnen nach irgendeinem Kriterium die Knoten des Graphen an. (Vernünftig ist es, die Knoten nach *absteigenden* Knotengraden zu ordnen). Dann geben wir dem ersten Knoten die Farbe 1; dem zweiten ebenso die Farbe 1, wenn er nicht mit dem ersten verbunden ist, ansonsten die Farbe 2. Der allgemeine Fall sieht so aus, dass wir immer die kleinstmögliche Farbennummer auswählen, bei der kein Konflikt mit den bisherigen Farben der Nachbarknoten entsteht. Man kann leicht Beispiele angeben, an denen man erkennt, dass das Verfahren nicht immer die bestmögliche Färbung findet (sonst gilt $P = NP$!).

Das *Mengenüberdeckungsproblem* (das NP-vollständig ist, vgl. Abschnitt 1.14) besteht darin, bei einer gegebenen Menge von Teilmengen von $\{1, \ldots, n\}$ eine minimale Mengenauswahl zu treffen, so dass jedes Element $i \in \{1, \ldots, n\}$ in mindestens einer Menge der Auswahl vorkommt. (Effiziente Verfahren für diese Aufgabe sind zum Beispiel bei der Minimierung von Booleschen Schaltkreisen gefragt). Eine Greedy-Heuristik drängt sich hier geradezu auf: man wähle sukzessive immer diejenige Menge aus, die die meisten noch nicht ausgewählten Elemente enthält. Leider sind die solcherart erzeugten Mengenauswahlen im Allgemeinen nicht optimal. (Ein Gegenbeispiel ist das Folgende: $\{1, 2, 3, 4\}, \{1, 2, 5\}, \{3, 4, 6\}$. Der Greedy-Algorithmus wählt alle drei Mengen aus, während die optimale Wahl darin besteht, die zweite und dritte Menge auszuwählen).

Angewandt auf das *Traveling Salesman Problem* wäre das Folgende eine mögliche Realisierung einer Greedy-Heuristik-Idee: Konstruiere sukzessive eine Rundreise, indem man vom aktuellen Standort aus immer die *nächstliegende* Stadt, die vorher noch nicht besucht wurde, auswählt und besucht („Nearest Neighbor Heuristic"). Am Schluss kehrt man zur Ausgangsstadt zurück. (Wir gehen hier davon aus, dass von jeder Stadt aus zu jeder anderen eine mögliche Verbindung existiert).

Diese Heuristik liefert mäßige Ergebnisse. Die erzeugten Rundreisen enthalten zu Beginn zwar viele kurze Kanten, dann aber kommt es vor, dass eigentlich zu besuchende Knoten „übersehen" werden, da sie von der aktuellen Position zu weit entfernt sind. Am Schluss aber müssen diese Knoten von einer noch weiter entfernten Position dann doch besucht werden, da keine unbesuchten Knoten mehr übrigbleiben.

Trotzdem können die mit einer solch einfachen Heuristik erzeugten Rundreisen nützlich sein, wenn man anschließend eine Methode der Nach-Verbesserung durchführt (siehe Abschnitt 11.3 und die danach folgenden Abschnitte). Die Komplexität des Verfahrens ist $O(n^2)$, denn jeder der $n-1$ Erweiterungsschritte erfordert eine Minimumssuche mit Komplexität $O(n)$.

Cleverer ist dann schon folgende Greedy-Methode: Wir starten mit einer kurzen Tour, die nur über die zwei am dichtesten zueinander liegenden Knoten führt. In jedem Schritt wird diese Tour dann um einen weiteren Knoten erweitert, bis schließlich alle Knoten mit einbezogen sind. Welcher der noch nicht involvierten Knoten als nächster in die Tour integriert werden soll, das ist die Frage. Hier gibt es verschiedene Varianten, die untersucht wurden. Die Methode, die sich in praktischen Versuchen als die beste erwiesen hat, ist „Farthest Insertion“: Man wählt unter den noch nicht integrierten Knoten denjenigen, dessen Minimalabstand zu einem Knoten, der bereits auf der Tour liegt, *maximal* ist. Nicht viel schlechter verhält sich „Random Insertion“: Man wählt einen zufälligen, noch nicht integrierten Knoten. Der betreffende Knoten wird dann so in die Tour zwischen zwei Knoten eingefügt, dass die Zunahme der Tourenlänge minimal bleibt.

Es mag wundern, dass Farthest Insertion besser ist als das eigentlich offensichtlichere „Nearest Insertion“. Der Grund liegt intuitiv darin, dass Farthest Insertion schon nach relativ wenigen Schritten eine Tour erzeugt, die in der globalen Kontur der endgültigen Tour ähnelt.

Die Komplexität von Farthest Insertion und von Random Insertion ist $O(n^2)$.

In der Praxis noch besser verhält sich folgende Greedy-Heuristik: Man wählt zunächst einen beliebigen Knoten $v \in V$ als „Basisknoten“ aus. Zur Initialisierung des Verfahrens legt man von diesem Basisknoten aus sternförmig $n-1$ viele kurze Rundreisen $v-x-v$ zu jedem Knoten $x \in V - \{v\}$ an. Sukzessive werden nun in einer Schleife je zwei verschiedene, über v laufende Rundreisen T_1, T_2 ausgewählt, so dass $\{v, x\}$ eine Kante auf T_1 und $\{v, y\}$ eine Kante auf T_2 ist. Aus den beiden Touren T_1, T_2 wird nun eine einzige gemacht, indem man die Kanten $\{v, x\}$, $\{v, y\}$ streicht und statt dessen die Kante $\{x, y\}$ hinzunimmt.

Skizze:

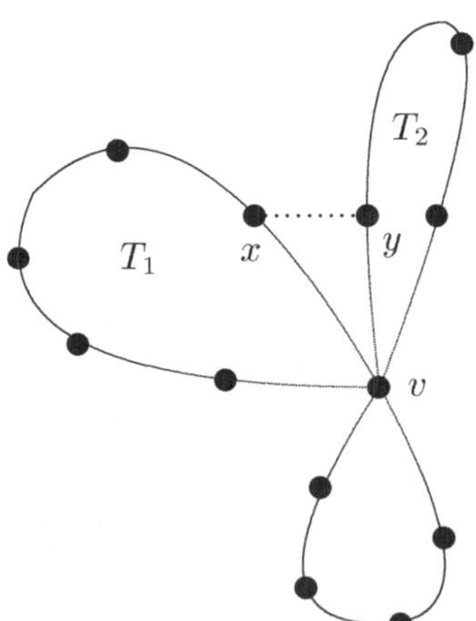

Und zwar wählt man in jedem Schritt dasjenige Paar T_1, T_2 und deren Knoten x, y aus, welches die Kostenersparnis $w(\{v, x\}) + w(\{v, y\}) - w(\{x, y\})$ maximiert.

Implementieren lässt sich das Verfahren, indem man die Touren T_i als verkettete Listen darstellt. Jede Tour hat im Allgemeinen zwei Endpunkte – also Nachbarpunkte von v – die für den oben beschriebenen Vereinigungsvorgang in Frage kommen. Beim Einrichten einer Tour wird zugleich für die beiden Endpunkte der günstigste Endpunkt derjenigen Nachbartour vermerkt, mit welcher gegebenenfalls zu vereinigen ist. Der Vereinigungsvorgang erfordert das Zusammenfügen zweier Listen. Nach dem Vereinigungsvorgang erfolgt ein update bzgl. der günstigsten Nachbarn, welcher ungünstigenfalls die Komplexität $O(n^2)$ hat. Daher können wir die Komplexität des Verfahrens insgesamt mit $O(n^3)$ abschätzen.

11.3 Lokale Verbesserungsstrategien

Die Idee besteht darin, mit einer beliebigen (zufälligen oder systematisch – evtl. mit einer Greedy Heuristik – gewählten) Lösung zu beginnen, und diese dann in einer zufälligen Weise durch gewisse lokale, geringfügige Veränderungen zu „mutieren". Sollte diese Veränderung eine Verbesserung gebracht haben, so wird diese neue Lösung übernommen. Die Methode wird manchmal auch *hill climbing* oder *local search* genannt.

Der folgende Algorithmus skizziert dieses Vorgehen.

```
Erzeuge eine Anfangslösung l
REPEAT
  Modifiziere l zufällig zu l'
  IF Lösung l' ist besser als l THEN l := l'
UNTIL längere Zeit keine Verbesserung mehr eingetreten
Gib l als akzeptable Lösung aus
```

Das Problem bei diesem Vorgehen ist, dass man möglicherweise in einem lokalen Optimum hängenbleiben kann und das globale Optimum nicht findet. Das folgende Bild skizziert den Verlauf der Lösungsverbesserungen.

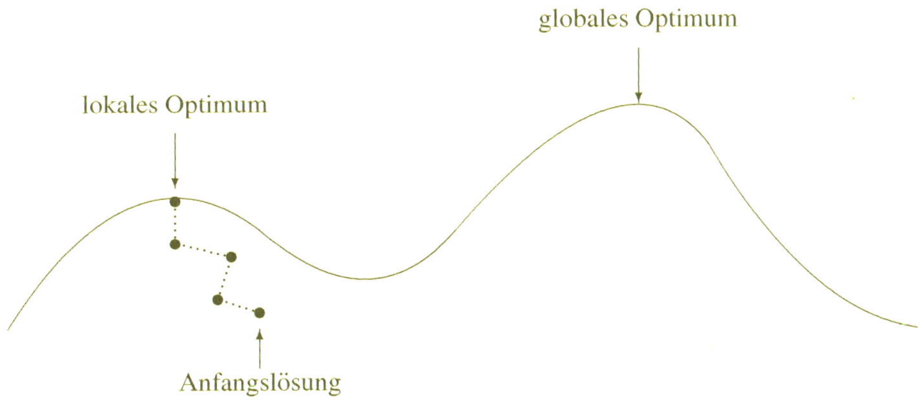

Dem Problem der lokalen Optima kann dadurch begegnet werden, dass man das Verfahren wiederholt ausführt mit immer wieder neuen zufälligen Anfangslösungen.

Man beachte, dass auch der Ford-Fulkerson Algorithmus (Abschnitt 6.6) in die Kategorie lokale Verbesserungsstrategie fällt. Allerdings wird in diesem Fall durch das Min-Cut-Max-Flow-Theorem (Seite 221) garantiert, dass es keine lokalen Optima gibt.

Es gibt einen recht erfolgreichen Algorithmus für das TSP, der nach dieser lokalen Verbesserungsmethode vorgeht. Gegeben sei dieses Mal eine *symmetrische* Entfernungsmatrix $M[1..n, 1..n]$. Außerdem nehmen wir (wie in Abschnitt 11.2) an, dass *alle* Kanten in dem zugrunde liegenden Graphen vorhanden sind. Dies hat die Konsequenz, dass *jede* Permutation eine zulässige Lösung ist.

In der Initialisierungsphase wird eine zufällige Permutation aller Knoten erzeugt: $v_1, v_2, \ldots, v_n$. (Im Folgenden sei mit v_{n+1} wieder der Knoten v_1 gemeint).

Die lokalen Verbesserungsschritte vollziehen sich wie folgt („2-Opt-Heuristik"): Wähle zunächst zwei zufällige Knoten v_i und v_j. Diese dürfen auf der bisherigen Rundreise nicht direkt benachbart sein. Ferner sei (o.B.d.A.) $i < j$.

Falls jetzt

$$M[v_i, v_{i+1}] + M[v_j, v_{j+1}] \; > \; M[v_i, v_j] + M[v_{i+1}, v_{j+1}]$$

gilt, so kann die bisherige Rundreise verbessert werden. Das folgende Bild skizziert die Modifikation.

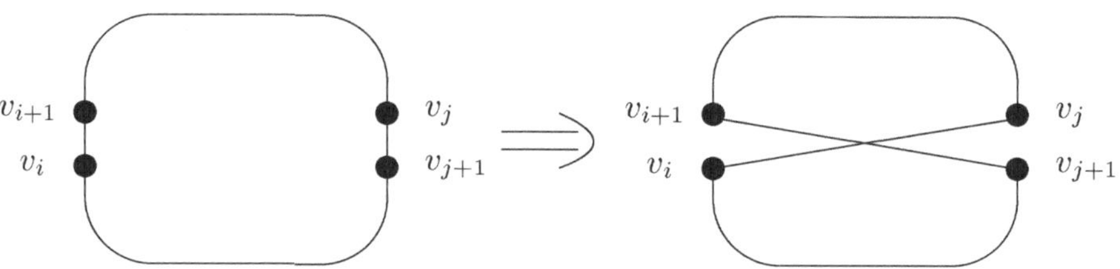

Mit anderen Worten, die bisherige Rundreise $v_1, \ldots, v_n$ wird modifiziert zu

$$v_1, v_2, \ldots v_i, \; v_j, v_{j-1}, \ldots, v_{i+2}, v_{i+1}, \; v_{j+1}, \ldots, v_n$$

Man beachte, dass der Abschnitt $v_j \ldots v_{i+1}$ in der modifizierten Rundreise in umgekehrter Richtung als zuvor durchlaufen wird. Daher haben wir zu Beginn die Symmetrie der Entfernungsmatrix gefordert.

Geometrisch betrachtet bedeutet die 2-Opt-Heuristik gerade, dass eine überflüssige Überkreuzung zweier Wege auf der Rundreise „entknotet" wird, was zu einer Verkürzung der Rundreise führt. Oder auch: es wird ein überflüssiger „Knick" gegradigt, wie das folgende Beispiel zeigt:

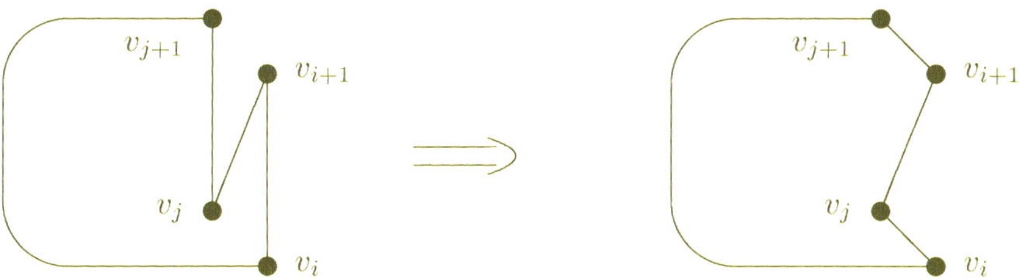

Zur Komplexität dieser Greedy-Heuristik lässt sich relativ wenig sagen. Es ist nicht klar, ob ein lokales Optimum in polynomialer Zeit erreicht wird.

Ein weiterer Algorithmus nach dem Prinzip der lokalen Verbesserungsstrategie wird in Abschnitt 12.6 vorgestellt.

11.4 Simulated Annealing

Dem Problem, in einem lokalen Optimum „hängenzubleiben", kann man auch mit der Methode *Simulated Annealing* (simuliertes Ausglühen oder Abkühlen) begegnen, die auch Kirkpatrick zurückgeht. Wie bei der Auskühlung eines Metalls oder bei der Kristallzüchtung geht man von einem flüssigen Zustand aus und überführt diesen langsam bis hin zu einem möglichst energiearmen, festen Zustand. Dabei werden evtl. auch zwischendurch Zustände höherer Energie eingenommen.

Die wesentliche Idee ist, dass mit gewisser abnehmender Wahrscheinlichkeit im Verlauf des Algorithmus auch wieder schlechtere Lösungen akzeptiert werden. Dies verhindert, dass der Algorithmus in lokalen Optima steckenbleibt. Ist nämlich mal eine lokal optimale Lösung erreicht, reicht unter Umständen die Palette der möglichen Mutationen nicht aus, dieses lokale Optimum wieder zu verlassen, wenn man nicht auch in Zwischenschritten wieder schlechtere Lösungen akzeptiert. Diese Idee geht auf Metropolis et al. (1953) zurück. Man spricht in diesem Zusammenhang auch vom *Metropolis-Algorithmus*.

Der folgende Algorithmus skizziert das prinzipielle Vorgehen.

```
Erzeuge eine Anfangslösung a
Initialisiere c (die „Temperatur“) und l („Wiederholungsfaktor“)
REPEAT
  FOR k := 1 TO l DO
    Erzeuge aus a eine zufällig mutierte Lösung a'
    Δ := w(a') − w(a)  {w ist die Gewichtsfunktion}
    IF Δ ≤ 0 THEN a := a'
    ELSE IF e^(−Δ/c) ≥ random
      THEN a := a'
  c := αc
UNTIL c < ε
```

Hierbei ist α eine Konstante kleiner als Eins, etwa $0.8 \leq \alpha \leq 0.99$, und ε ist eine kleine Konstante nahe bei Null. Eine Faustregel ist, den Startwert von c etwa 10-mal so groß wie den größtmöglichen, potenziellen Δ-Wert zu wählen. Ferner ist random eine gleichverteile Zufallszahl zwischen 0 und 1. Der Test $\Delta \leq 0$ bedeutet, dass die Lösung a' gegenüber a eine Verbesserung darstellt. (Die Formulierung hier ist für ein *Minimierungsproblem*, bei einem Maximierungsproblem müsste man Δ durch $-\Delta$ ersetzen). Am Anfang des Verfahrens, solange die Temperatur hoch ist, realisiert das System einen random walk, eine Zufallsirrfahrt, auf dem Lösungsraum. Am Ende, wenn die Temperatur nahezu Null ist, so entspricht das Verfahren einer reinen lokalen Verbesserungsstrategie, wie sie im vorigen Abschnitt beschrieben wurde.

Das folgende Diagramm skizziert, wie die Wahrscheinlichkeit (die so genannten *Metropolis-Wahrscheinlichkeit*) $p = Pr[e^{-\Delta/c} \geq \textit{random}] = e^{-\Delta/c}$ mit der Anzahl t der Schleifendurchläufe abnimmt. Hierbei ist zu berücksichtigen, dass $c = c(t) = c_0 \cdot \alpha^t$, und dementsprechend auch $p = p(t)$, eine Funktion von t ist.

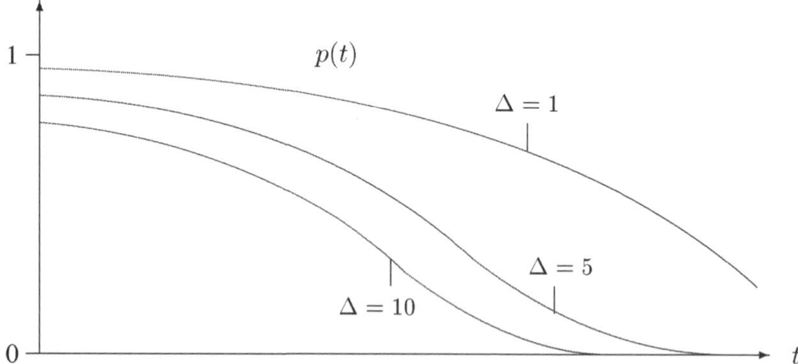

Hier wurde die Abnahme-Geschwindigkeit für den Temperaturparameter $c = c(t) = c_0 \cdot \alpha^t$ gemäß einer geometrischen Reihe gewählt, so dass c also exponentiell gegen

Null konvergiert. Wenn wir annehmen, dass der Anfangswert a für die Temperatur exponentiell in der Problemeingabelänge ist, so bedeutet dies, dass die Komplexität des Algorithmus polynomial ist. Andererseits besagt eine theoretische Betrachtung mit Hilfe der Theorie der Markoff-Ketten (oder random walks, vgl. Abschnitt 1.3), dass eine Temperaturabnahme der Form $c(t) = O(1/\log t)$ hinreichend ist, um mit einer akzeptablen Wahrscheinlichkeit am Ende eine global-optimale Lösung zu erhalten. Setzt man eine solche Temperaturabnahme-Geschwindigkeit (auch „cooling schedule" genannt) in obige Formeln ein, erhält man eine exponentielle Komplexität. Es gilt hier einen guten Kompromiss zwischen Komplexität und erwarteter Lösungsgüte zu schließen.

So wie hier formuliert, verwendet Simulated Annealing den Zufall, um bei schlechteren Lösungen festzulegen, ob diese beibehalten werden sollen oder nicht. Es ist aber im Prinzip auch möglich, stattdessen diese Entscheidung deterministisch durchzuführen. Das bedeutet dann, dass der Algorithmus einen *Schwellenwert* s mitführt, so dass schlechtere Lösungen – ohne Verwenden von Zufall – dann akzeptiert werden, wenn $\Delta \leq s$. Dieser Schwellenwert (genauso wie im obigen Algorithmus die „Temperatur" c) wird in jedem Schritt heruntergesetzt und strebt gegen Null. Diese Variante nennt man auch *Threshold Accepting*.

Ein weiteres technisches Problem bei Simulated Annealing ist, dass zwar gelegentlich ein Schritt akzeptiert wird, der die aktuelle Lösung verschlechtert, dass es aber im nächsten Schritt möglich ist, dass der vorangegangene Schritt wieder rückgängig gemacht wird. Deshalb wurde die so genannten *Tabu-Suche* vorgeschlagen. Hierzu speichert man sich die letzten k erhaltenen Lösungen (für eine geeignete Konstante k) und verbietet alle Schritte, die auf eine der gespeicherten Lösungen zurückführen würde. Das heißt, es werden nur „neue" Lösungen zugelassen.

11.5 Genetische Algorithmen

Genetische Algorithmen arbeiten vom Konzept her auch mit lokalen Verbesserungsstrategien, evtl. angereichert mit dem Simulated Annealing Konzept. Nur wird hier konsequenter das Vorbild der Natur, die genetische Evolution, imitiert.

Der erste Unterschied besteht darin, dass nicht nur eine einzelne Lösung verändert und verbessert wird, sondern eine *Population* von Lösungen. (Eine andere Bezeichnung für Population ist *Generation*, insbesondere wenn diese unter dem Aspekt der zeitlichen Veränderung betrachtet werden). Lösungen werden in diesem Kontext auch oft *Individuen* oder *Chromosomen* genannt. Der weitere Unterschied besteht darin, dass nicht nur zufällige lokale Änderungen der Lösungen (Mutationen) vorgenommen werden, sondern auch *Kreuzungen* (auch *cross-over* oder *Rekombination* genannt) zwischen Lösungen, um solcherart neue Lösungen zu erzeugen. Nach dem Erzeugen solcher neuen Lösungen werden alle bewertet, und die neue Population besteht dann aus denjenigen mit den höchsten Bewertungen. (In diesem Kontext wird oft der Term „Fitness" für die

Bewertung verwendet). Zusammengefasst besteht ein genetischer Algorithmus aus den Komponenten Mutation, Rekombination und Selektion.

Im folgenden Algorithmus ist das Konzept ausgeführt.

```
Erzeuge eine zufällige Anfangspopulation
 von Lösungen {a_1, ..., a_m}
REPEAT
  Erzeuge eine gewisse Anzahl
   zufälliger Kreuzungen von Lösungspaaren
  Erzeuge eine gewisse Anzahl
   zufälliger Mutationen der Lösungen
  Bewerte die Fitness aller erhaltenen Lösungen
  Wähle die m fittesten Lösungen aus; diese seien dann
  {a_1, ..., a_m}
UNTIL Fitness verbessert sich nicht mehr
Finde in der erhaltenen Population die fitteste Lösung
```

Wir müssen noch diskutieren, wie die cross-over Operation zu verstehen ist. An dieser Stelle ist es sehr wichtig, dass die Lösungen „geeignet“ als Bitstrings codiert sind. Wir betrachten zwei Lösungen a_i und a_j und schneiden diese an einer beliebigen (oder geeigneten) Stelle (dem *cross-over point*) auf:

$$\begin{array}{rcl|l} a_i & = & 1110110111 & 1010101 \\ a_j & = & 0011011011 & 1110001 \end{array}$$

Nun sind zwei Kreuzungen möglich; man kann die vordere Hälfte von a_i (bzw. a_j) mit der hinteren Hälfte von a_j (bzw. a_i) kombinieren, und wenn die Codierung der Lösungen geeignet gewählt ist, so entstehen wieder zulässige Lösungen. Diese wären in diesem Fall

$$11101101111110001 \text{ und } 00110110111010101$$

Wichtig an der Codierung ist, dass die gekreuzten Lösungen in gewisser Weise die Charakteristika der „Eltern“ noch in sich tragen.

Eine andere Weise, zwei Eltern-Bitstrings miteinander zu kombinieren, um einen „gekreuzten“ Bitstring zu erhalten, stellt das *uniform cross-over* dar. Hierbei wird für $i = 1, 2, \ldots, n$ jeweils unabhängig mit Wahrscheinlichkeit 1/2 entschieden, ob das betreffende Bit des einen oder des anderen Elternteils zu übernehmen ist. Das hat die Konsequenz (wie bei der obigen Methode auch), dass Bitpositionen, in denen die Eltern identisch sind, auch im gekreuzten Bitstring übernommen werden.

Ein wichtiger Aspekt bei genetischen Algorithmen ist, dass durch Kreuzungen und Mutationen, sowie durch geeignete Wahl der Populationsgröße in den Generationen eine ausreichende Mannigfaltigkeit (diversity) der Individuen erhalten bleibt. Nur so können genetische Algorithmen gegenüber den lokalen Suchstrategien (mit immer wieder neu ausgewählten zufälligen Anfangslösungen) möglicherweise einen Vorteil bringen.

Wenden wir uns dem TSP zu. Hier lässt sich das cross-over Konzept nicht in der angegebenen idealen, symmetrischen Form verwirklichen. Seien zwei Lösungen (also Rundreisen) gegeben:

$$v = (v_1, v_2, \ldots, v_n)$$
$$w = (w_1, w_2, \ldots, w_n)$$

Man kann nicht einfach eine vordere Hälfte der ersten Rundreise mit der hinteren Hälfte der zweiten Rundreise kombinieren, da dann Knoten (Städte) doppelt oder überhaupt nicht auftreten können.

Es gibt eine mögliche Lösung des Problems, die annehmbare Ergebnisse liefert: Wir wählen aus der ersten Lösung einen Teilabschnitt, den wir identisch übernehmen. Aus der zweiten Lösung schließen wir dann – ausgehend vom letzten besuchten Knoten des ersten Teils – weitere Knoten an, sofern sie nicht schon vorgekommen sind; ansonsten lassen wir diese aus.

Beispiel:

$$v = (5\,6\,2\,0\,1\,4\,7\,3\,8\,9)$$
$$w = (3\,2\,1\,6\,5\,9\,4\,0\,8\,7)$$

Wir wählen aus der ersten Lösung den Abschnitt $v' = (2\ 0\ 1\ 4\ 7\ 3)$. Wir setzen beim Nachfolgerknoten von 3 in w auf und wählen der Reihe nach diejenigen Knoten, die noch nicht vorgekommen sind. Das Ergebnis ist folgende „gekreuzte“ Rundreise:

$$(2\,0\,1\,4\,7\,3\,6\,5\,9\,8)$$

Eine andere Möglichkeit, den cross-over Operator beim (symmetrischen) Traveling Salesman Problem zu definieren, ist wie folgt. Wir erzeugen den Graphen, der sich ergibt, wenn man nur die in den beiden zu kreuzenden (Eltern-) Rundreisen verwendeten Kanten einträgt. Gegeben seien zum Beispiel die folgenden beiden Rundreisen:

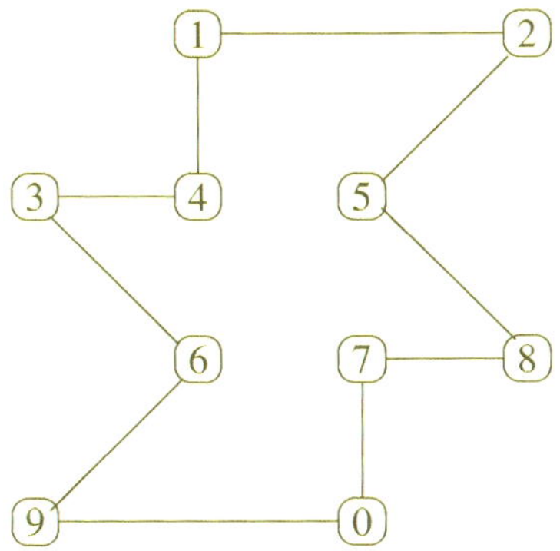

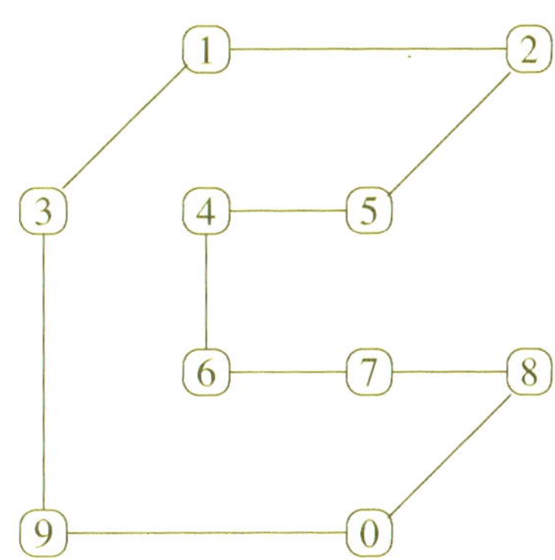

Wir tragen alle vorkommenden Kanten in einen gemeinsamen Graphen ein. Jeder Knoten in diesem Graphen hat jetzt 2,3 oder 4 Nachbarn.

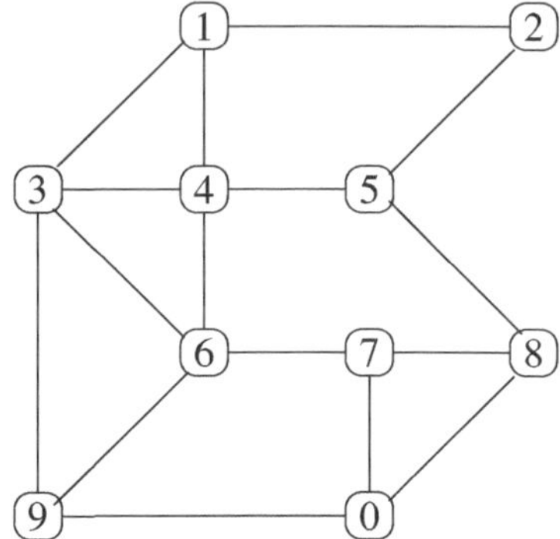

Nun versuchen wir probabilistisch durch einen „random walk" auf dem Graphen, einen neue Rundreise zu finden. Hierbei kann es möglicherweise vorkommen, dass diese Zufallsirrfahrt in eine „Sackgasse" gerät, also dass alle Nachbarn des aktuellen Knotens auf der begonnenen Rundreise bereits besucht wurden. In einem solchen Fall muss eine Kante verwendet werden, die in keiner der Eltern-Rundreisen vorkam. Das folgende Bild zeigt eine Möglichkeit, die nur in den Eltern vorhandene Kanten verwendet:

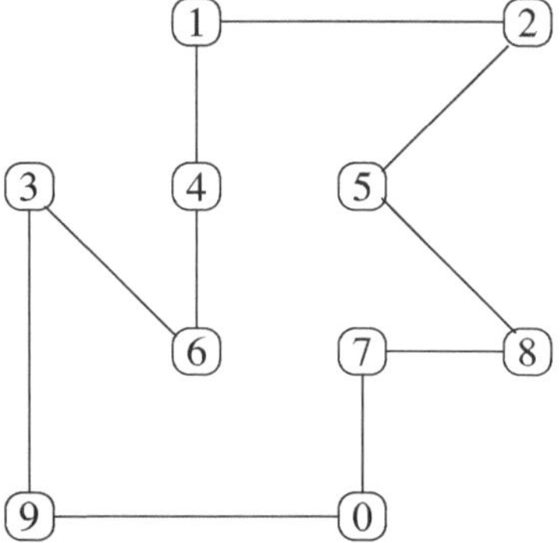

Anstatt die Rundreise zufällig zu konstruieren, kann man auch eine Greedy-Heuristik verwenden, indem man immer denjenigen noch nicht besuchten Nachbarknoten mit minimaler (verbleibender) Kantenzahl auswählt.

Wichtig für den Erfolg der cross-over Operation bei genetischen Algorithmen ist ferner, dass die Größe der Population nicht zu klein ist, so dass eine genügend große „Diversifikation" vorliegt. In diesem Fall kann (mit gewisser Wahrscheinlichkeit) aus zwei guten Elternpaaren (deren „guten" Bestandteile an verschiedenen Positionen vorkommen) ein „Kind" mit weit besserer Qualität erzeugt werden.

Das folgende Diagramm illustriert, wie typischerweise im Laufe eines genetischen Algorithmus' die Lösungsgüte zunimmt (also die Länge der gefundenen Rundreisen abnimmt), wobei die optimale Lösung möglicherweise aber nicht erreicht wird.

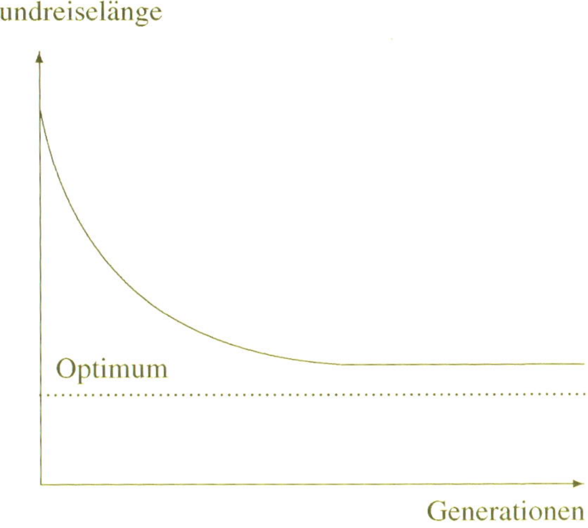

11.6 Neuronale Netze

Ein (künstliches) *neuronales Netz* ist vom Konzept her eine Hardware-Realisierung von miteinander verschalteten Grundbausteinen, so genannten *Neuronen*, welche in rudimentärer Form die Vorgänge im biologischen Vorbild, unserem Gehirn, nachahmen. Unsere hier betrachteten Neuronen können (der Einfachheit halber) nur die Zustände 0 („ausgeschaltet") und 1 („eingeschaltet") annehmen. Die Schaltzustände $x_i \in \{0, 1\}$ aller (oder einer Teilmenge der) Neuronen fließen ein in mehrere gewichtete Summenbildungen, also z.B. $\sum_{i=1}^{k} w_i x_i$, $w_i \in I\!R$, und je nachdem, ob diese Summe einen bestimmten Schwellenwert übersteigt oder nicht, wird hierdurch der Nachfolgezustand eines bestimmten Neurons zum nächsten Zeitpunkt festgelegt. Auf diese Weise werden die Schaltzustände aller Neuronen von Zeitpunkt zu Zeitpunkt geändert, bis ggfs. ein stabiler (und erwünschter) Endzustand eintritt, welcher in gewisser Weise das Ergebnis der Berechnung des neuronalen Netzes darstellt.

In der Neuroinformatik wird eine Vielzahl von neuronalen Netzarchitekturen, von Neuronenmodellen und Anwendungen von neuronalen Netzen, z.B. für die Klassifikation oder die Approximation, untersucht. Es wird u.a. studiert, wie ein neuronales Netz durch sukzessives Verändern der Gewichte w_i zu einem erwünschten Verhalten hin „trainiert" werden kann, oder wie dieses durch Verändern der Gewichte nach bestimmten *Lernregeln* selbständig bestimmte „Konzepte" erlernen kann. Deshalb ist die Bemerkung wichtig, dass wir es in diesem Abschnitt nur mit einer bestimmten Sorte von neuronalen Netzen, so genannten *Hopfield-Netzen* (und daraus abgeleiteten Netzen) zu tun haben.

Ein Hopfield-Netz besteht aus einer Menge von N Neuronen, die die Schaltzustände $x_1, \ldots, x_N \in \{0, 1\}$ annehmen können. Jedes Neuron i ist im Prinzip mit jedem anderen Neuron j über ein (positives oder negatives) Gewicht $w_{i,j}$ verbunden. Bei synchronem (parallelem) Betrieb gehen alle Neuronen i im nächsten Schritt simultan in einen neuen Zustand x'_i über, der sich durch die Formel

$$x'_i = \begin{cases} 1, & \sum_{j=1}^{N} w_{i,j} \cdot x_j > 0, \\ 0, & \sum_{j=1}^{N} w_{i,j} \cdot x_j \leq 0 \end{cases}$$

aus den vorhergehenden Zuständen ergibt. Das folgende Bild skizziert die Situation:

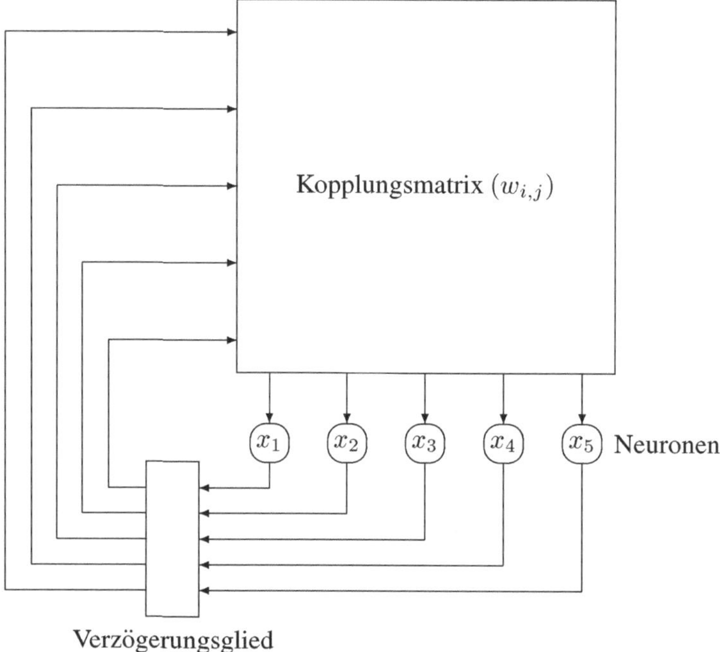

Bei Hopfield-Netzen wird normalerweise verlangt, dass die Kopplungsmatrix symmetrisch ist ($w_{i,j} = w_{j,i}$), und dass $w_{i,i} = 0$ (oder zumindest $w_{i,i} \geq 0$) gilt. Diese Situation wird durch eine physikalische Analogie aus der statistischen Mechanik nahe gelegt und ermöglicht es, eine Reihe von theoretischen Aussagen, z.B. über das Konvergenzverhalten des Netzes zu machen. Durch das biologische Vorbild werden diese Annahmen jedoch nicht unbedingt bestätigt.

Das Attraktive an neuronalen Netzen ist, wie bei unserem Gehirn auch, dass es massiv parallel arbeitet. Die Schaltvorgänge der Neuronen können synchron (simultan), wie eben beschrieben, oder auch asynchron (oder sequenziell) erfolgen, d.h. immer nur ein Neuron schaltet nach der oben angegebenen Formel. Neuronale Netze können zum einen tatsächlich in Hardware realisiert werden, oder auch Software-mäßig mit Hilfe von Parallelrechnern. In diesem Buch interessieren uns ausschließlich *sequenzielle* Algorithmen. Ein neuronales Netz kann selbstverständlich auch durch einen sequenziellen Algorithmus simuliert werden, insbesondere beim asynchronen Betrieb, indem man in jedem Schritt zufällig ein Neuron auswählt und seinen Schaltzustand gemäß der zugehörigen Summenfunktion dann ggfs. ändert. Dieser Vorgang muss dann sehr oft wiederholt werden, und zwar im Allgemeinen solange, bis ein *stabiler* Zustand eintritt. Dies bedeutet, dass kein Neuron seinen Schaltzustand aufgrund der obiger Summenformel mehr ändert.

Das „Programmieren" eines Hopfield-Netzes bedeutet, dass die Gewichte $w_{i,j}$ zunächst in geeigneter Form berechnet und festgelegt werden, und zwar in einer Weise, die sich aus der zu lösenden Aufgabenstellung ergibt. Sodann wird ein zufälliger oder speziell gewählter Anfangs-Schaltzustand für die N Neuronen festgelegt und das Verhalten des Netzes sodann entweder im parallelen oder sequenziellen Modus simuliert, bis ein stabiler Zustand eintritt. Dieser Zustand stellt dann die Lösung bzw. im Allgemeinen eine approximative Lösung für das zugrunde liegende Problem dar.

Wir wollen ein Hopfield-Netz zur Lösung des Traveling Salesman Problems einsetzen. Dazu müssen potenzielle TSP-Lösungen in einer 0-1-Form codiert werden, so dass diese sich in den Schaltzuständen eines neuronalen Netzen widerspiegeln können. Wir verwenden für ein TSP-Problem mit n Städten $N = n^2$ viele Neuronen, deren Schaltzustände wir mit zwei Indizes durch $x_{i,j}$ $(i, j \in \{1, \ldots, n\})$ identifizieren. Hierbei soll $x_{i,j} = 1$ so interpretiert werden, dass die j-te Stadt auf der Rundreise gerade die Stadt i sein soll. Diese Interpretation macht nur dann Sinn, wenn es für jedes j genau ein i mit $x_{i,j} = 1$ gibt (d.h. zu jedem Zeitpunkt wird genau eine Stadt besucht), und wenn es für jedes i genau ein j mit $x_{i,j} = 1$ gibt (d.h. jede Stadt kommt zu genau einem Zeitpunkt vor). Mit anderen Worten, die Boolesche $n \times n$ Matrix $(x_{i,j})$ muss eine *Permutationsmatrix* sein.

Diese Bedingungen können wir wie folgt zum Ausdruck bringen. Betrachte die Formel

$$\sum_{i=1}^{n}\Big(1 - \sum_{j=1}^{n} x_{i,j}\Big)^2 \qquad (A)$$

Diese Summe wird minimal (nämlich Null), wenn die erste oben formulierte Bedingung erfüllt ist. Die folgende Summe

$$\sum_{j=1}^{n}\Big(1 - \sum_{i=1}^{n} x_{i,j}\Big)^2 \qquad (B)$$

wird minimal (nämlich Null), wenn die zweite oben formulierte Bedingung erfüllt ist. Wir fügen noch folgende Formel hinzu, die minimal wird, wenn es sich um eine Rundreise minimaler Länge handelt:

$$\sum_{i=1}^{n}\sum_{i'=1}^{n}\sum_{j=1}^{n} x_{i,j} \cdot x_{i',(j \bmod n)+1} \cdot d(i,i') \qquad (C)$$

Hierbei ist $d(i, i')$ die Länge der Strecke zwischen Stadt i und Stadt i'. Wir führen nun eine Bewertungsfunktion w ein (in der Neuronale-Netze-Literatur *Energie* genannt), die diese Formeln miteinander kombiniert:

$$w = \alpha \cdot ((A) + (B)) + (C)$$

Der „eigentliche" Term dieser quadratischen Form ist hierbei (C), der die Länge der Rundreise misst. Die beiden Terme (A) und (B) dienen als „Strafterme", welche die Bewertung nach oben setzen, wenn der Schaltzustand der Neuronen keine Permutationsmatrix, und damit keine interpretierbare Lösung, darstellt. Es ist wichtig, dass der Koeffizient α geeignet gewählt wird. Einerseits darf α nicht zu klein sein. Wenn nämlich die Strafterme zu gering berücksichtigt werden, so könnte die Bewertungsfunktion ihr Minimum in einem unzulässigen Schaltzustand annehmen (z.B. indem man alle $x_{i,j}$ auf Null setzt). Andererseits darf α auch nicht zu groß gewählt werden. Das System soll durchaus während der Optimierung nicht ganz korrekte Lösungen durchlaufen können, die dann verbessert werden. Hierdurch kann der Suchraum besser durchforstet werden.

Im Prinzip kann man aus der angegebenen Bewertungsfunktion, wenn sie eine quadratische Form darstellt, wieder eine entsprechende Kopplungsmatrix $(w_{i,j})$ herleiten. Für unseren vorgesehenen asynchronen Betrieb des Netzes ist dies aber gar nicht notwendig. Wir gehen wie folgt vor. Die Neuronen werden mit zufälligen Schaltzuständen $x_{i,j} \in_R \{0, 1\}$ initialisiert. Dann wird in jedem Schritt zufällig ein Neuron (i, j) ausgewählt. Es wird geprüft, in welcher Weise das Ändern des Schaltzustandes von $x_{i,j}$ die Bewertung w verändern würde. Wenn das Ändern des Zustandes eine Bewertungsverminderung erbringt, so wird diese Änderung durchgeführt, andernfalls nicht. Bei der Berechnung der Bewertungsänderung brauchen wir nur diejenigen Teilausdrücke in der Bewertungsfunktion berücksichtigen, die $w_{i,j}$ enthalten. In dieser Formulierung entspricht die Veränderung des Aktivierungszustands des Hopfield-Netzes einer lokalen Verbesserungsstrategie. Man kann aber (besser noch) das Ganze mit dem Simulated Annealing-Konzept verbinden. Das heißt, mit gewisser (aber mit der Zeit abnehmender) Wahrscheinlichkeit wird auch mal eine Bewertungserhöhung in Kauf genommen.

Kapitel 12

Algorithmen für das Erfüllbarkeitsproblem

Das Erfüllbarkeitsproblem für die Aussagenlogik (kurz: SAT) ist das kanonische Beispiel für ein NP-vollständiges Problem (vgl. Abschnitt 1.14) und Ausgangspunkt für viele polynomiale Reduktionen, und damit neue NP-Vollständigkeitsnachweise. Umgekehrt folgt aus der Definition der NP-Vollständigkeit, dass jedes NP-vollständige Problem polynomial auf SAT reduzierbar ist. Somit kann eine Effizienzverbesserung bei den Algorithmen für SAT unmittelbare Auswirkungen auf alle NP-vollständigen Probleme haben (dies hängt von Grad der Effizienzverbesserung und von der Reduktion ab). Wir wollen in diesem Kapitel die effizientesten Algorithmen für das Problem k-KNF-SAT (oder kurz: k-SAT) studieren. Dies ist das Erfüllbarkeitsproblem für aussagenlogische Formeln, die in konjunktiver Normalform vorliegen, wobei jede Klausel höchstens k *Literale* enthält. Abgesehen von einem generellen Interesse an schnellen Algorithmen für (k-KNF-) SAT im Kontext logischer Entscheidungsprobleme ist darüberhinaus interessant, dass nahezu das ganze Repertoir an Algorithmen-Design und Analysetechniken zum Einsatz kommt.

Gegeben ist also eine Menge von *Klauseln* mit jeweils $\leq k$ Literalen; eine Klausel ist eine Formel der Form $(u_1 \vee u_2 \vee \ldots \vee u_l)$, $l \leq k$, wobei

$$u_i \in \{x_1, \ldots, x_n\} \cup \{\overline{x_1}, \ldots, \overline{x_n}\}$$

Das heißt, ein *Literal* ist entweder eine Variable oder eine negierte Variable, auch positives bzw. negatives Literal genannt. Die Klauseln selber sind mittels „$\wedge$“ miteinander verknüpft. Das algorithmische Problem besteht darin, festzustellen, ob es eine sog. erfüllende Belegung für eine solche Formel gibt, also eine Belegung der Variablen $x_1, \ldots, x_n$ mit Wahrheitswerten $\in \{0, 1\}$, so dass die Auswertung der Formel den Wahrheitswert 1 ergibt.

Für $k \leq 2$ liegt das Problem k-SAT in P (siehe Abschnitt 12.1), und für $k \geq 3$ ist das Problem NP-vollständig. Daher liegt ein besonderes Augenmerk auf „effizienten" Lösungen für das Problem 3-SAT.

Das naive Vorgehen (unabhängig von k) ist klar: man testet alle 2^n potenziellen Belegungen. Dieser naive Algorithmus hat mindestens die Komplexität 2^n. Ein weiterer, leicht verbesserter Algorithmus mittels Backtracking wurde in Abschnitt 7.1 präsentiert. (Die dort entwickelte Schranke liefert im Falle von 3-SAT immerhin die Komplexität $(2^3 - 1)^{n/3} \approx 1.913^n$). Ein Algorithmus für das Optimierungsproblem MaxSAT wurde in Abschnitt 11.1 behandelt. Wir wollen nun verschiedene weitere Algorithmen untersuchen, die die Komplexität 2^n unterbieten können.

Man kann Formeln in k-KNF *zufällig* generieren (um potenzielle Algorithmen für das Erfüllbarkeitsproblem experimentell zu testen). Hierbei gibt es verschiedene Erzeugungsmechanismen. Der bekannteste geht so vor, dass man unter den $\binom{n}{k}$ vielen möglichen k-elementigen Teilmengen von den n zur Verfügung stehenden Variablen zufällig unter Gleichverteilung eine Auswahl trifft. Sodann wählt man für jede der k gewählten Variablen mit Wahrscheinlichkeit 1/2 (voneinander unabhängig), ob die betreffende Variable negiert wird oder nicht. Das heißt, das Wahrscheinlichkeitsmodell zur Erzeugung einer „Zufallsklausel" in k-KNF entspricht einer Gleichverteilung auf einer Menge mit $\binom{n}{k}2^k$ Elementen. Auf diese Weise wählt man voneinander unabhängig $m = \alpha n$ Klauseln. Es zeigt sich das Phänomen, dass für kleine Werte von α die Wahrscheinlichkeit p, hierbei eine erfüllbare Formel zu erhalten, nahezu bei 1 liegt, während man für große Werte von α fast ausschließlich unerfüllbare Formeln erhält, das heißt, p liegt nahezu bei 0. Bei einem bestimmten Wert von α (der von k abhängt) vollzieht sich dabei ein recht abrupter Übergang von erfüllbaren zu unerfüllbaren Formeln, der für großes n um so schneller vonstatten geht.

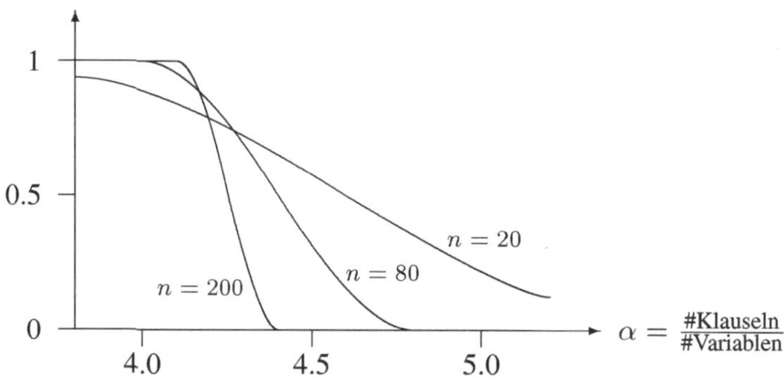

Das Diagramm zeigt, dass dieser Schwellenwert für 3-SAT bei etwa 4.25 liegt. Für kleine Werte von n zeigt sich, dass der Übergang von erfüllbaren zu unerfüllbaren bei einem etwas größeren Wert als 4.25 vonstatten geht (bei 4.4 für n=80; bei 4.6 bei n=20).

Diese Werte konnten bisher nur experimentell bestimmt werden. Es gibt noch keine rigorose theoretische Analyse für dieses Übergangsverhalten. Hierzu nur so viel an theoretischer Überlegung: Eine Zufallsklausel mit 3 Literalen wird von einer festgehaltenen Belegung a mit Wahrscheinlichkeit 7/8 erfüllt, daher erfüllt die Belegung a mit Wahrscheinlichkeit $(7/8)^m$ die Zufallsformel. Dass die Formel von *keiner* der 2^n Belegungen erfüllt wird, also unerfüllbar ist, geschieht daher mit Wahrscheinlichkeit $\geq 1-2^n(7/8)^m$. Indem wir diese Wahrscheinlichkeit auf 1/2 festlegen, erhalten wir die relativ grobe Abschätzung für den Schwellenwert $m \leq (n+1)/\log_2(8/7) \approx 5.191 \cdot n$. Tatsächlich liegt der Schwellenwert, wie gesagt, etwas niedriger.

Wenn man für das Testen eines bestimmten Algorithmus k-KNF-Formeln mit $m = \alpha n$ Klauseln zufällig generieren möchte, die garantiertermaßen *erfüllbar* sind, so scheint dies auf den ersten Blick oberhalb des Schwellenwerts ein schwieriges (und immer schwieriger werdendes) Unterfangen zu sein. Aber man kann wie folgt vorgehen. Man rate zunächst eine zufällige Belegung $a \in_R \{0,1\}^n$. Diese Belegung wird in die zu bestimmende Zufallsformel als erfüllende Belegung wie folgt „eingebaut". Man wähle wieder wie zuvor eine k-elementige Variablenmenge. Aber anstatt aus den 2^k möglichen Klauseln, die sich mit diesen k Variablen bilden lassen, zufällig eine auszuwählen, schließe man bei dieser Zufallsauswahl genau eine Wahl aus, nämlich diejenige Klausel, die unter a den Wert 0 ergibt. Der Wahrscheinlichkeitsraum für die Auswahl einer Zufallsklausel hat also die Mächtigkeit $\binom{n}{k}(2^k - 1)$. Die so erzeugte Formel ist sicher erfüllbar, denn sie besitzt mindestens eine erfüllende Belegung, nämlich a.

Einen kleinen Defekt hat dieses Wahrscheinlichkeitsmodell dennoch: Wenn ein Literal u unter der erfüllenden Belegung a den Wert 1 erhält, so ergibt sich die Asymmetrie, dass für jede Zufallsklausel K gilt

$$\frac{Pr(u \in K)}{Pr(\overline{u} \in K)} = \frac{2^{k-1}}{2^{k-1} - 1}$$

Wenn also genügend viele Zufallsklauseln, die unter diesem Wahrscheinlichkeitsmodell erzeugt wurden, zur Verfügung stehen, so kann man aufgrund der Statistik der Variablen-Vorkommen (mit hoher Wahrscheinlichkeit) auf die erfüllende Belegung a rückschließen. (In gewisser Weise ist das auch, was der Algorithmus in Abschnitt 12.2 macht).

12.1 2-SAT, 2-QBF und die Beigel-Eppstein-Methode

Wie schon erwähnt, liegt das Problem 2-SAT, also gegeben eine Formel in KNF mit höchstens 2 Literalen pro Klausel, in P. Es gibt also einen polynomialen Algorithmus. Einen solchen wollen wir hier vorstellen, der auf Aspvall, Plass und Tarjan (1979) zurückgeht.

Man kann die Frage, ob eine gegebene Formel in 2-KNF erfüllbar ist, auf ein graphentheoretisches Problem zurückführen. Jede Klausel mit 2 Literalen $(a \vee b)$ kann logisch äquivalent auch als Implikation $(\overline{a} \to b)$ bzw. $(\overline{b} \to a)$ geschrieben werden. Wir bilden aus der gegebenen Formel F in 2-KNF einen Graphen G_F, der die Knotenmenge $\{x_1, \overline{x_1}, \ldots, x_n, \overline{x_n}\}$ besitzt. Hierbei sind $x_1, \ldots, x_n$ die in der Formel F vorkommenden Variablen. Für jede Klausel der Form $(a \vee b)$ werden 2 Kanten, nämlich $\overline{a} \to b$ und $\overline{b} \to a$ im Graphen eingetragen. Für eine einelementige Klausel (a) können wir äquivalent $(a \vee a)$ schreiben. Folgerichtig erzeugt eine solche Einer-Klausel die einzelne Kante $\overline{a} \to a$ im Graphen G_F.

Beispiel: Der Graph G_F zur 2-KNF-Formel $F = (x_1 \vee x_2) \wedge (\overline{x_1} \vee x_3) \wedge (x_2 \vee \overline{x_3}) \wedge (\overline{x_2})$ ist der Folgende:

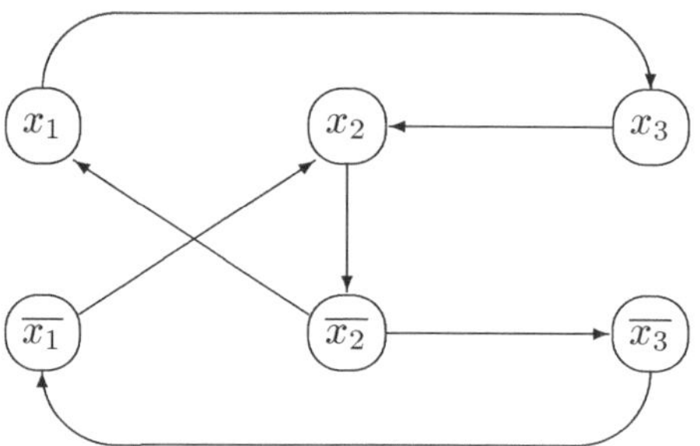

Man sieht diesem Graphen leicht an, dass die Formel unerfüllbar ist, denn es gilt der folgende Satz:

Satz. Eine 2-KNF-Formel F ist genau dann unerfüllbar, wenn es im Graph G_F einen Zyklus der Form

$$x_i \to \cdots \to \overline{x_i} \to \cdots \to x_i$$

gibt. (Anders ausgedrückt: wenn es ein x_i und $\overline{x_i}$ gibt, die sich in derselben starken Zusammenhangskomponente von G_F befinden).

Beweis: Wenn es einen derartigen Zyklus im Graphen G_F gibt, so ergibt sich aus der Interpretation der Kanten als logische Implikationen, dass für jede potenzielle erfüllende Belegung von F gelten muss: aus $x_i = 1$ folgt, dass auch $\overline{x_i} = 1$, und aus $\overline{x_i} = 1$ folgt, dass $x_i = 1$. Mit anderen Worten, $x_i = 1$ genau dann, wenn $x_i = 0$. Dies ist ein Widerspruch. Daher muss die Formel unerfüllbar sein.

Sei umgekehrt angenommen, dass F unerfüllbar ist. Wenn F nur eine Variable enthält, so muss F die Form $(x) \wedge (\overline{x})$ haben. In diesem Fall ergibt sich über die beiden Kanten $x \to \overline{x}$ und $\overline{x} \to x$ der gesuchte Zyklus. Falls F mehr als eine Variable enthält, so sei x eine beliebige Variable und wir bilden die beiden, ebenfalls unerfüllbaren Formeln $F_{x=0}$ und $F_{x=1}$, die eine Variable weniger enthalten. Das heißt, wir setzen x in der ersten Formel auf 0 und in der zweiten Formel auf 1. Nach Induktionsvoraussetzung gibt es entsprechende Zyklen sowohl in dem Graphen, der $F_{x=0}$ zugeordnet ist, als auch in dem Graphen, der $F_{x=1}$ zugeordnet ist. Sofern einer dieser Zyklen auch in G_F vorkommt, so sind wir fertig. Nehmen wir also an, G_F enthält diese Zyklen nicht mehr. Dies kann nur daran liegen, dass in F mindestens eine Klausel der Form $(x \vee z)$ vorkommt (die die Kanten $\overline{x} \rightarrow z$ und $\overline{z} \rightarrow x$ in G_F verursacht), während in $F_{x=0}$ diese Klausel nur einelementig als (z) auftritt. Daher gibt es in dem Graphen, der $F_{x=0}$ zugeordnet ist, die Kante $\overline{z} \rightarrow z$, die in G_F aber nicht vorkommt, und diese Kante muss Bestandteil des betreffenden Zyklus in G_{F_0} sein. In G_F erhalten wir dann aber eine Verbindung von $\overline{x}$ nach x:

$$\overline{x} \rightarrow z \rightarrow \cdots \rightarrow \overline{z} \rightarrow x$$

(Man beachte, dass die Rolle von $\overline{z}$ auf obigem Pfad auch von einem anderen Literal $\overline{u}$ übernommen werden könnte, sofern es eine weitere Klausel der Form $(x \vee u)$ in F gibt). Mit einem symmetrischen Argument, bezogen auf $F_{x=1}$, sieht man, dass es in G_F ebenfalls eine Verbindung von x nach $\overline{x}$ geben muss. Somit haben wir einen Zyklus gefunden, auf dem sich x und $\overline{x}$ befinden. □

Die algorithmische Aufgabe besteht nun also darin, festzustellen, ob sich in dem Graphen G_F, der der 2-KNF-Formel F zugeordnet ist, ein Zyklus befindet, auf dem eine Variable x zusammen mit ihrem Komplement $\overline{x}$ vorkommt. Ein Möglichkeit wäre, den Graphen G_F in Form einer Booleschen $2n \times 2n$ Adjazenzmatrix darzustellen, und dann den Warshall-Algorithmus aus Abschnitt 6.4 darauf anzuwenden. Für jede Variable x ist danach festzustellen, ob die Verbindung $x \rightarrow \overline{x}$ und $\overline{x} \rightarrow x$ in der Ergebnismatrix eingetragen ist. Dieser Algorithmus hätte die Komplexität $O(n^3)$, wobei n die Anzahl der Variablen ist. (Man beachte, dass die Eingabelänge bzw. die Anzahl der Klauseln im Allgemeinen quadratisch in n ist).

Eine effizientere Möglichkeit ist, eine Tiefensuche in der Form wie bei einer topologischen Sortierung durchzuführen. Sobald der Algorithmus *Search* von Seite 208 auf einen grauen Knoten x stößt, wissen wir, dass ein Zyklus vorliegt. Alle Knoten auf dem Stack, bis x wieder auftritt (vgl. hierzu das Bild auf Seite 208), gehören damit derselben starken Zusammenhangskomponente an. Mittels einer Union-Find-Datenstruktur (vgl. Abschnitt 5.6) können wir darüber Buch führen, welche Knoten derselben starken Zusammenhangskomponente angehören. Nach Ausführung von *Search* testen wir dann für alle Variablen x, ob *find*(x) = *find*$(\overline{x})$. Dieser Algorithmus hat lineare Komplexität in der Zahl der Kanten, also in der Anzahl der Klauseln.

Man sollte noch anführen, wie man eigentlich algorithmisch eine Belegung finden kann, sofern die Formel erfüllbar ist. Man beginne mit irgendeiner Variablen x und setze diese (vorläufig) auf 1. Man betrachtet nun im Graphen G_F die Nachfolgerknotenmenge von x. Sofern diese Knotenmenge keinen logischen Widerspruch enthält (also einen Knoten y zusammen mit $\overline{y}$, wobei auch $y = x$ sein kann), so können wir alle diese Belegungen fixieren (was $x = 1$ mit einschließt). Sofern sich aber ein Widerspruch ergab, so setzen wir $x = 0$, das heißt, wir betrachten dementsprechend die Nachfolgerknotenmenge von $\overline{x}$, und fixieren die dadurch erhaltene (partielle) Belegung. Falls auch hier ein logischer

Widerspruch enthalten sein sollte, so ist die Formel unerfüllbar. Nun kann es sein, dass wir durch diese Variablenbelegung noch nicht alle Variablen erfasst haben. Dann fahren wir mit demselben Verfahren mit einer noch nicht erfassten Variablen fort. (Diese hier entstehenden partiellen Variablenbelegungen sind übrigens nicht anderes als *autarke* Belegungen, wie sie noch einmal ausführlich in Abschnitt 12.4 diskutiert werden).

Der effiziente 2-SAT Algorithmus lässt sich weiter zu einem effizienten 2-QBF Algorithmus ausbauen (zu QBF vergleiche auch Abschnitt 7.3). Beim 2-QBF Problem wird verlangt, dass die Formel in Pränexform vorliegt (alle Quantoren sind nach vorne gezogen) und der quantorenfreie hintere Teil der Formel liegt in 2-KNF vor.

Beispiel: $\exists x \forall y \forall z \exists u\, [(u \vee \overline{y}) \wedge (\overline{x} \vee y) \wedge (x \vee u) \wedge z]$

Man konstruiert wieder für den quantorenfreien Teil der Formel den entsprechenden gerichteten Graphen. Aus dem oben angegebenen Algorithmus, der eine erfüllende Belegung findet, kann man recht schnell erkennen, wie man sehr ähnlich hier vorgehen muss. Was bei einer wahren QBF-Formel nicht passieren darf, ist nämlich, dass das Belegen einer Variablen mit einem bestimmten Wahrheitswert erzwingt, dass die Belegung einer nachfolgend per Allquantor gebundenen Variablen festgelegt wird.

Wir formulieren nun den entsprechenden Algorithmus, der die Gültigkeit einer 2-QBF-Formel testen kann: In der Reihenfolge, wie die Variablen durch die Quantoren gebunden sind, führen wir Folgendes durch: Wenn die betreffende Variable x per Existenzquantor gebunden ist, so prüfen wir, ob die Nachfolgerknotenmenge von x „zulässig" ist. Wenn nicht, so überprüfen wir die Nachfolgerknotenmenge von $\overline{x}$ auf Zulässigkeit. Zulässigkeit bedeutet, dass erstens, wie beim obigen Algorithmus auch, kein logischer Widerspruch y und $\overline{y}$ enthalten sein darf. Und zweitens darf keine per Allquantor gebundene Variable in der Menge enthalten sein. Wenn eine solche zulässige Belegung von x existiert, so fixieren wir diese (und zwar ein für alle Mal; es ist kein backtracking nötig). „Fixieren" bedeutet, dass alle in der zulässigen Nachfolgerknotenmenge enthaltenen Variablen im weiteren Verlauf des Verfahrens nicht mehr betrachtet zu werden brauchen.

Wenn die betreffende Variable x per Allquantor gebunden ist, so muss überprüft werden, dass sowohl die Nachfolgerknotenmenge von x zulässig ist, als auch die von $\overline{x}$ zulässig ist. Alle in diesen Nachfolgermengen enthaltenen Variablen brauchen wiederum im Weiteren nicht mehr betrachtet zu werden.

Eine interessante Anwendung bietet die Tatsache, dass 2-SAT bzw. 2-QBF effizient lösbar ist, immer dann, wenn es gelingt, ein anderes Problem (evtl. probabilistisch und evtl. nicht in polynomialer Zeit) auf eines dieser Probleme zu reduzieren.

Betrachten wir das Färbungsproblem für Graphen, also die Frage, ob ein gegebener Graph 3-färbbar (oder im Allgemeinen: k-färbbar) ist. Es ist bekannt, dass dieses Problem NP-vollständig ist. Der naive Algorithmus, der alle 3 Farben bei jedem der n Knoten durchprobiert, hat Komplexität mindestens 3^n (im allgemeinen Fall: k^n).

Dieser naive Algorithmus lässt sich auch noch leicht auf 2^n verbessern: Durchlaufe in einer Programmschleife systematisch alle 2^n Belegungen der n Knoten, die jedem Knoten eine der 2 Kategorien „Farbe 1“ bzw. „Farbe 2 oder 3“ zuordnen. Wähle hierbei nur diejenigen Belegungen aus, die an keiner Stelle zwei benachbarten Knoten die „Farbe 1“ zuweisen. Betrachte dann (im Inneren dieser Schleife) jeweils den Teilgraphen, den man erhält, wenn man sich auf diejenigen Knoten, die Kategorie „Farbe 2 oder 3“ zugewiesen bekommen haben, beschränkt. Finde eine 2-Färbung (mit den Farben 2 und 3) für diesen Teilgraphen, was in Polynomialzeit geht. Wenn dies gelingt, so erhält man insgesamt für den Ausgangsgraphen eine 3-Färbung.

Dieser Algorithmus lässt sich unter Verwenden von Zufall und durch Zurückführen auf das 2-SAT-Problem noch weiter verbessern. Formulieren wir das 3-Färbbarkeitsproblem als ein SAT-Problem. Wir verwenden als Boolesche Variablen $x_{v,j}$, wobei $v \in V$ und $j \in \{1, 2, 3\}$. Hierbei soll die Belegung der Booleschen Variablen $x_{v,j}$ mit 1 bedeuten, dass der Knoten v mit der Farbe j gefärbt wird. Eine erfüllende Belegung entspricht dann einer zulässigen 3-Färbung, wenn wir folgende Klauseln verwenden. Für jeden Knoten $v \in V$ führen wir eine Klausel $(x_{v,1} \vee x_{v,2} \vee x_{v,3})$ ein, die besagt, dass dem Knoten v mindestens eine der drei Farben zuzuordnen ist. Für jede Kante $\{u, v\} \in E$ im Graphen fügen wir ferner die drei Klauseln $(\overline{x_{u,1}} \vee \overline{x_{v,1}})$, $(\overline{x_{u,2}} \vee \overline{x_{v,2}})$, $(\overline{x_{u,3}} \vee \overline{x_{v,3}})$ ein, die besagen, dass die beiden Knoten u und v nicht dieselbe Farbe erhalten dürfen. Man beachte, dass die zuletzt genannten Klauseln in 2-KNF vorliegen, nicht jedoch die zuerst genannte Klausel.

Von Beigel und Eppstein (1995) wurde vorgeschlagen, das 3-Färbbarkeitsproblem in probabilistischer Weise auf ein 2-SAT-Problem zu reduzieren, indem wir für jeden Knoten $v \in V$ zufällig zwei Farben aus $\{1, 2, 3\}$ auswählen, wobei die jeweils dritte Farbe bei der Färbung des Knotens v ausgeschlossen werden soll. Wurden zum Beispiel die Farben 1 und 3 für den Knoten v per Zufall ausgewählt, so vereinfacht sich die obige Klausel zu $(x_{v,1} \vee x_{v,3})$ – und dies ist eine 2-KNF.

Angenommen, der gegebene Graph ist 3-färbbar und sei $f : V \to \{1, 2, 3\}$ eine festgehaltene 3-Färbung des Graphen. Mit Wahrscheinlichkeit 1/3 wird bei der zufälligen Zufallswahl der zwei Farben für v gerade $f(v)$ ausgeschlossen, während mit Wahrscheinlichkeit 2/3 die Farbe $f(v)$ unter den beiden betrachteten Farben für v enthalten ist. Mit Wahrscheinlichkeit $(2/3)^n$, $n = |V|$, sind bei *allen* Knoten $v \in V$ die Farben $f(v)$ bei den zwei ausgewählten Farben enthalten. In diesem Fall findet der 2-SAT-Algorithmus dann eine erfüllende Belegung, sprich, eine 3-Färbung. Dieser probabilistische Prozess muss dementsprechend $O((\frac{3}{2})^n) = O(1.5^n)$ mal wiederholt werden, bis die betreffende Fehlerwahrscheinlichkeit vernachlässigbar ist. (Analog erhält man im Vergleich zu dem naiven k^n Algorithmus für k-Färbbarkeit einen probabilistischen $(\frac{k}{2})^n$ Algorithmus).

Die Beigel-Eppstein-Methode wird am Ende von Abschnitt 12.7 nochmals aufgegriffen.

Grundsätzlich lässt sich die soeben beschriebene Methode auch verwenden, um eine probabilistische Reduktion von k-SAT nach 2-SAT vorzunehmen: Man bestimme für jede der gegebenen m Klauseln (mit bis zu k Literalen) zufällig und unabhängig, auf welche 2 Literale in der Klausel man sich beschränken möchte. Das Ergebnis ist eine 2-KNF-Formel, deren Erfüllbarkeit mit dem 2-SAT-Algorithmus effizient getestet werden kann. Mit Wahrscheinlichkeit $\geq (2/k)^m$ ist diese Zufallsrestriktion bei einer erfüllbaren Ausgangsformel in dem Sinne erfolgreich, dass in jeder Klausel mindestens ein Literal übriggeblieben ist, welches unter einer erfüllenden Belegung (für die ursprüngliche Formel) den Wahrheitswert 1 erhält. Daher hat dieses probabilistische Verfahren die Komplexität $(k/2)^m$ (abgesehen von einem polynomialen Faktor). Das Problem ist nur, dass der Exponent dieser Exponentialfunktion von m, also der Anzahl der Klauseln, und nicht von n, der Anzahl der Variablen, abhängt. Wenn wir $k = 3$ annehmen, so haben wir weiter oben gesehen, dass der algorithmisch interessante Fall sich bei etwa $m = 4.25 \cdot n$ abspielt. Dies eingesetzt ergibt die Komplexität $1.5^{4.25 \cdot n} \approx 5.6^n$, was inakzeptabel ist.

12.2 Average-Case Analyse eines einfachen Algorithmus für 3-SAT

Wir wollen einen einfachen Algorithmus in Bezug auf sein average-case Verhalten untersuchen, der in die Kategorie der lokalen Verbesserungsstrategien (vgl. Abschnitt 11.3) fällt. Dieser Algorithmus wurde durch einen ähnlichen Algorithmus von Koutsoupias und Papadimitriou (1992) inspiriert. Als Eingabe sei eine Formel in 3-KNF gegeben. Der Algorithmus versucht, ob sich eine der beiden Startbelegungen 0^n und 1^n durch Verändern von einigen Bits zu einer erfüllenden Belegung umformen lässt. Wie findet man die geeigneten, zu „flippenden" Bits? Man prüft nach, ob das Ändern des betreffenden Bits die Anzahl der erfüllten Klauseln echt erhöht. Die Hoffnung hierbei ist, dass das Erhöhen der erfüllten Klauselanzahl bei Ändern eines Bits ein Indikator dafür ist, dass sich der Hammingabstand zwischen der aktuellen Belegung und einer festgehaltenen erfüllenden Belegung hierbei erniedrigt (sofern die Formel überhaupt eine erfüllende Belegung besitzt). Der *Hammingabstand* zwischen zwei Wörtern derselben Länge (hier: Belegungen) ist die Anzahl der Symbole, in denen sich diese Wörter unterscheiden. Es zeigt sich, dass bei einer Zufallsformel diese statistische Korrelation zwischen mehr erfüllten Klauseln und geringerem Hammingabstand tatsächlich (mit hoher Wahrscheinlichkeit) gegeben ist, und zwar wenn zwei Vorbedingungen erfüllt sind: erstens, die Anfangsbelegung sollte bereits ein Hammingabstand von $\leq n/2$ zu der erfüllenden Belegung haben (dies lässt sich dadurch leicht erfüllen, dass wir mit $a = 0^n$ und mit $a = 1^n$ starten); zweitens, die Zufallsformel sollte relativ viele Klauseln enthalten. (Dies ist schon eine weit schwerwiegendere Voraussetzung und Einschränkung, die wir später nochmals aufgreifen).

Hier ist der deterministische und polynomiale Algorithmus (in Form einer Prozedur, die vom Hauptprogramm mit $a = 0^n$ und $a = 1^n$ aufgerufen werden muss):

```
PROCEDURE test(a : Belegung): Belegung
FOR i := 1 TO n DO
  b[i] := (das Flippen von Bit i in a erhöht die Anzahl der erfüllten Klauseln)
RETURN (a XOR b)
```

Hierbei bedeutet (a XOR b) die Bit-weise Durchführung der logischen exclusive-or Operation; dies ist mit anderen Worten diejenige Belegung, die sich aus a dadurch ergibt, dass man jedes Bit „flippt", bei dem das Array b den Wert TRUE hat.

Sofern die Eingabeformel F unerfüllbar ist, so wird die Ausgabe des Algorithmus sicher keine erfüllende Belegung sein. In diesem Fall ist der Algorithmus (sozusagen trivialerweise) korrekt.

Falls die Formel F jedoch erfüllbar ist, so sei a^* eine erfüllende Belegung. Wir nehmen für das Folgende an, dass die Anfangsbelegung a mit $\geq n/2$ vielen Bits von a^* übereinstimmt (was für eine der beiden Anfangsbelegungen 0^n und 1^n mit Sicherheit erfüllt ist). Unter dieser Vorbedingung wollen wir nun abschätzen, für wie viele Formeln der obige Algorithmus zum Erfolg führt und eine erfüllende Belegung, nämlich a^*, findet. Hierzu nehmen wir (im Sinne einer average-case Analyse) an, die Formel F werde nach der zu Beginn dieses Kapitels beschriebenen Methode zufällig generiert, indem man m-viele Zufallsklauseln mit 3 Literalen generiert, die unter der Belegung a^* den Wert 1 erhalten. Jede der m Zufallsklauseln wird also unabhängig unter insgesamt $7\binom{n}{3}$ Möglichkeiten ausgewählt.

Sei a' eine beliebige Belegung, die sich von a in genau einem (sagen wir dem i-ten) Bit unterscheidet. Wenn wir von der Belegung a zur Belegung a' übergehen, wie sieht die Bilanz, was die Anzahl der erfüllten Klauseln von F betrifft, dann aus? Wir wollen zeigen, dass der Übergang von a nach a' mit großer Wahrscheinlichkeit in dem Sinne erfolgreich ist, dass eine echt größere Anzahl erfüllter Klauseln beim Übergang von a nach a' *genau dann* eintritt, wenn sich hierbei die Hammingabstand zur Ziel-Belegung a^* um 1 erniedrigt. Wir müssen zwei Fälle unterscheiden: entweder stimmt a in Bit i bereits mit a^* überein, dann sollten sich möglichst nicht mehr erfüllte Klauseln beim Übergang von a nach a' ergeben; oder a stimmt mit a^* beim i-ten Bit nicht überein, dann sollte möglichst die Anzahl der erfüllten Klauseln beim Übergang von a nach a' zunehmen. Unser Augenmerk liegt also auf denjenigen (der $7\binom{n}{3}$ vielen potenziellen) Klauseln, die beim Übergang von a nach a' ihren Wert ändern; diese zerfallen in zwei Kategorien: diejenigen, die hierbei eine Wertänderung von 1 nach 0, und diejenigen die eine Wertänderung von 0 nach 1 erfahren. Je nachdem, welcher der beiden Fälle vorliegt, nennen wir die Klauseln der ersten Art *günstige* Klauseln und die der zweiten Art *ungünstige* Klauseln, oder gerade umgekehrt. Sowohl die günstigen wie die ungünstigen Klauseln zeichnen sich dadurch aus, dass sie die Variable x_i (in der richtigen „Polung") enthalten, sowie zwei weitere Variablen, deren Polung ebenfalls feststeht, denn die entsprechenden Literale sollten unter a und a' den Wert Null haben.

Es gibt genau $N_+ := \binom{n-1}{2} \approx \frac{1}{2}n^2$ günstige Klauseln; dies entspricht der Anzahl der Möglichkeiten, aus der Menge $\{x_1, \ldots, x_n\} - \{x_i\}$ zwei verschiedene Elemente auszuwählen.

Sei nun N_- die Anzahl der ungünstigen Klauseln. Diese Anzahl berechnet sich ebenfalls wie bei N_+, aber abzüglich derjenigen Variablen-Kombinationen, so dass beide aus dem Bereich der $\geq n/2$ vielen übereinstimmenden Bits zwischen a und a^* stammen. Denn in diesem Fall muss die korrekte a^*-Belegung die Form haben, dass nur das x_i-Literal in der Klausel wahr wird. Das bedeutet, dass $N_- \leq N_+ - \binom{n/2}{2} \approx \frac{3}{8}n^2$.

Das zugrunde liegende Zufallsexperiment, das die Klauselmenge F erzeugt, legt auch fest, ob mehr günstige als ungünstige Klauseln ausgewählt werden, wobei wir erhoffen, dass mehr günstige als ungünstige Klauseln in F ausgewählt werden. Wir können die Auswahl der günstigen (ungünstigen) Klauseln als ein Bernoulli-Experiment auffassen: es wird m-mal, jeweils mit Wahrscheinlichkeit $\frac{1}{2}n^2/7\binom{n}{3} \approx \frac{3}{7n}$ eine günstige Klauseln ausgewählt. Analog wird bei den zur Konstruktion von F zugrunde liegenden m Zufallsexperimenten mit Wahrscheinlichkeit $\leq \frac{3}{8}n^2/7\binom{n}{3} \approx \frac{9}{28n}$ eine ungünstige Klausel gewählt. Der Erwartungswert für die Anzahl der günstigen (ungünstigen) Klauseln liegt also bei $\frac{3m}{7n}$ (bzw. $\frac{9m}{28n}$).

Seien X_+ und X_- die zugehörigen binomialverteilten Zufallsvariablen (die nicht unabhängig sind). Die Wahrscheinlichkeit $Pr(X_+ \leq X_-)$, für das für uns ungünstige Ereignis, lässt sich nach oben abschätzen durch $Pr(X_+ \leq \mu) + Pr(X_- \geq \mu)$, für jede Konstante μ. Das folgende Diagramm skizziert die inhaltliche Aussage der Abschätzung.

Das folgende Diagramm skizziert die Wahrscheinlichkeitsfunktionen der beiden Binomialverteilungen.

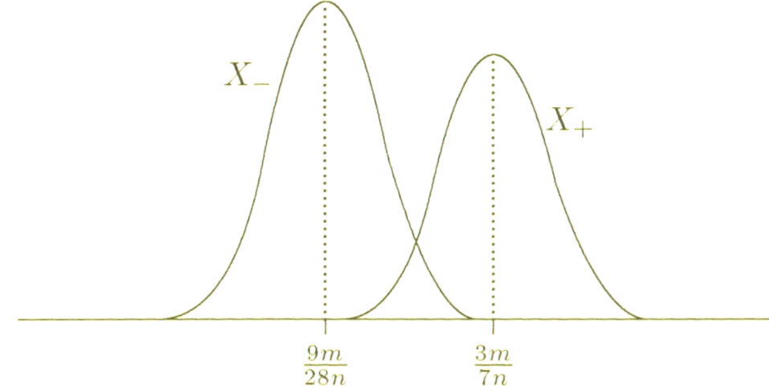

Der Wert von μ sollte zwischen den beiden Erwartungswerten liegen. Die beste Wahl für den Wert von μ ergibt sich, wenn die Werte von $Pr(X_+ \leq \mu)$ und $Pr(X_- \geq \mu)$ gleich groß werden. Wir legen (willkürlich) das geometrische Mittel beider Erwartungswerte fest:

$$\mu := \sqrt{\frac{3m}{7n} \cdot \frac{9m}{28n}} \approx 0.3712 \cdot \frac{m}{n}$$

Nach Einsetzen in die Chernoff-Ungleichungen (Seite 36) ergibt sich die Abschätzung

$$Pr(X_+ \leq X_-) \leq Pr(X_+ \leq \mu) + Pr(X_- \geq \mu) \leq 2 \cdot 0.9963^{m/n}$$

Für den Erfolg des Algorithmus ist darüberhinaus wichtig, dass für $i := 1, \ldots, n$ jedes Mal ein günstiges Ereignis eintritt. Dies geschieht somit höchstens mit Wahrscheinlichkeit $2n \cdot 0.9963^{m/n}$. Indem wir diese Wahrscheinlichkeit auf einen kleinen akzeptablen Wert wie etwa e^{-20} setzen, erhalten wir, dass m, also die Anzahl der Klauseln, mindestens etwa 5400-mal so groß wie n, die Anzahl der Variablen, sein sollte. Dies macht das Ergebnis dieser Analyse relativ angreifbar, denn wir haben zu Beginn dieses Kapitels gesehen, dass die „interessanten" Werte für m in der Größenordnung von $4.25 \cdot n$ liegen.

Bemerkung: Da der vorgestellte Algorithmus deterministisch ist, kann es (wie die Analyse zeigt: einige wenige) feste Formeln geben, bei denen der Algorithmus keine erfüllende Belegung findet, obwohl eine existiert. Für praktische Zwecke ist es daher besser, statt von den beiden festen Anfangsbelegungen 0^n und 1^n es (evtl. zusätzlich) mit einigen zufällig gewählten Anfangsbelegungen zu versuchen. (Diese Version ist sehr ähnlich zu den in den Abschnitten 12.6 und 12.7 diskutierten Algorithmen).

12.3 Ein divide-and-conquer Ansatz für 3-SAT

Von Pudlák (1998) wurde der folgende divide-and-conquer Ansatz vorgeschlagen. Gegeben sei eine 3-KNF Formel F mit n Variablen. Wir zerlegen die Variablenmenge in zwei gleich große Hälften (sei n eine gerade Zahl):

$$V_1 = \{x_1, \ldots, x_{n/2}\} \quad V_2 = \{x_{n/2+1}, \ldots, x_n\}$$

Sei K_1 die Menge der Klauseln in F, die nur Variablen aus V_1 enthalten; analog sei K_2 die Menge der Klauseln in F, die nur Variablen aus V_2 enthalten; und K_3 seien die restlichen Klauseln. Wir bestimmen zunächst alle erfüllenden Belegungen von K_1 (über der Variablenmenge V_1) und analog alle erfüllenden Belegungen von K_2 über V_2 und tragen diese Belegungen in zwei Tabellen ein, die wir A und B nennen. (Sollte K_1 oder K_2 leer sein, so enthält die entsprechende Tabelle alle $2^{n/2}$ vielen Belegungen). Dieser Vorverarbeitungsschritt hat die Komplexität $O(2^{n/2})$.

Als Nächstes durchlaufen wir alle Belegungen $a \in A$ (bzw. $b \in B$) und erweitern diese in der im Folgenden beschriebenen Weise zu *partiellen Belegungen* über der gesamten Variablenmenge $V_1 \cup V_2$. Die so entstehenden Mengen nennen wir dann A^* und B^*.

Wir gehen dabei wie folgt vor. Wir durchlaufen zu jeder Belegung $a \in A$ alle Klauseln $K \in K_3$, die *genau eine* Variable aus V_2 enthalten und die restlichen Variablen aus V_1. Sollten die V_1-Literale in K durch a auf 0 gesetzt werden, so steht fest, dass das V_2-Literal in K auf 1 gesetzt werden sollte (sofern a überhaupt zu einer erfüllenden Belegung von F erweitert werden kann). Wir erweitern dementsprechend die Belegung a zu einer partiellen Belegung auf ganz $V_1 \cup V_2$, indem wir das V_2-Literal auf 1 setzen. Auf diese Weise entsteht aus $a \in A$ eine Belegung $a^* \in A^*$, die alle Variablen aus V_1 mit Wahrheitswerten belegt und zusätzlich *einige* (oder keine) Variablen aus V_2 mit Wahrheitswerten belegt. Sollte sich bei diesem Erweiterungsvorgang herausstellen, dass diesselbe V_2-Variable in a^* einmal mit 0 und einmal mit 1 belegt werden sollte (wegen einer anderen Klausel in K_3), so können wir a aus A streichen (und kein $a^* \in A^*$ erzeugen), denn keine Erweiterung von a kann eine erfüllende Belegung sein.

Alles was wir soeben für die Belegungen in A beschrieben haben, lässt sich analog auch für B durchführen. Der Aufwand zum Herstellen von A^* und B^* beträgt $O(p(n)2^{n/2})$, wobei p ein Polynom ist. (Diese polynomialen Faktoren treten bei den weiteren Abschätzungen immer wieder auf, können aber ignoriert werden, sofern die Basiszahl der Exponentialfunktion (hier: $2^{1/2}$) geringfügig erhöht wird).

Der Stand der Dinge ist nun der, dass wir zwei Listen (A^* und B^*) von partiellen Belegungen vorliegen haben, wobei die Belegungen in A^* immer alle Variablen in V_1 mit Wahrheitswerten versehen und einige in V_2. Die Belegungen in B^* dagegen versehen alle Variablen in V_2 mit Wahrheitswerten und einige in V_1.

Beispiel mit 8 Variablen:

A^*-Liste	B^*-Liste
0010 ∗01∗	∗∗∗1 0110
1101 ∗∗0∗	0∗1∗ 1000
0001 1∗∗1	∗10∗ 1100
	0∗∗∗ 0100

Hierbei werden die partiellen Belegungen als Strings dargestellt, wobei ein ∗ eingetragen wird, sofern die partielle Belegung keinen Wahrheitswert zuweist. Durch die Linie wird ein Paar miteinander *kompatibler* Belegungen (a^*, b^*) angedeutet; das heißt, es trifft an keiner Stelle eine Null auf eine Eins. (Alle anderen Paare sind bei diesem Beispiel inkompatibel). Es sollte klar sein, dass die Formel F erfüllbar ist, genau dann wenn es ein Paar $(a^*, b^*) \in A^* \times B^*$ miteinander kompatibler Belegungen gibt.

Die weitere algorithmische Aufgabe besteht also darin, bei einer gegebenen A^*-Liste und B^*-Liste, die wie oben beschrieben erzeugt wurden, ein kompatibles Paar zu finden – oder festzustellen, dass kein solches Paar existiert. Wenn wir naiv vorgehen und jedes Element von A^* mit jedem Element von B^* vergleichen, so ergibt dies die worst-case Komplexität $O(2^{n/2}2^{n/2}) = O(2^n)$ und wir haben gegenüber dem naiven Algorithmus nichts gewonnen.

Die Idee ist, den Kompatibilitätstest aufzuteilen in zwei unterschiedliche Algorithmen, einen der gut mit solchen Paaren umgehen kann, bei denen ein Partner „wenige“ $*$ enthält, und ein Algorithmus für die verbleibenden Paarungen, der darauf spezialisiert ist, dass beide Partner „viele“ $*$ enthalten. Wie „wenig“ und „viel“ genau zu quantifizieren ist, wird später festgelegt.

Wir beschreiben als Erstes einen Algorithmus, der feststellt, ob es für ein festes $a^* \in A^*$ mit höchstens $(1-\alpha)n/2$ vielen $*$ einen kompatiblen Partner $b^* \in B^*$ gibt. (Der optimale Wert für α wird später festgelegt). Hierzu erzeugen wir aus a^* alle $2^{(1-\alpha)n/2}$ vielen Belegungen, die mit a^* kompatibel sind, indem wir für die $*$ in a^* in jeder möglichen Weise Nullen und Einsen einsetzen. Für jeden dieser Strings (welche totale Belegungen darstellen) stellen wir fest, ob er in B^* einen kompatiblen Partner hat. Hierzu sei die Menge B^* zunächst in einer Datenstruktur als Suchbaum aufbereitet, die diese Anfragen effizient gestattet: Der Baum habe die Tiefe $n/2$ und die Baumstruktur orientiert sich an den Wahrheitswerten der Variablen in V_2. Jedes $b^* \in B^*$ bestimmt einen Pfad der Länge $n/2$ in diesem Baum, und an dem betreffenden Blatt sind dann die restlichen Belegungen der V_1-Variablen eingetragen. Die Komplexität des Verfahrens (für ein einzelnes a^*) ist dann $O(2^{(1-\alpha)n/2})$. Insgesamt (für alle a^*) ergibt dies die Komplexität $O(2^{n/2}2^{(1-\alpha)n/2}) = O(2^{(1-\alpha/2)n})$.

Einen entsprechenden Algorithmus können wir umgekehrt für alle b^* in B^* mit höchstens $(1-\alpha)n/2$ vielen $*$ konzipieren. Hierzu müssen die Elemente in A^* in einer Baumstruktur dargestellt werden.

Der Stand der Dinge ist nun, dass wir noch alle Paare betrachten müssen, bei denen *beide* Partner mehr als $(1-\alpha)n/2$ viele $*$ haben. Das bedeutet, dass die betreffenden Strings in A^* weniger als $\alpha n/2$ viele Nullen und Einsen in der hinteren Hälfte besitzen (analog: die betreffenden Strings in B^* besitzen weniger als $\alpha n/2$ viele Nullen und Einsen in der vorderen Hälfte). Seien $A' \subseteq A^*$ (bzw. $B' \subseteq B^*$) die betreffenden Strings. Aus A' bzw. B' bilden wir Mengen $\hat{A}$ und $\hat{B}$, indem wir für jedes $a^* \in A'$ wie folgt vorgehen: wir wählen alle möglichen, bis zu $\alpha n/2$ großen Teilmengen der vorderen Bitpositionen in a^* und setzen alle anderen Positionen der vorderen Hälfte auf $*$. Analog gehen wir bei allen $b^* \in B'$ vor, allerdings in Bezug auf die hintere

String-Hälfte. Die Strings in $\hat{A}$ und $\hat{B}$ haben nun jeweils höchstens $\alpha n/2$ viele Nullen und Einsen, sowohl in der vorderen, als auch in der hinteren Hälfte. Es ist klar, dass es ein kompatibles Paar aus $A' \times B'$ gibt, genau dann wenn $\hat{A} \cap \hat{B} \neq \emptyset$. Um dieses festzustellen, können wir die Menge $\hat{A} \cup \hat{B}$ sortieren und sondieren, ob ein Element doppelt vorkommt. Da das Sortieren von m Elementen mit Komplexität $O(m \log m)$ möglich ist (ein $O(m^2)$-Sortierverfahren ist hier nicht gut genug!), wird der Komplexitätsaufwand also (bis auf einen polynomialen Faktor) bestimmt durch die Größe der Mengen $\hat{A}$ und $\hat{B}$. Damit ergibt sich der Komplexitätsanteil

$$2^{n/2} \cdot \sum_{i \leq \alpha n/2} \binom{n/2}{i} \leq 2^{n/2+h(\alpha)n/2} \quad (\text{für } \alpha \leq \tfrac{1}{2})$$

wobei $h(x) = -x \log_2 x - (1-x) \log_2 (1-x)$ die binäre Entropiefunktion ist (vgl. die Abschnitte 1.8 und 1.5).

Die Gesamt-Komplexität wird also minimiert, wenn α so gewählt wird, dass $2^{n/2+h(\alpha)n/2} = 2^{(1-\alpha/2)n}$, also $h(\alpha) = 1 - \alpha$. Dies ist für $\alpha \approx 0.22709$ der Fall und ergibt die Komplexität $O(1.8487^n)$.

Es ist möglich, dass sich das Verfahren weiter verbessern lässt. Hierzu gibt es mehrere Ansatzmöglichkeiten. Man könnte untersuchen, inwieweit es hilft, die Aufteilung in die Mengen V_1, V_2 auf spezielle (oder zufällige) Art zu wählen, anstatt dies völlig nach Belieben zu tun.

Die Bezeichnung „divide-and-conquer", die wir aufgrund dieser Aufteilung der Variablenmenge gewählt haben, würde eigentlich suggerieren, dass das Verfahren rekursiv ablaufen sollte. Es ist noch unklar, wie eine solche rekursive (und dann effizientere) Formulierung möglich sein könnte.

12.4 Monien-Speckenmeyer-Algorithmus

Als Nächstes stellen wir einen deterministischen Algorithmus für k-SAT vor, der ebenfalls die worst-case Komplexität $O(\alpha^n)$ erreicht, für eine Konstante $\alpha \in (1, 2)$. Der Wert von α hängt hierbei von k, der Anzahl der Literale pro Klausel, ab. Der Algorithmus stammt von Monien und Speckenmeyer (1985).

Wir betrachten zunächst eine vereinfachte (und daher nicht ganz so effiziente) Version:

PROCEDURE *test*(F : KNF-Formel): BOOLEAN
{liefert TRUE gdw. F erfüllbar ist}
IF F ist trivialerweise erfüllbar oder unerfüllbar THEN
  RETURN TRUE oder FALSE, entsprechend
Wähle eine kürzeste Klausel in F, diese sei $K = (u_1 \vee \ldots \vee u_m)$
FOR $i := 1$ TO m DO
  IF *test*($F|_{u_1=0,\ldots,u_{i-1}=0,u_i=1}$) THEN RETURN TRUE
RETURN FALSE

Das heißt, es wird zunächst versucht, ob die Formel F erfüllt werden kann, indem man das erste Literal u_1 in K mit 1 belegt. Wenn nicht, so wird versucht, u_1 mit 0 zu belegen und u_2 mit 1 zu belegen, usw. Die Korrektheit der Prozedur ist offensichtlich.

Hierbei bedeutet $F|_b$ diejenige Formel, die man erhält, indem man die (Teil-) Belegung b in die Formel F einsetzt und entsprechend simplifiziert. Das heißt insbesondere Folgendes: Wenn durch b ein Literal in einer Klausel den Wert 0 erhält, so kann dieses Literal aus der Klausel gestrichen werden. (Sollte die Klausel nun kein Literal mehr enthalten, so ist F unerfüllbar). Wenn durch b ein Literal in einer Klausel auf 1 gesetzt wird, so kann die ganze Klausel gestrichen werden, denn diese wird durch b bereits erfüllt. (Sollte auf diese Weise die Formel keine Klausel mehr enthalten, so ist F erfüllbar).

Sei $T(n)$ die größtmögliche Anzahl der Blätter in dem „Rekursionsbaum", den der Algorithmus, bei einer Formel mit n Variablen, erzeugt. Die worst-case Komplexität der Prozedur *test* ist dann $O(T(n))$. Diese entsteht insbesondere, sofern F unerfüllbar ist. Da die rekursiven Aufrufe sich auf Formeln mit $n-1, n-2, \ldots, n-m$ Variablen beziehen, haben wir: $T(n) \leq T(n-1) + \cdots + T(n-m)$. Hierbei ist m die Länge der kürzesten Klausel in der jeweiligen Prozedurinkarnation. Da wir annehmen, dass die Formel F in k-KNF vorliegt, gilt $m \leq k$, und wir können daher den schlechtesten Fall $m = k$ einsetzen. (Später werden wir sehen, dass man durch gewisse Zusatzmaßnahmen $m \leq k-1$ erzwingen kann).

Wir lösen die Rekursionsgleichung $T(n) = T(n-1) + \cdots + T(n-k)$ mit dem Ansatz $T(n) = \alpha^n$ und erhalten die Gleichung $\alpha^k = \alpha^{k-1} + \cdots + \alpha^1 + 1$ zur Bestimmung von α. Die folgende Tabelle listet ein paar Werte von $\alpha = \alpha_k$ auf:

k	3	4	5	6	7	8
α_k	1.8393	1.9276	1.966	1.9836	1.992	1.9961

Folgendes Konzept wird uns eine Effizienzverbesserung bringen: Eine Belegung b einiger Variablen mit Wahrheitswerten heiße *autark* in Bezug auf die Formel F, falls alle Klauseln in F, welche mindestens eine Variable enthalten, die durch b gesetzt wird, bereits durch b den Wahrheitswert 1 erhalten.

Beispiel: Sei

$$F = (\overline{x_1} \vee x_2 \vee x_4) \wedge (x_1 \vee \overline{x_2} \vee x_3) \wedge (x_3 \vee \overline{x_4}) \wedge (x_3 \vee x_4 \vee x_5)$$

Die Belegung $b : x_1 \mapsto 0, x_2 \mapsto 0$ ist autark für F, denn nur die ersten beiden Klauseln enthalten x_1, x_2 und diese Klauseln werden durch b bereits auf 1 gesetzt. Eine andere autarke Belegung ist $b' : x_5 \mapsto 1$, da x_5 nur in der letzten Klausel vorkommt.

Es soll festgestellt werden, ob die Formel F erfüllbar ist. Angenommen, wir haben festgestellt, dass die Teilbelegung b autark für F ist. Dann können wir ohne Verlust der

Erfüllbarkeit zur Formel $F|_b$ übergehen, die mindestens eine Variable weniger enthält. (Das heißt, das Einsetzen einer autarken Teilbelegung in eine Formel stellt eine *erfüllbarkeitsäquivalente* Umformung dar). Man beachte ferner, dass es effizient möglich ist, festzustellen, ob eine gegebene Teilbelegung b autark ist oder nicht.

Wir modifizieren nun den obigen Algorithmus wie folgt:

PROCEDURE *test1* (F : KNF-Formel) : BOOLEAN
{liefert TRUE gdw. F erfüllbar ist}
IF F ist trivialerweise erfüllbar oder unerfüllbar THEN
  RETURN TRUE oder FALSE, entsprechend
Wähle eine kürzeste Klausel in F, diese sei $K = (u_1 \vee \ldots \vee u_m)$
Teste, ob eine der Belegungen $b_i : u_1 \mapsto 0, \ldots, u_{i-1} \mapsto 0, u_i \mapsto 1$
 für $i = 1, \ldots, m$ autark ist.
Wenn ja, sei b_i eine solche autarke Belegung; RETURN *test1* ($F|_{b_i}$)
Ansonsten:
FOR $i := 1$ TO m DO
  IF *test1* ($F|_{b_i}$) THEN RETURN TRUE
RETURN FALSE

Wir testen also zunächst, ob eine der vorgesehenen Teilbelegungen b_i autark ist, bevor wir in möglicherweise mehrere rekursive Aufrufe, die sehr viel Rechenzeit in Anspruch nehmen, „abtauchen“. Für die Komplexitätsanalyse beobachten wir, dass es notwendig ist, die zwei Fälle „Wenn ja“ und „Ansonsten“ miteinander bzgl. ihrer Komplexität zu vergleichen. Im ersten Fall haben wir $T(n) \leq T(n-1)$, da mindestens eine Variable eliminiert wird. Im zweiten Fall ergibt sich $T(n) = T'(n-1) + \cdots + T'(n-k)$, wobei $T'(n)$ die Laufzeit der obigen Prozedur ist unter der Annahme, dass die kürzeste Klausel der zu analysierenden Formel die Länge $\leq k-1$ hat. Dies liegt daran, dass der „Ansonsten“-Teil nur dann betreten wird, wenn keine der vorgesehenen Teilbelegungen autark ist, und das hat die Konsequenz, dass es für jede der Teilbelegungen b_i eine *andere* Klausel als K in F geben muss, die durch b_i nicht auf 1 gesetzt wird, und die ein Literal, das in b_i gesetzt wird, enthält. Das bedeutet, wenn wir zu $F|_{b_i}$ übergehen innerhalb eines rekursiven Aufrufs im „Ansonsten“-Teil, so wird dieses betreffende Literal auf 0 gesetzt, und die betreffende Klausel wird um ein Literal kürzer. Das hat die Konsequenz, dass in der nächsten Inkarnation der rekursiven Prozedur *test1* die *kürzeste Klausel* höchstens die Länge $k-1$ haben kann.

Für $T'(n)$ ergeben sich wieder die analogen Fallunterscheidungen, die auf die Rekursion

$$T'(n) = \max(T(n-1)\,,\, T'(n-1) + \cdots + T'(n-k+1))$$

führen. Es gilt nun zu analysieren, in welchem der Fälle die größte Laufzeit entsteht. Wir analysieren dies für $k = 3$; hier gelten die folgenden Rekursionsgleichungen:

$$\begin{aligned} T(n) &= \max(T(n-1)\,,\, T'(n-1) + T'(n-2) + T'(n-3)) \\ T'(n) &= \max(T(n-1)\,,\, T'(n-1) + T'(n-2)) \end{aligned}$$

Man sieht leicht ein, dass das Maximum jeweils beim zweiten Fall eintritt; also dass gilt:

$$\begin{aligned} T(n) &= T'(n-1) + T'(n-2) + T'(n-3) \quad (1) \\ T'(n) &= T'(n-1) + T'(n-2) \quad (2) \end{aligned}$$

Man muss zeigen, dass die Funktion im ersten Fall der Maximumbildung, nämlich $T(n-1)$, nicht größer ist als die Funktion im zweiten Fall. Hierzu genügt es zu zeigen, dass $T(n-1) \leq T'(n-1) + T'(n-2)$ gilt. Nach Induktionsvoraussetzung gilt: $T(n-1) \stackrel{(1)}{=} T'(n-2) + T'(n-3) + T'(n-4) \stackrel{(2)}{=} T'(n-1) + T'(n-4) \leq T'(n-1) + T'(n-2)$, was zu zeigen war. Das heißt, die Funktion $T'(n)$ verhält sich asymptotisch wie die Fibonacci-Funktion (vgl. Seite 51), also $T'(n) = \Theta(1.6181^n)$. Hieraus ergibt sich mit (1), dass ebenso $T(n) = \Theta(1.6181^n)$.

Analog erhalten wir für allgemeines k, dass die Komplexität des Algorithmus $O(\alpha_k^n)$ ist, wobei α_k Lösung der folgenden Gleichung ist: $\alpha_k^{k-1} = \alpha_k^{k-2} + \cdots + \alpha_k^1 + 1$. Die folgende Tabelle listet ein paar Werte von α_k auf:

k	3	4	5	6	7	8
α_k	1.6181	1.8393	1.9276	1.966	1.9836	1.992

12.5 Paturi-Pudlák-Zane-Algorithmus

Betrachten wir folgenden einfachen probabilistischen Algorithmus für das Erfüllbarkeitsproblem für Formeln in k-KNF von Paturi, Pudlák und Zane (1997); dieser versucht mit Hilfe des Zufalls eine erfüllende Belegung zu finden (vgl. auch die Diskussion auf Seite 81):

```
INPUT F(x_1, ..., x_n)
RANDOM π IN S_n
{ S_n ist die Menge aller Permutationen auf {1, ..., n} }
FOR i := 1 TO n DO
  IF {x_π(i)} ist eine Klausel in F THEN a_π(i) := 1
   ELSIF {¬x_π(i)} ist eine Klausel in F THEN a_π(i) := 0
   ELSE RANDOM a_π(i) IN {0, 1}
  F := F|x_π(i)=a_π(i)
  { Dies bedeutet, dass für eine Variable in der Formel F ein Wahrheits-
   wert eingesetzt und die Formel entsprechend simplifiziert wird. }
OUTPUT a_1 a_2 ... a_n
```

Nehmen wir an, die Wahrscheinlichkeit, auf diese Weise eine erfüllende Belegung $a_1 \ldots a_n$ für F zu finden, sei p. Indem wir den Algorithmus t-mal mit unabhängigen Zufallszahlen wiederholen, erhalten wir für die Wahrscheinlichkeit q, hierbei kein einziges Mal eine erfüllende Belegung zu erhalten:

$$q = (1-p)^t \leq e^{-tp}$$

Um also eine vorgegebene Fehlerwahrscheinlichkeit ε zu unterschreiten, genügt es t so zu wählen, dass $e^{-tp} \leq \varepsilon$ bzw. $t \geq \frac{\ln(1/\varepsilon)}{p}$. Die Komplexität des gesamten Verfahrens ist somit $O(n/p)$. Wir werden zeigen, dass für k-KNF Formeln als Eingabe gilt $p \geq 2^{-n(1-1/k)}$. Daher ist die Komplexität des gesamten Verfahrens $2^{n(1-1/k)}$ (abgesehen von einem polynomialen Faktor). Für festes k ist dies $O(\alpha_k^n)$ gemäß folgender Tabelle:

k	3	4	5	6	7	8
α_k	1.5875	1.6818	1.7412	1.7818	1.8115	1.8341

Der Algorithmus von Monien-Speckenmeyer wird somit übertroffen (abgesehen von der Tatsache, dass der Algorithmus probabilistisch ist).

Sei F eine erfüllbare Formel in k-KNF und sei $a = a_1a_2\ldots a_n$ eine festgehaltene erfüllende Belegung für F, also $F(a_1, a_2, \ldots, a_n) = 1$. Das i-te Bit dieser Belegung heiße *kritisch*, falls $F(a_1, \ldots, a_{i-1}, \overline{a_i}, a_{i+1}, \ldots, a_n) = 0$. Dies bedeutet dann, dass F eine Klausel K enthält, welche die Variable x_i enthält, so dass unter der Belegung a das x_i-Literal in K das *einzige* ist, welches den Wert 1 erhält. (Wir nennen dann auch die Klausel und die betreffende Variable „kritisch". Man beachte, dass eine kritische Klausel nur eine kritische Variable enthalten kann). Mit $j(a)$ bezeichnen wir die Anzahl der kritischen Bits von a ($0 \leq j(a) \leq n$). Sofern in der im Algorithmus betrachteten Permutation π gerade diese kritische Variable x_i die *letzte* unter den Variablen in der kritischen Klausel K ist, die aufgezählt wird, so tritt genau der (erhoffte) THEN-Fall ein, dass nämlich der Wert von x_i deterministisch gesetzt werden kann, ohne den Zufall zu bemühen, wie dies im ELSE-Teil der Fall ist. Für jede Permutation σ bezeichne $r(a, \sigma)$ die Anzahl der kritischen Variablen, die in der Anordnung σ gerade als *letzte* in ihrer kritischen Klausel aufgezählt werden. Es gilt $0 \leq r(a,\sigma) \leq j(a)$. Sofern die Programmvariable π gerade den Wert σ hat, so ist $r(a, \sigma)$ genau die Anzahl der eingesparten Zufallsbits. Anders ausgedrückt:

$$Pr(\text{Algorithmus gibt } a \text{ aus} \mid \pi = \sigma) = 2^{-n+r(a,\sigma)}$$

Da für jede der $j(a)$ kritischen Variablen gilt, dass sie mit Wahrscheinlichkeit $\geq 1/k$ gerade als letzte in ihrer kritischen Klausel von der zufällig gewählten Permutation aufgezählt wird, folgt, dass der Erwartungswert für die Anzahl der eingesparten Bits mindestens $j(a)/k$ ist. In Formeln ausgedrückt:

$$\frac{1}{n!} \sum_{\sigma \in S_n} r(a, \sigma) \geq \frac{j(a)}{k} \qquad (*)$$

Wir fassen nun zusammen (und folgen hierbei der in List (1999) gegebenen Abschätzung):

$Pr(\text{Algorithmus gibt } a \text{ aus})$

$$
\begin{aligned}
&= \sum_{\sigma \in S_n} Pr(\text{Algorithmus gibt } a \text{ aus} \mid \pi = \sigma) \cdot Pr(\pi = \sigma) \\
&= \sum_{\sigma \in S_n} 2^{-n+r(a,\sigma)} \cdot \frac{1}{n!} = 2^{-n} \cdot \left(\frac{1}{n!} \sum_{\sigma \in S_n} 2^{r(a,\sigma)} \right) \\
&\geq 2^{-n} \cdot 2^{\left(\frac{1}{n!} \sum_{\sigma \in S_n} r(a,\sigma) \right)} \quad \text{(Jensensche Ungleichung, vgl. Seite 50)} \\
&\geq 2^{-n} 2^{j(a)/k} \quad \text{(wegen (*))}
\end{aligned}
$$

Sei S die Menge der erfüllenden Belegungen von F. Die Wahrscheinlichkeit, dass *irgendeine* erfüllende Belegung $a \in S$ vom Algorithmus gefunden wird, ist

$$
\begin{aligned}
&\sum_{a \in S} Pr(\text{der Algorithmus gibt } a \text{ aus}) \\
&\quad = \sum_{a \in S} 2^{-n} 2^{j(a)/k} = 2^{-(n-n/k)} \sum_{a \in S} 2^{-(n-j(a))/k} \\
&\quad \geq 2^{-n(1-1/k)} \sum_{a \in S} 2^{-(n-j(a))} \geq 2^{-n(1-1/k)}
\end{aligned}
$$

Die Begründung für die Abschätzung in der letzten Zeile ergibt sich aus der folgenden Behauptung.

Behauptung. Sei $S \subseteq \{0,1\}^n$, $|S| \geq 1$. Sei $s(a)$ = Anzahl der Bits in a, deren „Flippen" wieder ein Element in S ergibt. Dann gilt $\sum_{a \in S} 2^{-s(a)} \geq 1$.

Beweis durch Induktion nach n. Die Aussage gilt klar für $n = 0$. Sei nun $n > 0$. Seien $S_0 = \{y \in \{0,1\}^{n-1} \mid y0 \in S\}$ und $S_1 = \{y \in \{0,1\}^{n-1} \mid y1 \in S\}$. Diesen Mengen S_0 und S_1 sind entsprechende Funktionen $s_0(y)$ und $s_1(y)$ zugeordnet. Nach Induktionsvoraussetzung gilt $\sum_{y \in S_i} 2^{-s_i(y)} \geq 1$.

Da $1 \leq |S| = |S_0| + |S_1|$, können die Mengen S_0 und S_1 nicht beide leer sein. Falls S_0 und S_1 beide nicht-leer sind, so folgt nach Induktionsvoraussetzung:

$$
\begin{aligned}
\sum_{a \in S} 2^{-s(a)} &= \sum_{y \in S_0} 2^{-s(y0)} + \sum_{y \in S_1} 2^{-s(y1)} \\
&\geq \sum_{y \in S_0} 2^{-s_0(y)-1} + \sum_{y \in S_1} 2^{-s_1(y)-1} \\
&\geq \frac{1}{2} + \frac{1}{2} = 1.
\end{aligned}
$$

Falls (o.B.d.A.) S_0 leer ist, so folgt nach Induktionsvoraussetzung und unter Verwenden der Definition von $s(a)$:

$$
\sum_{a \in S} 2^{-s(a)} = \sum_{y \in S_1} 2^{-s(y1)} = \sum_{y \in S_1} 2^{-s_1(y)} \geq 1. \qquad \square
$$

Der hier angegebene Algorithmus wurde von Paturi, Pudlák, Saks und Zane (1998) noch weiter verbessert. Die Idee ist, dass ein Vorverarbeitungsschritt vorgeschaltet wird, und zwar werden alle Paare von Klauseln daraufhin überprüft, ob eine *Resolvente* erzeugt werden kann. (Dies ist genau dann möglich, wenn es genau eine Variable gibt, die in der einer Klausel positiv und in der anderen negativ vorkommt. Die Resolvente ist dann die Vereinigung dieser beiden Klauseln, abzüglich dieser positiven bzw. negativen Variablen). Es werden alle möglichen Resolventen erzeugt, solange die entstehende Klauselgröße eine gewisse Konstante s nicht überschreitet. Danach wird der oben beschriebene probabilistische Algorithmus angewandt. Durch Hinzufügen der Resolventen bleibt die Erfüllbarkeit bzw. Unerfüllbarkeit der Ausgangsformel erhalten. Die Idee ist, dass der im Algorithmus ausgenützte Effekt, dass bei Vorliegen einer einelementigen Klausel die Anzahl der notwendigen Zufallsbits reduziert werden kann, nach diesem Vorverarbeitungsschritt noch stärker durchschlägt und die Komplexität weiter reduziert. Es wird gezeigt, dass für 3-SAT eine Reduktion der Komplexität auf $O(1.447^n)$ möglich ist. Eine noch weitergehende Reduktion auf $O(1.362^n)$ wird von den Autoren angekündigt.

12.6 Der Hammingkugel-Algorithmus für k-SAT

Wir wollen eine einfache lokale Verbesserungsstrategie (vgl. Abschnitt 11.3) für k-SAT vorstellen und analysieren, die auf Schöning (1999) zurückgeht.

Die einfache Idee ist, eine zufällig geratene Anfangsbelegung durch „Umflippen" von bis zu βn vielen Bits so zu „reparieren", dass ggfs. eine erfüllende Belegung entsteht. Hierbei ist β eine noch festzulegende Konstante zwischen 0 und 1. Der Erfolg dieser Vorgehensweise hängt davon ab, ob die zufällige Anfangsbelegung sich im Hammingabstand von höchstens βn von einer erfüllenden Belegung befindet. Geometrisch kann man sich vorstellen, dass durch zufälliges Raten mehrerer Anfangsbelegungen eine Menge von „Hammingkugeln" mit Radius βn, deren Mittelpunkt die jeweilige Anfangsbelegung ist, bestimmt wird.

Beispiel: Im folgenden Bild wurden 5 zufällige Anfangsbelegungen bestimmt. Die eingetragene erfüllende Belegung wird jedoch von keiner der Hammingkugeln überdeckt.

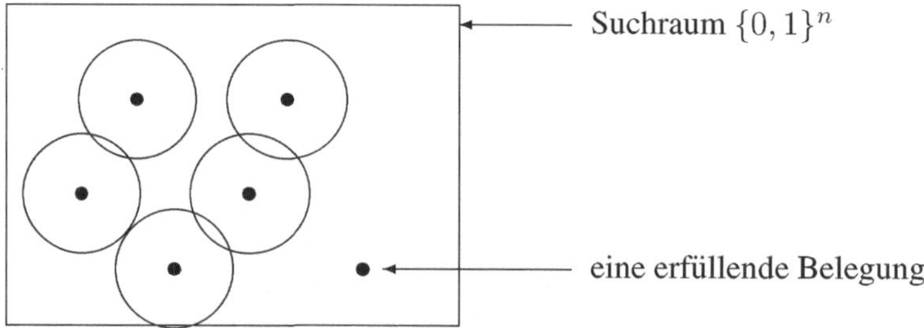

Wir wollen die Anzahl der zufällig zu ratenden Anfangsbelegungen abschätzen, so dass die Wahrscheinlichkeit dafür, dass keine der Hammingkugeln eine festgehaltene erfüllende Belegung überdeckt, vernachlässigbar wird. Die Größe einer Hammingkugel vom Radius βn beträgt

$$\sum_{i=0}^{\beta n} \binom{n}{i}$$

Die folgende Notation erweist sich im Folgenden als sehr nützlich: Wir schreiben $f(n) \doteq g(n)$, falls es ein Polynom $p(n)$ gibt, so dass für alle n gilt:

$$f(n)/p(n) \;\leq\; g(n) \;\leq\; p(n) \cdot f(n)$$

Es gilt die folgende Abschätzung (für $\beta \leq 1/2$):

$$\sum_{i=0}^{\beta n} \binom{n}{i} \;\doteq\; \binom{n}{\beta n} \;\doteq\; 2^{h(\beta)n} \;=\; \left[\left(\frac{1}{\beta}\right)^{\beta}\left(\frac{1}{1-\beta}\right)^{(1-\beta)}\right]^{n}$$

wobei $h(x) = -x\log_2 x - (1-x)\log_2(1-x)$ die binäre Entropiefunktion ist (vgl. Abschnitt 1.5). Daher lässt sich die Wahrscheinlichkeit, bei einem einzelnen Versuch eine festgehaltene erfüllende Belegung zu überdecken, angeben durch

$$\frac{\sum_{i=0}^{\beta n}\binom{n}{i}}{2^n} \;\doteq\; 2^{-(1-h(\beta))n}$$

Die Wahrscheinlichkeit p, bei t zufälligen und unabhängigen Versuchen jedes Mal Misserfolg zu haben, ist daher

$$p \;\doteq\; \left(1 - 2^{-(1-h(\beta))n}\right)^{t} \;\leq\; e^{-t2^{-(1-h(\beta))n}}$$

unter Verwendung von $1 - x \leq e^{-x}$ (vgl. Abschnitt 1.8). Indem wir diese Wahrscheinlichkeit auf den (vernachlässigbaren) Wert e^{-20} setzen, erhalten wir als Anzahl der notwendigen Wiederholungen

$$t \;\doteq\; 2^{(1-h(\beta))n}$$

Als Nächstes müssen wir erklären, wie wir eine Hammingkugel (möglichst effizient) durchsuchen, um eine potenzielle erfüllende Belegung zu finden. Hierzu hilft uns die Formel selber, die in k-KNF vorliegt. Wenn die Anfangsbelegung a die Formel noch nicht erfüllt, so gibt es mindestens eine Klausel in der Formel, die durch a auf Null gesetzt wird. Sofern die Formel überhaupt erfüllbar ist, so muss mindestens eines der Belegungsbits, die den k Literalen in dieser Klausel entsprechen, geflippt werden. Wenn man systematisch jedes dieser k Bits einmal flippt, so hat man die Garantie, dass hierbei der Hammingabstand zu einer erfüllenden Belegung mindestens einmal um 1 erniedrigt wird. Die folgende rekursive Prozedur realisiert diese Idee:

```
PROCEDURE test(a, m): BOOLEAN
{ liefert TRUE, falls es eine erfüllende Belegung gibt, die
 sich im Hammingabstand ≤ m von a befindet}
IF (die Formel wird durch a erfüllt) THEN RETURN TRUE
ELSIF m = 0 THEN RETURN FALSE
Sei C = {l_1, l_2, ..., l_k} eine Klausel, die durch a nicht erfüllt wird
FOR i := 1 TO k DO
    Sei a_i die Belegung, die aus a durch Flippen des Bits l_i entsteht
    IF test(a_i, m − 1) THEN RETURN TRUE
RETURN FALSE
```

Diese Prozedur wird nun t-mal mit den zufälligen Anfangsbelegungen a und mit $m = \beta n$ aufgerufen. Da in jedem Aufruf von *test* bis zu k rekursive Aufrufe stattfinden, und da die Rekursionstiefe durch βn beschränkt ist, ergibt sich als Komplexität eines einzelnen Aufrufs $q(n) \cdot k^{\beta n}$ (für ein Polynom $q(n)$).

Insgesamt ergibt sich somit, abgesehen von einem polynomialen Faktor, als Komplexität des Verfahrens

$$\left(2^{(1-h(\beta))}k^{\beta}\right)^n$$

Indem man die Ableitung von $2^{(1-h(\beta))}k^{\beta}$ auf Null setzt, sieht man, dass dieser Ausdruck durch die Wahl von $\beta = \frac{1}{k+1}$ minimiert wird. Einsetzen von $\beta = \frac{1}{k+1}$ in obige Exponentialfunktion ergibt (bis auf einen polynomialen Faktor) die Komplexität

$$\left(\frac{2k}{k+1}\right)^n$$

Die folgende Tabelle listet ein paar Werte auf:

k	3	4	5	6	7	8
$\frac{2k}{k+1}$	1.5	1.6	1.6667	1.7143	1.75	1.7778

Man beachte, dass das Verfahren von k-SAT auf beliebige Constraint Satisfaction Probleme (zur Definition vgl. Seite 79) verallgemeinert werden kann: Man rate eine zufällige Anfangsbelegung $(a_1, \ldots, a_n) \in_R D^n$ und untersuche dann, ob es innerhalb eines Hammingabstands von βn eine Lösung gibt, wobei die optimale Wahl $\beta = 1/(k+1)$ ist. Hierbei ist k die (maximale) Ordnung der Constraints. Man kann eine ähnliche Rechnung wie oben durchführen und erhält das Ergebnis, dass dieser Algorithmus $O\Big((|D|k/(k+1))^n\Big)$ mal wiederholt werden muss, bis man eine akzeptable Fehlerwahrscheinlichkeit erhält. Im nächsten Abschnitt wird diese Schranke noch verbessert.

Man beachte ferner, dass der Algorithmus nur an einer Stelle den Zufall zu Hilfe nimmt, und zwar bei der Wahl der Anfangsbelegungen, und zwar insgesamt so vieler, dass der gesamte Suchraum $\{0,1\}^n$ (mit hoher Wahrscheinlichkeit) überdeckt wird. Wenn es eine systematische Möglichkeit gibt, Anfangsbelegungen (der entsprechenden Anzahl) zu konstruieren, so dass die Vereinigung der βn-Hammingkugeln um diese Anfangsbelegungen den gesamten Suchraum überdeckt, so erhalten wir einen deterministischen Algorithmus.

Beispielweise könnte man lediglich die beiden Anfangsbelegungen 0^n und 1^n verwenden. Wenn man $\beta = 1/2$ setzt, so wird der gesamte Suchraum überdeckt. Im Falle von 3-SAT liefert dieser Ansatz einen deterministischen Algorithmus mit der (beachtenswerten) Komplexität von $3^{n/2} \approx 1.7321^n$.

Tatsächlich lässt sich zeigen, dass man derartige Codes, also Platzierungen der Anfangsbelegungen, systematisch so finden kann, dass die Überdeckungsbedingung erfüllt wird (vgl. Dantsin, Goerdt, Hirsch, Schöning (2000)). Nehmen wir an, man rät eine Menge von k vielen 0-1-Strings $c_1, c_2, \ldots, c_k$, jeweils der Länge m, zufällig (unabhängig und unter Gleichverteilung). Die Wahrscheinlichkeit, dass keine vollständige Überdeckung von $\{0,1\}^m$ zu Stande kommt, beträgt

$$\begin{aligned}
&Pr(\exists x \in \{0,1\}^m \ \forall i \le k : d(x, c_i) > \beta m) \\
&\le \quad 2^m \cdot Pr(\forall i \le k : d(x, c_i) > \beta m) \\
&= \quad 2^m \cdot \prod_{i=1}^{k} Pr(d(x, c_i) > \beta m) \qquad \text{(Unabhängigkeit)} \\
&\doteq \quad 2^m \cdot (1 - e^{-m(1-h(\beta))})^k \\
&\le \quad 2^m \cdot e^{-k \cdot e^{-m(1-h(\beta))}} \quad \text{wegen } 1 - x \le e^{-x}
\end{aligned}$$

Hierbei bezeichnet d den Hammingabstand (zur Definition vgl. Seite 346). Ein Überdeckungscode existiert, wenn diese Wahrscheinlichkeit echt kleiner als 1 ist. Also erhalten wir die Bedingung

$$2^m \cdot e^{-k \cdot e^{-m(1-h(\beta))}} < 1$$

Dies ergibt

$$k > (\ln 2) \cdot m \cdot e^{m(1-h(\beta))}$$

Hieraus ergibt sich, dass es für jedes $\varepsilon > 0$ einen Überdeckungscode der Länge m mit $k = (e + \varepsilon)^{m(1-h(\beta))}$ vielen Codewörtern gibt. Zu gegebenem $\varepsilon > 0$ können wir also diesen endlichen Code im Rahmen des gesuchten 3-SAT (oder k-SAT) Algorithmus „fest verdrahten" und können unseren Algorithmus so modifizieren, dass bei einer Eingabeformel mit n Variablen, wobei $n = dm$, alle Anfangsbelegungen der Form $c_{i_1} c_{i_2} \ldots c_{i_d} \in \{0,1\}^n$ mit $i_\mu \in \{1, 2, \ldots, k\}$ durchlaufen werden. Man überzeugt sich davon, dass dieser Code der Länge n ebenso die gewünschte Überdeckungseigenschaft hat. Solcherart erhalten wir für jedes vorgegebene $\varepsilon > 0$ einen *deterministischen* k-SAT Algorithmus der Komplexität $\left(\frac{2k}{k+1} + \varepsilon\right)^n$. Für den 3-SAT-Fall lässt sich mit einigen technischen Tricks das Verfahren noch von $(1.5 + \varepsilon)^n$ auf 1.481^n verbessern (siehe Dantsin, Goerdt, Hirsch, Schöning (2000)).

12.7 Ein random-walk-Algorithmus für k-SAT

Der folgende Algorithmus geht auf Schöning (1999) zurück und stellt eine Fortschreibung des Algorithmus des letzten Abschnitts dar.

Wir beginnen wieder durch zufälliges Raten einer Anfangsbelegung $a \in_R \{0,1\}^n$. Die Anzahl der Bits X, in der a und eine festgehaltene erfüllende Belegung a^* übereinstimmen (sofern es eine erfüllende Belegung gibt), folgt einer Binomialverteilung mit den Parametern n und $1/2$. Das heißt, es gilt $Pr(X = j) = \binom{n}{j}2^{-n}$. Sofern die aktuelle Belegung a die Formel nicht erfüllt, so gibt es mindestens eine Klausel, die durch a auf Null gesetzt wird. Wir wählen eine beliebige solche Klausel aus und wählen zufällig unter Gleichverteilung ein Literal in der Klausel aus und „flippen" den Wahrheitswert des betreffenden Literals in unserer aktuellen Belegung a. Diesen Vorgang wiederholen wir insgesamt $3n$-mal. Wenn wir bis dahin immer noch keine erfüllende Belegung gefunden haben, so starten wir den gesamten Versuch mit dem Raten einer zufälligen Anfangsbelegung noch einmal, insgesamt t-mal:

```
REPEAT t-mal:
  RANDOM a IN {0,1}^n
  FOR i := 1 TO 3n DO
    IF a erfüllt F THEN stop
    Wähle eine Klausel K = (y_1 ∨ ... ∨ y_k), die durch a nicht erfüllt wird
    RANDOM j IN [1..k]
    Ändere den Wahrheitswert von y_j in a
```

Wir zeigen im Folgenden, dass es genügt, t Wiederholungen dieses gesamten Zufallsexperiments zu machen, bis man sicher sein kann (mit Fehlerwahrscheinlichkeit z.B. e^{-20}), dass man eine erfüllende Belegung findet, sofern eine existiert. Hierbei genügt es für k-SAT, $t \doteq (2(1-1/k))^n$ zu wählen. Die folgende Tabelle listet ein paar Werte auf:

k	3	4	5	6	7	8
$2(1-\frac{1}{k})$	1.3333	1.5	1.6	1.6667	1.7143	1.75

Man kann sich den gesamten Zufallsprozess als eine Zufallsirrfahrt (random walk) auf einem stochastischen Automaten vorstellen (vgl. Abschnitt 1.3). Wir starten in einem Zustand S, den wir nach dem ersten Schritt nicht wieder betreten. Von S aus wechseln wir in einen der Zustände $j = 0, 1, \ldots, n$, entsprechend der Binomialverteilung mit Wahrscheinlichkeit $\binom{n}{j}2^{-n}$. Der Zustand j symbolisiert die Tatsache, dass wir zu einer festgehaltenen erfüllenden Belegung a^* den Hammingabstand j haben. Sobald der Zustand 0 erreicht wird, stoppt der Prozess, denn wir haben eine erfüllende Belegung gefunden. (Man beachte, dass man durchaus auch in einem Zustand $\neq 0$ auf eine erfüllende Belegung stoßen kann; dies ist dann der Fall, wenn es mehr als eine erfüllen-

de Belegung gibt. Aber diese Situation kann die Wahrscheinlichkeit, eine erfüllende Belegung zu finden, nur erhöhen und wird bei der folgenden Betrachtung nicht weiter berücksichtigt). Die festgehaltene erfüllende Belegung a^* hat die Eigenschaft, dass sie in jeder Klausel mindestens ein Literal auf 1 setzt. In jeder Klausel fixieren wir nun (gedanklich) *genau eines* dieser Literale und lassen den stochastischen Prozess den Zustand jeweils um 1 erniedrigen, wenn ein solches fixiertes Literal ausgewählt wird, ansonsten erhöhen wir die Zustandsnummer um 1. (Bei dieser Vorgehensweise können auch Zustände $j > n$ auftreten). Zu jedem Zeitpunkt in diesem stochastischen Prozess ist die Zustandsnummer eine obere Schranke für den Hammingabstand zwischen der aktuellen Belegung und der festgehaltenen Belegung a^*. Die Wahrscheinlichkeit, in einem Schritt von einem Zustand $j > 0$ in den Zustand $j - 1$ zu wechseln, ist hierbei genau $\frac{1}{k}$, und von j in den Zustand $j + 1$ zu wechseln ist genau $\frac{k-1}{k}$.
Das folgende Bild skizziert die Situation für den Fall $n = 4$ und $k = 3$.

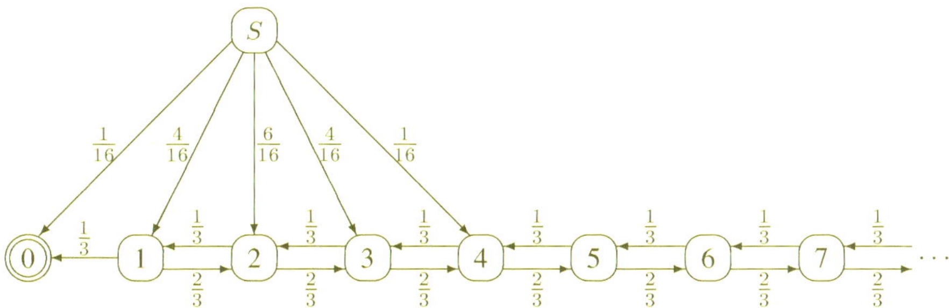

Sollte der erste Schritt in einen Zustand gehen, der sich eher bei $n/2$ oder gar rechts davon befindet, so ist es relativ unwahrscheinlich, jemals (d.h. innerhalb von $O(n)$ Schritten) den Zustand 0 zu erreichen. Aber die Wahrscheinlichkeit, dass der Prozess schon im ersten Schritt einen Zustand nahe bei 0 ansteuert, ist nicht zu vernachlässigen. Und in diesem Fall ist es wesentlich leichter möglich, dass der Prozess den Zustand 0 erreicht. (Man beachte, dass im Falle von 2-SAT der Endzustand im Mittel sogar nach $O(n^2)$ Schritten angenommen wird, da die Zufallsirrfahrt symmetrisch ist; vgl. Papadimitriou (1991)).

Das folgende Diagramm zeigt die möglichen Übergänge nochmals, angeordnet nach den möglichen Zeitpunkten:

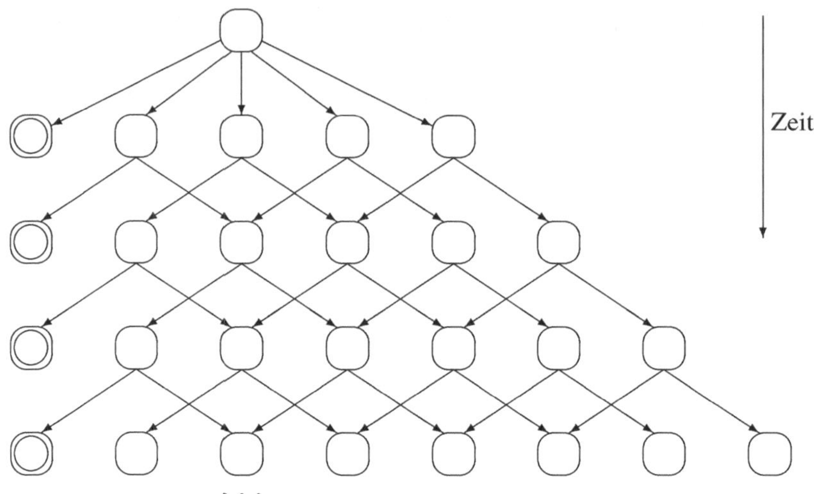

Angenommen, die Wahrscheinlichkeit, den Zustand 0 zu erreichen, unter der Bedingung, dass der Zufallsprozess im ersten Schritt in den Zustand j gerät, lässt sich nach unten abschätzen durch c^j, für eine Konstante c. (Es ist klar, dass $c \geq 1/k$ gilt, und wir werden sogar $c \doteq 1/(k-1)$ zeigen). Mit dem Binomischen Satz beträgt dann die Wahrscheinlichkeit, vom Startzustand aus nach 0 zu kommen, mindestens

$$\sum_{j=0}^{n} \binom{n}{j} 2^{-n} c^j = 2^{-n}(1+c)^n = \left(\frac{1+c}{2}\right)^n$$

Die gesuchte Wahrscheinlichkeit $q_j = c^j$ kann mit Hilfe des „Spiegelungsprinzips“ (siehe Seite 158) berechnet werden (siehe Stichwort „ballot theorem“ in Feller (1968)). Der entscheidende Punkt ist hierbei, die Anzahl der Pfade im Diagramm auf Seite 364 zu berechnen, die vom Zustand j nach genau $j+2i$ Schritten in den Zustand 0 führen. Hierbei kann der Prozess also $i \leq j$ Schritte in die „falsche“ Richtung machen, die durch $j+i$ viele Schritte in die „richtige“ Richtung wieder ausgeglichen werden müssen. Diese Anzahl beträgt $\binom{j+2i-1}{i} - \binom{j+2i-1}{i-1} = \binom{j+2i}{i} \cdot \frac{j}{j+2i}$. Daher gilt für die gesuchte Wahrscheinlichkeit:

$$\begin{aligned} q_j &= \sum_{i=0}^{j} \binom{j+2i}{i} \cdot \frac{j}{j+2i} \cdot \left(\frac{k-1}{k}\right)^i \cdot \left(\frac{1}{k}\right)^{i+j} \\ &\doteq \sum_{i=0}^{j} \binom{j+2i}{i} \cdot \left(\frac{k-1}{k}\right)^i \cdot \left(\frac{1}{k}\right)^{i+j} \end{aligned}$$

Im weiteren verwenden wir für die Binomialkoeffizienten wieder die Abschätzung

$$\binom{n}{\beta n} \doteq 2^{h(\beta)n} = \left(\frac{1}{\beta}\right)^{\beta n} \left(\frac{1}{1-\beta}\right)^{(1-\beta)n}$$

wobei $h(\beta) = -\beta \log_2 \beta - (1-\beta)\log_2(1-\beta)$ die binäre Entropiefunktion ist. Insbesondere gilt

$$\binom{(1+2\beta)j}{\beta j} \doteq 2^{h(\frac{\beta}{1+2\beta})j} = \left[\left(\frac{1+2\beta}{\beta}\right)^{\beta} \cdot \left(\frac{1+2\beta}{1+\beta}\right)^{1+\beta}\right]^{j}$$

Wir schätzen nun die obige Summe nach unten durch ihren größten Summanden ab, indem wir $\beta = \frac{1}{k-2}$ einsetzen:

$$\begin{aligned} q_j &\doteq \sum_{i=0}^{j} \binom{j+2i}{i} \cdot \left(\frac{k-1}{k}\right)^{i} \cdot \left(\frac{1}{k}\right)^{i+j} \\ &\doteq \left[2^{h(\frac{\beta}{1+2\beta})} \cdot \left(\frac{k-1}{k}\right)^{\beta} \cdot \left(\frac{1}{k}\right)^{1+\beta}\right]^{j}, \quad \beta = \frac{1}{k-2} \\ &= \left(\frac{1}{k-1}\right)^{j} \end{aligned}$$

Nach dem oben Gesagten folgt somit für die Wahrscheinlichkeit p, vom Startzustand den Zustand 0 innerhalb von $j + 2i \leq 3n$ Schritten zu erreichen:

$$p \doteq \left(\frac{1+\frac{1}{k-1}}{2}\right)^{n}$$

Die Komplexität des Verfahrens liegt somit innerhalb eines polynomialen Faktors vom Kehrwert dieser Wahrscheinlichkeit, nämlich:

$$\left(\frac{2}{1+\frac{1}{k-1}}\right)^{n} = \left(2(1-\frac{1}{k})\right)^{n}$$

Man beachte, dass das Verfahren von k-SAT auf beliebige Constraint Satisfaction Probleme (zur Definition vgl. Seite 79) verallgemeinert werden kann: Man rate eine zufällige Anfangsbelegung $(a_1, \ldots, a_n) \in_R D^n$ und versuche diese dann innerhalb von $O(n)$ Schritten dadurch zu verbessern, dass man ein Constraint auswählt, das nicht erfüllt ist, und zufällig eine Variable auswählt, von der das Constraint abhängt, und sodann den Wert der Variablen zufällig auf einer der restlichen $|D| - 1$ Werte ändert. Man kann eine ähnliche Rechnung wie oben durchführen und erhält das Ergebnis, dass dieser Algorithmus $O\Big(\big(|D|(1-1/k)\big)^n\Big)$ mal wiederholt werden muss, bis man eine akzeptable Fehlerwahrscheinlichkeit erhält. Hierbei ist k die (maximale) Ordnung der Constraints. Die folgende Tabelle listet ein paar Werte auf:

	$k=2$	$k=3$	$k=4$	$k=5$	$k=6$
$\lvert D\rvert = 2$	1	1.334	1.5	1.6	1.667
$\lvert D\rvert = 3$	1.5	2	2.25	2.4	2.5
$\lvert D\rvert = 4$	2	2.667	3	3.2	3.334
$\lvert D\rvert = 5$	2.5	3.334	3.75	4	4.167
$\lvert D\rvert = 6$	3	4	4.5	4.8	5

Es ist interessant, dass die Werte in der Spalte mit $k = 2$ exakt mit der Komplexität des auf Seite 345 beschriebenen Verfahrens von Beigel und Eppstein übereinstimmen, welches ebenfalls leicht auf Constraint Satisfaction Probleme mit $k = 2$ verallgemeinerbar ist und die Komplexität $(|D|/2)^n$ liefert.

Der oben beschriebene k-SAT Algorithmus erreicht im Falle von 3-SAT die Komplexität $(4/3)^n$. Diese Schranke für 3-SAT kann noch ein wenig weiter verbessert werden, und zwar mit folgender Idee: Bei einer Klausel mit 3 Literalen gibt es genau 7 Belegungen der betreffenden 3 Variablen, die diese Klausel erfüllen. Sofern die zweite Klausel aus 3 weiteren Literalen besteht, die bisher nicht vorkamen, so sind dies $7 \cdot 7 = 49$ potenzielle Belegungen für 6 Variablen (anstatt $2^6 = 64$ Belegungen), usw. Das Problem besteht nur darin, dass die betroffenen Literalmengen in den verschiedenen Klauseln im Allgemeinen keine disjunkten Mengen darstellen.

Wir gehen wie folgt vor: In einer vorbereitenden Phase wird in Greedy-Manier eine maximale Menge M von Klauseln bestimmt, deren Literale jeweils nur in der betreffenden Klausel dieser Menge vorkommen.

$V := \emptyset$
$M := \emptyset$
repeat
$K :=$ die erste Klausel in F, die 3 Variablen enthält,
so dass keine davon in V vorkommt
$V := V \cup \{$ die in K vorkommenden Variablen $\}$
until es gibt keine solche Klausel K mehr

Wir unterscheiden nun zwei Fälle: Wenn $|M|$ „klein" ist (also $|M| \leq \alpha \cdot n$ bzw. $|V| \leq 3\alpha \cdot n$ für eine später noch festzulegende Konstante α), so setzen wir systematisch alle $7^{\alpha n}$ vielen Belegungen der Variablen in V, die in potenzieller Weise für eine erfüllende Belegung in Frage kommen, in die Formel F ein. Dies ergibt nach dem Einsetzen die Formeln $F_1, F_2, \ldots, F_m$, wobei $m = 7^{\alpha n}$. Jede dieser Formeln muss in 2-KNF sein, also jede Klausel hat höchstens 2 Literale. Dies gilt deshalb, da jede Klausel in F, die nicht in M vorkommt, mindestens eine Variable aus V enthält (ansonsten könnte M noch um eine solche Klausel erweitert werden). Jedes dieser $7^{\alpha n}$ vielen 2-SAT Probleme kann in polynomialer Zeit gelöst werden (Abschnitt 12.1). Das Verfahren hat in diesem Fall also die Komplexität $7^{\alpha n}$ (abgesehen von einem polynomialen Faktor).

Wenn dagegen $|M|$ „groß" ist (also $|V| > 3\alpha \cdot n$), so verwenden wir den obigen random walk-Algorithmus, aber mit einer kleinen Modifikation: Die Anfangsbelegungen werden jetzt *nicht* unter Gleichverteilung unter allen 2^n Belegungen gezogen, sondern wie folgt:

- Die in V vorkommenden Variablen teilen wir in 3er-Gruppen gemäß ihrem Vorkommen in den Klauseln in M. Für jede 3er-Gruppe wird eine der 7 in Frage kommenden Belegungen wie folgt zufällig gezogen:

- Belegung 111 mit Wahrscheinlichkeit $\frac{1}{7}$,
- jede der Belegungen 110, 101, 011 mit Wahrscheinlichkeit $\frac{2}{9} \cdot \frac{1}{7}$,
- jede der Belegungen 100, 010, 001 mit Wahrscheinlichkeit $\frac{4}{9} \cdot \frac{1}{7}$.

Hierbei bedeutet zum Beispiel „Belegung 111", dass wir die 3 Variablen so belegen, dass in ihrer zugehörigen Klausel aus M alle Literale den Wert 1 erhalten.

- Für jede der Variablen, die nicht zu V gehört, wird ihr Anfangswert unter Gleichverteilung aus $\{0, 1\}$ gezogen.

Eine ähnliche Rechnung wie weiter oben (Seite 365) zeigt, dass die Komplexität des Verfahrens

$$\left(\frac{4}{3}\right)^{(1-3\alpha)n} \cdot \left(\frac{7}{3}\right)^{\alpha n}$$

beträgt. Indem wir dies mit $7^{\alpha n}$ gleichsetzen, erhalten wir eine Gleichung, mit der die optimale Wahl von α bestimmt werden kann, nämlich $\alpha = 0.146652$. Diese Wahl von α ergibt dann insgesamt die Laufzeit 1.33026^n. Durch weitere „Tricks" lässt sich die Laufzeit noch unter 1.3302^n drücken (vgl. Hofmeister, Schöning, Schuler, Watanabe (2001)).

Literatur

Die meisten Literaturangaben beziehen sich auf Lehrbücher über Algorithmen. Wenn ein Literaturzitat speziell für ein Kapitel oder einen Abschnitt dieses Buches relevant ist, so ist dies in eckigen Klammern vermerkt.

A.V. Aho, J.E. Hopcroft, J.D. Ullman: *The Design and Analysis of Computer Algorithms.* Addison-Wesley, 1974.

M. Aigner: *Diskrete Mathematik.* Vieweg, 1993.

H.J. Appelrath, D. Boles, V. Claus, I. Wegener: *Starthilfe Informatik.* Teubner, 1998.

R.B. Ash: *Information Theory.* Dover, 1965. [Abschnitt 1.5 und 8.1]

B. Aspvall, M.F. Plass, R.E. Tarjan: A linear-time algorithm for testing the truth of certain quantified Boolean formulas. *Information Processing Letters* Vol 8, No. 3 (1979) 121–123. [Abschnitt 12.1]

M.J. Attallah (Hg.): *Algorithms and Theory of Computation Handbook.* CRC Press, 1999.

G. Ausiello, P. Crescenzi, G. Gambosi, V. Kann, A. Marchetti-Spaccamela, M. Protasi: *Complexity and Approximation - Combinatorial Approximation Problems and Their Approximability Prioperties.* Springer-Verlag, 1999.

R. Azencott (Hg.): *Simulated Annealing - Parallelization Techniques.* Wiley, 1992. [Abschnitt 11.4]

S. Baase, A.V. Gelder: *Computer Algorithms – Introduction to Design and Analysis.* Addison Wesley Longman, 2000.

E. Bach, J. Shallit: *Algorithmic Number Theory.* Volume 1: Efficient Algorithms. MIT Press, 1996. [Kapitel 9]

L. Banachowski, A. Kreczmar, W. Rytter: *Analysis of Algorithms and Data Structures.* Addison-Wesley, 1991.

A. Bartholomé, J. Rung, H. Kern: *Zahlentheorie für Einsteiger.* Vieweg, 1995. [Kapitel 9]

M. Beckmann (Hg.): *Einführung in die Methode Branch and Bound.* Springer-Verlag, 1968. [Abschnitt 7.2]

R. Beigel, D. Eppstein: 3-coloring in time $O(1.33446^n)$: a no-mis algorithm. *ECCC Technical Report* TR95-33 (1995). [Abschnitt 12.1]

T. Beth: *Verfahren der schnellen Fourier-Transformation.* Teubner, 1984. [Abschnitt 9.4]

M. Blum, S. Kannan: Designing programs that check their work. *Proceedings ACM Symposium on Theory of Computing* 1989, 86–97. [Abschnitt 1.16]

N. Blum: *Theoretische Informatik - Eine anwendungsorientierte Einführung*. Oldenbourg, 1998.

L. Bolc, J. Cytowski: *Search Methods for Artificial Intelligence*. Academic Press, 1992. [Kapitel 11]

B. Bollobás: *Graph Theory - An Introductory Course*. Springer-Verlag, 1979. [Kapitel 6]

G. Brassard, P. Bratley: *Algorithmics – Theory and Practice*. Prentice-Hall, 1988.

G. Brassard, P. Bratley: *Fundamentals of Algorithmics*. Prentice-Hall, 1996.

J. Buchmann: *Einführung in die Kryptographie*. Springer-Verlag, 1999. [Kapitel 9]

J.L. Carter, M.N. Wegman: Universal classes of hash functions. *Journal of Computer and System Sciences* 18 (1979) 143–154. [Abschnitt 3.4]

J. Clark, D.A. Holton: *Graphentheorie*. Spektrum Akademischer Verlag, 1991. [Kapitel 6]

N. Clausen, U. Baum: *Fast Fourier Transforms*. BI Wissenschaftsverlag, 1993. [Abschnitt 9.4]

W.J. Cook, W.H. Cunningham, W.R. Pulleyblank, A. Schijver: *Combinatorial Optimization*. Wiley, 1998.

T.H. Cormen, C.E. Leiserson, R.L. Rivest: *Introduction to Algorithms*. MIT Press, 2. Auflage, 2001.

E. Dantsin, A. Goerdt, E.A. Hirsch, U. Schöning: Deterministic k-SAT algorithms based on covering codes and local search. *Intern. Colloq. on Automata, Languages and Computation 2000*, Genf. Lecture Notes in Computer Science 1853. Springer-Verlag, 2000, 236–247. [Abschnitt 12.6]

L. Davis: *Genetic Algorithms and Simulated Annealing*. Pitman, 1990. [Kapitel 11]

R. Diestel: *Graphentheorie*. Springer-Verlag, 1996. [Kapitel 6]

M. Dietzfelbinger: Universal hashing and k-wise independent random variables via integer arithmetic without primes. *Symposium on Theoretical Aspects of Computer Science*, Lecture Notes in Computer Science 1046, Springer-Verlag, 1996, 569–580. [Abschnitt 3.4]

M. Duflo: *Algorithms stochastiques*. Mathematics & Applications 23, Springer-Verlag, 1996.

M.R. Garey, D.S. Johnson: *Computers and Intractability – A Guide to the Theory of NP-Completeness*. Freeman and Company, 1979. [Abschnitt 1.14 und 1.15]

W. Feller: *An Introduction to Probability Theory and its Applications*. Volume 1. Wiley, 1968. [Abschnitt 1.4 und 12.7]

O. Forster: *Algorithmische Zahlentheorie*. Vieweg, 1996. [Kapitel 9]

R. Freivalds: Probabilistic machines can use less running time. In *Information Processing 77, Proceedings of IFIP Congress 77*, 839–842. North-Holland, 1977.

J. von zur Gathen, J. Gerhard: *Modern Computer Algebra*, Cambridge University Press, 1999. [Kapitel 9]

A. Gibbons: *Algorithmic Graph Theory*. Cambridge University Press, 1985. [Kapitel 6]

P. Giblin: *Primes and Programming – An Introduction to Number Theory with Computing*. Cambridge University Press, 1993. [Kapitel 9]

O. Goldreich: *Modern Cryptography, Probabilistic Proofs and Pseudorandomness*. Springer-Verlag, 1999. [Abschnitt 1.4, 1.12, 1.13, 3.4 und 11.1]

S.W. Golomb: *Shift Register Sequences*. Holden Day, 1967. [Abschnitt 1.13]

G.H. Gonnet: *Handbook of Algorithms and Data Structures*. Addison-Wesley, 1984.

G. Goos: *Algorithmentechnik*. Vorlesungsskript, Uni Karlsruhe, 1994.

G. Goos: *Vorlesungen über Informatik*. Band 1–4. Springer-Verlag, 1995–1998.

M. Greiner, G. Tinhofer: *Stochastik für Studienanfänger der Informatik*. Hanser Verlag, 1996. [Abschnitt 1.4]

R.P. Grimaldi: *Discrete Combinatorial Mathematics*. Addison-Wesley, 1994.

M. Grötschel, L. Lovász: *Combinatorial Optimization: A Survey*. DIMACS Technical Report 93-29, 1993. [Abschnitt 1.15, Kapitel 11]

J. Gruska: *Foundations of Computing*. Thomson Computer Press, 1997.

J. Gu, P. Purdom, J. Franco, B. Wah: *Algorithms for the Satisfiability Problem*. Cambridge University Press, 1999. [Kapitel 12]

D. Gusfield: *Algorithms on Strings, Trees, and Sequences*. Cambridge University Press, 1997. [Abschnitte 4.4, 4.5, Kapitel 8 und 10]

G. Hansel, D. Perrin, I. Simon: Compression and Entropy. *Symposium on Theoretical Aspects of Computer Science* 1992. Lecture Notes in Computer Science 577, Springer-Verlag, 1992. [Abschnitt 1.5, Kapitel 8]

S. Haykin: *Neural Networks: A Comprehensive Foundation*. Prentice-Hall, 1994. [Kapitel 11]

D.S. Hochbaum (Hg.): *Approximation Algorithms for NP-Hard Problems*. PWS Publ. Company, 1997. [Abschnitt 1.15 und 11.1]

T. Hofmeister, U. Schöning, R. Schuler, O. Watanabe: A probabilistic 3-SAT algorithm further improved. Technical Report, Department of Computer and Information Sciences, Tokyo Institute for Technology, 2001. Zur Veröffentlichung eingereicht. [Abschnitt 12.7]

M. Hofri: *Probabilistic Analysis of Algorithms*. Springer-Verlag, 1987.

E. Horowitz, S. Sahni: *Algorithmen*. Springer-Verlag, 1981.

E. Horowitz, S. Sahni, S. Rajasekaran: *Computer Algorithms*. Computer Science Press, 1997.

J. Hromkovič: *Algorithmics for Hard Problems - Introduction to Combinatorial Optimization, Randomization, Approximation, and Heuristics*. Springer-Verlag, 2001.

T.C. Hu: *Combinatorial Algorithms*. Addison-Wesley, 1982.

M. Hüttenhofer, M. Lesch, N. Peyerimhoff: *Mathematik in Anwendung mit C++*. Quelle & Meyer Verlag, 1994. [Kapitel 9]

T. Ihringer: *Diskrete Mathematik*. Teubner, 1994.

D.S. Johnson: Local optimization and the traveling salesman problem. *Proceedings ICALP* 1990, Lecture Notes in Computer Science 443, Springer-Verlag, 1990, 446–461. [Kapitel 11]

S. Jukna: *Extremal Combinatorics – With Applications in Computer Science*. Springer-Verlag, 2000.

D. Jungnickel: *Graphen, Netzwerke und Algorithmen*. Bibl. Institut Wissenschaftsverlag, 1987.

H.J. Karloff, P. Raghavan: Randomized algorithms and pseudorandom numbers. *Proceedings 20th ACM Symposium on Theory of Computing*, 310–321, 1988. [Abschnitt 1.12, 1.13 und 2.4]

R. Kemp: *Fundamentals of the Average Case Analysis of Particular Algorithms*. Teubner-Wiley, 1984.

S. Kirkpatrick, C.D. Gelatt, M.P. Vecchi: Optimization by simulated annealing. *SCIENCE* 220, 4598 (1983) 671–680. [Abschnitt 11.4]

H. Kleine Büning, T. Lettmann: *Aussagenlogik: Deduktion und Algorithmen*. Teubner-Verlag, 1994. [Kapitel 12]

D.E. Knuth: *The Art of Computer Programming*. Addison-Wesley. Vol 1: *Fundamental Algorithms*, 1973. Vol 2: *Seminumerical Algorithms*. 1981. Vol 3: *Sorting and Searching*, 1975.

D.E. Knuth: *Selected Papers on Analysis of Algorithms*. Center for the Study of Language and Information, CSLI Lecture Notes, No. 102, 2000.

N. Koblitz: *A Course in Number Theory and Cryptography*. Springer-Verlag, 1994. [Kapitel 9]

J. Köbler, U. Schöning, J. Torán: *The Graph Isomorphism Problem - Its Structural Complexity*. Birkhäuser, 1989. [Abschnitt 1.14]

W. König u.a.: *Taschenbuch der Wirtschaftsinformatik und Wirtschaftsmathematik*. Verlag Harri Deutsch, 1999. [Kapitel 11]

E. Koutsoupias, C.H. Papadimitriou: On the greedy algorithm for satisfiability. *Information Processing Letters* 43 (1992) 53–55. [Abschnitt 12.2]

D.C. Kozen: *The Design and Analysis of Algorithms*. Springer-Verlag, 1992.

E. Kranakis: *Primality and Cryptography*. Wiley-Teubner, 1986. [Kapitel 9]

D.L. Kreher, D.R. Stinson: *Combinatorial Algorithms: Generation, Enumeration, and Search*. CRC Press, 1999.

L. Kučera: *Combinatorial Algorithms*. Adam Hilger, 1990.

P. Läuchli: *Algorithmische Graphentheorie*. Birkhäuser, 1991. [Kapitel 6]

P. Läuchli: *Matroide*. vdf Hochschulverlag, 1998. [Kapitel 5]

T. Lengauer: *Combinatorial Algorithms for Integrated Circuit Layout*. Wiley-Teubner, 1990.

M. Li, P. Vitanyi: *An Introduction to Kolmogorov Complexity and Its Applications*. 2nd Edition, Springer-Verlag, 1997. [Abschnitt 1.5 und 2.5]

M. Liśkiewicz, H. Fernau: *Datenkompression*. Vorlesungsskript, Universität Tübingen, 1999. [Abschnitt 1.5, Kapitel 8]

B. List: *Probabilistische Algorithmen und schlechte Zufallsszahlen*. Dissertation, Universität Ulm, 1999. [Abschnitt 1.12 und 1.13, sowie Abschnitt 12.5]

J.D.C. Little, K.G. Murty, D.W. Sweeney, C. Karel: An algorithm for the traveling salesman problem. *Operations Research* 11 (1963) 972–989. [Abschnitt 7.2]

M. Luby, A. Wigderson: *Pairwise Independence and Derandomization.* International Computer Science Research Institute, Technical Report TR-95-035, 1995. [Abschnitt 1.12, 1.13, 3.4]

H. Lüneburg: *Galoisfelder, Kreisteilungskörper und Schieberegisterfolgen.* Bibliographisches Institut, 1979. [Abschnitt 1.13, Kapitel 9]

U. Mander: *Introduction to Algorithms – A Creative Approach.* Addison-Wesley, 1989.

R. Mathar: *Informationstheorie.* Teubner, 1996. [Abschnitt 1.5 und 8.1]

R. Mathar, D. Pfeifer: *Stochastik für Informatiker.* Teubner, 1990.

E.W. Mayr, H.J. Prömel, A. Steger (Hg.): *Lectures on Proof Verification and Approximation Algorithms.* Springer-Verlag, 1998. [Abschnitt 1.15 und 11.1]

K. Mehlhorn: *Effiziente Algorithmen.* Teubner, 1977.

K. Mehlhorn: *Data Structures and Algorithms.* Band 1: *Sorting and Searching.* Band 2: *Graph Algorithms and NP-Completeness.* Band 3: *Multidimensional Searching and Computational Geometry.* EATCS Monographs on Theor. Comput. Sci., Vol 1–3. Springer-Verlag, 1984.

K. Mehlhorn, S. Näher: From algorithms to working programs: on the use of program checking in LEDA. *Proceedings Mathematical Foundations of Computer Science* 1998. Lecture Notes in Computer Science, Springer-Verlag, 1998, 84–93. [Abschnitt 1.16]

B.M.E. Moret, H.D. Shapiro: *Algorithms from P to NP, Volume I: Design and Efficiency.* Benjamin/Cummings, 1991.

C. Meinel: *Effiziente Algorithmen.* Fachbuchverlag Leipzig, 1991.

J.D. Meißner: *Heuristische Programmierung.* Akad. Verlagsgesellschaft, 1978. [Kapitel 7 und 11]

N. Metropolis, A.W. Rosenbluth, M.N. Rosenbluth, A.H. Teller, E. Teller: Equation of state calculation by fast computing machines. *Journal of Chemical Physics* 21 (1953) 1087–1092. [Abschnitt 11.4]

Z. Michalewicz: *Genetic Algorithms + Data Structures = Evolution Programs.* Springer-Verlag, 1994. [Abschnitt 11.5]

Z. Michalewicz, D.B. Fogel: *How to Solve It: Modern Heuristics.* Springer-Verlag, 2000. [Kapitel 11]

B. Monien, E. Speckenmeyer: Solving satisfiability in less than 2^n steps. *Discrete Applied Mathematics* 10 (1985) 287–295. [Abschnitt 12.4]

R. Motwani, P. Raghavan: *Randomized Algorithms.* Cambridge University Press, 1995.

G. Nägler, F. Stopp: *Graphen und Anwendungen.* Teubner, 1996. [Kapitel 6]

G. Nebe: Faktorisieren ganzer Zahlen. *Jahresberichte der Deutschen Mathematiker-Vereinigung* 102 (2000) 1–14. [Abschnitte 9.9–9.12]

V. Nissen: *Einführung in Evolutionäre Algorithmen.* Vieweg, 1997. [Abschnitt 11.5]

W. Oberschelp, D. Wille: *Mathematischer Einführungskurs für Informatiker.* Teubner, 1976.

T. Ottman (Hg.): *Prinzipien des Algorithmenentwurfs.* Spektrum Akad. Verlag, 1998.

T. Ottmann, P. Widmayer: *Algorithmen und Datenstrukturen.* Spektrum Akademischer Verlag, 1996.

C.H. Papadimitriou: On selecting a truth assignment. *Proceeedings of the 32nd Ann. IEEE Symp. on Foundations of Computing* 1991, 163–169.

C.H. Papadimitriou, K. Steiglitz: *Combinatorial Optimization – Algorithms and Complexity*. Prentice-Hall, 1982.

I. Parberry: *Problems on Algorithms*. Prentice Hall, 1995.

R. Paturi, P. Pudlák, F. Zane: Satisfiability coding lemma. *Proceedings 38th IEEE Symposium on Foundations of Computing*, 1997, 566–574. [Abschnitt 12.5]

R. Paturi, P. Pudlák, M.E. Saks, F. Zane: An improved exponential-time algorithm for k-SAT. *Proceedings 39th IEEE Symposium on Foundations of Computing*, 1998, 628–637. [Abschnitt 12.5]

J. Pearl: *Heuristics - Intelligent Search Strategies for Computer Problem Solving*. Addison-Wesley, 1984. [Kapitel 7 und 11]

A. Pethö: *Algebraische Algorithmen*. Vieweg, 1999. [Kapitel 9]

G. Pflug: *Stochastische Modelle in der Informatik*. Teubner, 1986.

P. Pudlák: Satisfiability - Algorithms and Logic. *Proceedings Mathem. Foundations of Computer Science (MFCS)* 1998. Lecture Notes in Computer Science 1450, Springer-Verlag, 1998. Seite 129–141. [Kapitel 12]

P.W. Purdom, C.A. Brown: *The Analysis of Algorithms*. Holt, Rinehart and Winston, 1985.

G.J.E. Rawlins: *Compared to What? An Introduction to the Analysis of Algorithms*. Computer Science Press, 1992.

V.J. Rayward-Smith, I.H. Osman, C.R. Reeves, G.D. Smith (Hg.): *Modern Heuristic Search Methods*. Wiley, 1996. [Kapitel 7 und 11]

A. Reinefeld: *Spielbaum-Suchverfahren*. Informatik-Fachberichte 200, Springer-Verlag, 1987. [Abschnitt 7.4]

G. Reinelt: *The Traveling Salesman – Computational Solutions for TSP Applications*. Lecture Notes in Computer Science 840, Springer-Verlag, 1994. [Kapitel 11]

K. Richte, P. Bachmann, S. Dempe: *Diskrete Optimierungsmodelle - Effektive Algorithmen und näherungsweise Lösung*. VEB Verlag Technik Berlin, 1988.

R. Rojas: *Theorie der neuronalen Netze*. Springer-Verlag, 1993. [Kapitel 11]

K.H. Rosen: *Elementary Number Theory and Its Applications*. Addison-Wesley, 1993. [Kapitel 9]

K.H. Rosen (Hg.): *Handbook of Discrete and Combinatorial Mathematics*. CRC Press, 2000.

M. Saks, A. Wigderson: Probabilistic boolean decision trees and the complexity of evaluating game trees. *Proceedings 27th Ann. IEEE Symposium on Foundations of Computer Science* 1986, 29–38. [Abschnitt 7.3]

D. Salomon: *Data Compression - The Complete Reference*. Springer-Verlag, 1998. [Abschnitt 1.5, Kapitel 8]

K. Sayood: *Data Compression*. Morgan Kaufmann Publishers, 1996. [Abschnitt 1.5, Kapitel 8]

U. Schöning: *Theoretische Informatik kurz gefasst*. Spektrum Akademischer Verlag, 1997. [Abschnitt 1.2 und 1.3]

U. Schöning: *On the Complexity of Constraint Satisfaction Problems.* Technischer Bericht, Fakultät für Informatik, Universität Ulm, 1999. [Abschnitt 12.6]

U. Schöning: A probabilistic algorithm for k-SAT and constraint satisfaction problems. *Proceedings 40th IEEE Symposium on Foundations of Computing*, 1999, 410–414. [Abschnitt 12.7]

R.H. Schulz: *Codierungstheorie.* Vieweg Verlag, 1991. [Abschnitt 1.5, Kapitel 8]

R. Sedgewick: *Algorithmen.* Addison-Wesley, 1992.

R. Sedgewick, P. Flajolet: *An Introduction to the Analysis of Algorithms.* Addison-Wesley, 1996.

J. Setubal, J. Meidanis. *Introduction to Computational Molecular Biology.* PWS Publishing Company, 1997. [Abschnitte 4.4, 4.5 und Kapitel 10]

K.Y. Siu, V.R. Roychowdhury, T. Kailath. *Discrete Neural Computation - A Theoretical Foundation.* Prentice-Hall, 1995. [Kapitel 11]

S.S. Skiena: *The Algorithm Design Manual.* Springer-Verlag, 1998.

E. Specker, V. Strassen: *Komplexität von Entscheidungsproblemen.* Lecture Notes in Computer Science 43, Springer-Verlag, 1976. [Abschnitt 1.14]

A. Steger: *Diskrete Strukturen.* Springer-Verlag, 2001.

W. Szpankowski: *Average Case Analysis of Algorithms on Sequences.* Wiley, 2001.

R.E. Tarjan: *Data Structures and Network Algorithms.* Society for Industrial and Applied Mathematics, 1983.

M. Tompa: *Lecture Notes on Probabilistic Algorithms and Pseudorandom Generators.* Technical Report 91-07-05, Dept. of Computer Science and Engineering, University of Washington, Seattle, 1991. [Abschnitt 1.12, 1.13, 2.4 und 3.4]

V. Turau: *Algorithmische Graphentheorie.* Addison-Wesley, 1996. [Kapitel 6]

H. Walther, G. Nägler: *Graphen - Algorithmen - Programme.* Springer-Verlag, 1987. [Kapitel 6]

H. Wasserman, M. Blum: Software reliability via run-time result-checking. *Journal of the ACM* 44, No. 6 (1997) 826–849. [Abschnitt 1.16]

M.S. Waterman. *Introduction to Computational Biology.* Chapman & Hall, 1995. [Abschnitte 4.4, 4.5 und Kapitel 10]

I. Wegener: *Effiziente Algorithmen für grundlegende Funktionen.* Teubner, 1989.

M.A. Weiss: *Data Structures and Algorithm Analysis.* Benjamin/Cummings Publ. Comp., 1992.

M. Welschenbach: *Kryptographie in C und C++.* Springer-Verlag, 1998. [Kapitel 9]

D. Welsh: *Codes and Cryptography.* Oxford University Press, 1988. [Abschnitt 1.5, Kapitel 8]

H.S. Wilf: *Algorithms and Complexity.* Prentice-Hall, 1986.

R.J. Wilson: *Einführung in die Graphentheorie.* Vandenhoeck & Ruprecht, 1976. [Kapitel 5 und 6]

D. Wood: *Data Structures, Algorithms, and Performance.* Addison-Wesley, 1993.

F.F. Yao: Speed-up in dynamic programming. *SIAM Journal Alg. Disc. Meth.* Vol. 3, No. 4 (1982) 532–540. [Abschnitt 4.9]

J. Ziegenbalg: *Algorithmen – Von Hamurapi bis Gödel.* Spektrum Akademischer Verlag, 1996.

Index